회사법강의

제6판

이수천 저

피앤씨 에듀

회사법강의
제6판
머리말

상법강의 시리즈가 출간된 지 어언 10년이 되었습니다.

오랜 세월 동안 모자란 저자의 교재를 사랑해주신 독자제현께 진심으로 감사의 말씀을 먼저 드립니다.

회사법강의 제6판은 기존의 교재를 처음부터 끝까지 전부 손을 보았습니다. 10년이 되기도 하였거니와 교재를 집필하고 강의를 하면서 언젠가는 해야 할 일이었기 때문입니다. 본 교재는 세무사시험을 공부하는 분들을 중심으로 교재를 서술하였습니다.

본 교재는 다음과 같은 특징을 가지고 있습니다.

1. 회사법의 이론과 판례의 최적화 도모

본 교재는 처음부터 끝까지 논리적 일관성을 가지고 집필한 교재입니다. 특히 회사법의 조문과 이론 및 판례를 일관된 논리로 서술함으로써 상법이라는 어려운 학문을 보다 쉽게 접근하고 이해할 수 있도록 하였습니다.

2. 다양한 그림과 도표를 통한 서술

회사법은 상법상 회사의 법률관계의 안정적 처리를 위한 법률입니다. 회사법의 이해를 위해서는 민법 등 관련법률의 규정은 물론 회계, 세무에 대한 지식도 어느 정도 겸비해야 합니다. 본 교재는 다양한 그림과 도표를 통해 관련 학문과의 연계를 제고하였습니다.

3. 회사법의 학문과 실무의 조화 도모

본 교재는 세무사시험을 준비하는 수험생들에게는 더할 나위 없는 교재일 것입니다. 그 이유는 회사법의 이론을 완벽히 요약하고 거기에 법전의 조문을 체계적으로 배치하여 교재의 완성도를 배가하였기 때문입니다. 따라서 수험서는 물론 실무서로서의 기능도 충실히 수행할 것으로 생각합니다.

본 교재의 출간을 위해 물심양면의 지원을 아끼지 않으시는 피앤씨에듀의 최준규·박노일 대표님께 감사의 말씀을 드립니다. 그리고 편집과정에서 늘 묵묵히 수고를 아끼지 않으시는 심성보 이사님께 진심으로 감사의 말씀은 전합니다.

이 교재를 존경하는 부모님, 사랑하는 아내와 아들 령(領)에게 전합니다.

2018년 7월 10일에

서교동에서 저자 **이수천** 씀

회사법강의 제6판

차 례

제 1 장 총 칙

제 2 장 주식회사의 설립

제 3 장 주식과 주주

제 4 장 주식회사의 기관

제 5 장 자본금의 변동

제 6 장 주식회사의 기타제도

제 7 장 회사의 구조변경

제 8 장 그 밖의 회사

제1장 총 칙

제 1 장 총 칙

회사법강의

제 1 절 총설

I 기업조직의 형태

1. 개인기업

개인기업은 특정의 자연인이 사업상 필요한 자본을 단독으로 마련하고 스스로 경영을 담당하는 가장 초보적인 기업형태로서, 소유·경영이 전부 출자한 개인에게 귀속되며, 개인상인은 회사채권자에 대해 무한책임을 진다. 그로 인하여 기업의 신속한 의사결정이 가능하다는 장점이 있는 반면에 위험 분산의 어려움, 자금조달의 어려움, 기업주의 무한책임 등으로 인하여 영세성을 면하기가 어려우며 성장에 한계가 있다. 이러한 한계를 극복하고 보다 나은 경쟁력을 갖추기 위해서는 공동기업의 형태를 취하는 것이 바람직하다.

2. 공동기업

(1) 조합

가장 단순한 공동기업으로 민법상의 조합과 상법상의 익명조합 및 합자조합(상법 제86조의2~제86조의9)이 있다. 그러나 상법상 조합은 각 구성원들이 공동사업을 목적으로 한 채권계약을 맺은 형태로서 법인격이 부여되어 있지 않아 개인기업의 한계를 벗어나기 힘들다.

그런 이유로 보다 완비된 공동기업의 형태를 필요로 하게 되었고 이에 따라 상법은 회사제도를 마련하여 그러한 요구에 부응하고 있다.

(2) 상법상 회사

상법상 회사에는 합명·합자회사와 새로운 형태의 회사인 유한책임회사(상법 제287조의2~제

287조의45) 그리고 유한·주식회사의 다섯 가지 종류가 있다. 상법상 회사는 사원(출자자)이 회사채권자에 대해 어떤 형태의 법적 책임을 지는지 여부를 출발점으로 하여 각각의 구체적 법률관계의 적용이 달라지며, 위의 장점도 모습을 달리하게 된다.

Ⅱ 회사법의 특징 및 구성

1. 회사법의 특징

(1) 단체법적 특징

회사법은 대부분이 회사라는 단체의 조직과 이를 중심으로 한 법률관계에 관한 규정으로 구성되어 "단체법적 원리"가 지배하고 있다. 그런 이유로 사인간의 개별적 법률관계를 규율할 목적으로 제정된 민법의 기본원리는 수정되어 적용될 수밖에 없고 다수결의 원칙, 사원평등의 원칙 등 집단적이고 통일적인 원리에 의한 법률관계가 중심적으로 형성되며 이에 따라 대부분은 강행법적 특징을 가지게 되고 때로는 공법적인 감독이나 벌칙이 따르는 경우도 있다.

(2) 거래법적 특징

회사법의 내용 중에는 회사와 제3자간의 거래, 사원과 회사채권자와의 관계와 같은 거래법적 특징을 띠는 규정도 다수 있다.

그 이유는 상법이 민법과 마찬가지로 거래법이기 때문이다. 상법 제3편의 회사에 관한 규정도 기본적으로 사적자치, 거래안전의 보호와 같은 개인법(민법)상의 원리가 지배하게 되는데 선의의 제3자에게 대항하지 못하는 규정, 외관주의에 의한 표현책임의 법리 등이 그것이다.

2. 회사법의 구성

회사법은 상법 제3편의 회사에 관한 규정을 말한다. 엄밀히 말하면 우리 상법에서 회사법은 존재하지 않는다. 다만 상법 제3편 회사에 관한 규정만 있을 뿐이다. 그러나 편의상 또는 실무적으로 상법 제3편 회사에 관한 규정을 "회사법"이라 부르기로 하며, 제3편 회사에 관한 규정은 다음과 같이 구성되어 있다.

회사의 구성

제1장 통칙(제169조~제177조)
제2장 합명회사(제178조~제267조)
제3장 합자회사(제268조~제287조)

제3장의2 유한책임회사(제287조의2~제287조의45)
제4장 주식회사
　제1절 설립(제288조~제328조)
　제2절 주식(제329조~제360조의26)
　제3절 회사의 기관(제361조~제415조의2)
　제4절 신주의 발행(제416조~제432조)
　제5절 정관의 변경(제433조~제437조)
　제6절 자본금의 감소(제438조~제446조)
　제7절 회사의 회계(제446조의2~제468조)
　제8절 사채(제469조~제516조의11)
　제9절 해산(제517조~제521조의2)
　제10절 합병(제522조~제530조)
　제11절 회사의 분할(제530조의2~제530조의12)
　제12절 청산(제531조~제542조)
　제13절 상장회사에 대한 특례(제542조의2~제542조의13)
제5장 유한회사(제543조~제613조)
제6장 외국회사(제614조~제621조)
제7장 벌칙(제622조~제637조의2)

제 2 절 회사의 개념

Ⅰ 회사의 개념요소

1. 의의

회사란 "상행위 그 밖의 영리"를 목적으로 하여 설립한 "법인"을 말한다(제169조). 상법상 회사란 영리성과 법인성을 그 본질적 요소로 한다. 한편, 2인 이상의 사원의 존재를 성립 및 존속요건으로 하는 사단성은 회사의 본질적 요소가 아니다. 그 이유는 인적회사인 합명회사와 합자회사를 제외한 유한책임회사, 유한회사 및 주식회사는 1인의 사원만으로 그 성립 및 존속이 가능하기 때문이다.

2. 영리성

(1) 행위적 측면

영리성을 행위적 측면에서 파악하면 회사는 상행위를 목적으로 하는 회사와 그 밖의 영리를 목적으로 하는 회사로 구분할 수 있다. 이때 **상행위(기본적 상행위)를 목적으로 하는 회사를 "상사회사"라고 하며 그 밖의 영리(준상행위)를 목적으로 하는 회사를 "민사회사"라고 한다. 상사회사와 민사회사는 모두 상법상 회사이다.**

(2) 의미적 측면

영리성을 의미적 측면에서 파악하면 회사에서 영리성이라 함은 영리추구의도와 이익의 분배를 모두 포함하는 개념이다. **이때 상법상 회사가 비영리법인과 구별되는 가장 중요한 요소가 "이익의 분배"이다.** 이익의 분배란 회사의 이익을 그 구성원에게 분배하는 것을 말한다. 이때 이익의 분배방법은 중요하지 않다. 따라서 배당의 형태로 현실적 분배가 되는 경우는 물론이고 회사 내부에 잉여금의 형태로 남아 있는 것도 주주에게 분배되는 것으로 본다.

3. 법인성

상법상 회사는 모두 법인성을 가진다. 따라서 상법상 회사는 모두 설립등기절차를 완료하여야 하며, 그 설립등기절차가 완료된 후에는 회사 내부의 구성원인 채권자 또는 사원 등과 별개의 인격을 부여받게 된다. **"회사의 재산은 오로지 회사 자체의 재산"이 될 뿐이다. 따라서 주주 개인의 채권자는 주주에 대한 강제집행만 할 수 있을 뿐, 주주 개인의 채무에 대해 회사재산에 대한 강제집행은 허용되지 않는다.**

Ⅱ 회사개념의 현대적 수정

1. 사단성의 수정

(1) 사단성의 입법적 수정

합명회사와 합자회사는 모두 2인 이상의 사원의 존재가 회사의 성립 및 존속요건이다(제178조, 제268조, 제277조의3호, 제269조)이다. 합명회사와 합자회사는 반드시 사단성이 지켜져야 한다. **그러나 유한책임회사, 유한회사 및 주식회사는 1인의 사원만으로도 설립 및 존속이 가능하다**(제287조의2, 제517조 제1호, 제609조 제1항 제1호). 유한책임회사, 유한회사 및 주식회사에서 사단성은 그 성립요건 또는 존속요건이 되지 못한다.

(2) 1인주식회사의 법률관계

① 주주총회의 운영

1인주식회사란 주주가 1인인 주식회사를 말한다. 주주가 1인이므로 복수의 주주를 전제로 하여 주주의 이익을 보호하기 위한 상법의 규정은 수정이 불가피해진다. 그런 이유로 판례는 ㉠ 소집권한이 없는 자가 소집하거나 소집을 위한 이사회의 결의에 하자가 있더라도 1인주주가 참석하여 이의 없이 결의한다면 주주총회의 결의가 있다고 본다(대법원 1966.9.20.선고, 66다1187·1188판결). 나아가 ㉡ 실제로 총회를 개최한 사실이 없음에도 불구하고 1인 주주에 의한 총회의 결의가 있었던 것처럼 주주총회의사록이 작성된 경우에도 특별한 사정이 없는 결의가 있었던 것으로 볼 수 있다(대법원 1976.4.14.선고, 74다1755판결). 또한 ㉢ 회사의 영업의 전부 양도 또는 중요한 일부를 양도함에 있어 1인 주주 겸 대표이사인 자의 동의가 있는 경우에는 주주총회의 특별결의를 거치지 않은 경우에도 유효한 영업양도로 본다(대법원 1976.5.11.선고, 73다52판결). 심지어 ㉣ 총회소집절차가 개최된 사실이 없고 주주총회의사록이 작성되지 않은 경우에도, **1인주주의 의사에 합치하는 한 그러한 증거에 의해 주주총회의 결의가 있었던 것으로 보아 유효하다고 보고 있다**(대법원 2004.12.10.선고, 2004다25123판결).

② 이사 등의 자기거래

이사 등의 자기거래란 이사 등과 회사가 직접 거래당사자가 되어 실행하는 거래를 말한다. 이사 등의 자기거래는 이사 등과 회사의 이익충돌의 염려가 있어 상법은 이사회의 승인을 얻도록 하고 있다. 그런데, 1인 주식회사에서 이사회의 승인이 없이 자기거래를 한 경우가 문제가 될 수 있다. **판례는 이에 대해 이사 등의 자기거래는 이사회의 승인이 없더라도 1인주주나 총주주의 동의가 있는 경우에는 유효하다고 본다**(대법원 1992.3.31.선고, 91다16310판결).

③ 의결권의 제한

주주총회의 결의와 관련하여 그 의안에 특별이해관계가 있는 주주는 총회에서 의결권을 행사할 수 없다(제368조 제4항). 그러나 1인 회사의 경우에는 이 규정을 적용하는 경우 총회의 결의가 이루어질 수 없으므로 이 규정은 적용되지 않는다고 보아야 한다. 감사선임시 대주주(3/100초과주식 소유)의 의결권은 3/100까지로 제한되지만(제409조) 이 규정 또한 1인 주식회사에서는 적용될 수 없다.

결론적으로 특별이해관계인의 의결권제한규정이나 감사 선임시 대주주의 의결권제한규정은 1인 주식회사에서는 적용되지 않는다.

④ 업무상 배임·횡령

1인주주 겸 이사가 임무에 위반하여 회사에 손해를 가한 경우에는 상법 제399조의 규정이 적용되어 1인주주 겸 이사는 회사에 대하여 임무해태로 인한 손해배상책임을 부담하여야 한다. 이와 더불어 1인주주가 임무에 위반하여 회사에 손해를 가한 경우에는 배임죄의 성립을 인정하며(대법원 2005.10.28.선고, 2005도4915판결), 1인주주가 회사재산을 영득한 경우에는 횡령죄의 성립을 인정하고 있다(대법원 1989.5.23.선고, 89도570판결).

⑤ 법인격부인의 법리의 적용

1인 주식회사에서도 회사와 1인 주주는 별개의 인격을 가진다. 그러므로 1인 주주는 유한책임을 부담하고 회사의 재산과 주주의 재산은 엄격히 구별되는 것이 원칙이다. 그러나 1인주주가 개인의 채무를 면탈할 목적으로 1인 주식회사를 설립하고, 1인 주식회사를 운영할 수 있는 충분한 자본을 갖지 못하며, 1인주주의 재산과 1인 주식회사의 재산이 혼용되어 있어 도저히 별개의 인격이라고 볼 수 없는 사정이 있는 경우에는 회사의 법인격은 부인되어야 할 것이다. 1인 주식회사의 경우에는 다수의 주주로 구성된 주식회사에 비하여 법인격부인의 법리가 적용될 여지가 훨씬 크다.

2. 법인격부인의 법리

(1) 의의

법인격부인이란 회사가 사원으로부터 독립된 실체를 갖지 못한 경우에 회사와 특정의 제3자간의 문제된 법률관계에 한하여 회사의 법인격을 인정하지 아니하고 회사와 사원을 동일시하여 회사의 책임을 사원에게 묻는 것을 말한다.

(2) 이론적 근거

법인격부인의 법리는 법인이론의 형식을 벗어나 구체적 정의를 실현하고자 하는 제도이지만, 이는 상법 등 성문법에서 근거한 것이 아니며, 학설과 판례에서 인정하고 있는 제도이다. 법인격부인의 법리는 신의성실의 원칙에 위반하거나 법인격을 남용하려는 것으로 보아 신의칙 또는 권리남용금지의 원칙에 위반한 것으로 보아야 한다고 보는 것이 일반적인 견해이다(대법원 2006.8.25.선고, 2004다26619판결 등).

(3) 적용요건

① 주관적 요건

판례에서는 법인격 부인의 법리를 적용하기 위해서는 회사의 법인격이 지배주주에 의하여 그 법률적용을 회피하기 위한 수단으로 함부로 사용되거나, 회사제도를 이용하여 법인격을 남용하여 채무를 면탈하려는 등 "일정한 자의 주관적 의도"가 있어야 한다고 보고 있다(대법원 2006.8.25.선고, 2004다26619판결).

② 객관적 요건

법인격부인의 법리가 적용되기 위해서는 그 객관적 요건이 필요한데, 판례에서는 지배의 완전성, 재산의 혼용, 회사의 무자력의 세 가지 요건을 들고 있다. 따라서 그 세 가지 요건이 충족된 경우에는 법인격부인의 법리적 적용될 수 있다.

(4) 법인격부인의 법리의 확장

인격부인의 법리의 적용대상은 법인격을 남용하려는 개인 또는 주주에 한정되지 않고 다른 회사에 대해서도 확장되고 있다. 판례도 기존회사가 채무를 면탈할 목적으로 기존기업과 기업의 형태와 내용이 실질적으로 동일한 회사를 설립하였다면, 신설회사의 설립은 기존회사의 채무면탈이라는 위법한 목적달성을 위하여 회사제도를 남용한 것이므로 기존회사의 채권자는 두 회사 중 어느 쪽에 대하여도 채무의 이행을 청구할 수 있다고 보고 있다(대법원 2004.11.22.선고, 2002다66892판결).

(5) 적용의 효과

회사의 법인격이 부인되면 그 부인된 특정한 사항에 한하여 제한적으로 그 회사의 독립된 인격이 부인되고 회사와 사원은 동일한 실체로 취급된다. 따라서 회사의 행위로 인한 책임은 사원에게 귀속된다. 여기서 주의하여야 할 점은 법인격부인의 법리가 적용된다고 하여 법인격이 완전히 박탈되는 것은 아니라는 것이다.

법인격부인의 법리가 적용되는 경우에도 법인격은 유지되는 것이며, 다만 문제가 된 특정한 사안에 한하여 부분적·일시적·제한적으로 법인격이 부인될 뿐이고 그 사안에 한하여만 회사와 사원은 동일한 실체로 취급되어 사원은 회사의 채무에 대하여 책임을 지게 되는 것이다.

관련판례요약

기존회사가 채무를 면탈할 목적으로 기업의 형태·내용이 실질적으로 동일한 신설회사를 설립하였다면, 신설회사의 설립은 기존회사의 채무면탈이라는 위법한 목적달성을 위하여 회사제도를 남용한 것이므로 기존회사의 채권자에 대하여 위 두 회사가 별개의 인격을 갖고 있음을 주장하는 것은 신의성실의 원칙상 허용될 수 없다 할 것이어서 기존회사의 채권자는 위 두 회사 어느 쪽에 대하여서도 채무의 이행을 청구할 수 있다고 볼 것이다(2004.11.12.선고, 2002다66892판결).

3. 기업의 사회적 책임

기업의 사회적 책임이 거론된 것은 비교적 최근의 일이며, 아직 명확히 정립된 개념도 아니고, 입법상 표현된 개념도 아니다. 따라서 이 문제의 초점은 결국 기업의 사회적 책임이라는 것을 기업의 새로운 책임형태로서 입법에 반영할 것인가 또는 기업의 법적 책임에 관한 해석상의 지도 원리로 삼을 수 있는가라는 것이다.

이러한 논의가 활발해지고 있다는 사실 자체가 회사는 더 이상 이윤추구에만 몰두할 수 없고, 사회의 다양한 실체와 공존을 통해 성장·발전할 수 있다는 점에서는 기업의 사회적 책임에 대해서 긍정할 수도 있을 것이다. 그러나 이러한 책임을 법적 의무체계로 포섭하기에는 그 의무의 내용과 대상이 모호하고, 이윤추구의 과정에서 기업은 사회적 책임을 일부 수행할 수밖에 없는 점 등을 고려할 때 부정하는 것이 지배적인 견해이다.

Ⅲ 회사의 능력

1. 권리능력의 제한

(1) 성질에 의한 제한

회사는 자연인이 아니므로 자연임을 전제로 하는 친족권·생명권·신체상의 자유권·상속권 등을 향유할 수 없다. 다만, 회사가 유증을 받는 것은 가능하다. 회사는 육체적 노무를 제공할 수 없으므로 지배인이나 그 밖의 상업사용인은 될 수 없다. 또한 주식회사의 이사 또는 대표이사가 되는 것도 불가능하다. 한편 회사는 상인이므로 상호권·명예권을 가지는 것에는 제한이 없으며, 사원권도 가질 수 있다.

(2) 법률에 의한 제한

회사는 다른 회사의 무한책임사원이 될 수 없다(제173조). **그러나 회사가 다른 회사의 유한책임사원이 되거나 주주가 되는 것에는 제한이 없다.**

해산후의 회사, 즉 청산중의 회사는 그 권리능력이 청산의 목적범위 내로 제한된다(제245호, 제269조, 제542조 제1항, 제613조 제1항). 청산중의 회사는 영업활동을 할 수 없다. 한편, 해산후의 회사, 즉 청산중의 회사는 존립중인 회사를 존속회사로 하는 경우에 한하여 합병할 수 있다(제174조 제3항). 그 이유는 해산후의 회사가 존속하는 회사가 되는 경우에는 영업활동을 할 수 없기 때문이다.

(3) 목적(업종)에 의한 제한

회사의 정관에는 절대적 기재사항으로 반드시 회사의 목적을 기재하여야 하고(제179조, 제180조, 제269조, 제289조, 제317조, 제549조), 또한 이는 등기사항이다(제180조, 제271조, 제317조, 제549조 제2항). 그런데 정관의 목적에 의하여 회사의 권리능력이 제한되는지 여부에 대하여는 논란이 있다.

통설은 정관상 목적에 의해 회사의 권리능력이 제한된다면 기업활동이 위축될 수 있고 거래의 안전은 심각한 위협을 받을 수 있다고 보아 제한부정설의 입장이다. **그에 반해 판례는 제한설의 입장에서 정관상 목적에 의해 회사의 권리능력은 제한된다고 본다. 다만, 목적수행에 필요한 직·간접적으로 필요한 모든 행위를 할 수 있다고 보아 실질적으로는 제한부정설에 가깝다. 그러나 판례는 "제한설"을 취하고 있는 점에 유의하기 바란다**(대법원 1988.1.19.선고, 86다카1384판결 등).

관련판례요약

회사의 권리능력은 회사의 설립근거가 된 법률과 회사의 정관상의 목적에 의해 제한되나 그 목적 범위 내의 행위라 함은 정관에 명시된 목적 자체에 국한되는 것이 아니고, 그 목적을 수행하는데 있어 직접 또는 간접으로 필요한 행위는 모두 포함되며, 목적수행에 필요한지 여부도 행위도 객관적 성질에 따라 추상적으로 판단할 것이지 행위자의 주관적·구체적 의사에 따라 판단할 것은 아니다(대법원 2009.12.10.선고, 2009다63236판결).

2. 행위능력

(1) 의의

회사는 법인으로서 권리능력이 있는데, 회사의 행위는 회사조직의 일부인 기관을 통해서 이루어지고 이러한 기관의 행위는 곧바로 회사의 행위가 되므로 회사는 권리능력의 부여와 동시에 대표기관을 통해 행위능력을 갖는다고 할 수 있다.

이때 대표기관이 행위무능력자인 경우의 문제는 어떻게 처리할 것인지가 문제되는데, 상법상 회사의 대표기관의 선임과정에서 행위무능력자인 경우에는 반드시 법정대리인의 허락을 얻어야 하고, 법정대리인의 허락을 얻은 행위는 능력자의 행위로 전환된다. **따라서 회사의 행위능력은 대표기관의 무능력으로 인해 제한을 받지 않는다. 이 점 유의하기 바란다.**

(2) 불법행위능력

회사를 대표하는 사원 또는 대표이사가 업무집행의 과정에서 타인에게 손해를 가한 때에는 회사는 그 사원 또는 대표기관과 연대하여 배상할 책임이 있다고 규정하여(제210조, 제269조, 제389조 제3항, 제567조), 대표기관도 직접 제3자에 대하여 책임을 지도록 하고 있다. 여기서 회사와 대표기관의 연대책임이란 부진정연대책임을 뜻한다.

결론적으로, 회사는 대표기관을 통해 불법행위능력을 가지며, 대표기관의 불법행위로 인하여 제3자에 대해 회사가 책임을 지게 되는 경우에는 회사와 대표기관은 연대하여 불법행위책임을 부담하여야 한다.

3. 공법상의 능력

공법이란 국가를 조직하고 유지하기 위한 법률을 말한다. 공법에는 대표적으로 헌법, 형법, 각종 소송법, 세법 등이 있다. 회사는 민사소송법상의 원고 또는 피고가 될 수 있는 능력이 있으며(제60조), 회사의 재판관할은 그 주된 사무소에 의한다.

회사는 법인격을 가진 독립된 실체로서 법인세 등의 납세의무를 부담하며, 형사소송법상 당사자능력과 소송능력이 인정된다. 그리고 회사는 일반적으로 형법상의 범죄능력은 없지만(대법원 1984.10.10.선고, 82도2595판결), 특별법상의 범죄능력은 인정된다(보험법 제208조 등). 그러므로 제한적인 범위 내에서 회사는 공법상의 능력을 일부 가진다고 볼 수 있다.

제 3 절 회사의 종류

I 강학상 분류

1. 의의

회사는 강학상 인적회사와 물적회사로 구별할 수 있다. 인적회사는 자연인의 속성이 강한 회사로서 그 조직을 구성하는 사원의 개성을 중심으로 한 분류 방식이며 그 종류로는 합명회사와 합자회사가 있다. 그에 반해 물적회사는 자연인의 속성보다는 회사성립의 기초가 된 재산인 자본금을 중심으로 한 분류방식이며 그 종류로는 유한회사 및 주식회사가 있다.

한편, 유한책임회사는 내부관계에 있어서는 합명회사의 규정을 준용하고, 외부관계에 있어서는 회사채권자에 대하여 간접·유한책임을 부담하므로 물적회사의 속성을 가지고 있어 강학상 명확히 분류하기 어려운 점이 있어 본서에서는 이를 중간형태의 회사로 분류하기로 한다.

2. 인적회사

(1) 내부관계

회사법에서 내부관계란 사원과 사원간의 관계 또는 회사와 사원간의 관계를 말한다. 인적회사는 그 실질이 개인상인의 복합체라고 할 수 있다. 즉 회사의 구성이 인적 신뢰관계를 기초로 이루어져 내부관계(회사와 사원, 사원과 사원의 관계)는 사원 상호간의 신뢰를 중심으로 이루어지는 기업형태를 말한다. 그러므로 상법의 적용에 있어서도 그 내부관계에 대해서는 ① 정관 → ② 상법 → ③ 민법의 조합규정이 순차적으로 적용된다(임의법규성).

인적회사에 있어서는 무한책임사원은 개인상인과 마찬가지로 회사의 운영에 관한 업무집행권과 의사결정권을 가지고, 소유와 경영은 원칙적으로 무한책임사원에게 귀속된다.

(2) 외부관계

회사법에서 외부관계란 회사와 제3자와의 관계 또는 사원과 제3자와의 관계를 말한다. 이때 전자를 회사의 대표라고 하며, 후자를 사원의 책임이라고 한다. 인적회사에서 회사의 대표권은 무한책임사원이 가진다. 또한 회사의 무한책임사원은 회사채권자에 대하여 직접·연대·무한책임을 진다. 다만, 합자회사의 유한책임사원은 직접·유한책임을 부담한다.

인적회사에서 자본충실의 원칙은 별다른 의의를 가지지 못한다. 그 이유는 무한책임사원이 존재하기 때문이다. 따라서 회사의 성립 전에 출자의 이행도 필요하지 않으며 심지어 무한책임사원에 대하여는 출자의 방식으로 신용이나 노무의 출자도 허용된다.

3. 중간형태의 회사

유한책임회사는 그 내부관계에 있어서는 합명회사의 규정을 준용하여 자율성을 보장하고, 회사채권자에 대해서 사원은 간접·유한책임을 지는 회사를 말한다. 따라서 회사의 내부관계에 대해서는 자율성이 보장됨과 동시에 회사채권자에 대해서도 간접·유한책임을 지도록 하여 그 책임을 가볍게 한 인적회사와 물적회사의 중간 영역에 있는 회사를 말한다.

유한책임회사의 내부관계에 관해서는 합명회사의 규정이 준용된다. 따라서 ① 정관 → ② 상법 → ③ 민법의 조합규정이 순차적으로 적용된다. 그에 반해 외부관계에서는 간접·유한책임을 특징으로 하므로, 회사의 사원의 출자는 재산출자에 한하며, 성립 전에 출자가 모두 이행되어야 한다.

4. 물적회사

(1) 의의

물적회사는 각 사원이 출자한 재산인 자본금을 기초로 한 자본적 집단기업이라고 할 수 있다. 회사의 구성은 인적신뢰관계는 퇴색하고 출자한 자본의 크기가 중심이 되어 내부관계는 물론 외부관계에서도 탈 개성화가 이루어진 기업형태를 말한다. 그러므로 물적회사의 내부관계 및 외부관계는 유한회사의 일부의 규정을 제외하고는 상법의 규정만이 적용될 뿐이다. 이를 강행법규성이라고 한다.

(2) 특징

사원이 회사에 출자한 목적은 다양한 형태로 표출되며 다수의 사원(주주)으로 구성되므로 회사의 의사결정과 업무집행권이 사원자격과 분리되어 소유와 경영의 분리현상이 두드러진 모습을 띠게 된다. 또한 물적회사는 회사의 외부관계에 있어서도 인적회사와는 전혀 다른 조직구조를 보이게 되는데, 사원(주주)은 회사채권자에 대하여 원칙적으로 출자한 금액을 한도로 한 책임을 부담할 뿐 추가적 출자의무나 추가적 책임은 부담하지 않는다. 또한 회사의 대표기관도 사원자격과는 분리되는 것이 원칙이다.

Ⅱ 상법상 분류

1. 의의

상법상 회사는 회사의 사원이 채권자에 대해 어떠한 책임을 지는가를 중심으로 분류된다. 상법상 회사에는 합명회사·합자회사·유한책임회사·유한회사·주식회사의 5가지가 있다(제170조). 상법상 회사의 분류방식은 회사법 통칙에서 가장 중요한 내용이다. 실제로 각종 시험에서도 빈출되는 주제이며, 이에 관한 내용을 이해하지 못하고 회사편의 규정을 이해한다는 것은 불가능하다. 그러므로 회사의 종류에 대한 아래의 내용은 완벽한 이해를 바란다.

이하에서는 상법상 회사를 ① 구성방식, ② 설립절차, ③ 지분양도, ④ 업무집행, ⑤ 의사결정을 중심으로 하여 그 특성을 구분하기로 한다.

상법상 회사의 분류방식

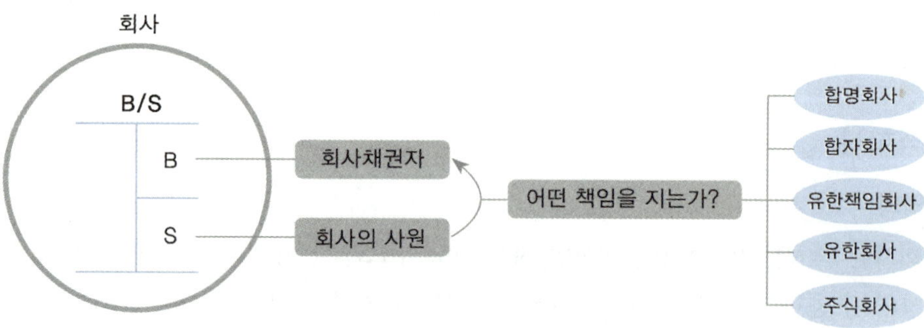

2. 합명회사

(1) 구성방식

합명회사는 회사채권자에 대해 직접·연대·무한책임을 지는 2인 이상의 무한책임사원으로 구성된 가장 전형적인 형태의 인적회사이다(제212조). 합명회사의 각 사원은 회사채권자에 대해 무한책임을 부담하므로 그러한 책임에 상응하는 권한이 부여되어 각 사원은 원칙적으로 업무집행권과 회사대표권을 가지게 된다.

(2) 설립절차

합명회사의 사원은 정관의 작성에 의해 확정되므로 별도의 사원확정절차는 필요하지 않으며(제179조), 각 사원은 회사채권자에 대해 직접·연대·무한책임을 부담하므로 성립 전에 출자가 별도로 이행될 필요가 없고(제212조), 각 사원은 원칙적으로 업무집행권과 회사대표권을 가지므로 별도의 기관구성절차도 필요하지 않다(제207조). 합명회사는 정관작성과 설립등기만으로 간단하게 설립된다.

(3) 지분양도

합명회사의 사원은 회사채권자에 대해 직접·연대·무한책임을 부담하므로 각 사원의 존재는 채권자는 물론 사원 상호간에도 매우 중대한 이해가 걸린 문제이다. 사원은 반드시 정관의 기재에 의해 확정되며(제179조 제3호), 사원의 변동을 위해서는 정관변경을 위한 총사원의 동의가 필요하다. 사원은 다른 사원의 동의를 얻지 아니하면 그 지분의 전부 또는 일부를 타인에게 양도하지 못한다(제197조). 심지어는 지분의 상속도 정관에 다른 규정이 있는 경우를 제외하고는 원칙적으로 허용되지 않는다. 합명회사에서 퇴사와 제명은 제한적으로 허용되지만, 퇴사한 사원은 퇴사시점의 채무에 대하여 2년 동안은 무한책임을 부담하여야 한다(제225조).

(4) 업무집행

합명회사는 회사채권자에 대해 직접·연대·무한책임을 지는 2인 이상의 사원으로 구성된 가장 전형적인 형태의 인적회사이다. 그러므로 사원은 회사재산으로 완제할 수 없는 회사채무에 대해서는 무한책임을 부담한다. 그런 이유로 각 사원은 원칙적으로 회사의 업무집행권과 회사대표권을 가지게 된다. 이를 자기기관성이라고 한다. 그러므로 사원이 아닌 자에 대해서는 어떠한 경우에도 업무집행권과 대표권을 부여할 수 없다(제207조). 한편, 지배인의 선임과 해임에 관한 사항은 업무집행사원이 있는 경우에도 총사원 과반수의 결의에 의하여야 한다(제203조).

(5) 의사결정

합명회사에서도 출자액은 사원마다 다를 수는 있지만 각 사원이 회사채권자에 대하여 무한책임을 지기 때문에 그 위험부담은 출자액에 비례하지 않고 각 사원마다 평등하다. 즉 합명회사의 경우에는 출자액보다 사원의 수가 중요하며 사원은 각자 평등한 지위와 의무를 가지게 된다. 그런 이유에서 회사의 의사결정은 출자액이 아닌 사원 간의 평등을 기초로 하여 1인 1의결권을 원칙으로 하며, 이를 두수주의라고도 표현한다(제200조 제2항).

3. 합자회사

(1) 구성방식

합자회사는 회사채권자에 대해 직접·연대·무한책임을 지는 1인 이상의 사원(무한책임사원)과 회사채권자에 대해 직접·유한책임을 지는 1인 이상의 사원(유한책임사원)으로 구성된 인적회사이다(제268조). 유한책임사원은 합자회사에서 출자자의 지위를 가질 뿐 원칙적으로 업무집행에는 관여하지 못하며, 무한책임사원이 회사의 업무집행권과 대표권을 가지게 된다. 합자회사는 출자자와 영업자의 결합이 상법상 회사제도를 통해 표현된 방식이라고 볼 수 있다.

(2) 설립절차

합자회사에서도 사원의 성명과 주소 등은 정관의 절대적 기재사항이며(제270조), 무한책임사원이 존재하므로 성립 전에 출자가 이행될 필요가 없고 업무집행기관은 선임절차도 별도로 필요하지 않다(제269조). 그러므로 1인 이상의 유한책임사원과 1인 이상의 무한책임사원, 즉 2인 이상의 사원이 정관을 작성하고 설립등기를 함으로써 합명회사와 마찬가지로 간단하게 설립된다. 합자회사의 정관에는 각 사원이 유한책임인 것과 무한책임인 것을 별도로 표시하여야 한다(제270조).

(3) 지분양도

합자회사의 무한책임사원은 합명회사의 무한책임사원과 같은 성격을 가지므로 사원의 변동 역시 합명회사의 무한책임사원의 규정을 준용한다. 한편, 유한책임사원은 회사의 성립요건이므로 정관에 그 성명 등을 기재하여야 하지만, 대외적 신용의 기초에 있어서는 별다른 중요성이 없다고 할 수 있다. 그런 이유에서 무한책임사원의 지분양도는 다른 사원 전원의 동의를 요하지만, 유한책임사원의 지분양도는 무한책임사원 전원의 동의만으로도 가능한 점에서 차이를 보인다(제269조 등). 이 점 유의하여야 한다.

(4) 업무집행

합자회사의 경우에도 궁극적으로 회사의 신용의 기초는 무한책임사원에 근거를 두고 있으므로 무한책임사원만이 업무집행권과 대표권을 갖는다고 할 수 있다(제278조). 따라서 유한책임사원은 업무집행권이나 대표권은 없고, 무한책임사원의 업무집행에 대한 감시권만을 가진다(제277조). 또한 업무집행을 하지 않으므로 유한책임사원은 경업피지의무도 부담하지 않는다. 한편 지배인의 선임은 업무집행사원이 있는 경우에도 무한책임사원 과반수의 결의에 의하여야 한다(제274조).

(5) 의사결정

사원의 의사결정도 대부분 업무집행권을 갖는 무한책임사원들의 의사결정으로 이루어지며, 그 방법은 합명회사에서와 같다. 다만, 유한책임사원도 예외적으로 의사결정에 참여하는 경우가 있는데 이는 총사원의 동의를 요하는 경우뿐이다.

4. 유한책임회사

(1) 구성방식

유한책임회사는 회사채권자에 대해 간접·유한책임을 지는 1인 이상의 사원으로 구성된 중간형태의 회사이다(제287조의2, 제287조의7). 유한책임회사는 "내부관계"에 대해서는 합명회사의 규정을 준용하지만(제287조의18), 사원은 회사채권자에 대해서는 출자금액을 한도로 간접·유한책임을 부담한다(제287조의7). 유한책임회사는 대내적 자율성, 대외적 유한책임을 특징으로 한다.

(2) 설립절차

유한책임회사의 사원의 성명과 주소 등은 정관의 절대적 기재사항이므로 사원확정절차는 별도로 거칠 필요가 없으며(제287조의3 제1호), 업무집행자의 성명 및 주소 또한 정관의 절대적 기재사항이므로(제287조의3 제4호) 별도의 기관구성절차도 필요하지 않다. 그런 점에서는 인적회사와 유사하다. 그러나 출자는 성립 전에 반드시 이루어져야 하며, 신용이나 노무는 그 출자방식으로 인정되지 않고 재산출자만이 가능하다(제287조의4 제2항). 유한책임회사는 ① 정관작성 → ② 출자이행 → ③ 설립등기의 3단계를 거치게 된다.

(3) 지분양도

유한책임회사의 사원은 다른 사원의 동의를 받지 아니하면 지분의 전부 또는 일부를 타인에게 양도하지 못한다(제287조의8 제1항). 다만, 업무를 집행하지 아니한 사원은 업무를 집행하는 사원 전원의 동의가 있으면 지분의 전부 또는 일부를 타인에게 양도할 수 있다(287조의8 제2항). 그러므로 업무집행사원은 다른 사원 전원의 동의로, 업무를 집행하지 않는 사원은 업무집행사원 전원의 동의로 지분의 전부 또는 일부를 양도할 수 있다.

(4) 업무집행

유한책임회사를 설립할 때에는 사원의 정관을 작성하여야 하며, 그 정관에서 사원 또는 사원이 아닌 자를 업무집행자로 정하여야 한다(제287조의12 제1항). 유한책임회사는 사원 또는 사원이 아닌 자를 업무집행자로 정할 수 있으며 정관에 의해 확정된 업무집행자가 회사의 업무집행을 담당한다. 1명 또는 둘 이상의 업무집행자를 정한 경우에는 각자가 회사의 업무를 집행할 권리와 의무가 있다(제287조의12 제2항). 다만 정관에서 둘 이상을 공동업무집행자로 정한 경우에는 그 전원의 동의가 없으면 업무집행에 관한 행위를 하지 못한다(제287조의12 제3항).

(5) 의사결정

유한책임회사의 의사결정방법에 대해서는 명문화된 규정은 없고 다만 유한책임회사의 내부관계에 대해서는 정관이나 상법에 다른 규정이 없으면 합명회사에 관한 규정을 준용하고 있다(제287조의18). 그러므로 유한책임회사의 사원의 의사결정은 합명회사와 마찬가지로 1인 1의결권원칙, 즉 두수주의가 적용된다고 볼 수 있다.

5. 유한회사

(1) 구성방식

유한회사는 회사채권자에 대하여 간접·유한책임을 지는 1인 이상의 사원으로 구성된 회사이다(제553조). 이 점에서 직접·유한책임을 지는 사원으로 구성된 합자회사의 유한책임사원과 유한회사의 사원의 책임은 차이가 있다. 유한회사의 사원은 일정한 경우 자본전보책임을 지는 점에서 주식회사의 주주의 책임과는 다소 차이를 보이며(제550조, 제551조), 유한회사 사원의 책임이 주식회사의 주주의 책임보다 조금 무겁다고 볼 수 있다. 결론적으로 합자회사의 유한책임사원, 유한회사의 사원 그리고 주식회사의 주주의 책임은 각각 다르다고 볼 수 있다.

(2) 설립절차

유한회사의 사원의 성명과 주소는 정관의 절대적 기재사항이다(제543조 제2항). 그러므로 설립의 과정에서 별도의 사원확정절차는 필요하지 않다. 그러나 출자는 회사채권자에 대한 책임의 기초가 되므로 성립 전에 반드시 이행되어야 하며(제548조, 제549조), 기관구성의 절차로서 사원총회와 이사를 반드시 두어야 한다(제561조, 제571조). 다만 감사는 임의기관일 뿐이므로 그 설치가 강제되지는 않는다(제568조). 유한회사의 설립절차는 ① 정관작성 → ② 출자이행 → ③ 기관구성 → ④ 설립등기의 4단계를 거치게 된다.

(3) 지분양도

유한회사의 사원은 그 지분의 전부 또는 일부를 양도할 수 있다. 다만 정관으로 지분양도를 제한할 수 있다(제556조). 유한회사 사원은 다른 정함이 있는 경우를 제외하고는 그 지분의 전부 또는 일부를 양도할 수 있다.

(4) 업무집행

유한회사는 유한책임을 지는 사원만으로 구성되기 때문에 자본단체성의 속성을 가지고 있어서 별도의 기관구성절차를 거쳐야 하므로 사원총회와 이사는 반드시 설치하여야 한다(제561조, 제571조). 유한회사의 의사결정은 사원총회의 결의에 의해, 업무집행은 이사에 의해 이루어지며, 감사는 임의기관이다. 이 점에서 자본금총액이 10억원 미만인 주식회사가 이사를 1인 또는 2인 선임하고 감사 또는 감사위원회를 설치하지 않는 경우와 거의 유사한 법리의 적용을 받게 된다.

(5) 의사결정

유한회사의 의사결정은 1좌 1의결권을 원칙으로 한다. 주식회사와 마찬가지로 유한회사의 의사결정방법은 지분주의를 원칙으로 한다. 다만 유한회사의 1좌 1의결권의 원칙은 정관으로 다른 정함을 할 수 있다는 점(제575조)에서 주식회사와 커다란 차이를 보인다.

6. 주식회사

(1) 구성방식

주식회사는 회사채권자에 대하여 1인 이상의 간접·유한책임을 지는 사원으로 구성된 가장 전형적인 형태의 물적회사이다. 상법상 회사에서 회사의 출자자(투자자)를 일반적으로 사원이라고 하지만 주식회사에서는 이를 특히 주주라고 한다.

(2) 설립절차

정관을 작성하고 설립등기를 하는 것은 모든 회사에 공통의 절차이다. 그러나 주식회사에서는 사원을 구성하는 방식이 발기설립과 모집설립으로 구분되는데, 특히 외부로부터 공모하여 주주를 모집하는 모집설립의 경우에는 사원확정, 출자이행, 기관구성의 절차를 추가로 거쳐야 한다. 주식회사의 설립은 ① 정관작성 → ② 사원확정 → ③ 출자이행 → ④ 기관구성 → ⑤ 설립등기의 5단계의 매우 복잡한 절차를 거치게 된다. 이에 대한 자세한 내용은 제2장에서 살펴보기로 한다.

(3) 지분양도

주식회사의 사원(주주)은 회사채권자에 대해 간접·유한책임을 부담하고 설립당시에 출자의무를 전부 이행하여야 하므로 회사가 존속하는 동안 주주가 누구인지 하는 문제는 회사채권자나 다른 주주에 대해서는 별다른 의미가 없다. 주주의 성명은 정관의 기재사항이 아니며, 주주명부에 기재할 사항이다. 주식의 양도는 원칙적으로 자유롭다. 다만 법률 또는 정관규정에 의해 주식양도를 제한하는 것은 가능하다. 한편, 주식회사에서는 인적회사와는 달리 퇴사나 제명제도는 인정되지 않는다(제335조 제1항).

(4) 업무집행

주식회사는 회사채권자에 대해 간접·유한책임을 지는 사원인 주주로 구성된다. 이로 인해 채권자의 위험은 증가할 가능성이 높다. 그런 이유에서 채권자를 보호하기 위한 규정을 다수 두고 있으며, 주주로부터 회사재산을 분리하여 별도로 관리할 필요성이 강하게 제기된다.

주식회사는 소유와 경영의 분리현상이 다른 회사에 비해 강하게 요청되며, 소유·경영·감독의 3권분립의 이론에 기초한 기관구성을 원칙적으로 강제하고 있다. 주식회사의 의사결정은 주주총회와 이사회를 통해 이루어지며, 이에 대한 업무집행은 대표이사가 수행하고 이사회와 대표이사의 업무집행에 대해서는 감사 또는 감사위원회가 경영에 대한 감독권을 행사하도록 하고 있다.

(5) 의사결정

주식회사의 의사결정은 주주총회와 이사회를 통해 이루어진다. 주주총회는 상법 또는 정관에서 정한 사항에 한해서만 의사결정권을 가진다. 그에 반해 이사회의 의사결정은 각 이사들의 회합으로 이루어진다. 이때 주주총회의 의사결정은 1주1의결권의 원칙에 따라 지분주의원칙이 적용되지만, 이사회의 의사결정은 1인1의결권의 원칙이 적용된다. 따라서 사원(주주)의 의사결정에 국한한다면 주주총회의 의사결정은 주식 1개당 1개의 의결권이 부여되는 지분주의를 특징으로 한다.

상법상 회사의 비교

구분	합명회사 (인적회사)	합자회사 (인적회사)	유한책임회사 (중간형태의 회사)	유한회사 (물적회사)	주식회사 (물적회사)
구성방식	2인 이상의 무한책임사원	① 1인 이상 유한책임사원 ② 1인 이상 무한책임사원	1인 이상 유한책임사원	1인 이상 유한책임사원	1인 이상 유한책임사원(주주)
회사대표	무한책임사원	무한책임사원	업무집행자	이사	대표이사
설립절차	① 정관작성 ② 설립등기	① 정관작성 ② 설립등기	① 정관작성 ② 출자이행 ③ 설립등기	① 정관작성 ② 출자이행 ③ 기관구성 ④ 설립등기	① 정관작성 ② 사원확정 ③ 출자이행 ④ 기관구성 ⑤ 설립등기
지분양도	다른 사원 전원 동의	① 무한책임사원 : 다른 사원 전원 동의 ② 유한책임사원 : 무한책임사원 전원 동의	① 업무집행사원 : 다른 사원 전원 동의 ② 비업무집행사원 : 업무집행사원 전원 동의	① 원칙 : 자유 ② 예외 : 정관으로 다른 정함 가능	① 원칙 : 자유 ② 예외 : 상법 또는 정관에 의한 제한 가능
의사결정	1인1의결권원칙 (두수주의)	1인1의결권원칙 (두수주의)	1인1의결권원칙 (두수주의)	1좌1의결권원칙 (지분주의)	1주1의결권원칙 (지분주의)

Ⅲ 기타의 분류방식

1. 법원상의 분류

법원이란 법의 존재형식을 말한다. 우리나라는 성문법주의 국가로서 상사에 관한 법률관계를 규율하는 법규로 일반법인 상법과 상사특별법 등이 있다. 이때 상법을 근거로 성립·존속하는 회사를 상법상의 회사라고 하며, 상법 외의 특별법의 규율을 받는 회사를 특별법상의 회사라 한다. 특별법상의 회사는 다시 일반적 특별법에 의한 회사와 특수회사로 구별된다.

특별법상의 회사는 특정업종을 목적으로 하는 회사에 일반적으로 적용되는 특별법의 규제를 받는 회사로서 은행(은행법), 보험회사(보험업법), 신탁회사(신탁업법) 등이 있다. 그리고 특수회사는 특정의 회사를 위해 특별히 제정된 특별법에 의하여 설립된 회사로서 한국전력공사(동법), 한국토지공사(동법), 한국도로공사(동법), 한국은행(동법) 등을 들 수 있으며, 이들은 자본금의 일부 또는 전부가 정부출자인 공기업이다.

2. 상사회사 · 민사회사

상법상 회사는 상행위를 영업으로 하는 상사회사와 그 밖의 영리를 목적으로 하는 민사회사로 구분할 수 있다. 그러므로 민사회사는 상법상 회사의 설립조건에 따라 준상행위(상법 제46조의 22가지 이외의 영리행위)를 목적으로 민법에 의해 설립된 회사와 상법에 의해 설립되었으나 준상행위를 목적으로 하는 회사로 구분할 수 있지만, 민법 제39조에서 민사회사에 대해서는 상법상 회사의 규정을 준용한다고 하고 있으므로(민법 제39조 제2항) 구별의 실익은 없다. **따라서 상사회사는 물론 민사회사도 상법상의 회사가 됨에 주목할 필요가 있다.**

3. 내국회사 · 외국회사

내국회사와 외국회사를 구분하는 근거는 그 회사가 어느 나라의 상법에 의해 설립되었는지에 따르는데, 이를 설립준거법주의라 한다. 따라서 **우리나라의 상법에 의해 설립된 회사를 내국회사라고 하며, 외국의 상법에 의해 설립된 회사를 외국회사라 한다.** 외국에서 설립된 회사도 우리나라에 그 본점을 설치하거나 우리나라에서 영업할 것을 주된 목적으로 하는 때에는 우리나라에서 설립된 회사와 동일한 상법의 규정을 적용한다(제617조). 외국회사에 관한 부분은 제8장에서 후술하기로 한다.

4. 상장회사 · 비상장회사

상장회사란 그 회사가 발행한 주주의 지위를 표창하는 유가증권인 주권이 유가증권시장(한국거래소)에서 거래될 수 있는 회사를 말하며, 비상장회사는 그 주권이 유가증권시장에서 거래될 수 없는 회사를 말한다. 상장회사는 상법상 모든 회사에 인정되는 것이 아니라 주식양도자유의 원칙이 인정되는 주식회사에 한해서만 인정된다. 그리고 **상장회사에 대해서는 상장회사특례규정이 다수 존재하는데, 그 규정이 적용되는 경우에는 상장회사특례규정을 먼저 적용하고, 상법, 상관습법, 민법의 순서로 법적용이 이루어지게 된다.**

제 4 절 회사법상 소송

I 의의

회사의 단체법적인 법률관계에 관한 분쟁이 있을 경우에는 다수의 이해관계인으로 구성된다면적 법률관계의 변동을 가져오므로 단체법적인 해결이 필요하다. 그런 이유에서 상법은 회사법상 법률관계의 하자는 소송으로만 다툴 수 있도록 하고 있고, 제소권자와 제소기간 등을 법정하고 있다. 또한 판결의 효력도 대세적 효력과 불소급을 원칙으로 하며, 패소한 원고도 악의 또는 중대한 과실이 없는 경우에는 회사에 대해 손해배상책임을 부담하지 않도록 하고 있다.

회사법상 소송에 관해서는 해당 부분에서 그 절차와 판결에 관해 상세한 규정을 두고 있다. 여기에서는 회사법상의 소송과 관련하여 기본적이고 공통적인 특징에 한하여 살펴보기로 한다.

Ⅱ 소송의 특징

1. 소송의 성질

민사소송은 그 소송의 성질에 따라 확인소송, 이행소송, 형성소송으로 구분할 수 있다. 회사법상 소송은 대부분 형성소송, 즉 형성의 소를 특징으로 한다. 형성의 소라 함은 법률관계를 변동시키는 판결, 즉 형성 판결을 목적으로 하는 소송을 말한다. 그러므로 문제된 법률관계는 오로지 소송에 의해서만 그 주장이 가능하며, 원고의 청구를 받아들일 경우 법원의 판결에 의해 법률관계가 무효·취소되는 효력이 발생한다.

2. 제소권자의 제한

주주총회의 결의와 관련한 결의무효의 소, 결의부존재의 소(제380조) 등의 확인의 소에는 제소권자에 대한 제한이 없으나, 나머지의 회사법상 대부분의 소송에서는 법률관계를 안정적으로 처리하기 위하여 대부분 제소권자가 법정되어 있다.

3. 소송절차에 대한 제한

회사법상 소송은 대부분 형성의 소이므로 제소기간, 피고, 관할법원, 소제기의 공고 등에 대해 법정하고 있다. 그리고 회사법상의 소송에서는 다수의 이해관계인이 존재하기 때문에 동일한 사안에 대해 수 개의 소가 제기될 수 있는데 이 경우에는 법원이 하나의 소로 병합하여 심리하여야 한다(제188조 등).

4. 법원의 재량기각권

기각이란 소송의 심리결과 법원이 원고의 청구가 이유 없다고 판단하여 내리는 결정을 말한다. 회사법상 소송은 대부분 법원이 스스로의 권능으로 원고의 청구를 기각할 수 있는 재량기각권을 인정한다. 다만, 일부 법원의 재량기각권이 인정되지 않는 소송도 존재하는데 이에는 주주총회결의와 관련한 ① 결의무효확인의 소, ② 결의부존재확인의 소, ③ 부당결의 취소·변경의 소가 그것이다.

관련판례요약

법원이 분할합병무효의 소를 재량기각하기 위해서는 원칙적으로 그 소제기 전이나 그 심리 중에 원인이 된 하자가 보완되어야 할 것이다. 그러나 법원은 그 하자가 추후 보완될 수 없는 성질의 것인 경우에는 그 하자가 보완되지 아니하였다고 하더라도 회사의 현황 등 제반 사정을 참작하여 분할합병무효의 소를 재량기각할 수 있다(대법원 2010.7.22.선고, 2008다37193판결).

5. 원고승소판결의 효과

(1) 대세적 효력

소송의 당사자 사이에서만 판결의 효력이 미치는 효력을 대인적 효력이라 하며, 대세적 효력이란 소송의 당사자는 물론 제3자에게도 판결의 효력이 미치는 효력을 말한다. 회사법상 소송은 대부분 집단적이고 단체적인 법률관계의 획일적 처리를 목적으로 하므로 원칙적으로 판결에서는 대세적 효력을 인정하고 있다. 즉, 판결의 기판력은 당사자는 물론 제3자에게도 그 효력이 미친다(제190조 등). 따라서 회시법상 소송은 원칙적으로 법원의 허가를 얻지 아니하고는 소의 취하, 청구의 포기, 인락, 화해 등을 할 수 없다.

(2) 소급효의 제한

회사관련 소송의 대부분은 법률관계의 안정적 처리를 위해 판결의 소급효를 부인하고 장래를 향하여만 무효·취소의 효력이 미치는 것을 원칙으로 한다. 다만, 회사법상 소송 중 소급효가 인정되는 것에는 ① 감자무효의 소(제445조)와 주주총회의 결의하자로 인한 ② 결의취소의 소(제376조), ③ 결의무효확인의 소(제380조), ④ 부존재확인의 소(제380조), ⑤ 부당결의취소·변경의 소(제381조)가 있다.

6. 원고패소판결의 효과

회사와 관련된 대부분의 소송에서는 대부분 패소한 원고는 원칙적으로 책임을 지지 아니한다. 다만 악의 또는 중대한 과실이 있는 때에 한하여 회사에 대하여 손해를 배상할 책임을 진다(제191조 등). 그러나 대표소송은 패소한 원고가 악의가 있는 경우에 한하여 손해배상책임을 부담할 뿐(제405조 제2항), 중과실의 경우에는 패소한 경우에도 손해배상책임을 부담하지 않는다. 이 점 유의하기 바란다.

제 5 절 회사의 설립

I 회사설립의 공통사항

1. 입법주의

회사설립에 관한 입법례로는 자유설립주의, 준칙주의, 허가주의, 특허주의 등이 있는데, 준칙주의란 회사에 관한 일반법인 상법에 의하여 회사의 실체형성에 관한 대내적 요건과 거래안전에 관한 대외적 요건을 정해 놓고, 이에 준거하여 설립하는 것에 대하여 당연히 회사의 설립을 인정하는 입법주의를 말한다. 우리 상법은 이러한 준칙주의에 입각해서 설립에 관한 발기인의 책임 등에 관하여 상세한 규정을 둔 것으로 엄격준칙주의를 택하고 있다고 할 수 있다.

2. 정관작성

(1) 정관의 의의

정관이라 함은 형식적으로는 사원의 총의에 의해 작성된 서면을 뜻하지만, 실질적으로는 사원들의 총의에 의해 성립되어 회사와 관련된 단체법적 법률관계를 규율하는 규범을 총칭한다.

회사설립시 작성한 정관을 원시정관이라고 한다. 원시정관 또는 변경된 정관은 엄격한 법정절차에 의해서만 변경이 가능하다. 정관은 그것을 작성한 설립자 또는 발기인뿐만 아니라 회사의 기관 그리고 새로이 회사조직에 가입한 자까지 당연히 구속하기 때문에 자치법규로 분류할 수 있다. 정관은 다른 법률에 위배되지 않는 한 상사에 관한 법률관계에 있어 가장 우선하여 적용되는 규범이다.

(2) 정관의 작성

상법상 회사의 정관의 작성과 효력발생의 내용은 다음과 같다.

구분	정관작성 및 효력발생
합명회사	2인 이상 무한책임사원이 정관을 작성하고 기명날인 또는 서명하여야 한다(제179조).
합자회사	1인 이상 무한책임사원과 1인 이상 유한책임사원이 정관을 작성하고 기명날인 또는 서명하여야 한다(제270조).
유한책임회사	1인 이상 유한책임사원이 정관을 작성하고 기명날인 또는 서명하여야 한다(제287조의3).
유한회사	1인 이상 유한책임사원이 정관을 작성하고 기명날인 또는 서명한 후 공증인의 인증을 받아야 한다(제543조 제1항). 다만 자본금총액이 10억원 미만인 유한회사의 경우에는 공증인 인증의무가 면제된다.
주식회사	1인 이상 발기인이 정관을 작성하고 기명날인 또는 서명한 후 공증인의 인증을 받아야 한다(제292조). 다만 자본금총액이 10억원 미만인 회사의 발기설립의 경우에는 공증인 인증의무가 면제된다.

3. 설립등기

(1) 의의

회사가 법정요건을 갖추어 실체형성절차를 완료한 경우에는, 본점소재지에서 설립등기를 함으로써 비로소 회사가 성립하게 된다(제172조). 이를 설립등기의 창설적 효력이라고 한다. 설립등기는 법인격의 창설과 더불어 거래의 안전을 위해 필요한 제도로서, 이는 회사설립절차의 최종적인 요건이다.

설립등기에 관한 사항은 각 회사별로 등기사항이 법정되어 있다(제180조, 제181조, 제271조, 제287조의5, 제317조, 제549조). 주식회사와 유한회사의 경우에는 소정의 법정절차가 종료된 날로부터 2주간 내에 이를 하여야 한다. 그리고 등기사항에 변경이 생긴 때에는 회사는 본점소재지에서 2주간 내에, 지점소재지에서 3주간 내에 변경등기를 하여야 한다(제182조, 제183조, 제269조, 제287조의5, 제317조, 제549조 제3항).

(2) 설립등기의 효력

① 창설적 효력

회사는 본점소재지에서 설립등기를 함으로써 성립한다(제172조). 상법상 회사는 설립등기에 의해 법인격이 생성되는데, 이를 설립등기의 창설적 효력이라고 한다.

② 보완적 효력

주식회사의 설립과정에서 주식청약서의 요건흠결을 이유로 주식인수의 무효를 주장하거나 사기·강박·착오를 이유로 주식인수의 청약을 취소할 수 없다. 이를 설립등기의 보완적 효력이라고 하며, 그 효력은 주식회사에 한해서만 발생한다.

③ 부수적 효력

주식회사는 설립등기 후 지체 없이 주권을 발행하여야 한다. 이를 설립등기의 부수적 효력이라고 하며, 그 효력은 주식회사에 한해서만 발생한다.

Ⅱ 회사의 설립절차

1. 의의

회사의 설립이란 회사라는 법인을 성립시키기 위한 여러 가지의 행위와 절차를 말한다. 회사의 설립절차는 크게 실체형성절차(① 정관작성 → ② 사원확정 → ③ 출자이행 → ④ 기관구성)와 설립등기의 두 과정으로 이루어져 있다.

주식회사의 경우에는 실체형성절차의 전 과정이 모두 요구되지만, 주식회사를 제외한 나머지 회사에서는 정관의 작성으로 사원이 확정되는 등 별도의 절차를 요하지 않기도 한다. 아래에서는 공통사항인 설립등기를 제외한 실체형성절차에 관해 인적회사, 유한책임회사, 물적회사를 구분하여 설명한다.

2. 합명회사

합명회사에서 사원의 성명과 주소 등은 정관을 절대적 기재사항이다(제179조 제3호). 따라서 합명회사는 주식회사와 달리 정관을 작성함으로써 사원은 자동적으로 확정된다. 출자의 방식도 신용·노무 및 재산출자의 방식에 제한이 없고, 그 이행도 성립 전에 모두 이루어질 필요는 없다(제222조). 그 이유는 무한책임사원의 신용으로 채권자는 보호될 수 있기 때문이다. 합명회사는 2인 이상의 무한책임사원으로 구성되므로 그 무한책임사원이 원칙적으로 업무집행기관이자 대표기관의 역할을 하게 된다. 따라서 기관구성의 절차도 별도로 필요하지 않다.

결론적으로, 합명회사는 정관작성과 설립등기만으로 간단히 설립된다.

3. 합자회사

합자회사는 1인 이상의 무한책임사원과 1인 이상의 유한책임사원으로 구성된 인적회사이다. 다만, 합명회사와 가장 큰 차이를 보이는 점은 유한책임사원이 존재한다는 점이다.

합자회사도 그 설립절차에 있어서는 합명회사와 별반 차이가 없다. 다만, 합명회사와 차이를 보이는 점은 정관의 절대적 기재사항에 사원의 책임이 유한책임인 것과 무한책임인 것을 구분해서 기재하여야 한다. 한편, 무한책임사원은 그 출자의 방식으로 신용·노무 및 재산출자가 모두 가능하지만, 유한책임사원은 원칙적으로 재산출자만 가능하다.

결론적으로, 합자회사도 정관작성과 설립등기만으로 간단히 설립된다.

4. 유한책임회사

유한책임회사의 경우에도 사원의 성명·주민등록번호 및 주소는 정관의 절대적 기재사항이다. 또한 업무집행자가 정관의 절대적 기재사항이므로 정관작성에 의하여 사원이 확정되고 기관구성절차도 필요하지 않게 된다(제287조의3). 다만, 출자이행은 회사채권자에 대한 책임이 기초가 되므로 정관작성과 별도의 절차가 필요하다.

결론적으로, 유한책임회사는 정관작성과 출자이행을 완료한 후 설립등기의 3가지 절차를 거쳐 설립된다.

5. 유한회사

유한회사의 경우에도 사원의 성명·주민번호 등은 정관의 절대적 기재사항이므로(제543조 제2항 제1호, 제179조 제3호), 정관작성 외에 별도의 사원확정절차는 필요 없다. 다만, 채권자에 대한 책임의 기초가 되는 출자이행은 설립등기 전에 반드시 이행되어야 한다(제548조, 제549조 제1항). 그리고 이사와 사원총회라는 기관구성절차도 완료하여야 한다. 그 후 설립등기를 거치게 된다.

결론적으로, 유한회사는 정관작성, 출자이행, 기관구성 및 설립등기의 4가지 절차를 거치게 된다.

6. 주식회사

주식회사는 대규모의 대중자본을 조달할 목적으로 설립된 가장 전형적인 형태의 물적회사로서 일반적으로 다수의 일반 주주로 구성된 회사이기 때문에 사원들 간에 이해관계의 충돌의 우려가 다른 회사에 비해 현저히 높다. 그런 이유에서 상법은 그 설립절차에 엄격한 제한을 가하고 있으며 매우 복잡한 절차를 거치도록 하고 있다.

결론적으로 주식회사는 정관작성, 사원확정, 출자이행, 기관구성 및 설립등기의 절차를 모두 거쳐야 한다. 주식회사의 설립절차는 매우 중요한 부분이므로 이에 대해서는 제2장 주식회사의 설립에서 자세히 살펴보기로 한다.

회사의 설립절차(실체형성절차→설립등기)

구분	합명회사	합자회사	유한책임회사	유한회사	주식회사
① 정관작성	○	○	○	○	○
② 사원확정	×	×	×	×	○
③ 출자이행	×	×	○	○	○
④ 기관구성	×	×	×	○	○
⑤ 설립등기	○	○	○	○	○

Ⅲ 회사설립의 하자

1. 의의

회사설립의 하자란 회사가 실체형성절차를 거친 후 설립등기를 하여 외관상 유효하게 성립하였으나(제172조), 그 설립의 과정에서 절차상 중대한 결함이 있는 것을 말한다. 회사의 설립절차상 하자는 회사법상 소송에 의해서만 그 하자주장이 가능하며, 제소권자와 제소기간 등이 법정되어 있다. 또한 판결의 효력은 대세적 효력과 불소급효를 특징으로 한다. 그리고 패소한 원고는 원칙적으로 손해배상책임을 부담하지 아니하며, 원칙적으로 악의 또는 중과실이 있는 경우에 한하여 손해배상책임을 부담한다.

2. 설립취소의 소

(1) 의의

회사의 설립과정에서 취소사유가 있는 경우에는 그 취소를 소로써만 주장할 수 있는데, 이때 제기되는 소송을 설립취소의 소라고 한다. 이때 취소사유는 민법상 의사표시의 하자에 관한 규정이 준용된다. 따라서 설립취소의 소는 민법상 취소사유인 주관적 취소사유를 제소사유로 하며, 오로지 소로써만 그 하자를 주장할 수 있다.

(2) 특징

설립취소의 소는 주식회사에서는 인정되지 않는다. 그 이유는 주식회사의 설립의 과정에서 취소할 수 있는 사유가 있는 경우에도 그러한 의사표시의 하자는 의사표시를 한 자가 주주로서 권리를 행사한 경우에는 하자가 치유되며, 만일 설립등기가 완료된 경우에는 주식회사의 설립등기의 보완적 효력에 의해 자동 치유되기 때문이다.

(3) 제소사유

회사설립취소의 소의 제소사유에는 행위무능력, 사기·강박·착오의 의사표시, 채권자를 해할 것을 알고 의사표시를 한 경우 등이 있다.

(4) 제소권자 및 제소기간

회사설립취소의 소는 취소권 있는 자(취소권 있는 사원과 채권자)에 한하여 회사가 성립한 날부터 2년 내에 소로써만 주장할 수 있다.

(5) 소의 절차

회사는 설립취소의 소가 제기된 때에는 지체 없이 이를 공고하여야 한다(제187조). 관할법원은 본점소재지의 지방법원에 전속하며(제186조), 수 개의 설립취소의 소가 제기된 때에는 법원은 이를 병합 심리하여야 한다(제188조). 설립취소의 소가 제기되어 그 심리 중에 원인이 된 하자가 보완되고 회사의 현황과 제반사정을 참작하여 설립을 무효 또는 취소로 하는 것이 부적당하다고 인정한 때에는 법원은 그 청구를 기각할 수 있다(제189조).

(6) 판결의 효력

소송의 결과 원고가 승소한 경우에는 회사의 설립취소의 효력이 발생한다. 이때 판결은 당사자뿐만 아니라 제3자에게도 그 효력이 미치는 대세적 효력을 특징으로 한다. 또한 판결 전에 미친 법률관계에는 영향을 미치지 않고 불소급한다. 원고가 패소한 경우에도 원칙적으로 원고는 손해배상책임을 부담하지 않으며, 다만 악의 또는 중과실이 있는 경우에 한하여 회사에 연대하여 손해를 배상할 책임이 있다(제191조).

3. 설립무효의 소

(1) 의의

회사설립의 과정에서 무효사유가 있는 경우에는 그 무효를 소로써만 주장할 수 있는데, 이대 제기되는 소송을 설립무효의 소라고 한다. 이때 무효사유에는 민법상 의사표시의 하자 중 무효사유에 해당하는 주관적 무효사유와 회사설립의 과정에서 상법상 절차를 위반한 객관적 무효사유가 있다. 따라서 설립무효의 소는 주관적 무효사유와 객관적 무효사유를 제소사유로 하여 소로써만 그 하자를 주장할 수 있다.

(2) 특징

설립무효의 소는 상법상 모든 회사에서 인정된다. 이때 주관적 무효사유는 주식회사를 제외한 나머지 회사에서 설립무효의 소의 원인이 된다. 그러나 주식회사에서는 주관적 무효사유는 설립무효의 소의 원인이 되지 못하고, 객관적 무효사유만이 설립무효의 소의 원인이 된다. 이 점 명확히 구별하기 바란다,

(3) 제소사유

① 주관적 무효사유

주관적 무효사유는 민법상 의사표시의 하자 중 무효사유에 해당하는 것으로서 의사무능력, 비진의·통정허위의 의사표시 등이 있다. 주식회사의 설립에서 이러한 주관적 무효사유가 있는 경우에는 설립무효의 소의 원인이 되지 않는다. 그러나 나머지 회사에서는 설립무효이 소의 원인이 된다.

② 객관적 무효사유

객관적 무효사유는 회사설립의 과정에서 상법상 제반절차를 위반한 것을 말한다. 대표적으로 정관의 절대적 기재사항의 흠결이 있는 경우, 주식회사의 모집설립시 창립총회를 개최하지 않은 경우, 정관에 대한 공증인 인증이 필요함에도 그 인증을 받지 않은 경우 등이다.

회사설립의 과정에서 객관적 무효사유가 있는 경우에는 모든 회사에서 설립무효의 소의 원인이 된다.

(4) 제소권자와 제소기간

설립무효의 소는 인적회사는 사원에 한하여 제기할 수 있다. 유한책임회사는 사원과 업무집행자에 한하여, 유한회사는 사원과 이사에 한하여 제기할 수 있다. 그리고 주식회사는 주주, 이사, 감사에 한하여 제기할 수 있다. 설립무효의 소는 각각의 회사에서 상법상 정해진 제소권자에 한하여 회사가 성립한 날부터 2년 내에 소로써만 주장할 수 있다.

(5) 소의 절차

회사는 설립무효의 소가 제기된 때에는 지체 없이 이를 공고하여야 한다(제187조). 관할법원은 본점소재지의 지방법원에 전속하며(제186조), 수 개의 무효의 소가 제기된 때에는 법원은 이를 병합 심리하여야 한다(제188조). 설립취소의 소가 제기되어 그 심리 중에 원인이 된 하자가 보완되고 회사의 현황과 제반사정을 참작하여 설립을 무효 또는 취소로 하는 것이 부적당하다고 인정한 때에는 법원은 그 청구를 기각할 수 있다(제189조).

(6) 판결의 효력

소송의 결과 원고가 승소한 경우에는 회사의 설립무효의 효력이 발생한다. 이때 판결은 당사자뿐만 아니라 제3자에게도 그 효력이 미치는 대세적 효력을 특징으로 한다. 또한 판결 전에

미친 법률관계에는 영향을 미치지 않고 불소급한다. 원고가 패소한 경우에도 원칙적으로 원고는 손해배상책임을 부담하지 않으며, 다만 악의 또는 중과실이 있는 경우에 한하여 회사에 연대하여 손해를 배상할 책임이 있다(제191조).

4. 사실상의 회사

(1) 의의

회사설립절차에 하자가 있어 설립무효의 소 또는 설립취소의 소가 제기되고 그 판결의 효력은 장래를 향해서만 그 효력이 영향을 미칠 뿐 소급하지 않는다. 따라서 회사의 설립등기가 이루어진 때로부터 설립무효 또는 설립취소의 확정판결이 이루어질 때까지 존속한 회사의 법률관계의 처리를 어떻게 할 것인지가 문제되는데, 이를 해결하기 위해 생겨난 개념이 사실상의 회사이다.

사실상의 회사

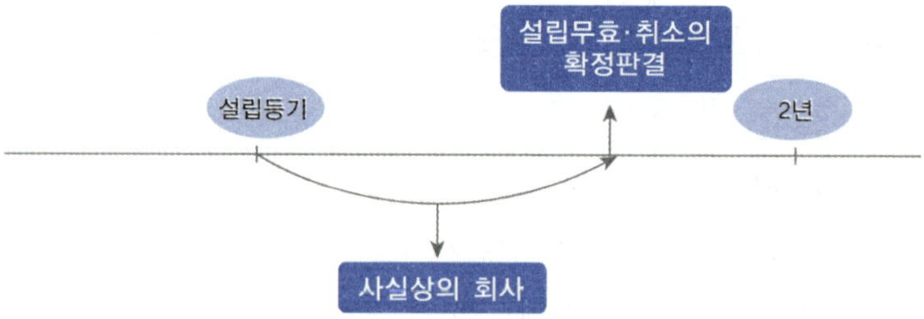

(2) 적용요건

사실상의 회사는 일단 설립등기가 이루어졌으나 그 설립절차에 하자가 존재하여 회사의 설립이 판결에 의해 무효 또는 취소된 경우에 한하여 인정된다. 그러므로 회사의 불성립 또는 회사의 부존재의 경우에는 사실상의 회사가 인정될 여지가 없다.

(3) 법률관계의 적용

사실상의 회사, 즉 설립무효 또는 취소판결 이전에 존속한 회사는 완전한 권리능력이 있는 회사이므로 그 회사가 한 모든 행위는 완전한 회사의 행위이므로 유효하다. 따라서 주식회사의 발기인은 회사가 불성립한 경우의 책임(제326조)이 아니라 회사가 성립한 경우의 책임(제322조, 제323조)을 부담한다. 설립무효 또는 취소의 판결이 확정되면 사실상의 회사는 동 판결의 확정에 의하여 해산된 것으로 보게 되어 해산에 준하여 청산을 하여야 한다(제193조 제1항,

제269조, 제328조 제2항, 제552조 제2항).

설립무효의 소와 설립취소의 소

구분	설립취소의 소	설립무효의 소
인정범위	주식회사를 제외한 나머지 회사	① 주관적 무효사유 : 주식회사를 제외한 나머지 회사 ② 객관적 무효사유 : 상법상 모든 회사* * 따라서 주식회사는 객관적 무효사유를 원인으로 한 설립무효의 소만 인정되는 점에 유의
제소사유	① 행위무능력 ② 사기·강박·착오 ③ 채권자를 해할 것을 안 경우 등	① 주관적 무효사유 • 의사무능력 • 비진의·통정허위표시 등 ② 객관적 무효사유 • 상법규정을 위반한 설립 등
제소권자	취소권 있는 자(취소권 있는 사원과 채권자)	① 인적회사 : 사원 ② 유한책임회사 : 사원, 업무집행자 ③ 유한회사 : 사원, 이사 ④ 주식회사 : 주주, 이사, 감사
제소기간	성립한 날부터 2년 이내	성립한 날부터 2년 이내
판결의 효력	대세적 효력·불소급효	대세적 효력·불소급효
패소원고의 책임	악의 또는 중대한 과실이 없는 경우에는 책임없음	악의 또는 중대한 과실이 없는 경우에는 책임없음

제 6 절 회사의 해산·청산 및 기타제도

I 회사의 해산

1. 의의

회사의 해산이란 회사의 법인격(권리능력)을 소멸시키는 원인이 되는 법률요건을 말한다. 이를 실질적인 측면에서 살펴보면 영업활동이 종결되는 법률사실이라고 볼 수 있다. 회사는 해산에 의하여 법인격은 소멸하지 않는다. 그 이유는 회사에 현존하는 재산을 채권자와 주주에게 배분해야 하는 청산절차가 남아있기 때문이다.

해산 후의 회사, 즉 청산이 진행 중인 과정의 회사를 청산중의 회사라고 한다. 청산중의 회사는 청산의 목적범위 내에서는 권리능력(법인격)이 있다(제245조, 제269조, 제542조 제1항, 제613조 제1항). 회사의 법인격은 청산절차가 종료한 때에 비로소 소멸하게 된다.

회사의 해산과 청산의 이해

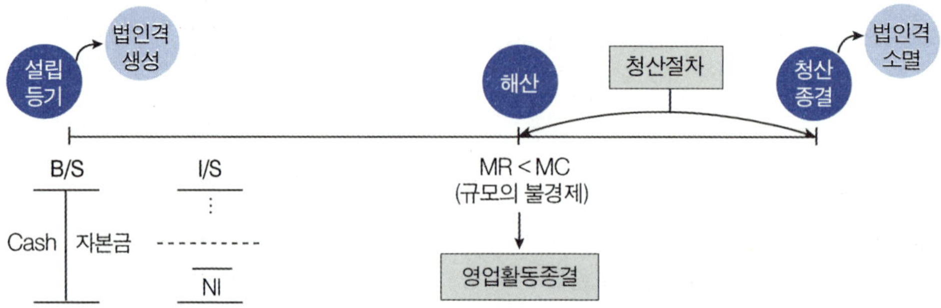

2. 해산사유

(1) 공통해산사유

상법상 5가지 종류의 회사에 공통적으로 적용되는 해산사유는 ① 존립기간의 만료, ② 기타 정관으로 정한 사유의 발생, ③ 총사원의 동의(인적회사·유한책임회사), ④ 사원(주주)총회의 특별결의(유한회사·주식회사), ⑤ 회사의 합병, ⑥ 회사의 파산, ⑦ 법원의 해산명령과 해산판결이 있다(제227조, 제269조, 제517조, 제609조).

(2) 인적회사의 특유한 해산사유

합명회사와 합자회사는 위의 공통해산사유와 더불어 사단성이 회사의 성립 및 존속요건이므로 사원이 1인으로 된 때에는 해산하게 된다(제227조, 제269조). 다만 합자회사에서는 최소한 무한책임사원과 유한책임사원을 각각 1인씩은 두어야 하므로 무한책임사원 또는 유한책임사원 전원이 퇴사한 경우도 해산사유이다(제285조 제1항).

(3) 주식회사에 특유한 해산사유

주식회사는 1인의 사원으로 성립·존속이 가능하므로, 사원이 1인이 된 것만으로는 해산하지 않는다. 이는 유한책임회사 또는 유한회사의 경우도 마찬가지이다.

주식회사에 특유한 해산사유로 ① 회사의 분할에 의한 해산(제517조 1의2호)과 ② 휴면회사의 해산의제제도(제520조의2 제2항)가 있다. 회사의 분할은 분할회사가 소멸하는지 또는 존속하는지에 따라 소멸분할과 존속분할로 구분할 수 있는데, 이때 소멸분할만이 해산사유가 된다. 그리고 휴면회사의 해산의제는 후술한다.

3. 해산의 등기

합병과 파산의 경우 외에는 이사 등이 지체 없이 사원(주주)에 대하여 해산의 통지를 하고 이를 공고하여야 한다(제521조). 또한 해산사유가 있은 날로부터 본점에서는 2주간 내, 지점에서는 3주간 내에 해산등기를 하여야 한다.

회사의 해산이 완료되었는지 여부는 해산등기에 의하는 것은 아니고, 그 실질적 해산절차의 종결여부에 따른다. 그 이유는 해산등기는 대항요건일 뿐이기 때문이다. 판례도 해산결의가 있고 청산인의 선임결의가 있는 이상 이는 실질적 해산절차가 종결한 것이므로 그러한 회사는 청산중의 회사라고 본다(대법원 1981.9.8.선고, 80다2511판결).

4. 해산의 효과

회사가 해산하면 영업능력을 상실하기 때문에 청산절차가 개시된다. 다만, 합병과 분할 또는 파산 등의 경우에는 청산절차를 거칠 필요가 없다. 따라서 회사의 합병, 분할, 파산의 경우 외에는 청산절차가 개시된다.

Ⅱ 해산명령과 해산판결

1. 의의

해산은 법인격의 소멸을 가져오는 법률사실로서, 해산의 사유는 각 회사마다 다르다. 다만 상법은 모든 회사의 공통해산사유로 해산명령과 해산판결의 제도를 인정하고 있다. 해산명령과 해산판결은 법원에 의한 해산절차로서 모든 회사는 해산명령과 해산판결에 의해 해산하게 된다. 해산명령과 해산판결은 법원에 의한 해산이므로 해산명령과 해산판결로 해산한 때에는 회사를 계속할 수 없다. 이 점 유의하여야 한다.

2. 해산명령

(1) 의의

해산명령은 공익유지를 위해 인정되는 제도이다. 해산명령은 회사의 존속을 허용할 수 없을 때에 법원이 해산을 명할 수 있는 제도로서, 이해관계인이나 검사의 청구 또는 법원이 직권에 의해서도 할 수 있다는 점에서 특색이 있다. 해산명령은 회사설립에 관한 준칙주의로 야기되는 회사설립의 폐해를 사후에 시정하기 위한 제도이다.

(2) 해산명령의 사유

해산명령의 사유는 다음과 같다.

① 회사의 설립목적이 불법인 경우
② 회사가 정당한 사유 없이 성립 후 1년 내 영업을 개시하지 않거나 1년 이상 영업을 휴지하는 때
③ 이사 또는 회사의 업무를 집행하는 사원이 법령 또는 정관에 위반하여 회사의 존속을 허용할 수 없는 때

(3) 해산명령의 절차

법원은 이해관계인이나 검사의 청구에 의하여 또는 직권으로 회사의 해산을 명할 수 있다(제176조 제1항). 이해관계인의 청구에 의하여 절차가 개시될 때 법원은 회사의 청구에 의하여 이해관계인에게 상당한 담보를 제공할 것을 명할 수 있다(제176조 제3항).

해산명령의 청구가 있는 때에는 법원은 해산을 명하기 전일지라도 이해관계인이나 검사의 청구에 의하여 또는 직권으로 관리인의 선임 기타 회사재산의 보전에 필요한 처분을 할 수 있다(제176조 제2항). 그리고 회사의 해산명령사건은 비송사건으로서 이에 관한 절차는 비송사건절차법(동법 제90조 이하)에 의한다.

(4) 해산명령의 효과

법원의 해산명령의 결정은 이유를 부기한 결정으로써 하는데(동법 제90조 제1항, 제75조 제1항), 이러한 해산명령에 의하여 회사는 해산한다(상법 제227조, 제269조, 제517조, 제609조 제1항). 해산명령에 대하여 회사와 이해관계인 그리고 검사는 즉시 항고할 수 있다(동법 제91조).

3. 해산판결

(1) 의의

해산판결은 해산명령과는 달리 "사원의 이익을 보호"하기 위하여 인정되는 제도이다. 회사는 궁극적으로 사원의 이익을 위하여 존재하는 것인데, 회사의 존속이 오히려 사원의 이익을 해칠 때에는 일정한 재판절차에 의하여 회사의 해산을 판결함으로써 사원의 손실을 방지해 주자는 것이다.

(2) 사유

해산판결의 사유는 다음과 같다. 회사의 해산판결은 해산 외에는 주주를 보호할 방법이 없을

때에만 가능하다는 것이다. 그러므로 주주의 이익이 심각하게 침해되고 있을 지라도 소수주주권의 행사 등으로 구제가 가능한 경우에는 해산청구가 불가능하다(서울지법 1999.9.7.선고, 99가합17703판결).

인적회사·유한책임회사	유한회사·주식회사
부득이한 사유가 있을 때	① 회사의 업무가 현저한 정돈상태를 계속하여 회복할 수 없는 손해가 생긴 때 또는 손해가 생길 염려가 있는 때 ② 회사재산의 관리 또는 처분의 현저한 실당으로 회사의 존립을 위태롭게 한 때

(3) 해산판결의 절차

인적회사와 유한책임회사에서는 각 사원이 청구하는 것이지만(제241조 제1항, 제269조), 물적회사인 주식회사와 유한회사에서는 발행주식총수(출자총액)의 100분의 10 이상에 해당하는 주식을 가진 주주(사원)이다. 회사의 해산판결은 소송사건으로 그 소는 형성의 소에 해당하며, 재판은 판결에 의한다. 그리고 이 소는 본점소재지를 관할하는 지방법원의 전속관할에 속한다(제186조, 제241조 제2항, 제269조).

(4) 해산판결의 효과

원고가 승소하여 해산판결이 확정되면 회사는 해산하여 청산절차를 밟아야 한다. 그리고 패소한 경우에도 원고는 원칙적으로 손해배상책임을 부담하지 않지만, 악의 또는 중대한 과실이 있는 경우에는 회사에 대하여 연대하여 손해를 배상할 책임을 부담하여야 한다(제191조, 제241조 제2항, 제520조 제2항, 제613조 제1항).

해산명령과 해산판결의 비교

구분	해산명령	해산판결
목적	공익유지	사원(또는 주주)의 이익보호
특징	비소송사건	소송사건
사유	① 설립목적 불법 ② 정당한 사유 없이 1년 내 영업개시하지 않거나, 1년 이상 휴업 ③ 이사, 업무집행사원의 불법행위	① 회사업무의 현저한 정돈상태로 회복할 수 없는 손해염려 ② 회사재산의 관리·처분의 현저한 실당으로 존립이 위태로운 경우
청구권자	이해관계인, 검사	사원
절차	법원의 명령절차	법원의 재판절차

Ⅲ 회사의 청산

1. 의의

회사가 해산하면 존립중에 발생한 일체의 대내외적 법률관계를 종국적으로 처리하기 위하여 청산을 해야 한다. **다만 합병과 파산의 경우에는 청산절차를 거칠 필요가 없다.** 그 이유는 합병은 청산절차 없이 소멸하는 회사의 권리의무가 존속회사 또는 신설회사에 포괄적으로 이전되기 때문이며, 파산은 파산관재인이 채무자 회생 및 파산에 관한 법률의 규정에 따라 처리해야 하기 때문이다.

2. 청산의 방법

(1) 의의

청산의 방법에는 임의청산과 법정청산의 두 가지 방법이 있다. 임의청산이란 정관 또는 사원의 의사에 의하여 청산하는 것을 말하며, 법정청산이란 법률의 규정에 의하여 청산하는 것을 말한다.

(2) 인적회사의 청산

인적회사인 합명회사와 합자회사는 청산의 방법으로 **임의청산과 법정청산이 모두 인정된다.** 특히 합명회사와 합자회사에서 임의청산이 인정되는 이유는 무한책임사원이 존재하기 때문에 정관 또는 총사원의 동의에 의해 청산한 경우에도 채권자는 보호될 수 있기 때문이다.

(3) 물적회사의 청산

유한책임회사는 유한책임사원만이 존재하므로 임의청산이 인정되는 경우 채권자보호는 담보될 수 없어 상법은 유한책임회사의 청산방법으로 **법정청산만을 인정하고 있다.** 따라서 유한책임회사, 유한회사 및 주식회사의 청산의 방법으로는 임의청산은 불가능하고, 법정청산만이 가능하다.

3. 청산사무의 내용

회사는 해산된 후에도 청산의 목적범위 내에서는 권리능력을 가진다(제245조, 제269조, 제542조, 제613조). 이때 청산의 목적범위를 청산사무라고 하며 청산사무를 수행하는 업무집행기관을 청산인이라고 한다. **청산사무의 내용은 ① 현존사무의 종결, ② 채권의 추심, ③ 재산의 환가처분, ④ 채무의 변제, ⑤ 잔여재산의 분배의 5가지이다**(제254조 제1항).

4. 청산의 종결

법정청산은 잔여재산의 분배를 포함한 모든 청산사무를 종결하였을 때에, 임의청산은 총사원 또는 사원(주주)총회의 특별결의의 승인을 얻은 후에 청산종결의 등기를 하여야 한다(제264조, 제269조, 제542조 제1항, 제613조 제1항).

만일, 회사의 변제할 채무, 분배할 재산이 여전히 남아 있는 경우에는 사실상 청산이 종결되지 아니한 것이다. 따라서 이 경우에는 청산종결의 등기를 하였더라도 그 등기에는 공신력이 없고 또한 회사의 법인격은 소멸하지 않는다(대법원 2001.7.13.선고, 2000두5333판결). 이 점 유의하여야 한다.

Ⅳ 주식회사의 청산

1. 의의

주식회사가 청산하면 합병 또는 파산 등의 경우를 제외하고는 청산을 하여야 한다. 주식회사에 있어서 청산의 의의, 청산사무의 내용, 청산의 효과 등은 기술한 바와 같으므로 추가적인 설명은 생략하기로 한다. 아래에서는 주식회사에서 특히 중요한 청산과 관련된 제반문제에 대해 자세히 살펴보기로 한다.

2. 청산인

(1) 자격과 수

청산인의 자격에는 제한이 없다. 다만, 청산사무를 수행해야 하기 때문에 법인은 청산인이 될 수 없다고 보는 것이 타당할 것이다. 주식회사의 해산한 후에도 감사는 그 지위가 그대로 유지되므로 감사는 청산인이 될 수 없다.

청산인은 이사와는 달리 법률상 정원에 관한 규정이 없다. 따라서 1인이라도 무방하며, 그 경우에는 그 1인의 청산인이 대표청산인이 된다는 것이 판례의 견해이다(대법원 1989.9.12.선고, 87다카2691판결). 청산인은 이사와 달리 임기는 없다.

(2) 선임

정관에서 다른 정함이 없거나 주주총회에서 청산인을 선임한 경우를 제외하고는 이사가 청산인이 된다(제531조 제1항 본문). 그러므로 정관에서 청산인을 따로이 정하거나 주주총회에서 청산인을 선임한 때에는 이에 의해 청산인이 정해진다(제531조 제1항 단서).

만일, 이사의 직무집행이 정지되고 직무대행자가 선임된 경우에는 이사의 직무대행자는 청산인의 직무대행자가 된다(대법원 1991.12.24.선고, 91다4355판결). 청산법인의 주주총회가 이사를 선임하는 결의를 하였다고 하더라도 이를 무효로 볼 것이 아니라 청산인을 선임한 것으로 보아야 한다(대법원 1989.9.12.선고, 87다카2691판결).

(3) 종임

청산인은 일반적 종임사유로 종임하며, 법원이 선임한 경우에는 법원이 해임한다. 그 외에는 주주총회의 보통결의로 언제든지 해임할 수 있다(제539조 제1항). 청산인이 그 임무를 수행함에 있어서 부적임하거나 중대한 업무위반 행위가 있는 때에는 발행주식총수의 100분의 3 이상의 소수주주가 그 청산인의 해임을 법원에 청구할 수 있다(제539조 제2항).

(4) 준용규정

청산인과 회사와의 관계에 대해서는 이사와 회사와의 관계에 관한 규정을 준용한다(제542조 제1항). 그러므로 청산인의 보수, 청산법인과 회사의 소에 있어서의 대표, 청산인의 자기거래, 회사나 제3자에 대한 책임, 위법행위유지청구권, 대표소송 등에 관해서는 모두 이사에 관한 규정이 준용된다(제542조 제2항).

3. 청산인의 직무

(1) 의의

청산인이 수행하여야 할 청산사무는 ① 현존사무의 종결, ② 채권의 추심, ③ 재산의 환가처분, ④ 채무의 변제, ⑤ 잔여재산의 분배의 5가지로서 앞에서 살펴본 바와 같다. 다만 주식회사에 있어서는 특히 채무의 변제와 잔여재산의 분배에 관하여 다수채권자에 대한 공평한 변제와 청산의 신속한 진행을 위하여 다음과 같이 몇 가지 특유한 규정을 두고 있다. 이에 대해서는 각별한 주의를 기울이면서 살펴보기 바란다.

(2) 채권자에 대한 최고

청산인은 취임한 날로부터 2월 내에 회사채권자에 대하여 일정한 기간 내에 채권을 신고할 것과 그 기간 내에 신고하지 아니하면 청산에서 제외된다는 뜻을 2회 이상의 공고로써 최고하여야 하며, 그 기간은 2월 이상으로 하여야 한다(제535조 제1항).

회사가 알고 있는 채권자에 대해서는 각별로 채권신고를 최고하여야 하며, 그 채권자가 신고하지 아니한 때에도 이를 청산에서 제외하지 못한다(제535조 제2항). 소송이 제기된 채무의 채권자는 회사가 당연히 알고 있는 채권자이므로 신고가 없더라도 청산에서 제외할 수 없다(대법원 1968.6.18.선고, 67다2528판결).

(3) 신고기간 내의 변제금지

청산인은 위의 채권신고기간 내에는 채권자에 대하여 변제를 하지 못한다(제536조 제1항). 다만 소액채권, 담보가 제공된 채권 및 그 밖에 변제하더라도 다른 채권자를 해할 염려가 없는 채권은 법원의 허가를 얻어 변제할 수 있다(제536조 제2항).

(4) 채무의 변제

채권신고기간이 경고하면 신고한 채권자. 그리고 신고하지 않았더라도 알고 있는 채권자에 대하여 변제하여야 한다. 완제불능인 경우 외에는 어느 채권자에게 먼저 변제하더라도 무방하다. 회사재산이 채무를 변제하기에 부족한 때에는 청산인은 지체 없이 파산선고를 신청하여야 한다(제542조 제1항).

(5) 잔여재산의 분배

채무를 완제하고 남는 재산은 주주에게 분배한다(제542조 제1항). 이 경우 주주평등의 원칙에 따라 각 주주가 가진 주식 수에 비례하여 분배한다(제538조 본문). 그러나 잔여재산분배에 관해 내용이 다른 종류주식을 발행한 경우에는 그에 따른다(제538조 단서).

(6) 제외된 채권자의 권리

채권신고기간 내에 신고하지 않았기 때문에 청산에게 제외된 채권자는 주주에게 분배되지 아니한 재산의 범위 내에서만 변제를 청구할 수 있다(제537조 제1항). 따라서 잔여재산분배가 완료되면 제외된 채권자는 권리를 잃게 된다. 일단 분배가 개시되면 주주가 청산에서 제외된 채권자보다 우선하는 것이므로, 채권신고기간 내에 신고하지 않으면 권리상실의 위험이 크다.

4. 청산의 종결

(1) 결산보고서의 제출

청산사무를 종결한 때에는 청산인은 지체 없이 결산보고서를 작성하고 이를 주주총회에 제출하여 승인을 얻어야 한다(제540조 제1항). 주주총회의 승인을 얻은 때에는 부정행위에 관련된 부분을 제외하고는 회사가 청산인의 책임을 해제한 것으로 본다(제540조 제2항).

(2) 청산종결의 등기

청산인은 결산보고서의 승인이 난 후에는 청산종결의 등기를 하여야 한다(제542조 제1항). 회사의 장부 기타 영업과 청산에 관한 서류는 청산종결의 등기 후 10년간 이를 보존하여야 한다(제541조). 다만 전표 기타 이와 유사한 서류는 5년간 보존하면 된다(제541조 제1항 단서).

(3) 청산종결의 시기

청산은 청산사무가 실질적으로 종료한 때에 종결되며, 청산사무가 일부라도 남아 있으면 청산종결의 등기가 있더라도 청산은 종결되지 아니한다. 따라서 남아 있는 사무의 범위에서 회사는 법인격을 가지고 소송당사자 능력이 있으며 청산인의 의무도 존속한다(대법원 1968.6.18. 선고, 67다2528판결).

V 휴면회사의 해산의제

1. 의의

휴면회사란 최후 등기 후 5년을 경과한 회사를 말한다. 주식회사의 경우 이사의 임기는 3년을 초과할 수 없으므로, 최소 3년에 1회 이상은 변경등기를 해야 한다. 그럼에도 불구하고 최후 등기 후 5년을 경과하도록 변경등기를 하지 않는 경우에는 실질적으로 경영활동을 하지 않는 휴면회사일 가능성이 농후하다. 이러한 휴면회사를 방치하는 경우에는 회사제도를 악용할 우려가 있으며, 회사등기부에 상당한 부담이 된다. 그런 이유에서 회사법은 주식회사에 한하여, 일정한 요건을 충족하면 해산을 의제하고 또 그로부터 일정한 기간이 경과하면 청산까지 의제하는 규정을 두고 있는데, 이를 휴면회사의 해산의제라고 한다.

2. 해산의 의제

(1) 법원의 공고

상업등기부에 최후의 등기를 한 후 5년이 경과하면 이러한 회사에 대하여 법원은 회사가 아직 영업을 폐지하지 아니하였다는 것을 신고할 것을 법원행정처장이 관보에 공고한다.

(2) 해산의제

공고한 날에 이미 최후의 등기 후 5년을 경과한 회사가 그 공고한 날로부터 2월 이내에 대통령령이 정하는 바에 의해 신고를 하지 않은 경우에는 그 신고기간이 만료한 때에 해산한 것으로 본다(제520조의2 제1항 본문). 비록 신고를 하지 아니하였지만 그 기간 내에 등기를 한 회사는 해산이 의제되지 않는다(제520조의2 제1항 단서).

3. 청산의 의제

(1) 회사의 계속

해산이 의제된 회사는 3년 이내에 주주총회의 특별결의에 의해 회사를 계속할 수 있다(제520조의2 제3항). 이 경우에는 계속등기를 하여야 한다(제521조의2).

(2) 청산의제

해산의제 후 3년 이내에 회사계속의 결의를 하지 아니한 경우에는 그 3년이 경과한 때에 청산이 종결된 것으로 보아 법인격이 완전히 소멸된다(제520조의2 제4항).

Ⅵ 회사의 계속

1. 의의

기업유지의 관점에서 일단 해산한 회사가 사원들의 자발적인 노력에 의하여 해산 전의 상태로 복귀하여 해산 전의 회사와 동일성을 유지하면서 존속하는 것을 회사의 계속이라고 한다. 이미 해산 등기를 한 회사도 일정한 경우에는 계속할 수 있는 데 이때에는 계속등기를 하여야 한다. 다만, 법원에 의한 해산명령과 해산판결에 의한 해산의 경우에는 회사의 계속이 인정되지 않음에 유의하여야 한다.

2. 사유 및 절차

(1) 공통사유 및 절차

사원의 의사로 해산한 때에는 다시 사원의 의사에 의해 회사를 계속할 수 있다. 존립기간의 만료, 기타 정관으로 정한 사유 등으로 해산한 때에는 인적회사와 유한책임회사는 총사원의 동의로, 물적회사는 주주(사원)총회의 특별결의로 회사를 계속할 수 있다(제519조, 제610조 제1항).

(2) 인적회사의 경우

① 합명회사

합명회사는 사원이 1인이 되어 해산한 때에는 새로이 무한책임사원을 가입시켜 회사를 계속할 수 있다(제229조 제2항, 제269조).

② 합자회사

합자회사에서 무한책임사원 또는 유한책임사원 전원이 퇴사한 경우에는 총사원의 동의로써 유한책임사원 또는 무한책임사원을 가입시켜 회사를 계속할 수 있다(제285조 제2항).

(3) 주식회사의 경우

주식회사가 휴면회사의 해산의제로 인해 해산한 경우에는 해산의제 후 3년 내에 주주총회의 특별결의로 회사를 계속할 수 있다(제520조의2 제3항).

3. 회사계속의 효과

회사를 계속하는 경우에 이미 해산 등기를 한 경우에는 일정기간 내에 회사계속의 등기를 하여야 한다(제229조 제3항 등). 그리고 회사계속의 효력은 장래에 대해서만 생기므로 해산한 회사는 해산전의 회사로 복귀하여 영업능력을 회복하고, 그 기간 동안 청산인이 한 행위는 효력이 있다. 그리고 해산 후의 기관인 청산인은 그 활동이 종료되고 회사의 기관이 정상적으로 회사를 운영하여야 한다.

관련판례요약

1. 1인주식회사의 법률관계

① 1인의 주주에 대한 소집통지가 생략된 경우(대법원 1964.9.22.선고, 63다792판결 외 다수), 실제로 총회를 개최한 사실이 없음에도 불구하고 1인주주에 의한 총회의 결의가 있었던 것처럼 주주총회의사록이 작성된 경우(대법원 1976.4.13.선고, 74다1755판결), 1인주주가 대표이사인 경우로서 주주총회의 특별결의를 거치지 않고도 회사의 중요한 영업을 양도하는 경우(대법원 1976.5.11.선고, 73다52판결), 그리고 총회소집절차가 개최된 사실이 없고 주주총회의사록이 작성되지 않은 경우에도 1인주주의 의사에 합치하는 한 그러한 증거에 의해 주주총회의 결의가 있었던 것으로 보아 유효하다(대법원 2004.12.10.선고, 2004다25123판결).

② 이사의 자기거래는 이사회의 승인이 없더라도 1인주주나 총주주의 동의가 있는 경우에는 유효하다(대법원 1992.3.31.선고, 91다16310판결).

③ 1인주식회사에서 1인주주 겸 대표이사가 회사에 대한 임무해태로 인하여 손해를 가한 경우에는 상법상 손해배상책임과 더불어 1인주주와 1인회사는 별개의 인격이므로 회사에 대한 업무상 배임죄가 성립한다(대법원 1989.5.23.선고, 89도570판결 등).

2. 법인격부인의 법리

① 단지 지배주주 또는 모회사로서 회사의 이사 선임 등 경영자 구성을 위한 의사결정에 강한 지배력을 행사하는 것은 법에 의한 정당한 지배이며, 상법상 정한 요건을 따른 것이므로 이러한 사실만으로는 법인격부인의 요건을 충족하지 못한다(대법원 2006.8.25.선고, 2004다26619판결).

② 기존회사가 채무를 면탈할 목적으로 기업의 형태·내용이 동일한 회사를 설립하였다면 기존회사의 채권자는 두 회사 어느 쪽에 대하여서도 채무의 이행을 청구할 수 있다(대법원 2004.11.12.선고, 2002다66892판결).

3. 회사의 능력

① 회사의 능력이 정관상의 목적에 의해 제한되는지 여부에 대해 판례는 일관되게 제한설의 입장에서 판시하고 있는데, 다만 목적범위를 넓게 해석하여 목적수행에 직접·간접적으로 필요한 행위를 모두 포함한다(대법원 1988.1.19.선고, 86다카1384판결 외 다수).

② 대표기관의 책임도 불법행위책임으로 보아 대표기관은 회사와 공동불법행위책임을 진다(대법원 2007.5.32.선고, 2005다55473판결).

4. 회사의 해산과 청산

① 해산결의가 있고 청산인의 선임결의가 있는 이상, 이는 실질적 해산절차가 종결한 것이므로 해산등기가 없는 경우에도 그러한 회사는 청산중의 회사라고 보아야 한다(대법원 1981.9.8.선고, 80다2511판결).

② 변제할 채무, 분배할 재산이 여전히 남아 있는 경우에는 사실상 청산이 종결되지 아니한 것이므로 이때에는 청산종결의 등기를 하였더라도 그 등기에는 공신력이 없고 또한 회사의 법인격도 소멸하지 않는다(대법원 2001.7.13.선고, 2000두5333판결).

③ 이사의 직무집행이 정지되고 직무대행자가 선임된 경우에는 이사의 직무대행자는 청산인의 직무대행자가 된다(대법원 1991.12.24.선고, 91다4355판결).

실전연습문제

01 상법상 회사에 관한 설명으로 옳지 않은 것은? 세무사 2013

① 유한회사 사원의 원수(員數)는 제한이 없다.
② 유한회사의 사원은 그 지분의 전부 또는 일부를 양도하거나 상속할 수 있지만, 정관으로 지분의 양도를 제한할 수 있다.
③ 유한책임회사의 사원은 신용이나 노무를 출자의 목적으로 할 수 있다.
④ 주식회사는 정관으로 정한 경우에는 주식의 전부를 무액면주식으로 발행할 수 있다.
⑤ 유한책임회사는 정관으로 사원 또는 사원이 아닌 자를 업무집행자로 정하여야 한다.

해설 ③ 유한책임회사는 상법상 인적회사(합명 · 합자회사)와 물적회사(유한 · 주식회사)의 중간형태의 회사를 말한다. 유한책임회사에서 회사채권자에 대한 책임재산의 기초는 회사의 자본금이므로 "재산출자의 방식만이 인정"된다. 따라서 신용이나 노무를 그 출자의 목적으로 할 수 없다(제287조의4 제1항).

02 상법상 회사에 관한 설명으로 옳지 않은 것은? 세무사 2013

① 주식회사와 유한회사의 경우 1인에 의한 설립이 가능하다.
② 회사는 합명회사, 합자회사, 유한책임회사, 주식회사와 유한회사의 5종으로 한다.
③ 회사란 상행위나 그 밖의 영리를 목적으로 하여 설립한 법인을 말한다.
④ 해산후의 회사는 존립중의 회사를 존속하는 회사로 하는 경우에 한하여 합병을 할 수 있다.
⑤ 회사는 다른 회사의 무한책임사원이 될 수 있다.

해설 ⑤ 회사는 다른 회사의 무한책임사원이 될 수 없다(제173조). 그러나 다른 회사의 유한책임사원이나 주주가 되는 것은 가능하다.

03 상법상 회사에 관한 설명으로 옳지 않은 것은? 세무사 2015

① 유한책임회사의 사원은 신용이나 노무를 출자의 목적으로 할 수 있다.
② 유한책임회사는 자기지분을 양수할 수 없으며 지분을 취득하는 경우에 그 지분은 취득한 때에 소멸한다.
③ 유한회사의 경우 설립무효의 소 및 설립취소의 소가 허용된다.

④ 합자회사의 유한책임사원은 영업연도 말에 있어서 영업시간 내에 한하여 회사의 회계장부·대차대조표 기타의 서류를 열람할 수 있다.

⑤ 합자회사의 유한책임사원이 사망한 때에는 그 상속인이 그 지분을 승계하여 사원이 된다.

해설 ① 유한책임회사의 사원은 그 출자의 방식으로 재산출자만이 가능하다. 따라서 유한책임회사의 사원은 신용이나 노무를 출자의 목적으로 하지 못한다(제287조의4 제1항).

04 상법상 회사에 관한 설명으로 옳은 것은? 세무사 2015

① 주식회사는 정관에 정한 경우에 무기명식의 주권을 발행할 수 있다.

② 회사의 주소는 본점 또는 지점소재지에 있는 것으로 한다.

③ 회사는 다른 회사의 무한책임사원은 될 수 있으나, 유한책임사원은 될 수 없다.

④ 회사는 해산 후에도 청산의 목적범위 내에서 존속하는 것으로 본다.

⑤ 합병하는 회사의 일방이 유한회사인 경우에는 합병 후 존속하는 회사는 합자회사나 합명회사가 될 수 있다.

해설 ① 현행 상법상 무기명주식은 허용되지 않는다. 따라서 주식회사는 정관에서 정한 경우에도 무기명식의 주권을 발행할 수 없다.

② 회사의 주소는 본점소재지에 있는 것으로 한다(제171조).

③ 회사는 다른 회사의 유한책임사원은 될 수 있지만, 무한책임사원은 될 수 없다(제173조).

⑤ 합병을 하는 회사의 일방 또는 쌍방이 주식회사, 유한회사 또는 유한책임회사인 경우에는 합병후 존속하는 회사나 합병으로 인하여 설립되는 회사는 주식회사, 유한회사 또는 유한책임회사이어야 한다(제174조 제2항). 그러므로 합병하는 회사의 일방이 유한회사인 경우에는 합병후 존속하는 회사는 합명회사나 합자회사는 될 수 없다.

05 상법상 회사에 관한 설명으로 옳지 않은 것은? 세무사 2016

① 주식회사와 유한회사의 최저자본금의 제한은 없다.

② 회사는 다른 회사의 유한책임사원이 될 수 있다.

③ 유한책임회사의 업무집행자는 사원 중에서 정하여야 한다.

④ 유한책임회사는 1인의 사원으로 설립이 가능하다.

⑤ 합명회사의 내부관계는 정관 또는 상법에 다른 규정이 없으면 조합에 관한 민법 규정을 준용한다.

해설 ③ 유한책임회사의 업무집행자는 사원 또는 사원이 아닌 자 중에서 선임하여야 한다. 따라서 유한책임회사의 업무집행자는 사원 또는 사원이 아닌 자도 될 수 있으므로, 사원에 한정되는 것은 아니다(제287조의12).

01 ③ 02 ⑤ 03 ① 04 ④ 05 ③ 정 답

06 상법상 각종 회사에 관한 설명으로 옳은 것을 모두 고른 것은? 세무사 2015

ㄱ. 합명회사는 사원이 1인으로 된 때에는 해산사유가 된다.
ㄴ. 주식회사는 주주가 1인으로 된 때에는 해산사유가 된다.
ㄷ. 유한책임회사는 영리를 목적으로 설립한 법인이다.
ㄹ. 합자회사는 무한책임사원과 유한책임사원으로 조직한다.
ㅁ. 유한회사는 사원이 1인으로 된 때에는 해산사유가 된다.

① ㄷ, ㄹ ② ㄱ, ㄷ, ㄹ ③ ㄱ, ㄷ, ㅁ
④ ㄱ, ㄴ, ㄹ, ㅁ ⑤ ㄱ, ㄷ, ㄹ, ㅁ

해설 ㄴ. 주식회사는 1인 회사가 인정되기 때문에 주주가 1인으로 된 때에는 해산사유가 되지 않는다.
ㅁ. 유한회사는 1인 회사가 인정되기 때문에 사원이 1인으로 된 때에는 해산사유가 되지 않는다.

07 상법상 회사에 관한 설명으로 옳지 않은 것은? 세무사 2016

① 합명회사 성립 후에 가입한 사원은 가입 전에 생긴 회사 채무에 대하여 다른 사원과 동일한 책임을 진다.
② 합자회사의 유한책임사원은 출자가액에서 이미 이행한 부분을 공제한 가액을 한도로 회사채무에 대한 변제 책임을 진다.
③ 유한책임회사의 사원은 신용이나 노무를 출자 목적으로 할 수 없다.
④ 유한회사의 사원은 정관에서 제한이 없는 이상 지분의 전부 또는 일부를 양도할 수 있다.
⑤ 합명회사의 사원은 무한·연대책임을 부담하므로 회사가 주장할 수 있는 항변으로 합명회사의 채권자에게 대항할 수 없다.

해설 ⑤ 합명회사의 사원은 회사채권자에 대하여 직접·연대·무한책임을 부담하여야 한다. 이때 합명회사의 사원의 책임은 보충적 직접책임이다. 따라서 합명회사의 사원은 회사가 주장할 수 있는 항변으로 회사채권자에 대하여 대항할 수 있다(213조, 제214조).

08 상법상 회사에 관한 설명으로 옳은 것은? 세무사 2016

① 합명회사의 사원은 다른 사원의 동의가 없어도 동종영업을 목적으로 하는 주식회사의 이사가 될 수 있다.
② 합자회사의 유한책임사원은 다른 사원 전원의 동의가 없으면 주식회사의 이사가 될 수 없다.
③ 합자회사의 유한책임사원은 다른 사원 전원의 동의가 없으면 그 지분의 전부 또는 일부를 타인에게 양도하지 못한다.
④ 유한책임회사는 그 지분의 전부 또는 일부를 양수할 수 없으며, 지분을 취득하는 경우

그 지분은 취득한 때에 소멸한다.

⑤ 유한책임회사의 총지분의 100분의 1 이상에 해당하는 지분을 가진 사원이어야 회사에 대하여 업무집행자의 책임을 추궁하는 소의 제기를 청구할 수 있다.

해설 ① 합명회사의 사원은 "다른 사원의 동의가 있는 경우에 한하여" 동종영업을 목적으로 하는 다른 회사의 무한책임사원이 될 수 있다(제198조). 합명회사 사원의 경업피지의무에 관한 사항은 다른 사원 전원의 동의가 필요하다.

② 합자회사의 유한책임사원은 업무집행권과 회사대표권을 가지지 못하므로 경업금지의무는 적용되지 않는다. 따라서 합자회사의 유한책임사원은 다른 사원의 동의가 없는 경우에도 주식회사의 이사가 될 수 있다(제275조).

③ 합자회사의 유한책임사원은 "무한책임사원 전원의 동의"가 있는 경우에는 그 지분의 전부 또는 일부를 양도할 수 있다(제276조).

⑤ 유한책임회사의 "사원은" 회사에 대하여 업무집행자의 책임을 추궁하는 소의 제기를 청구할 수 있다(제287조의22). 유한책임회사에서 대표소송의 제기는 소수사원권이 아니다. 이 점 유의하기 바란다.

09 상법상 회사에 관한 설명으로 옳지 않은 것은? 세무사 2017

① 회사란 상행위나 그 밖의 영리를 목적으로 하여 설립한 법인을 말한다.

② 합자회사의 청산인은 유한책임사원 전원의 의결로 선임하여야 한다.

③ 회사의 주소는 본점소재지에 있는 것으로 한다.

④ 회사는 본점소재지에서 설립등기를 함으로써 성립한다.

⑤ 회사는 다른 회사의 무한책임사원이 되지 못한다.

해설 ② 합자회사의 청산인은 "무한책임사원 과반수의 결의"로 선임하여야 한다(제287조).

10 상법상 회사에 관한 설명으로 옳지 않은 것은? 세무사 2017

① 주식회사의 발기인이 회사의 설립 시에 발행하는 주식의 총수를 인수한 때에는 지체 없이 각 주식에 대하여 그 인수가액의 전액을 납입하여야 한다.

② 합명회사의 사원은 다른 사원 전원의 동의가 있어야만 자기 또는 제3자의 계산으로 회사와 거래를 할 수 있다.

③ 유한책임회사에서의 자본금의 액은 정관의 기재사항이다.

④ 유한회사에서 사원총회를 소집할 때에는 사원총회일의 1주 전에 각 사원에게 서면으로 통지서를 발송하거나 각 사원의 동의를 받아 전자문서로 통지서를 발송하여야 한다.

⑤ 상법상 회사는 합명회사, 합자회사, 유한책임회사, 주식회사와 유한회사의 5종으로 한다.

해설 ② 합명회사의 사원은 "다른 사원 과반수의 결의가 있는 경우"에는 자기 또는 제3자의 계산으로 회사와 거래를 할 수 있다(제199조). 즉, 합명회사 사원의 자기거래는 다른 사원 과반수의 동의를 필요로 하는 점에 유의하기 바란다.

06 ② 07 ⑤ 08 ④ 09 ② 10 ② 정 답

11 상법상 회사의 사원의 지위변동에 관한 설명으로 옳지 않은 것은?

세무사 2014

① 주식회사의 주주는 원칙적으로 지분을 양도할 수 있다.

② 합명회사의 지분양도계약은 다른 모든 사원의 동의를 얻어야 효력이 발생한다.

③ 합자회사의 유한책임사원이 한 지분양도는 다른 모든 사원의 동의를 얻지 않으면 무효이다.

④ 유한책임회사의 지분양도에 관한 상법규정은 임의규정이므로 정관으로 달리 정할 수 있다.

⑤ 유한회사의 사원은 정관에 다른 정함이 없는 한 지분을 양도할 수 있다.

해설 ③ 합자회사의 유한책임사원의 지분양도는 "무한책임사원 전원의 동의"에 의하여야 한다(제276조). 그러므로 다른 모든 사원의 동의가 있어야 하는 것은 아니다.

12 상법상 합자회사에 관한 설명으로 옳지 않은 것은?

세무사 2014

① 무한책임사원은 신용 또는 노무를 출자의 목적으로 할 수 있다.

② 무한책임사원 중 일부를 업무집행사원으로 정한 경우 지배인의 선임과 해임은 그 업무집행사원의 과반수의 결의에 의하여야 한다.

③ 유한책임사원은 다른 사원의 동의 없이 제3자의 계산으로 회사의 영업부류에 속하는 거래를 할 수 있다.

④ 유한책임사원은 그 출자가액에서 이미 이행한 부분을 공제한 가액을 한도로 하여 회사 채무를 변제할 책임이 있다.

⑤ 합자회사의 청산인은 무한책임사원 과반수의 결의로 선임하고, 이를 선임하지 아니하면 업무집행사원이 청산인이 된다.

해설 ② 합자회사에서 "지배인의 선임과 해임"은 업무집행사원이 있는 경우에도 "무한책임사원 과반수의 결의"에 의하여야 한다(제274조).

13 상법상 회사의 설립에 관한 설명으로 옳지 않은 것은?

세무사 2018

① 유한책임회사는 정관으로 사원 또는 사원이 아닌 자를 업무집행자로 정하여야 한다.

② 유한책임회사의 경우 사원의 출자목적 및 가액은 정관의 절대적 기재사항이고, 사원은 설립등기를 할 때까지 그 출자의 전부를 이행하여야 한다.

③ 합명회사의 설립등기에 있어서는 수인의 사원이 공동으로 회사를 대표할 것을 정한 때에는 그 규정을 등기하여야 한다.

④ 유한책임회사의 업무집행자의 성명(법인인 경우에는 명칭) 및 주소는 정관에 기재하여야 한다.

⑤ 회사의 종류를 불문하고, 회사의 정관에는 일정한 사항을 기재하고 사원 또는 발기인이 기명날인 또는 서명한 후 공증인의 인증절차를 거쳐야 효력이 발생한다.

해설 ⑤ 상법상 회사 중 합명회사와 합자회사 및 유한책임회사의 정관은 공증인의 인증을 받지 아니한 경우에도 그 효력이 인정된다. 한편, 자본금총액이 10억원 미만인 유한회사와 자본금총액이 10억원 미만인 회사를 발기설립하는 경우에도 그 정관은 공증인의 인증을 받지 아니한 경우에도 효력이 인정된다.

14 상법상 회사와 관련된 소에 관한 설명으로 옳지 않은 것은? 세무사 2016

① 설립무효판결은 대세적 효력이 있다.

② 설립취소의 소는 지점소재지의 지방법원의 관할에 전속한다.

③ 주주총회 결의무효확인의 소가 제기된 경우 법원은 재량으로 청구를 기각할 수 없다.

④ 주주총회 결의취소의 소는 주주·이사 또는 감사가 총회결의의 날로부터 2월 내에 제기할 수 있다.

⑤ 설립무효의 소를 제기한 자가 패소한 경우에 악의 또는 중대한 과실이 있는 때에는 회사에 대하여 연대하여 손해를 배상할 책임이 있다.

해설 ② 설립취소의 소는 본점소재지의 지방법원의 관할에 전속한다(제186조).

15 상법상 주식회사와 관련된 무효판결의 소급효가 인정되는 것은? 세무사 2016

① 감자무효의 소 ② 합병무효의 소 ③ 분할무효의 소

④ 설립무효의 소 ⑤ 주식이전무효의 소

해설 ① 주식회사에서 소급효가 인정되는 소송은 5가지이다. 주주총회의 결의하자에 관한 결의취소의 소, 결의무효확인의 소, 결의부존재확인의 소 및 부당결의취소·변경의 소의 4가지와 감자무효의 소를 합하여 총 5가지의 소송이 소급효가 인정된다.

16 상법상 판결의 효력이 소급하는 것은? 세무사 2018

① 주식회사의 주주총회 결의취소판결

② 주식회사의 설립무효판결

③ 합명회사의 설립무효판결

④ 주식회사의 합병무효판결

⑤ 주식회사의 신주발행무효판결

해설 ① 회사법상 소송은 불소급효를 원칙으로 한다. 다만, 상법상 소급효가 인정되는 소송은 주주총회의 결의하자에 관한 결의취소의 소·결의무효확인의 소·결의부존재확인의 소·부당결의취소변경의 소 및 감자무효의 소의 5가지가 있다.

11 ③ 12 ② 13 ⑤ 14 ② 15 ① 16 ① 정 답

17 상법상 심리 중에 소의 원인이 된 하자가 보완되고 회사의 현황과 제반사정을 참작하여 원고의 청구를 인용하는 것이 부적당하다고 인정한 때에 법원이 그 청구를 기각할 수 있는 경우가 아닌 것은? 세무사 2018

① 주식회사의 설립무효의 소
② 주식회사의 주식교환무효의 소
③ 주식회사의 신주발행무효의 소
④ 주식회사의 이사해임의 소
⑤ 주식회사의 합병무효의 소

해설 ④ 주식회사에서 이사해임의 소는 회사법상 소송이 아닌 민사소송의 일종이다. 따라서 이사해임의 소에 대해서 법원의 재량기각권이 인정되는지 여부는 명문규정이 존재하지 않는다. 다만, 지문에 제시된 나머지 4가지 소송은 법원의 재량기각권이 인정되는 것으로 상법상 명문규정이 있다. 따라서 이사해임의 소는 법원의 재량기각권이 인정되지 않는 것으로 보아야 한다.

18 상법상 법원이 회사의 해산을 명할 수 있는 법정사유가 아닌 것은? 세무사 2014

① 회사의 설립목적이 불법한 것인 때
② 회사가 1년 이상 자본금 잠식의 상태인 때
③ 회사가 정당한 사유없이 1년 이상 영업을 휴지하는 때
④ 회사가 정당한 사유없이 설립 후 1년 내에 영업을 개시하지 아니한 때
⑤ 이사가 법령 또는 정관에 위반하여 회사의 존속을 허용할 수 없는 행위를 한 때

해설 ② 회사가 1년 이상 자본금이 잠식인 경우라도 이는 해산판결의 사유는 될 수 있을지언정, 해산명령의 사유는 될 수 없다(제176조, 제520조).

19 상법상 주식회사의 해산사유가 아닌 것은? 세무사 2017

① 파산
② 법원의 해산판결
③ 법원의 해산명령
④ 주주가 1인으로 된 때
⑤ 존립기간의 만료 기타 정관으로 정한 사유의 발생

해설 ④ 나머지는 모두 주식회사의 해산사유이지만, 주식회사는 1인회사가 인정되므로 주주가 1인이 된 때에는 해산사유가 되지 않는다.

20 상법상 회사의 해산에 관한 설명으로 옳지 않은 것은? 세무사 2018

① 회사의 설립목적이 불법한 것인 때에는 법원은 검사의 청구에 의하여 회사의 해산을 명할 수 있다.

② 회사의 해산명령의 청구가 있는 때에는 법원은 해산을 명하기 전일지라도 직권으로 관리인을 선임할 수 있다.

③ 주식회사가 정한 해산사유는 설립등기 사항이 아니다.

④ 회사의 이사가 정관에 위반하여 회사의 존속을 허용할 수 없는 행위를 한 때에는 회사의 해산명령의 사유가 될 수 있다.

⑤ 회사가 정당한 사유 없이 설립 후 1년 내에 영업을 개시하지 아니하는 경우에는 법원은 직권으로 회사의 해산을 명할 수 있다.

해설 ③ 주식회사가 정한 해산사유는 설립등기사항이다(제317조 제1항 제4호).

17 ④ 18 ② 19 ④ 20 ③ 정 답

제2장

주식회사의 설립

제 2 장

회사법강의

주식회사의 설립

제 1 절 총설

I 의의

주식회사란 상법상 회사 중 가장 전형적인 물적회사로서 회사의 실질적 기초는 자본금이라고 할 수 있다. 자본금은 주식이라는 균등한 단위로 분화되어 주주가 되고자 하는 자는 회사와의 계약(주식의 인수)을 통해 주식회사의 사원인 주주의 지위를 취득하게 된다. 이때 주식회사는 주주가 출자한 자본금을 기초로 하여 회사의 영업활동을 수행하게 되며, 주주는 회사채권자에 대하여 자신이 출자한 금액을 한도로 한 책임만을 부담하게 되는데, 이를 주주의 유한책임원칙이라고 한다.

II 주식회사의 분류와 법적 구조

1. 주식회사의 분류

상법상 주식회사를 분류하는 명문상 규정은 존재하지 않지만, **주식회사는 그 회사가 발행한 주주의 지위를 표창하는 유가증권인 주권이 증권거래소(Securities Exchange Market)라는 유가증권시장을 통해서 거래되는지 여부에 따라 상장회사와 비상장회사로 구분할 수 있다.** 상장회사는 그 회사가 발행한 주권이 유가증권시장을 통해서 거래가 되므로 회사의 입장에서는 공개된 자본시장을 통해서 자금조달의 기동성을 확보할 수 있고 객관적인 그 기업의 주가를 통해 기업가치를 산정할 수 있는 등의 장점이 있으며, 주주는 자신이 투자한 자금을 시장을 통해 신속하게 처분할 수 있는 등의 장점이 있다.

2. 법적용의 우선순위

주식회사에 관한 상법의 구조는 일반적인 주식회사인 비상장회사에 관한 규정과 상장회사특례규정으로 이원화되어 운영되고 있다. 그러므로 제3편의 회사에 관한 규정 중 제13절의 상장회사특례규정을 제외한 규정만이 비상장주식회사에 대해서 적용되는 것이며, 상장회사에 대해서는 제13절의 상장회사특례규정이 먼저 적용되고, 그 규정이 없는 경우에 한해 비상장회사에 대한 일반규정이 적용된다. 그러므로 상법의 상장회사의 특례규정은 상법 제3편의 나머지 규정에 대한 특별법적 지위를 가지고 있다고 볼 수 있다.

제 2 절 주식회사의 본질적 요소

I 의의

주식회사란 주주의 출자에 의한 자본금을 가지고, 자본금은 균등한 단위인 주식에 의해 분할되며, 사원은 그가 인수한 주식의 인수가액을 한도로 회사에 대하여 유한책임을 지는 회사라고 할 수 있다. 주식회사의 3대 본질적 요소는 자본금, 주식, 주주의 유한책임이라고 할 수 있다.

주식회사의 본질적 요소

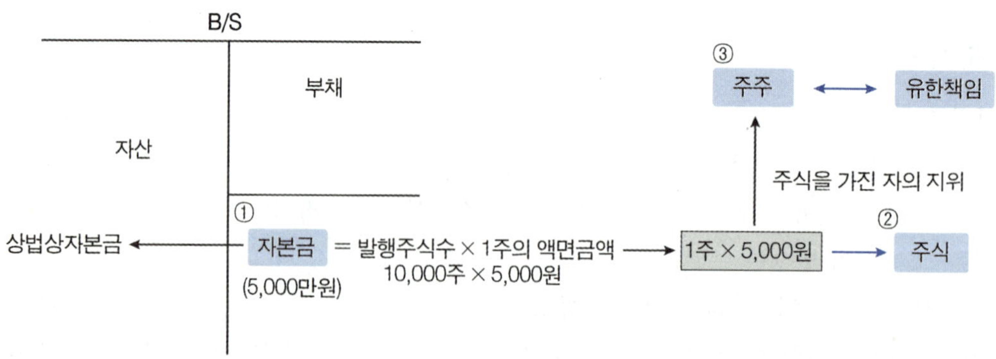

Ⅱ 자본금

1. 의의

주식회사는 전형적인 물적회사로서의 사람의 결합보다는 자본의 결합에 그 특징이 있다. 자본금은 주식회사에서 성립의 물적 기초가 되는 자금을 말한다. 자본금은 회사에 대하여는 그 성립의 기초가 되며, 주주에 대하여는 그가 출자하여야 할 금액 또는 책임한계의 기준이 되며, 회사채권자에 대해서는 회사의 신용 및 담보의 기능을 한다.

2. 자본금의 산출방법

(1) 액면주식발행시

주식회사의 자본금은 상법에서 달리 규정한 경우 외에는 발행주식의 액면총액을 말한다(제451조 제1항).

(2) 무액면주식발행시

회사는 "정관으로 정한 경우"에는 주식의 전부를 무액면주식으로 발행할 수 있다(제329조 제1항). 무액면주식을 발행한 경우에는 1주의 액면금액이 존재하지 않아 자본금 산출에 대한 문제가 제기된다.

상법은 이와 관련한 혼란을 해소하기 위하여 무액면주식을 발행한 경우 회사의 자본금은 이사회 또는 주주총회에서 주식발행가액의 2분의 1 이상의 금액으로 정하도록 하고 있다(제451조 제2항). 이 경우 주식의 발행가액 중 자본금으로 계상하지 아니하는 금액은 자본준비금으로 계상하여야 한다(제451조 제3항).

한편, 주식회사의 설립시 그 전부를 무액면주식으로 발행한 때에는 정관의 규정 또는 발기인 전원동의로 주식발행가액의 2분의 1 이상의 금액을 자본금으로 정하도록 하고 있다.

(3) 자본금의 공시

주식회사의 자본금은 정관의 절대적 기재사항은 아니고 등기사항에 불과하다(제317조 제2항 제2호). 이 점이 유한회사·유한책임회사의 자본금이 정관의 절대적 기재사항이며 등기사항인 점과 차이를 보이며, 이는 주식회사가 성립 후 신주발행을 통한 자금조달을 하고자 할 때에 이사회의 결의만으로도 탄력적으로 자기자본을 조달할 수 있는 근거를 제공하기 위함이다.

(4) 최소자본금

상법은 회사설립시 최소자본금에 대한 제약은 없다. 그리고 회사설립시 발행주식수에 대한 상법상 제약도 없다. 회사가 액면주식을 발행하는 경우에는 100원의 자본금만으로도 회사설립이 가능하게 되었으며, 회사가 그 전부를 무액면주식의 발행을 통해 설립하는 경우에는 1원의 자본금만으로도 설립이 가능하다.

3. 수권자본제도

(1) 정관의 기재사항

주식회사의 정관에는 자본금을 별도로 표시하지 않고 단지 자본금과 관계되는 사항으로서 ① 회사가 발행할 주식의 총수(제289조 제1항 제3호), ② 액면주식을 발행하는 경우에는 1주의 금액(제289조 제1항 제4호), ③ 회사의 설립시에 발행하는 주식의 총수(제289조 제1항 제5호)만을 기재하도록 하고 있다.

(2) 수권자본제도

그렇다면 회사가 발행할 주식총수(①)는 어떤 의미를 가지고 있는가? 이는 회사성립 후 정관을 변경하지 아니하고 발행할 수 있는 주식수의 최대치를 뜻한다. 따라서 회사가 발행할 주식총수(①)에서 설립시 발행주식수(③)를 뺀 범위에서는 정관을 변경하지 않고 신주를 발행할 수 있다.

이때 상법상 신주발행은 원칙적으로 이사회의 권한사항이므로(제416조 본문), 회사는 발행예정주식총수(①)의 범위 내에서는 정관을 변경함이 없이 이사회가 탄력적으로 신주를 발행하여 자금을 조달할 수 있다. **이처럼 회사성립후 신주발행에 대한 권한을 원칙적으로 이사회에 부여함으로서 자본조달의 탄력성을 도모하기 위한 제도를 "수권자본제도"라고 한다.**

(3) 발행할 주식총수의 증가

이사회가 발행예정주식총수(①)를 초과하여 신주를 발행하고자 할 때에는 먼저 정관을 변경하여(제433조) 발행할 주식총수를 증가시켜야 한다. 이때 발행할 주식총수의 증가 범위에 대한 제한은 없다. **따라서 주주총회의 특별결의에 의한 정관변경을 통해 발행할 주식총수를 제한 없이 증가시킬 수 있다.**

4. 자본금의 3원칙

(1) 자본확정의 원칙

자본확정의 원칙이란 회사설립시 또는 신주발행시에 발행할 자본금이 확정되고, 자본금의 출자자, 즉 주식인수인도 확정되어야 하는 원칙을 말한다.

상법은 무액면주식을 발행한 경우를 제외하고 회사는 정관의 절대적 기재사항으로 액면주식을 발행하는 경우에는 1주의 금액과 회사설립시 발행하는 주식의 총수를 기재하여야 하며(제289조 제1항), 회사의 설립 전에 이 주식의 전부가 인수되어야 함을 정하고 있다(제295조, 제305조). 이는 주식회사의 설립시에는 자본확정의 원칙이 일부 유지되고 있음을 뜻한다. 그러나 성립 후에 신주를 발행하는 경우 기존주주의 청약은 강제되지 않는다. 또한 청약 후에 납입도 강제되지 않는다. 따라서 주주는 자유로운 의사에 의해 신주의 인수를 포기할 수 있다. 따라서 자본확정의 원칙은 성립 후 신주발행시에는 적용되지 않는다.

(2) 자본불변의 원칙

자본불변의 원칙이란 상법상 자본금을 엄격한 법정절차를 거치지 않고서는 증가 또는 감소시킬 수 없는 것은 말한다. 우리 상법은 수권자본제도를 채택하여 자본금의 증가(신주발행)는 원칙적으로 이사회의 결의만으로 가능하도록 하고 있어(제416조) 자본금 증가시에는 이러한 원칙이 적용되지 않지만, 자본금의 감소에는 결손보전을 위한 경우를 제외하고는 주주총회의 특별결의와 채권자보호절차 등 엄격한 법정 절차를 거치도록 하고 있어 자본불변의 원칙은 자본금의 감소시에만 적용되는 원칙으로 볼 수 있다.

(3) 자본충실(유지)의 원칙

자본유지의 원칙이란 회사는 자본금에 상당하는 순자산을 실질적으로 유지하여야 한다는 원칙을 말한다. 즉, 회사의 자본금은 단순히 수치상으로만 존재해야 하는 것은 물론이고 실질적으로도 그에 상당하는 재산을 보유하고 있어야 한다는 뜻에서 자본충실의 원칙이라고도 한다. **자본충실의 원칙을 보다 구체적으로 정의하면 자본거래를 통하여 유입(inflows)되는 순자산가액이 유출(outflows)되는 상법상 자본금보다 크거나 같아야 한다는 원칙이다.** 자본충실의 원칙은 회사설립시는 물론 존속 중에도 반드시 지켜져야 하는 것으로 상법은 자본충실의 원칙을 지키위 위해 다음과 같은 규정을 두고 있다.

① 설립시 변태설립사항에 대한 엄격한 규제(제299조, 제310조 등)
② 발기인과 이사의 자본충실책임에 대한 규정(제321조, 제428조)
③ 주식의 액면미달발행의 엄격한 제한(제341조, 제341조의2)
④ 자기주식취득에 대한 일정한 제한((제341조, 제341조의2)
⑤ 법정준비금의 적립강제(제458조)
⑥ 배당을 위한 배당가능이익의 산정방법의 제한(제459조)

Ⅲ 주식

1. 의의

주식회사의 자본금을 정관의 규정에 의하여 그 전부를 무액면주식으로 발행한 경우(제329조 제1항)를 제외하고는 균일한 단위인 액면주식으로 분할되므로(제329조 제2항), 주식은 자본금을 구성하는 분자이며, 사원의 출자단위가 된다.

한편, 주식은 단위로서 각 주식 간에는 주주평등의 원칙이 지켜지므로 주주의 권리의 크기는 보유주식에 비례하여 정해진다. 그런 이유에서 주식은 주주의 회사에 대한 지위를 나타낸다.

자본금을 주식으로 분할하는 이유는 자본조달을 용이하게 하기 위함이다. 주식은 주권으로 분할되어 자유롭게 양도되고 유통시장에서 거래되는데, 이는 주주의 투하자본의 회수를 용이하게 하고 결과적으로 주주의 모집을 쉽게 한다.

2. 자본금과 주식의 관계

(1) 자본금공식

상법상 자본금은 상법의 규정에 의해 정관에서 그 전부를 무액면주식으로 발행한 경우를 제외하고는 발행주식의 액면총액을 말하는 것으로서, 1주의 액면금액에 발행주식수를 곱한 금액으로 구성된다(제451조 제1항).

(2) 자본금공식의 예외

① 상환종류주식

자본금과 주식수의 관계에서 이러한 등식이 성립하지 않는 경우가 있는데 제345조의 규정에 의한 상환종류주식이 그것이다. 상환종류주식은 정관이 정하는 바에 따라 회사의 이익으로써 소각할 수 있는 종류주식(제345조 제1항)으로 **상환 후에도 주식수는 감소하지만 자본금은 불변이므로 자본금공식이 지켜지지 않는다.** 따라서 채권자에 대한 책임재산인 자본금이 감소하지 않으므로 별도의 채권자보호절차도 필요하지 않다.

② 이사회결의에 의한 자기주식의 소각

회사가 무액면주식을 발행한 경우에는 이사회의 결의에 의하여 회사가 보유하는 자기주식을 소각할 수 있는데(제343조 제1항 단서), **이 경우에도 주식수는 감소하지만 자본금은 불변이다. 따라서 자본금공식은 지켜지지 않는다.** 이에 대한 자세한 내용은 제3장 주식의 소각 부분을 참고하기 바란다.

Ⅳ 주주의 유한책임

1. 의의

주주의 책임은 그가 가진 주식의 인수가액을 한도로 한다(제331조). 이를 주주의 유한책임이라고 한다. 그러므로 주주는 자신이 주식을 인수한 가액을 한도로 회사에 출자의무만을 부담할 뿐 회사 또는 채권자에 대해 추가적 책임을 부담하지 않게 된다. 주주의 유한책임은 주주평등의 원칙과 더불어 주식회사의 본질적 요소이다.

2. 기능

유한책임의 원칙에 의해 기업이 도산하더라도 출자자는 출자한 자금만 포기하면 되므로, 다시 새로운 사업을 시작하는 것이 가능하다. 이러한 유한책임제도 때문에 오늘날 주식회사제도는 각종 모험사업 등에 과감한 투자를 가능하게 하여 산업발전의 원동력이 되었다. 그러나 유한책임제도로 인한 폐단도 만만치 않아 심각한 사회문제를 야기하기도 하는데 이러한 문제로 인해 통설·판례에서 인정된 대표적 제도가 전술한 법인격부인의 법리이다. 즉 법인격부인의 법리는 유한책임의 원칙으로 인한 주주의 도덕적 해이(moral hazard)를 견제하기 위해 인정하는 제도이다.

3. 정당성의 근거

주식회사는 국가가 부여한 법인격에 의해 독립된 인격을 갖춘 실체이다. 그러나 그 중심에는 주주가 있다. 유한책임의 법리는 사업실패로 인한 손실을 사회가 대신 부담한다는 결론이 나오는 제도이므로 윤리적 차원에서 많은 비판이 따르는 것도 사실이다. 그러나 유한책임제도는 그러한 윤리적 비판이나 손실(cost)보다 효익(benefit)이 더 크기 때문에 불가피한 제도라고 볼 수 있다.

4. 유한책임의 포기

(1) 주주의 자발적인 의사

판례도 주주의 유한책임원칙은 주주의 의사에 반하여 주식의 인수가액을 초과하는 새로운 부담을 회사가 주주에게 가중시킬 수 없다는 취지에 불과하므로, 주주의 자발적인 의사로 회사의 채무를 주주들이 분담하는 것을 금하는 취지는 아니하고 본다(대법원 1983.12.13.선고, 82도735판결). 그러므로 주주의 자발적인 의사에 의해 유한책임원칙은 포기할 수 있는 것으로 볼 수 있다.

(2) 분할 또는 분할합병의 경우

회사의 분할 또는 분할합병으로 인하여 분할 또는 분할합병에 관련되는 각 회사의 주주의 부담이 가중되는 경우에는 그 주주 전원의 동의가 있어야 한다(제530조의3 제6항). 분할 또는 분할합병에 있어서는 주주 전원의 동의로 각 회사의 주주의 부담이 가중될 수 있으므로 주주의 유한책임은 이 경우에는 주주 전원의 동의로 포기할 수 있다고 보아야 한다.

제 3 절 설립의 방법과 절차

I 설립의 방법

1. 의의

주식회사의 설립방법에는 발기설립과 모집설립의 두 가지가 있는데, 이는 주식회사의 설립시 주식을 인수하는 방법에 따른 분류방식이다. 발기설립은 설립 시에 발행하는 주식의 총수를 발기인이 전부 인수하여 설립하는 방식을 말한다. 이에 반해 모집설립은 발행하는 주식의 일부는 발기인이 인수하고, 나머지는 일반주주를 모집하여 인수시키는 방식을 말한다. 발기설립의 경우이든 모집설립의 경우이든 발기인은 회사의 주식을 1주 이상 인수하여야 한다. 이 점 유의하기 바란다.

2. 발기설립과 모집설립의 차이점

(1) 의의

발기설립과 모집설립은 회사설립시 발행하는 주식에 대한 인수인을 차이로 하여 ① 기능, ② 주식인수의 방식, ③ 출자불이행시 처리방법, ④ 기관의 구성, ⑤ 설립경과의 조사 등에서 현저한 차이를 보인다.

(2) 기능

발기설립은 회사설립을 기획하는 발기인이 주식의 전부를 인수하는 회사형태로 비교적 소규모회사의 설립에 용이하다. 그에 반해 모집설립은 발기인이 주식의 일부를 인수하는 외에 나머지 주식에 대해서는 일반주주를 모집하므로 발기설립에 비해 보다 많은 자금을 확보할 수 있어 대규모회사에 적합하다고 할 수 있다.

(3) 주식인수의 방식

발기설립은 주식인수의 방식에 있어서 이를 법정하지 않아 단순한 서면에 의하여도 할 수 있다(제293조). 그에 반해 모집설립은 발기인이 인수한 주식을 제외한 나머지 부분은 일반주주를 모집하여야 하고 그들에 대한 보호문제가 야기될 수 있어 상법은 일반주주 인수분에 대해서는 법정사항이 기재된 주식청약서에 의하여야만 적법한 것으로 인정하고 있다(제302조 제1항).

(4) 출자불이행시 조치

발기설립시 발기인이 주식의 인수를 한 후 납입을 하지 않은 경우에는 민법의 채무불이행의 일반원칙에 따라 강제이행(강제집행)의 방법에 의하여야 한다. 그에 반해 모집설립의 경우 발기인이 인수한 부분을 제외한 일반주주 모집분에 대해서는 출자불이행에 따른 별도의 절차, 즉 실권예고부최고 후 실권절차를 거쳐야 한다(제307조 제1항 및 제2항).

(5) 설립경과조사절차

발기설립의 경우에는 발기인이 그 의결권의 과반수로 설립중의 회사의 설립경과조사기관인 이사와 감사를 선임하여야 하고(제296조 제1항), 변태설립사항이 없는 경우에는 이사와 감사는 설립에 관한 사항을 발기인에게 보고하여야 한다(제298조 제1항). 그에 반해 모집설립의 경우에는 창립총회에서 설립경과조사기관인 이사와 감사를 선임하여야 하고(제312조), 변태설립사항이 없는 경우에는 설립에 관한 사항을 창립총회에 보고하여야 한다(제313조 제1항). 변태설립사항이 있는 경우에는 이사와 감사의 설립경과조사절차에 더해 원칙적으로 법원이 선임한 검사인의 조사절차가 진행되어야 하는데, 이 부분에 대해서는 설립경과조사절차에서 후술하기로 한다.

발기설립과 모집설립의 비교

구분	발기설립	모집설립
① 기능	소규모회사의 설립에 적합	대규모회사의 설립에 적합
② 주식인수의 방식	단순한 서면	법정 주식청약서(일반주주)
③ 출자불이행시 조치	강제집행	실권예고부최고(약2주간) → 미납입 → 실권(일반주주분)
④ 설립경과조사시관(이사·감사)의 선임	발기인의 의결권의 과반수	창립총회의 결의

Ⅱ 설립절차의 개관

1. 총설

(1) 일반적인 설립절차

주식회사의 설립절차는 ① 발기인의 정관작성과 공증인의 인증→② 주식발행사항의 결정→③ 청약→④ 배정→⑤ 납입(출자)→⑥ 창립총회의 소집→⑦ 설립경과조사기관(이사 및 감사)의 선임→⑧ 설립과정의 조사·보고→⑨ 설립등기의 과정으로 이루어진다.

주식회사의 설립절차에 관한 규정은 제5장의 신주발행의 절차와도 유사하다. 그 이유는 주식회사의 설립절차는 설립자본금과 그 인수인을 정하는 절차임에 반해, 신주발행절차는 회사가 조달할 자본금과 그 인수인을 정하는 절차로서 자본금의 증가를 수반하기 때문이다.

(2) 발기설립의 설립절차

발기설립이란 발기인이 회사설립시 발행하는 주식의 전부를 인수하는 설립의 방식으로 ① 발기인의 주식인수(제293조)→② 주금의 납입(제295조)→③ 설립경과 조사기관(이사와 감사)의 선임→④ 설립경과의 조사→⑤ 설립등기(제317조)의 순으로 그 절차가 진행된다. 이는 주주를 모집하지 않기 때문에 모집설립의 경우와 비교하면 비교적 간편한 방법의 설립절차라고 할 수 있다.

(3) 모집설립

모집설립이란 설립시 발행하는 주식의 일부에 대해서는 발기인이 인수하고, 나머지 부분에 대해서는 주주를 모집하는 설립의 방식이다. 발기설립에 비해서 복잡한 절차를 필요로 하는데 이는 공모를 통해 주주를 모집하기 때문이며, 추가적으로 절차가 필요한 것도 바로 모집주주 때문이라고 할 수 있다. 그 절차는 ① 발기인의 주식인수(제293조)→② 일반주주의 모집(제301조)→③ 발기인과 모집주주의 청약(제302조)→④ 주식의 배정(제303조)→⑤ 주금납입(제305조)→⑥ 창립총회(제308조)→⑦ 설립경과조사기관(이사 및 감사)의 선임(제312조)→⑧ 설립경과의 조사→⑨ 설립등기(제317조)의 순으로 진행이 된다.

주식회사의 설립절차

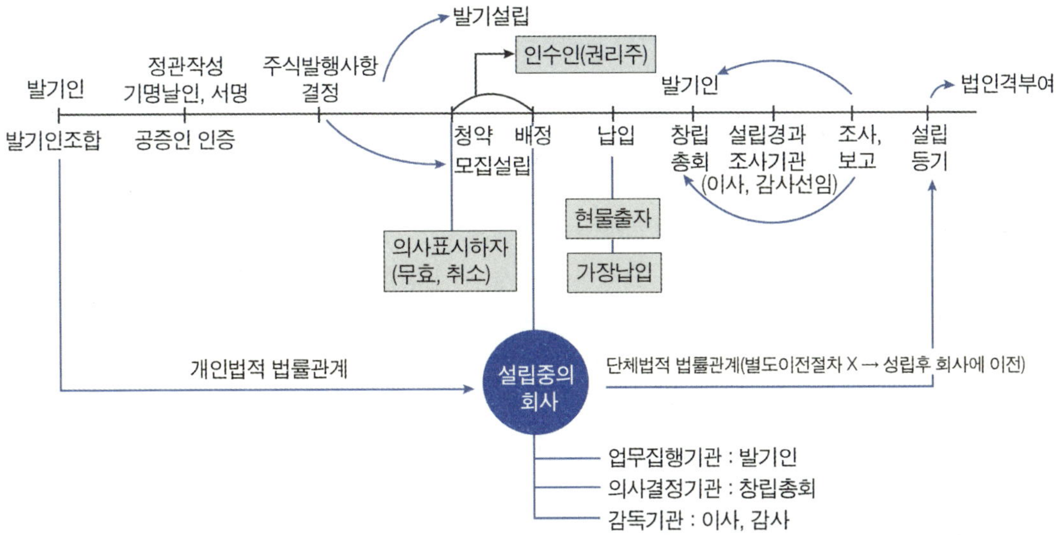

Ⅲ 설립절차의 내용

1. 정관의 작성과 기명날인 또는 서명

(1) 의의

상사에 관한 모든 법률관계를 상법이 전부 규율하는 것은 불가능하다. 그런 이유로 상법상 모든 회사에 대해서는 사원들의 의사로 회사운영에 관한 기본적인 규정을 스스로의 힘으로 작성하도록 하고 있는데 이를 정관작성이라 한다.

(2) 정관의 효력발생

정관이란 회사의 활동과 조직에 관한 근본규칙을 말하는데, 주식회사를 설립함에 있어서는 1인 이상의 발기인이 정관을 작성하고 원칙적으로 공증인의 인증을 받음으로써 효력이 발생한다(제292조 본문). 다만, 자본금총액이 10억원 미만인 주식회사를 "발기설립"하는 경우에는 공증인 인증의무가 면제된다(제292조 단서).

모집설립의 방식으로 설립하는 경우에는 제292조의 단서규정이 적용되지 않는다. 자본금총액이 10억원 미만인 회사를 모집설립하는 경우에는 정관은 반드시 공증인의 인증을 얻어야 그 효력이 발생한다. 이 점 주목할 필요가 있다.

(3) 정관의 기재사항

정관의 기재사항에는 크게 그 하나라도 그 기재를 결하면 정관이 무효로 되고 회사설립도 무효가 되는 절대적 기재사항과 그 기재를 흠결하더라도 정관 자체는 유효하지만 기재를 결한 사항은 효력이 발생하지 않는 상대적 기재사항, 그리고 기재 여부는 자유롭게 결정하고 기재하면 기재한 대로 효력이 발생하는 임의적 기재사항으로 구분할 수 있다.

주식회사의 정관의 절대적 기재사항에는 다음과 같은 것이 있다(제289조 제1항). 상대적 기재사항의 대표적인 예로는 현물출자와 재산인수 등 변태설립사항을 들 수 있는데 이에 대해서는 후술하기로 한다.

주식회사 정관의 절대적 기재사항

1. 목적
2. 상호
3. 회사가 발행할 주식의 총수(발행예정주식총수)
4. 액면주식을 발행하는 경우 1주의 금액
5. 회사가 설립시 발행하는 주식의 총수
6. 본점소재지
7. 회사가 공고하는 방법
8. 발기인의 성명·주민등록번호·주소

2. 주식발행사항의 결정

회사 설립시에 발행하는 ① 주식의 종류와 수, ② 액면주식의 경우에는 액면이상을 발행할 때에는 그 수와 금액, ③ 무액면주식을 발행하는 경우에는 주식의 발행가액과 주식의 발행가액 중 자본금으로 계상하는 금액에 대해서 정관으로 달리 정하지 아니하면 발기인 전원의 동의로 이를 정하여야 한다(제291조).

회사가 무액면주식의 발행을 통해서 설립하고자 하는 경우에는 정관에 규정이 있어야 하며, 주식의 발행가액 중 자본금으로 계상하는 금액은 정관으로 달리 정하지 아니하면 발기인 전원 동의로 이를 정하여야 한다. 이때 자본금을 초과하는 금액은 자본준비금으로 적립하여야 한다.

3. 주식의 청약

(1) 의의

주식을 인수하려는 자는 인수하고자 하는 주식의 종류와 수를 기재한 서면으로 회사에 대하여 인수의 의사표시를 하여야 하는데 이를 주식의 청약이라 한다.

발기설립의 경우에는 불요식의 서면에 의함으로 충분하고(제293조), 이 서면은 설립등기 신청시에 첨부하여야 한다(비송사건절차법 제203조 제2호). 한편, 모집설립의 경우 발기인 인수분을 제외한 일반주주 모집분에 대해서는 반드시 법정사항을 기재한 주식청약서에 의하여야 한다(제302조 제1항).

(2) 청약의 하자

주식의 청약은 의사표시이므로 의사표시의 하자가 있는 경우에는 의사표시의 하자에 관한 민법의 일반원칙에 의해 이를 다툴 수 있지만, 상법은 주관적 무효 또는 취소사유는 단체법적인 법률관계의 안정적인 처리를 위해 그 하자주장을 제한하고 있다.

① 비진의청약에 대해서는 민법의 규정의 적용을 배제하여 발기인이 해당 청약이 진의 아님을 알았거나 알 수 있는 경우에도 유효한 청약으로 보고 있다(제302조 제3항). 그리고 ② 주식청약서의 요건흠결로 주식인수가 무효가 된 경우 또는 사기·강박·착오의 의사표시에 의한 청약으로 취소할 수 있는 경우에도 창립총회에서 주식인수인의 권리를 행사하거나 설립등기가 된 후에는 하자의 주장을 제한하고 있다(제320조).

이는 민법상 의사표시의 하자 또는 주식청약서의 요건흠결을 주식회의 설립의 하자로 취급하지 않겠다는 취지이다.

4. 주식의 배정

(1) 의의

주식인수인의 청약의 의사표시에 대해 발기인이 이를 승낙하는 의사표시를 주식의 배정이라고 한다. 청약에 의해 배정이 이루어지면 주식의 인수계약이 완결되는데, 이러한 인수계약을 인수라고도 한다. 이때 배정절차가 종료된 후 주식인수인이 갖는 법적 지위를 권리주라고 한다. 권리주는 일정한 양도제한을 받게 되는데, 이에 대해서는 제3장의 주식과 주주에서 후술하기로 한다.

(2) 발기설립

발기설립의 경우에는 발기인이 주식의 전부를 인수하는데 발기인의 주식인수는 발행하는 주식총수에 대한 안분을 전제로 하는 것인데 이를 위해서는 발기인 전원의 동의가 있어야 한다. 발기인의 주식인수는 회사설립을 목적으로 하는 합동행위이다.

(3) 모집설립

모집설립은 일부의 주식은 발기인이 인수하고 나머지 미인수된 주식에 대해서는 일반주주를 모집하는 방식을 말한다. 이때 발기인 인수분에 대해서는 위의 발기설립에 관한 내용을 준용함으로 족하다. 그러나 일반주주에 대해 발행하는 부분에 대해서는 주식인수인의 청약비율에 의하지 않고, 발기인이 배정자유의 원칙에 따라 마음대로 배정할 수 있다. 이 점 주목할 필요가 있다.

5. 출자의 이행

(1) 출자의 방식

① 발기설립

발기인이 주식의 총수를 인수한 때에는 납입을 맡을 은행 기타 금융기관과 납입장소에 지체없이 각 주식에 대하여 그 인수가액의 전액을 납입하여야 한다(제295조 제1항). 납입금을 보관할 은행이나 그 밖의 금융기관은 발기인 또는 이사의 청구에 의하여 납입금보관증명서를 발급하여야 한다(제318조 제1항). 자본금총액이 10억원 미만인 회사를 발기설립하는 경우에는 납입금보관증명서를 잔고증명서로 대체할 수 있다(제318조 제3항). 모집설립의 경우에는 자본금총액이 10억원에 미달하는 경우에도 납입금보관증명서를 잔고증명서로 대체할 수 없다. 이 점 유의하여야 한다.

② 모집설립

주식인수를 청약한 자는 발기인이 배정한 주식의 수에 따라서 인수가액을 납입할 의무를 부담한다(제303조). 그리고 회사설립시에 발행하는 주식의 총수가 인수된 때에는 발기인은 지체없이 주식인수인에 대하여 인수가액의 전액을 납입시켜야 하며(제305조 제1항), 그 납입은 주식청약서에 기재한 납입장소에서 하여야 한다(제305조 제2항). 납입금보관자 또는 납입장소를 변경할 때에는 발기설립은 물론 모집설립의 경우에도 반드시 법원의 허가를 얻어야 한다(제306조).

(2) 출자의 불이행시 조치

① 발기설립

발기설립의 경우 납입의 해태가 있거나 현물출자의 불이행이 있는 경우에는 주식회사의 설립은 이루어질 수 없으므로 민법의 일반원칙에 의하여 손해배상을 청구하거나 강제집행의 방법으로 해당자산을 조달하여야 한다.

② 모집설립

모집설립에 있어서 발기인을 제외한 주식인수인이 주금을 납입하지 아니한 때에는 발기인은 일정한 기간을 정하여 그 기일 내에 납입하지 아니하면 그 권리를 잃는다는 뜻을 기일의 2주

전에 그 주식인수인에게 통지하여야 한다(제307조 제1항). 그럼에도 불구하고 그 기간 내에 납입의 이행을 하지 아니한 때에는 그 권리를 잃게 되며(제307조 제2항 본문), 이 경우 발기인은 다시 그 주식에 대한 주주를 모집할 수 있다(제307조 제2항 단서). 이를 실권예고부최고에 의한 실권절차라고 한다. 납입을 하지 않은 주식인수인에 대해 발기인은 손해배상을 청구할 수 있음은 물론이다(제307조 제3항).

상법이 주식회사의 설립시 주식인수인에 대해 실권절차를 인정하고 있는 것은 납입의 부실을 최소화하여 설립을 용이하게 하기 위함이다.

6. 창립총회

(1) 의의

모집설립에서는 발기인이 설립시 발행하는 주식의 일부를 인수하고 나머지 부분은 일반주주가 주식을 인수하게 된다. 이때 설립에 관한 제반사항을 설립등기에 이르기까지 발기인만이 의사결정을 하도록 하는 경우에는 일반주주의 이익을 해할 가능성이 있다. 그런 이유로 상법은 모집설립에 있어서는 반드시 창립총회를 소집하도록 강제하고 있다.

창립총회는 "모집설립시" 설립중회사의 유일한 의사결정기관이다. 그러므로 발기설립시에는 창립총회가 소집될 리 없다.

(2) 결의요건

창립총회는 모집설립시 주식인수인으로 구성된 설립중회사의 의사결정기관으로서 주주총회의 전신이라고 할 수 있다. 그런 이유로 상법은 그 소집절차, 의결권, 운영 등에 대해서는 주주총회에 관한 규정을 준용한다(제308조 제2항). 창립총회의 권한은 설립경과조사기관인 이사와 감사의 선임, 설립경과의 조사보고를 받는 것 등에 한정된다. 또한 결의요건도 주주총회의 특별결의보다 요건을 강화하여 출석한 주식인수인의 의결권의 3분의 2 이상이며, 인수된 주식총수의 과반수에 해당하는 다수로써 하여야 한다(제309조).

(3) 결의내용

인수된 주식의 납입과 현물출자의 이행을 완료한 때에는 발기인은 지체없이 창립총회를 소집하여야 한다(제308조 제1항). 창립총회에서는 정관변경 또는 설립폐지의 결의를 할 수 있으며(제316조 제1항), 소집통지서에 이러한 뜻의 기재가 없는 경우에도 그 결의가 가능하다(제316조 제2항).

7. 설립경과의 조사

(1) 의의

주식회사는 주주의 유한책임으로 인해 회사제도가 남용될 가능성이 높다. 그런 이유로 상법은 주식회사의 설립에 있어서 일정한 조사와 보고절차를 거치도록 하고 있다. 설립과 관련된 조사절차는 변태설립사항이 없는 일반적인 설립경과의 조사절차와 변태설립사항이 있는 경우 추가적인 조사절차로 구분할 수 있다.

(2) 일반적인 설립경과의 조사

① 발기설립

주식인수인의 주금의 납입 또는 현물출자의 이행이 완료된 때에는 발기인은 지체없이 의결권의 과반수로 이사와 감사를 선임하여야 한다(제296조 제1항). 이때 발기인의 의결권은 그 인수주식에 대하여 1개로 한다(제296조 제2항). 이사와 감사는 취임 후 지체없이 회사의 설립에 관한 제반사항이 법령 또는 정관의 규정에 위반되는지 여부를 조사하여 발기인에게 보고하여야 한다(제298조 제1항). 이때 이사와 감사 전원이 현물출자 또는 재산인수의 상대방이 된 때에는 공증인으로 하여금 조사·보고를 하게 하여야 한다(제298조 제3항).

② 모집설립

주식인수인의 주금의 납입 또는 현물출자의 이행이 완료된 때에는 발기인은 지체없이 창립총회를 소집하여야 한다(제308조 제1항). 창립총회에서는 출석한 주식인수인의 의결권의 3분의 2 이상이며, 인수된 주식총수의 과반수에 해당하는 다수로 이사와 감사를 선임하여야 한다(제312조). 이사와 감사는 취임 후 지체없이 회사의설립에 관한 제반사항이 법령 또는 정관의 규정에 위반되는지 여부를 조사하여 창립총회에 보고하여야 한다(제313조 제1항).

(3) 변태설립사항이 있는 경우

① 발기설립

정관으로 변태설립사항(제290조 각호)을 정한 때에는 **"이사"는 이에 관한 사항을 조사하게 하기 위하여 원칙적으로 검사인의 선임을 법원에 청구하여야 한다**(제298조 4항 본문). 다만 공증인이나 감정인의 조사·보고가 있는 경우에는 그러하지 아니하다(제298조 제4항 단서). 검사인은 변태설립사항에 관한 사항을 조사하여 법원에 보고하여야 한다(제299조 제1항). 법원은 검사인 등의 조사보고를 심사하여 그 사항이 부당하다고 인정한 때에는 이를 변경하여 각 발기인에게 통고할 수 있다(제300조 제1항).

② 모집설립

정관으로 변태설립사항(제290조 각호)을 정한 때에는 **"발기인은" 이에 관한 사항을 조사하게 하기 위하여 원칙적으로 검사인의 선임을 법원에 청구하여야 한다**(제310조 제1항). 검사인의 보고서는 창립총회에 이를 보고하여야 하며(제310조 제2항), 창립총회에서는 변태설립사항이 부당하다고 인정한 때에는 이를 변경할 수 있다(제314조 제1항).

③ 조사·보고절차의 면제

현물출자와 재산인수의 경우에 다음과 같은 사유가 있는 경우에는 검사인 등의 조사·보고절차는 적용되지 아니한다(제299조 제2항).

㉠ 현물출자와 재산인수의 총액이 자본금의 5분의 1을 초과하지 아니하고 대통령령으로 정한 금액(5,000만원)을 초과하지 아니하는 경우
㉡ 그 대상자산이 거래소에 시세가 있는 유가증권인 경우로서 정관에 적힌 가격이 대통령령으로 정한 방법으로 산정된 시세를 초과하지 아니하는 경우
㉢ ㉠과 ㉡에 준하는 경우로서 대통령령으로 정하는 경우

설립경과의 조사

구분		발기설립	모집설립
변태설립사항이 없는 경우	① 이사·감사의 선임	발기인의 의결권의 과반수	창립총회
	② 설립경과의 조사·보고	발기인에게 한다.	창립총회에 한다.
변태설립사항이 있는 경우	① 검사인의 선임청구	이사	검사인
	② 검사인의 조사보고	법원에	창립총회에
	③ 변경조치	법원에서	창립총회에에서

8. 설립등기

(1) 의의

회사는 설립등기에 의하여 성립된다(제172조). 그러므로 설립등기 전의 설립중의 회사는 법인격이 인정되지 않으며 비로소 설립등기에 의해 권리의무의 주체가 될 수 있는 법인격을 가지게 되는 것이다. 회사설립을 위한 모든 절차가 종료되면 대표이사는 설립등기를 하여야 하는데, 설립등기를 게을리하면 과태료의 제재를 받게 되며(제635조 제1항 제1호), 설립등기를 위한 주식의 납입이나 현물출자의 이행 기타 변태설립사항에 관하여 법원 또는 창립총회에 부실보고를 하거나 사실을 은폐하면 벌금의 제재를 받는다(제625조 제1호).

(2) 설립등기의 시기

발기설립의 경우에는 이사·감사의 조사보고가 종료한 날, 변태설립사항이 있을 경우에는 그 조사절차 및 법원의 변경처분절차가 종료한 날로부터 2주간 내, 모집설립의 경우에는 창립총회가 종료한 날 또는 변태설립사항을 변경한 날로부터 2주간 내에 하여야 한다(제317조 제1항).

(3) 설립등기사항

등기사항은 회사와 관련되어 주주 및 회사의 이해관계인 등에게 중요한 사항이므로 입법정책적 목적에서 회사와 관련된 중요한 사항을 공시하도록 하는 것으로서 정관의 절대적 기재사항과 동일하지 않다. 주식회사의 대표적 설립등기사항에는 다음과 같은 것이 있다.

① 회사의 설립시 발행하는 주식에 관하여는 그 종류의 각종 주식의 내용과 수
② 자본금의 총액
③ 주식의 양도에 관하여 이사회의 승인을 얻도록 하는 때에는 그 규정
④ 주식매수선택권을 부여하도록 정한 때에는 그 규정
⑤ 지점의 소재지, 공동대표에 관한 사항
⑥ 대표이사의 성명·주민등록번호 및 주소 등

(4) 설립등기시의 첨부서류

발기인이 회사설립에 관한 각종 요건의 준수를 증명하게 하고 등기수리시의 심사자료로 삼기 위하여 등기신청서에 다음의 서류를 첨부하도록 하고 있다(상업등기법 제80조 제1호~제11호).

① 정관
② 주식의 인수를 증명하는 서면
③ 주식청약서
④ 발기인이 정한 주식발행사항(제291조)을 증명하는 서면
⑤ 이사와 감사 및 검사인이나 공증인의 조사보고서와 그 부속서류 또는 감정인의 감정서와 그 부속서류
⑥ 검사인의 보고에 관한 재판이 있은 때에는 그 재판의 등본
⑦ 발기인이 이사와 감사(또는 감사위원)를 선임한 때에는 이에 관한 서명
⑧ 창립총회의 의사록
⑨ 이사·대표이사와 감사의 취임승낙을 증명하는 서면
⑩ 명의개서대리인을 둔 때에는 그와의 계약을 증명하는 서면
⑪ 주금납입을 맡은 은행 기타의 금융기관의 납입금보관에 관한 증명서

9. 설립등기의 효력

(1) 창설적 효력

설립등기로 인한 가장 큰 효과는 설립중의 회사가 법인격을 취득하게 된다(제172조). 이를 설립등기의 창설적 효력이라 한다. 그리고 주식인수인의 지위는 주주의 지위로 바뀌게 된다.

(2) 보완적 효력

회사성립후에는 주식을 인수한 자는 주식청약서의 요건흠결을 이유로 하여 그 인수의 무효를 주장하거나 사기·강박·착오를 이유로 주식인수를 취소하지 못한다(제320조 제1항). 이를 설립등기의 보완적 효력이라고 한다.

(3) 부수적 효력

회사는 성립 후 지체없이 주권을 발행하여야 한다(제355조 제1항). 이를 설립등기의 부수적 효력이라고 한다.

제 4 절 설립관여자

I 발기인

1. 의의

발기인이란 실질적인 측면에서는 회사설립을 기획하고 그 절차를 주관하는 자라 할 수 있지만 이는 법적인 측면에서 별다른 의미를 가지지 못한다. 따라서 발기인은 법률적으로 정의되는 개념이다.

발기인은 정관을 작성하고 기명날인 또는 서명한 자로서 그 정관에 발기인으로 기재된 자이면서 설립의 방식에도 불구하고 1주 이상 인수한 자이다(제289조 제1항 제8호).

2. 발기인의 개념구별

발기인의 정의는 법률적으로 정해지는 것이므로 실질적으로 주식회사의 설립을 기획하고 주관한 자라고 하더라도 정관에 기명날인·서명하지 않은 자 또는 1주 이상 인수하지 않은 자는 발기인이 될 수 없다. 이 점 유의하여야 한다.

3. 발기인의 자격

발기인의 자격에는 제한이 없으므로 무능력자, 법인도 발기인이 될 수 있다. 다만 발기인은 정관작성, 주식인수 등의 법률행위를 하여야 하므로 무능력자는 행위능력의 제한에 관한 일반원칙의 적용을 받는다. 그리고 법인이 발기인이 될 수 있다고 보는 것이 일반적인 견해인데 여기에 대해서는 다툼이 있다.

4. 발기인의 수

주식회사는 1인회사가 인정되기 때문에 발기인은 1인이어도 무방하다(제288조). 그러나 발기인이 사망하거나 무자격으로 인해 없게 된 때에는 설립무효의 사유가 되므로 그 경우를 대비하여 발기인은 2인 이상을 두는 것이 좋다.

Ⅱ 발기인조합

1. 법적 성질

발기인이 2인 이상인 경우 발기인들 간에 회사설립을 궁극적인 목적으로 하여 그에 대한 합의가 있기 마련인데, 이때 2인 이상의 발기인 단체를 발기인조합이라고 한다. 발기인조합은 민법상 조합으로 조합에 관한 민법의 규정이 준용된다. 정관작성·주식인수 등 설립에 필요한 발기인의 일련의 행위는 조합계약의 이행으로서 이루어진다.

발기인조합은 민법상 조합의 개념을 회사편에 적용한 것으로써, 민법상 조합에 관한 규정이 준용된다.

2. 법률행위의 이전

발기인·발기인조합은 설립중의 회사와 구별하여야 한다. 발기인·발기인조합의 법률행위는 민법의 적용을 받는다. 그러므로 개인법적 법률관계가 적용된다. 그에 반해 설립중의 회사는 상법의 적용을 받아 단체법적 법률관계가 적용된다.

발기인·발기인조합의 법률행위는 개별적 이전행위를 거친 후에야 성립후의 회사에 이전되지만, 설립중의 회사의 법률행위는 별도의 이전절차 없이 성립후의 회사에 이전되는 점에서 가장 큰 차이를 보인다. 이 점 명확히 이해하기 바란다.

Ⅲ 설립중의 회사

1. 의의

주식회사의 설립과정에서 발기인이 회사의 설립을 위하여 필요한 행위로 인하여 취득하게 된 권리의무가 회사의 설립과 동시에 그 설립된 회사에 귀속되는 관계를 설명하기 위하여 인정된 강학상 개념을 설립중의 회사라고 한다(대법원 1994.1.28.선고, 93다50215판결 등).

2. 성립시기

설립중의 회사의 성립시기에 관하여 판례는 정관이 작성되고 발기인이 적어도 1주 이상의 주식을 인수하였을 때 비로소 성립한다고 본다(대법원 2000.1.28.선고, 99다35737판결 외 다수). 즉 주식의 인수절차가 종료한 때에 설립중의 회사가 성립하게 된다.

3. 제도의 취지

설립중의 회사로서의 실체가 갖추어지기 이전에 발기인이 취득한 권리·의무는 구체적 사정에 따라 발기인 개인 또는 발기인조합에 귀속하게 된다. 그러므로 발기인 개인 또는 발기인조합에 귀속된 권리·의무를 성립후의 회사에 귀속시키기 위해서는 채권양도나 채무인수 등의 개별적 이전행위가 있어야 할 것이다(대법원 1994.1.28.선고, 93다50215판결 등). 이는 설립과 관련된 법률관계를 복잡하게 할 우려가 있고, 설립중회사의 채권자의 이익을 해할 가능성이 있다.

4. 법적 성질

통설과 판례에서는 설립중의 회사를 인정하고 있다. 설립중의 회사는 주식회사의 설립 중에 발생한 각종의 권리의무가 설립중의 회사에 귀속된 후 주식회사가 설립되는 경우 설립중 회사의 법률관계가 "별도의 이전절차 없이" 성립후의 회사에 귀속되는 관계를 설명하기 위해 인정되는 개념이다(대법원 1994.1.28.선고, 93다50215판결 등).

5. 기관의 분화

(1) 업무집행기관

발기설립과 모집설립의 방식에도 불구하고 설립중의 회사의 업무집행기관은 "발기인"이다. 발기인은 그의 권한범위 내에서 회사의 설립에 필요한 모든 행위를 할 수 있다. 발기인이 2인

이상인 경우에는 수인의 발기인이 업무집행기관의 역할을 각자 하게 된다. 그러므로 발기인조합의 개념은 설립중의 회사의 성립으로 인해 소멸하게 되며, 수인의 발기인으로 자리매김하게 된다.

(2) 의사결정기관

설립중의 의사를 결정하는 기관은 설립방법에 따라 다르다. 발기설립의 경우에는 발기인 의결권의 과반수로 의사결정을 하지만, 모집설립시에는 창립총회에서 의사결정을 하게 된다.

(3) 조사·감독기관

설립중의 회사의 이사와 감사는 설립경과조사기관이다. 특히 이사가 설립경과조사기관인 점에 주목하여야 한다. 성립후의 회사에서 이사는 업무집행기관이지만, 설립중의 회사에서는 설립방식에도 불구하고 발기인이 업무집행기관이므로 이사는 설립경과조사업무를 수행하는 감독기관일 뿐 업무집행에는 일체 관여할 수 없다. 이 점 유의하여야 한다.

6. 발기인의 권한

(1) 의의

발기인은 설립중의 회사의 업무집행기관이다. 따라서 발기인의 권한범위는 설립중의 회사의 권리능력의 범위와 같다. 그 이유는 설립중의 회사의 업무집행은 설립방식에도 불구하고 발기인을 통해 실현되기 때문이다.

(2) 업무집행권의 범위

발기인이 설립중의 회사의 업무집행기관으로 할 수 있는 행위는 어떤 것인가에 대해서는 논란이 있는데, 판례는 성립 후 회사의 영업을 위하여 제3자와 맺은 자동차조립계약을 발기인의 권한 내의 행위로 보고 성립 후 회사의 책임을 인정하고 있다(대법원 1970.8.31.선고, 70다1357 판결). 판례의 견해는 발기인의 권한범위를 개업준비행위로까지 확장한 것이라고 보기에는 무리가 있고, 제3자를 보호하기 위한 판결로 보는 것이 타당할 것으로 판단된다.

설립관여자의 구분과 법률관계의 적용

구분	발기인	발기인조합	설립중의 회사
① 의의	정관작성하고 기명날인 또는 서명한 후 1주 이상 인수한 자	2인 이상 발기인의 단체	주식회사의 설립 중 회사의 법률관계의 간명한 처리를 위한 강학상 개념
② 법적 지위	민법상 자연인	민법상 조합	권리능력 없는 사단

③ 법률관계의 적용	개인법(민법)적 법률관계 적용	개인법(민법)적 법률관계 적용	단체법(회사법)적 법률관계의 적용
④ 법률행위의 이전	별도의 이전절차가 필요함	별도의 이전절차가 필요함	별도의 이전절차 없이 성립후회사에 법률관계가 이전됨

제 5 절 설립에 관한 그 밖의 문제

I 주식인수의 무효와 취소

1. 주식의 인수의 방식

(1) 발기설립시 주식의 인수

발기설립은 발기인만으로 주주를 구성하는 설립방법이므로 발기인이 설립시에 발행할 주식총수를 인수하여야 한다(제295조 제1항). 주식의 인수는 서면으로 하며(제293조), 이 서면은 설립등기 신청시에 첨부하여야 한다(상업등기법 제80조 제2호). 발기인이 수인인 경우 발기인의 주식인수는 발행주식총수의 안분을 전제로 하므로 발기인 전원의 합의가 있어야 한다.

(2) 모집설립시 주식의 인수

모집주주의 주식인수는 주식을 인수하고자 하는 자가 인수의 청약을 하고 발기인이 이를 배정함으로써 이루어진다. 판례는 주식의 인수를 설립중의 회사에의 입사계약이라고 본다(대법원 2004.2.13.선고, 2002두7005판결).

2. 주식의 청약과 배정

(1) 주식의 청약

주식인수의 청약을 하고자 하는 자는 주식청약서 2통에 인수할 주식의 종류 및 수와 주소를 기재하고 기명날인 또는 서명하여야 한다(제302조 제1항). 주식청약서는 발기인이 작성하고 다음 사항을 적어야 한다(제302조 제2항).

주식청약서의 기재사항

1. 정관의 인증연월일과 공증인의 서명
2. 제289조 제1항(정관의 절대적 기재사항)과 제290조 게기한 사항(변태설립사항)
3. 회사의 존립기간 또는 해산사유를 정한 때에는 그 규정
4. 각 발기인이 인수한 주식의 종류와 수
5. 제291조에 게기한 사항(설립시 주식발행사항의 결정)

5의2 주식의 양도에 관하여 이사회승인을 얻도록 정한 때에는 그 규정

6. 삭제
7. 주주에게 배당할 이익으로 주식을 소각할 것을 정한 때에는 그 규정
8. 일정한 시기까지 창립총회를 종결하지 아니한 때에는 주식인수를 취소할 수 있다는 뜻
9. 납입을 맡을 은행 기타 금융기관과 납입장소
10. 명의개서대리인을 둔 때에는 그 성명·주소 및 영업소

(2) 주식의 배정

주식인수의 청약이 있으면 이에 대해 발기인이 배정을 한다(제303조). 배정은 일반계약에 있어서의 승낙에 해당한다. 따라서 배정에 의해 주식의 인수가 성립하게 된다. 발기인은 배정을 함에 있어서 일반적인 계약에서의 승낙과 달리 청약된 수량과 달리 배정할 수 있으며, 모집주주 각자의 청약비율 등을 고려하지 않고 임의로 배정할 수 있다. 이를 배정자유의 원칙이라고 한다. 그러므로 청약인은 청약한 수량과 다른 수량이 배정되더라도 이에 구속된다.

한편, 주식의 배정절차가 완료하게 되면, 주식회사의 설립과정의 법률관계의 집단적·획일적 처리를 위해 설립중의 회사의 개념이 생겨나게 된다.

3. 주식인수의 무효·취소

(1) 일반원칙의 적용

주식인수는 청약과 배정이라는 의사표시로 이루어지는 법률행위이므로 법률행위와 의사표시의 무효·취소이론이 그대로 적용된다. 청약인 측에서는 무능력, 사기·강박·착오 등의 사유가 있을 때에는 인수행위의 무효 또는 취소를 주장할 수 있으며, 발기인이 작성해 준 주식청약서의 요건에 결함이 있을 때에도 역시 무효를 주장할 수 있다. 발기인 측에서도 마찬가지로 무효·취소사유가 있을 수 있는데 이런 경우에는 회사도 인수행위의 무효·취소를 주장할 수 있다.

(2) 무효·취소주장의 제한

① 비진의 의사표시

의사표시는 진의자가 진의 아님을 알고 한 것이라도 그 효력이 있다. 그러나 상대방이 진의

자의 진의 아님을 알았거나 알 수 있었을 경우에는 이를 무효로 한다(민법 제107조 제1항). 민법 제107조 제1항 단서의 규정은 주식인수의 청약에는 적용하지 아니한다(제302조 제3항). 따라서 청약인이 진의 아닌 의사표시로 주식청약을 한 것을 발기인이 알았거나 알 수 있었을 경우에도 그러한 청약은 유효하다(제302조 제3항). 이 점 유의하기 바란다.

② 무효·취소의 주장제한

주식인수인이 창립총회에 출석하여 권리를 행사하거나 회사가 설립등기가 이루어진 후에는 주식인수인은 주식청약서의 요건의 흠결을 이유로 무효를 주장하거나, 사기·강박·착오를 이유로 하여 그 인수를 취소하지 못한다(제320조).

(3) 회사설립에 미치는 영향

① 하자주장의 제한

주식인수의 무효·취소사유가 있는 경우에도 설립등기 후에는 그 하자를 주장할 수 없으며, 이는 주식회사에 있어서는 설립의 하자가 되지 않는다(제320조). 그 이유는 주식회사에서는 사원의 개성이 중요하지 않기 때문이다.

② 행위무능력자의 취소권

주식회사의 설립의 과정에서 행위무능력자의 보호는 필요하므로 설립등기 후에도 유일하게 행위무능력자는 주식인수를 취소할 수 있다. 이에 따라 공시된 자본금과 인수된 자본금의 불일치가 발생하게 된다. 이에 대해서 상법은 발기인이 인수담보책임이라는 자본충실책임을을 부담하도록 함으로써 보완하고 있다(제321조 제1항).

③ 설립의 하자가 되는지 여부

결론적으로 행위무능력자는 설립등기 후에 주식인수의 취소를 할 수 있지만, 이는 주식회사의 설립하자는 되지 못한다. 그 이유는 주식회사에서는 설립취소의 소가 인정되지 않기 때문이다. 다만, 행위무능력자가 주식의 인수를 취소한 부분에 대해서는 설립중회사의 업무집행기관인 발기인이 자본충실책임을 부담하는 것으로 문제를 해결하고 있다. 이 점 명확히 이해하기 바란다.

Ⅱ 가장납입에 의한 설립

1. 의의

회사를 설립함에 있어 실제로 주금을 납입함이 없이 납입된 것으로 가장하고 설립등기를 마치는 것을 가장납입이라고 한다. 가장납입은 자본유지(충실)의 원칙에 역행하는 결과가 되기 때문에 상법은 이에 대해 일정한 규제를 가하고 있다.

가장납입의 이해

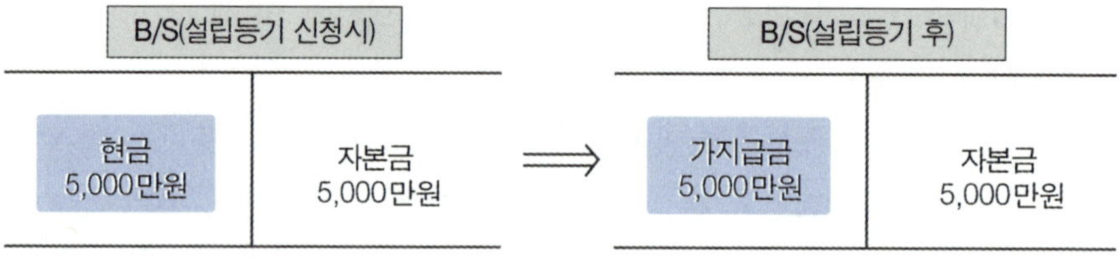

2. 가장납입의 종류

(1) 통모가장납입

통모가장납입이란 발기인이 은행과 통모하여 주식인수대금의 납입이 있는 것처럼 가장하는 것을 말한다. 상법은 통모가장납입과 관련해서는 **은행 기타 금융기관은 증명한 보관금액에 대해서는 납입의 부실 또는 그 금액의 반환의 제한이 있음을 이유로 회사에 대항하지 못한다고 규정하여 이 문제를 원천적으로 차단하고 있다**(제318조 제2항). 따라서 통모가장납입에 의한 설립은 현실적으로 이루어질 수 없다.

(2) 일시차입금에 의한 가장납입

일시차입금에 의한 가장납입한 발기인이 보관은행 외의 제3자인 사채업자로부터 금전을 차입하여 주금액을 납입하고 설립등기를 마친 후 즉시 이를 인출하여 그 사채업자에게 차입금을 변제하는 유형을 말한다. 상법상 가장납입은 일시차입금에 의한 가장납입을 말한다.

3. 가장납입의 효력

(1) 의의

일시차입금에 의한 가장납입(이하 '가장납입'이라고 한다)을 중심으로, 가장납입이 주식인수대금의 납입으로써의 효력이 있는지 여부 및 회사설립의 효력에 어떠한 영향을 미치는지에 대해 간략히 정리하여 학설과 판례의 배치되는 견해를 살펴본다. 물론 수험목적상 통설과 판례가 충돌되는 경우에는 판례의 경우에 따라 문제가 출제되므로 판례의 견해를 중심으로 정리할 필요가 있다.

(2) 주금납입의 효력

가장납입의 경우 판례는 일관되게 일시차입금에 의한 가장납입의 경우에도 주금납입의 효력

에는 영향이 없다고 보고 있다(대법원 1983.5.24.선고, 82누522판결). 따라서 일시차입금에 의한 가장납입이 있는 경우 가장납입을 한 주주들은 회사에 대한 채무불이행의 상태에 있는 것이므로, 별도의 주금납입의무는 부담하여야 한다.

(3) 설립무효의 소와의 관계

가장납입의 경우 판례는 일관되게 주식회사의 설립무효의 소의 원인은 되지 않는다고 본다(대법원 1997.5.23.선고, 95다5790판결). 그 이유는 가장납입의 경우에도 주식인수대금의 납입은 유효로 보고 있기 때문이다. 그에 반해 통설은 주식의 인수와 납입의 흠결이 현저한 경우에는 설립무효의 소의 원인이 되지만, 그 흠결이 경미한 경우에는 설립무효의 소의 원인이 되지 못한다고 본다.

관련판례요약

주금납입의 경우 소위 견금에 의한 주금납입(가장납입)의 경우에도 금원의 이동에 따른 현실의 불입이 있는 것이고, 그것이 실제로는 납입의 가장수단으로 이용된 것이라고 하더라도, 이는 당해 납입을 하는 등의 주관적인 의도의 문제에 불과하고 회사가 관여하는 바는 아니므로, 이러한 발기인 등의 내심적 사정에 의하여 회사의 설립이나 증자와 같은 집단적 절차의 일환을 이루는 주금납입의 효력을 좌우함은 타당하지 아니하다(대법원 1983.5.24.선고, 82누522판결).

4. 가장납입의 효과

(1) 자본충실책임

납입무효설을 취하는 통설의 견해에 의하면 가장납입으로 인해 주금의 납입이 흠결된 것이고 회사의 설립과 관련하여 회사의 자본적 기초를 일탈한 것이므로 발기인은 자본충실책임, 특히 납입담보책임을 져야 한다고 한다. 이에 반해 납입유효설을 취하는 판례의 견해에 의하면 가장납입된 부분도 유효한 납입이 있는 것이므로 발기인은 자본충실책임을 지지 않는다고 본다.

(2) 손해배상책임

가장납입은 발기인이 설립중의 회사의 업무집행과 관련된 것으로서 그 임무를 고의 또는 중대한 과실로 해태한 것으로 볼 수 있음으로 회사 또는 제3자에 대하여 손해를 배상할 책임이 있다(제322조 제1항, 제2항). 또한 발기인은 회사의 주식인수대금을 임의로 인출한 것으로 보아 민법 제750조에 의한 불법행위에 따른 책임도 지는 것으로 볼 수 있다(대법원 1996.12.23.선고, 96다카37985판결). 따라서 상법상 손해배상책임과 민법의 규정에 의한 불법행위 책임은 납입무효설(통설)이나 납입유효설(판례)과는 무관하게 부담하는 책임이다. 이 점 유의하기 바란다.

(3) 형사책임

발기인은 자본충실책임과 손해배상책임과는 별개로 상법상 특별배임죄(제622조), 납입가장죄(제628조)의 구성요건을 충족하는 경우에는 형사책임도 질 수 있다. 다만 판례에 의하면 발기인의 가장납입행위에 대하여 업무상 횡령죄의 적용은 배제하고 있으며 배임죄의 적용만을 받는다고 본다(대법원 2004.6.17.선고, 2003도7645판결).

(4) 회사의 상환청구

통설과 판례는 일관되게 가장납입은 금원의 이동에 따른 현실의 납입이 있는 것이므로 회사설립에는 영향이 없다고 보고 있다. 그러나 견금설립(가장납입)의 경우에도 납입은 이루어졌다고 하더라도 납입금은 회사에 실재하지 않는다. 즉, 이는 회사가 주주의 납입금을 체당한 것으로 볼 수 있다. 따라서 그 납입금에 대한 채권자인 회사는 주주에 대하여 가장납입한 금액에 대하여 상환을 청구할 수 있다고 본다(대법원 2004.3.26.선고, 2002다29138판결).

가장납입의 효과

구분	판례	통설
① 주식인수대금 납입의 효력	유효	무효
② 설립무효의 소의 제소사유	×	○
③ 발기인의 자본충실책임	×	○
④ 발기인의 손해배상책임	○	○
④ 발기인의 형사책임	배임죄의 구성요건(횡령죄는 해당 없음)	배임죄의 구성요건(횡령죄는 해당 없음)
⑤ 회사의 상환청구권	인정○	인정○

Ⅲ 변태설립사항

1. 총설

(1) 의의

변태설립사항이란 회사설립에 관한 사항들 가운데 회사의 자본충실을 해할 우려가 있는 것을 말한다. 상법은 변태설립사항에 대하여 이는 정관에 기재된 때에만 그 효력이 있는 것으로 하고 있는데(제290조) 이를 정관의 상대적 기재사항이라고 한다. 상법에 열거된 변태설립사항으로는 현물출자, 재산인수, 설립비용, 발기인의 보수, 특별이익의 다섯 가지가 있다.

(2) 상법상 규제

상법은 변태설립사항은 ① 정관에 기재하여야만 그 효력이 인정되고(제290조), ② 원칙적으로 법원이 선임한 검사인의 조사를 거쳐야 하며(제299조 제1항), ③ 주식청약서 에도 이를 기재하여 공시하여야 하는(제299조 제2항 제2호) 등의 규제를 하고 있다. 다만, 변태설립사항에 관한 조사절차 중 현물출자나 재산인수에 대한 것은 평가(valuation)문제를 수반하므로 공인된 감정인의 감정으로, 발기인의 보수나 특별이익 또는 설립비용에 대한 것은 공증인의 조사·보고로 갈음할 수 있다(제299조의2, 제300조 제3항).

(3) 검사인 등의 조사절차의 생략

현물출자 등 변태설립사항은 주식회사의 설립시 자본충실에 심각한 해를 끼칠 염려가 있는 사항에 대한 상법상 규제이다. 그런데 변태설립사항 중 현물출자와 재산인수가 자본충실에 심각한 해가 염려되지 않는 경우에는 굳이 검사인 등의 조사를 거칠 필요가 없을 것이다. 따라서 다음과 같은 사유가 있는 경우에는 검사인 등의 조사절차를 거칠 필요가 없다(제299조 제2항).

① 현물출자(제290조 제2호)와 재산인수(제290조 제3호)의 경우 그 재산총액이 자본금의 5분의 1을 초과하지 아니하고 대통령령으로 정한 금액(5,000만원)을 초과하지 아니하는 경우(제299조 제2항 제2호)

② 현물출자와 재산인수의 대상재산이 거래소에 시세가 있는 유가증권인 경우로서 정관에 적힌 가액이 대통령령으로 정한 방법으로 산정된 시세를 초과하지 아니한 경우(제299조 제2항 제3호) 등

2. 현물출자(제290조 제2호)

(1) 의의

현물출자라 함은 금전 이외의 그 밖의 재산을 출자의 목적으로 하는 것을 말한다. 현물출자는 민법상 채권계약으로 볼 수는 없고 단체법(회사법)상 출자의 방식으로 본다. 그 이유는 금전 이외의 재산을 취득하는 대가로 신주를 발행하기 때문이다.

현물출자의 대상은 금전 이외의 그 밖의 재산이므로 반드시 평가(valuation)의 문제가 제기되고, 그 자산에 대한 평가의 적정성 여부가 회사의 자본충실의 원칙과 상관관계를 가진다.

(2) 상법상 규제

상법은 현물출자로 인해 주식회사의 자본충실이 허약해 지는 것을 방지하기 위하여 현물출자에 관한 사항을 정관에 기재해야만 그 효력이 발생하는 것으로 하고 있다. 또한 원칙적으로

법원이 선임한 검사인 등의 조사를 거쳐야만 유효한 변태설립사항으로 보고 있다.

현물출자에 대한 상법의 규제는 현물출자대상 자산의 과대평가로 인한 자본충실의 부실을 방지하기 위한 것이다. 그러므로 과소평가는 상법상 규제대상이 아니다. 이때 현물출자자산에 대한 과대평가는 그 정도에 따라 구체적이고 타당한 방법으로 해결하여야 할 것이다.

(3) 현물출자자의 자격

현물출자자의 자격에는 제한이 없다. 회사와의 계약에 의하여 발기인 또는 제3자는 누구든지 현물출자자가 될 수 있다.

(4) 현물출자의 목적

현물출자의 목적은 금전 이외의 재산으로서 양도가능하고 대차대조표상의 자산의 부에 기재할 수 있는 것이라면 어떠한 자산이든 가능하다. 그러므로 영업권, 지적재산권, 특허권 등의 무체재산권도 현물출자의 목적물이 될 수 있음은 당연하다. 현물출자에 의해 재산권은 회사에 귀속되며, 유상·쌍무계약의 성질을 가지므로 위험부담, 하자담보책임 등에 관한 민법규정(민법 제537조, 제570조 이하)이 적용된다.

(5) 현물출자의 이행

현물출자를 하는 자는 검사인의 조사 또는 공인된 감정인의 감정 등을 거친 후 납입기일에 지체 없이 현물출자를 이행하여야 한다(제295조 제2항, 제305조 제3항). 이행이란 출자목적인 재산의 종류별로 고유한 권리이전방식에 의해 재산권을 이전하는 것을 말한다. 동산은 등록, 유가증권이라면 배서 또는 교부, 부동산이나 기타 등기·등록할 재산은 설립중의 회사로 등기·등록하여야 한다.

(6) 현물출자 불이행시 조치

현물출자가 이행되지 않은 경우에는 그 성격상 개성이 강한 것으로써 실권절차에 의할 수는 없고, 민법의 일반원칙에 의해 ① 손해배상을 청구하거나, ② 강제집행을 하여야 한다. 이때 ③ 강제집행이 여의치 않은 경우에는 정관을 변경하여 다른 방법으로 해당자산을 조달하여야 한다.

3. 재산인수(제290조 제3호)

(1) 의의

발기인이 설립중의 회사를 대표하여 특정인과 회사성립 후 그 특정인으로부터 일정한 재산을 회사가 양수하기로 계약을 체결하는 것을 재산인수라고 한다. 이러한 재산인수계약에 의하여 회사는 성립 후 그 재산을 양수할 의무를 부담하게 되며, 그 재산의 적정한 평가(valuation) 여부가 자본충실의 원칙과 상관관계를 가지고 있다. 그런 이유에서 상법은 주식회사의 설립시 재산인수를 변태설립사항으로 보아 엄격한 규제를 하고 있다.

(2) 목적과 자격

재산인수의 목적 재산도 대차대조표상 자산의 부에 기재할 수 있는 것이면 어떠한 자산도 가능한 점에서는 현물출자와 같다. 또한 재산인수의 상대방에도 제한이 없으므로 발기인, 주식인수인, 제3자도 재산인수의 상대방이 될 수 있다.

한편, 변태설립사항인 재산인수계약은 설립중회사의 업무집행기관인 발기인이 제3자와 체결하여야 한다. 따라서 **주식회사의 설립 후 이사 또는 대표이사가 제3자와 재산인수계약을 체결하였다면 이는 변태설립사항인 재산인수가 될 수 없고 단지 재산양수계약이 될 뿐이다**(대법원 1989.2.14.선고, 87다카1128판결). 다만, 재산양수계약 중 일정한 요건을 충족하는 경우에는 사후설립이 될 수 있다.

(3) 재산인수의 효력

설립시 변태설립사항인 재산인수는 정관에 기재를 하여야만 그 효력이 인정되며, 원칙적으로 법원이 선임한 검사인의 조사를 받아야 유효한 재산인수가 된다. 다만 일정한 요건(제299조 제2호 및 제3호)을 충족하는 경우에는 검사인 또는 감정인의 조사절차와 법원에 대한 보고절차가 생략되기도 한다. 다만, 이는 극히 예외적인 것이므로 재산인수에 대해 정관의 기재가 없거나 검사인 등의 조사 등을 거치지 않은 재산인수는 무효가 된다.

(4) 구별개념(사후설립)

성립 후의 회사의 이사가 회사성립 후 2년 내에 그 성립 전부터 존재하는 재산으로서 영업을 위하여 계속 사용할 것을 자본금의 100분의 5 이상의 대가로 취득하는 계약을 사후설립이라고 한다.

사후설립은 재산인수계약이라는 점에서는 변태설립사항의 일종인 재산인수와 같다. 그러나 그 인수계약의 주체가 이사라는 점, 인수의 시기가 성립 후 2년 내라는 점, 그리고 인수대상자산의 가액이 자본금의 100분의 5 이상의 대가라는 점에서 변태설립사항인 재산인수와는 엄격히 구별하여야 한다.

재산인수와 사후설립

구분	재산인수	사후설립
① 의의	발기인의 제3자와 체결하는 재산양수계약	회사설립 후 2년 내에 이사가 제3자와 체결하는 재산양수계약
② 계약의 성격	주식회사의 설립 전의 계약	주식회사의 성립 후의 계약
③ 규제의 초점	자본충실의 원칙 위배	변태설립사항인 재산인수의 회피의도 차단
④ 상법상 규제	정관에 기재하고, 원칙적으로 검사인 등의 조사를 받아야 유효함	주주총회의 특별결의를 거쳐야 유효함

4. 설립비용(제290조 제4호)

(1) 의의

주식회사의 설립의 과정에서는 그 설립과 관련하여 다양한 비용이 발생하게 된다. 설립비용이란 회사의 설립절차에 소요되는 비용을 말한다. 예를 들면 사무실의 임대료, 통신비, 정관·주식청약서 인쇄비 등 설립절차에 소요되는 일체의 비용이 여기에 속한다. 한편, 개업준비를 위한 금전의 차입은 설립비용에 포함될 수 없다(대법원 1965.4.13.선고, 64다1940판결). 설립비용이 아닌 영업을 위한 개업준비비용이기 때문이다.

(2) 상법의 규제

설립비용은 회사의 조직을 창출하기 위해 지출된 비용이므로 회사가 부담하는 것이 당연하다. 그러나 발기인이 권한을 남용하여 과다하거나 불법적인 비용지출을 하고 회사설립 후 구상권의 행사를 하는 경우에는 주식회사의 자본충실을 해할 염려가 있다. 그런 이유에서 상법은 설립비용은 정관에 기재해야 유효한 것으로 보고 있으며, 검사인 등의 조사를 거치도록 하고 있다.

(3) 설립비용에 대한 구상권

정관에 기재하지 않고 지출한 설립비용은 회사에 대하여 구상할 수 없고 발기인이 연대하여 책임을 부담하여야 한다. 다만 정관에 기재가 있는 경우에도 그 지출에 관하여 발기인의 책임이 면제되는 것은 아니며, 그 지출이 위법·부당하다면 발기인은 손해배상책임을 부담하여야 한다(제322조 제1항). 한편, 발기인이 정당하게 지출한 설립비용이더라도 회사가 성립하지 않은 경우에는 발기인이 연대하여 부담하여야 한다(제326조 제2항).

5. 발기인의 보수(제290조 제4호)

(1) 의의

발기인의 설립에 관한 공로의 대가로 지급하기로 하는 경제적 대가를 발기인의 보수라고 한다. 발기인과 회사와의 관계에 대해서는 민법의 위임에 관한 규정이 준용되므로 발기인의 보수는 원칙적으로 인정되지 않는다. 다만, 현실적으로는 발기인에 대해 보수가 지급되고 있는데, 이때 발기인에 대한 과다한 보수는 주식회사의 자본충실을 해할 염려가 있다. 그런 이유에서 상법은 발기인의 보수를 변태설립사항으로 규정하고 있다.

(2) 상법의 규제

발기인에 대하여 보수를 지급하는 경우에는 자본충실에 해가 될 염려가 있다. 그런 이유에서 상법은 발기인의 보수를 변태설립사항으로 보아 정관에 기재하여야 하고, 원칙적으로 법원이 선임한 검사인의 조사를 받아야만 유효한 것으로 보고 있다. 따라서 정관에 기재하지 않고 발기인에게 보수를 지급한 경우 이는 발기인의 부당이득이 되므로 회사는 부당이득반환청구의 법리에 의해 발기인에게 반환을 요구할 수 있다.

6. 특별이익(제290조 제1호)

(1) 의의

발기인이 받을 특별이익이란 회사설립에 대한 공로의 대가로 지급되는 보수 이외의 이익을 말한다. 발기인의 특별이익의 대표적인 예로는 제품에 대한 총판매권의 부여, 설비이용의 특례, 신주인수권 등 이 있다.

발기인이 받을 특별이익과 이를 받을 자의 성명은 변태설립사항으로 이를 반드시 정관에 기재해야 그 효력이 발생한다.

(2) 특별이익이 될 수 없는 것

발기인이 받을 특별이익에는 일정한 제한이 있는데, 자본충실의 원칙에 반하는 경우나 주주평등의 원칙에 반하는 이익, 즉 무상주의 교부, 의결권의 특혜 등은 여기서 말하는 특별이익의 대상이 될 수 없다. 이 점 유의하여야 한다.

특별이익에 포함되는 것과 포함되지 않는 것

특별이익에 포함되는 것	특별이익에 포함되지 않는 것
① 설비이용의 특례 ② 제품에 대한 총판권의 부여 ③ 신주인수권의 부여 등	① 의결권의 특혜 부여 ② 준비금의 자본금전입에 따른 무상주의 교부 등

제 6 절 설립무효의 소

I 의의

주식회사의 설립절차에 하자가 있음에도 불구하고 설립등기가 된 경우 설립의 효력이 문제될 수 있다. 주식회사의 설립에 있어서는 설립과정의 주관적 무효 또는 취소사유는 설립등기에 의해 그 하자가 치유되므로 설립의 하자는 되지 않는다. 그러므로 주식회사에서는 객관적 무효사유만이 원인이 되고 이를 원인으로 한 설립무효의 소만이 인정된다.

II 소의 원인

주식회사의 설립과정에서 주관적 무효 또는 주관적 취소사유는 설립무효의 소의 설립무효의 소의 원인이 되지 아니한다. 따라서 주식회사의 설립과정에서 발생하는 객관적 무효사유만이 설립무효의 소의 원인이 된다.

한편, **일시차입금에 의한 가장납입에 대해 판례는 이를 주신인수대금의 납입으로 유효한 것으로 보므로 설립무효의 소의 원인은 되지 않는다고 본다**(대법원 1997.5.23.선고, 95다5790판결). 또한 자본금총액이 10억원 미만인 주식회사를 발기설립하는 경우에는 정관에 대한 공증인 인증의무가 면제되므로 그 경우도 설립무효의 소의 원인은 되지 아니한다.

주식회사의 설립무효의 소의 원인이 되는 것에는 다음과 같은 것이 있다.

① 설립목적이 위법하거나 사회질서에 반하는 경우
② 발기인이 존재하지 않는 경우
③ 정관의 절대적 기재사항이 불비된 경우
④ 정관에 발기인의 기명날인 또는 서명이 없는 경우
⑤ 정관에 대한 공증인의 인증을 받지 않은 경우(소규모주식회사의 발기설립의 경우는 제외한다)
⑥ 주식발행사항의 결정이 없거나 그 내용이 위법한 때
⑦ 창립총회를 소집하지 않았거나 조사·보고를 하지 않은 때
⑧ 창립총회의 결의가 무효인 때 등

Ⅲ 제소권자 및 제소기간

회사설립의 무효는 주주, 이사, 감사에 한하여 성립의 날로부터 2년 내에 소로써만 이를 주장할 수 있다(제378조 제1항).

Ⅳ 판결의 효력 등

회사설립무효의 판결은 대세적 효력이 있으며, 불소급한다. 따라서 설립무효의 소를 제기하지 않은 모든 자에 대해서도 판결의 효력이 영향을 미치며, 무효판결 확정 전에 생긴 법률관계에 대해서는 영향이 없다. 한편, 패소한 원고는 악의 또는 중대한 과실이 없는 경우에는 회사에 대해 손해배상책임을 부담하지 아니한다. 그 밖의 내용은 회사법상 소송의 일반적인 원칙과 같다(제328조 제2항).

제 7 절 설립관여자의 책임

Ⅰ 의의

주식회사의 설립은 그 절차가 복잡하여 위법을 범하기 쉽고 당초부터 사기를 목적으로 하여 설립되는 경우도 있어 민법의 일반원칙에 의한 책임만으로는 이해관계인의 보호가 불충분하다고 보아 상법은 설립관여자인 발기인과 기타의 관계자인 이사·감사·검사인에 대해 엄격한 책임을 규정함으로써 설립의 부실과 그에 따른 폐단을 시정하고 있다.

Ⅱ 발기인의 책임

1. 의의

설립관여자의 책임 중 가장 중요한 부분은 주식회사의 설립중회사의 업무집행기관인 발기인의 책임이다. 발기인의 책임은 회사가 성립한 경우 또는 성립하지 못한 경우 그리고 회사에 대한 책임 또는 제3자에 대한 책임을 구분하여 명확히 이해하기 바란다.

발기인의 책임

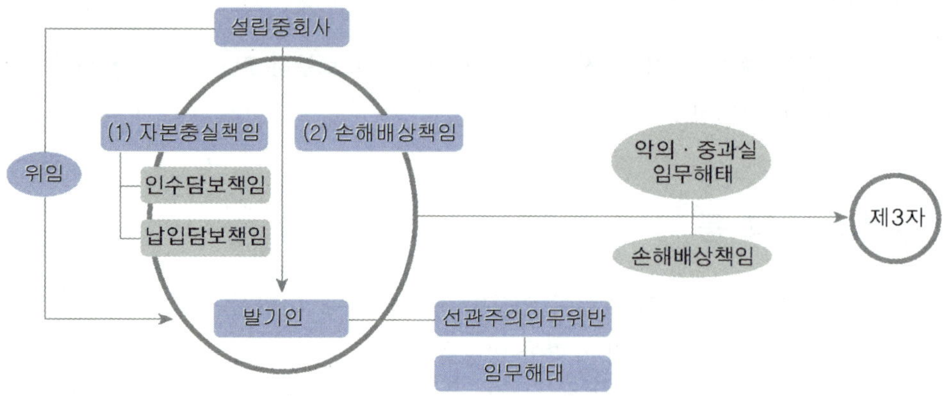

2. 회사에 대한 책임

(1) 자본충실책임(인수담보책임, 납입담보책임)

① 인수담보책임

회사설립시에 발행한 주식으로서 회사성립 후에 아직 인수되지 아니한 주식이 있거나, 주식인수의 청약이 취소된 경우에는 발기인은 이를 공동으로 인수한 것으로 본다(제321조 제1항). 이를 발기인의 인수담보책임이라고 한다.

발기인은 인수담보책임에 의해 주식인수인의 지위를 획득하게 되며, 주식인수대금의 납입의무를 부담하게 된다. 따라서 인수담보액임을 지는 발기인은 회사성립 후에 주주의 지위를 가지게 된다.

② 납입담보책임

회사성립 후 납입을 완료하지 아니한 주식이 있는 때에는 발기인은 연대하여 납입을 하여야 한다(제321조 제1항). 이를 발기인의 납입담보책임이라고 한다.

발기인의 납입담보책임은 주식회사의 설립과정에서 실권절차를 거치는 과정에서 주식인수인의 주금을 납입하지 않은 부분에 대한 제2차적 책임이다. 따라서 발기인이 납입담보책임을 지는 경우에도 주주는 여전히 기존의 주식인수인이 된다. 이 점이 인수담보책임을 지는 경우에 발기인이 주주가 되는 점과 커다란 차이가 있다.

③ 책임의 성질

발기인의 인수담보책임과 납입담보책임은 법정책임으로 무과실책임이라는 점에 대해서는 다툼이 없다. 발기인이 인수담보책임과 납입담보책임을 지더라도 발기인에 대한 회사의 손해배상청구에는 영향을 미치지 아니한다(제321조 제3항, 제315조). 그러므로 자본충실책임을 부담하는 과정에서 임무해태가 있는 경우에 발기인은 자본충실책임은 물론 손해배상책임도 부담하여야 한다. 이 점 유의할 필요가 있다.

④ 이사의 자본충실책임과 비교

주식회사의 설립시 발기인의 자본충실책임으로 인수담보책임과 납입담보책임을 모두 부담한다. 그에 반해 회사설립 후 신주발행을 하는 경우 그 신주발행에 대한 권한은 이사회에 부여되며, 이사도 신주발행과 관련한 자본충실책임을 부담한다. 이때 신주발행시 주식인수인이 인수대금을 납입하지 아니한 경우에는 곧바로 실권된다. 따라서 이사는 자본충실책임으로 납입담보책임은 문제되지 않으며, 인수담보책임만을 부담하게 된다. 이 점이 발기인과 이사의 책임 중 가장 커다란 차이를 보이는 부분이다.

자본충실책임의 비교

구분	발기인의 자본충실책임	이사의 자본충실책임
발생시기	주식회사의 설립시	설립 후 신주발행시
자본충실책임의 범위	① 인수담보책임 ② 납입담보책임	인수담보책임에 한정됨
책임의 성격	무과실책임	무과실책임

(2) 손해배상책임

① 의의

발기인이 회사의 설립에 관하여 그 임무를 해태한 때에는 그 발기인은 회사에 대하여 연대하여 손해를 배상할 책임이 있다(제322조 제1항). 발기인의 회사에 대한 손해배상책임은 임무해태를 요건으로 하므로 과실책임이다. 이 점이 발기인의 자본충실책임이 무과실책임인 점과 커다란 차이를 보인다.

발기인의 회사에 대한 손해배상책임은 민법상 계약상 책임 또는 불법행위책임이 아닌 상법이 인정한 특수한 손해배상책임으로 보는 것이 통설의 견해이다. 발기인의 회사에 대한 손해배상책임은 10년의 소멸시효가 적용된다(민법 제162조 제1항).

② 손해배상책임의 추궁

발기인의 회사에 대한 손해배상책임은 회사의 이사 등이 추궁하여야 한다. 그럼에도 불구하고 이사 등이 발기인의 회사에 대한 손해배상책임을 추궁하는 것은 현실적으로 쉽지 않은 선택일 것이다. 그런 이유에서 상법은 발기인의 회사에 대한 손해배상책임을 대표소송을 통해서도 추궁할 수 있도록 하고 있다.

즉, 회사가 발기인의 책임을 추궁하지 않을 경우 발행주식총수의 100분의 1 이상에 해당하는 주식을 가진 주주는 발기인의 책임을 추궁할 소를 제기할 것을 회사에 청구할 수 있으며, 이러한 청구에도 불구하고 30일 내에 회사가 소를 제기하지 않을 때에는 소수주주가 회사를 위하여 소를 제기할 수 있다(제324조, 제403조~제406조).

(3) 책임의 면제

발기인의 회사에 대한 손해배상책임은 총주주의 동의로 면제할 수 있다(제324조). 그러나 발기인의 자본충실책임, 즉 인수담보책임과 납입담보책임은 회사의 존립을 위한 물적기초와 관련된 책임이므로 총주주의 동의로도 면제할 수 없다. 이 점 명확히 구별하기 바란다.

3. 제3자에 대한 책임

(1) 의의

발기인이 악의 또는 중대한 과실로 인하여 그 임무를 해태한 때에는 그 발기인은 제3자에 대하여도 연대하여 손해를 배상할 책임이 있다(제322조 제2항). 이를 발기인의 제3자에 대한 손해배상책임이라고 한다. 발기인의 제3자에 대한 손해배상책임의 원인은 “악의 또는 중과실로 인한 임무해태”이다.

(2) 책임의 성질

발기인의 제3자에 대한 손해배상책임도 회사설립과 관련된 제3자의 보호를 강화하기 위하여 인정된 상법상 특수한 책임이다. 이러한 책임이 발생하기 위해서는 악의 또는 중대한 과실로 임무해태가 있고 제3자에게 손해가 생겨야 한다. 이때 제3자의 범위에 대해서는 회사 이외의 모든 자를 말하며, 주식인수인이나 주주 등도 포함된다.

(3) 책임의 추궁·면제

발기인의 제3자에 대한 손해배상책임은 회사만이 청구할 수 있다. 따라서 발행주식총수의 100분의 1 이상의 주주는 대표소송을 통해서도 발기인의 제3자에 대한 손해배상책임을 추궁할 수 없다. 또한 발기인의 제3자에 대한 손해배상책임은 총주주의 동의로도 면제할 수 없다. 이 점이 발기인의 회사에 대한 손해배상책임과 커다란 차이가 있는 부분이다.

4. 회사불성립시 책임

회사가 성립하지 못한 경우에는 발기인은 그 설립에 관한 행위에 대하여 연대하여 책임을 부담하여야 한다(제326조 제1항). 그리고 회사의 설립에 관하여 지급한 비용은 발기인이 부담한다(제326조 제2항). 이때 회사가 성립하지 못한 경우라 함은 설립절차에 착수하였으나 창립총회에서 설립을 폐지한 경우, 발행주식의 대부분이 인수되지 않은 경우 등으로 인해 설립등기에 이르지 못한 것을 말한다.

Ⅲ 기타관계자의 책임

1. 이사와 감사의 책임

이사 또는 감사가 설립절차에 관한 조사·보고의 임무를 해태한 때에는 회사 또는 제3자에 대하여 손해배상책임을 지며, 발기인도 책임이 있는 경우에는 그 이사, 감사와 발기인은 연대하여 손해를 배상할 책임이 있다(제323조). 다만 제3자에 대한 손해배상책임은 발기인의 책임과의 균형상 악의 또는 중대한 과실이 있는 경우에만 인정된다.

2. 검사인의 책임

법원이 선임한 검사인이 악의 또는 중대한 과실로 인하여 그 임무를 해태한 때에는 회사 또는 제3자에 대하여 손해를 배상할 책임이 있다(제325조). 검사인의 책임이 발기인, 이사 등의 책임과 다른 점에 주목할 필요가 있다. 검사인은 회사는 물론 제3자에 대해서도 악의 또는 중대한 과실이 있는 경우에 한해 손해배상책임을 진다. 그러므로 단순한 임무해태가 있는 경우 검사인은 회사에 대하여 손해배상책임을 부담하지 아니한다. 이 점 특히 유의하기 바란다.

3. 유사발기인의 책임

(1) 의의

주식청약서 기타 주식모집에 관한 서면에 성명을 기재하고 회사의 설립에 찬조할 뜻을 기재할 것을 승낙한 자를 유사발기인이라고 한다. 유사발기인은 발기인은 아니지만, 실질적으로 회사설립에 관여한 외관을 갖추었으므로 그 외관을 신뢰한 자를 보호하기 위하여 상법은 유사발기인은 발기인과 동일한 책임을 부담하는 것으로 규정하고 있다(제327조).

(2) 책임의 정확한 의미

제327조에서는 유사발기인은 발기인과 동일한 책임을 진다고 규정하고 있다. 그러나 이는 일반론적인 법조문상 해석일 뿐 이를 조금 더 명확하게 해석한다면 유사발기인은 회사설립에 관하여 임무해태가 있을 수 없으므로 임무해태를 전제로 한 회사 및 제3자에 대한 손해배상책임은 부담하지 않는다.

유사발기인은 자본충실책임과 회사가 성립하지 못한 경우에 주금반환 및 설립비용에 대한 책임을 질 뿐, 회사 또는 제3자에 대한 손해배상책임은 부담하지 아니한다. 이 점 특히 유의하기 바란다.

관련판례요약

1. 주주의 유한책임

① 주주의 유한책임원칙은 주주의 의사에 반하여 주식의 인수가액을 초과하는 새로운 부담을 회사가 주주에게 가중시킬 수 없다는 취지에 불과하므로, 주주의 자발적인 의사로 회사의 채무를 주주들이 분담하는 것은 가능하다(대법원 1983.12.13.선고, 82도735판결).

2. 설립중의 회사

① 주식회사의 설립중에 발생한 각종의 권리의무는 발기인 또는 발기인조합에 귀속되지 않고 설립중의 회사에 귀속되었다가 회사가 설립등기를 하게 되면 그 법률관계를 성립 후의 회사에 귀속되는 관계를 설명하기 위해 인정되는 개념이다(대법원 1994.1.28.선고, 93다50215판결외 다수).

② 설립중의 회사의 성립시기는 정관이 작성되고 발기인이 적어도 1주 이상의 주식을 인수하였을 때 비로소 성립한다(대법원 2000.1.28.선고, 99다35737판결 외 다수).

③ 성립후의 회사의 영업을 위하여 제3자와 맺은 자동차조립계약을 발기인의 권한 내의 행위로 보고 성립후의 회사의 책임을 인정하고 있다(대법원 1970.8.31.선고, 70다1357판결).

3. 가장납입

① 가장납입은 금원의 이동에 따른 현실적인 납입이 있는 것으로서 회사설립에는 영향이 없다고 한다(대법원 1983.5.24.선고, 82누522판결).

② 견금설립(가장납입)의 경우에도 현실의 납입이 있는 것으로 본다면, 납입은 이루어졌으나 납입금은 회사에 실재하지 않으므로 이는 회사가 주주의 납입금을 체당한 것으로 보고 회사가 주주에게 상환을 청구할 수 있는 것으로 보아야 할 것이다(대법원 2004.3.26.선고, 2002다29138판결).

③ 발기인은 회사의 주식인수대금을 임의로 인출한 것으로 보아 민법 제750조에 의한 불법행위에 따른 책임도 지는 것으로 볼 수 있다(대법원 1996.12.23.선고, 96다37985판결).

④ 발기인의 가장납입행위에 대하여 업무상횡령죄의 적용은 배제하고 있으며 배임죄의 적용만을 받는다고 본다(대법원 2004.6.17.선고, 2003도7645판결).

4. 변태설립사항

① 재산인수계약은 설립중의 회사의 대표기관인 발기인이 제3자와 재산인수계약을 하여야 하므로, 성립 후의 대표이사가 체결하거나 이사나 감사와 체결하였다면 이는 재산인수가 아니다(대법원 1989.2.14.선고, 87다카1128판결).

② 개업준비를 위한 금전의 차입은 설립비용에 포함될 수 없다(대법원 1965.4.13.선고, 64다1940 판결).

실전연습문제

01 상법상 주식회사의 정관의 절대적 기재사항에 해당하는 것은? 세무사 2013

① 현물출자 ② 이사의 수
③ 무액면주식의 발행 가격 ④ 신주발행사항
⑤ 본점의 소재지

해설 ⑤ 상법상 "주식회사의 정관의 절대적 기재사항"에는 ㉠ 목적, ㉡ 상호, ㉢ 회사가 발행할 주식총수, ㉣ 액면주식을 발행하는 경우에는 1주의 액면금액, ㉤ 설립시 발행주식수, ㉥ 본점소재지, ㉦ 회사가 공고를 하는 방법, ㉧ 발기인의 성명과 주소 등 8가지이다(제289조 제1항).

02 상법상 주식회사 정관의 절대적 기재사항이 아닌 것은? 세무사 2018

① 목적 ② 상호
③ 본점의 소재지 ④ 자본금의 액
⑤ 회사가 공고를 하는 방법

해설 ④ 주식회사의 자본금의 액은 등기사항일 뿐, 정관의 절대적 기재사항은 될 수 없다(제289조 제1항).

03 상법상 주식회사의 설립등기사항을 모두 고른 것은? 세무사 2015

ㄱ. 지점의 소재지 ㄴ. 회사가 발행할 주식의 총수 ㄷ. 발기인의 성명·주민등록번호 및 주소 ㄹ. 회사의 존립기간 또는 해산사유를 정한 때에는 그 기간 또는 사유

① ㄱ, ㄹ ② ㄴ, ㄷ ③ ㄱ, ㄴ, ㄹ
④ ㄴ, ㄷ, ㄹ ⑤ ㄱ, ㄴ, ㄷ, ㄹ

해설 ③ 지점소재지, 회사가 발행할 주식의 총수, 회사의 존립기간 또는 해산사유를 정한 때에는 그 기간 또는 사유는 제317조에서 정하는 설립등기사항이다(제317조 제2항). 그러나 발기인의 성명·주민등록번호 및 주소는 정관의 절대적 기재사항일 뿐(제289조 제2항), 설립등기사항은 아니다.

01 ⑤ 02 ④ 03 ③ 정 답

04 상법상 주식회사의 설립에 관한 설명으로 옳지 않은 것은? (다툼이 있는 경우에는 판례에 의함)

세무사 2013

① 주식회사를 설립함에는 발기인이 정관을 작성하여야 한다.

② 발기설립시 변태설립사항이 있는 경우 이사는 이에 관한 조사를 하게 하기 위하여 예외없이 검사인의 선임을 법원에 청구하여야 한다.

③ 회사성립후에 양수할 것을 약정한 재산의 종류, 수량, 가격과 그 양도인의 성명은 정관에 기재함으로써 그 효력이 있다.

④ 발기설립의 경우 납입과 현물출자의 이행이 완료된 때에는 발기인은 지체 없이 의결권의 과반수로 이사와 감사를 선임하여야 한다.

⑤ 설립중의 회사란 발기인이 회사의 설립을 위하여 필요한 행위로 인하여 취득 또는 부담하였던 권리의무가 회사의 성립과 동시에 그 성립된 회사로 귀속되는 관계를 설명하기 위한 강학상의 개념이다.

해설 ② 상법상 변태설립사항이 있는 경우에는 원칙적으로 이사는 이에 관한 사항을 조사하게 하기 위하여 법원에 검사인의 선임을 청구하여야 한다. 다만, 주식회사의 변태설립사항 중 중 현물출자와 재산인수의 경우 그 가액이 자본금의 5분의 1을 초과하지 아니하고 대통령령으로 정한 가액을 초과하지 않은 경우 또는 그 재산이 거래소의 시세 있는 유가증권인 경우로서 정관에 적힌 가액이 대통령령으로 정한 방법으로 산정된 시세를 초과하지 아니한 경우에는 검사인의 조사의무가 면제된다(제299조 제2항). 따라서 발기설립시 변태설립사항이 있는 경우에도 위의 요건을 충족하는 경우에는 검사인의 조사는 필요하지 않고 법원에 검사인의 선임을 청구할 필요가 없다.

05 상법상 주식회사의 설립에 관한 설명으로 옳은 것은?

세무사 2015

① 창립총회의 결의는 출석한 주식인수인의 의결권의 3분의 2 이상이며 인수된 주식의 총수의 과반수에 해당하는 다수로 하여야 한다.

② 모집설립시 이사와 감사의 선임은 발기인의 권한사항이다.

③ 자본금총액이 5억원 미만인 주식회사를 모집설립하는 경우에는 공증인의 인증이 없어도 정관은 유효하다.

④ 발기인의 인수담보책임은 무과실책임이지만, 납입담보책임은 과실책임이다.

⑤ 발기인이 받을 보수액은 정관에 기재가 없더도 그 효력이 있다.

해설 ② 모집설립시 이사와 감사의 선임은 창립총회의 결의사항이다. 모집설립시 이사와 감사의 선임은 창립총회의 결의에 의하는데, 창립총회의 결의는 출석한 주식인수인의 의결권의 3분의 2 이상이며, 인수된 주식총수의 과반수의 수로써 하여야 한다(제309조, 제312조).

③ 자본금총액이 10억원 미만인 주식회사를 "발기설립하는 경우"에는 정관은 공증인의 인증 없이 발기인의 기명날인 또는 서명만으로도 그 효력이 발생한다. 그러나 모집설립시에는 자본금의 규모에 관계 없이 정관은 반드시 공증인의 인증을 받아야지만 그 효력이 인정된다(제292조). 이 점 명확히 구별하기 바란다.

④ 발기인의 자본충실책임에는 인수담보책임과 납입담보책임이 인정되는데, 이는 모두 무과실책임이다(제321조).

⑤ 발기인이 받을 보수는 변태설립사항이다. 따라서 발기인의 보수는 정관에 기재한 경우에 한하여 그 효력이 인정된다(제290조 제4호).

06 상법상 주식회의 설립에 관한 설명으로 옳지 않은 것은? 세무사 2015

① 권리주의 양도는 회사에 대하여 효력이 없다.
② 회사가 성립한 경우 발기인의 회사에 대한 책임은 주주대표소송의 대상이 되지 않는다.
③ 창립총회에 출석하여 그 권리를 행사한 자는 주식청약서의 요건의 흠결을 이유로 하여 그 인수의 무효를 주장하지 못한다.
④ 회사성립후에는 주식을 인수한 자는 사기를 이유로 그 인수를 취소하지 못한다.
⑤ 발기인이 회사의 설립에 관하여 임무를 해태한 때에는 그 발기인은 회사에 대하여 연대하여 손해를 배상할 책임이 있다.

해설 ② 회사가 성립한 경우 발기인의 회사에 대한 책임은 발행주식총수의 100분의 1 이상을 가진 주주가 대표소송의 방법으로 추궁할 수 있다(제324조). 따라서 발기인의 회사에 대한 손해배상책임은 주주대표소송의 대상이 된다.

07 상법상 주식회사 설립에 관한 설명으로 옳지 않은 것은? 세무사 2017

① 모집설립의 경우 발기인은 법원의 허가 없이 납입금의 보관자를 변경할 수 있다.
② 발기설립의 경우 이사와 감사의 선임은 발기인의 의결권의 과반수로 한다.
③ 모집설립의 경우 창립총회의 결의는 출석한 주식인수인의 의결권의 3분의 2 이상이며 인수된 주식의 총수의 과반수에 해당하는 다수로 하여야 한다.
④ 모집설립의 경우 이사와 감사는 발기인이 소집한 창립총회에서 선임된다.
⑤ 모집설립의 경우 주식인수인이 그 인수한 주식의 인수가액을 지체없이 납입하지 아니한 때에는 발기인은 일정한 기일을 정해 그 기일 내에 납입을 하지 않으면 그 권리를 잃는다는 뜻을 기일의 2주간 전에 그 주식인수인에게 통지해야 한다.

해설 ① 납입금보관자의 변경은 발기설립이나 모집설립의 경우에도 반드시 "법원의 허가"가 있어야 한다(제306조).

08 상법상 주식회사의 설립에 관한 설명으로 옳지 않은 것은? 세무사 2018

① 회사성립 후에는 주식을 인수한 자는 주식청약서의 요건의 흠결을 이유로 그 인수의 무효를 주장할 수 없다.
② 모집설립의 경우 발기인이 회사의 설립시에 발행하는 주식의 총수를 인수하지 아니하는 때에는 주주를 모집하여야 한다.
③ 회사설립의 무효는 주주·이사 또는 감사에 한하여 회사성립의 날로부터 2년 내에 소만으로 이를 주장할 수 있다.
④ 발기인은 주주를 모집하는 데 있어서 회사의 개요와 청약의 조건을 기재한 주식청약서를 작성하게 하여 청약을 받거나 구두로 청약을 받을 수 있다.

04 ② 05 ① 06 ② 07 ① 08 ④ 정 답

⑤ 회사설립시에 발행하는 주식에 관하여 정관으로 달리 정하지 아니하면 발기인 전원의 동의로 주식의 종류와 수를 정한다.

해설 ④ 발기인은 주주를 모집하는 데 있어서 회사의 개요와 청약의 조건을 기재한 주식청약서를 작성하게 할 수 없고, "법정주식청약서"에 의하여 청약을 받아야 한다. 따라서 주식청약서를 주주에게 작성하게 하거나 구두에 의한 청약을 하도록 하는 것은 허용되지 아니한다.

09 상법상 주식회사의 모집설립의 절차에 관한 설명으로 옳지 않은 것은? 세무사 2014

① 이사와 감사의 선임은 발기인의 의결권의 과반수로 해야 한다.

② 무액면주식을 발행하는 경우 주식의 발행가액과 주식의 발행가액 중 자본금으로 계상하는 금액은 정관에 다른 정함이 없으면 발기인 전원의 동의로 정한다.

③ 현금출자를 하는 주식인수인이 그 인수한 주식에 대하여 납입기일까지 납입을 하지 아니한 경우 발기인은 실권절차를 완료하고 다시 그 주식에 대한 주주를 모집할 수 있다.

④ 주식인수의 청약자가 진의 아닌 의사표시를 하고 발기인이 이를 알았을 경우에도 그 청약은 유효하다.

⑤ 타인의 승낙 없이 그의 명의로 주식을 인수한 자는 주식인수인으로서의 책임이 있다.

해설 ① "모집설립시" 설립경과조사기관인 이사와 감사의 선임은 창립총회에서 출석한 주식인수인의 의결권의 3분의 2 이상이며 인수된 주식총수의 과반수로써 하여야 한다. 그에 반해 "발기설립시"에는 "발기인의 의결권의 과반수"로 이사와 감사를 선임하여야 한다(제296조 제2항). 본 문제는 모집설립에 관한 사항이므로 이사의 감사의 선임권은 창립총회에서 가지는 것이지, 발기인이 갖는 것은 아니다.

10 상법상 주식회사의 창립총회에 관한 설명으로 옳은 것은? 세무사 2013

① 발기설립시 변태설립사항이 없는 경우에도 임원선임을 위하여 창립총회를 개최하여야 한다.

② 모집설립에 있어서 검사인이 변태설립사항을 조사한 후 그 결과를 창립총회에 보고한 경우 창립총회는 이를 부당하다고 인정하더라도 변경할 수 없다.

③ 창립총회에서는 정관의 변경 또는 설립의 폐지를 결의할 수 있다는 뜻의 기재가 소집통지서에 있는 경우에 한하여 정관을 변경할 수 있다.

④ 창립총회의 결의방법은 주주총회의 특별결의 요건과 같다.

⑤ 모집설립시 선임된 이사와 감사는 취임후 지체없이 회사의 설립에 관한 모든 사항이 법령 또는 정관의 규정에 위반되지 아니하는지의 여부를 조사하여 창립총회에 보고하여야 한다.

해설 ① 창립총회는 "모집설립시" 개최되는 설립시 의사결정기관이다. 그러므로 발기설립시에는 창립총회는 개최될 수 없다(제308조).
② 창립총회에서는 모집설립시 기재한 변태설립사항이 부당하다고 인정한 때에는 이를 변경할 수 있다(제314조 제1항). 한편, 발기설립시 부당한 변태설립사항에 대해서는 "법원이" 변경한다. 이 점이 모집설립의 경우와 차이가 있다.
③ 창립총회에서는 "소집통지서에 그 기재가 없는 경우"에도 정관의 변경 또는 설립폐지 등 모든 사항을 결의할 수

있다(제316조 제1항, 제2항).

④ 창립총회의 결의는 출석한 주식인수인의 의결권의 3분의 2 이상이며, 인수된 주식총수의 과반수에 해당하는 다수로써 하여야 한다(제309조). 이 점에서 주식회사의 주주총회의 특별결의가 출석한 주주의 의결권의 3분의 2 이상이며 발행주식총수의 3분의 1 이상의 수로써 하여야 하는 점과 차이를 보인다.

11 상법상 주식회사의 주금납입에 관한 설명으로 옳지 않은 것은? 세무사 2016

① 납입금의 보관자 또는 납입장소를 변경할 때에는 법원의 허가를 얻어야 한다.

② 납입의 책임을 면하기 위하여 타인 또는 가설인의 명의로 주식 또는 출자를 인수한 자는 1년 이하의 징역 또는 300만원 이하의 벌금에 처한다.

③ 납입금을 보관한 은행이나 그 밖의 금융기관은 증명한 보관금액에 대하여는 납입이 부실하거나 그 금액의 반환에 제한이 있다는 것을 이유로 회사에 대항하지 못한다.

④ 자본금 총액이 10억원 미만인 회사를 발기설립하는 경우에는 납입금보관증명서를 은행이나 그 밖의 금융기관의 잔고증명서로 대체할 수 있다.

⑤ 발기설립의 경우 발기인이 인수한 주금의 납입을 하지 아니한 때에는 다른 발기인은 일정한 기일을 정하여 그 기일 내에 납입을 하지 아니하면 그 권리를 잃는다는 뜻을 기일의 2주간 전에 그 발기인에게 통지하여야 한다.

해설 ⑤ 모집설립의 경우 주식인수인이 인수한 주금의 납입을 하지 아니한 때에는 발기인은 일정한 기일을 정하여 그 기일 내에 납입을 하지 아니하면 그 권리를 잃는다는 뜻을 기일의 2주간 전에 주식인수인에게 통지하여야 한다(제307조 제1항). 따라서 발기설립시 실권절차는 거치지 않는다.

12 상법상 주식회사의 설립중의 회사에 관한 설명으로 옳지 않은 것은? (다툼이 있는 경우에는 판례에 의함) 세무사 2014

① 창립총회의 결의에서는 서면에 의한 의결권행사가 인정된다.

② 이사와 감사는 설립에 관한 사항이 법령 또는 정관의 규정에 위반되는지의 여부를 조사하여 발기인 또는 창립총회에 보고하여야 한다.

③ 창립총회의 결의는 출석한 주식인수인의 의결권의 3분의 2 이상이며 인수된 주식의 총수의 과반수에 해당하는 다수로 하여야 한다.

④ 설립중의 회사는 정관이 작성되고 발기인이 1주 이상의 주식을 인수한 때에 성립한다.

⑤ 설립중의 회사의 기관인 발기인이 설립 후의 회사의 영업을 위하여 제3자와 맺은 자동차조립계약에 대해서는 설립 후의 회사가 책임을 부담한다.

해설 ① 창립총회의 결의방법으로는 직접 참석해서 의결권을 행사하는 방법만이 인정된다. 그러므로 "서면에 의한 의결권의 행사"는 창립총회에서는 인정되지 않는다(제308조 제2항). 이 점 유의하여야 한다.

09 ① 10 ⑤ 11 ⑤ 12 ① 정 답

13 상법상 주식회사에 관한 설명으로 옳지 않은 것은? 세무사 2015

① 유사발기인은 발기인과 동일한 인수담보책임과 납입담보책임을 진다.

② 주주명부폐쇄기간은 3월을 초과하지 못하며, 기준일은 주주 또는 질권자로서 권리를 행사할 날에 앞선 3월 내의 날로 정하여야 한다.

③ 자동차제조업을 영위하기 위하여 회사설립시 발기인이 회사성립 후에 공장부지를 양수하기로 약정한 경우 이를 정관에 기재하지 않아도 그 효력이 있다.

④ 주주총회의 특별결의를 요하는 영업양도에 반대하는 주주가 주식매수청구권을 행사한 경우 회사는 그 청구를 받은 날로부터 2월 이내에 그 주식을 매수하여야 한다.

⑤ 사외이사를 두어야 하는 상장회사 중 최근 업연도말 현재의 자산총액이 2조원 이상인 회사의 사외이사는 3명 이상으로 하되, 이사 총수의 과반수가 되어야 한다.

해설 ③ 자동차제조업을 영위하기 위하여 회사설립시 발기인이 회사성립 후에 공장부지를 양수하기로 약정한 경우에 이는 변태설립사항의 일종인 재산인수이다. 따라서 "재산인수"는 정관에 기재한 경우에만 그 효력이 인정된다(제290조 제3호).

14 상법상 주식회사의 변태설립사항에 관한 설명으로 옳지 않은 것은? 세무사 2014

① 회사의 성립 후에 회사를 위해 일정한 재산을 양수하기로 하는 발기인과 특정인과의 회사 성립 전의 약정은 변태설립사항이다.

② 정관에 기재되지 않거나 기재액을 초과하여 지출한 설립비용은 종국적으로 발기인이 부담해야 한다.

③ 현물출자에 대한 불이행이 있는 경우 발기인은 정관을 변경하여 설립절차를 속행할 수 있다.

④ 현물출자의 이행은 납입기일에 출자의 목적인 재산을 인도하고, 등기나 등록을 요하는 경우 이에 관한 서류를 완비하여 교부해야 한다.

⑤ 변태설립사항은 회사설립에 있어서 다른 이해관계인에게 중대한 영향을 미치는 사항이므로 설립등기를 해야 그 효력이 발생한다.

해설 ⑤ 주식회사의 설립시 변태설립사항은 자본충실에 해가 될 염려가 있는 사항으로 정관에 기재해야만 그 효력이 발생하며, 원칙적으로 검사인의 조사를 받아야 한다(제290조). 현물출자 등의 변태설립사항은 정관에 기재함으로써 그 효력이 발생하는 것이지, 설립등기에 의해 그 효력이 발생하는 것이 아니다.

15 상법상 주식회사의 변태설립에 관한 설명으로 옳지 않은 것은? 세무사 2015

① 발기인이 받을 특별이익과 이를 받을 자의 성명은 변태설립사항이다.
② 현물출자를 하는 자의 성명과 그 목적인 재산의 종류, 수량, 가격과 이에 대하여 부여할 주식의 종류와 수는 변태설립사항이다.
③ 현물출자 및 재산인수의 경우 공인된 감정인의 감정으로 검사인의 조사에 갈음할 수 있다.
④ 회사성립 후에 양수할 것을 약정한 잿한의 종류, 수량, 가격과 그 양수인의 성명은 변태설립사항이다.
⑤ 현물출자를 하는 발기인은 납입기일에 지체없이 출자의 목적인 재산을 인도하고 등기, 등록 기타 권리의 설정 또는 이전을 요할 경우에는 이에 관한 서류를 완비하여 교부하여야 한다.

해설 ④ 회사설립 전의 계약으로 회사성립 후에 양수할 것을 약정한 재산의 종류, 수량, 가격과 "그 양도인의 성명"은 변태설립사항이다(제290조 제3호). 한편, 재산인수에 있어서 양수인은 회사이다. 따라서 양수인의 성명과 주소는 변태설립사항이 될 수 없다.

16 상법상 주식회사의 변태설립사항에 관한 설명으로 옳은 것은? 세무사 2016

① 발기설립의 경우 발기인은 변태설립사항에 관한 조사를 하게 하기 위하여 검사인의 선임을 법원에 청구하여야 한다.
② 모집설립의 경우 이사 및 감사는 변태설립사항에 관한 조사를 하게 하기 위하여 검사인의 선임을 법원에 청구하여야 한다.
③ 발기인이 받을 특별이익에 관한 사항에 관하여는 공증인의 조사·보고로 법원이 선임한 검사인의 조사에 갈음할 수 있다.
④ 회사가 부담할 설립비용과 발기인이 받을 보수액에 대해서는 공인된 감정인의 감정으로 법원이 선임한 검사인의 조사에 갈음할 수 있다.
⑤ 모집설립의 경우 검사인의 변태설립사항의 조사에 대하여 법원이 한 변경처분에 불복한 발기인은 그 주식의 인수를 취소할 수 있다.

해설 ① 발기설립의 경우 이사는 변태설립사항에 관한 조사를 하기 위하여 검사인의 선임을 법원에 청구하여야 한다(제298조 제4항).
② 모집설립의 경우 발기인은 변태설립사항에 관한 조사를 하게 하기 위하여 검사인의 선임을 법원에 청구하여야 한다(제310조 제1항).
④ 회사가 부담할 설립비용과 발기인이 받을 보수액에 대해서는 공증인의 조사·보고로 법원이 선임한 검사인의 조사에 갈음할 수 있다(제300조 제3항).
⑤ 모집설립의 경우 검사인의 변태설립사항의 조사에 대하여 법원이 한 변경처분이 있는 경우에도 발기인은 그 주식의 인수를 취소할 수 없다(제320조 제1항).

13 ③ 14 ⑤ 15 ④ 16 ③ 정 답

17 상법상 주식회사의 변태설립사항에 관한 설명으로 옳은 것은? 세무사 2017

① 발기인이 받을 특별이익을 정관에 기재하지 아니하면 정관 자체가 무효로 된다.

② 발기설립에서 법원은 변태설립사항이 부당하다고 인정한 때에는 이를 변경하여 각 발기인에게 통고할 수 있는데, 그 변경에 불복하는 발기인은 그 주식의 인수를 취소할 수 없다.

③ 현물출자를 하는 자의 성명, 현물출자의 목적인 재산의 종류, 수량, 가격과 이에 대하여 부여할 주식의 종류와 수는 정관에 기재하여야 효력이 있다.

④ 회사 성립후에 양수할 것을 약정한 재산이 있는 경우 그 재산의 종류와 수량만 정관에 기재하여도 그 효력이 있다.

⑤ 발기인이 받을 보수액은 정관에 기재하지 않아도 그 효력이 있다.

해설 ① "발기인이 받을 특별이익"은 변태설립사항으로 정관에 기재하지 않으면 그 효력이 발생하지 않는 변태설립사항이다(제290조). 따라서 특별이익을 정관에 기재하지 않는 경우에는 특별이익의 효력이 발생하지 않는 것이지, 정관의 효력이 발생하는 것이 아니다.

② 발기설립에서 법원은 변태설립사항이 부당하다고 인정한 때에는 이를 변경하여 각 발기인에게 통고할 수 있는데(제300조 제1항), 그 변경에 불복하는 발기인은 그 주식의 인수를 취소할 수 있다.

④ 회사성립 후에 양수할 것을 약정한 재산이 있는 경우에 이는 재산인수에 해당하며 변태설립사항이 된다(제290조). 따라서 변태설립사항인 "재산인수"에 대해서는 양도인의 성명, 재산의 종류, 수량, 양수가격 등을 정관에 기재해야 그 효력이 인정된다.

⑤ 발기인이 받을 보수액은 변태설립사항이다(제290조). 따라서 발기인이 받을 보수액은 정관에 기재해야만 그 효력이 인정된다.

18 상법상 주식회사의 변태설립사항이 아닌 것은? 세무사 2018

① 사후설립

② 발기인이 받을 특별이익과 이를 받을 자의 성명

③ 회사성립후에 양수할 것을 약정한 재산의 종류, 수량, 가격과 그 양도인의 성명

④ 회사가 부담할 설립비용과 발기인이 받을 보수액

⑤ 현물출자를 하는 자의 성명과 그 목적인 재산의 종류, 수량, 가격과 이에 대하여 부여할 주식의 종류와 수

해설 ① 사후설립은 회사성립 후 2년 내에 이사가 제3자와 자본의 1/20이상의 대가로 체결하는 재산양수계약을 말한다. 사후설립은 그 계약체결을 회사의 성립 후에 하는 점에서 재산인수와 차이가 있으며, 반드시 주주총회의 특별결의를 거쳐야 하는 점에서도 재산인수와 차이가 있다. "재산인수"와 "사후설립"은 빈출되는 내용으로 반드시 명확한 이해를 하여야 할 것이다.

19 상법상 주식회사의 설립절차의 하자를 다투는 소에 관한 설명으로 옳지 않은 것은? 세무사 2015

① 주식을 1주만 보유하는 주주도 회사성립의 날로부터 2년 내에 설립무효의 소를 제기할 수 있다.

② 설립절차의 하자를 다투고자 하는 자는 설립취소의 소를 제기할 수 있다.

③ 회사설립의 무효는 회사성립의 날로부터 2년 내에 소만으로 이를 주장할 수 있다.

④ 설립무효판결의 효력은 판결확정 전에 생긴 회사와 주주 및 제3자간의 권리의무에 영향을 미치지 않는다.

⑤ 설립무효의 소에 대해 설립무효의 판결이 내려지면 원고 이외의 자에 대한 관계에서도 회사의 설립은 무효가 된다.

해설 ② 주식회사의 설립의 하자는 객관적 무효사유를 원인으로 한 설립무효의 소만이 인정된다(제328조). 따라서 주식회사의 설립의 하자를 다투고자 하는 자는 설립취소의 소를 제기할 수 없다.

20 상법상 발기인의 책임에 관한 설명으로 옳지 않은 것은? 세무사 2017

① 회사설립시에 발행한 주식으로서 회사성립 후에 아직 인수되지 아니한 주식이 있거나 주식인수의 청약이 취소된 때에는 발기인이 이를 공동으로 인수한 것으로 본다.

② 주식청약서 기타 주식모집에 관한 서면에 성명과 회사의 설립에 찬조하는 뜻을 기재할 것을 승낙한 자는 발기인과 동일한 책임이 있다.

③ 발기인이 회사의 설립에 관하여 그 임무를 해태한 때에는 그 발기인은 회사에 대하여 연대하여 손해를 배상할 책임이 있다.

④ 회사가 성립하지 못한 경우 발기인은 그 설립에 관하여 지급한 비용을 부담하지 않는다.

⑤ 발기인이 악의 또는 중대한 과실로 인하여 그 임무를 해태한 때에는 그 발기인은 제3자에 대하여도 연대하여 손해를 배상할 책임이 있다.

해설 ④ 회사가 성립하지 못한 경우 발기인은 그 설립에 관하여 지급한 비용에 대하여 책임을 부담하여야 한다(제326조 제2항). 이때 발기인이 1인인 경우에는 단독으로 책임을 부담하는 것이며, 수인인 경우에는 연대하여 발기인이 책임을 부담하여야 한다.

17 ③ 18 ① 19 ② 20 ④ 정 답

21 상법상 주식회사의 설립관여자의 책임에 관한 설명으로 옳지 않은 것은? 세무사 2014

① 회사가 성립한 경우 이사와 감사는 중과실로 설립사항에 대한 조사 및 보고의무를 위반하여 제3자에 대하여 손해를 끼친 때에는 연대하여 손해를 배상할 책임이 있다.

② 회사가 성립한 경우 법원에 의하여 선임된 검사인이 중과실로 그 임무를 해태한 때에는 회사에 대하여 손해를 배상할 책임이 있다.

③ 회사가 성립한 경우 주식청약서에 성명과 회사설립에 찬조하는 뜻을 기재할 것을 승낙한 자는 발기인과 동일한 책임이 있다.

④ 회사가 성립하지 못한 경우 발기인은 그 설립에 관한 행위에 대하여 연대책임을 부담한다.

⑤ 회사가 성립하지 못한 경우 회사의 설립에 관하여 지급한 비용은 발기인과 이사 및 감사가 연대하여 부담한다.

해설 ⑤ 회사가 성립하지 못한 경우에 발기인은 그 설립에 관한 행위에 대하여 연대하여 책임을 진다(제326조 제1항). 따라서 회사의 설립에 관하여 지급한 비용은 발기인이 부담한다(제326조 제2항).

21 ⑤ 정 답

제3장

주식과 주주

제 3 장 주식과 주주

회사법강의

제 1 절 총설

I 의의

주식은 주식회사의 사원의 지위를 말하고, 주주는 주식을 가진 자의 지위를 말한다. 주식과 주주는 서로 불가분의 관계에 있다. 주식을 가지고 있어야 주주가 되며, 주주는 주식을 가진 자를 말하기 때문이다.

II 자본금과 주식의 관계

주식회사는 그 설립의 과정에서 물적 기초를 위한 자본금을 먼저 정하게 된다. 그리고 자본금을 어떠한 단위로 분할할 것인지에 대한 고민을 하게 된다. 이는 주식회사의 설립에 관한 사무를 처리하는 발기인 또는 발기인조합의 몫이 된다. 자본금과 주식은 서로 불가분의 관계를 가지게 되며, 자본금을 수량적으로 분할한 단위를 주식이라고도 한다.

III 주식과 주주의 관계

주식회사 사원의 지위를 주주라고 한다. 주식회사의 사원인 주주는 주식을 가지게 됨으로써 주주의 지위를 획득하게 된다. 그렇다면 왜 주주가 되려고 하는 것일까? 그 이유는 간단하다. 주식은 현대 사회에서 매력적인 금융상품이기 때문이다.

주주가 주식을 취득하게 되면 주주의 책임한계는 자신이 출자한 금액을 한도로 하며, 주식회사가 성장·발전하는 경우 그 투자수익은 무한대로 커질 수 있는 매력이 있기 때문이다. 다만,

투자수익의 매력 보다는 유한책임의 장점이 주식회사제도를 현대 자본주의의 중심이 되게 한 매력이 아닐까 한다.

제 2 절 주식의 개관

I 총설

1. 의의

주식이라는 용어는 법률상 두 가지의 의미가 있는데 하나는 자본금의 구성단위라는 뜻이고(제319조 제2항, 제464조), 다른 하나는 주주의 회사에 대한 지위를 의미한다.

2. 자본금·주식·주주의 상관관계

상법상 자본금은 정관에서 주식의 전부를 무액면주식으로 발행하기로 한 경우를 제외하고는 발행주식의 액면총액을 원칙으로 한다(제329조 제1항). 그러므로 자본금은 원칙적으로 발행주식총수에 1주의 액면금액을 곱한 금액으로 산출되는데, 이때 자본금을 수량적으로 분할한 단위를 주식이라고 하고 그 주식을 가진 자의 지위를 주주라고 한다.

3. 주식의 기능

자본금을 수량적으로 분할하는 이유는 주주가 되고자 하는 자가 소액의 투자자금으로 회사의 주주가 될 수 있도록 함으로써 기업의 입장에서 자금조달의 기동성과 탄력성을 확보하도록 하기 위함이다. 그리고 주주의 입장에서는 적은 투자금액으로 주식회사의 사원의 지위에 올라 공익권과 자익권을 향유할 수 있기 때문이다. 주식은 주식회사와 주주를 연결시키는 고리역할을 하는 금융상품이다.

II 주식의 분할소유와 공유

1. 주식불가분의 원칙

주식은 자본금의 구성단위가 되므로 주식을 1주 미만으로 세분하거나 그 주식이 표창하는 권리를 분해하여 이를 별도로 양도할 수 없다. 이를 주식불가분의 원칙이라고 한다.

2. 주식의 분할소유

하나의 주식을 수인이 분할하여 소유하는 것을 주식의 분할소유라고 한다. 주식은 하나의 단위가 될 경우에만 의미가 있고 하나의 단위로서만 양도 또는 입질 등이 가능하다. 이를 주식불가분의 원칙이라고 한다. 주식의 분할소유는 인정되기 않는다, 주식불가분의 원칙에 위배되기 때문이다.

3. 주식의 공동소유

하나의 주식을 수인이 공동으로 소유하는 것을 공유라고 한다. 주식의 분할소유와는 달리 주식을 공유하는 것은 가능하다. 이때 주식을 공유하는 경우에는 주주의 권리를 행사할 자 1인을 반드시 정하여야 한다(제333조 제2항). 이때 주주의 권리를 행사할 자가 없는 때에는 공유자에 대한 통지 또는 최고는 그 1인에 대하여 하면 된다(제333조 제3항).

Ⅲ 액면주식과 무액면주식

1. 의의

주식회사의 자본금은 정관에서 주식의 전부를 무액면주식으로 발행하기로 한 경우를 제외(제329조 제1항)하고는 원칙적으로 균등한 비례적 단위인 주식으로 분할되므로(제329조 제2항, 제3항), 주식은 자본금의 구성단위가 된다.

자본금은 액면주식을 발행하는 경우에는 1주의 액면금액에 발행주식수를 곱한 금액으로 산출되며, 무액면주식을 발행하는 경우에는 주식의 발행가액 중 회사설립시에는 정관의 규정 또는 발기인 전원의 동의로, 신주발행시에는 이사회결의 또는 주주총회의 결의에 의해 자본금으로 계상하기로 한 금액을 말한다(제291조 제3호, 제451조 제2항).

2. 양자의 공존 여부

자본금은 금액으로 표시되므로 그 단위인 주식도 1주의 금액으로 표시되는데 이를 액면주식이라고 하며 1주의 액면금액이 표시되지 않은 주식을 무액면주식이라고 한다. 상법은 액면주식과 무액면주식을 모두 인정하고 있으나 액면주식과 무액면주식 중 어느 하나만을 선택하여 발행하도록 하고 있다(제329조 제1항 단서).

액면주식을 발행하는 경우에는 무액면주식의 발행이 인정되지 않으며 무액면주식을 발행하는 경우에는 액면주식의 발행이 인정되지 않는다.

한편 정관으로 정한 경우에는 액면주식의 전부를 무액면주식으로 전환하거나 무액면주식의 전부를 액면주식으로 전환하는 것은 가능하다(제329조 제4항).

3. 무액면주식에 관한 특칙

(1) 무액면주식의 의의

무액면주식이란 1주의 금액을 갖지 않고 주권에는 주식의 수만이 기재되는 주식을 말한다. 1주의 액면가는 없고 회사가 정하는 발행가액만이 있을 뿐이므로 발행가액 중 일부만을 자본금에 계상하고 나머지는 준비금으로 적립하여야 한다. 따라서 발행가액은 수시로 변할 수 있고, 그 중 자본금으로 계상되는 금액도 상이하므로 회사에 대한 주주의 비례적 지위는 발행주식총수에서 주주가 소유하는 주식수가 차지하는 비율만으로 인식된다.

(2) 무액면주식의 발행

회사는 정관으로 정하는 바에 따라 액면주식 또는 무액면주식을 발행할 수 있다(제329조 제1항)무액면주식은 1주의 금액을 갖지 못하며 주식의 발행가액만을 알 수 있다. 무액면주식을 발행한 경우에는 회사설립시에는 정관 또는 발기인 전원동의에 의하여, 신주발행시에는 이사회의 결의에 의하여 주식발행가액의 2분의 1 이상의 금액을 자본금으로 정하여야 한다. 그리고 나머지 금액은 자본준비금으로 적립하여야 한다(제451조 제2항).

4. 액면주식과 무액면주식의 전환

(1) 의의

회사는 "정관으로 정하는 바에 따라" 발행된 액면주식을 무액면주식으로 전환하거나 무액면주식을 액면주식으로 전환할 수 있다(제329조 제4항). 그러므로 액면주식을 발행하던 회사는 무액면주식으로 전환하여 발행할 수 있으며, 그 반대도 가능하고, 전환 후에 재차 전환도 가능하다. 다만, 그 일부의 전환은 인정되지 않고 전부의 전환만 가능하다. 그 이유는 액면주식과 무액면주식의 공존이 허용되지 않기 때문이다.

(2) 정관변경

상법은 액면주식과 무액면주식 어느 하나만을 허용하므로, 회사는 정관에 규정을 두어 이를 선택해야 한다(제329조). 그러므로 액면주식을 발행한 회사가 무액면주식으로 전환하거나 그 반대로 하는 것은 발행주식 전부의 유형의 교체를 뜻하며, 이를 위해서는 정관을 변경해야 한다(제289조 제1항 제4호).

(3) 발행주식수의 변경

회사설립시에 정관에 규정한 발행할 주식총수(제289조 제1항 제3호)는 그대로 유효하지만, 정관변경과 더불어 이를 변경하는 것도 무방하다. 발행예정주식총수의 범위 내에서라면 액면주식을 무액면주식으로 전환하면서 현재의 발행주식수가 달라질 수 있으며, 상법은 거기에 대한 제한은 두기 않고 있다. 예컨대 전환전의 액면주식의 발행주식수는 1,000주였으나, 이를 무액면주식 1,500주로 증가시키거나 500주로 감소시키는 것도 무방하다.

(4) 주권제출의 공고

액면주식과 무액면주식을 전환할 경우에는 주권의 기재사항이 달라져야 하고, 더욱이 균등전환이 아닌 경우에는 각 주주가 발행받을 주식수가 종전과 달라질 수 있으므로 전환의 절차와 효력을 획일적으로 정할 필요가 있다. 그런 이유에서 상법은 회사는 1월 이상의 기간을 정하여 액면주식을 무액면주식으로 전환한다는 뜻과 그 기간 내에 회사에 주권을 제출할 것을 공고하고 주주명부에 기재된 주주와 질권자에 대하여는 각별로 통지하도록 하고 있다(제329조 제5항). 이는 전환으로 발생하는 권리의 변동상황을 주주에게 알리기 위함이다.

(5) 전환의 효력발생

액면주식과 무액면주식의 전환은 주주에 대한 주권제출기간이 만료한 때에 효력이 발생한다(제329조 제5항). 액면주식과 무액면주식의 전환은 채권자보호절차를 요하지 않으므로 주권제출기간이 만료한 때에 효력이 발생한다.

(6) 자본금의 유지

회사의 자본금은 액면주식을 무액면주식으로 전환하거나 무액면주식을 액면주식으로 전환함으로써 변경할 수 없다(제451조 제3항). 상법은 액면주식과 무액면주식의 전환으로 인해 자본금의 변경은 허용되지 않는다. 다만, 주식수의 변동에 대한 제한은 가하지 않고 있다. 따라서 액면주식과 무액면주식의 전환으로 인해 주식수의 증감은 가능하다. 이 점 명확히 이해하기 바란다.

Ⅳ 주주의 지위(주주권)

1. 의의

주식은 주식회사의 사원인 주주가 회사에 대하여 갖는 지위 또는 권리를 뜻하는 주주권 또는 사원권으로써의 의미도 가지고 있다. 주주가 회사에 대하여 갖는 권리, 즉 주주권은 그가 가지고 있는 주식 수에 비례하는데 이를 지분복수주의라고 한다. 주주권의 내용은 크게 주주가 회사로부터 경제적 이익을 받을 수 있는 자익권과 이를 보호하기 위한 공익권으로 분류할 수 있다.

2. 주주권의 종류

(1) 자익권

자익권은 출자금(투하자본, 투자금액)에 대한 수익을 얻을 수 있는 권리와 출자금의 회수를 위한 권리로 나눌 수 있다. 전자에 해당하는 대표적인 것으로는 이익배당청구권(제462조)·중간배당청구권(제462조의3) 및 신주인수권(제418조) 등이 있으며, 후자에 해당하는 권리로는 잔여재산분배청구권(제358조)·주식매수청구권(제360조의22, 제522조의3, 제530조의11) 등이 있다.

(2) 공익권

공익권은 경영참여를 위한 권리와 경영감독을 위한 권리로 분류할 수 있다. 전자에 해당하는 것으로는 의결권(제369조, 제368조)·주주제안권(제363조의2) 및 집중투표청구권(제382조의2) 등이 있다. 후자에 해당하는 것으로는 각종의 소권으로 설립무효의 소(제328조)·합병무효의 소(제529조)·주주총회결의 취소의 소(제376조)·주주총회결의무효 및 부존재의 소(제380조), 신주발행무효의 소(제429조) 등이 있다.

V 주주평등의 원칙

1. 의의

주주평등의 원칙이란 회사에 대한 주주의 지위에 따른 법률관계에 있어서 원칙적으로 주주는 그가 가진 주식의 수에 따라 평등한 대우를 받는 것을 말한다. 주식회사에서는 사원인 주주가 자본적으로 결합하기 때문에 사람 간의 평등을 뜻하는 것이 아니라, 주주가 가지는 주식의 수에 따른 평등을 뜻하는 것으로 주식수 평등의 원칙을 말한다.

주주평등의 원칙은 자본적 평등을 뜻하고 각 주주 간에 기회의 비례적 평등을 뜻하며, 상법에 규정이 있는 경우를 제외하고 주주평등의 원칙은 반드시 지켜져야 한다. 따라서 회사가 직원들을 유상증자에 참여시키면서 퇴직 시 출자손실금을 전액 보상해주기로 약정하는 것은 주주평등의 원칙에 위반되어 무효이다(대법원 2007.6.28.선고, 2006다38161·38178판결).

2. 예외

(1) 종류주식

회사는 이익의 배당, 잔여재산의 분배, 주주총회에서의 의결권행사, 상환 및 전환 등에 관하여 내용이 다른 종류의 주식(종류주식)을 발행할 수 있다(제344조 제1항). 회사가 종류주식을 발행하는 때에는 정관에 다른 정함이 없는 경우에도 주식의 종류에 따라 신주의 인수, 주식의 병합·분할·소각 또는 회사의 합병·분할로 인한 주식의 배정에 관하여 특수하게 정할 수 있다(제344조 제3항). 이러한 종류주식의 경우에는 주주평등의 원칙이 적용되지 않는다.

(2) 단주의 처리

주식의 분할이나 병합 등에 의해 1주 미만의 주식이 발생하는 경우가 있는데, 그때 발생하는 1주 미만의 주식을 단주라고 한다.

단주가 발생한 경우에는 신주를 매각하여 각 주수에 따라 종전의 주주에게 지급하여야 한다(제443조 본문). 이때 거래소의 시세 있는 주식은 거래소를 통해 매각하고 거래소의 시세 없는 주식은 법원의 허가를 받아 경매 외의 방법으로 매각할 수 있다(제443조 단서).

단주가 발생하는 경우 단주로 인해 매각이 되는 부분은 주식의 분할 또는 병합에 편입되지 못하므로 그 부분과는 주주평등의 원칙이 지켜지지 아니한다.

(3) 감사선임시 의결권의 제한

감사는 주주총회의 보통결의로 선임하는데(제409조 제1항), 그 선임결의에 있어서 의결권 없는 주식을 제외한 발행주식총수의 100분의 3을 초과하는 수의 주식을 가진 주주는 그 초과주식에 관하여 감사의 선임에 있어서는 의결권을 행사하지 못한다(제409조 제1항). 이때 회사는 정관으로 그 비율보다 낮은 비율은 정할 수 있지만, 높은 비율은 정할 수 없다(제409조 제3항).

감사선임시 대주주가 보유한 주식 중 3/100까지는 의결권이 인정되지만, 3/100을 초과하는 주식은 의결권이 인정되지 않으므로 3/100까지의 주식과 그 초과주식 사이에는 주주평등의 원칙이 지켜지지 않게 된다.

(4) 회사가 보유하는 자기주식

회사는 상환주식과 시장성 유가증권을 취득하는 경우를 제외하고 각 주주가 가진 주식수에 따라 균등한 조건에 의하여 자기의 명의와 계산으로 배당가능이익의 범위 내에서 자기주식을 취득할 수 있다(제341조). 그리고 특정목적이 있는 경우에는 제341조의 규정(배당가능이익)에도 불구하고 자기주식을 취득할 수 있다(제341조의2).

이처럼 상법상 일정한 요건을 충족하여 회사가 취득한 자기주식은 자익권은 물론 공익권도 인정되지 않는다. 따라서 회사가 보유하는 자기주식에 대해서는 주주평등의 원칙이 적용되지 아니한다.

3. 위반의 효과

주주평등의 원칙은 회사와 주주 간의 법률관계에서 주주에 대하여 적용되는 원칙으로서 회사를 구속하는 것이므로 이에 위반한 정관의 규정, 주주총회의 결의 또는 이사회의 결의 등은 무효가 된다. 주주평등의 원칙을 간접적으로 규정한 상법의 규정은 강행규정이다. 다만, 회사가 주주평등의 원칙을 위반한 경우에도 그 위반행위에 대하여 손해를 입은 주주가 승인한 경우에는 예외적으로 유효가 된다(대법원 1980.8.26.선고, 80다1263판결).

제 3 절 종류주식

I 총설

1. 의의

종류주식이란 소정의 권리에 관하여 특수한 속성을 부여한 주식을 말한다. 주식이란 주주평등의 원칙에 따라 회사에 대한 주주의 권리를 균등하게 표현하는 지분이지만, 투자자들이 보이는 성향의 다양성과 회사가 추구하는 자본조달의 효율성을 감안하여 주식이 표창하는 권리의 조합을 다양화할 수 있도록 허용된 것이 종류주식이다.

2. 취지

주식은 주식회사가 자본금을 조달할 목적으로 주주에게 제시하는 금융상품이라고 할 수 있다. 그 주식에 어떤 권리를 부여하느냐는 그 상품의 가치와 투자자의 선호도에 따라 결정될 것이므로 주식의 내용은 기본적으로는 주주를 모집하고자 하는 회사가 정책적으로 결정할 사항이다.

한편, 주식이 발행되면 시장이 유통되어 다수인의 이해에 관계된다. 이때 회사와 투자자간에 정보의 비대칭으로 인해 주식이 과대평가되어 피해자가 양산될 우려가 있다. 이러한 관점에서 주식의 내용결정은 공익적 관리를 요하는 문제로서 법적 감독이 요구되는 대상이기도 하다.

주식의 내용결정은 이같이 양면적 성격을 가지는 것이지만, 공통된 입법방식은 투자자를 보호하기 위한 최소한의 규율을 법에 의해 정하고 그 틀 속에서 회사로 하여금 자율적으로 다양한 내용의 주식을 발행하도록 하는 것이다. 그런 이유에서 상법은 종류주식의 발행을 허용하고 있다.

3. 종류

상법이 인정하는 종류주식은 ① 이익배당이나 잔여재산분배에 관한 종류주식(제344조 제1항, 제344조의2), ② 의결권의 행사에 관한 종류주식(제344조의3), ③ 상환종류주식(제345조), ④ 전환종류주식(제346조)이 있다. 종류주식을 이처럼 다양화한 것은 기업에 대해서는 자금조달의 편의를 제공하고, 투자자에게는 투자상품에 대한 선택의 폭을 넓히고, 나아가 금융상품을 다양화함으로써 자본시장을 활성화시키고자 하는 정책의 표현이라 할 수 있다.

II 종류주식의 발행

1. 발행근거

회사가 종류주식을 발행하기 위하여는 ① 정관에 각 종류주식의 내용과 수를 정하여야 한다(제344조 제2항). 또한 ② 종류주식을 발행할 때에는 이를 등기하여야 하며(제317조 제2항 제3호), ③ 주식청약서, 주주명부, 주권에 기재하는 방식으로 공시하여야 한다.

2. 발행방법

종류주식은 정관에 기재된 범위 내에서 회사설립시에는 발기인이, 신주발행시에는 원칙적으로 이사회가 그 종류와 수량을 정하여 발행할 수 있다(제291조 제1호, 제416조 제1호).

상법은 종류주식을 다양하게 인정하므로 종류주식을 중복적으로 조합하여 발행할 수도 있다. 예컨대 우선주를 의결권이 없는 주식으로 발행하거나, 우선주를 의결권이 없는 주식으로 발행하면서 상환주식으로 발행할 수도 있는 것이다.

3. 종류주식의 특칙

(1) 상법규정의 본질

종류주식은 정관의 규정에 의하여 발행하는 것이 원칙이다. 다만, 상법은 정관에서 종류주식의 내용과 수 등에 대한 개략적인 사항을 정하도록 하고 있을 뿐, 그 구체적인 발행조건 등에 대한 제한은 두지 않고 있다.

(2) 특수한 정함의 가능 여부

신주의 인수 등 주주권의 변동을 초래할 회사의 자본거래는 주주평등의 원칙을 따름이 원칙이다. 그리고 종류주식에 관한 기본적인 내용은 정관으로 정하도록 하고 있다. **다만, 회사가 종류주식을 발행하는 때에는 정관에 다른 정함이 없는 경우에도 이사회 또는 주주총회의 결의에 의하여 주식의 종류에 따라 신주의 인수, 주식의 병합·분할·소각 또는 회사의 합병·분할로 인한 주식의 배정에 관하여 특수하게 정할 수 있다**(제344조 제2항). 이 점 빈출되는 내용이므로 명확한 이해를 바란다.

4. 종류주주총회의 결의

회사가 종류주식을 발행한 경우에 정관을 변경함으로써 어느 종류주식의 주주에게 손해를 미치게 될 때에는 주주총회의 결의 외에 그 종류주식의 주주의 총회의 결의가 있어야 한다(제435조 제1항). 이 결의는 출석한 종류주식의 주주의 의결권의 2/3 이상의 수와 그 종류의 발행주식총수의 1/3 이상의 다수로써 하여야 한다(제435조 제2항).

Ⅲ 종류주식의 종류

1. 이익배당·잔여재산분배 종류주식

(1) 의의

회사는 이익의 배당 또는 잔여재산의 분배에 관하여 내용이 다른 종류주식을 발행할 수 있다(제344조의2 제1항·제2항). 이를 이익배당·잔여재산분배에 관한 종류주식이라 한다. 여기서 내용이 다르다 함은 통상적으로 이익배당 또는 잔여재산분배에 관해 보통주식에 비해 우선하는 권리를 부여하거나 후순위의 지위를 부여하는 것을 말한다. **따라서 반드시 배당의 순서에 국한하여 내용을 달리해야 하는 것은 아니고 배당금액, 배당률, 배당재산의 종류에 관해 내용을 달리 정할 수도 있다.**

(2) 정관의 규정

이익의 배당에 관한 종류주식을 발행하기 위해서는 정관에 그 종류주식의 주주에게 교부하는 배당재산의 종류, 배당재산의 가액결정방법, 이익배당의 조건 등 이익배당에 관한 내용을 정하여야 한다(제344조의2 제1항).

잔여재산분배에 관한 종류주식을 발행하기 위해서도 상법은 정관에 잔여재산의 종류, 잔여재산가액의 결정방법, 그 밖에 잔여재산의 분배에 관한 내용을 정하도록 하고 있다(제344조의2 제2항).

(3) 유형

① 보통주

보통주란 이익배당이나 잔여재산분배에 있어 어떠한 제한이나 우선권도 주어지지 않고 표준이 되는 주식을 말한다. 상법에서는 보통주라는 개념을 명문화해서 사용하고 있지는 않지만, 이는 보통주가 주식의 유형임을 전제로 하기 때문이다. 따라서 보통주를 발행하지 아니하고 우선주나 후배주만을 발행할 수는 없다.

② 우선주

우선주란 다른 주식에 우선하여 소정의 이익배당 또는 잔여재산의 분배를 받을 수 있는 주식을 말한다. **우선주란 다른 주식보다 순위에 있어서 우선적 배당을 받는 주식을 뜻하지만, 이와 달리 보통주보다 고율의 배당을 받는 종류주식을 발행하는 것도 가능하다.** 우선주는 다시 참가적·비참가적, 누적적·비누적적 우선주로 세분할 수도 있다.

③ 후배주

혼합주란 이익배당 또는 잔여재산의 분배에 있어 보통주에 비해 불리하게 차등을 둔 주식을 말한다.

④ 혼합주

어떤 권리에 있어서는 우선적 지위를 갖고, 다른 권리에 있어서는 후배적 지위를 갖는 주식이다.

2. 의결권배제·제한 종류주식

(1) 의의

회사는 의결권이 없는 종류주식이나 의결권이 제한되는 종류주식을 발행할 수 있다(제344조의3 제1항). 의결권에 관한 종류주식에는 의결권이 없는 종류주식과 의결권이 제한되는 종류주식으로 한정된다. 전자는 의결권이 전면적으로 제한되는 종류주식을 말하며, 후자는 정관의 규정에 의하여 결의의 일부 안건에 관해 의결권이 없는 주식을 말한다. 그러므로 의결권이 제한된 종류주식을 발행하기 위해서는 정관에 의결권을 인정하지 않는 내용을 명시하라는 취지이다.

(2) 정관의 규정

의결권의 배제 또는 제한에 관한 종류주식을 발행할 경우에는 정관에 그 규정을 두어야 한다. 정관으로 정할 사항은 의결권이 배제 또는 제한되는 주식의 수 및 내용이다. 의결권을 전면 배제하는 경우에는 그 뜻을 기재하면 족하지만, 일부 의결권을 제한하는 경우에는 제한하는 내용을 구체적으로 규정해야 한다(제344조 제2항, 제344조의3 제1항).

회사가 의결권이 없는 종류주식이나 의결권이 제한되는 종류주식을 발행한 경우에는 정관에 의결권을 행사할 수 없는 사항과, 의결권의 행사 또는 부활의 조건을 정한 경우에는 그 조건 등을 정하여야 한다.

(3) 발행한도

의결권이 없거나 제한되는 종류주식의 총수는 발행주식총수의 4분의 1을 초과하지 못한다(제344조의3 제2항). 이에 위반하여 의결권의 배제·제한되는 종류주식이 **발행주식총수의 4분의 1을 초과하여 발행된 경우, 회사는 지체 없이 그 제한을 초과하지 아니하도록 필요한 조치를 하여야 한다**(제344조의3 제2항). 이는 한도를 초과하여 발행된 의결권의 배제·제한 종류주식도 무효가 아님을 전제로 한 것이다.

3. 상환종류주식

(1) 의의

상환종류주식이란 주식의 발행시부터 장차 회사가 스스로 또는 주주의 청구에 의하여 이익으로써 상환하여 소멸될 것이 예정된 주식을 말한다(제345조). 전자를 회사상환주식이라고 하며, 후자를 주주상환주식이라고 한다. 회사상환주식의 경우 회사가 주식을 발행함으로써 우선 자금을 조달하고 장차 자금사정이 호전되면 그 주식을 상환함으로써 종전의 소유구조를 회복하는 수단으로 활용할 수 있다. 그에 반해 주주상환주식은 주주가 상환기간 내에 회사의 경영상황을 탐색하고 투자금액을 용이하게 회수할 수 있으므로 그만큼 주식투자로 인한 위험을 감소시킬 수 있는 장점이 있다.

(2) 정관의 규정

상환주식은 정관에 규정을 두어 발행할 수 있다. 주식의 상환은 다른 주주의 배당가능이익을 감소시키므로 정관규정이 필요하고 발행예정주식총수의 범위 내에서 발행할 수 있다. 정관에 규정을 두어야 하는 사항은 ① **회사상환주식**의 경우에는 회사의 이익으로써 소각할 수 있다는 뜻을 기재하고, 상환가액, 상환기간, 상환의 방법과 상환할 주식의 수를 정하여야 하며(제345조

제1항), ② 주주상환주식의 경우에는 정관에 주주가 회사에 대하여 상환을 청구할 수 있다는 뜻, 상환가액, 상환청구기간, 상환의 방법을 정하여야 한다(제345조 제3항).

(3) 대상과 유형

상환주식은 개정전의 상법과는 달리 우선주에 한정되지 않고, 상환주식과 전환주식을 제외한 다른 종류주식에 대해서도 상환주식을 발행할 수 있다(제345조 제5항). 이때 상환주식과 전환주식을 제외한 종류주식이란 이액배당이나 잔여재산분배에 관한 종류주식과 의결권의 배제 또는 제한에 관한 종류주식을 말한다.

(4) 상환의 결정

① 회사상환주식

회사상환주식의 상환은 정관에 규정을 따르는 한 다른 규정 없이 이사회결의만으로 할 수 있다. 그러나 상환자금은 이익처분안에 포함시켜 원칙적으로 주주총회의 승인을 얻어야 하므로(제449조 제1항, 제462조 제2항), 그 범위 내에서는 주주총회의 결의가 필요하다. 회사상환주식의 상환을 결정하는 경우에는 주식의 취득일로부터 2주 전에 그 사실을 그 주식의 주주 및 주주명부에 적힌 권리자에게 따로 통지하여야 하며, 그 통지를 공고로 갈음할 수 있다(제345조 제2항). 회사상환주식은 상환조항을 정하는 것에 따라 주주의 의사와 무관하게 반드시 상환하는 주식도 가능하고(강제상환), 상환을 원하는 주주의 것만 상환해주는 주식도 가능하다(임의상환).

② 주주상환주식

주주상환주식은 주주의 청구가 있어야 한다. 이때 주주가 가지는 상환청구권은 형성권으로서 회사는 상환에 응할 의무를 부담하게 된다, 그렇다고 하더라도 주주의 청구로 즉시 상환이 실행될 수 있는 것은 아니다. 회사에 상환자금으로 사용할 수 있는 배당가능이익이 있어야 하기 때문이다. 회사상환주식과 달리 주주상환주식은 임의상환은 있을 수 없고, 주주의 상환청구가 있으면 회사는 반드시 상환해야 한다.

(5) 상환의 재원

회사상환주식이나 주주상환주식의 경우에도 상환은 이익으로써만 할 수 있다(제345조 제1항). 그러므로 회사에 배당가능이익이 없는 경우에는 상환할 수 없다. 무액면주식은 발행 후에는 자본금과 무관하므로 상환하더라도 자본금에 영향이 없고, 액면주식도 배당가능이익으로 상환하므로 자본금에 영향을 주지 아니한다.

(6) 상환의 시기

회사상환주식의 경우에는 정관에 정해진 상환기간 내에, 주주상환주식의 경우에는 주주가 청구한 때에 상환하여야 하지만, 배당가능이익이 없는 경우에는 상환할 수 없으므로 상환이 지연될 수도 있다. 이익이 없어 지연되더라도 회사나 이사의 손해배상책임은 발생하지 않는다.

(7) 현물상환

회사는 상환주식의 취득 대가로 현금 외에 유가증권이나 그 밖의 자산을 교부할 수 있다. 그러나 상환주식의 취득대가로 다른 종류주식의 교부는 허용되지 않는다(제345조 제4항 본문).

금전 외의 다른 종류주식을 제외한 유가증권이나 그 밖의 자산으로 교부할 수 있으므로 상환에 허용될 수 있는 현물의 범위는 발행회사의 종류주식을 제외하고는 제한이 없다. 이때 상환가액의 일부는 금전으로, 일부는 다른 재산으로 지급하는 것도 가능하다. 다만 주식불가분의 원칙에 의해 주금액의 일부에 대한 상환은 인정될 수 없다.

(8) 상환의 효과

임의상환의 경우에는 회사가 상환을 위해 주주로부터 주식을 취득한 때, 그리고 강제상환의 경우에는 제440조를 준용하여 회사에서 정한 주권제출기간이 경과한 때에 그 효력이 발생한다고 보아야 한다. 이때에 주식은 실효되므로 상환을 위해 회사가 자기주식을 보유하는 일은 없다.

주식을 상환함으로 발행예정주식총수의 미발행부분이 증가한다. 이 부분을 활용해 다시 상환종류주식을 발행할 수 있는지 여부에 대해 통설은 재차 발행을 허용한다면 이중의 수권이 되며, 다른 주주의 권리를 해하게 되므로 허용될 수 없다고 본다.

4. 전환종류주식

(1) 의의

전환종류주식이란 주주가 다른 종류의 주식으로 전환할 수 있는 권리가 부여된 주식 또는 회사가 다른 종류의 주식으로 전환할 수 있는 권리가 부여된 주식을 말한다(제346조 제1항). 전자를 주주전환주식, 후자를 회사전환주식이라고 한다. 주주전환주식은 주식의 시세변동이나 회사의 배당능력의 변화에 따라 주주가 소유주식의 가치를 보존 또는 향상시키는 수단이 된다. 회사전환주식은 이익배당 외의 종류주식에 관해서도 전환주식으로 할 수 있으므로 경영권 방어의 수단으로 활용하는 등 전환종류주식은 다양한 용도로 이용될 수 있다.

(2) 발행

① 정관의 규정

주주전환주식은 정관에 전환의 조건, 전환청구기간, 전환으로 인하여 발행할 주식의 수와 내용을 정한 경우에 한해 발행할 수 있다(제346조 제1항). 회사전환주식의 경우에는 정관으로 정한 사유가 발생할 때에 한하여 전환할 수 있으므로 정관에 전환의 사유를 정해두어야 한다(제346조 제2항).

② 공시

전환주식을 발행할 때에는 주식청약서 또는 신주인수권증서에 ㉠ 주식을 다른 종류의 주식으로 전환할 수 있다는 뜻, ㉡ 전환의 조건, ㉢ 전환으로 인하여 발행할 주식의 내용, ㉣ 전환을 청구할 수 있는 기간을 기재하여야 하고(제347조), 이상의 사항을 등기하여야 하며, 주주명부와 주권에도 동일한 사항을 기재하여야 한다(제352조 제2항 제7호).

③ 발행할 주식수의 확보

전환종류주식이 전환되면 다른 종류의 주식이 발행된다. 이를 위해서 회사는 종류별 발행예정주식총수 중 전환으로 인하여 발행할 주식에 해당하는 종류 및 수에 해당하는 부분은 전환청구기간 내에는 발행을 보류하여야 한다(제346조 제4항).

(3) 전환의 절차

① 주주전환주식

주주전환주식의 경우에는 주주의 전환청구로 그 절차가 개시된다. 전환주식의 전환을 청구하고자 하는 주주는 청구서 2통에 전환하고자 하는 주식의 종류 및 수와 청구연월일을 기재하고 기명날인 또는 서명한 후 주권을 첨부하여 회사에 제출하여야 한다(제349조 제1항·제2항). 주주의 전환청구는 주주명부폐쇄기간 중에도 가능하다. 또한 전환청구기간은 법상 아무런 제한이 없으므로 정관으로 자유롭게 정할 수 있다.

② 회사전환주식

회사전환주식의 경우에는 정관으로 정하는 사유가 발생한 때에 한해 전환할 수 있다. 전환사유가 발생했다고 하여 반드시 전환하여야 하는 것은 아니므로 이사회의 의사결정을 요한다. 이사회에서 전환할 것을 결정한 때에는 전환주식의 주주 및 주주명부상의 권리자에게 ㉠ 전환할 주식, ㉡ 2주 이상의 일정한 기간 내에 그 주권을 회사에 제출하여야 한다는 뜻, ㉢ 그 기간 내에 주권을 제출하지 아니한 때에는 주권을 무효로 한다는 뜻을 통지하여야 한다(제346조 제3항 본문). 이 통지를 공고로 갈음할 수 있다(제346조 제3항 단서).

(4) 신주식의 발행가액

전환으로 인하여 신주식을 발행하는 경우에는 "전환전의 주식의 발행가액"을 "신주식의 발행가액"으로 한다(제348조). 이 규정은 전환주식의 총발행가액과 신주식의 총발행가액이 동액이어야 한다는 뜻이다. 결국 총 발행가가 동액이어야 한다는 것은 전환조건을 통제하는 의미를 갖는다. 이는 이사회가 자금조달에 급급하여 무모한 조건으로 전환종류주식을 발행함으로써 자본충실을 해하는 것을 방지하기 위한 것이다.

(5) 전환의 효과

① 전환의 효력발생

주주전환주식의 경우에는 "전환을 청구한 때" 또는 회사전환주식의 경우에는 "주권제출기간이 끝난 때"에 효력이 발생한다(제350조 제1항).

② 이익배당의 효력발생

이익배당에 관하여는 전환청구를 한 때 또는 주권제출기간이 속하는 영업 연도 말에 전환된 것으로 본다(제350조 제3항 전단). 다만 신주에 대한 이익배당에 관하여는 정관으로 정하는 바에 따라 그 청구를 한 때 또는 주권제출기간이 끝난 때가 속하는 영업 연도의 직전 영업 연도 말에 전환된 것으로 할 수 있다(제350조 제3항 후단).

③ 의결권의 행사의 제한

주주명부폐쇄기간 중에 전환된 주식의 주주는 그 기간 중의 총회의 결의에 관하여는 의결권을 행사할 수 없다(제350조 제2항). 그 이유는 주주명부폐쇄기간 중에도 전환권은 형성권으로서 권리행사는 가능하지만, 그 기간 중의 총회는 직전연도 결산을 위한 총회이므로 전환된 주주는 그 다음 총회에서부터 의결권의 행사가 가능하기 때문이다.

(6) 자본금에 미치는 영향

① 자본금의 증감

상법 제348조는 전환으로 인하여 신주식을 발행하는 경우에는 전환전의 주식의 발행가액을 신주식의 발행가액으로 한다고 규정하고 있다. 상법은 전환종류주식의 전환에 대한 액면가액에 대한 제한규정은 두고 있지 않다. 그런 이유에서 균등전환, 하향전환, 상향전환은 모두 가능하며, 이에 따라 주식수와 자본금의 증감문제가 발생할 수 있다.

② 균등전환

전환조건이 1:1인 균등전환의 경우에는 전환종류주식의 전환으로 인해 발행주식수와 자본금은 변하지 않는다.

③ 하향전환

전환전의 주식의 발행가액이 전환으로 인해 발행하는 신주식의 발행가액보다 고가인 경우에는 전환조건이 1:1을 초과하게 되는데, 이를 하향전환이라고 한다. 하향전환의 경우에는 발행주식수가 증가하여 자본금이 증가하는 결과를 가져온다. 그런데 상법상 자본금의 증가는 이사회결의에 의해 언제든지 가능하므로 상법상 별다른 제약이 없다.

④ 상향전환

전환전의 주식의 발행가액이 전환으로 인하여 발행하는 신주식의 발행가액보다 저가인 경우에는 전환조건이 1:1에 미달하게 되는데, 이를 상향전환이라고 한다. 상향전환의 경우에는 발행주식수가 감소하고 자본금이 감소하게 된다. 따라서 이 경우에는 자본금이 감소하게 되므로 자본금감소를 위한 주주총회의 특별결의와 채권자보호절차 등을 거쳐야 한다.

(7) 그 밖의 문제

① 변경등기

주식의 전환으로 인한 변경등기는 전환을 청구한 날 또는 주권제출기간이 끝난 날이 속하는 달의 말일로부터 2주 내에 본점소재지에서 등기하여야 한다(제351조). 이때 주의할 점은 주식의 전환으로 인한 변경등기는 전환을 청구할 날 또는 주권제출기간이 끝난 날로부터 2주 내에 변경등기를 하는 것이 아니라, 변경등기의 기산점은 그 달의 말일로부터 2주 내에 본점소재지에서 한다는 것이다.

② 질권의 효력

전환종류주식에 설정된 질권의 효력은 전환으로 인하여 발행하는 신주에 대해서도 미친다(제339조). 이를 질권의 물상대위권이라고 한다. 즉, 종전의 전환전의 주식에 대해 설정된 질권의 효력은 전환으로 새로이 발생된 주식에 대해서도 그 효력이 인정된다.

제 4 절 주주

I 의의

주식회사의 사원을 주주라고 한다. 주식회사에서는 주식인수인이 주식을 취득함으로써 주주가 된다. 상법상의 다른 회사에서는 출자자를 사원이라고 함에 반해 주식회사에서만 주식을 취득하는 자의 지위를 특히 주주라고 한다.

주식의 취득은 주주자격의 전제가 된다. 주주가 되고자 하는 이유는 주식을 취득함으로써 주주가 가지는 위험은 유한책임의 법리로 일정범위로 제한되는 반면, 공익권과 자익권 등의 법적으로 인정되는 권리를 가짐은 물론 투자수익이 이론적으로는 무한히 커질 수 있는 매력이 있기 때문이다. 이를 옵션(option, 선택권부증권)에 비유하면 주주가 회사의 기업가치를 기초자산으로 하고 부채의 만기가치를 행사가격으로 하는 콜옵션을 구입한 것과 유사한 수익구조(pay-off)를 갖는다.

Ⅱ 주주의 권리

1. 의의

주주의 권리는 주주의 지위를 전제로 생겨나므로 주식의 취득이 아닌 별개의 원인에 의해서 생겨날 수 없고, 그 자체로서는 독립적으로 양도되거나 담보의 목적이 될 수 없으며, 시효에도 걸리지 않는다.

그러나 주주의 권리가 구체적 사안에서 채권적 권리로 특정된 경우(이익배당청구권 등)에는 주주의 지위와 분리되어 독립적으로 양도될 수 있고, 압류의 대상이 되며 시효에도 걸린다. 회사에 대한 권리행사에 있어서 구체적인 주주권은 채권적 권리로서 민법상 일반채권과 다를 바 없다.

2. 종류

(1) 의의

주주의 권리, 즉 주주권은 크게 권리행사의 목적에 따라 공익권과 자익권으로 구분할 수 있으며 권리행사의 방법에 따라 단독주주권과 소수주주권으로 나눌 수 있다. 공익권과 자익권에 대해서는 전술하였으므로 여기서는 단독주주권과 소수주주권에 대해서만 살펴본다.

(2) 단독주주권과 소수주주권

단독주주권이란 개별 주주가 자신이 보유한 주식 수에 관계없이 단독으로 행사할 수 있는 권리로서, 자익권은 모두 단독주주권에 속하고 공익권도 일정한 경우를 제외하고는 대부분 단독주주권이다. 이에 반해 소수주주권이란 일정한 권리를 단독주주에게 부여하는 경우 그 중요성에 비추어 권리남용의 가능성이 크거나, 회사에 너무 큰 부담을 지우는 경우라고 판단되는 경우 상법에서 일정비율 이상의 주식을 보유하는 경우에 한해 그 권리를 행사할 수 있도록 한 것을 말한다.

(3) 소수주주권의 구체적 적용

① 비상장회사

소수주주권은 비상장회사인지 상장회사인지에 따라 그 지분비율이 다르다.

비상장회사의 경우 소수주주권은 크게 3가지 유형으로 구분할 수 있다. 즉 발행주식총수에 대한 지분비율을 기준으로 발행주식총수의 100분의 1 이상을 가진 소수주주가 청구할 수 있는 권리, 발행주식총수의 100분의 3 이상의 주식을 가진 소수주주가 청구할 수 있는 권리, 그리고 발행주식 총수의 100분의 10 이상을 가진 소수주주가 청구할 수 있는 권리가 그것이다.

② 상장회사특례

상장회사에서는 비상장주식회사에 비해 발행주식수가 많고 다수의 주주에게 주식이 분산되어 소수주주의 요건을 완화할 필요가 있다. 그런 이유로 상장회사의 소수주주권은 비상장회사에 비해 그 요건을 완화하여 적용하고 있다. 즉, 소수주주권의 남용을 방지하기 위하여 아래의 표에 해당하는 주식을 6개월 전부터 보유한 자에 한하여 그 권리를 행사할 수 있도록 하고 있다(제542조의6 제6항). 한편, 회사는 정관에 규정을 두어 소수주주권의 요건이 되는 주식 수를 상법에서 정한 것보다 적게 할 수 있고, 주식의 보유기간도 6개월보다 짧은 기간으로 하는 것도 가능하다(제542조의6 제7항).

소수주주권의 비교

비상장회사	상장회사	종류
$\frac{1}{100}$ 이상	50/100,000 이상	위법행위유지청구권
	1/10,000 이상	대표소송
	-	총회 검사인선임청구권
$\frac{3}{100}$ 이상	1/000 이상	주주제안권
	10/1,000 이상	집중투표청구권
	15/1,000 이상	① 업무와 재산상태조사를 위한 검사인선임청구권 ② 임시총회소집청구권
	50/10,000 이상	① 이사·감사의 해임청구권 ② 청산인 해임청구권
	10/10,000 이상	회계장부열람청구권
$\frac{10}{100}$ 이상	-	해산판결청구권

Ⅲ 주주의 의무와 책임

1. 출자의무

주주는 회사채권자와는 직접적으로 아무런 관계가 없고, 회사에 대하여 그가 가진 주식의 인수가액을 한도로 하는 출자의무만을 부담한다. 주주는 회사에 대하여 전액납입주의에 의해 인수가액의 전액을 납입하여야 하고, 이러한 납입은 회사성립 전 또는 신주발행의 효력발생 전에 전부 이행되어야 하므로(제295조, 제305조, 제421조, 제423조), 엄격히 말하면 이러한 출자의무는 주주가 아니라 주식인수인으로서의 의무에 해당한다고 할 수 있다.

주식회사에서 주주의 출자의 목적은 재산출자에 한정되는데, 재산출자는 금전출자를 원칙으로 하고 현물출자는 예외적으로 일정한 요건을 충족하는 경우에 한하여 인정된다.

2. 유한책임

주주의 책임은 그가 가진 주식의 인수가액을 한도로 한다(제331조). 이를 유한책임의 원칙이라고 한다. 유한책임의 원칙은 주식회사의 본질적 요소이므로 정관 또는 주주총회의 결의로 이와 달리 정할 수 없다. 그러나 주주는 유한책임의 원칙을 스스로 포기하고 자발적인 의사에 의하여 회사의 채무를 부담하거나 추가출자를 할 수도 있다고 본다(대법원 1989.9.12.선고, 89다카890판결 등). 그 이유는 유한책임원칙은 주주의 출자의무로 인한 책임의 한계를 정한 기준일 뿐이므로, 자발적인 의사에 의해 주주가 추가출자를 하는 것은 유한책임원칙을 주주 스스로가 포기하는 것이므로 상법에서도 이를 막는 것은 불가능하기 때문이다.

Ⅳ 타인명의의 주식인수

1. 의의

가설인의 명의로 주식을 인수하거나 타인의 승낙 없이 그 명의로 주식을 인수한 자는 스스로 주금을 납입할 의무가 있으며 주식인수인의 지위 역시 명의차용자인 실질주주에게 귀속된다(제332조 제1항). 그리고 타인의 승낙을 얻어 그 명의로 주식을 인수한 자는 그 타인과 연대하여 납입할 책임이 있다(제332조 제2항). 전자의 경우에는 가설인의 명의로 주식을 인수하거나 또는 타인의 승낙 없이 주식을 인수하였으므로 명의대여자의 책임은 문제될 여지가 없고 명의차용자인 주식을 인수한 자, 즉 실질주주가 납입책임을 지게 된다.

2. 주주권의 행사

타인의 명의로 주식을 인수한 경우 명의상의 주식인수인과 실질적인 주식인수인 중 누구를 주주로 보아야 하는가는 다수인의 이해가 걸린 중요한 문제이다. 이에 대해 판례는 주주명부에 기재된 명의상의 주주는 회사와의 관계에 있어서 자신의 실질적인 권리를 증명하지 않아도 주주의 권리를 행사할 수 있는 자격수여적 효력을 인정받고, 회사에 대한 대항력을 가지므로 특별한 사정이 없는 한 주주명부상 주주가 모든 주주권을 행사할 수 있다고 본다.

따라서 명의개서를 신청하였으나 아직 회사가 명의개서절차를 완료하지 않은 등 특별한 사정이 있는 경우를 제외하고는 주주명부상 주주가 모든 주주권을 행사할 수 있다. 이 내용은 2017년 대법원 전원합의체판결에 의한 것이므로 반드시 명확한 이해를 해야 할 것이다.

제 5 절 주식의 양도

I 주식양도의 자유

주식회사에서 주식은 원칙적으로 자유롭게 양도할 수 있다(제335조 제1항). 이를 주식양도자유의 원칙이라 한다. 주식양도자유의 원칙으로 인해 주주는 회사에 대한 주식인수대금의 납입으로 인한 투하자본을 신속히 회수하고 주주의 지위에서 벗어날 수 있으며, 이를 양수한 자는 자신의 투자 동기로 인한 주식양수대금을 지급함으로써 주주의 자격을 쉽게 가질 수 있게 된다.

II 주주의 지위취득

주주의 지위는 회사의 설립시에는 주식인수대금의 납입을 한 후 설립등기를 마친 후에, 신주발행시는 납입기일의 다음 날 취득하게 된다. 이처럼 주주의 지위는 성립 후 또는 납입기일 후에 곧바로 생겨나게 된다. 따라서 주주의 지위는 회사의 주권발행 여부와 무관하게 발생하게 된다.

III 주식양도의 특수성

1. 의의

주주는 회사에 대한 채권적 지위를 가지므로 주주의 회사에 대한 지위는 지명채권의 일종이라고 할 수 있다. 상법상 주식양도자유의 원칙을 천명하면서도 주식의 양도방법에 있어 지명채권양도방식을 고수한다면 주식의 양도는 현실적으로 이루어지기 힘들다. 그 이유는 지명채권양도방식의 양도는 당사자 간 양도의 효력은 합의에 의해 발생하지만, 채무자인 회사에 대해 권리를 주장하기 위해서는 통지 또는 승낙을 반드시 거쳐야 하며, 당사자간에 내부적 항변사유인 인적항변은 채권이 양도되더라도 절단되지 않고 허용되기 때문이다.

채권의 양도방법과 대항요건

채권의 종류		양도방법	대항요건	인적항변
지명채권		합의	채무자에 대한 통지 또는 승낙	허용
증권적 채권	지시채권(어음, 수표)	배서	배서의 연속	절단
	무기명채권	중권의 교부	증권의 점유	절단

2. 주식의 양도방법과 대항요건

(1) 주식의 양도방법

주식을 지명채권양도방식에 의해 양도하도록 하는 경우, 주주 입장에서는 투하자금의 회수를 위한 커다란 제약이 될 것이며, 주식에 대한 투자를 꺼리는 요인이 될 것이다. 또한 회사에서도 주식에 대한 투자수요가 적어 자금조달에 어려움을 느끼게 될 것이다.

그런 이유로 상법상 주식의 양도는 유가증권의 양도방법을 가져오게 되며, 그 중 무기명채권의 양도방법을 따르게 된다. 이를 위해 상법은 성립 후 또는 납입기일 후 지체없이 회사에 대해 주권발행의무를 부여하고, 발행된 주권을 회사로부터 교부받은 주주는 주권의 교부에 의해 간단하게 자신이 투하한 자금을 회수하고 주주의 지위에서 벗어날 수 있도록 하고 있다.

(2) 회사에 대한 대항요건

주식의 양도는 주주의 지위를 표창하는 유가증권인 주권의 교부를 통해서 이루어진다. 이때 주식의 양수인은 자신의 성명과 주소, 취득주식수 등을 주주명부에 기재해야 회사에 권리주장을 할 수 있도록 하고 있다. 이때 주식의 양수인이 회사의 주주명부에 자신의 성명과 주소, 취득주식 수를 기재하는 것을 명의개서라고 하며, 주식의 양수인이 명의개서를 한 경우에는 회사에 대해 주주로서의 권리를 주장할 수 있도록 한 것을 명의개서의 대항력이라고 한다.

이처럼 상법에서 주식의 양수인에게 명의개서를 해야만 회사에 대항할 수 있도록 한 것은 주주관리사무의 집단적·획일적 처리를 통해 회사의 사무처리의 편의를 위한 것이다.

주식의 양도방법과 대항요건

양도방법	대항요건	인적항변
주권의 교부	주주명부에 명의개서	절단○

제 6 절 주권

I 총설

1. 의의

주권이란 회사에 대한 주주의 채권적 지위(주식)를 표창하는 유가증권이다. 주식을 하나의 재산적 권리로 파악하는 한 지명채권양도방식이든 그 밖에 어떠한 방법으로도 주식의 양도는 가능하다. 그러나 이를 유가증권화하지 않고, 지명채권양도방식에 머물게 한다면 주식의 양도는 현실적으로 불가능할 것이다.

그런 이유에서 상법은 주식을 주권이라는 형태로 유가증권화하여 회사에 대해 그 발행의무를 부여하고 있다. 그리고 주주는 주권을 회사로부터 교부받아 주권의 교부에 의하여 타인에게 양도하도록 함으로써 주식의 유통성을 보장하고 주주가 자신의 투하자금을 손쉽게 회수할 수 있는 길을 열어주고 있다.

2. 법적 성질

주권은 주주권을 표창하기는 하지만 이미 존재하고 있는 주주권을 나타낼 뿐이고, 증권의 작성·발행에 의해 주주권이 생기는 것은 아니므로 어음·수표와 같은 설권증권이 아닌 비설권증권이다. 따라서 회사가 주주가 아닌 자에게 주권을 교부하더라도 주권으로서의 효력이 발생하지 않으며, 주식의 소각으로 무효가 된 주권이 유통되더라도 선의취득이 성립할 여지가 없다.

주권은 증권의 작성이 권리의 발생과는 무관한 ① 비설권증권이고, 권리의 이전을 위해서만 그 주권이 필요한 ② 불완전유가증권이다. 또한 주권은 주식인수와 납입 등의 원인관계를 반드시 필요로 하는 ③ 요인증권이고, 그 발행을 위해서는 일정한 방식이 필요한 ④ 요식증권이다.

Ⅱ 주권의 발행

1. 발행권자

주권에는 다음의 사항을 기재하고 대표이사가 기명날인 또는 서명하여야 한다(제356조). **주권의 발행은 대표이사의 권한에 속하므로 이사회의 결의는 필요하지 않다**(대법원 1996.1.26.선고, 94다24039판결). 이 점 유의하여야 한다.

주권의 기재사항

① 회사의 상호
② 회사의 성립연월일
③ 회사가 발행할 주식의 총수
④ 액면주식을 발행하는 경우 1주의 금액
⑤ 회사가 성립 후 발행된 주식에 관하여는 그 발행연월일
⑥ 종류주식이 있는 경우에는 그 주식의 종류와 내용과 번호
⑦ 주식의 양도에 관하여 이사회승인을 얻도록 정한 때에는 그 규정

2. 기재사항의 흠결

주권은 설권증권이 아니므로 주권의 요식성은 어음·수표처럼 엄격하지 않다. 따라서 대표이사의 기명날인 또는 서명과 같이 본질적인 것이 아닌 한 기재사항을 일부 흠결하더라도 유효하다(대법원 1996.1.26.선고, 94다24039판결). 다만 주권에 기재할 사항을 기재하지 아니하거나 부실기재를 한 때에는 과태료의 제재(제635조 제1항 제6호), 이사의 책임(제399조)이 따른다.

3. 주권의 발행의무

회사는 성립 후 또는 신주의 납입기일 후 지체 없이 주권을 발행하여야 한다(제355조 제1항). 이처럼 회사의 성립 후 또는 납입기일 후 지체 없는 주권발행의무를 강제하는 이유는 주권이 없는 경우 원칙적으로 주식을 양도할 수단이 없어 주식의 양도성은 극히 제약을 받을 수밖에 없을 것이며 주주는 자신이 투하한 자본을 회수할 수 있는 길이 차단될 수 있기 때문이다. 이러한 회사의 주권발행의무는 강행규정으로 정관에 의해서도 이와 달리 정할 수 없으며 회사설립 시 또는 회사성립 후의 신주발행(제416조)뿐만 아니라 주식배당, 준비금의 자본전입 등을 원인으로 하는 모든 신주발행의 경우(제350조, 제442조, 제461조, 제462조의2, 제515조, 제523조 제3호)에 적용된다.

회사의 주권발행의무로 인해 주주는 회사에 대하여 주권의 발행 및 주권교부청구권을 갖는다. **주권발행 및 주권교부청구권은 이를 주주의 일신전속적인 권리라고 볼 이유가 없으므로 주주의 채권자는 회사에 대해 주권교부청구권을 대위(代位)행사할 수 있다**(대법원 1982.9.28.선고, 82다카21판결).

4. 발행 및 양도의 제한

(1) 발행의 제한

회사의 성립 전이나 신주의 납입기일 전에는 주권을 발행하지 못한다(제355조 제2항). 그 이유는 주식을 인수하려는 자가 회사에 청약을 하고 회사로부터 주식을 배정받게 되면 주식인수인이 되지만, 아직은 회사가 성립한 것이 아니고 신주의 효력이 발생한 것이 아니므로 온전한 주주의 지위를 획득하지 못했기 때문이다.

회사가 이에 위반하여 회사의 성립 전 또는 신주의 납입기일 전에 주권을 발행하면 그 주권은 무효가 되고(제355조 제3항 본문), 이를 발행한 발기인, 이사 등은 무효인 주권을 발행함으로써 이로 인해 손해를 입은 자에 대하여 손해배상책임을 지는 것은 물론 과태료의 제재도 받는다(제635조 제1항 제5호).

(2) 양도의 제한

주권은 주주의 지위를 표창하는 유가증권인데 그 유가증권을 발행할 수 있기 위해서는 주주의 자격을 가지게 되는 회사의 설립등기 또는 납입기일의 다음 날이라는 요건이 충족되어야 한다. **주식의 청약을 하고 배정받은 자의 지위인 주식인수인의 지위, 즉 권리주의 양도는 당사자 간에는 채권적 효력이 있지만, 회사에 대해서는 효력이 없다**(제319조). 주식인수인의 지위인 권리주의 양도는 당사자간에는 양도의 효력이 인정된다. 그러나 주권의 교부를 통한 양도가 아니므로 회사에 대한 효력은 인정되지 않는다. 따라서 권리주의 양수인은 회사에 대항할 수 없다.

5. 주권발행의 효력발생

주권은 회사가 그 의사에 기해 "주주에게 교부한 때"에 주권으로서의 효력이 발생한다(대법원 2000.3.23.선고, 99다67529판결 등). 주권은 주주에게 교부하여야 그 효력이 발생한다. 따라서 회사가 자신의 의사에 기해 주권을 교부했더라도 주주가 아닌 제3자에게 교부하였다면 역시 주권으로서의 효력이 생기지 않는다(대법원 2000.3.23.선고, 99다67529판결). 따라서 그 취득자가 주식을 취득하지 못함은 물론이고 이로부터 주권을 양수한 자는 선의취득을 할 수 없다.

다만, 주주의 채권자는 민법상 대위권에 의해 회사에 대해 주권의 발행 및 주권교부청구권을 대위행사할 수 있을 뿐이다.

Ⅲ 주권의 불소지신고제도

1. 의의

주주는 정관에 다른 정함이 있는 경우를 제외하고는 주식에 대하여 주권을 소지하지 아니하겠다는 뜻을 회사에 신고할 수 있다(제358조의2 제1항). 이를 주권의 불소지신고제도라고 한다.

주권의 불소지제도는 주주가 주식을 양도할 의사가 없는 경우 또는 주권의 도난·분실의 위험을 방지하기 위하여 인정하고 있는 제도이다.

2. 불소지신고의 절차

(1) 허용요건

주권의 불소지 신고는 정관에 다른 정함이 있는 경우를 제외하고는 원칙적으로 인정된다(제358조의2 제1항). 따라서 정관에 주권의 불소지신고에 대한 별도의 제약이 없는 경우, 주주는 주권을 소지하지 아니하겠다는 뜻을 회사에 신고할 수 있다(제358조의2 제1항).

(2) 신고의 시기

주권의 불소지신고는 주권을 발행하기 전이든 후이든 가능하다. 그리고 주주명부폐쇄기간 중에도 주권의 불소지신고는 가능하다. 이때 회사가 이미 주권을 발행한 후에 신고할 경우에는 주권을 회사에 제출하여야 한다(제358조의2 제3항).

다만, 주식을 양수한 후 명의개서를 하지 않은 주주는 주권의 불소지신고를 할 수 없다. 회사가 주식양수인이 주주인지 여부를 알 수 없기 때문이다.

3. 불소지신고의 효력

주권을 발행하지 않은 경우 주주의 불소지신고가 있으면 회사는 지체 없이 주권을 발행하지 아니한다는 뜻을 주주명부와 그 복본에 기재하고, 그 사실을 주주에게 통지하여야 한다(제358조의2 제2항). 이 경우 회사는 주권을 발행하지 못한다(제358조의2 제2항).

한편, 주주가 불소지신고를 하였으나 이미 발행된 주권이 있는 때에는 이를 회사에 제출하여야 하며, 회사는 제출된 주권을 무효로 하거나 명의개서대리인에게 임치하여야 한다(제358조의2 제3항). 불소지신고된 주권의 선의취득은 인정되지 않는다. 이미 주권이 무효가 되었기 때문이다.

4. 주권의 재발행청구

주주가 주권의 불소지신고를 하였더라도 주식을 양도하고자 할 경우에는 반드시 주권이 필요하다. 그러므로 주주는 "언제든지" 회사에 대하여 주권의 발행 또는 반환을 청구할 수 있다(제358조의2 제4항).

Ⅳ 주권의 선의취득

1. 의의

주식을 양도한 자가 무권리자라 하더라도 일정한 요건 하에서 양수인이 선의로 주권을 선의취득하면 양수인은 적법하게 주권을 취득하고 나아가 주주의 지위를 취득하게 되는데 이를 주권의 선의취득이라고 한다(제359조). 이는 주권의 점유에 의해 인정되는 권리추정력(제336조 제2항)으로부터 생겨나는 당연한 논리적 귀결이다. 상법상 주권의 선의취득에 대해서는 수표법 제21조의 선의취득의 규정을 준용하고 있다.

주권의 선의취득

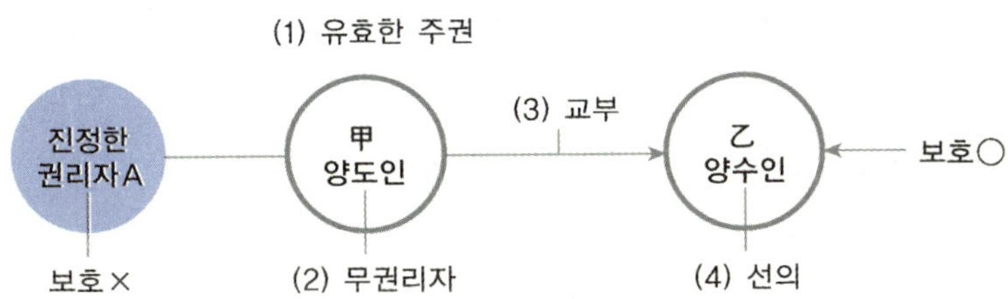

2. 적용요건

(1) 유효한 주권일 것

주권의 선의취득은 유효한 주권을 취득할 경우에만 인정된다. 따라서 위조되었거나, 실효된 주권, 아직 발행되지 않은 주권은 선의취득의 대상이 될 수 없다. 따라서 주주가 주권의 불소지를 신고하고 회사에 제출하여 무효가 된 주권도 선의취득은 허용될 리 없다(제358조의2 제3항).

(2) 양도인은 무권리자일 것

양도인은 무권리자이어야 한다. 그러므로 도품·유실물을 습득한 자로부터 주식을 양수하더라도 선의취득은 가능하다. 또한 판례는 무권대리인으로부터 주권을 양수받은 경우에도 선의취득이 인정된다고 본다(대법원 1997.12.12.선고, 95다49646판결).

(3) 유효한 양도방법을 갖출 것

선의취득은 거래의 안전을 보호하기 위한 제도이므로 주식의 양도는 주권의 교부에 의하여야 한다. 주권의 교부는 현실의 인도뿐만 아니라 간이인도, 목적물반환청구권의 양도에 의해서도 행해질 수 있다. 상속이나 회사합병에 의해 취득하는 포괄승계방식의 취득에 있어서는 선의취득은 인정되지 않는다. 다만 무권리자부터 상속·합병에 의해 취득한 자가 다시 양도한 경우에 그 양수인이 선의취득할 수 있음은 물론이다(광주고법 1979.1.26.선고, 78나395판결).

(4) 양수인은 악의 또는 중과실이 없을 것

양수인은 주식을 취득할 당시 선의이며 중대한 과실이 없어야 한다(제359조). 주식의 양도방법을 갖춘 경우에는 적법한 소지인으로 추정되므로 선의취득을 부정하는 자가 양수인의 악의 또는 중과실을 입증하여야 한다.

3. 적용효과

위의 요건을 갖춘 선의취득자는 적법하게 주권을 취득하고 나아가 주주권을 취득한다. 이로 인해 원래의 권리자는 주주권을 잃으며, 이에 따른 질권 등의 담보권도 역시 소멸한다. 질권 기타 주권을 담보로 하는 권리도 상법 제359조에 따라 선의취득할 수 있음은 물론이다.

V 주권의 상실(공시최고와 제권판결)

1. 의의

주권의 상실이란 주권이 도난·분실된 것을 말한다. 주주가 주권을 상실하면 주주권을 행사할 수단을 갖지 못하며, 상실한 주권을 제3자가 선의취득하면 주주는 주주권마저 잃게 된다. 그러므로 주권을 상실한 주주를 구제해 줄 필요에서 종전의 주권을 실효시키고 주권을 재발행받을 수 있도록 하면서, 상실된 주권을 가지고 새로운 법률관계가 창설되는 것을 예방하기 위하여 공시최고절차를 두고 있다. 한편 제3자의 권리가 관련되어 있을 가능성도 있으므로 회사가 임의로 주권을 재발행하는 것을 금하고 상실된 주권의 재발행은 제권판결을 얻은 후에만 하도록 하고 있는데, 이를 주권의 공시최고와 제권판결이라 한다.

주권의 공시최고와 제권판결

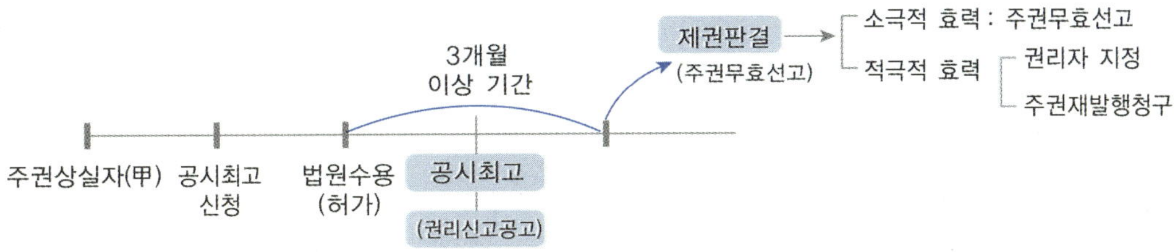

2. 공시최고

(1) 의의

상실된 주권을 무효로 하기 위한 공시최고절차는 민사소송법상의 증서의 무효선언을 위한 공시최고절차에 관한 규정에 의한다(민사소송법 제492조 제1항). 관할은 회사의 본점소재지를 관할하는 지방법원에 속한다(민사소송법 제492조 제2항).

(2) 공시최고의 신청

주권을 최후에 소지하였던 자가 공시최고절차를 신청할 수 있으며(민사소송법 제493조), 신청의 증거로써 증서의 등본을 제출하거나 증서의 존재 및 그 중요취지를 충분히 알 수 있게 함에 필요한 사항을 제시하고, 증서의 도난·분실·멸실과 공시최고를 신청할 수 있는 원인사실 등을 소명하여야 한다(민사소송법 제494조).

(3) 공시최고의 절차

공시최고의 수용·거부의 재판은 결정으로 하여야 하며(민사소송법 제478조), 공시최고의 신청을 수용한 때에는 법원이 공시최고를 하여야 한다(민사소송법 제479조 제1항). 공시최고에서는 공시최고기간 내에 권리 또는 청구의 신고를 할 것과 증서를 제출할 것을 최고하고, 이를 해태하면 실권으로 증서무효의 선고가 있음을 경고하여야 한다(민사소송법 제495조).

(4) 공시최고의 기간

공시최고기간은 공고종료일로부터 3월 후로 정하며(민사소송법 제481조), 이 기간 동안 신청인이 주장하는 권리를 다투는 자는 그 취지 및 자기의 권리를 신고하여야 한다. 공시최고기간 내에 신고가 없을 때에는 제권판결을 선고하고, 신고가 있을 때에는 그 권리에 관한 재판의 확정시까지 공시최고절차를 중지하거나 그 권리를 유보하고 제권판결을 한다(민사소송법 제485조).

3. 제권판결

(1) 제권판결의 효력

제권판결에서는 주권의 무효를 선고하여야 한다(민사소송법 제496조). 제권판결에 의하여 주권은 효력을 상실하고(소극적 효력), 신청인은 회사에 대하여 주권에 대한 권리를 주장할 수 있다(적극적 효력).

(2) 신청인의 지위

제권판결은 주권의 점유에 대신하는 효력을 주는데 그치고 실체적 권리관계까지 창설·확정하는 효력은 갖지 못하므로 신청인이 정당한 소지인이 되거나, 주권 또는 그 표창하는 주식의 내용까지 확정하는 것은 아니다(대법원 1993.11.9.판결, 93다32934판결). 즉 제권판결취득자는 주주로서의 형식적 권리만 취득할 뿐, 실질적 권리를 가지게 되는 것은 아니다. 따라서 주주권의 내용이나 존재 자체 또는 신청인이 정당한 소지인인가의 여부는 별개의 소로 다투어져야 하며, 선의취득자와 신청인의 지위가 다음과 같이 문제된다.

(3) 선의취득자의 지위

제권판결에 의하여 주권이 무효가 되므로 제권판결 이후에는 주권을 선의취득 하더라도 보호받을 수 없다. 한편, 제권판결 전에 선의취득한 자는 권리를 신고한 경우에는 그 권리를 보호받을 수 있다. 그러나 제권판결 전에 선의취득한 자도 권리신고를 하지 않는 경우에는 제권판결에 의해 권리를 잃게 된다(대법원 1993.11.9.선고, 93다32934판결).

4. 주권의 재발행

주권을 상실한 자는 제권판결을 얻지 아니하면 회사에 대하여 주권의 재발행을 청구할 수 없다(제360조 제2항). 주주가 주권을 분실한 것이 아니고 회사가 주권을 보관하던 중 분실하였다 하더라도 역시 제권판결이 없는 한 주주는 재발행을 청구할 수 없다(대법원 1981.9.8.선고, 81다141판결).

주권을 상실한 경우에는 상실된 주권이 유통될 수 있으므로 재발행을 한다면 동일한 주식에 대해 복수의 주권이 존재하여 권리가 충돌하기 때문이다. 주권을 상실한 주주는 제권판결을 얻지 아니하면 주권의 재발행을 청구할 수 없을 뿐 아니라 회사가 이를 승인하여 재발행하는 것도 허용되지 않는다.

Ⅵ 주식의 전자등록

1. 의의

회사는 주권을 발행하는 대신 정관으로 정하는 바에 따라 유가증권 등의 전자등록업무를 취급하는 것으로 지정된 기관인 전자등록기관의 전자등록부에 주식을 등록할 수 있다(제356조의2 제1항). 주식의 전자등록은 발달된 정보통신기술을 주식 및 사채 등의 제도에 도입하여 유가증권의 무권화(無券化)를 통하여 주권과 사채권을 실물로 발행하지 않고 전자등록기관에 등록한 후 증권을 소지하지 않고도 권리의 양도, 담보설정 및 권리행사가 가능하도록 한 제도로서 개정상법이 도입한 제도이다.

2. 양도 및 입질의 효력

전자등록부에 등록된 주식의 양도나 입질은 전자등록부에 등록하여야 그 효력이 발생한다(제356조의2 제2항). 과거 개정 전의 상법에서는 주식의 양도 또는 입질은 주권의 교부를 통해서만 이루어질 수 있도록 하여 실물인 유가증권의 양도나 입질에 있어 반드시 필요하였지만, 개정상법에서 주식의 전자등록제를 도입함에 따라 전자등록부에 등록된 주식의 양도나 입질은 주권의 교부 없이 전자등록부에 등록함으로써 그 효력이 발생한다.

3. 권리추정력

전자등록부에 주식을 등록한 자는 그 등록된 주식에 대한 권리를 적법하게 보유한 것으로 추정하며, 이러한 전자등록부를 선의로 그리고 중대한 과실 없이 신뢰하고 전자등록부에 등록하는 방법에 따라 권리를 취득한 자는 그 권리를 취득한 것으로 본다(제356조의2 제3항).

제 7 절 주주명부와 명의개서

Ⅰ 총설

주주명부는 주주 및 주권에 관한 사항을 명백히 하기 위해 상법의 규정에 따라 회사가 작성·비치하는 장부를 말한다(제352조). 명의개서는 주식이 양도된 경우 그 주식을 양수한 양수인의 성명과 주소, 양수한 주식 수 등을 주주명부에 기재하는 것을 말한다.

주주명부와 명의개서는 불가분의 관계에 있다. 주주명부가 있어야 명의개서를 할 수 있으며, 명의개서를 해야 온전한 주주명부가 되기 때문이다. 또한 주식의 양도와 명의개서 또한 불가분의 관계에 있다. 주식의 양수인은 명의개서를 해야 회사에 그 권리를 주장할 수 있는 대항력을 가지기 때문이다.

주식의 양도와 주주명부·명의개서

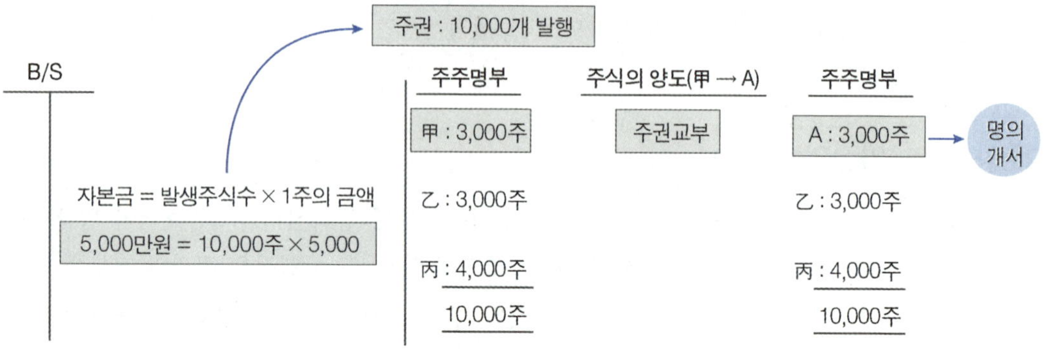

Ⅱ 주주명부

1. 총설

(1) 의의

주주명부는 주주 및 주권에 관한 현황을 나타내기 위하여 상법의 규정에 따라 회사가 작성·비치하는 장부를 말한다(제352조). 주주명부는 회사의 영업 및 재산의 상황을 보여주는 장부가 아니므로 상업장부는 아니다.

합명·합자회사, 유한책임회사 및 유한회사는 사원의 성명 등이 정관의 절대적 기재사항이므로 누가 사원인지 여부는 정관의 기재에 의해 확인할 수 있다. 그러나 주식회사에서는 정관에 누가 주주인지가 기재되지 않으므로 회사는 특정시점에서 누가 주주인지 여부를 확정할 방법을 마련하여야 할 것이며 그러한 요청의 결과로 인해 생긴 장부조직이 곧 주주명부이다.

(2) 주주명부의 기능

주주명부를 통해 회사는 누가 주주인지를 한 눈에 파악할 수 있는 것이며, 주주도 자신이 적법한 권리자임을 입증할 필요 없이 주주명부라는 장부조직에 공시(disclosure)된 내역을 통해 적법한 권리자로 추정되는 효력이 생겨난다. 이처럼 주주명부는 주주는 물론 회사에 대해서도 반드시 필요한 장부조직이며, 그런 이유에서 상법은 회사에 대해 주주명부 작성의무를 부여하고 있다. 회사의 주주관리사무는 주주명부라는 장부조직을 통해 집단적·획일적 처리가 가능해지게 된다.

(3) 전자주주명부

주주명부는 서면으로 작성하는 것이 원칙이다. 다만, 회사는 "정관으로 정하는 바에 따라" 전자문서로 주주명부를 작성할 수 있다(제352조의2 제1항). 이를 전자주주명부라고 한다. 전자주주명부에는 주주명부에 기재하여야 하는 사항 외에 전자우편주소를 적어야 한다(제352조 제2항). 이처럼 전자주주명부가 작성된 경우에는 서면인 주주명부를 작성할 필요가 없으며 전자주주명부의 비치·공시 및 열람의 방법에 관하여 필요한 사항은 대통령령으로 정하도록 하고 있다(제352조 제3항).

2. 기재사항 및 비치·공시

(1) 주주명부의 기재사항

회사가 주식을 발행한 때에는 ① 주주의 성명과 주소, ② 각 주주가 가진 주식의 종류와 수와 각 주주가 가진 주권을 발행한 때에는 그 주권의 번호, ③ 각 주식의 취득연월일을 기재하여야 한다(제352조 제1항). 그리고 전환주식을 발행한 때에는 ① 주식을 다른 주식으로 전환할 수 있다는 뜻, ② 전환의 조건, 전환으로 인하여 발행할 주식의 내용, ③ 전환청구기간 또는 전환기간에 관한 사항도 주주명부에 기재하여야 한다(제352조 제3항).

(2) 주주명부의 비치·공시

이사는 회사의 정관·주주총회의 의사록은 본점과 지점에, 주주명부·사채원부를 본점에 비치하여야 한다(제396조 제1항). 이 경우 명의개서대리인을 둔 때에는 주주명부나 사채원부 또는 그 복본은 명의개서대리인의 영업소에 비치할 수 있다. 이때 주주와 회사채권자는 영업시간 내에는 언제든지 주주명부 또는 그 복본의 열람 또는 등사를 청구할 수 있다(제396조 제2항).

3. 기준일과 주주명부폐쇄기간

(1) 의의

기준일이란 주주권을 행사할 자를 정하는 "일정한 날"을 말한다. 예컨대 신주를 발행하는 경우 신주인수권은 원칙적으로 기존주주에게 있으므로 일정한 날을 정해 신주인수권을 가지는 자를 확정해야 하는데 그때 그 일정한 날을 기준일이라고 한다.

주주명부폐쇄기간이란 "일정한 기간"을 정하여 그 기간 동안 주주명부에 권리변동의 기재를 금하는 것을 말한다. 실무적으로는 기준일을 먼저 정하고 그 후 일정한 기간을 정하여 주주명부를 폐쇄하게 된다.

주주명부폐쇄와 기준일 제도는 그 실행이 강제되는 것은 아니지만, 다만 일단 실행하는 경우에는 주주의 권리를 침해할 소지가 있어 상법의 규정에 따라야 한다.

(2) 기준일제도

① 의의

회사가 의결권을 행사하거나 이익이나 이자의 배당을 받을 자 기타 주주 또는 질권자로서 권리를 행사할 자를 정하기 위해 일정한 날에 주주명부에 기재된 주주 또는 질권자를 그 권리를 행사할 주주 또는 질권자로 볼 수 있는데 그 일정한 날을 기준일이라고 한다(제354조 제1항 후단). 기준일을 정하는 경우, 그 날은 주주 또는 질권자로서 권리를 행사할 날에 앞선 3월 내의 날로 정하여야 한다(동조 제3항).

② 기준일의 지정 및 공고

주주 및 기타 이해관계인에 대해서는 기준일을 정했다는 사실을 알릴 필요가 있으므로 기준일은 주주 또는 질권자로서의 권리를 행사할 날에 앞선 3월 내의 날로 정하여야 하고, 그 날의 2주간 전에 공고하여야 한다(제354조 제3항). 공고한 때에는 그 목적도 기재하여야 한다. 다만 정관으로 기준일을 정한 때에는 공고할 필요가 없다(제354조 제4항). 이미 정관에 의해 공시하였기 때문이다.

(3) 주주명부폐쇄기간

① 의의

회사는 의결권을 행사하거나 이익 또는 이자의 배당을 받을 자, 기타 주주 또는 질권자로 권리를 행사할 자를 정하기 위하여 일정기간 주주명부의 기재변경을 정지시킬 수 있는데 이를 주주명부폐쇄기간이라고 한다(제354조 제1항 전단). 주주명부폐쇄기간은 3개월을 초과할 수 없다(제354조 제2항).

3개월을 초과하는 기간을 주주명부폐쇄기간으로 정한 경우에는 그 초과기간은 무효가 된다. 그리고 폐쇄에 대해 예고절차를 두어 폐쇄기간의 초일의 2주간 전에 이를 공고하여야 한다(제354조 제4항). 다만 정관으로 주주명부폐쇄기간을 정한 때에는 공고할 필요가 없다(제354조 제4항). 그 이유는 정관에 의해 이미 그 폐쇄기간이 공시되었기 때문이다.

② 폐쇄기간 중 금지되는 것

주주명부폐쇄기간 중에는 명의개서가 금지된다. 또한 질권의 등록이나 말소, 신탁재산의 표시나 말소 등도 권리변동과 관련되는 것으로 금지된다. 즉 주주 또는 질권자의 권리를 변동시키는 일체의 기재는 할 수 없다.

③ 폐쇄기간 중에도 허용되는 것

권리변동과 무관한 주주의 주소변경 등은 허용된다. 주주명부폐쇄기간 중에도 일방적 의사표시에 의해 그 권리행사가 인정되는 형성권(option)의 행사는 가능하다. 따라서 전환종류주식 또는 전환사채의 전환권행사, 신주인수권부사채의 신주인수권행사, 주식매수선택권의 선택권행사 등은 제한 없이 허용된다. 또한 주식의 양도, 주권의 불소지신고도 허용된다.

다만, 주주명부폐새기간 중 그러한 권리를 행사한 경우에도 그 기간 중의 총회에서는 의결권을 행사할 수 없고, 그 다음 총회에서부터 의결권의 행사가 가능하다(제350조 제2항).

주주명부폐쇄기간 중 허용되는 것과 허용되지 않는 것

허용되는 것	허용되지 않는 것
① 주식의 양도 ② 주권의 불소지신고 ③ Option(전환권, 신주인수권, 주식매수선택권 등)의 행사 등	① 명의개서 ② 질권이나 신탁재산의 등록 및 말소 등

(4) 주주명부폐쇄와 기준일의 병용

실무에서는 흔히 기준일과 주주명부폐쇄기간을 병행하여 사용하는 경우가 많다. 예컨대 12월 31일이 영업 연도의 결산일인 회사에서 이익배당의 기준일을 12월 31일로 정하여 이를 정관에 기재해 둔 다음, 결산일의 익일인 다음연도 1월 1일부터 정기주주총회 종료일까지 주주명부를 폐쇄하는 것이다.

즉, 먼저 기준일을 정하고 기준일의 익일부터 정기주주총회가 종료하는 날까지를 주주명부폐쇄기간으로 정하는 것이다. 이렇게 함으로써 이익배당금을 받을 주주와 정기주주총회에서 참석할 주주를 일치시킬 수 있고, 회사가 기준일 현재의 주주명부상의 주주를 정확하게 파악할 수 있어 회사의 주주관리 사무를 원활히 할 수 있는 것이다.

Ⅲ 명의개서

1. 의의

명의개서란 주식이 양도된 경우 그 주식을 양수한 양수인의 성명과 주소 등을 주주명부에 기재하는 것을 말한다. 명의개서제도는 빈번하고 대량적으로 이루어지는 주식의 유통과정에서 회사는 명의개서가 된 주주만을 획일적으로 주주로 인정함으로써 회사와 주주간의 분쟁에 있어서 회사를 보호하기 위한 입법 기술적 제도이다.

명의개서의 효력

명의개서의 효력	내용
대항력	주식의 양수인이 주주명부에 자신의 성명 등을 스스로 기재함으로써 회사에 대한 권리주장을 할 수 있는 효력
권리추정력 (자격수여적 효력)	명의개서된 주주는 주 자신이 적법한 권리자임을 증명할 필요 없이 적법한 권리자로 추정되는 효력
면책력	회사가 명의개서된 주주에 대하여 신주인수권, 배당금 등을 지급하더라도 책임이 없게 되는 효력

2. 명의개서의 절차

(1) 당사자

① 청구권자

명의개서의 청구는 주식의 양수인이 단독으로 할 수 있다. 그러므로 양도인이 회사에게 양수인의 이름으로 명의개서해 줄 것을 청구하는 것은 유효한 명의개서의 청구가 아니다(대법원 2010.10.14.선고, 2009다9665판결).

② 상대방

명의개서의 상대방은 회사이다. 다만, 회사가 정관이 정하는 바에 의하여 명의개서대리인을 둔 경우에는 명의개서대리인에 대하여도 명의개서를 청구할 수 있다. 명의개서대리인이라 함은 회사를 위하여 명의개서사무를 대행하는 자를 말하며, 현재 명의개서대리인으로는 증권예탁결제원, 하나은행 및 국민은행이 동 업무를 수행하고 있다(상법시행규정 제4조).

(2) 명의개서의 청구방법

① 원칙적 청구방법

주식의 양수인은 회사 또는 명의개서대리인에게 주권을 제시하고 명의개서를 청구하여야 한다. **명의개서의 청구시 주식양수인의 "주권의 제시"는 필수적 절차이다. 따라서 주식의 양수인이 회사에 대해 단지 주식을 양수한 사실만 통지한 것은 명의개서를 청구한 것으로 볼 수 없다**(대법원 1995.7.28.선고, 94다25735판결).

② 상속·합병의 특례

상속이나 합병 등 포괄승계에 의해 권리를 승계한 자는 주권을 제시함이 없이 포괄승계의 사실만 증명하여 명의개서를 청구할 수 있다. 또한 주권을 상실한 자는 제권판결문으로 주권의 제시에 갈음하여 그 판결문으로 명의개서를 청구할 수 있다. 주식을 정관의 규정에 의하여 전자등록기관의 전자등록부에 등록한 경우에는 명의개서를 할 필요 없이 전자등록부에 등록함으로써 명의개서에 갈음하는 효과가 있다.

3. 명의개서의 효력

(1) 대항력

① 의의

주식의 이전은 명의개서를 하지 않으면 회사에 대항하지 못한다(제337조 제1항). 주식을 양수한 자가 명의개서를 함으로써 자신이 주주라는 사실과 주주로서의 권리를 회사에 주장할 수 있는 힘을 가지게 되는 효력을 명의개서의 대항력이라고 한다.

주식의 양수인이 회사에 대해 자신의 권리를 주장(대항)하기 위해서는 반드시 명의개서를 하여야 하며, 명의개서를 하지 않은 경우에는 회사에 대한 권리주장(대항)을 할 수 없게 된다.

② 대항력의 특수문제

주식이 양도되었더라도 양수인이 명의개서를 하지 않고 있다면 회사와의 관계에서 주주는 여전히 양도인이다(대법원 1995.7.28.선고, 94다25735판결). **따라서 주식의 매매계약이 해제된 경우에도 매도인이 다시 자기 앞으로 명의개서를 하지 않는 한 회사에 대항하지 못한다**(대법원 2002.12.24.선고, 2000다69927판결).

③ 명의개서미필주주의 지위

명의개서를 하지 않은 주식의 양수인은 회사에 대하여 주주권을 행사할 수 없고 양도인이 권리를 행사할 수 있을 뿐이며, **주식양도계약의 내용에 따라 양수인은 양도인에 대해 배당금이나 신주를 자신에게 이전해줄 것을 청구할 수 있는 채권자로서의 지위를 가질 뿐이다**(대법원 1991.5.28.선고, 90다6774판결). 이 점 유의하여야 한다.

(2) 권리추정력

① 의의

주주명부에 주주로 기재된 자는 적법한 주주로 추정된다. 이처럼 회사에 대해 자신의 실질적 권리를 증명할 필요 없이 명의개서에 의해 적법한 권리자로 추정되는 효력을 명의개서의 권리추정력(자격수여적 효력)이라고 한다. 주주명부에 명의개서된 자에 대해 권리추정력을 인정한다는 명문의 규정은 없지만, 명의개서의 권리추정력은 주권점유의 권리추정력(제336조 제2항)과 명의개서의 대항력(제337조 제1항)을 근거로 하여 인정되는 것이다.

② 권리추정력의 의미

주주명부에 명의개서를 한 사실이 주주권을 새로이 창설하는 효력이 있는 것은 아니므로, 실질적으로 주식을 취득하지 못한 자가 명의개서를 했다고 하더라도 주주권이 생겨나는 것은 아니다. 그러므로 **명의개서를 한 자라고 하더라도 그가 무권리자라는 사실이 증명되면 당연히 그 자의 주주권은 부인된다**(대법원 1989.7.11.선고, 89다카5345판결).

③ 증명책임의 전환

명의개서된 주주는 적법한 권리자로 추정되므로 주주권의 다툼에 대한 입증책임이 전환되므로 명의개서가 된 자가 주주가 아니라는 사실은 이를 주장하는 자가 증명책임을 부담하여야 한다(대법원 1993.1.26.선고, 92다11008판결). 다만, 회사가 주주명부상의 주주가 주주권이 없는 자임을 알았거나 중대한 과실로 알지 못하여 주주권행사를 허용한 경우에는 책임을 면하지 못한다(대법원 1998.9.8.선고, 96다45818판결).

(3) 면책력

회사가 주주명부에 명의개서된 자를 주주로 보고 그 자에게 배당금을 지급하거나, 의결권을 부여하고, 신주인수권 등의 권리를 인정하면 설령 명의개서된 주주가 진정한 주주가 아니더라도 회사에 책임이 없게 되는 효력을 명의개서의 면책적 효력이라고 한다(제353조 제1항).

관련판례요약

상법의 규정상 주권의 점유자는 이를 적법한 소지인으로 추정하고 있으나(제336조 제2항), 이는 주권을 점유한 자가 반증이 없는 한 그 권리자로 인정된다는 것, 즉 주권의 점유에 자격수여적 효력을 부여하는 것이므로 이를 다투는 자는 반대사실을 입증하여 반증할 수 있다.

또한 주식의 이전은 취득자의 성명과 주소를 주주명부에 기재해야만 회사에 대항할 수 있는 것인바(제337조 제1항), 이 역시 주주명부에 기재된 명의상의 주주는 실질적 권리를 증명하지 않아도 주주의 권리를 행사할 수 있게 한 자격수여적 효력만을 인정한 것뿐이지 주주명부의 기재에 창설적 효력을 인정하는 것은 아니다(대법원 1989.7.11.선고, 89다카5345판결).

4. 명의개서의 특수문제

(1) 명의개서의 요건문제

주식의 양수인은 전술한 바와 같이 주권의 제시에 의하거나 또는 기타의 방법으로 주식취득의 사실을 증명하면 족하다. 따라서 정관의 규정에 의하여 명의개서청구시에 양도인의 인감증명을 요하거나 기타 서류의 제출을 요하는 경우가 있으나 이러한 제한은 구속력이 없다(대법원 1995.3.24.선고, 94다47728판결).

(2) 명의개서청구의 심사

주권을 점유한 자는 적법한 소지인으로 추정되므로 회사는 주권을 제시받아 주권 자체의 점유여부만 조사하고 명의개서를 해 줌으로써 족하다. 이를 명의개서의 형식적 심사권이라 한다. 그러므로 주권의 점유자가 무권리자라고 하더라도 회사는 악의 또는 중대한 과실이 없는 한 책임을 면하게 된다(대법원 1974.5.28.선고, 73다1320판결).

(3) 권리승계의 증명문제

주권은 그 점유에 의해 권리추정력이 인정되는 결과 명의개서를 청구함에 있어 회사에 대해 매매·증여·상속·합병 등 승계원인이 있는 경우에도 주권을 제시한 경우에는 권리승계의 원인을 증명할 필요가 없음은 당연하다. 그러나 상속·합병에 의해 그 권리를 승계한 자가 주권이 없는 경우에는 상속·합병의 사실을 증명하여 명의개서를 청구할 수는 있지만, 만일 제3자가 주권을 소지한다면 제3자의 명의개서 청구가 우선한다.

(4) 명의개서미필주주의 문제

① 회사의 권리인정문제

주식의 양수인은 명의개서를 하지 않으면 회사에 대항하지 못한다(제377조 제1항). 이때 명의개서를 하지 않은 주주에 대해 회사가 주주로 그 권리를 인정할 수 있는지 여부가 문제되는데, 판례는 명의개서를 하지 않은 실질상의 주주를 회사 측에서 주주로 인정하는 것은 가능하다고 보고 있다(대법원 2001.5.15.선고, 2001다 12973판결 등).

② 양도계약 등의 해제

주식의 양도계약이나 신탁계약 등이 해제된 경우 그 해제의 효력은 해제하는 때에 발생한다. 다만 당초의 양도인이 자신의 이름으로 명의개서를 복구하지 않으면 회사에 대항할 수 없다(대법원 1995.3.24.선고, 94다47728판결 등). 따라서 타인에게 주식을 신탁하였다가 그 신탁계약을 해지한 경우에도 해지한 때에 주주권이 바로 신탁자에게 귀속되는 것이며, 양도의 합의나 주권의 교부는 필요하지 않다(대법원 1992.10.27.선고, 92다16386판결).

③ 명의개서의 부당거부

회사가 정당한 사유 없이 명의개서를 거부한 경우에 취득자는 민법 또는 민사집행법에 의해 명의개서에 갈음하는 판결을 구할 수 있고(민법 제389조 제2항, 민사집행법 제263조 제1항), 손해배상을 청구할 수 있으며, 이사 등에게는 벌칙이 적용된다(상법 제635조 제1항 제7호).

따라서 주식의 취득자는 명의개서 청구 이후에 발생한 이익배당, 신주발행에 관한 권리를 주장할 수 있고, 주주총회소집통지를 받지 못한 경우에는 주주총회결의취소의 소를 제기하는 것도 가능하다(대법원 1993.9.13.선고, 92다40952판결).

제 8 절 자기주식의 취득

I 총설

1. 의의

자기주식이란 회사가 발행한 주식을 주주로부터 양수하여 회사가 보유하는 주식을 말한다. 상법은 오랫동안 내부자에 의한 투기거래를 조장할 우려가 있고 채권자 및 기타의 이해관계자의 이익을 해할 염려가 있다는 이유로 상법에서 자기주식의 취득을 금지하였다. 그러나 이를 개정하여 회사는 상법에서 정한 방법에 따라 일정한 요건을 충족하는 경우에는 자기의 명의와 계산으로 자기주식을 취득할 수 있도록 하고 있다.

2. 제도의 취지

회사가 상법에서 정한 방법에 따라 일정한 요건을 충족하는 경우에는 자기의 명의와 계산으로 자기주식을 취득할 수 있도록 하여 자기주식에 대한 인식의 일대 전환을 하였다. 그 이유는 자기주식은 회사가 보유하고 있는 주식으로 유통주식수에서 제외되어 1주당 순자산가치를 증대시켜 기존주주에게 배당금을 지급하는 효과가 있어 굳이 이를 금지할 필요가 없으며, 상장회사에서 일정한 경우 자기주식의 취득이 허용되는 것과 법 적용의 균형을 맞추기 위한 취지이다.

II 취득을 위한 조건

1. 주주균등조건

회사는 거래소의 시세 있는 주식의 경우에는 거래소에 취득하는 방법 또는 주식의 상환에 관한 종류 주식 외에는 각 주주가 가진 주식수에 따라 균등한 조건으로 취득하는 것으로서 대통령령으로 정하는 방법에 따라 자기의 명의와 계산으로 자기 주식을 취득할 수 있다(제341조 제1항 본문).

2. 취득을 위한 재원

자기주식의 취득가액의 총액은 직전 결산기의 대차대조표상 순자산액에서 자본금의 액, 그 결산기까지 적립된 자본준비금과 이익준비금을 공제한 금액을 뺀 금액, 즉 배당가능이익을 초과하지 못한다(제341조 제1항 단서).

이때 해당영업 연도의 결산기에 대차대조표상 순자산 가액이 자본금의 액, 그 결산기까지 적립된 자본준비금과 이익준비금의 합계액, 그 결산기에 적립하여야 할 이익준비금의 액 그리고 대통령령으로 정하는 미실현이익을 공제한 금액의 합계액에 미치지 못함에도 불구하고 회사가 자기주식을 취득한 경우, 이사는 회사에 연대하여 그 미치지 못한 금액을 배상할 책임이 있다(제341조 제4항).

Ⅲ 취득을 위한 결의

1. 결의요건

자기의 명의와 계산으로 자기주식을 취득하려는 회사는 미리 주주총회의 결의로 취득할 주식의 종류와 수, 취득가액의 총액의 한도 및 1년을 초과하지 아니하는 범위 내에서 자기주식을 취득할 수 있는 기간을 결정하여야 한다. 한편, 이사회결의로 이익배당을 할 수 있음을 정관으로 정하고 있는 경우에는 주주총회의 결의를 이사회결의로 갈음할 수 있다(제341조 제2항).

2. 결의의 임의성

주주총회 또는 이사회에서 자기주식취득을 결의했다고 해서 이사가 이에 구속되어 반드시 자기주식을 취득해야 하는 것은 아니다. 그 이유는 그러한 취득이 회사의 이익을 해할 염려가 있기 때문이다.

이사는 재무현황과 주식의 시세 등을 고려하여 취득의 여부, 취득의 시기 등을 신중하게 결정하여야 하며, 주주총회 또는 이사회결의에 의해 반드시 취득의무가 부여되는 것은 아니다. 이 점 유의하기 바란다.

Ⅳ 취득 및 취득위반의 효과

1. 취득의 효과

회사는 상법 또는 자본시장법의 규정에 따라 자기주식을 취득할 수 있는데, 이와 같이 취득한 자기 주식에 대해 회사는 주주로서 권리를 행사할 수 있는지 여부 또는 권리를 행사할 수 있다면 어떠한 권리를 행사할 수 있는지 여부가 문제된다.

회사가 취득한 자기주식은 회사가 발행한 실질적인 주식 수에서도 제외된다. 따라서 회사가 취득한 자기주식에 대해서는 주주로서의 권리인 자익권과 공익권 등도 인정되지 않는다. 또한 자기주식에 대해서는 주주총회의 결의를 위한 소집통지서를 발송할 필요도 없다.

2. 취득위반의 효과

상법상 자기주식은 제341조의 규정과 제341조의2의 규정에 의해서만 이를 취득할 수 있으며 자기주식을 취득할 수 있는 범위는 배당가능이익을 한도로 한다. 이러한 상법상 제한규정을 위반하여 자기주식을 취득한 경우에 그 자기주식의 취득은 법률규정을 위반한 것이므로 무효가 된다. 또한 해당영업 연도의 결산기에 대차대조표상 순자산 가액이 자본금의 액 그리고 대통령령으로 정하는 미실현이익을 공제한 금액의 합계액에 미치지 못함에도 불구하고(배당가능이익이 없음에도 불구하고) 회사가 자기주식을 취득한 경우 이사는 회사에 연대하여 그 미치지 못한 금액을 배상할 책임이 있다(제341조 제4항).

Ⅴ 자기주식의 처분

회사가 보유하는 자기주식을 처분하는 경우에 ① 처분할 주식의 종류와 수, ② 처분할 주식의 처분가액과 납입기일 그리고 ③ 주식을 처분할 상대방 및 처분방법에 대해서 정관의 규정이 없는 것은 이사회에서 이를 결정한다(제342조).

Ⅵ 자기주식의 특수문제

1. 특정목적에 의한 자기주식의 취득

회사는 다음 중 어느 하나에 해당하는 경우에는 배당가능이익의 여부에도 불구하고 자기주식을 취득할 수 있다.

① 합병 또는 영업전부의 양수로 인한 경우
② 회사의 권리를 실행함에 있어서 그 목적을 달성하기 위하여 필요한 경우
③ 단주의 처리를 위하여 필요한 경우
④ 주주가 주식매수청구권을 행사한 경우

위의 4가지의 목적을 특정목적이라고 하며, 이러한 특정목적이 있는 경우에는 제341조의 제한규정, 즉 배당가느이익에도 불구하고 회사는 자기주식을 취득할 수 있다. **따라서 특정목적에 의한 자기주식의 취득은 배당가능이익과 무관하게 그 취득이 가능하다.**

2. 자기주식의 질취

(1) 질취의 제한

자기주식의 질취란 자기주식을 질권의 목적(담보의 목적)으로 취득하는 것을 말한다. 자기주식을 질권의 목적으로 취득하는 것은 상법상 원칙적으로 허용된다. **다만, 회사는 발행주식총수의 1/20을 초과하여 자기주식을 질권의 목적으로 취득하지 못한다.**

(2) 질취의 허용

다음과 같은 경우에는 자기주식의 질취에 대한 한도적용을 받지 아니한다. 따라서 회사는 발행주식총수의 20분의 1을 초과하여 자기주식을 질권의 목적으로 취득할 수 있다(제341조의3 단서).

① 회사의 합병 또는 영업전부의 양수로 인한 경우(제341조의1 제1호)
② 회사의 권리를 실행함에 있어 그 목적을 달성하기 위하여 필요한 경우(제341조의1 제2호)

제 9 절 주식양도의 제한

I 의의

상법에서 주식양도는 제한하고 있는 것은 두 가지이다. 하나는 상법의 규정으로 주식양도는 제한하는 것이고, 다른 하나는 정관의 규정에 의해 주식양도는 제한하는 것이다. 이를 전체적으로 살펴보면 다음과 같다.

주식양도의 제한

구분	종류	취지
상법상 주식양도의 제한	① 권리주양도제한	주권이 발행되지 않아 주식양도의 공시수단이 적절하지 않음
	② 주권발행전 주식양도제한	
	③ 자회사의 모회사 주식취득의 금지	실질적 자기주식의 취득
정관규정에 의한 주식양도의 제한		주식양도로 인한 경영안정성의 저해 방지

Ⅱ 상법상 주식양도제한

1. 의의

상법상 주식양도가 제한되는 사유는 3가지가 있다. ① 권리주의 양도제한, ② 주권발행전의 주식양도 제한, ③ 자회사의 모회사주식의 취득제한이다.

상법상 주식양도의 제한

구분	종류	취지
상법상 주식양도의 제한	① 권리주양도제한	주권이 발행되지 않아 주식양도의 공시수단이 적절하지 않음
	② 주권발행전 주식양도제한	
	③ 자회사의 모회사 주식취득의 금지	실질적 자기주식의 취득

2. 권리주의 양도제한

(1) 의의

권리주란 주식인수인으로서의 법적 지위를 말한다. 권리주는 주식회사의 설립시 또는 신주발행시에 주식을 배정받은 자의 지위, 즉 주식인수인의 지위를 말한다. 이러한 권리주의 양도는 회사에 대하여 효력이 없다(제319조).

이처럼 권리주의 양도를 제한하는 이유는 상법 회사편에서 주식회사의 주식의 양도는 주권의 교부라는 획일적 방법에 의하도록 함으로써 주주관리사무의 집단적·획일적 처리를 위함이다.

(2) 위반효과

주식인수인이 권리주를 가진 경우 그 주식인수인은 회사에 대한 채권적 지위를 가진다. 따라서 권리주는 당사자 간에는 지명채권양도의 방식으로 양도가 가능하며, 그 양도는 유효하다. 그 이유는 권리주의 양도에 대한 채권적 효력을 부인하는 경우에는 사법상 계약자유의 원칙을 침해하는 결과가 되기 때문이다.

다만, 권리주를 양도한 경우에도 회사에 대한 효력은 인정되지 않는다(제319조). 주식의 양도 방법으로 공시수단이 적절치 않기 때문이다.

(3) 회사의 권리인정

권리주의 양도는 회사에 대하여 효력이 없다(제319조). 따라서 권리주의 양수인은 회사에 대항할 수 없다. 그러나 권리주의 양도에 대해 회사가 이를 승인할 수 있는지 여부가 문제될 수 있다. 판례는 권리주의 양도에 대해서는 회사가 이를 승인하더라도 그 효력이 없다고 보고 있다(대법원 1965.12.7.선고, 65다2069판결).

3. 주권발행 전 주식의 양도제한

(1) 의의

주권발행 전 주식이란 회사의 설립등기 후 또는 신주의 납일기일 후 회사가 주권을 발행하기 전까지의 주식을 말한다. 주권발행 전 주식의 양도는 당사자 간에는 채권적 효력이 발생하지만, 회사에 대해서는 그 효력이 인정되지 않는다. 그러나 회사성립 후 또는 신주의 납일기일 후 6월이 경과한 때에는 그러하지 아니하다(제335조 제3항).

따라서 성립 후 또는 납일기일 후 6월이 경과한 후에도 주권을 발행하지 않은 경우, 이는 주권발행전주식이 아니며, 주권발행전주식의 양도제한 규정이 적용되지 않는다.

(2) 양도제한위반의 효과

① 6월경과 전의 양도

주권발행전 주식양도에 대해 양도당사자 간에는 채권적 효력이 있어 유효하지만, 양도인과 양수인이 회사에 대하여 양도의 효력을 주장할 수 없음은 물론, 회사가 그 양도를 승인하더라도 효력이 없다. 위에서 살펴본 권리주의 양도제한의 효과와 같다. 그러므로 회사가 그 양도를 승인하고 명의개서를 하더라도 무효이고, 양수인은 회사에 대해 주권의 발행 및 교부청구를 할 수 없다(대법원 1981.9.8.선고, 81다141판결). 뿐만 아니라 회사가 양수인에게 주권을 발행하더라도 이는 주권으로서 효력이 없다(대법원 1987.5.26.선고, 86다카982·983판결).

② 6월경과 후의 양도

회사가 성립 후 또는 납입기일 후 6월이 경과하도록 주권을 발행하지 않은 경우, 이때에는 주권 없이 한 양도로 당사자 간에는 물론 회사에 대하여도 유효하다 즉, 6월이 경과하면 양도의 흠이 치유되어 당사자 간은 물론 회사에 대한 효력도 인정된다(대법원 2002.3.15.선고, 200두1850판결). 따라서 6월 경과 후에는 회사에 대하여 명의개서와 주권의 발행·교부를 청구할 수 있음은 물론이다. 다만, 이때에는 주권이 없으므로 지명채권양도의 방법과 효력으로써 양도할 수 있다.

(3) 주권발행 전 주식양도제한의 특수문제

주식의 양도는 6월경과 전에 이루어졌으나 회사가 6월이 경과하도록 주권을 발행하지 않은 경우 6월경과 전의 양도의 하자가 치유되는지 여부가 문제되는데, 통설과 판례는 양도인과 양수인이 다시 의사표시를 함으로써 제355조 제3항 단서의 규정에 의하여 어차피 유효하게 된다고 본다. 즉 회사가 6월이 경과하도록 주권을 발행하지 않는다면 6월 경과로 양도의 흠이 치유되어 당사자 간의 효력은 물론 회사에 대한 효력도 인정된다고 본다(대법원 2002.3.15.선고, 2000두1850판결).

Ⅲ 상호보유주식의 제한

1. 총설

(1) 의의

상법이 제한하고 있는 상호보유주식에 대한 내용은 크게 두 가지가 있다. ① 자회사에 의한 모회사주식의 취득제한규정(제342조의2)이 하나이며, ② 피참가회사소유 참가회사주식의 의결권제한규정(제369조 제3항)이 다른 하나이다.

상법이 제한하고 있는 두 가지의 상호보유주식에 대한 제한은 모두 자회사 또는 피참가회사에서 상대방회사인 모회사 또는 참가회사의 주식을 취득 또는 보유하는 경우에 대한 규제일 뿐이다. 그러므로 모회사 또는 참가회사는 자회사 또는 피참가회사의 주식을 추가적으로 취득하더라도 상법상 아무런 제한을 받지 않는다. 이 점 특히 유의하기 바란다.

(2) 규제의 이유

상호보유주식의 취득을 제한하는 이유는 상호출자를 통한 변칙적 지배구조를 개선하고 자본충실을 기하여 회사의 주주와 채권자 등 이해관계자를 보호하기 위한 것이다.

상호보유주식 중 주식양도가 제한되는 것은 자회사의 모회사의 주식취득금지 규정만이 해당되지만, 이 규정의 내용은 피참가회사가 참가회사의 주식을 취득하여 의결권제한을 받는 것과 동일한 논리구조를 가지고 있으므로 여기서 한꺼번에 살펴보기로 한다.

상호보유주식의 상법상 제한

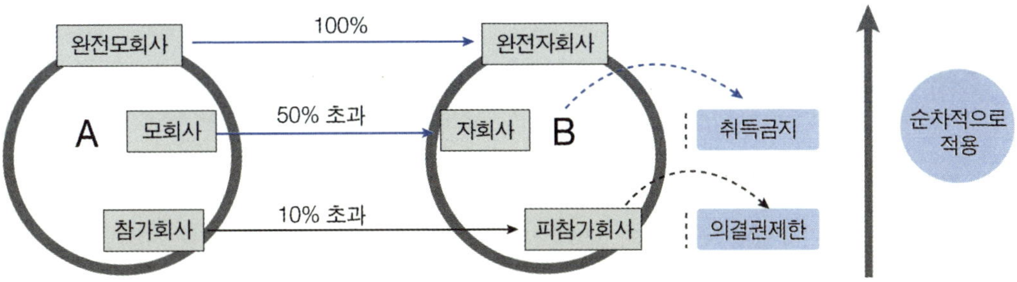

2. 자회사에 의한 모회사주식취득의 금지

(1) 취지

상법이 모자회사 간에 주식의 상호보유를 금지하고 있는 이유는 모자회사 간에 주식을 상호보유하는 것은 변칙적인 자기주식취득의 일종이며 이는 자본의 공동화현상을 초래하고, 명목상의 자본을 통해 출자 없이 변칙적인 방법으로 주주총회를 지배하여 회사의 경영권을 장악하는 방법으로 회사의 지배구조를 왜곡할 염려가 있기 때문이다.

(2) 의의

회사가 다른 회사의 발행주식총수의 100분의 50을 초과하여 주식을 보유하고 있는 경우 그 주식을 보유한 회사를 모회사, 상대방회사를 자회사라 한다. 상법상 자회사는 원칙적으로 모회사의 주식을 취득하지 못한다(제342조의2 제1항).

(3) 모·자회사 관계의 인정기준

상법은 다른 회사의 발행주식총수의 100분의 50을 초과하는 주식을 가진 회사를 모회사(A)라 하고, 그 다른 회사를 자회사(B)로 본다(제342조의2 제1항). 그리고 자회사(B)가 다른 회사(C)의 발행주식총수의 100분의 50을 초과하는 주식을 갖거나, 모회사(A)와 자회사(B)가 가진 주식을 합산하여 100분의 50을 초과할 때 그 다른 회사(C)는 모회사(A)의 자회사로 본다(제342조의2 제3항).

(4) 예외적 취득 허용

모·자회사 간에 있어서 자회사는 원칙적으로 모회사의 주식을 취득할 수 없다. 다만, 다음과같은 사유가 있는 경우 자회사는 모회사의 주식을 취득할 수 있으며, 그 취득한 주식은 6월 내에 처분하여야 한다(제342조의2 제2항).

① 회사의 합병 또는 다른 회사의 영업전부의 양수로 인한 때
② 회사의 권리를 실행함에 있어 그 목적을 달성하기 위하여 필요한 때
③ 주식의 포괄적 교환
④ 주식의 포괄적 이전

(5) 취득제한 위반의 효과

자회사가 취득금지규정을 위반하여 모회사의 주식을 취득한 경우 그 취득행위의 사법상 효력은 무효라고 할 것이다. 즉 취득제한에 위반하여 취득한 자기주식은 무효인 주식이므로 그러한 주식에 대한 공익권은 물론 자익권 그 밖의 어떠한 권리도 행사할 수 없다. 그리고 이사는 회사 또는 제3자에 대한 손해배상책임을 질 수도 있고(제399조, 제401조), 벌금형을 적용받을 수도 있다(제625조의2).

자회사의 모회사주식취득금지

구분	취득금지의 유형	예외적 취득허용사유	처분의무
case I	A→B(50% 초과): B의 A취득금지	① 합병·영업전부의 양수 ② 권리실행을 위한 목적달성 ③ 주식의 포괄적 교환 ④ 주식의 포괄적 이전	6월 내에 처분하여야 함
case II	A→B(50%초과)→C(50% 초과): B의 A취득금지, C의 B취득금지, C의 A취득금지		
case III	A→B(50% 초과), A+B→C(50% 초과): B의 A취득금지, C의 A취득금지* * C의 B취득은 허용됨에 유의		

3. 피참가회사소유 참가회사주식에 대한 의결권제한

(1) 의의

일방회사(참가회사)가 상대방회사의 발행주식총수의 10분의 1을 초과하여 주식을 가진 경우 그 상대방회사(피참가회사)가 가지고 있는 회사 또는 모회사 주식은 의결권이 없다(제369조 제3항).

피참가회사소유 참가회사주식에 대한 의결권제한 규정은 지분율이 10%를 초과하는 경우에 적용하는 것이므로 그 지분율을 넘는 경우에는 무조건 적용되는 것이며 모자회사관계가 형성되어 자회사가 모회사주식을 취득하는 경우에도 이러한 의결권제한규정이 적용되는 것은 당연하다. 이 점 유의할 필요가 있다.

(2) 제한의 내용

회사, 모회사 및 자회사 또는 자회사가 다른 회사의 발행주식총수의 10분의 1을 초과하는 주식을 가지고 있는 경우 그 다른 회사가 가지고 있는 회사 또는 모회사의 주식은 의결권이 없다(제369조 제3항).

(3) 제한의 유형

상법이 상호주의 의결권을 제한하는 유형은 다음과 같다. ① A회사가 B회사의 주식의 10%를 초과하여 보유한 경우 B회사가 가진 A회사의 주식은 의결권이 없고, ② A회사가 B회사의 주식을 50% 초과하여 소유하고, A회사의 자회사인 B회사가 C회사의 주식을 10% 초과하여 소유하는 경우, C회사가 소유하는 A회사 주식과 B회사의 주식은 의결권이 없으며, ③ A회사와 그 자회사인 B회사가 각각 C회사의 주식을 단독으로 10% 초과하여 소유하지 못하고, A회사와 B회사가 합하여 C회사의 주식을 10% 초과하여 소유하는 경우 C회사가 소유하는 A회사의 주식은 의결권이 없다. 그러나 C회사가 소유하는 B회사의 주식은 의결권이 있음에 유의하여야 한다.

(4) 참가회사의 통지의무

어느 회사가 다른 회사의 주식을 그 발행주식총수의 10분의 1을 초과하여 취득하여 참가·피참가회사의 관계가 형성된 때에 **참가회사는 지체 없이 그 주식취득의 사실을 피참가회사에 대하여 통지하여야 한다**(제342조의3). 이는 참가회사가 피참가회사의 주식을 취득함으로써 소유하고 있는 주식을 처분하거나 또는 스스로 의결권을 포기할 수 있도록 할 수 있는 기회를 제공하기 위해서이다. **그러나 회사가 다른 회사의 발행주식총수의 10분의 1을 초과하여 의결권을 대리행사할 권한을 취득한 경우에는 상대방 회사에 대하여 통지할 의무가 없다**(대법원 2001.5.15.선고, 2001다12973판결). 이 점 특히 유의하기 바란다.

(5) 제한위반의 효과

피참가회사의 소유주식의 의결권이 박탈되면 모든 사항에 대해 의결권이 휴지된다. 또한 피참가회사가 이에 위반하여 의결권을 행사한 경우에는 결의취소의 소의 사유가 된다.

피참가회사소유 참가회사주식에 대한 의결권제한

구분	의결권제한의 유형	통지의무
case I	A→B(10% 초과): B소유 A주식에 대한 의결권×	A회사의 B회사에 대한 통지의무
case II	A→B(50% 초과)→C(10% 초과): B의 A취득금지, B소유 A주식 의결권×, C소유 A주식에 대한 의결권×, C소유 B주식에 대한 의결권×	① A회사의 B회사에 대한 통지의무 ② B회사의 C회사에 대한 통지의무
case III	A→B(50% 초과), A+B→C(10% 초과): B의 A취득금지, B소유 A주식 의결권×, C소유 A주식에 대한 의결권×* * C소유 B주식에 대한 의결권은 제한되지 않음에 유의	① A회사의 B회사에 대한 통지의무 ② B회사의 C회사에 대한 통지의무는 없음

Ⅳ 정관규정에 의한 주식양도의 제한

1. 의의

주식회사에서 주식의 양도는 원칙적으로 자유이다. 그러나 전술한 바와 같이 우리나라의 대부분의 주식회사가 비상장회사이므로 주식의 양도에 관한 규정을 당사자의 자치에 의해 해결할 수 있게 하기 위해 정관의 규정에 의해 이사회의 승인을 얻도록 제한(제355조 제1항)할 수 있는데, 이를 정관규정에 의한 주식양도제한이라고 한다. 이 규정은 소규모 비상장주식회사에서 주주구성의 폐쇄성을 유지하고 경영의 안전을 도모하기 위한 취지이다.

정관규정에 의한 주식양도의 제한

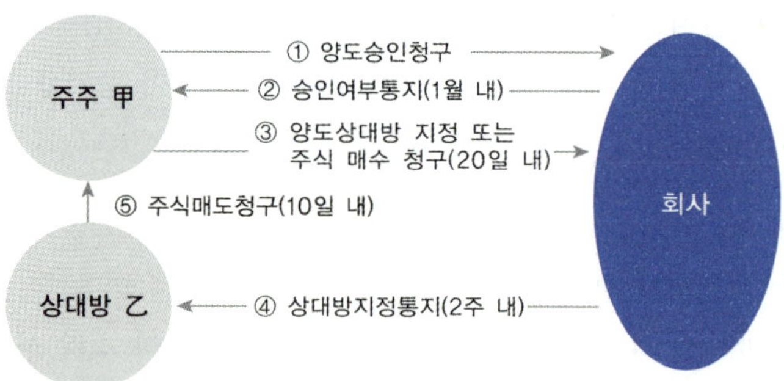

2. 양도제한의 내용

주식의 양도를 제한하는 것은 주주가 투하자본을 회수할 수 있는 길을 원천적으로 봉쇄하는 것이므로 주주의 권리에 심각한 제약이 아닐 수 없다. 그러므로 상법은 주식의 양도제한은 정관의 규정을 둔 경우에만 가능하도록 하고 있으며, 그 절차로 이사회의 승인을 요하도록 하고 있다.

여기서 중요한 점은 주식양도를 정관에 의해 이사회의 승인을 얻도록 정할 수 있는 것은 주식양도의 제한이지 주식양도의 금지가 아니라는 점이다(대법원 2000.9.26.선고, 99다48429판결). 주식양도의 제한을 정관으로 규정하는 경우, 그 근거가 되는 정관은 원시정관뿐만 아니라 주주총회특별결의에 의해 변경된 정관도 포함된다.

3. 양도제한의 공시

정관에 의해 주식양도를 제한하는 것은 주주 및 주주와 주식거래를 하는 자의 지위에 중대한 영향을 미칠 수 있는 사항이므로 그 제한내용을 ① 주식청약서(제302조 제2항 제5호의2), ② 주권(제356조 제6호의2), ③ 등기부등본(제317조 제2항 제3호의2)에 기재하여 이를 공시하여야 한다.

4. 이사회의 승인 없는 양도의 효력

정관의 규정에 의하여 주식양도를 승인할 수 있는 기관은 오직 이사회이다(제335조 제1항). 이는 강행규정이므로 주주총회의 승인에 의해 주식양도를 제한할 수 없음은 물론이다. 양도를 제한하는 정관 규정이 있음에도 불구하고 이사회승인 없이 주식을 양도한 경우에는 당사자 사이에 채권적 효력은 인정된다(대법원 2008.7.10.선고, 2007다14193판결). 다만 회사에 대한 효력은 인정되지 않으며, 회사도 임의로 양수인을 주주로 인정하지 못한다.

5. 양도승인의 절차

(1) 주주의 양도 승인청구

정관에 의한 주식양도의 제한규정이 있을 경우에는 주식을 양도하고자 하는 주주는 서면으로 회사에 양도의 승인을 청구하여야 하는데, 이러한 서면에는 양도의 상대방과 양도하고자 하는 주식의 종류와 수를 기재하여야 한다(제335조의2 제1항). 다만, 양도인에 의한 청구가 불가능하거나 곤란한 사정이 있는 때에는 양수인에 의한 승인청구도 인정된다(제335조의7).

(2) 회사의 승인여부 통지

회사는 승인청구가 있는 날로부터 1월 이내에 이사회의 결의를 거쳐 승인여부를 통지하여야 하는데(제335조의2 제2항), 만약 그 기간 내에 통지를 하지 않으면 양도를 승인한 것으로 본다(제335조의2 제3항).

(3) 양도승인의 거부

주주의 승인청구에 대해 회사가 **1월 내에 승인을 거부한다는 통지를 하면** 주주로서는 투하자금을 회수할 수 있는 길이 막히게 된다. 그런 이유에서 양도승인거부의 통지를 받은 주주는 **통지를 받은 날로부터 20일 내에** 회사에 대하여 양도상대방의 지정 또는 그 주식의 매수를 청구할 수 있다(제335조의2 제4항).

(4) 양도상대방의 지정청구권

주주가 양도상대방을 지정하여 줄 것을 청구한 경우에는 이사회는 이를 지정하고, **그 청구가 있는 날로부터 2주간 내에** 주주 및 지정된 상대방에게 서면으로 이를 통지하여야 한다(제335조의3 제1항). 이 기간 내에 주주에게 상대방의 지정통지를 하지 아니한 때에는 주식의 양도에 관하여 이사회의 승인이 있는 것으로 본다(동조 제2항). 한편 이사회에 대하여 상대방으로 지정된 자는 **지정통지를 받은 날로부터 10일 이내에** 지정청구를 한 주주에게 서면으로 그 주식을 자기에게 매도할 것을 청구할 수 있다(제335조의4 제1항). 이때 상대방으로 지정된 자가 10일 이내에 매도의 청구를 하지 아니한 때에는 이사회가 양도를 승인한 것으로 본다(제335조의4 제2항).

(5) 주식매수청구권의 행사

주주가 회사에 대하여 자신의 주식을 매수하여 줄 것을 청구한 경우 **회사는 주식매수청구기간(20일)이 종료한 날로부터 2월 이내에 그 주식을 매수하여야 한다**(제335조의6). 양도상대방으로 지정된 자가 매도청구를 하거나, 주주가 주식의 매수청구를 한 경우에 매수가액은 원칙적으로 주주와 회사 간의 협의로 결정하여야 하지만(제335조의5 제1항, 제335조의6), 협의가 이루어지지 않은 경우에는 법원에 매수가액의 결정을 청구할 수 있고, 법원은 회사의 재산상태와 그 밖의 사정을 참작하여 공정한 가액을 산정하여야 한다(제374조의2 제3항~제5항).

제10절 지배주주에 의한 소수주식의 전부취득

I 의의

지배주주에 의한 소수주식의 강제매수제도는 발행주식총수의 100분의 95 이상을 보유하는 지배주주가 소수주주의 주식을 공정한 가격에 매입할 수 있도록 하는 한편, 소수주주도 지배주주에게 주식매수청구권을 행사할 수 있도록 함으로써, 회사에서는 주주관리비용이 절감되고 경영의 효율성이 향상될 수 있으며, 주주의 입장에서는 이 규정을 통해 자신이 출자한 금액을 주식매수청구권의 행사를 통해 회수할 수 있도록 함으로써 회사와 주주 모두에게 효용이 큰 제도라고 볼 수 있다.

지배주주에 의한 소주주식의 전부취득

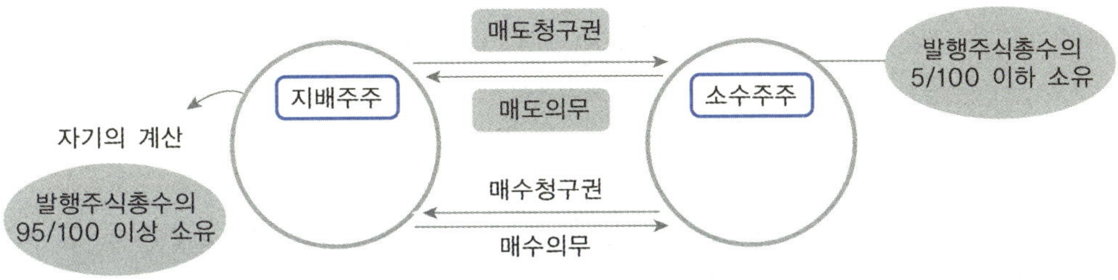

Ⅱ 지배주주의 소수주식 취득

1. 의의

회사의 발행주식총수의 100분의 95 이상을 자기의 계산으로 보유하고 있는 주주(이하에서 '지배주주'라고 한다)는 회사의 경영상의 목적을 달성하기 위하여 필요한 경우에는 회사의 다른 주주(이하에서 '소수주주'라고 한다)에게 그 보유하는 주식의 매도를 청구할 수 있는데, 이를 지배주주에 의한 소수주식의 강제매수제도라고 한다(제360조의24 제1항).

이는 특정주주가 주식의 대부분을 보유하고 있는 경우 회사로서는 주주총회의 운영 등과 관련하여 관리비용이 발생하고 소수주주로서는 정상적인 출자회수의 길이 막히기 때문에 대주주가 소수주주의 주식을 매입함으로써 그 동업관계를 해소할 수 있는 길을 상법이 열어준 제도이다.

2. 적용요건

(1) 지배주주

소수주주의 주식에 대한 매도청구를 하기 위해서 지배주주는 회사의 발행주식총수의 100분의 95 이상을 보유하고 있는 주주이어야 한다(제364조의24 제1항). 그러므로 회사의 발행주식총수의 100분의 95 미만을 보유하고 있는 주주는 지배주주의 요건을 충족하지 못하므로 소수주주의 주식에 대한 매도청구를 할 수 없다.

(2) 자기의 계산

소수주주의 주식에 대한 매도청구를 하기 위한 지배주주의 지분율을 계산함에 있어서 발행주식 총수의 100분의 95 이상의 주식을 가진 지배주주는 그 주식을 "자기의 계산"으로 보유하고 있어야 한다.

발행주식총수의 100분의 95 이상을 산정할 때에는 모회사와 자회사가 보유한 주식을 합산하게 되며, 이 경우 발행주식총수의 100분의 50을 초과하는 주식을 가진 회사가 보유하는 주식도 그 주주가 보유하는 주식과 합산한다(제360조의24 제2항).

(3) 경영상의 목적 달성

지배주주가 소수주주의 주식에 대한 매도청구를 하기 위해서는 회사의 경영상의 목적달성을 위해 필요한 경우이어야 한다. 회사의 경영상의 목적이란 주주총회의 운영 등과 관련한 관리비용의 절감이나 회사의 경영상의 효율(efficiency)을 달성하기 위한 경우 등이어야 한다.

(4) 주주총회의 승인

지배주주가 소수주식의 주식에 대한 매도청구를 할 때에는 미리 주주총회의 승인을 받아야 한다(제360조의24 제3항). 주주총회의 승인을 받기 위해서 지배주주는 매도청구의 날 1개월 전까지 ① 소수주주는 매매가액의 수령과 동시에 주권을 지배주주에게 교부하여야 한다는 뜻과 ② 교부하지 않을 경우 매매가액을 수령하거나 지배주주가 매매가액을 공탁한 날에 주권은 무효가 된다는 뜻을 공고하고, 주주명부에 적힌 주주와 질권자에게 따로 그 통지를 하여야 한다(제360조의24 제5항). 그리고 주식의 매도를 청구하는 지배주주는 주주총회에서 그 내용을 설명하여야 한다(동조 제4항).

3. 지배주주의 매도청구

(1) 매도청구권의 성격

지배주주가 회사의 경영상의 목적을 달성하기 위하여 필요한 경우에는 회사의 소수주주에게 그 보유하는 주식의 매도청구를 하는 경우 그 매도청구를 받은 소수주주는 매도청구를 받은 날로부터 2개월 내에 지배주주에게 그 주식을 매도하여야 한다(제360조의24 제1항). 이때 주의할 점은 지배주주의 매도청구권의 법적 성질은 청구권이 아니라 형성권이라는 점이다. 그러므로 지배주주의 매도청구를 받은 소수주주는 지배주주에게 매도할 의무를 부담하는 것이지, 자신의 선택에 따라 매도여부를 결정할 수 있는 것은 아니다.

(2) 매도가액의 결정

매도가액의 결정은 원칙적으로 소수주주와 매도를 청구한 지배주주 간의 협의로 결정한다(제360조의24 제2항). 만일 매도청구를 받은 날로부터 30일 내에 매매가액에 대한 협의가 이루어지지 않은 경우에는 매도청구를 받은 소수주주 또는 매도청구를 한 지배주주는 법원에 매매가액의 결정을 청구할 수 있으며(동조 제3항), 법원은 매매가액을 결정함에 있어서 회사의 재산상태와 그 밖의 사정을 고려하여 공정한 가액으로 산정하여야 한다(동조 제4항).

Ⅲ 소수주주의 주식매수청구

1. 의의

상법은 지배주주에 의한 소수주주의 주식에 대한 매도청구권을 인정하는 한편, 지배주주와 소수주주 간의 권리의무의 형평을 기하기 위하여 소수주주에게도 자신이 보유하고 있는 주식의 매수를 지배주주에게 청구할 수 있도록 하고 있는데, 이를 소수주주의 매수청구권이라고 한다.

소수주주의 주식매수청구권은 상법에서 일반적으로 인정되는 주주총회결의에 반대하는 주주가 행사할 수 있는 주식매수청구권(제374조의2)과는 달리 개정상법에 의해 신설된 제도이다. 이는 지배주주에게 인정되는 매도청구권과 균형을 맞추기 위해 인정된 제도로서 주식매수청구권이라는 점에서는 양자가 공통되지만, 그 요건 등에 있어서 차이가 있다.

2. 매수청구의 시기

지배주주가 있는 회사의 소수주주는 언제든지 지배주주에게 그 보유주식의 매수를 청구할 수 있다(제360조의25 제1항). 그러므로 소수주주의 주식매수청구권은 지배주주가 있는 회사의 소수주주는 언제든지 지배주주에 대하여 주식매수청구권을 행사할 수 있는 점에서, 반대주주의 주식매수청구권(제374조의2)이 주주총회의 특별결의에 반대하는 주주가 그 결의 전에 서면으로 반대의사를 통지한 경우에 한하여 인정되는 점에서 차이를 보이며, 소수주주의 주식매수청구권은 그 상대방이 지배주주가 되지만, 반대주주의 주식매수청구권(제374조의2)은 그 상대방이 회사가 되는 점에서도 차이를 보인다. 이 점 유의할 필요가 있다.

3. 소수주주의 주식매수청구

(1) 매수청구권의 성격

지배주주가 있는 회사의 소수주주는 언제든지 지배주주에게 그 보유주식의 매수를 청구할 수 있다(제360조의25 제1항). 이때 소수주주의 매수청구를 받은 지배주주는 매수를 청구한 날부터 2개월 내에 매수청구를 한 주주로부터 그 주식을 매수하여야 한다(동조 제2항).

소수주주의 주식매수청구권도 그 법적 성질은 청구권이 아닌 형성권인 점에 유의하여야 한다. 그러므로 소수주주의 주식매수청구권의 행사에 대해 지배주주는 반드시 소수주주의 주식을 매수하여야 할 의무를 부담하게 된다.

(2) 매수가액의 결정

매수가액은 원칙적으로 매수를 청구한 소수주주와 지배주주 간의 협의로 결정하여야 하지만(동조 제3항), 매수청구를 받은 날로부터 30일 내에 소수주주와 지배주주간의 협의가 이루어지지 아니한 경우에는 매수청구를 받은 지배주주 또는 매수청구를 한 소수주주는 법원에 매매가액의 결정을 청구할 수 있다(동조 제4항). 이때 법원은 매매가액을 결정함에 있어서 회사의 재산상태와 그 밖의 사정을 고려하여 공정한 가액으로 산정하여야 한다(동조 제5항).

Ⅳ 주식이전의 효력발생

1. 원칙적 효력발생시기

지배주주의 매도청구권의 행사 또는 소수주주의 매수청구권의 행사에 따라 지배주주는 주식의 이전이 있게 된다. 이때 주식이전의 효력이 언제 발생하는지 여부가 문제되는데, 지배주주의 매도청구권의 행사 또는 소수주주의 매수청구권의 행사에 따라 지배주주가 "매매가액을 소수주주에게 지급한 때"에 주식이 이전된 것으로 보며, 이때 주식이전의 효력이 발생한다(제360조의26 제1항).

2. 예외적 효력발생시기

매매가액을 지급할 소수주주를 알 수 없거나 소수주주가 수령을 거부할 경우에 지배주주는 소수주주에게 매매대금을 지급할 수 없게 되는데, 이때 지배주주는 그 가액을 공탁할 수 있으며 "그 공탁한 날"에 주식이 지배주주에게 이전된 것으로 본다(제360조의26 제2항).

제11절 주식매수선택권(Stock-option)

I 총설

1. 의의

회사는 정관이 정하는 바에 따라 주주총회의 특별결의로 회사의 설립, 경영 또는 기술혁신 등에 기여하거나 기여할 수 있는 회사의 이사, 집행임원, 감사 또는 피용자에게 미리 정한 가액(행사가격)으로 신주를 인수하거나 자기주식을 매수할 수 있는 권리를 부여할 수 있는데(제340조의2 제1항), 이를 주식매수선택권(stock-option)이라고 한다.

2. 취지

회사의 경영에 공헌을 한 자에게 성과를 지급하는 방식으로 금전보상을 하는 것은 조직의 성과와 보상의 연계측면에서 상관관계(correlation)가 약해 그 보상을 받는 자에게 그다지 큰 동기부여가 되지 못한다. 그런 이유에서 성과와 보상을 연계시켜 종업원에게 동기를 유발시키

주식매수선택권(Stock-option)

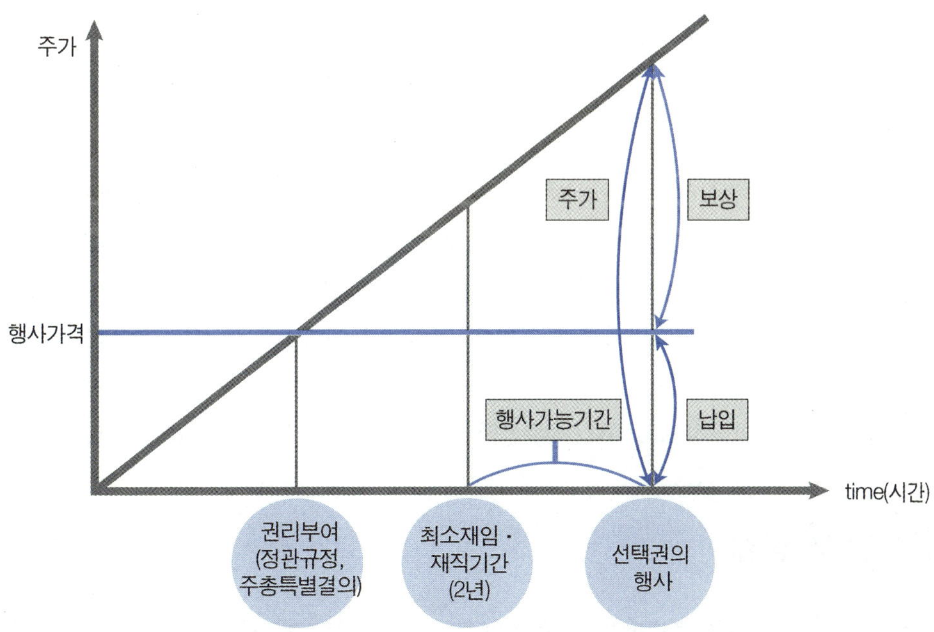

고 회사의 경영에 대한 관심을 불러일으킴으로써 회사와 종업원이 상생(win-win)의 길을 모색하고자 하는 방법으로 제시되고 있는 제도가 바로 주식매수선택권(stock-option)제도이다.

주식매수선택권은 일정한 가격에 회사의 주식을 인수할 수 있는 권리를 회사에 공헌을 한 자들에게 부여함으로써 주가(기업가치)와 보상 제도를 연계시킴으로써 종업원에게 동기부여(motivation)를 위해 상법이 도입한 제도이다.

Ⅱ 유형과 차액정산

1. 유형

(1) 자기주식교부형

자기주식교부형이란 회사가 보유하고 있는 자기주식 또는 회사가 주식매수선택권을 부여할 목적으로 일정 비율의 자기주식을 구입하여 이를 선택권자에게 일정한 가격으로 인수할 수 있는 권리를 부여하는 방식을 말한다(제340조의2 제1항 본문).

(2) 신주발행형

신주발행형이란 회사가 주식매수선택권을 부여할 목적으로 선택권자에게 신주를 발행할 수 있는 방식을 말한다(제340조의2 제1항 본문). 이처럼 신주발행형의 방식으로 회사가 주식매수선택권을 부여하는 경우, 이 부분은 법률의 규정에 의한 제3자 배정이므로 기존주주의 신주인수권(제481조 이하)은 미치지 않는다.

2. 차액정산

자기주식교부형이나 신주발행형 중 어떤 방식으로 선택권을 부여하든 선택권을 행사하는 시점에서 주식의 실질가액(시가)이 행사가격보다 높은 경우에는 회사는 그 차액을 금전으로 지급하거나, 그 차액에 상당하는 자기의 주식을 양도할 수 있다(제340조의2 제1항 단서).

차액보상은 주식매수선택권의 행사시점에 주식의 실질가액이 행사가격 보다 높은 경우에 한해서만 인정되는 것이며, 만일 행사가격이 주식의 실질가액 보다 높은 경우에는 옵션(option)의 가액이 "0"에 미달하므로 주식매수선택권의 행사문제는 발생할 여지가 없다.

Ⅲ 법적 성질

주식매수선택권(Stock-option)은 회사에서 이미 부여한 권리를 권리행사일에 행사의 의사표시와 행사가격의 납입(차액정산의 경우 제외)이라는 절차를 거침으로써 자기주식 또는 신주를 매수할 수 있는 것이므로 이는 법적으로 선택권자의 일방적 의사표시에 의해 회사의 승낙여부에도 불구하고 그 권리의 효력이 발생하는 형성권의 일종이라고 할 수 있다.

이때 차액정산의 방식은 선택권자의 일방적 의사표시에 의해 주식매수선택권 행사의 효력이 발생하기 때문에 형성권의 요건이 완벽히 충족되지만, 자기주식교부형과 신주발행형의 경우에는 의사표시와 더불어 선택권자의 주금납입이 따라야 하는 점에서 변형된 형태의 형성권이라고 할 수 있다.

Ⅳ 선택권의 부여

1. 권리자의 자격

(1) 비상장회사

주식매수선택권을 부여받을 수 있는 자는 회사의 설립·경영 및 기술혁신 등에 기여하거나 기여할 수 있는 회사의 이사, 집행임원, 감사 또는 피용자이다(제340조의2 제1항).

(2) 상장회사특례

상장회사의 경우에는 그 범위가 확대되어 위의 선택권자 외에도 대통령령으로 정하는 관계회사의 이사, 집행임원, 감사 또는 피용자도 그 대상이 된다(제542조의3 제1항).

2. 제외대상

주식매수선택권은 주가와 성과를 연계시켜 동기부여(motivation)를 하기 위한 취지이므로 선택권의 부여로 동기부여가 이루어지지 않을 가능성이 높은 경우에는 주식매수선택권의 부여대상에서 제외하고 있다.

① 의결권 없는 주식을 제외한 발행주식총수의 100분의 10 이상을 가진 대주주, ② 이사·집행임원·감사의 선임과 해임 등 회사의 주요 경영사항에 대하여 사실상 영향력을 행사하는 자, ③ ①과 ②에 규정된 자의 배우자와 직계존비속에 대해서는 주식매수선택권을 부여할 수 없다(제320조의2 제2항).

3. 부여한도

(1) 비상장회사

회사가 정관이 정하는 바에 따라 주주총회의 특별결의로 회사의 설립·경영 및 기술혁신 등에 기여하거나 기여할 수 있는 임직원 등에게 신주를 발행하거나 자기주식을 교부하는 방법으로 부여할 수 있는 주식매수선택권은 회사의 **발행주식총수의 100분의 10을 초과할 수 없다**(제340조의2 제3항).

(2) 상장회사특례

상장회사는 위의 규정에도 불구하고 정관이 정하는 바에 따라 주주총회의 특별결의로 발행주식총수의 **100분의 20의 범위 내에서** 대통령령으로 정하는 한도까지 주식매수선택권을 부여할 수 있다(제542조의3 제2항). 한편, 상장회사는 정관으로 정하는 바에 따라 이사회결의로 발행주식총수의 100분의 10의 범위 내에서 이사회결의로 해당회사의 임직원 등에게 주식매수선택권을 부여할 수도 있으며, 이 경우에는 주식매수선택권을 부여한 후 처음으로 소집되는 주주총회의 승인을 받아야 한다(제542조의3 제3항).

4. 행사가액의 제한

(1) 신주발행형

신주를 발행하는 경우에는 주식매수선택권부여일을 기준으로 한 주식의 실질가액과 주식의 권면액 중 높은 금액 이상이어야 한다. 다만 무액면주식을 발행한 경우에는 자본으로 계상되는 금액 중 1주에 해당하는 금액을 권면액으로 본다(제340조의2 제4항 제1호).

(2) 자기주식교부형

자기주식을 양도하는 경우에는 주식매수선택권의 부여일을 기준으로 한 주식의 실질가액 이상으로 하여야 한다(제340조의2 제4항 제2호).

5. 부여절차

(1) 정관의 규정

회사의 설립·경영 또는 기술혁신 등에 기여한 자 등에 대해 주식매수선택권을 부여하기 위해서는 정관에 ① 주식매수선택권을 부여할 수 있다는 뜻, ② 주식매수선택권의 행사로 발행하거나 양도할 주식의 종류와 수, ③ 주식매수선택권을 부여받을 자의 자격요건, ④ 주식매수선택권의 행사기간, ⑤ 일정한 경우 이사회결의로 주식매수선택권의 부여를 취소할 수 있다는 뜻을 기재하여야 한다(제340조의3 제1항).

(2) 주주총회의 특별결의

회사의 설립·경영 또는 기술혁신 등에 기여한 자 등에 대해 주식매수선택권을 부여하기 위해서는 주식매수선택권을 부여받을 자의 성명, 주식매수선택권의 부여방법, 주식매수선택권의 행사가액과 그 조정에 관한 사항, 주식매수선택권의 행사기간, 주식매수선택권의 행사로 발행하거나 양도할 주식의 종류와 수에 관한 사항을 주주총회의 특별결의로 정하여야 한다(제340조의3 제2항).

(3) 선택권부여 계약의 체결

회사는 주주총회특별결의에 의해 주식매수선택권을 부여받은 자와 계약을 체결하고 상당한 기간 내에 그에 관한 계약서를 작성하여야 한다(제340조의3 제3항). 그리고 그 **계약서를 주식매수선택권의 행사기간이 종료할 때까지 본점에 비치하고 주주가 이를 열람할 수 있도록 하여야 한다**(제340조의3 제4항). 그러므로 선택권부여계약서에 대한 채권자의 열람청구는 인정되지 않는다. 이 점 유의하여야 한다.

제3장 주식과 주주

V 선택권의 행사

1. 행사가능기간

(1) 최소 재임·재직기간

주식매수선택권은 주식매수선택권자가 주식매수선택권에 관한 각호의 사항을 정하는 주주총회특별결의일로부터 2년 이상 재임 또는 재직하여야 이를 행사할 수 있다(제340조의4 제1항). 그러므로 2년 내에 퇴임 또는 퇴직하면 당연히 주식매수선택권을 상실하게 된다.

(2) 퇴임·퇴직의 특수문제

① 비상장회사

비상장회사에는 위의 상장회사의 특례를 적용할 수 없음은 물론, 비상장회사가 자율적으로 정관에 이러한 특례를 두거나 주주총회에서 결의하는 것도 불가능하다. **따라서 비상장회사의 경우에는 본인의 귀책사유가 아닌 사유로 2년 내 퇴임 또는 퇴직한 경우에도 주식매수선택권은 행사할 수 없다**(대법원 2011.3.24.선고, 2010다85207판결).

② 상장회사특례

상장회사에 있어서는 주식매수선택권을 부여받은 자가 사망, 그 밖에 본인의 귀책사유가 아닌 사유로 퇴임 또는 퇴직한 경우에는 상실되지 않는 것으로 규정하고 있다(제542조의3 제4항, 상법시행령 제30조 제5항).

2. 행사방법

신주발행방식에 의하여 주식매수선택권을 부여하는 경우에는 주식매수선택권자는 청구서 2통을 회사에 제출하고, 은행 기타 금융기관의 납입장소에 행사가격을 납입하여야 한다(제340조의5, 제516조의8 제1항). 이 경우에는 자본금이 증가하므로 행사한 날이 속하는 달의 말일부터 2주 내에 본점소재지에서 변경등기를 하여야 한다(제340조의5, 제351조).

3. 행사의 효력발생

(1) 효력발생시기

① 주식보상형

자기주식교부형이나 신주발행형의 경우에는 선택권의 행사시에 선택권자의 행사가격의 납입이 뒤따르게 된다. 그러므로 형성권인 주식매수선택권의 행사로 인해 곧바로 효력이 발생하는 것이 아니며 행사가액을 납입한 때에 그 효력이 발생한다(제340조의5, 제516조의10).

② 차액보상형

차액정산은 선택권의 행사시에 행사가격을 납입할 필요가 없으며 권리행사시의 주가와 행사가격의 차이만큼 금전으로 보상하는 것이므로 선택권을 행사한 때에 그 효력이 발생하게 된다.

(2) 주주명부폐쇄기간 중의 권리행사

주식매수선택권의 행사가 주주명부폐쇄기간 중에 행사된 경우에도 그 기간 중의 총회에 있어서는 의결권을 행사하시 못한다(제340조의5, 제350조 제2항).

(3) 이익배당의 문제

영업 연도 중에 선택권을 행사하여 신주가 발행된 부분에 대한 이익배당에 관해서는 주식배당에 관한 규정을 준용하여 정관의 규정에 의하여 직전연도 말에 선택권이 행사된 것으로 보아 배당금을 지급할 수 있다(제340조의5, 제350조 제3항 후단). 이 점 유의하여야 한다.

Ⅵ 선택권의 이전과 소멸

1. 선택권의 양도

주식매수선택권은 회사의 임직원 등에 대한 동기부여를 통해 그들의 근무의욕을 고취시킨다는 제도의 취지로 인해 주식매수선택권을 부여받은 자가 이를 타인에게 양도하는 경우에는 그러한 주식매수선택권의 취지에 어긋나므로 주식매수선택권자는 그 권리를 타인에게 양도할 수 없다(제340조의4 제2항 본문). 양도가 제한되는 이유로 주식매수선택권에 대한 입질·압류 등도 불가능하다(자본시장법 시행규칙 제36조의9 제1항 제5호).

2. 선택권의 상속

주식매수선택권의 양도와 달리 주식매수선택권을 부여받은 자가 사망한 경우에는 상속은 인정된다(제340조의4 제2항 단서). 그 이유는 주식매수선택권은 재산권의 일종이기 때문이다.

3. 선택권의 소멸

선택권의 행사기간에 관한 규정에 비추어 볼 때 선택권을 부여하는 주주총회의 특별결의일로부터 2년 이내에 선택권자인 임직원이 퇴임·퇴직하면 선택권자가 그 권리를 상실한다는 점은 명백하다(제340조의4 제1항).

정관의 규정에 의하여 일정한 경우 이사회결의로 주식매수선택권의 부여를 취소할 수 있다는 뜻을 기재한 후 그 일정한 사유가 발생한 경우에는 선택권을 취소할 수 있다(제340조의3 제1항 제5호).

4. 선택권 부여의 하자

주식매수선택권을 부여하는 주주총회결의에 하자가 있는 경우, ① 아직 선택권을 행사하지 않은 상태라면 주주총회결의의 하자에 관한 소(제376조, 제380조)로 다투면 될 것이다. ② 만일 선택권자가 신주발행형의 선택권을 행사하여 신주가 이미 발행된 경우에는 주주총회결의의 하자는 신주발행무효의 소의 원인으로 흡수되므로 신주발행무효의 소를 제기하여 그 하자를 다툴 수 있을 뿐이다. 이 점 유의할 필요가 있다.

주식매수선택권의 비교

구분	비상장회사	상장회사
부여대상	회사의 설립, 경영·기술혁신에 기여하거나 기여할 수 있는 회사의 이사·집행임원·감사 또는 피용자	① 회사의 설립, 경영·기술혁신에 기여하거나 기여할 수 있는 회사의 이사·집행임원·감사 또는 피용자 ② 관계회사의 임직원
부여한도	발행주식총수의 100분의 10(정관규정, 주총특별결의)	① 원칙 : 발행주식총수의 100분의 20(정관규정, 주총특별결의) ② 발행주식총수의 100분의 10(정관규정, 이사회결의) → 부여 후 최초로 소집되는 주주총회의 승인

행사가능기간	주총특별결의일부터 2년 이상 재임·재직	좌동
효력발생시기	① 자기주식교부형, 신주발행형: 행사가격을 납입한 때 ② 차액정산형: 선택권행사시	좌동
이익배당의 효력발생	정관의 규정으로 직전연도 말에 선택권이 행사된 것으로 보아 배당금을 지급할 수 있음	좌동
양도 및 입질	인정되지 않음	좌동
상속	가능함	좌동

제12절 주식에 관한 그 밖의 제도

I 주식의 담보(입질)

1. 의의

주식은 재산적 가치를 가지며 양도가 가능하므로 당연히 채권의 담보가 될 수 있다. 주식의 담보제공은 주주에게는 보충적인 투하자본의 회수방법이 되고 또한 주식은 부동산이나 동산보다 담보설정이 신속·간편하므로 금융거래의 유용한 담보수단으로 이용되고 있다. 주식을 담보하는 방법으로 인정되는 것은 담보물권 중 질권에 한정되며, 그런 이유에서 주식을 담보로 자금을 차입하는 행위를 주식의 입질이라고 한다.

2. 취지

상법이 정하는 바에 따라 주식은 질권의 목적으로 할 수 있다. 이처럼 주식을 담보의 목적으로 제공하고 자금을 차입하는 계약을 질권설정계약이라고 하며, 이러한 주식의 질권설정계약을 주식의 입질이라고 한다. 주식의 입질도 기본적으로 민법의 질권에 관한 법리에 의해 규율되지만, 상법은 주식의 특수성을 감안하여 질권의 설정과 효력에 관한 특칙(제338조~제340조)을 두고 있다.

주식의 담보(입질)

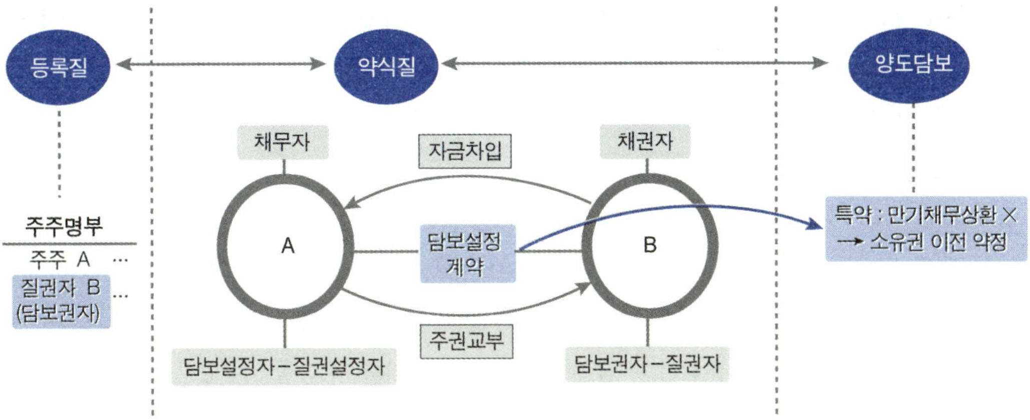

3. 약식질과 등록질의 차이점

(1) 질권설정의 방법

① 약식질

약식질은 당사자간의 질권설정합의와 주권의 교부만으로 질권을 설정하는 방법을 말한다.

② 등록질

등록질은 당사자간의 질권설정합의와 주권의 교부에 더해 질권설정내역을 주주명부에 기재하는 방식으로 질권을 설정하는 방법이다. 주식의 질권설정방법으로는 약식질과 등록질이 모두 인정된다.

(2) 회사 또는 제3자에 대한 대항요건

① 약식질

약식질은 질권설정의 합의와 주권을 교부함으로써 성립하는 질권설정의 방법을 말하는데(제338조 제1항), **질권자는 주권을 계속점유하지 아니하면 그 질권으로써 회사 및 제3자에 대항하지 못한다**(제338조 제2항).

약식질권자는 질권설정내역 등이 주주명부에 기재되지 않는다. 그러므로 회사 또는 제3자에게 대항하기 위해서는 반드시 주권의 점유가 필요하다.

② 등록질

등록질은 질권설정의 합의와 주권의 교부와 함께 회사가 질권설정자의 청구에 따라 질권자의 성명과 주소 등을 주주명부에 덧붙여 쓰고 그 성명을 주권에 적음으로써 질권을 설정하는 방법을 말한다(제340조 제1항).

등록질권자는 회사에 대항하기 위해서 별도로 주권을 점유할 필요가 없다. 이미 주주명부에 질권설정내역이 공시되어 있기 때문이다. 그러나 제3자에 대항하기 위해서는 반드시 주권의 점유가 필요하다. 이 점이 약식질과 가장 큰 차이를 보이는 점이다.

(3) 별도의 압류가 필요한지 여부

① 약식질

약식질은 질권설정내역이 주주명부에 기재될 수 없으므로 등록질권자와는 달리 회사가 담보설정사실을 알 수가 없다. 그런 이유에서 회사가 주주에게 주권이나 금전 등을 교부하는 경우에 약식질권자는 반드시 압류해야만 금전 등에 대한 권리를 주장할 수 있다.

② 등록질

등록질의 경우에는 회사가 주주에게 주권이나 금전 등을 교부하는 경우에 질권설정내역이 주주명부에 공시되어 있으므로 질권자는 별도의 압류절차가 필요하지 않다.

4. 입질의 효력

(1) 공통의 효력

상법은 민법상 질권자가 갖는 물상대위권(민법 제342조)에 대한 특칙으로 제339조에서 질권의 물상대위권에 관한 특칙을 두고 있다. 질권자는 주식의 소각, 병합, 분할 또는 전환이 있는 때에는 이로 인하여 종전의 주주가 받을 금전이나 주식에 대하여도 종전의 주식을 목적으로 한 질권을 행사할 수 있도록 하고 있다(제339조).

민법의 담보물권에서는 담보의 목적물이 물건에 한정되므로 주식과는 달리 소각, 병합, 분할 등이 발생할 여지가 없다. 그런 이유에서 상법은 민법의 물상대위권에 대한 특칙으로 이를 별도로 규정하고 있는 것이다.

(2) 등록질에만 인정되는 효력

등록질의 방법으로 질권을 설정한 경우 질권자는 회사로부터 받을 이익배당(금전배당, 주식배당), 잔여재산의 분배에 대해서도 그 물상대위권을 갖는다(제340조). 그러나 약식질권자는 이익배당에 관한 물상대위권은 행사할 수 없는 것으로 해석하는 것이 바람직하다.

(3) 신주인수권, 의결권 등의 권리

신주인수권이란 회사가 신주를 발행하는 경우 이를 우선적으로 인수할 수 있는 권리를 말한다. 신주인수권에 대해 질권의 효력이 미치는지에 대해서 통설은 이를 부정한다.

의결권 또한 주주의 고유한 공익권으로써 설령 질권이 설정된 경우에도 기존주주인 질권설정자의 고유한 권리이므로 질권의 효력은 약식질은 물론이고 등록질의 경우에도 미치지 않는 것으로 보아야 한다.

5. 주식의 양도담보

(1) 의의

채무의 담보를 위해 채무자가 주식을 양도한 후 채무를 변제하면 채권자가 주식을 반환하고, 채무를 반환하지 않을 경우에는 채권자가 확정적으로 주식을 취득하기로 약정하는 계약을 주식의 양도담보라고 한다. 즉 소유권이전약정이 특약으로 있는 담보계약을 양도담보라고 하는데, 이는 매도담보 또는 유담보라고도 한다. 주식의 질권을 목적으로 교부하고 만기에 채무를 변제하지 않는 경우 주식의 양도담보는 우선변제를 위한 경매 등 복잡한 절차를 밟을 필요도 없고, 채권자가 채권액보다 고액의 주식을 취득할 가능성도 있기 때문에 주식의 입질보다 자주 이용되고 있다.

(2) 담보권의 실행

양도담보에 의한 소유권이전은 이른바 신탁형양도로서 담보권자는 우선변제권을 가지지만 반드시 청산절차를 통해 목적물을 환가하여 청산을 하여야 하고 청산 후 남는 금액은 채무자에게 반환하여야 하므로, **그 목적물의 소유권을 담보권자가 취득하는 이른바 양도담보는 허용되지 않는다는 것이 판례의 견해이다**(대법원 1981.7.28.선고, 81다257판결 등).

(3) 양도담보권자의 지위

양도담보권자는 대외적으로 주식의 소유자이다. 명의개서를 마친 양도담보권자는 모든 주주권을 행사할 수 있다. **따라서 양도담보권자인 경우에도 명의개서를 하였다면 대외적으로 주식의 소유자로 인정되어 모든 주주권을 행사할 수 있다**(대법원 1995.7.28.선고, 93다61338판결 외 다수). 이 점 유의하기 바란다.

주식의 담보(입질)

구분	약식질	등록질
① 질권설정방법	당사자간의 합의 + 주권의 교부	당사자간의 합의 + 주권의 교부 + 주주명부에 질권설정내역 기재
② 회사에 대한 대항요건	주권의 점유	주주명부에 기재
③ 제3자에 대한 대항요건	주권의 점유	주권의 점유

④ 일반적인 물상대위권	인정○	인정○
⑤ 이익배당에 대한 권리	인정×	인정○
⑥ 신주인수권, 의결권 등 공익권	인정×	인정×
⑦ 금전의 교부 등이 있는 경우	행사 전 압류 필요	행사 전 압류는 필요하지 않음
⑧ 양도담보	계약은 인정되지만, 소유권은 이전되지 않음	계약은 인정되지만, 소유권은 이전되지 않음

Ⅱ 주식의 소각

1. 주식의 소각

(1) 의의

주식의 소각이란 회사가 존속 중에 발행주식의 일부를 절대적으로 소멸시키는 회사의 행위이다. 주식의 소각은 회사의 존속 중에 유일한 소멸원인이며 주식 자체가 소멸한다는 점에서, 주식에는 영향이 없고 이를 표창하는 주권만 무효로 하는 제권판결과는 구별된다.

(2) 종류와 방법

상법은 주식의 소각을 ① 자본금감소에 관한 규정에 따라 소각할 수 있음을 원칙으로 하고, ② 자기주식의 소각은 이사회결의로도 소각할 수 있다고 규정하고 있다(제343조 제1항). ③ 그리고 주주에게 배당할 이익으로 소각하는 상환종류주식의 상환의 방법이 있다(제343조 제2항).

(3) 자본금감소절차에 의한 소각

액면주식을 소각하면 자본금의 감소가 수반되므로(제451조 제1항), 주주총회의 특별결의로 소각의 방법을 정해야 하고(제438조, 제439조 제1항), 채권자보호절차를 밟아야 한다. 더하여 주식소각을 위해서는 주권을 회수하여야 하므로 주권제출을 공고하고(제440조), 주식소각의 효력은 주권제출기간이 만료하고 채권자보호절차가 종료됨으로써 그 효력이 발생한다(제441조). 다만, 결손보전을 위한 자본금감소는 주주총회의 보통결의에 의한다.

(4) 이사회결의에 의한 자기주식의 소각

① 적용범위

회사는 이사회경의에 의하여 자기주식을 소각할 수 있다(제343조 제1항 단서). **이는 무액면주식에 대해서만 타당하고 액면주식에 관해서는 적용할 수 없다.** 그 이유는 무액면주식을 발행할 경우 주식의 발행가액의 1/2 이상을 자본금으로 계상하고 난 후에는 자본금과 주식수는 연관을 갖지 않으므로 자기주식을 소각하더라도 자본금에는 영향이 없기 때문에 주주총회의 특별결의와 채권자 보호절차 등을 거치지 않고도 가능하기 때문이다.

② 취득할 자기주식의 범위

무액면주식은 상법 제341조 제1항에 의해 배당가능이익으로 취득한 자기주식이든, 상법 제341조의2에 해당하여 기본재산으로 취득한 자기주식이든 어느 것이나 이사회결의에 의해 소각할 수 있다.

③ 소각의 절차

상법에서는 이사회결의에 의해 자기주식을 소각하기 위한 절차를 별도로 규정하고 있지 않다. 회사가 보유하는 주식을 소각하는 것이므로 소각을 위한 공고(제440조)나 채권자보호절차(제441조)도 불필요하다. 따라서 이사회가 소각할 주식의 종류와 수를 정하는 결의를 정하고, 효력발생일을 정하여야 할 것이다.

④ 소각의 효과

소각한 주식은 소멸하므로 **발행주식총수는 그만큼 감소하지만, 전술한 바와 같이 무액면주식의 수는 자본금과 무관하므로 자본금은 감소하지 아니한다. 따라서 채권자 보호절차는 별도로 필요하지 않는다.** 이 점 명확히 이해하기 바란다.

주식소각의 비교

구분	자본금감소절차에 의한 소각	상환종류주식의 상환	이사회결의에 의한 소각
적용대상	액면주식에 한정됨	상환종류주식에 한정됨	무액면주식에 한정됨
적용절차	① 주주총회의 특별결의 ② 채권자보호절차 ③ 주권의 소각절차 등이 필요	정관의 규정에 의한 상환주식의 발행을 통해서만 가능함	이사회의 결의로 상환할 주식의 종류와 수를 정함
자본금의 감소여부	자본금은 감소함	자본금은 감소하지 않음	자본금은 감소하지 않음
채권자보호절차	결손보전을 위한 자본금의 감소를 제외하고는 필요함	필요하지 않음	필요하지 않음

Ⅲ 주식의 분할

1. 의의

주식의 분할이란 주식의 액면가액을 감소시키고 비례적으로 발행주식수를 증가시키는 것을 말한다. 주식의 분할이 있는 경우 상법상 자본금은 변동이 없지만, 발행주식수는 증가하고 1주의 액면금액이 비례적으로 감소하게 된다.

따라서 정관의 절대적 기재사항인 1주의 금액이 감소되므로, 정관변경을 위한 주주총회의 특별결의를 거쳐야 하며, 주식분할 전 구주권의 소멸과 신주권의 발행절차가 뒤따르게 된다.

2. 취지

주식의 분할은 액면주식의 경우에 그 의미가 있다고 볼 수 있다. 이러한 주식분할은 일반적으로 주가가 너무 높아 주식의 유통성을 제고하기 위한 경우 또는 합병비율의 균등화를 통해 합병절차를 간소화하기 위해 주로 사용된다.

3. 적용요건

(1) 정관변경의 절차

회사가 액면주식을 발행하는 경우 1주의 금액은 정관의 절대적 기재사항이다(제289조 제1항 제4호). 주식분할은 발행주식수를 증가시키면서 1주의 액면금액을 비례적으로 감소시키는 것이므로 정관의 절대적 기재사항인 1주의 액면금액을 변경시키기 위한 주주총회의 특별결의를 거쳐야 한다.

(2) 주식분할의 제한

상법상 액면주식의 1주의 금액은 100원 이상으로 하여야 한다(제329조 제3항). 이러한 제한은 주식분할의 경우에도 적용되는 것이므로 주식분할로 인해 1주의 액면금액이 100원 미만이 되는 것은 인정되지 않는다(제329조의2 제3항).

(3) 주식분할의 절차

주식분할의 경우에 회사는 구주권을 소멸시키고 신주권을 발행하여야 하는데, 이에 대해서는 주식병합에 관한 제440조 및 제441조의 규정을 준용하도록 하고 있다. 즉 주식분할의 경우에는 회사는 1월 이상의 기간을 정하여 그 뜻과 그 기간 내에 주권을 회사에 제출할 것을 공고하고 주주명부에 기재된 주주와 질권자에 대하여는 각별로 이를 통지하여야 하고(제440조), 주식의 분할은 위의 기간, 즉 주권제출기간(1월 이상)이 종료한 때에 그 효력이 생긴다(제441조).

(4) 단주의 처리문제

주식분할에 적당하지 아니한 수의 주식이 있는 때에는 그 분할에 적당하지 아니한 부분에 대하여 발행한 신주를 경매하여 각 주수에 따라 그 대금을 종전의 주주에게 지급하여야 한다(제443조 전단). 이때 거래소의 시세 있는 주식은 거래소를 통하여 매각하고, 거래소의 시세 없는 주식은 법원의 허가를 받아 경매 외의 방법으로 매각할 수 있다(제443조 단서).

4. 주식분할의 효과

주식분할의 결과 발행주식수는 증가하고 1주의 액면금액은 비례적으로 감소하지만, 회사의 자본이나 순자산 등에는 전혀 변화가 없다. 다만 주식의 분할로 인하여 종전의 주주가 받을 금전이나 주식에 대하여도 종전의 주식을 목적으로 한 질권을 행사할 수 있다(제339조).

Ⅳ 주식의 병합

1. 의의

주식의 병합이란 주식의 분할과는 반대의 현상으로 수 개의 주식을 합하여 그보다 적은 수의 주식으로 하는 상법상의 절차를 말한다. 상법상 주식병합은 2가지의 방법이 있는데 하나는 단순한 주식병합이 있으며, 다른 하나는 자본금감소절차의 방법으로서의 주식병합이 있다.

2. 단순한 주식병합의 경우

주식의 수만을 감소시키는 단순한 주식병합의 경우 1주의 액면금액이 증가하고 그에 비례하여 발행주식수가 감소되므로 주식분할과 마찬가지의 효력을 갖는다.

따라서 1주의 액면금액의 증가가 있으므로 정관변경을 위한 주주총회특별결의를 거쳐야 한다. 또한 회사는 1월 이상의 기간을 정하여 그 뜻과 그 기간 내에 주권을 회사에 제출할 것을 공고하고 주주명부에 기재된 주주와 질권자에 대하여는 각별로 이를 통지하여야 하며(제440조), 이러한 주식병합은 위의 기간, 즉 주권제출기간(1월 이상)이 종료한 때에 그 효력이 생긴다(제441조).

3. 자본금감소절차에 의한 주식병합

자본금감소절차의 방법으로 하는 주식병합은 자본금의 감소로 인하여 채권자에 대한 책임재산이 감소함은 물론 주주의 투하자본에 대한 회수금액이 작아지는 것이 된다.

따라서 주주총회의 특별결의와 채권자보호절차를 거쳐야 함은 물론 회사는 1월 이상의 기간을 정하여 그 뜻과 그 기간 내에 주권을 회사에 제출할 것을 공고하고 주주명부에 기재된 주주와 질권자에 대하여는 각별로 이를 통지하여야 한다(제440조).

자본금감소와 주식병합은 자본금감소절차와 마찬가지로 채권자보호절차와 주권제출기간이 모두 종료한 때에 그 효력이 발생하게 된다. 이 점 특히 유의하기 바란다.

관련판례요약

1. 주식과 주주

① 회사가 직원들을 유상증자에 참여시키면서 퇴직 시 출자손실금을 전액 보상해주기로 약정하는 것은 주주평등의 원칙에 위반되어 무효이다(대법원 2007.6.28.선고, 2006다38161·38178판결).

② 회사의 주주평등의 위반행위에 대하여 손해를 입은 주주가 승인한 경우에는 예외적으로 유효가 된다(대법원 1980.8.26.선고, 80다1263판결).

③ 주주는 유한책임의 원칙을 스스로 포기하고 자발적인 의사에 의하여 회사의 채무를 부담하거나 추가출자를 할 수도 있다고 본다(대법원 1989.9.12.선고, 89다카890판결 등).

④ 타인의 승낙을 얻어 그 명의로 출자하여 주식대금을 납입한 경우에는 실제로 주식을 인수하여 그 대금을 납입한 명의차용인만이 실질상의 주식인수인으로서 주주가 된다고 본다(대법원 2011.5.26.선고, 2010다22552판결 등).

2. 주권

① 주권의 발행은 대표이사의 권한에 속하므로 이사회의 결의는 필요하지 않다(대법원 1996.1.26.선고, 94다24039판결).

② 주주의 채권자는 회사에 대해 주권교부청구권을 대위(代位)행사할 수 있다(대법원 1982.9.28.선고, 82다카21판결).

③ 회사가 자신의 의사에 기해 주권을 교부했더라도 주주가 아닌 제3자에게 교부하였다면 역시 주권으로써의 효력이 생기지 않는다(대법원 2000.3.23.선고, 99다67529판결).

④ 무권대리인으로부터 주권을 양수받은 경우에도 선의취득이 가능하다고 본다(대법원 1997.12.12.선고, 95다49646판결).

⑤ 제권판결은 주권의 점유에 대신하는 효력을 주는데 그치고 실체적 권리관계까지 창설·확정하는 효력은 갖지 못하므로 신청인이 정당한 소지인이 되거나, 주권 또는 그 표창하는 주식의 내용까지 확정하는 것은 아니다(대법원 1993.11.9.판결, 93다32934판결).

⑥ 주주가 주권을 분실한 것이 아니고 회사가 주권을 보관하던 중 분실하였다 하더라도 역시 제권판결이 없는 한 주주는 재발행을 청구할 수 없다(대법원 1981.9.8.선고, 81다141판결).

⑦ 제권판결에 의해 권리신고를 하지 않는 경우에는 선의취득자도 그 권리를 상실한다고 본다(대법원 1993.11.9.선고, 93다32934판결).

3. 주주명부·명의개서

① 양도인이 회사에게 양수인의 이름으로 명의개서해 줄 것을 청구하는 것은 유효한 명의개서의 청구가 아니다(대법원 2010.10.14.선고, 2009다9665판결).

② 명의개서를 청구함에 있어서 주식의 양수인은 회사 또는 명의개서대리인에게 주권을 제시하여야 한다. 그러므로 회사에 대해 단지 주식을 양수한 사실만 통지한 것은 명의개서를 청구한 것으로 볼 수 없다(대법원 1995.7.28.선고, 94다25735판결).

③ 명의개서를 하지 않은 주식의 양수인은 회사에 대하여 주주권을 행사할 수 없고 양도인이 권리를 행사할 수 있을 뿐이며, 주식양도계약의 내용에 따라 양수인은 양도인에 대해 배당금이나

신주를 자신에게 이전해줄 것을 청구할 수 있는 채권자로서의 지위를 가질 뿐이다(대법원 1991.5.28.선고, 90다6774판결).

④ 명의개서를 한 자라고 하더라도 그가 무권리자라는 사실이 증명되면 당연히 그 자의 주주권은 부인된다(대법원 1989.7.11.선고, 89다카5345판결).

⑤ 주식의 매매계약이 해제된 경우에도 매매계약 해제의 효력은 해제한 때 발생하지만, 매도인이 다시 자기 앞으로 명의개서를 하지 않는 한 회사에 대항하지 못한다(대법원 2002.12.24.선고, 2000다69927판결).

⑥ 주식을 양수하였으나 아직 주주명부에 명의개서를 하지 아니한 경우 또는 주식을 인수하거나 양수하려는 자가 타인의 명의를 빌려 회사의 주식을 인수하거나 양수하고 타인의 명의로 주주명부 기재를 마친 경우에는 원칙적으로 주주명부상 주주만이 의결권 등 주주권을 행사할 수 있다(대법원 2017.3.23.선고, 2015다248342 전원합의체 판결).

⑦ 회사는 원칙적으로 주주명부상 주주의 주주권 행사를 부인할 수 없으며, 주주명부에 기재를 마치지 아니한 자의 주주권 행사를 인정할 수 없다. 또한 주주명부에 기재를 마치지 않은 자는 원칙적으로 회사에 대한 관계에서 주주권을 행사할 수 없다(대법원 2017.3.23.선고, 2015다248342 전원합의체 판결).

⑧ 정관의 규정에 의하여 명의개서청구시에 양도인의 인감증명을 요한다거나 기타 서류의 제출을 요하는 경우가 있으나 이러한 제한은 구속력이 없다(대법원 1995.3.24.선고, 94다47728판결).

⑨ 부당하게 명의개서를 거부당한 취득자는 명의개서 청구 이후에 발생한 이익배당, 신주발행에 관한 권리를 주장할 수 있고, 주주총회소집통지를 받지 못한 경우에는 주주총회결의취소의 소를 청구하는 것도 가능하다(대법원 1993.9.13.선고, 92다40952판결).

⑩ 주식양도계약이 해제된 경우, 명의신탁계약이 해제된 경우에는 주권의 교부가 없더라도 주식양수인 또는 수탁자는 그 지위를 상실한다(대법원 1995.3.24.선고, 94다47728판결 등).

4. 주식의 취득·양도제한

① 주주 간 양도제한의 합의를 이유로 회사에 대해서 그 효력을 주장하거나 회사가 그 효력을 원용할 수 없으며, 회사가 그 합의의 당사자가 되었더라도 마찬가지이다(대법원 2000.9.26.선고, 99다48429판결).

② 권리주의 양도에 대해서는 회사가 이를 승인하더라도 그 효력이 없다(대법원 1965.12.7.선고, 65다2069판결).

③ 주권발행전 주식양도에 대해 회사가 그 양도를 승인하고 명의개서를 하더라도 무효이고, 양수인은 회사에 대해 주권의 발행 및 교부청구를 할 수 없다(대법원 1981.9.8.선고, 81다141판결).

④ 회사가 성립 후 또는 납입기일 후 6월이 경과하도록 주권을 발행하지 않은 경우에도 6월이 경과하면 양도의 흠이 치유되어 당사자간은 물론 회사에 대한 효력도 인정된다(대법원 2002.3.15.선고, 2000두1850판결).

⑤ 회사가 다른 회사의 발행주식총수의 10분의 1을 초과하여 의결권을 대리행사할 권한을 취득한 경우에는 상대방 회사에 대하여 통지할 의무가 없다(대법원 2001.5.15.선고, 2001다12973판결).

⑥ 주식의 양도에 대해 이사회승인을 얻도록 주식양도를 제한하는 정관 규정이 있음에도 불구하고

이사회승인 없이 주식을 양도한 경우에는 당사자 사이에 채권적 효력은 인정된다(대법원 2008.7.10.선고, 2007다14193판결).

5. 주식매수선택권

① 비상장회사의 경우에는 본인의 귀책사유가 아닌 사유로 2년 내 퇴임 또는 퇴직한 경우에도 주식매수선택권은 행사할 수 없다(대법원 2011.3.24.선고, 2010다85207판결).

6. 주식의 담보(입질)

① 양도담보에 의한 소유권이전은 이른바 신탁형양도로서 담보권자는 우선변제권을 가지지만 반드시 청산절차를 통해 목적물을 환가하여 청산을 하여야 하고 청산 후 남는 금액은 채무자에게 반환하여야 하므로, 그 목적물의 소유권을 담보권자가 취득하는 이른바 양도담보(매도담보)는 허용되지 않는다(대법원 1981.7.28.선고, 81다257판결 등).

② 명의개서를 마친 양도담보권자는 모든 주주권을 행사할 수 있고, 약식양도담보권자인 경우에도 명의개서를 하였다면 대외적으로 주식의 소유자로 인정되어 모든 주주권을 행사할 수 있다(대법원 1995.7.28.선고, 93다61338판결 등).

실전연습문제

01 상법상 자본금과 주식과의 관계에 관한 설명으로 옳지 않은 것은? 세무사 2014

① 액면주식을 병합하여 자본금을 감소시킬 수 있다.
② 액면주식으로 발행된 상환주식이 상환되어도 자본금에는 변화가 없다.
③ 무액면주식을 발행한 회사는 주식의 수의 변화 없이 자본금을 감소시킬 수 있다.
④ 무액면주식을 발행한 회사는 준비금의 자본금 전입을 통하여 자본금을 증가시킬 수 없다.
⑤ 액면주식을 발행한 회사에서 주식배당에 의하여 신주발행이 이루어지면 자본금이 증가한다.

해설 ④ 회사가 무액면주식을 발행한 경우 회사의 자본금은 주식발행가액의 2분의 1 이상의 금액을 자본금으로 계상하기로 한 금액으로 한다(제451조 제2항 본문). 이 경우 주식의 발행가액 중 자본금으로 계상하지 아니하는 금액은 자본준비금으로 계상하여야 한다(제451조 제2항). 따라서 무액면주식을 발행한 회사도 준비금의 자본금전입을 통해 자본금을 증가시킬 수 있다.

02 상법상 주식회사의 무액면주식에 관한 설명으로 옳지 않은 것은? 세무사 2013

① 회사는 정관에 규정이 없어도 주주총회의 결의로 무액면주식을 발행할 수 있다.
② 회사가 무액면주식을 발행하는 경우에는 액면주식을 발행할 수 없다.
③ 회사설립 시에 무액면주식을 발행하는 경우 주식의 발행가액과 주식의 발행가액 중 자본금으로 계상하는 금액은 정관에서 달리 정하지 아니하면 발기인 전원의 동의로 정한다.
④ 이사회를 설치한 회사가 무액면주식을 발행하는 경우 회사의 자본금은 주식 발행가액의 2 분의 1 이상의 금액으로서 이사회(주주총회가 신주발행 사항을 결정하는 경우에는 주주총회)가 자본금으로 계상하기로 한 금액의 총액으로 한다.
⑤ 회사의 자본금은 무액면주식을 액면주식으로 전환함으로써 변경할 수 없다.

해설 ① 회사는 정관으로 정한 경우에 한해 주식의 전부를 무액면주식으로 발행할 수 있다(제329조 제1항). 따라서 정관으로 이를 정하지 아니한 경우에는 무액면주식을 발행할 수 없다.

01 ④ 02 ① 정 답

03 상법상 주식에 관한 설명으로 옳은 것은? 세무사 2015

① 회사가 무액면주식을 발행하는 경우 동시에 액면주식을 발행할 수도 있다.
② 액면주식의 금액은 균일하여야 하며, 액면주식 1주의 금액은 500원 이상으로 하여야 한다.
③ 이사회의 결의로 액면주식을 무액면주식으로 전환하여 회사의 자본금을 증가시킬 수 있다.
④ 회사는 설립시에 창립총회의 결의와 법원의 인가를 얻어 액면미달의 가액으로 주식을 발행할 수 있다.
⑤ 회사는 정관으로 정하는 바에 따라 발행된 무액면주식을 액면주식으로 전환할 수 있다.

해설 ① 회사는 정관으로 정한 경우에는 주식의 전부를 무액면주식으로 발행할 수 있다. 다만, 무액면주식을 발행한 경우에는 액면주식을 발행할 수 없다(제329조). 따라서 상법상 주식회사에서 액면주식과 무액면주식은 공존할 수 없다.
② 액면주식의 금액은 균일하여야 하며(제329조 제2항), 액면주식 1주의 금액은 100원 이상으로 하여야 한다(제329조 제3항).
③ 회사는 정관으로 정하는 바에 따라 발행된 액면주식을 무액면주식으로 전환하거나 무액면주식을 액면주식으로 전환할 수 있다(제329조 제4항). 이때 회사의 자본금은 액면주식을 무액면주식으로 전환하거나 무액면주식을 액면주식으로 전환함으로써 변경할 수 없다(제345조 제3항).
④ 회사는 "성립한 날로부터 2년을 경과한 후"에는 주주총회의 특별결의와 법원의 인가를 얻어서 주식을 액면미달가액으로 발행할 수 있다(제417조 제1항). 따라서 회사설립시에는 액면미달발행은 허용되지 않는다. 창립총회의 결의가 있는 경우에도 마찬가지이다.

04 상법상 주식에 관한 설명으로 옳지 않은 것은? 세무사 2015

① 주식은 원칙적으로 자본금감소의 규정에 따라서만 소각할 수 있다.
② 회사가 다른 회사의 발행주식총수의 10분의 1을 초과하여 취득한 때에는 그 다른 회사에 지체없이 이를 통지하여야 한다.
③ 회사가 종류주식을 발행한 때에는 정관에 다른 정함이 없는 경우에도 주식의 종류에 따라 신주의 인수에 관하여 특수하게 정할 수 있다.
④ 신주의 인수인은 회사의 동의 없이도 인수가액에 대한 납입채무와 그 주식회사에 대한 채권을 상계할 수 있다.
⑤ 주주가 전환주식의 전환을 청구한 경우 그 주식의 전환은 전환을 청구한 때에 그 효력이 발생한다.

해설 ④ 신주의 인수인은 "회사의 동의가 있는 경우에 한하여" 인수가액에 대한 납입채무와 그 주식회사에 대한 채권을 상계할 수 있다(제421조 제2항). 따라서 회사의 동의가 없는 때에는 신주의 인수인은 회사에 대해 납입에 대한 상계를 주장할 수 없다.

05 상법상 주식에 관한 설명으로 옳지 않은 것은? 세무사 2016

① 회사는 정관으로 정한 경우에는 주식의 전부를 무액면주식으로 발행할 수 있다.
② 주주의 책임은 그가 가진 주식의 인수가액을 한도로 한다.
③ 액면주식 1주의 금액은 100원 이상으로 하여야 한다.
④ 주식이 수인의 공유에 속하는 때에는 공유자는 주주의 권리를 공동으로 행사하여야 한다.
⑤ 회사는 주주총회의 특별결의로 액면주식을 분할할 수 있다.

해설 ④ 주식이 수인의 공유에 속하는 때에는 공유자는 권리를 행사할 자 1인을 지정하여야 하고, 그 지정된 주주가 주주권을 행사하여야 한다. 다만, 주식을 공유한 경우에도 불구하고, 권리행사자를 지정하지 않은 경우에는 회사는 공유자 중 1인을 지정하여 통지할 수 있고, 그 통지에 의하여 통지를 받은 자가 주주권을 행사하여야 한다(제333조 제2항·제3항).

06 상법상 주식에 관한 설명으로 옳은 것은? 세무사 2017

① 회사는 정관으로 정한 경우에는 주식의 일부만을 무액면주식으로 발행할 수 있다.
② 액면주식 1주의 금액은 100원 이상으로 하여야 한다.
③ 회사의 자본금은 액면주식을 무액면주식으로 전환함으로써 변경할 수 있다.
④ 회사는 정관으로 정하는 바에 따라 발행된 무액면주식을 액면주식으로 전환할 수는 없다.
⑤ 주권이 발행된 경우 주식의 질권자는 계속하여 주권을 점유하지 아니하여도 그 질권으로써 제3자에게 대항할 수 있다.

해설 ① 회사는 정관으로 정하는 바에 따라 전부를 액면주식으로 발행하거나, 전부를 무액면주식으로 발행하는 것만이 가능하다(제329조). 따라서 상법상 액면주식과 무액면주식의 공존은 허용되지 않는다.
③ 회사의 자본금은 정관의 규정에 의하여 액면주식을 무액면주식으로 전환하거나 그 반대로 전환하는 경우에도 변경할 수 없다(제345조 제1항).
④ 회사는 정관으로 정하는 바에 따라 액면주식의 전부를 무액면주식으로 전환하거나, 무액면주식의 전부를 액면주식으로 전환할 수 있다(제329조 제4항).
⑤ 질권자는 계속하여 "주권을 점유하지 아니하면" 그 질권으로서 제3자에게 대항하지 못한다(제338조 제2항).

03 ⑤ 04 ④ 05 ④ 06 ② 정 답

07 상법상 주식 등에 관한 설명으로 옳은 것은? 세무사 2018

① 회사는 액면주식과 무액면주식 모두를 동시에 발행할 수 있다.
② 회사가 무액면주식을 발행한 경우에는 주식분할을 할 수 없다.
③ 주주가 수인인 회사가 정관으로 정하는 바에 따라 그 발행하는 주식의 양도에 관하여 이사회의 승인을 받도록 한 경우, 이를 위반하여 이사회의 승인을 얻지 아니한 주식의 양도는 회사에 대하여 효력이 없다.
④ 수인이 공동으로 주식을 소유하고 있을 경우에 주주의 권리를 행사할 자가 없는 때에는 공유자에 대한 통지나 최고는 공유자 전원에 대하여 하여야 한다.
⑤ 회사는 이사회의 결의로 액면주식을 분할할 수 있다.

해설 ① 회사는 정관의 규정에 의하여 액면주식의 전부 또는 무액면주식의 전부를 발행하는 것이 가능하다. 따라서 회사는 액면주식의 일부 또는 무액면주식의 일부를 발행하는 것은 허용되지 아니한다.
② 회사가 무액면주식을 발행한 경우에는 주주총회의 특별결의에 의한 정관변경의 절차에 의하여 주식분할을 할 수 있다.
④ 수인이 공동으로 주식을 소유하고 있을 경우에 주주의 권리를 행사할 자가 없는 때에는 공유자에 대한 통지나 최고는 공유자 중 1인에게 할 수 있다.
⑤ 회사는 주주총회의 특별결의에 의한 정관변경의 절차에 의하여 액면주식을 분할할 수 있다. 따라서 이사회결의에 의해서 액면주식을 분할하는 것은 허용되지 아니한다.

08 상법상 주식회사의 주식에 관한 설명으로 옳지 않은 것을 모두 고른 것은? 세무사 2018

ㄱ. 회사는 무액면주식을 액면주식으로 전환함으로써 자본금을 증가시킬 수 있다.
ㄴ. 타인의 승낙을 얻어 그 명의로 주식을 인수한 자는 그 타인과 연대하여 납입할 책임이 있다.
ㄷ. 회사가 액면주식을 분할하는 경우 주주총회의 결의는 출석한 주주의 의결권의 3분의 2 이상의 수와 발행주식총수의 3분의 1 이상의 수로써 하여야 한다.
ㄹ. 회사는 보통주식과 이익배당에 관한 종류주식의 액면가를 달리 정할 수 있다.

① ㄱ ② ㄴ ③ ㄱ, ㄹ
④ ㄴ, ㄷ ⑤ ㄷ, ㄹ

해설 ㄱ. 회사는 정관의 규정엥 의하여 무액면주식의 전부를 액면주식으로 전환하거나, 액면주식의 전부를 무액면주식으로 전환하는 경우에도 자본금을 증가시킬 수 없다.
ㄹ. 회사는 보통주식과 종류주식에 대하여 액면가를 달리 정할 수 없다.

09 상법상 주식회사의 종류주식에 관한 설명으로 옳지 않은 것은? 세무사 2013

① 회사는 이익의 배당, 잔여재산의 분배, 주주총회에서의 의결권의 행사, 상환 및 전환 등에 관하여 내용이 다른 종류의 주식을 발행할 수 있으며, 이 경우 정관으로 각 종류 주식의 내용과 수를 정하여야 한다.

② 종류주식을 발행한 회사는 그 종류와 각종 주식의 내용과 수를 등기하여야 한다.

③ 회사는 정관에 기재된 범위 내에서 설립시에도 종류주식을 발행할 수 있다.

④ 회사가 종류주식을 발행하는 때에는 정관에 다른 정함이 있어야 주식의 종류에 따라 신주의 인수로 인한 주식의 배정에 관하여 특수하게 정할 수 있다.

⑤ 회사가 종류주식을 발행한 경우에 정관을 변경함으로써 어느 종류주식의 주주에게 손해를 미치게 될 때에는 주주총회의 결의 외에 그 종류주식의 주주의 총회의 결의가 있어야 한다.

해설 ④ 회사가 종류주식을 발행하는 때에는 정관에 다른 정함이 없는 경우에도 주식의 종류에 따라 신주의 인수, 주식의 병합·분할·소각 또는 회사의 합병·분할로 인한 주식의 배정에 관하여 특수한 정함을 할 수 있다(제344조 제3항). 그러므로 정관에 다른 정함이 있어야 주식의 종류에 관하여 다른 정함을 할 수 있는 것이 아니다.

10 상법상 종류주식에 관한 설명으로 옳지 않은 것은? 세무사 2017

① 주식의 상환에 관한 종류주식을 발행한 회사는 상환주식의 취득의 대가로 현금 외에 그 회사의 다른 종류주식을 교부할 수 있다.

② 회사가 종류주식을 발행하는 경우에는 정관에 일정한 사유가 발생할 때 회사가 주주의 인수 주식을 다른 종류주식으로 전환할 수 있음을 정할 수 있다.

③ 회사는 잔여재산의 분배에 관하여 내용이 다른 종류의 주식을 발행할 수 있다.

④ 회사가 종류주식을 발행하는 때에는 정관에 다른 정함이 없는 경우에도 주식의 종류에 따라 회사의 합병으로 인한 주식의 배정에 관하여 특수하게 정할 수 있다.

⑤ 주식의 전환에 관한 종류주식에서 전환으로 인하여 신주식을 발행하는 경우에는 전환 전의 주식의 발행가액을 신주식의 발행가액으로 한다.

해설 ① 주식의 상환에 관한 종류주식을 발행한 회사는 상환주식의 취득대가로 현금이나 그 밖의 자산을 교부할 수 있다. 그러나 종류주식의 교부는 허용되지 아니한다.

정답 07 ③ 08 ③ 09 ④ 10 ①

11 상법상 종류주식에 관한 설명으로 옳지 않은 것은?

세무사 2018

① 회사가 종류주식을 발행한 경우에 정관을 변경함으로써 어느 종류주식의 주주에게 손해를 미치게 될 때에는 주주총회의 결의 외에 그 종류주식의 주주의 총회의 결의가 있어야 한다.

② 회사는 정관으로 정하는 바에 따라 회사의 이익으로써 소각할 수 있는 종류주식을 발행할 수 있다.

③ 주권이 상장되지 않는 회사의 경우, 의결권이 없거나 제한되는 종류주식이 발행주식총수의 4분의 1을 초과하여 발행된 경우에는 회사는 지체 없이 그 제한을 초과하지 아니하도록 하기 위하여 필요한 조치를 하여야 한다.

④ 상법상 이익배당에 관하여 내용이 다른 종류주식의 발행이 인정되고 있다.

⑤ 의결권이 없는 종류주식은 그 종류주주총회에서 발행주식총수에는 산입되나 출석주주의 의결권 수에는 산입되지 아니한다.

해설 ⑤ "의결권이 없는 종류주식"은 그 종류주주총회에서 성립정족수의 기초가 되는 발행주식총수는 물론 의결정족수의 기초가 되는 출석한 주주의 의결권 수에도 산입되지 아니한다.

12 상법상 비상장주식회사의 의결권의 배제 및 제한에 관한 종류주식의 설명으로 옳지 않은 것은?

세무사 2014

① 의결권이 없는 종류주식의 주주는 정관상의 의결권부활조건이 성취되면 의결권을 행사할 수 있다.

② 의결권이 배제되거나 제한된 종류주식의 총수가 발행주식총수의 4분의 1을 초과하여 발행된 경우, 회사는 그 초과 발행된 주식을 지체 없이 소각하여야 한다.

③ 주식의 종류에 따라 신주인수로 인한 주식배정에 관하여 특수하게 정함으로써 의결권 배제주식을 보유한 주주에게 손해를 미치게 될 경우 의결권 배제주식의 주주총회결의가 있어야 한다.

④ 정관으로 보통주식을 의결권 없는 종류주식으로 발행할 수 있음을 정할 수 있다.

⑤ 회사는 정관으로 이사의 선임에 있어서만 의결권을 인정하지 않는 주식을 발행할 수 있다.

해설 ② 의결권의 배제·제한에 관한 종류주식은 발행주식총수의 4분의 1을 초과하여 발행할 수 없다. 다만, 의결권의 배제·제한종류주식이 발행주식총수의 4분의 1을 초과하여 발행된 경우, 회사는 4분의 1을 초과하지 않도록 필요한 조치를 하여야 한다(제344조의3). 따라서 의결권이 배제되거나 제한된 종류주식의 총수가 발행주식총수의 4분의 1을 초과하여 발행된 경우, 회사는 그 초과 발행된 주식을 지체 없이 소각하여야 하는 것은 아니다.

13 상법상 주식회사의 상환주식에 관한 설명으로 옳은 것은? 세무사 2013

① 상환주식을 발행한 경우 회사는 상환대상인 주식의 취득일부터 1주 전에 그 사실을 그 주식의 주주에게만 통지하면 된다.

② 상환의 청구는 회사만 할 수 있다.

③ 회사는 상환의 대가로 해당 회사의 다른 종류주식을 교부할 수 있다.

④ 우선주만 상환주식으로 발행할 수 있다.

⑤ 회사는 정관으로 정하는 바에 따라 회사의 이익으로써 소각할 수 있는 종류주식을 발행할 수 있으며, 이 경우 회사는 정관에 상환가액, 상환기간, 상환의 방법과 상환할 주식의 수를 정하여야 한다.

해설 ① 회사가 상환에 관한 종류주식을 발행한 경우 상환대상인 주식의 취득일로부터 2주 전에 그 사실을 그 주식의 주주 및 주주명부에 적힌 권리자에게 따로 통지하여야 한다(제345조 제3항).

② 상환에 관한 종류주식은 정관으로 정하는 바에 따라 주주가 회사에 대하여 상환을 청구할 수 있는 주주상환주식과 회사의 정관으로 정하는 바에 따라 회사의 이익으로써 소각할 수 있는 회사상환주식으로 구분할 수 있다(제345조 제1항, 제3항).

③ 회사는 상환주식의 취득대가로 현금 외에 유가증권이나 그 밖의 자산을 교부할 수 있지만, 종류주식의 교부는 허용되지 않는다(제345조 제4항). 그 이유는 상법상 종류주식의 발행은 정관의 규정에 의해서만 가능한데, 상환주식의 취득대가로 종류주식을 교부할 수 있도록 한다면 정관의 규정 없이 다른 종류주식이 발행될 수 있는 문제가 있기 때문이다.

④ 상환에 관한 종류주식은 우선주에 한정되지 않고 다양한 형태의 종류주식에 대해서도 이를 발행할 수 있다(제345조 제1항). 다만, 상환종류주식과 전환종류주식은 다시 상환주식으로 발행할 수는 없다(제345조 제5항). 이 점 명확히 이해하여야 한다.

14 상법상 주식회사의 전환주식에 관한 설명으로 옳지 않은 것은? 세무사 2013

① 전환주식의 전환에 의하여 발행된 주식의 이익배당에 관하여는 정관에 달리 규정한 바가 없으면 주주가 전환을 청구한 때 또는 회사의 통지 또는 공고에 의한 전환주식의 주권제출기간이 끝난 때가 속하는 영업연도말에 전환된 것으로 본다.

② 전환주식의 전환은 주주가 전환을 청구한 경우에는 그 청구한 때에 그 효력이 발생한다.

③ 전환주식의 전환으로 인하여 신주식을 발행하는 경우에는 전환전의 주식의 발행가액을 신주식의 발행가액으로 한다.

④ 정관에 규정된 종류주식의 수 중 전환으로 인하여 새로 발행할 주식의 수는 전환청구기간 또는 전환의 기간 내에는 그 발행을 유보(留保)하여야 한다.

⑤ 주주명부 폐쇄기간 중에 전환된 주식의 주주는 그 기간 중의 총회의 결의에 관해서 의결권을 행사할 수 있다.

11 ⑤ 12 ② 13 ⑤ 14 ⑤ 정 답

해설 ⑤ 주주명부폐쇄기가 중에도 전환종류주식의 전환청구는 제한 없이 인정된다. 다만, 이 경우에도 전환된 주식의 주주는 그 기간 중의 총회의 결의에 관하여는 의결권을 행사할 수 없고, 그 다음 총회에서부터 의결권을 행사할 수 있다(제350조 제2항).

15 상법상 액면주식의 상환 및 전환에 관한 종류주식의 설명으로 옳지 않은 것은? 세무사 2014

① 회사는 정관으로 정하는 바에 따라 주주가 회사에 대하여 상환을 청구할 수 있는 종류주식을 발행할 수 있다.

② 상환에 관한 종류주식에서 회사가 상환을 결정할 수 있든 주주가 상환을 결정할 수 있든 배당가능이익으로써만 상환할 수 있다.

③ 상환에 관한 종류주식의 발행회사는 상환의 대가로 자기 회사의 사채(社債)를 장부가액이 배당가능이익을 초과하지 않는 범위에서 교부할 수 있다.

④ 회사가 종류주식을 발행하는 경우 일정한 사유가 발생할 때 회사가 주주의 인수 주식을 다른 종류주식으로 전환할 수 있음을 정관으로 정할 수 있다.

⑤ 전환으로 인하여 신주식을 발행하는 경우에 전환 전의 주식의 발행가액과 신주식의 발행가액이 동일하여야 하므로, 전환이 이루어지는 경우 자본금은 항상 변화가 없다.

해설 ⑤ 전환종류주식의 전환으로 인해 발행하는 신주식의 발행가액은 전환전의 주식의 발행가액과 동일하여야 한다(제348조). 이때 균등전환의 경우에는 자본금이 불변이지만, 하향전환의 경우에는 자본금의 증가가, 상향전환의 경우에는 자본금의 감소가 발생한다. 그러므로 하향전환 또는 상향전환의 경우에는 자본금의 변동이 있게 된다. 이 점 주목할 필요가 있다.

16 상법상 주식회사의 주주에 관한 설명으로 옳지 않은 것은? (다툼이 있으면 판례에 따름) 세무사 2018

① 주주의 책임은 그가 가진 주식의 인수가액을 한도로 한다.

② 회사가 주주의 일부인 회사직원들을 유상증자에 참여시키면서 퇴직시 출자 손실금을 전액 보전해 주기로 한 약정은 주주평등의 원칙에 위반되어 무효이다.

③ 주주권은 주식의 양도나 소각 등 법률에 정하여진 사유 이외에도 단순히 당사자 사이의 특약이나 주주권 포기의 의사표시만으로 상실된다.

④ 주주가 일정기간 주주권을 포기하고 타인에게 주주로서의 의결권 행사권한을 위임하기로 약정한 사정만으로는 그 주주가 주주로서의 의결권을 직접 행사할 수 없게 되었다고 볼 수 없다.

⑤ 주주 간의 분쟁 등 일정한 사유가 발생할 경우 특정 주주를 제명하고 회사가 그 주주에게 출자금 등을 환급하도록 규정한 정관이나 내부규정은 무효이다.

해설 ③ 주주권은 주식의 양도나 소각 등 상법에서 정한 사유와 절차에 따라서만 소멸된다. 따라서 당사자의 의사표시 또는 특약 등에 의해서 주주권은 소멸하지 아니한다. 그 이유는 주주권을 주식을 취득함으로써 당연히 인정되는 것이며, 획일적으로 인정되는 것이므로 포기의 대상이 될 수 없고, 계약의 대상이 될 수 없기 때문이다.

17 상법상 비상장주식회사의 주주가 그 소수주주권을 행사하기 위한 주식 보유비율의 요건이 다른 것은? 세무사 2013

① 주주총회의 소집절차나 결의방법의 적법성을 조사하기 위하여 총회 전에 하는 검사인 선임청구
② 이사의 해임청구
③ 주주총회의 소집청구
④ 회계장부열람권
⑤ 회사의 업무와 재산상태를 조사하기 위한 검사인 선임청구

해설 ① 나머지 지문의 내용은 소수주주권 중 회사의 발행주식총수의 100분의 3 이상을 가진 주주가 행사할 수 있는 소수주주권이다. 그러나 주주총회의 소집절차나 결의방법의 적법성을 조사하기 위하여 "총회검사인 선임청구권"은 회사 또는 발행주식총수의 100분의 1 이상을 가진 주주가 청구할 수 있는 소수주주권인 점에서 차이를 보인다(제367조 제2항). 이 점 명확히 구별하기 바란다.

18 상법상 발행주식총수가 5,000주인 비상장회사에서 주식을 1주만 보유하는 주주도 행사할 수 있는 권리는? 세무사 2015

① 임시주주총회의 소집청구권
② 이사·감사의 해임청구권
③ 재무제표열람청구권
④ 회계장부열람청구권
⑤ 이사의 위법행위에 대한 유지청구권

해설 ③ 나머지는 모두 소수주주권이지만, 재무제표열람청구권은 1주의 주식만 보유한 주주도 행사할 수 있는 단독주주권이다(제448조 제2항).

19 상법상 비상장주식회사의 주주가 소수주주권을 행사하기 위하여 필요한 주식의 소유비율을 의결권 없는 주식을 제외한 발행주식총수를 기준으로 계산하는 경우는? 세무사 2018

① 주주가 주주총회와 관련하여 주주제안권을 행사하고자 하는 경우
② 주주가 회사의 해산을 법원에 청구하고자 하는 경우
③ 주주가 임시주주총회 소집청구를 하고자 하는 경우
④ 주주가 법령 위반행위를 행한 이사에게 위법행위유지청구를 하고자 하는 경우
⑤ 위법행위를 행한 이사에 대한 주주총회 해임결의가 부결된 때에 주주가 법원에 이사 해임의 소를 제기하는 경우

해설 ① 주주제안권은 "의결권 없는 주식을 제외한" 발행주식총수의 100분의 3 이상의 주주가 행사할 수 있는 소수주주권이다. 나머지 내용은 상법의 명문규정으로 의결권 없는 주식을 제외한다는 규정은 없다. 이 점 명확히 정리하기 바란다.

15 ⑤ 16 ③ 17 ① 18 ③ 19 ① 정 답

20 상법상 주식 및 주권에 관한 설명으로 옳지 않은 것은? 세무사 2015

① 주권이 발행된 경우 주식의 양도는 주권을 교부하는 방법에 의한다.
② 주권의 점유자는 이를 적법한 소지인으로 추정한다.
③ 주식의 이전은 양도인의 성명과 주소를 주주명부에 기재하지 않으면 회사에 대항하지 못한다.
④ 주식의 질권자는 계속하여 주권을 점유하지 아니하면 그 질권으로써 제3자에게 대항하지 못한다.
⑤ 회사는 원칙적으로 발행주식총수의 20분의 1을 초과하여 자기의 주식을 질권의 목적으로 받지 못한다.

해설 ③ 주식의 이전은 취득자(양수인)의 성명과 주소를 주주명부에 기재하지 않으면 회사에 대항하지 못한다(제337조 제1항). 이를 명의개서의 대항력이라고 하는데, 명의개서의 대항력은 양수인의 성명과 주소 등의 주주명부의 기재에 의해 발생하는 것이므로, "양도인의 성명과 주소"를 주주명부에 기재해야 하는 것은 아니다.

21 상법상 비상장주식회사의 주식과 주권에 관한 설명으로 옳지 않은 것은? 세무사 2018

① 수인이 공동으로 주식을 인수한 자는 연대하여 납입할 책임이 있다.
② 주식의 양도에 관하여 정관으로 이사회의 승인을 얻도록 정한 때에는 그 규정은 주권의 기재사항이다.
③ 주권은 회사의 성립 후 또는 신주의 납입기일 후가 아니면 발행하지 못한다.
④ 가설인의 명의로 주식을 인수한 자는 주식인수인으로서의 책임이 없다.
⑤ 주식이 수인의 공유에 속하는 때에는 공유자는 주주의 권리를 행사할 자 1인을 정하여야 한다.

해설 ④ 가설인의 명의로 주식을 인수한 자는 주식인수인으로서의 책임이 있다. 그 이유는 가설인의 명의로 주식을 인수한 자는 실질적 주식인수인이기 때문이다.

22 상법상 주식회사의 주권불소지제도에 관한 설명으로 옳은 것은? 세무사 2013

① 주권불소지 신고에 의하여 주주가 이미 발행된 주권을 회사에 제출한 경우 회사는 제출된 주권을 무효로 할 수는 있으나 명의개서대리인에게는 임치할 수 없다.
② 주주는 정관에 다른 정함이 있는 경우를 제외하고는 그 주식에 대하여 주권의 소지를 하지 아니하겠다는 뜻을 회사에 신고할 수 있다.
③ 주식의 양수인은 주주명부에 명의개서를 하지 않은 경우에도 주권의 불소지신고를 할 수 있다.
④ 주주의 주권불소지 신고가 있는 때에는 회사는 지체없이 주권을 발행하지 아니한다는 뜻을 주주명부와 그 복본에 기재하면 되고, 그 사실을 주주에게 통지할 필요는 없다.

⑤ 주권불소지를 신고하여 주권을 제출한 주주는 일정한 사유가 발생한 경우에 한해서 회사에 대하여 주권의 발행 또는 반환을 청구할 수 있다.

해설 ① 주권의 불소지 신고에 의하여 주주가 이미 발행된 주권을 회사에 제출한 경우 회사는 제출된 주권을 무효로 하거나 명의개서대리인에게 임치할 수 있다(제358조의2 제3항).
③ 주권의 불소지 신고는 "명의개서된 주식"에 한해서만 인정되는 제도이다(제358조의2 제1항). 그러므로 명의개서를 하지 않은 주주는 주권의 불소지 신고를 할 수 없다.
④ 주권을 불소지신고가 있는 때에는 회사는 지체 없이 주권을 발행하지 아니한다는 뜻을 주주명부와 그 복본에 기재하고 그 사실을 주주와 질권자에게 통지하여야 한다(제358조의2 제2항).
⑤ 주권의 불소지 신고를 한 주주는 "언제든지" 회사에 대하여 주권의 발행 또는 반환을 청구할 수 있다(제358조의2 제4항).

23 상법상 주권의 불소지제도에 관한 설명으로 옳지 않은 것은? 세무사 2015

① 정관에 다른 정함이 있는 경우를 제외하고는 주주는 그 주식에 대하여 주권의 불소지 신고를 할 수 있다.
② 상장회사의 주주와 달리 비상장회사의 주주는 주권의 불소지신고를 할 수 없다.
③ 주권이 발행된 후에 불소지신고를 하는 경우에는 회사에 그 주권을 제출하여야 한다.
④ 주권발행 전에 주권의 불소지의 신고가 있으면 회사는 그 주권을 발행할 수 없다.
⑤ 주권불소지의 신고가 있는 경우에도 주주는 언제든지 회사에 대하여 주권의 발행 또는 반환을 청구할 수 있다.

해설 ② 주권의 불소지제도는 정관에 다른 정함이 있는 경우를 제외하고는 상법상 모든 회사에 대해서 인정된다(제358조의2 제1항). 그 이유는 주권의 불소지신고에 관한 규정은 상법의 일반규정이기 때문이다. 따라서 주권의 불소지신고는 상장회사는 물론 비상장회사의 경우에도 정관에 다른 정함이 없는 한 인정된다.

24 상법상 전자등록에 관한 설명으로 옳지 않은 것은? 세무사 2016

① 회사는 정관의 규정이 없더라도 주권을 발행하는 대신 전자등록기관의 전자등록부에 주식을 등록할 수 있다.
② 회사는 신주인수권증권을 발행하는 대신 정관으로 정하는 바에 따라 전자등록기관의 전자등록부에 신주인수권을 등록할 수 있다.
③ 전자등록부에 주식을 등록한 자는 그 등록된 주식에 대한 권리를 적법하게 보유한 것으로 추정한다.
④ 주식이 등록된 전자등록부를 선의(善意)로, 그리고 중대한 과실 없이 신뢰하고 그 등록에 따라 권리를 취득한 자는 그 권리를 적법하게 취득한다.
⑤ 전자등록부에 등록된 주식의 양도나 입질(入質)은 전자등록부에 등록하여야 효력이 발생한다.

20 ③ 21 ④ 22 ② 23 ② 24 ① 정 답

해설 ① 회사는 "정관의 규정이 있는 경우"에는 주권을 발행하는 대신 전자등록기관의 전자등록부에 주식을 등록할 수 있다. 그러므로 정관에 규정이 없는 경우에는 전자등록기관의 전자등록부에 주식을 등록할 수 없다(제356조의2 제1항).

25 상법상 주권과 주주명부에 관한 설명으로 옳지 않은 것은? 세무사 2013

① 주권에는 상법상 주권의 기재사항으로 규정되어 있는 사항과 번호를 기재하고, 대표이사가 기명날인 또는 서명하여야 한다.

② 전자등록부에 등록된 주식의 양도나 입질(入質)은 전자등록부에 등록하여야 효력이 발생한다.

③ 주권은 성립 후 또는 납입기일 후 지체 없이 이를 발행하여야 한다.

④ 주식의 소각, 병합, 분할 또는 전환이 있는 때에는 이로 인하여 종전의 주주가 받을 금전이나 주식에 대하여도 종전의 주식을 목적으로한 질권을 행사할 수 있다.

⑤ 주권의 점유자가 주권을 점유하더라도 적법한 소지인으로 추정되는 것은 아니다.

해설 ⑤ 주권의 점유자는 주권을 점유한 경우에는 이를 적법한 소지인으로 "추정"한다(제336조 제1항). 이는 주권이라는 유가증권을 점유하고 있는 자는 주주로서의 적법한 자격요건을 가진 것으로 추정하여 주주권과 관련된 권리의무관계를 간명하게 처리하기 위함이다.

26 상법상 주주명부에 관한 설명으로 옳은 것은? 세무사 2014

① 주권을 발행한 때에는 주주명부에 주주의 성명과 주소, 주식의 종류와 수, 번호와 발행연월일을 기재하여야 한다.

② 회사는 정관에 정함이 없는 경우에도 전자문서로 주주명부를 작성할 수 있다.

③ 전자주주명부에 전자우편주소를 반드시 기재할 필요는 없다.

④ 전자주주명부의 폐쇄기간은 1개월을 초과할 수 없다.

⑤ 서면으로 작성된 주주명부는 회사의 본점과 지점에 반드시 비치하여야 하고, 명의개서대리인을 둔 경우에는 그 복본을 영업소에 비치하여야 한다.

해설 ② 회사는 "정관에 규정을 둔 경우에 한하여" 전자주주명부를 작성할 수 있다(제352조의2 제1항).
③ 전자주주명부에는 반드시 전자우편주소를 기재하여야 한다(제352조의2 제2항).
④ 전자주주명부의 폐쇄기간은 3개월을 초과할 수 없다(제354조 제2항).
⑤ 서면으로 작성된 주주명부는 지점에는 비치할 필요는 없고, 본점에만 비치함으로써 족하다(제396조 제1항).

27 상법상 주주명부에 관한 설명으로 옳지 않은 것은? 세무사 2016

① 회사는 정관으로 정하는 바에 따라 전자문서로 주주명부를 작성할 수 있다.

② 주주 또는 질권자에 대한 회사의 통지 또는 최고는 주주명부에 기재한 주소 또는 그 자로부터 회사에 통지한 주소로 하면 된다.

③ 주주명부의 폐쇄기간은 3월을 초과하지 못한다.

④ 주주명부의 기준일은 주주 또는 질권자로서 권리를 행사할 날에 앞선 3월 내의 날로 정하여야 한다.

⑤ 회사가 주주명부의 폐쇄기간 또는 기준일을 정한 때에는 정관에 다른 정함이 없는 때에는 그 기간 또는 날의 1주간전에 이를 공고하여야 한다.

해설 ⑤ 회사가 주주명부의 폐쇄기간 또는 기준일을 정한 때에는 "정관에 다른 정함이 없는 때에는" 그 기간 또는 날의 2주간 전에 이를 공고하여야 한다(제354조 제4항).

28 상법상 주주명부에 관한 설명으로 옳은 것은? (다툼이 있으면 판례에 따름)

세무사 2018

① 주주명부에 적법하게 주주로 기재되어 있는 자는 특별한 사정이 없는 한 회사에 대한 관계에서 주주권을 행사할 수 있고, 회사는 명의개서를 하지 아니한 실질상의 주주를 주주로 인정할 수 있다.

② 회사채권자는 영업시간 내에도 주주명부 또는 그 복본의 열람 또는 등사를 청구할 수 없다.

③ 명의개서대리인을 둔 경우 주주명부를 본점에 비치하지 아니하고 명의개서대리인의 영업소에만 비치하는 것은 허용되지 않는다.

④ 회사는 의결권을 행사하거나 배당을 받을 자 기타 주주로서 권리를 행사할 자를 정하기 위하여 일정한 날에 주주명부에 기재된 주주를 그 권리를 행사할 주주로 볼 수 있다.

⑤ 주주 또는 회사채권자가 주주명부 등의 열람 또는 등사를 청구한 경우 회사는 그 청구에 정당한 목적이 없는 등의 특별한 사정이 없는 한 이를 거절할 수 없고, 이 경우 정당한 목적이 있다는 것에 관한 증명책임은 주주 또는 회사채권자가 부담한다.

해설 ① 주주명부에 적법하게 주주로 기재되어 있는 자는 특별한 사정이 없는 한 회사에 대한 관계에서 주주권을 행사할 수 있다(판례). 따라서 회사는 명의개서를 하지 아니한 실질상의 주주로 인정하는 것은 인정되지 아니한다.

② 회사의 주주와 채권자는 영업시간 내에도 주주명부 또는 그 복본의 열람 또는 등사를 청구할 수 있다.

③ 명의개서대리인을 둔 경우 주주명부를 본점에 비치하지 아니하고 명의개서대리인의 영업소에만 비치하는 것도 허용된다.

⑤ 주주 또는 회사채권자가 주주명부 등의 열람 또는 등사를 청구한 경우 회사는 그 청구에 정당한 목적이 없는 등의 특별한 사정이 없는 한 이를 거절할 수 없고, 이 경우 정당한 목적이 있다는 것에 관한 증명책임은 회사가 부담하여야 한다.

25 ⑤ 26 ① 27 ⑤ 28 ④ 정 답

29 상법상 주주명부에 관한 설명으로 옳지 않은 것은? 세무사 2017

① 주주에 대한 회사의 통지 또는 최고는 주주명부에 기재한 주소 또는 그 자로부터 회사에 통지한 주소로 하면 된다.

② 주식을 양수한 자는 자신의 성명과 주소를 주주명부에 기재하지 아니하면 양도인에게 대항하지 못한다.

③ 회사는 정관이 정하는 바에 의하여 명의개서대리인을 둘 수 있다.

④ 주주명부에는 각 주식의 취득연월일을 기재하여야 한다.

⑤ 회사는 의결권을 행사할 자를 정하기 위하여 일정한 기간을 정하여 주주명부의 기재변경을 정지할 수 있으며 이 기간은 3월을 초과하지 못한다.

해설 ② 주식을 양수한 자는 자신의 성명과 주소를 주주명부에 기재하지 아니하면 회사에 대항하지 못한다(제337조 제2항). 따라서 양도인에게 대항하지 못하는 것이 아니다. 이를 명의개서의 대항력이라고 한다.

30 상법상 주식회사의 기준일제도에 관한 설명으로 옳지 않은 것은? 세무사 2013

① 회사는 질권자로서 권리를 행사할 자를 정하기 위하여 일정한 날에 주주명부에 기재된 질권자를 그 권리를 행사할 질권자로 볼 수 있다.

② 의결권을 행사하거나 이익배당을 받을 자를 정하기 위한 기준일은 주주로서 권리를 행사할 날에 앞선 1월 내의 날로만 정하여야 한다.

③ 정기총회에 참석할 주주는 주주명부폐쇄에 의하여 확정하고, 이익배당을 받을 주주는 기준일로 확정하는 식으로 두 가지 제도를 병용할 수 있다.

④ 기준일은 주주명부폐쇄 제도와는 달리 일정기간 명의개서를 정지하지 않고도 권리를 행사할 주주를 확정하는 방법이다.

⑤ 회사가 기준일을 정한 때에는 그 날의 2주간 전에 이를 공고하여야 하지만, 정관으로 기준일을 지정한 때에는 그러하지 아니하다.

해설 ② 의결권을 행사하거나 이익배당을 받을 자를 정하기 위한 기준일은 주주로서의 권리를 행사할 날에 앞선 3월 내의 날로 정하여야 한다(제354조 제3항). 그러므로 1월이 아닌 3월 내의 날인 점에 유의하여야 한다. 또한 이처럼 기준일을 정한 경우에는 원칙적으로 그 날의 2주간 전에 공고하여야 한다(제354조 제4항). 다만 정관에서 기준일과 주주명부폐쇄기간을 정한 경우에는 이미 기준일에 관한 사항을 공시하였으므로 별도로 공고할 필요는 없다.

31 상법상 아래의 사례에 관한 설명으로 옳은 것은? 세무사 2014

> 비상장주식회사 A는 연 1회 결산기를 정하고 있으며, 정관에 "매 영업연도 말일의 다음날부터 정기주주총회 종료일까지 주주명부를 폐쇄한다"는 규정을 두고 있다. 이 규정에 의하여 A회사는 2013년 영업연도 말일의 다음날인 2014년 1월 1일부터 정기주주총회 종료일인 2014년 3월 15일까지 주주명부를 폐쇄하였다.

① 2014년 1월 15일에 A회사 주주 甲이 乙에게 A회사 주식을 양도했다면 이 양도계약은 효력이 없다.
② 주주가 전환권을 가지는 A회사의 종류주식의 주주 丙은 2014년 1월 1일부터 2014년 3월 15일까지 전환권을 행사할 수 없다.
③ A회사가 2014년 1월 1일의 2주간 전에 주주명부폐쇄기간을 공고하지 않은 경우에는 주주명부폐쇄의 효력이 없다.
④ A회사의 주식매수선택권을 가진 丁이 2014년 3월 2일에 주식매수선택권을 행사하여 신주를 취득하여도 2014년 3월 15일의 정기주주총회에서는 의결권을 행사할 수 없다.
⑤ 2014년 1월 1일부터 2014년 3월 15일까지는 주주명부의 기재사항에 대한 변경이 허용되지 않으므로 주소가 변경된 기명주주 戊는 그 변경을 신청할 수 없다.

해설 문제는 기준일과 주주명부폐쇄기간에 대한 사례문제이다. 기준일과 주주명부폐쇄기간의 법리를 이해하면 그리 어렵지 않게 풀 수 있는 문제이다. 차례로 해설한다.

① 주주명부폐쇄기간 중에도 주식의 양도는 허용되므로 1월 15일에 한 주식의 양도계약은 효력이 있다.
② 주주명부폐쇄기간 중에도 전환권의 행사는 자유롭게 인정된다. 따라서 전환권의 행사는 주주명부폐쇄기간 중에도 가능하다. 다만, 주주명부폐쇄기간 중에 전환된 경우에도 그 기간 중에는 의결권을 행사할 수 없고 다음 총회에서부터 의결권의 행사가 가능하다(제350조 제2항).
③ 주주명부폐쇄기간을 "정관으로 정한 경우"에는 그 기간의 초일의 2주간 전에 별도로 이를 공고할 필요가 없다(제354조 제4항).
⑤ 주주명부폐쇄기간 중에 주소변경은 제한 없이 허용된다(제354조).

32 상법상 비상장주식회사의 주식의 양도 등에 관한 설명으로 옳지 않은 것은? (다툼이 있으면 판례에 따름)

세무사 2017

① 주권발행 후 주식의 양도에 있어서는 주권을 교부하여야 한다.
② 회사가 보유하는 자기의 주식을 처분하는 경우에 처분할 주식의 종류와 수에 대하여 정관의 규정이 없으면 이사회가 결정한다.
③ 주권발행 전에 한 주식의 양도는 회사성립 후 6월이 경과한 때에는 회사에 대하여 효력이 있고, 이 경우 주식의 양도는 지명채권의 양도에 관한 일반원칙에 따라 당사자의 의사표시만으로 효력이 발생한다.
④ 주권의 점유자는 이를 적법한 소지인으로 추정하지 않는다.
⑤ 회사는 정관으로 정하는 바에 따라 그 발행하는 주식의 양도에 관하여 이사회의 승인을 받도록 할 수 있다.

해설 ④ 주권의 점유자는 적법한 소지인으로 추정한다.

29 ② 30 ② 31 ④ 32 ④ 정답

33 상법상 정관에 의한 주식양도의 제한에 관한 설명으로 옳지 않은 것은? 세무사 2015

① 주식의 양도에 관하여 이사회의 승인을 얻도록 하는 정관규정을 둔 경우, 이에 위반하여 주식을 양도하더라도 회사에 대하여 효력이 있다.

② 회사설립시의 주식의 양도에 관하여 이사회의 승인을 얻도록 정한 때에는 그 규정은 설립등기사항이다.

③ 회사는 주주의 양도승인청구가 있는 날로부터 1월 이내에 주주에게 그 승인여부를 서면으로 통지하여야 한다.

④ 회사로부터 양도승인거부의 통지를 받은 주주는 통지를 받은 날로부터 20일 내에 회사에 대하여 양도의 상대방의 지정을 청구할 수 있다.

⑤ 주주의 양도상대방 지정청구가 있은 날로부터 2주간 내에 회사가 주주에게 상대방지정의 통지를 하지 아니한 때에는 주식의 양도에 관하여 이사회의 승인이 있는 것으로 본다.

해설 ① 주식의 양도에 관하여 이사회의 승인을 얻도록 하는 정관규정을 둔 경우, 이에 위반하여 주식을 양도한 때에는 당사자간의 효력은 인정되지만, 회사에 대한 효력은 인정되지 않는다(대법원 2008.7.10.선고, 2007다14193판결). 이 점 유의하여야 한다.

34 상법상 정관에 의한 주식양도의 제한에 관한 내용이다. (   )에 들어갈 기간이 순서대로 옳은 것은? 세무사 2016

주식을 양도하고자 하는 주주는 회사에 대하여 양도의 상대방 및 양도하고자 하는 주식의 종류와 수를 기재한 서면으로 양도의 승인을 청구할 수 있다. 이 때 회사로부터 1개월 이내에 양도승인거부의 통지를 받은 주주는 통지를 받은 날부터 (   )내에 회사에 대하여 그 주식의 매수를 청구할 수 있다. 회사는 그 청구를 받은 날부터 (   ) 이내에 그 주식을 매수하여야 한다.

① 20일, 2개월　② 20일, 3개월　③ 1개월, 1개월
④ 1개월, 20일　⑤ 20일, 20일

해설 ① 상법 제335조의2 이하의 규정을 참고하기 바란다(제335조의2 ~ 제335조의7).

35 상법상 주식회사가 특정목적에 의한 자기주식을 취득할 수 있는 것으로 규정된 경우가 아닌 것은? 세무사 2013

① 이익소각을 위하여 필요한 경우

② 회사의 합병 또는 다른 회사의 영업전부의 양수로 인한 경우

③ 회사의 권리를 실행함에 있어 그 목적을 달성하기 위하여 필요한 경우

④ 단주(端株)의 처리를 위하여 필요한 경우

⑤ 주주가 주식매수청구권을 행사한 경우

해설 ① 회사는 다음과 같은 경우에는 "배당가능이익에도 불구하고" 특정목적에 의한 자기주식의 취득이 인정된다(제341조의2).

> ㉠ 합병 또는 영업전부의 양수로 인한 경우
> ㉡ 회사의 권리실행을 위한 목적달성을 위해 필요한 경우
> ㉢ 단주의 처리를 위한 경우
> ㉣ 주주가 주식매수청구권을 행사한 경우

따라서, 이익소각을 위한 자기주식취득은 상법에서 명문규정으로 인정하는 특정목적에 의한 자기주식취득으로 볼 수 없다.

36 상법상 자기주식의 취득에 관한 설명으로 옳지 않은 것은? 세무사 2015

① 회사는 그 권리를 실행함에 있어 그 목적을 달성하기 위하여 필요한 경우 상법 제341조(자기주식의 취득) 규정에도 불구하고 자기의 주식을 취득할 수 있다.

② 회사가 자기주식을 취득할 수 있는 경우 자기주식이 거래소에서 시세가 있는 주식인 때에는 거래소에서 자기의 명의와 계산으로 취득할 수 있다.

③ 회사가 자기주식을 취득할 수 있는 경우 그 취득가액의 총액의 한도는 원칙적으로 주주총회에서 이를 정한다.

④ 회사가 자기주식을 보유하는 경우에 그 주식은 의결권이 없다.

⑤ 회사가 보유하는 자기의 주식을 처분하는 경우에 정관에 규정이 없으면 그 처분방법은 주주총회에서 이를 정한다.

해설 ⑤ 회사가 보유하는 자기의 주식을 처분하는 경우에 "정관"에 규정이 없으면 그 처분방법은 "이사회"에서 이를 결정한다(제342조). 그러므로 자기주식의 처분방법에 대해 이를 주주총회에서 정할 수는 없다.

37 상법상 주식회사가 배당가능이익과 상관없이 자기주식을 취득할 수 있는 경우에 해당하지 않는 것은? 세무사 2016

① 주식을 소각하기 위한 경우

② 회사의 합병 또는 다른 회사의 영업전부의 양수로 인한 경우

③ 회사의 권리를 실행함에 있어 그 목적을 달성하기 위하여 필요한 경우

④ 단주(端株)의 처리를 위하여 필요한 경우

⑤ 주주가 주식매수청구권을 행사한 때

해설 ① 회사는 다음과 같은 경우에는 "배당가능이익에도 불구하고" 특정목적에 의한 자기주식의 취득이 인정된다(제341조의2).

> ㉠ 합병 또는 영업전부의 양수로 인한 경우
> ㉡ 회사의 권리실행을 위한 목적달성을 위해 필요한 경우
> ㉢ 단주의 처리를 위한 경우
> ㉣ 주주가 주식매수청구권을 행사한 경우

따라서 주식을 소각하기 위한 경우에는 특정목적으로 자기주식의 취득이 인정되지 아니한다.

33 ① 34 ① 35 ① 36 ⑤ 37 ① 정 답

38 상법상 특정목적에 의한 자기주식의 취득으로 규정되지 않은 경우는? 세무사 2018

① 주주가 주식매수청구권을 행사한 경우
② 회사의 합병으로 인한 경우
③ 회사의 권리를 실행함에 있어 그 목적을 달성하기 위하여 필요한 경우
④ 단주(端株)의 처리를 위하여 필요한 경우
⑤ 다른 회사의 영업일부의 양수로 인한 경우

해설 ⑤ 다른 회사의 영업일부의 양수로 인한 경우는 회사가 특정한 목적에 의해 자기주식취득이 가능한 경우에 해당하지 아니한다(제341조의2).

39 상법상 아래의 사례에 관한 설명으로 옳은 것은? (A, B, C는 모두 비상장주식회사임) 세무사 2014

> A주식회사는 B주식회사의 발행주식총수의 51%와 C주식회사의 발행주식총수의 4%를 보유하고 있고, B회사는 C회사의 발행주식총수의 47%를 보유하고 있다.

① 당초 A회사는 B회사의 발행주식총수의 10%를 초과하는 주식을 취득하였을 때 그 사실을 B회사에게 통지하였어도 B회사의 주주총회에서 의결권을 행사할 수 없다.
② B회사는 현금자력이 충분한 개인 甲으로부터 영업거래의 대가로 A회사의 발행주식총수의 10%에 해당하는 주식을 B회사의 계산으로 취득할 수 있다.
③ C회사는 현금자력이 충분한 개인 乙로부터 영업거래의 대가로 A회사의 발행주식총수의 10%에 해당하는 주식을 C회사의 계산으로 취득할 수 있다.
④ B회사가 D주식회사의 발행주식총수의 11%의 주식을 취득하였다면, D회사는 자기의 계산으로 A회사의 주식을 취득할 수 있다.
⑤ B회사는 A회사의 주식을 보유하고 있던 E주식회사를 흡수합병함으로써 A회사의 주식을 취득하였다면, 이를 3월 내에 처분하여야 한다.

해설 ① A회사가 B회사의 주식을 51% 가지고 있는 경우에 A회사가 B회사의 주주총회에서 의결권을 행사하는 것은 제한이 없다. 다만 B회사가 가지는 A회사 주식의 의결권이 인정되지 않을 뿐이다(제369조 제3항).

② A회사와 B회사는 각각 모자회사관계이다. 그러므로 자회사의 모회사주식 취득은 금지된다. 이때 B회사의 A회사 주식취득은 자기의 명의로 취득하는 것은 물론 자기의 계산으로 취득하는 것도 허용되지 않는다(제342조의2).

③ 모자회사관계인 A회사와 B회사가 합하여 C회사의 발행주식총수의 50%를 초과하여 취득하고 있으므로 C회사는 자기의 명의 또는 자기의 계산으로 A회사의 주식을 취득할 수 없다(제342조의2 제3항).

⑤ 예외적으로 자회사가 모회사의 주식을 합병을 위하여 취득하는 것은 허용되지만, 그 주식은 6월 이내에 처분하여야 한다(제342조의2 제2항).

40 상법상 주식회사의 자회사가 모회사의 주식을 취득할 수 있는 경우가 아닌 것은? 세무사 2013

① 주식의 포괄적 교환
② 회사의 합병
③ 주식매수선택권을 부여하는 때
④ 다른 회사의 영업전부의 양수로 인한 때
⑤ 회사의 권리를 실행함에 있어 그 목적을 달성하기 위하여 필요한 때

해설 ③ 모회사는 자회사의 주식을 원칙적으로 취득할 수 없다. 다만, 다음과 같은 경우에는 상법상 자회사의 모회사 주식취득이 허용된다(제342조의2 제1항).

① 주식의 포괄적 교환
② 주식의 포괄적 이전
③ 회사의 합병 또는 다른 회사의 영업전부의 양수로 인한 때
④ 회사의 권리를 실행함에 있어서 그 목적달성을 위해 필요한 때

41 상법상 자회사에 의한 모회사주식의 취득에 관한 설명으로 옳지 않은 것은? 세무사 2015

① 자회사는 회사의 권리를 실행함에 있어 그 목적을 달성하기 위하여 필요한 때에 모회사의 주식을 취득할 수 있다.
② 자회사가 다른 회사와 합병으로 인하여 모회사의 주식을 취득하는 경우 자회사는 그 모회사의 주식을 1년 이내에 처분하여야 한다.
③ 다른 회사의 발행주식총수의 100분의 50을 초과하는 주식을 가진 회사는 그 다른 회사의 모회사가 된다.
④ 모회사 및 자회사가 다른 회사의 발행주식총수의 100분의 30과 100분의 25를 각각 가지고 있다면 그 다른 회사는 상법의 적용에 있어서 그 모회사의 자회사로 본다.
⑤ 모회사(A)의 자회사(B)가 다른 회사(C)의 발행주식총수의 100분의 50을 초과하는 주식을 가지고 있는 경우, 그 다른 회사(C)는 상법의 적용에 있어 모회사(A)의 자회사로 본다.

해설 ② 자회사가 다른 회사와 합병으로 인하여 모회사의 주식을 취득하는 경우 자회사는 그 모회사의 주식을 6월 이내에 처분하여야 한다(제342조의2 제2항).

38 ⑤ 39 ④ 40 ③ 41 ② 정답

42 상법상 A 주식회사는 B 주식회사의 모회사이며, B 주식회사는 C 주식회사의 모회사이며, D 주식회사는 A, B, C 주식회사와 모자관계에 있지 않은 경우에 관한 설명으로 옳지 않은 것은?

세무사 2016

① B회사는 회사의 권리를 실행함에 있어 그 목적을 달성하기 위하여 필요한 때에는 A회사 주식을 취득할 수 있으나 즉시 처분하여야 한다.

② C회사는 회사의 합병 또는 다른 회사의 영업전부의 양수로 인한 때 A회사 주식을 취득할 수 있다.

③ B회사와 D회사의 합병으로 인하여 B회사가 존속하고 D회사가 소멸하는 경우 B회사는 D회사 주주에게 합병의 대가를 지급하기 위해 A회사 주식을 취득할 수 있다.

④ C회사와 D회사의 합병으로 인하여 C회사가 존속하고 D회사가 소멸하는 경우 C회사는 D회사 주주에게 금전이나 B회사의 주식으로 합병의 대가를 지급할 수 있다.

⑤ D회사 일부가 분할되어 C회사와 합병하여 C회사가 존속하고 D회사 일부가 소멸하는 경우 C회사는 D회사 일부의 주주에게 A회사 주식으로 합병의 대가를 지급할 수 있다.

해설 ① 자회사인 B회사는 회사의 권리를 실행함에 있어 그 목적을 달성하기 위하여 필요한 때에는 모회사인 A회사 주식을 취득할 수 있으나, 6월 이내에 그 주식을 처분하여야 한다(제342조의2 제2항).

43 상법상 주식회사의 상호주소유에 관한 설명으로 옳지 않은 것은? (다툼이 있으면 판례에 따름)

세무사 2018

① 회사, 모회사 및 자회사 또는 자회사가 다른 회사의 발행주식총수의 10분의 1을 초과하는 주식을 가지고 있는 경우 그 다른 회사가 가지고 있는 회사 또는 모회사의 주식은 의결권이 없다.

② 모자회사 관계가 없는 회사 사이의 주식의 상호소유를 규제하는 주된 목적은 상호주를 통해 출자 없는 자가 의결권 행사를 함으로써 주주총회결의와 회사의 지배구조가 왜곡되는 것을 방지하기 위한 것이다.

③ A주식회사가 다른 회사의 발행주식총수의 10분의 1을 초과하는 주식을 가지고 있는지 여부는 A주식회사 주주총회에서 주주로서의 권리를 행사할 자를 확정하기 위한 기준일이 아니라 A주식회사의 주주총회일을 기준으로 판단하여야 한다.

④ 회사가 다른 회사의 발행주식총수의 10분의 1을 초과하여 취득한 때에는 그 다른 회사에 대하여 지체없이 이를 통지하여야 한다.

⑤ 회사가 특정 주주총회에 한정하여 각 주주들로부터 개별안건에 대한 의견을 표시하게 하여 의결권을 위임받아 의결권을 대리행사하는 경우에도, 그 회사가 다른 회사의 발행주식총수의 10분의 1을 초과하여 의결권을 대리행사할 권한을 취득하였다면 그 다른 회사에 대하여 지체없이 이 사실을 통지하여야 한다.

해설 ⑤ 회사가 특정 주주총회에 한정하여 각 주주들로부터 개별안건에 대한 의견을 표시하게 하여 의결권을 위임받아 의결권을 대리행사하는 경우에도, 그 회사가 다른 회사의 발행주식총수의 10분의 1을 초과하여 의결권을 대리행사할 권한을 취득한 경우에 그 의결권의 대리행사는 가능하다. 다만, 이 경우에도 의결권의 대리행사할 권한을 취득한 자의 통지의무는 없다. 그 이유는 통지의무는 다른 회사의 발행주식총수의 10분의 1을 초과하여 취득하여 소유하는 경우에 한해 인정되는 것이기 때문이다.

44 상법상 지배주주의 매도청구권과 소수주주의 매수청구권에 관한 설명으로 옳지 않은 것은?

세무사 2013

① 발행주식총수의 95% 이상을 자기의 계산으로 보유한 지배주주는 회사의 경영상 목적을 달성하기 위하여 필요한 경우에는 소수주주에 대하여 그 보유하는 주식의 매도청구를 할 수 있고, 이 경우에는 미리 주주총회의 승인을 받아야 한다.

② 발행주식총수의 95% 이상을 자기의 계산으로 보유한 지배주주로부터 매도청구를 받은 소수주주는 매도청구를 받은 날부터 2개월 내에 지배주주에게 그 주식을 매도하여야 한다.

③ 발행주식총수의 95% 이상을 자기의 계산으로 보유한 지배주주가 소수주주에게 지급한 매매가액의 수령을 소수주주가 거부한 때에는 지배주주는 그 가액을 공탁할 수 있으며, 이 경우 주식은 그 매매가액을 공탁한 날에 지배주주에게 이전된 것으로 본다.

④ 발행주식총수의 95% 이상을 자기의 계산으로 보유한 지배주주가 있는 회사의 소수주주는 언제든지 지배주주에게 그 보유주식의 매수를 청구할 수 있다.

⑤ 발행주식총수의 95% 이상을 자기의 계산으로 보유한 지배주주인 회사의 보유주식수를 산정할 때에는 모회사와 자회사가 보유한 주식을 합산할 수 없다.

해설 ⑤ 발행주식총수의 95% 이상을 자기의 계산으로 보유한 지배주주인는 소수주주에게 그 보유하는 주식의 매도를 청구할 수 있다(제360조의24 제1항). 이때 지배주주의 보유주식수를 산정할 때에는 모회사와 자회사가 보유하는 주식을 합산한다. 이 경우 회사가 아닌 주주가 발행주식총수의 100분의 50을 초과하는 주식을 가진 회사가 보유하는 주식도 그 주주가 보유하는 주식과 합산한다(제360조의24 제2항).

정답 42 ① 43 ⑤ 44 ⑤

45 상법상 지배주주의 매도청구권 및 소수주주의 매수청구권에 관한 설명으로 옳지 않은 것은?

세무사 2015

① 회사의 발행주식총수의 100분의 95 이상을 자기의 계산으로 보유하는 지배주주는 회사의 경영상 목적을 달성하기 위하여 필요한 경우에는 회사의 다른 주주에게 그 보유하는 주식의 매도를 청구할 수 있다.

② 지배주주의 매도청구를 받은 소수주주는 매도청구를 받은 날부터 2개월 내에 지배주주에게 그 주식을 매도하여야 한다.

③ 지배주주의 매도청구는 주주총회에서 출석한 주주가 가지는 의결권의 3분의 2 이상의 수와 발행주식총수의 3분의 1 이상에 의하여 승인되어야 한다.

④ 지배주주가 있는 회사의 소수주주는 언제든지 지배주주에게 그 보유주식의 매수를 청구할 수 있다.

⑤ 매매가액을 지급받은 소수주주가 수령을 거부하여 지배주주가 그 가액을 공탁한 경우 그 공탁한 날에 주식이 지배주주에게 이전된 것으로 본다.

해설 ③ 지배주주가 매도청구를 할 때에는 미리 주주총회의 승인을 받아야 한다(제360조의24 제3항). 이때 주주총회의 승인은 보통결의에 의하며, 출석한 주주의 의결권의 과반수이며, 발행주식총수의 4분의 1 이상의 수로써 하여야 한다.

46 상법상 비상장회사의 주식매수선택권에 관한 설명으로 옳지 않은 것은?

세무사 2015

① 회사가 주식매수선택권을 부여하기 위해서는 정관으로 정하는 바에 따라 주주총회의 특별결의가 필요하다.

② 주식매수선택권의 부여에 따라 발행할 신주 또는 양도할 자기의 주식은 회사의 발행주식총수의 100분의 10을 초과할 수 없다.

③ 주식매수선택권의 행사가액이 주식의 실질가액보다 낮은 경우에는 회사는 그 차액을 금전으로 지급할 수 있다.

④ 주식매수선택권의 행사로 신주를 발행하는 경우, 주식매수선택권을 행사하는 자는 이를 행사한 때에 신주의 주주가 된다.

⑤ 주식매수선택권자는 본인에 대한 주식매수선택권의 부여에 관한 사항을 정하는 주주총회결의일로부터 2년 이상 재임 또는 재직하여야 주식매수선택권을 행사할 수 있다.

해설 ④ 주식매수선택권의 행사로 신주를 발행하는 경우, 주식매수선택권을 행사하는 자는 선택권을 행사한 후 "주금을 납입한 때"에 신주의 주주가 된다(제340조의5).

47 상법상 비상장주식회사에 있어서 주식매수선택권에 관한 설명으로 옳지 않은 것은? 세무사 2013

① 주식매수선택권은 회사가 보유하는 자기주식을 미리 정한 가액으로 매수할 수 있는 권리를 주식매수선택권자에게 부여하는 방법으로 할 수 있다.

② 주식매수선택권을 부여하기 위해서는 반드시 정관에 근거를 두어야 한다.

③ 주식매수선택권의 행사로 발행할 신주 또는 양도할 자기의 주식은 회사의 발행주식총수의 100분의 10을 초과할 수 없다.

④ 이사·집행임원·감사의 선임과 해임 등 회사의 주요 경영사항에 대하여 사실상 영향력을 행사하는 자에게는 주식매수선택권을 부여할 수 없다.

⑤ 회사는 주식매수선택권의 부여에 관한 계약서를 주식매수선택권의 행사기간이 종료할 때까지 본점에 비치하고, 주주와 회사채권자로 하여금 영업시간 내에 이를 열람할 수 있도록 하여야 한다.

해설 ⑤ 회사는 주식매수선택권의 부여에 관한 계약서를 주식매수선택권의 행사기간이 종료할 때까지 본점에 비치하고, "주주"로 하여금 영업시간 내에 이를 열람할 수 있도록 하여야 한다(제340조의3 제4항). 따라서 채권자에 대하여 열람하도록 하는 것이 아님에 유의하여야 한다.

48 상법상 비상장회사의 주식매수선택권에 관한 설명으로 옳지 않은 것은? 세무사 2016

① 회사는 정관으로 정하는 바에 따라 주주총회의 특별결의로 회사의 기술혁신에 기여한 회사의 피용자에게 주식매수선택권을 부여할 수 있다.

② 주식매수선택권의 행사에 따라 발행할 신주 또는 양도할 자기의 주식은 회사의 발행주식총수의 100분의 10을 초과할 수 없다.

③ 주식매수선택권은 이를 부여받을 자의 성명 등을 정하는 주주총회의 결의일부터 1년 이상 재임 또는 재직하여야 행사할 수 있다.

④ 주식매수선택권은 양도가 불가능하지만, 상속은 가능하다.

⑤ 의결권 없는 주식을 제외한 발행주식총수의 100분의 10 이상의 주식을 가진 주주에게는 주식매수선택권을 부여할 수 없다.

해설 ③ 주식매수선택권은 이를 부여받을 자의 성명 등을 정하는 주주총회의 결의일부터 2년 이상 재임 또는 재직하여야 행사할 수 있다(제340조의4 제1항).

45 ③ 46 ④ 47 ⑤ 48 ③ 정 답

49 상법상 비상장회사의 주식매수선택권에 관한 설명으로 옳은 것은? 세무사 2017

① 주식매수선택권에 관한 사항을 정하는 주주총회결의일부터 1년을 재임 또는 재직한 자도 이를 행사할 수 있다.

② 주식매수선택권은 이를 양도할 수 있다.

③ 주식매수선택권의 행사에 따라 발행할 신주 또는 양도할 자기의 주식은 회사의 발행주식총수의 100분의 10을 초과할 수 있다.

④ 주식매수선택권에 관한 주주총회의 결의에 있어서는 주식매수선택권을 부여받을 자 각각에 대하여 주식매수선택권의 행사로 발행하거나 양도할 주식의 종류와 수를 정하여야 한다.

⑤ 주식매수선택권의 행사가액은 신주를 발행하는 경우에는 주식매수선택권의 부여일을 기준으로 한 주식의 실질가액과 주식의 권면액(券面額) 중 낮은 금액으로 한다.

해설 ① 주식매수선택권은 주주총회의 결의일로부터 2년 이상 재임 또는 재직해야 행사할 수 있다.

② 주식매수선택권은 동기부여의 취지에서 발행된 것으로 양도 또는 입질이 불가능하다.

③ "비상장회사"에서 주식매수선택권의 행사에 따라 발행할 신주 또는 양도할 자기주식은 발행주식총수의 10/100을 초과할 수 없다. 한편, 상장회사는 발행주식총수의 20/100의 범위 내에서 주식매수선택권을 부여할 수 있다.

⑤ 신주를 발행하는 경우 주식매수선택권의 행사가격은 주식매수선택권부여일을 기준으로 하여 주식의 실질가액과 권면액 중 "큰 금액 이상"으로 하여야 한다.

50 상법상 주식의 질권에 관한 설명으로 옳은 것은? 세무사 2014

① 주식의 경우는 주권이 발행되지 않아도 질권을 설정할 수 있다.

② 주식의 등록질권의 설정은 당사자 간의 합의와 주권의 교부에 의하여 성립한다.

③ 신주의 약식질권자는 신주발행의 무효가 확정되어 회사가 주주에게 환급하는 납입금액에 대하여 질권을 행사할 수 없다.

④ 주식의 등록질권자는 주식배당으로 발행되는 신주에 대하여 질권의 효력을 주장할 수 있으나, 회사에 대하여 그 신주에 대한 주권의 교부를 청구할 수는 없다.

⑤ 다른 회사의 영업 전부의 양수로 인하여 자기주식을 질권의 목적으로 받는 경우에는 자기주식의 질권취득에 있어서 상법상의 한도 제한을 받지 않는다.

해설 ① 주식의 입질은 "질권설정의 합의"와 "주권의 교부"에 의하여 이루어진다. 따라서 주권이 발행되지 않은 경우에는 원칙적으로 질권을 설정할 수 없다(제338조 제1항).

② 주식의 등록질은 "질권설정의 합의"와 "주권의 교부"에 더해 "주주명부에 질권설정내역 등을 기재함으로써 성립"한다(제340조 제1항).

③ 주식의 소각, 병합, 분할 또는 전환이 있는 때에는 이로 인하여 종전의 주주가 받을 금전이나 주식에 대하여도 종전의 주식을 목적으로 한 질권을 행사할 수 있다(제339조). 이를 질권자의 물상대위권이라고 한다. 따라서 신주식의 약식질권자는 신주발행의 무효가 확정되어 회사가 주주에게 환급하는 납입금액에 대하여도 질권을 행사할 수 있다.

④ 주식의 등록질권자의 권리는 주식배당에 대하여도 미치므로 회사에 대하여 질권의 효력을 주장함은 물론 회사에 대해 주권교부청구권을 행사할 수 있다(제340조 제1항).

51 상법상 주식을 목적으로 하는 질권에 관한 설명으로 옳지 않은 것은? 세무사 2018

① 주식을 질권의 목적으로 하는 때에는 주권을 질권자에게 교부하여야 한다.

② 주식의 소각이 있는 때에는 이로 인하여 종전의 주주가 받을 금전에 대하여도 종전의 주식을 목적으로 한 질권을 행사할 수 있다.

③ 준비금의 자본금 전입으로 신주의 주주가 된 때에는 이사는 지체없이 신주를 받은 주주와 주주명부에 기재된 질권자에 대하여 그 주주가 받은 주식의 종류와 수를 통지하여야 한다.

④ 주식에 대해 질권이 설정된 이상 질권자가 주권의 점유를 상실하더라도 그 질권으로써 제3자에게 대항할 수 있다.

⑤ 주식의 등록질의 질권자는 회사로부터 이익배당을 받아 다른 채권자에 우선하여 자기채권의 변제에 충당할 수 있다.

해설 ④ 주식에 대해 질권이 설정된 경우 질권자는 "주권을 점유하지 아니하면" 그 질권으로서 제3자에게 대항할 수 없다.

49 ④ 50 ⑤ 51 ④ 정답

제4장

주식회사의 기관

제 4 장 주식회사의 기관

회사법강의

제 1 절 기관구조

I 의의

1. 기관의 의의

회사는 법인격을 가진 사회적 실체이다. 회사의 법인격은 법에 의해 주어진 것이므로 그 자체로 권리능력은 가질 수 있지만, 실제로 의사를 결정하고 그러한 의사를 집행할 수 있는 능력(행위능력)은 없다. 그런 이유에서 회사라는 실체는 의사와 행위를 결정하고 집행할 수 있는 존재가 필요한데, 바로 그러한 실체로서의 조직상의 기구를 회사의 기관이라고 한다.

2. 기관의 분화

합명회사와 같은 인적회사에서는 원칙적으로 각 사원이 업무집행권과 대표권을 가지며, 업무집행자와 대표자를 별도로 두더라도 사원 중에서 선임되어야 하므로 기관자격과 사원자격은 일치한다(자기기관성).

주식회사에서는 사원은 다수의 주주로 구성되므로, 그러한 다수의 주주가 회사의 의사를 결정하고 업무를 집행하는 것은 현실적으로 불가능하다. 그런 이유로 주식회사에서는 자기기관성이 분화되게 되고 사원자격과 기관자격은 분리되게 된다. 주식회사에서는 원칙적으로 기관의 구성에는 주주총회를 제외하고는 사원(주주)자격을 요하지 않는다(타인기관성).

Ⅱ 기관구성의 이론

1. 주식회사의 주체

(1) 주주

주식회사의 주인은 궁극적으로 주주이다. 그러나 주식회사는 다수의 주주를 예상하고 만들어진 제도이므로 그런 다수의 주주가 경영에 참여하는 경우 다수의 주주들 간에 상충되는 이해관계로 인해 회사의 책임재산의 관리, 경영의 중립성과 전문성의 확보는 불가능할 것이다. 다만 회사의 주인은 궁극적으로 주주가 되므로 주주는 스스로 주주총회를 구성하여 회사의 경영활동을 수행하는 이사를 선임하여 이들로 구성된 경영자 집단인 이사회를 구성하게 하고 있으며, 그러한 이사의 직무집행이 적법한지 여부 등을 감독하는 기관인 감사를 선임하는 권한 등을 가지고 있다.

(2) 채권자

주식회사의 다른 한편의 주인은 채권자이다. 주주는 유한책임을 지므로 주식회사에서는 회사의 현존하는 재산만이 채권자의 유일한 담보재산이 된다. 이러한 유한책임은 주주가 회사경영을 하는 경우 회사경영의 위험을 채권자에게 전가시킬 수 있는 유인을 제공한다. 그러므로 채권자는 주주의 손을 떠난 객관적이고 전문적인 제3자를 통한 경영을 바라게 되고 그에 따라 소유와 경영이 분리되어 경영자 또는 경영자집단으로서 이사 또는 이사회와 대표이사가 생겨나게 된다.

2. 소유·경영·감독의 분리

소유와 경영의 분리현상으로 인해 회사의 주인인 주주와 채권자는 독립적이고 객관적 제3자인 경영자(또는 경영자집단)를 구성하였지만 문제가 다 해결된 것은 아니다. 경영자가 주인을 위해 경영을 잘 하고 있는지 수시로 감시해야 할 필요성이 대두되게 되며, 이는 많은 감시비용을 필요로 하는 것이기 때문에 독립적으로 경영자를 감시·감독할 기관의 필요성이 대두되게 되었는데 이에 따라 감사기관으로서 감사 또는 감사위원회가 생겨나게 된다.

Ⅲ 현대회사의 지배구조(Corporate Governance)

1. 경영자 지배의 패러다임

현대회사법은 대체로 소유와 경영의 분리를 원칙으로 하여 주주총회의 권한을 약화시키는 한편, 이사 또는 이사회에 회사경영의 지배력을 집중시키는 경향이 있다. 이러한 경향에 결정적인 영향을 끼친 것은 Barle와 Means의 경영자이론이다. 그 핵심내용은 대규모주식회사는 경제력집중으로 자본의 규모가 확대됨에 따라 그 주식이 광범위하게 분산되고 이로 인해 기업의 소유는 세분화되어 어느 개인도 지배주주가 될 수 없다는 점을 지적하면서 기업 경영에 있어 경영자지배(management control)의 패러다임을 제시하였다.

2. 경영자 중심의 회사지배

이는 곧 현대주식회사의 운영이 경영자(이사 또는 이사회와 대표이사)에 의해 지배되고 있으며 주주총회와 감사는 상대적으로 경영자에 비해 그 기능이 약화되었음을 의미하며, 이는 현대회사법이 나아갈 방향에 대해서도 많은 시사점을 제시하고 있다고 볼 수 있다.

Ⅳ 주식회사의 기관구조

1. 주주총회

주주들로 구성되며 이사·감사를 선임하고, 회사의 구조변경(정관, 합병 등 실체적 구조변경)과 법 소정의 주요사항에 관해 의사결정을 하는 필요적 상설기관이다(제361조). 주주총회는 상법 또는 정관에서 정한 사항에 한해 주식회사의 의사결정을 하는 기관이다. 의사결정의 범위는 상법 또는 정관에서 정한 사항에 한해서 이루어지며, 상법 또는 정관에서 정한 주주총회의 권한사항을 제외한 대부분의 중요한 의사결정은 이사회의 결의로 이루어진다.

2. 이사회 · 대표이사

(1) 이사회

주주총회에서는 자본금총액이 10억원 미만인 소규모주식회사를 제외하고 보통결의에 의해 3명 이상의 이사를 선임하여야 한다. 주주총회에 의해 선임된 3명 이상의 이사로 구성된 회사 내부의 의사결정기관을 이사회라고 한다. 이사회는 상법 또는 정관에서 정한 주주총회의 결의사항을 제외하고 나머지 주식회사의 중요한 의사결정권과 각 이사에 대한 감독권을 갖는 필요상설기관이다(제399조 제1항).

(2) 대표이사

이사회는 3인 이상의 이사로 구성되는 회의체기관이므로 현실적으로 업무집행을 담당하기에는 부적당하다. 그런 이유로 회사의 업무집행은 이사회의 결의에 의해 선임된 대표이사가 수행한다. 주식회사의 대표이사는 대외적으로 회사를 대표하며 조직법적·거래법적 법률관계를 형성하는 주식회사의 필요적 상설기관이다(제389조 제3항).

3. 감사기관

(1) 감사기관의 필요성

주식회사에서 대부분의 업무집행에 관한 의사결정과 집행행위는 주주(principals)를 떠나 그 대리인(Agent)인 경영자(이사회 및 대표이사)를 통해 이루어진다. 그런 이유에서 경영자의 경영 활동에 대한 감독기능에 대한 문제가 제기되게 되며, 현실적으로 주주가 경영자를 감독하는 것은 불가능하다. 그런 이유에서 감사기관이 필요하다.

(2) 감사 또는 감사위원회

상법은 경영자 대한 감독기관으로 원칙적으로 감사를 두도록 하고 있다. 다만 예외적으로 정관이 정한 바에 따라 감사에 갈음하는 감사기관으로 감사위원회를 둘 수 있도록 하고 있다(제

주식회사의 기관구조

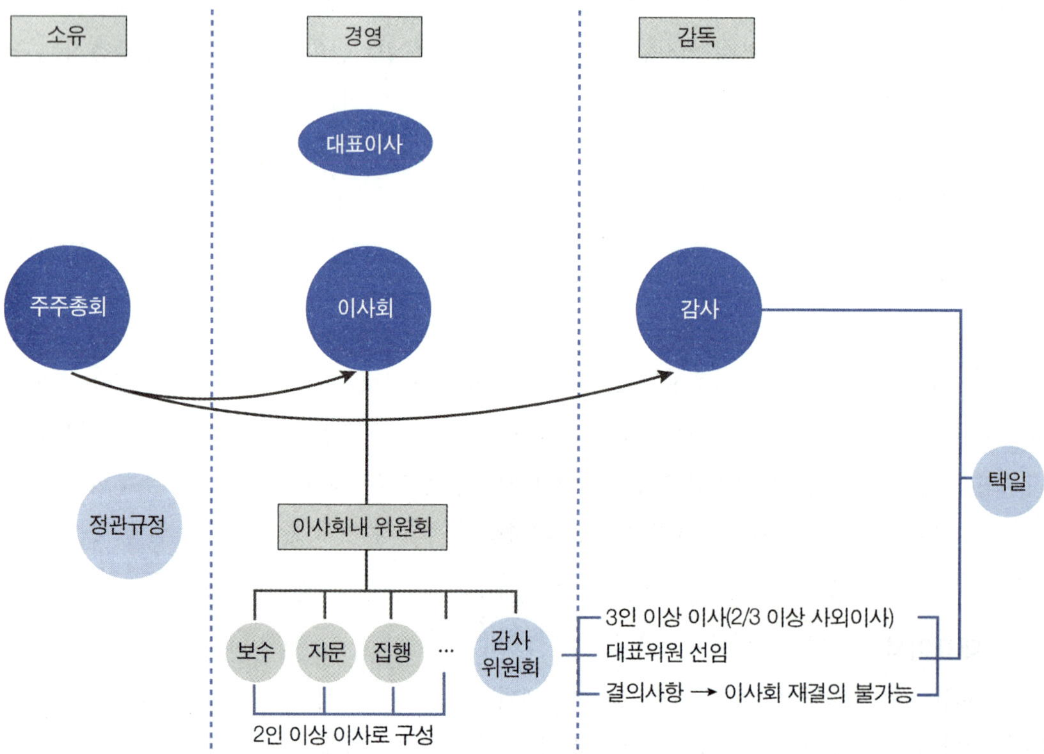

409조, 제415조의2 제1항). 감사기관으로서 감사와 감사위원회는 함께 둘 수는 없고 둘 중 어느 하나만을 선택하여 두어야 하는 점에 유의할 필요가 있다.

감사는 주주총회가 선임하는 독립적·수평적 외부기관이지만, 감사위원회는 이사회내위원회의 일종으로 회의체기관으로 수직적·내부적기관인 점에서 감사와는 차이를 보인다(제415조). 그 밖의 감사기관으로는 검사인과 외부감사인이 있다.

제 2 절 주주총회

I 총설

1. 의의

주주총회란 상법 또는 정관에 정하는 사항에 한하여 주식회사의 의사를 결정하는 필요상설기관이다(제361조). 주주총회의 의사결정의 범위는 상법 또는 정관에 정하는 사항이다. 그러므로 주주총회의 최소권한은 상법상 주주총회의 권한사항으로 정해진 것이며, 최대권한은 상법과 정관에서 정한 사항이 된다. 이는 현대회사법이 주주총회의 권한을 정관의 규정으로 신축적으로 조정이 가능하도록 함으로써 주식회사 운영의 탄력성을 기하기 위함이다.

2. 의사결정의 범위

상법은 주주의 이해관계에 특히 중요한 영향을 미칠 사항에 대해서는 주주총회의 권한사항으로 하고 있다. 주식회사는 다수의 주주로 분화되어 주주가 경영과 감독에 직접 참여할 수 없는 문제점을 해소하기 위해서 ① 경영자·감사기관의 선임·해임 등과 관련된 사항 및 ② 회사의 법적·실체적 구조변경에 관한 사항으로 구분할 수 있다. ①에 해당하는 것으로는 이사·감사의 선임(제382조 제1항, 제409조 제1항) 및 이사와 감사의 보수결정(제388조) 등이 있으며, ②에 해당하는 것으로는 정관변경(제433조 제1항), 영업양도·합병·회사의 분할·주식의 포괄적 교환 및 이전 등이 있다.

Ⅱ 주주총회의 소집

1. 소집권자

(1) 원칙적 소집권자

주주총회의 소집은 상법에 다른 규정이 없는 경우에는 이사회가 이를 결정한다(제362조). 주주총회의 소집권자는 대표이사가 아니라 이사회이다. 이 점 유의할 필요가 있다. 이는 강행규정으로도 정관으로도 달리 정할 수 없다. 다만, 이사가 1인인 소규모회사에서는 그 이사가 결정하고 직접 집행할 수밖에 없다(제383조 제1항 단서, 제6항). 청산중의 회사는 청산인회가 그 소집을 결정하고 그 집행은 대표청산인이 한다. 다만 예외적으로 소수주주, 감사 또는 법원의 명령에 의해 임시총회가 소집되는 경우도 있다.

(2) 예외적 소집권자

① 소수주주에 의한 소집

발행주식총수의 100분의 3 이상에 해당하는 주식을 가진 주주는 회의의 목적사항과 소집의 이유를 적은 서면 또는 전자문서를 "이사회에 제출"하여 임시총회의 소집을 청구할 수 있다(제366조 제1항).

소수주주의 청구가 있은 후 지체 없이 총회의 소집절차를 밟지 아니한 때에는 청구한 주주는 법원의 허가를 받아 직접 총회를 소집할 수 있으며 이 경우 주주총회의 의장은 법원이 이해관계인의 청구나 직권으로 선임할 수 있다(제542조의6 제2항). 이처럼 소수주주의 청구에 의해 소집된 임시총회에서는 회사의 업무와 재산상태를 조사하기 위하여 검사인을 선임할 수 있다(제542조의6 제3항).

상장회사에서는 소수주주의 요건이 15/1,000 이상으로 완화되고 대신 그에 해당하는 주식을 6월 전부터 계속 보유할 것을 요구한다(제542조의6 제1항).

② 감사에 의한 소집

감사 또는 감사위원회는 회의의 목적사항과 소집의 이유를 기재한 서면 또는 전자문서를 이사회에 제출하여 임시총회의 소집을 청구할 수 있다(제412조의3, 제415조의2 제7항). 감사 또는 감사위원회의 청구가 있은 후 지체 없이 총회의 소집절차를 밟지 아니한 때에는 총회의 소집청구를 한 감사 또는 감사위원회는 법원의 허가를 받아 직접 총회를 소집할 수 있다(제412조의3 제2항, 제415조의2 제7항).

③ 법원의 명령에 의한 소집

회사의 업무집행에 관하여 부정행위 또는 법령이나 정관에 위반한 중대한 사실이 있음을 의심할 사유가 있는 때에는 발행주식총수의 100분의 3 이상에 해당하는 주식을 가진 주주는 회사의 업무와 재산상태를 조사하게 하기 위하여 법원에 검사인의 선임을 청구할 수 있으며(제467조 제1항), 검사인은 그 조사의 결과를 법원에 보고하여야 한다(제467조 제2항).

법원은 검사인의 조사에 의하여 필요하다고 인정한 때에는 "대표이사에게" 주주총회의 소집을 명할 수 있다(제467조 제3항). 이때 대표이사가 법원의 명령에 위반하여 주주총회를 소집하지 아니한 경우에는 과태료의 제재를 받는다.

2. 소집시기와 소집장소

(1) 소집시기

주주총회는 그 소집시기에 따라 정기총회와 임시총회로 구분된다.

정기총회는 매년 1회 일정한 시기에 이를 소집하여야 한다(제365조 제1항). 다만, 연 2회 이상의 결산기를 정한 회사는 매기에 총회를 소집하여야 한다(제365조 제2항). 그러므로 1년에 2회 이상의 결산기가 있는 경우에는 결산기마다 각각 1회의 총회를 소집하여야 하므로 2회 이상 소집하여야 한다. 그에 반해 임시총회는 필요가 있는 경우에 수시로 소집하는 총회를 말한다(제365조 제3항).

이때 정기총회와 임시총회 사이에 그 권한 간 차이가 있는지 여부가 문제되는데, 통설은 정기총회와 임시총회는 소집시기에 따른 차이일 뿐 그 권한이나 결의의 효력에서는 차이가 없다고 본다.

(2) 소집장소

주주총회는 정관에 다른 정함이 없으면 본점소재지 또는 이에 인접한 장소에서 소집하여야 한다(제364조). 소집 장소에 대하여는 상법에 명문의 규정이 없으나 소집지 내의 특정한 장소로 정하여야 할 것이고 그 장소는 주주총회의 소집통지·공고에 기재되어야 한다.

만일 소집장소의 기재가 없으면 본점소재지가 소집장소가 될 것이다. 소집통지서에 기재된 소집일시 또는 소집장소가 회의 일시 또는 장소와 상당한 괴리가 있어 사회통념상 통지된 대로 회의가 있었다고 보기 어려운 경우에는 소집절차에 하자가 있다고 보아야 하며 이는 후술하는 결의취소의 사유가 된다(대법원 2003.7.11.선고, 2001다45584판결).

3. 소집절차

(1) 일반적인 절차

주주총회를 소집할 때에는 주주총회일의 2주 전에 각 주주에게 서면으로 통지를 발송하거나 각 주주의 동의를 받아 전자문서로 통지를 발송하여야 한다(제363조 제1항). 다만, 소집통지가 주주명부상 주주의 주소에 연속하여 3년간 도달하지 아니한 경우에는 회사는 해당주주에게 총회의 소집을 통지하지 아니할 수 있다(제363조 제1항 단서). 통지서에는 회의의 목적사항을 적어야 한다(제363조 제2항).

주주총회에서는 명의개서된 주주에 한해 의결권을 행사할 수 있으므로 명의개서를 하지 않은 주식양수인에게는 소집통지를 할 필요가 없다(대법원 2012.6.14.선고, 2012다20925판결). 또한 의결권의 배제 또는 제한에 관한 종류주식을 가진 주주에 대해서도 소집통지는 필요하지 않다(제363조 제6항).

(2) 소규모주식회사에 대한 특례

① 소집통지의 특례

일반적인 소집통지 및 공고에도 불구하고, 자본금 총액이 10억원 미만인 회사가 주주총회를 소집하는 경우에는 총회일의 10일 전에 각 주주에게 서면으로 통지를 발송하거나 각 주주의 동의를 받아 전자문서로 통지를 발송하여야 한다(제363조 제4항).

② 서면결의의 특례

자본금 총액이 10억원 미만인 주식회사는 주주 전원의 동의가 있을 경우에는 소집절차 없이 주주총회를 개최할 수 있고, 서면에 의한 결의로써 주주총회의 결의를 갈음할 수 있다. 그리고 결의의 목적사항에 대하여 주주 전원이 서면으로 동의를 한 때에는 서면에 의한 결의가 있는 것으로 본다(제363조 제5항).

(3) 상장회사에 대한 특례

상장회사가 주주총회를 소집함에 있어서는 의결권 있는 발행주식총수의 100분의 1 이하의 주식을 가진 주주에 대하여는 "정관에 정하는 바에 따라" 회일의 2주간 전에 소집의 뜻과 목적사항을 2개 이상의 일간신문에 각각 2회 이상 공고하거나, 전자적 방법으로 공고함으로써 소집통지를 갈음할 수 있다(제542조의4).

이때 전자적 방법의 공고란 금융감독원 또는 한국거래소가 운영하는 전자공시시스템에 공시하는 것을 말한다(상법시행령 제31조 제2항). 이같이 전자공고로 갈음하기 위해서는 반드시 정관에 규정을 두어야 한다(서울고법 2011.6.15.선고, 2010나120489판결).

4. 소집절차상 하자

(1) 의의

소집절차를 흠결한 주주총회의 결의의 효력은 결의취소의 소(제376조) 또는 부존재의 소(제

380조)의 원인이 되고, 그러한 절차를 흠결한 대표이사는 과태료의 제재(제635조 제1항 제2호)를 받지만 다음과 같은 주주총회는 특수한 경우로서 그 소집절차의 흠결이 있더라도 유효여부가 문제된다.

(2) 이사회결의에 하자가 있는 소집

총회를 소집하는 이사회결정에 흠이 있거나 또는 그 결의에 존재하는 하자가 있는 경우에는 소집절차상 하자가 있는 것이므로 원칙적으로 결의취소의 소의 원인이 된다. **다만, 이사회결의를 거치지 않은 경우에도 주주 전원이 동의하거나, 1인주식회사의 경우에는 1인주주의 의사에 의해 소집절차상의 하자는 치유되고 주주총회는 적법하게 소집된 것으로 본다**(대법원 1993.2.26. 선고, 92다48727판결).

(3) 소집통지의 하자

주주총회를 소집함에 있어 소집통지는 법정된 소집절차이다. 그러므로 이러한 법정 소집절차를 이행하지 않은 경우에는 결의취소의 소의 원인이 된다. 그러나 소집통지를 하지 않은 경우에도 주주 전원이 총회개최에 동의하였고 전원이 출석한 경우에는 주주전원이 소집통지에 관한 이익을 포기하고 총회의 개최에 동의한 것이라고 볼 수 있으므로 이는 유효한 결의로 인정된다(대법원 2002.12.24.선고, 2000다69927판결).

(4) 통지절차의 하자와 치유

통지기간을 준수하지 아니하였거나, 소집통지를 전혀 하지 않은 경우 또는 통지내용에 회의의 목적사항이 기재되지 않은 경우 등 통지절차상의 하자는 결의취소의 소의 원인이 된다. **다만, 그 하자가 일부 주주에 국한된 것이라면 일부 주주의 동의로, 주주 전원에 대한 것이라면 주주 전원의 동의로 치유될 수 있다**(대법원 1987.5.12.선고, 86다카2705판결).

(5) 1인주식회사의 소집절차상 하자

1인회사의 경우에는 실제로 주주총회를 개최한 사실이 없더라도 의사록이 작성되었다면 주주총회의 결의로 인정될 수 있으며, 더 나아가 의사록의 작성조차 없더라도 1인주주의 의사에 합치하는 한 그 증거에 의해 주주총회의결의가 있었던 것으로 볼 수 있다(대법원 2004.12.10.선고, 2004다25123판결 등).

관련판례요약

소집통지 및 공고가 적법하게 이루어진 이후에 당초의 소집장소에서 개회를 하여 소집장소를 변경하기로 하는 결의조차 할 수 없는 부득이한 사정이 발생한 경우, 소집권자가 대체장소를 정한 다음

당초의 소집장소에 출석한 주주들로 하여금 변경된 장소에 모일 수 있도록 상당한 방법으로 알리고 이동에 필요한 조치를 다한 때에 한하여 적법하게 소집통지가 변경되었다고 볼 수 있을 것이다(대법원 2003.7.11.선고, 2001다45584판결).

5. 소집의 철회와 변경

(1) 철회의 가능 여부

일반적으로 총회가 개최되기 전에는 당초 그 총회의 소집이 필요하거나 가능하였던 기본적인 사정에 변경이 생길 경우 특별한 사정이 없는 한 소집권자는 소집된 총회의 개최를 연기하거나 소집을 철회할 수 있다고 보아야 한다(대법원 2007.4.12.선고, 2006다77593판결).

(2) 추가적 절차 여부

주주총회 역시 이러한 사정이 생겼을 경우 주주총회를 철회 또는 변경할 수 있음은 물론 소집장소도 변경할 수 있다고 볼 수 있다. **다만, 철회 또는 변경은 당초의 소집을 결정할 때와 마찬가지로 이사회의 결의를 거쳐 대표이사가 그 뜻을 통지·공고하여야 한다**(대법원 2009.3.26.선고, 2007도8195판결).

(3) 철회와 변경의 효력

총회의 철회와 변경은 반드시 당초 소집할 때와 동일한 방식으로 할 필요는 없고, 총회의 개최일 전에 모든 주주들에게 철회와 변경이 있었음을 알리는 통지가 도달할 수 있는 방법을 취한 경우에는 철회 및 변경의 효력이 발생한다고 본다(대법원 2009.3.26.선고, 2007도8195판결).

6. 주주총회의 연기와 속행

(1) 의의

주주총회의 연기란 총회가 성립한 후 미처 의안을 다루지 못하고 회일을 후일로 다시 정하는 것을 뜻하며, 총회의 속행이란 의안이 심의에 착수하였으나 결의에 이르지 못하고 회일을 다시 정하여 동일한 의안을 계속 다루는 것을 말한다.

(2) 연기·속행의 결의

주주총회에서는 회의의 연기 또는 속행을 결의할 수 있다(제372조 제1항). 총회의 속행 또는 연기의 결의는 주주총회에서 하여야 하며, 주주총회의 의장이나 이사회가 연기와 속행을 결정할 수는 없다.

(3) 소집통지의 가부

총회를 연기 또는 속행하는 경우 의안의 동일성이 유지되는 한 연기·속행을 결의한 총회의 연장이므로 동일한 총회로 다루어진다. **따라서 총회를 연기 또는 속행하는 경우에는 통지 등 별도의 소집절차를 요하지 않는다**(대법원 1989.2.14.선고, 87다카3200판결).

7. 총회검사인

(1) 의의

회사 또는 발행주식총수의 100분의 1 이상에 해당하는 주식을 가진 주주는 총회의 소집절차 또는 결의방법의 적법성을 조사하기 위하여 총회 전에 법원에 검사인의 선임을 청구할 수 있다(제367조 제2항).

(2) 선임의 요건

① 청구권자

회사 또는 발행주식총수의 100분의 1 이상에 해당하는 주식을 가진 주주가 청구할 수 있다. 소수주주의 요건은 상장회사와 같다. 다만 주목할 점은 발행주식총수의 100분의 1 이상을 가진 소수주주권은 개정 전의 상법에서는 대표소송과 위법행위유지청구권의 두 가지 뿐이었는데 총회검사인 선임청구권이 추가되었다는 점이다.

② 사전청구

검사인의 선임은 총회 전에 하여야 한다. 검사인의 직무는 총회의 소집과 결의방법이 적법한지를 실시간에 관찰하는 것이므로 사전에 선임이 필요한 것이다.

(3) 조사의 대상

총회의 소집절차의 적법성 및 결의방법의 적법성이 검사인의 조사대상이다. 법문에서는 적법성이라고 표현하지만, 결의의 효력에 관한 다툼의 증거를 확보해두는 것이 제도의 목적의 일부이므로 결의취소의 사유가 되는 소집절차나 결의방법이 현저히 불공정한 것도 조사대상이다.

Ⅲ 주주제안권

1. 의의

주주총회를 소집할 때에는 소집통지서에 회의의 목적사항을 기재해야 하고(제363조 제2항),

이러한 소집통지에 의해 소집된 주주총회에서는 소집통지서에 기재된 목적사항에 한하여 결의할 수 있다.

주주총회의 소집에 관한 사항은 원칙적으로 이사회가 결정한다(제362조).

회사의 경영활동은 궁극적으로 주주를 위한 것임에도 불구하고 주주총회의 소집 및 목적사항을 정하는 것도 이사회의 결의로 이루어지므로 주주가 총회의 목적사항을 정하거나 이를 제안하여 회사의 경영활동에 참여하는 것은 원천적으로 봉쇄되고 있다. 이러한 문제점을 감안하여 주주가 일정한 의제 또는 의안을 총회의 목적사항 또는 구체적인 안건으로 제안할 수 있도록 하여 주주의 경영참여를 유도하기 위한 제도가 곧 주주제안권이다.

2. 주주제안권자

(1) 비상장회사

주주제안은 의결권 없는 주식을 제외한 발행주식총수의 100분의 3 이상을 소유한 주주에게 허용된다(제363조의2 제1항).

(2) 상장회사

상장회사의 경우에는 100분의 1 이상(자본금이 1,000억원 이상인 회사는 5/1,000 이상)을 가진 주주로 완화되지만(제542조의6 제2항), 그에 해당하는 주식을 원칙적으로 6월 전부터 보유하고 있는 주주에 한해 주주제안을 허용한다.

3. 주주제안의 내용

주주제안권은 이사에게 총회의 목적사항으로 할 것을 제안할 수 있는 권리인 의제제안권과 일정한 목적사항에 추가하여 당해 주주가 제출하는 의안의 요령, 즉 구체적인 결의안을 제출하는 의안제안권의 2가지 유형이 있다.

예컨대 이사 선임의 안건, 이익배당의 안건 등은 의제제안권의 일종이고 이를 보다 구체적으로 표현하여 의안의 요령을 기재한 이사를 '홍길동'으로 선임하자는 안, 이익배당율을 5%로 하자는 안 등이 의안제안권이 되는 것이다.

4. 주주제안의 거부

주주제안을 함에는 제안의 필요성이나 합리성에 대한 증명 또는 소명이 필요하지 않다. 그런 이유로 주주제안권의 행사를 제한 없이 허용한다면 소유와 경영의 분리를 원칙으로 하는 회사법의 권한배분의 원리를 흐릴 수 있다. 그러므로 상법에서는 남용에 해당하는 주주제안에 대해서는 이사회가 이를 목적사항으로 하지 않을 수 있음을 규정하고 있다(제363조의2 제3항).

상법은 주주제안의 내용이 법령 또는 정관에 위반되는 경우는 이사회가 이를 거부할 수 있는 사유로 예시하고, 이에 추가하여 거부할 수 있는 사유를 시행령으로 정하고 있는데 그 내용은 다음과 같다.

주주제안의 거부가능 사유(상법시행령 제12조 각호)

① 주주총회에서 의결권의 100분의 10 미만의 찬성 밖에 얻지 못하여 부결된 내용과 같은 내용을 부결된 날로부터 3년 내에 다시 제안하는 경우
② 주주개인의 고충에 관한 사항인 경우
③ 소수주주권에 관한 사항인 경우
④ 상장회사에서 임기 중에 있는 임원의 해임에 관한 사항인 경우
⑤ 회사가 실현할 수 없는 사항 또는 제안이유가 명백히 허위이거나 특정인의 명예를 훼손하는 사항인 경우

5. 주주제안권의 행사절차

의결권이 없는 주식을 제외한 발행주식총수의 100분의 3(상장회사 1/100, 5/1,000)이상에 해당하는 주식을 가진 주주는 이사에게 정기주주총회일의 6주 전에 서면 또는 전자문서로 일정한 사항을 총회의 목적사항인 의제로 할 것을 청구하거나 총회의 목적사항에 추가하여 의안의 요령을 소집통지에 기재할 것을 청구할 수 있다(제363조의2 제1항 및 제2항).

이때 주의하여야 할 점은 의제 또는 의안제안의 상대방이 이사회가 아니라 이사라는 점이다. 이는 수동대리의 법리를 생각하면 간단히 해결된다. 즉 회사는 의사표시를 수령하는 수동대리인의 입장이고, 궁극적으로 제안의 상대방은 이사 전원이 될 것이지만 이 중 1인에 대하여만 의사표시를 하더라도 유효하기 때문이다.

6. 주주제안의 효과

이사는 소수주주의 주주제안이 있을 경우 이를 이사회에 보고하고, 이사회는 제안의 내용이 법령·정관에 위반하거나 대통령령에서 정하는 사유에 해당하지 않는 한 주주총회의 목적사항으로 상정하여야 하며, 제안자의 요청이 있을 경우에는 당해 의안을 설명할 수 있는 기회를 주어야 한다(제363조의2 제3항).

7. 주주제안을 무시한 경우의 효과

(1) 의제제안의 무시

의제제안(회의의 목적사항)을 무시한 경우에는, 주주가 제안한 목적사항을 소집통지서에도 기재하지 않고 의제로 상정하지도 않은 경우에는 이에 대응하는 어떠한 결의도 없으므로 소집절차·결의방법에 하자는 없는 것으로 보는 것이 합리적이며 더 나아가 결의취소의 소의 원인은 되지 않는다. 다만 이사에 대하여 손해배상을 청구하는 것은 가능하고 아울러 이사에게는 과태료의 제재가 있을 뿐이다(제635조 제19호의2).

(2) 의안제안의 무시

회사가 주주의 의안제안(의안의 요령)을 무시한 채, 주주총회에서 제안된 의안과 상충하는 결의가 이루어진 경우, 그 결의는 결의방법에 하자가 있는 것으로 보아 결의취소의 사유에 해당한다고 본다. 즉, 의안제안을 무시한 경우에는 주주총회의 결의하자가 되지 않지만, 의안제안을 무시한 경우에는 주주총회의 결의하자가 되는 점에 주목할 필요가 있다.

Ⅳ 의결권의 내용과 제한

1. 의결권의 내용

(1) 의의

의결권이란 주주가 주주총회에서 의사표시를 통해 주주총회의 공동의 의사결정에 지분적으로 참여할 수 있는 권리를 말한다. 의결권은 주주의 가장 중요한 공익권이자, 고유권의 일종이다. 그러므로 의결권은 정관의 규정으로도 이를 박탈하거나 제한할 수 없고 주식과 분리하여 양도하거나 포기할 수 없다.

(2) 1주1의결권원칙

의결권은 주주평등의 원칙에 따라 1주마다 1개가 주어지는데(제369조 제1항), 이를 1주1의결권의 원칙이라 한다. 1주1의결권에 관한 상법의 규정은 강행규정으로 상법상 제한을 제외하고는 정관으로도 이를 달리 정할 수 없으며, 이와 다른 내용으로 주주들 간의 합의가 있더라도 무효이다(대법원 2009.11.26.선고, 2009다51820판결).

2. 의결권의 제한

(1) 자기주식

회사는 자기의 일정한 방법에 의해 자기의 명의와 계산으로 자기주식을 취득할 수 있다(제341조 제1항). 이때 회사가 상법의 규정에 의한 자기주식은 공익권은 물론 자익권도 인정되지 않으므로 의결권 또한 인정되지 않는다.

(2) 의결권의 배제·제한 종류주식

회사는 정관의 규정에 의하여 의결권이 없는 종류주식이나 의결권이 제한되는 종류주식을 발행할 수 있는데(제344조의3), 정관의 규정에 의하여 의결권을 행사할 수 없는 사항이 된 경우에는 주주총회에서 의결권을 행사할 수 없다.

(3) 피참가회사소유 참가회사주식

회사, 모회사 및 자회사 또는 자회사가 다른 회사의 발행주식총수의 10분의 1을 초과하는 주식을 가지고 있는 경우 그 다른 회사를 피참가회사라고 하며 이러한 피참가회사가 가지고 있는 참가회사 또는 모회사의 주식은 의결권이 없다(제369조 제3항). 이는 주식의 상호소유를 통해 지배구조를 왜곡할 염려가 있기 때문이다.

(4) 감사선임결의에서의 의결권제한

① 의의

의결권 없는 주식을 제외한 발행주식총수의 100분의 3을 초과하는 수의 주식을 가진 주주는 감사선임결의에 있어서 그 100분의 3을 초과하는 주식에 대해서는 의결권을 행사하지 못한다(제409조 제2항). 회사는 정관으로 그 비율을 낮추는 것은 가능하지만, 높이는 것은 허용되지 않는다(제409조 제3항). 감사선임시 대주주의 영향력을 감소시키기 위함이다.

② 효과

감사선임결의에 있어서 발행주식총수의 100분의 3을 초과하는 부분에 대한 의결권을 제한하는 것은 감사의 중립성과 객관성을 확보하기 위해 대주주의 영향력을 배제하기 위한 것이다. 의결권만을 제한하는 것이므로 발행주식총수에는 산입되고 출석한 주주의 의결권 수에는 산입되지 않을 뿐이다.

이때 주의할 점은 발행주식총수의 100분의 3을 초과하는 주식을 소유한 대주주라 하더라도 100분의 3까지는 의결권행사가 가능하고, 그 초과하는 주식에 대한 의결권이 인정되지 않는다는 것이다.

(5) 특별이해관계인의 소유주식

① 의의

주주총회에서 그 결의에 관하여 특별한 이해관계가 있는 자는 의결권을 행사하지 못한다(제368조 제4항). 주주의 의결권은 공익권의 일종으로 의결권행사의 궁극적인 목적은 회사와 주주 전체의 이익을 실현하는 것이다. 그럼에도 불구하고 주주총회의 결의에 대해 특별한 이해관계가 있는 자가 의결권을 행사하는 경우에는 총회결의의 공정을 기대하기는 힘들 것이다. 그런 이유에서 이와 같은 규정을 둔 것이다.

② 적용의 효과

특별이해관계라 함은 특정한 주주가 주주로서의 지위와 관계없이 개인적으로 이해관계를 가지는 것을 말한다. 특별한 이해관계가 있는 주주는 주주총회에서 의결권을 행사하지 못하며 그 의결권의 수는 발행주식총수(성립정족수)에는 포함되지만, 출석한 주주의 의결권 수(의결정족수)에는 산입하지 아니한다(제371조 제2항). 만일 특별한 이해관계가 있는 주주가 의결권을 행사하였다면 이는 결의방법에 하자가 있는 것이므로 후술하는 주주총회결의취소의 소의 원인이 된다(제376조 제1항).

③ 특별이해관계의 판단

주주총회에서 특별한 이해관계가 있는 자는 의결권을 행사하지 못한다. 이때 특별한 이해관계가 있는지 여부는 다음과 같이 판단한다.

구분	적용사례
특별이해관계가 있는 경우	① 이사와 감사의 보수결정시 주주인 이사, 감사 등 ② 이사와 감사의 회사에 대한 손해배상책임 면제결의시 주주인 이사와 감사 등 ③ 영업양도, 경영위임 등에 있어서 상대방이 되는 주주
특별이해관계가 없는 경우	① 이사와 감사의 선임 및 해임결정시 주주인 이사와 감사 등 ② 재무제표의 승인결의에 있어서의 주주인 자 ③ 회사의 합병, 분할 등에 있어서 주주인 자

V 의결권의 행사방법

1. 의의

주주는 주주명부를 통해 인적 동일성을 확인함으로써 주주총회에 출석하여 별도의 주권을 제시할 필요 없이 직접 의결권을 행사할 수 있다(제352조 제1항). 그 외에도 상법에서는 다양한 의결권의 행사방법을 정하고 있다. 의결권의 행사방법에 관한 내용은 시험에 빈출되는 매우 중요한 주제이므로 완벽한 이해가 필요하다.

의결권의 행사방법

① 의결권의 대리행사(제368조 제3항)
② 서면에 의한 의결권행사(제368조의3)
③ 의결권의 불통일행사(제368조의2)
④ 전자적 방법에 의한 의결권행사(제368조의4) 등

2. 의결권의 대리행사

(1) 의의

의결권의 대리행사란 주주인 본인이 아닌 제3자인 대리인이 본인을 위하여 주주총회에서 의결권을 행사하고 그 의결권의 행사를 주주의 의결권 행사로 인정하는 제도를 말한다. 상법은 주주가 대리인으로 하여금 그 의결권을 대리행사하게 할 수 있도록 하여(제368조 제2항), 이를 허용하고 있다. 주주권행사의 편의를 보장해주는 동시에 회사의 입장에서는 총회의 정족수를 용이하게 확보할 수 있도록 하기 위함이다.

(2) 근거

의결권의 대리행사는 본인이 대리인을 통해 자신의 의사를 표시하는 것이므로 이를 막는 것은 의사표시자유의 원칙을 침해하는 것이므로 상법은 이를 강행규정으로 보고 있다.

따라서 의결권의 대리행사는 정관의 규정으로 이를 금지하거나 제한할 수 없으며, 대리행사를 위하여 별도로 정관에 규정을 두어야 하는 것도 아니다. 이 점 유의하기 바란다.

(3) 대리인의 자격

대리인의 자격에는 특별한 제한이 없으므로 무능력자나 법인도 대리인이 될 수 있다. 다만 회사가 보유하는 자기주식은 의결권이 인정되지 않으므로 회사는 주주의 의결권을 대리행사할 수 없다.

회사가 정관에 규정을 두어 대리인의 자격을 주주로 한정하는 경우가 있다. 이에 대해 판례는 의결권의 대리행사에 있어 대리인의 자격을 제한할 만한 합리적인 이유가 있는 경우에는 정관의 규정에 의하여 그 상당한 제한이 가능하다고 볼 수 있고 이를 무효라고 볼 수는 없다고 본다(대법원 2009.4.23.선고, 2005다22701·22718판결).

(4) 대리권의 증명

① 의의

의결권을 대리하여 행사하고자 하는 대리인은 대리권을 증명하는 서면을 총회에 제출하여야 한다(제368조 제3항). 이때 법정대리인은 법정대리권 발생의 원인을 증명할 수 있는 서면을, 임의대리인은 대리권을 수여하는 뜻이 담긴 서면인 위임장을 제출하여야 한다.

② 서면의 종류

대리권의 증명은 원칙적으로 위임장으로 하여야 한다. 이때 위임장은 원본이어야 하고 사본은 인정되지 않는다(대법원 1995.7.28.선고, 94다34579판결). 대리인이 위임장 원본인 서면으로 대리권을 증명한 이상 그 외의 신분증의 제시나 기타 신원확인을 요구하는 것은 위법하다(대법원 2004.4.27.선고, 2003다29616판결). 한편, 위임장이 아닌 다른 방법으로 주주 또는 대리인이 위임장의 진정성 내지 위임의 사실을 증명할 수 있다면 회사는 그 대리권을 부정할 수 없다(대법원 2009.5.28.선고, 2008다85147판결).

(5) 수권의 범위

대리권은 총회별로 수여되고 증명되어야 한다. 1회의 대리권수여로 수 개의 총회에 걸쳐 대리할 수 있다면 사실상 주주의 지위와 분리되어 의결권이 양도될 수 있는 결과가 초래될 수 있으므로 적어도 대리권은 총회별로 별도로 주어져야 할 것이다.

(6) 수권의 철회

주주는 결의가 있기 전에는 언제든지 수권행위를 철회하고 본인이 의결권을 행사할 수 있다(민법 제128조). 주주가 의결권을 중복하여 위임한 경우에는 주주가 먼저의 위임을 철회하고 뒤의 위임을 한 것으로 보아야 한다(서울중앙지법 2008.4.29.선고, 2008카합1070판결). 이 경우 수권행위를 철회하면 원인관계상 채무불이행이 될 것이지만, 회사법상 철회의 효력에 영향이 없다(대법원 2002.12.24.선고, 2002다54691판결).

(7) 수권의 위반행사

대리인은 본인으로부터 수권 받은 대로 의결권을 행사하여야 한다. 그러나 본인의 의사에 반하여 기권하거나 주주의 명시된 의사와 달리 의결권을 행사한다면 본인과 대리인 사이에서는 채무불이행이 되어 손해배상책임을 지게 될 것이지만, 주주총회의 결의의 효력에는 전혀 영향이 없고 유효한 결의가 된다(대법원 1969.7.8.선고, 69다688판결). 대리인이 수인의 주주를 대리할 경우 각 수권에 따라 의결권을 불통일 행사할 수 있음은 물론이다(대법원 2001.9.7.선고, 2001도2917판결).

(8) 대리행사의 재위임

의결권의 대리행사할 권한을 수여받은 대리인은 이를 재차 제3자에게 위임할 수 있는지 여부가 문제된다. 이에 대해 판례는 의결권은 반드시 본인이 행사해야 할 필요가 있는 것은 아니므로 **본인의 반대의 의사표시가 없는 한 대리인은 제3자에게 의결권의 행사를 재차 위임할 수 있다고 본다**(대법원 2009.4.23.선고, 2005다22701 · 22718판결).

관련판례요약

주주의 자유로운 의결권행사를 보장하기 위하여 주주가 의결권의 행사를 대리인에게 위임하는 것이 보장되어야 한다고 하더라도 주주의 의결권행사를 위한 대리인의 선임이 무제한적으로 허용되어야 하는 것은 아니고, 그 의결권의 대리행사로 말미암아 주주총회의 개최가 부당하게 저해되거나 혹은 회사의 이익이 부당하게 침해될 염려가 있는 등의 특별한 사정이 있는 경우에는 회사는 이를 거절할 수 있다(대법원 2001.9.7.선고, 2001도2917판결).

3. 서면에 의한 의결권행사(서면투표)

(1) 의의

주주는 정관이 정하는 바에 따라 주주총회에 출석하지 아니하고 서면으로 의결권을 행사할 수 있다(제368조의3 제1항). 이를 서면에 의한 의결권의 행사 또는 서면투표라고 한다. 서면에 의한 의결권행사, 즉 서면투표는 서면결의와는 구별을 요한다. 서면투표는 주주총회가 열린 가운데 일부의 주주가 주주총회에 참석하지 않고 서면으로 의결권을 행사하는 행위이고, 서면결의는 주주총회를 개최함이 없이 주주총회의 결의 자체를 서면으로 대신하는 것이다.

서면투표와 서면결의 비교

구분	서면의 의한 의결권 행사 (서면투표)	서면에 의한 결의 (서면결의)
의의	주주총회가 열린 가운데 일부의 주주가 주주총회에 참석하지 않고 서면으로 의결권을 행사하는 행위	주주총회를 개최함이 없이 주주총회의 결의 자체를 서면결의로 대체하는 것
근거	정관규정 필요	주주(사원) 전원 동의 필요
적용대상	주식회사의 주주총회	① 유한회사의 사원총회 ② 자본금총액이 10억원 미만인 주식회사

제4장 주식회사의 기관

(2) 근거

서면에 의한 의결권의 행사(서면투표)는 정관에 규정을 둔 경우에 한해 실시할 수 있다(제368조의3 제1항). 회사는 서면투표 여부를 자유롭게 결정할 수 있지만 일단 시행하기 위해서는 정관에 그 규정을 두어야 한다. 그리고 정관으로 서면투표를 할 수 있도록 정한 경우에는 반드시 실시하여야 한다.

(3) 주주총회의 소집

정관에 서면투표가 가능하도록 규정한 경우에도 주주총회의 소집은 생략할 수 없다. 그리고 의결권을 서면에 의해 행사할 것인지 출석에 의할 것인지의 선택은 주주의 자유이므로 서면투표제를 채택한 경우에도 주주총회의 회의를 생략할 수는 없다.

(4) 주주에 대한 서류의 송부

정관에 의해 서면투표제를 채택한 경우에는 총회 소집통지서에 주주가 의결권을 행사하는데 필요한 서면과 참고자료를 송부하여야 한다(제368조의3 제2항). 상장회사의 경우 발행주식총수의 100분의 1 이하의 주식을 가진 소수주주들에게는 소집통지 대신 공고로 갈음할 수 있지만, 서면투표를 채택한 경우에는 위의 관련서류를 송부하여야 하므로 공고로 갈음할 수 없다.

(5) 서면의 제출시기

서면으로 의결권을 행사할 주주는 회사가 보낸 의결권을 행사할 서면에 찬반의 의사를 표기하여 회사에 제출하여야 한다. 제출의 방법에는 제한이 없으며, 총회의 결의 전까지는 도달하여야 한다.

(6) 서면제출의 효과

의결권의 행사를 위한 서면을 제출하면 그 주주의 의결권은 출석한 의결권으로 다루어지고 의사표시의 내용대로 찬성 또는 반대에 가산된다. 주주가 의결권행사 서면을 회사에 송부한 후 의결권행사를 철회하거나 내용을 변경할 수 있는지 여부에 대해 주주가 총회에 출석하여 철회·번복하는 것은 당연히 인정되어야 하는 것이지만, 그 밖의 수단으로 철회·번복하는 것은 정관에 규정이 없는 한 허용되지 않는다고 보아야 한다.

4. 의결권의 불통일행사

(1) 의의

주주가 2개 이상의 의결권을 가지고 있는 때에는 이를 통일하지 아니하고 의결권을 행사할 수 있는데 이를 의결권의 불통일행사라고 한다(제368조의2 제1항). 예컨대 주주가 10주를 가진 경우 이 중 6주는 찬성표로, 나머지 4표는 반대표로 사용하는 것이다.

의결권을 행사하는 명의상의 주주가 배후에 이해관계를 달리하는 다수의 실질주주를 두고 있는 경우 실질주주의 의사를 반영하기 위해 이같이 분리행사를 인정할 실익이 있다.

(2) 적용요건

의결권의 불통일행사는 ① 주주가 신탁을 인수하였거나, ② 기타 타인을 위하여 주식을 가지고 있는 경우 외에는 회사는 의결권의 불통일행사를 거부할 수 있다(제368조의2 제2항). 따라서 주주가 주식의 신탁을 인수한 경우 또는 타인을 위하여 주식을 가지고 있는 경우에 회사는 의결권의 불통일행사를 거부할 수 없다.

(3) 적용절차

주주가 의결권을 불통일하여 행사하기 위해서는 총회 회일의 3일 전까지 회사에 대하여 서면 또는 전자문서로 그 뜻과 이유를 통지하여야 한다(제368조의2 제1항). 총회의 3일 전까지 통지하여야 한다 함은 총회일의 3일 전까지는 불통일행사의 통지가 도달하여야 함을 뜻한다(대법원 2009.4.23.선고, 2005다22701 · 22718판결). 이를 위반하여 총회일의 3일 전 이후에 통지가 도달한 경우에도 회사가 이를 수용하였고, 이러한 조치가 주주평등의 원칙에 반하거나 의결권 행사의 결과를 조작하기 위한 것이 아닌 한, 의결권의 행사는 적법한 것으로 보아야 한다(대법원 2009.4.23.선고, 2005다22701 · 22718판결).

(4) 적용효과

불통일행사된 의결권은 각기 전부 유효한 표가 되어 정족수계산에 산입된다. 명의상의 주주와 실질주주와의 관계에서 불통일행사할 의무가 있음에도 불구하고 불통일행사를 하지 않고 실질주주의 의사에 반하는 표결을 한 경우 그 효력에 대해서는 불통일행사는 명의주주와 실질주주의 내부적인 문제에 그치는 것이므로 의결권행사의 효력에 영향이 없다.

5. 전자적방법에 의한 의결권행사(전자투표)

(1) 의의

서면에 의한 의결권의 행사방법과는 별도로 상법은 전자적 방법에 의한 의결권의 행사를 허용하고 있다. 회사는 이사회의 결의로 주주가 총회에 출석하지 아니하고 전자적 방법으로 의결권을 행사할 수 있음을 정할 수 있다(제368조의4 제1항). 이를 전자적 방법에 의한 의결권행사 또는 전자투표라고 한다.

서면투표와 전자투표의 비교

구분	서면투표	전자투표
의의	서면에 의해 의결권을 행사하는 것	전자적 방법으로 의결권을 행사하는 것
근거	정관의 규정 필요	이사회의 결의 필요
주주총회의 개최여부	반드시 개최해야 함	반드시 개최해야 함

(2) 적용요건

회사가 전자투표를 채택할 경우에는 주주총회의 소집통지·공고에 전자투표의 방법으로 의결권을 행사할 수 있음을 기재하여야 한다(제368조의4 제2항). 소집통지·공고에는 전자투표를 할 인터넷주소, 전자투표를 하여야 할 기간, 기타 전자투표에 필요한 기술적인 사항을 기재하여야 한다(상법시행령 제13조 제2항).

(3) 적용절차

전자투표를 하고자 하는 주주는 전자서명법에서 정하는 공인전자서면을 통하여 주주확인을 받아야 한다(제368조의4 제3항). 그리고 주주는 회사가 통지한 인터넷주소로 회사가 정한 방법에 따라 전자투표를 하여야 한다.

투표할 기간은 회사가 정하되, "주주총회의 전날까지" 전자투표를 종료하여야 한다(상법시행령 제13조 제2항). 전자투표를 한 주주는 그 의결권행사를 철회하거나 변경하지 못한다(상법시행령 제13조 제3항). 이 점 유의하여야 한다.

(4) 전자투표의 도달

주주의 전자투표는 격지자간의 의사표시이므로 회사에 도달하여야 그 효력이 발생한다(민법 제111조 제1항). 그러므로 주주가 회사에 의해 지정된 정보처리시스템에 투표의사를 입력한 때에 회사에 도달한 것으로 본다.

(5) 서면투표와 전자투표

회사가 서면투표와 전자투표를 동시에 허용하는 경우 동일한 주식에 관해서는 서면투표와 전자투표 중 어느 하나의 방법을 선택하여 투표하여야 한다(제368조의4 제4항). 동일한 주식에 대해 서면투표와 전자투표를 동시에 허용하는 경우 1주1의결권원칙에 위배되기 때문이다.

(6) 기록의 보존 및 운영

회사는 의결권행사에 관한 전자적 기록을 총회가 끝난 날로부터 3개월간 본점에 비치하여 열람하게 하고, 총회가 끝난 날로부터 5년간 보존하여야 한다(제368조의4 제5항).

전자투표제도를 시행함에는 상당한 기술이 필요하므로 명의개서대리인을 선임하여 명의개서업무를 위임하는 것처럼 회사가 전자투표관리기관을 정하여 주주확인절차 등 의결권행사절차의 운영을 위탁할 수 있다(상법시행령 제13조 제4항).

Ⅵ 주주총회의 운영

1. 의의

상법은 주주총회 의장의 선임과 권한에 관한 사항 외에는 주주총회의 결의방법에 관해 명문의 규정을 둔 바 없으므로 의사의 운영은 회의의 관행과 일반원칙에 따른다.

의사진행과 결의가 공정하게 이루어져야 한다는 것은 주주총회 운영의 당연한 명제이고 주주총회에 관한 상법상의 모든 규정이 이를 확보하기 위한 것이라 할 수 있다, 그런 이유로 의사진행의 공정을 위해 상법은 의장에게 질서유지권을 부여하고(제366조의2), 주주권행사와 관련하여 이익이 공여되는 것을 금지하고 있다(제467조의2).

2. 총회의 의장

(1) 의의

총회는 의사진행을 맡을 의장이 있어야 한다. **총회의 의장은 정관에서 정함이 없는 때에는 총회에서 선임한다**(제366조의2 제1항). 일반적으로 실무에서는 정관의 규정으로 대표이사가 주주총회의 의장이 되는 것으로 보고 있다. 그러나 이는 정관에서 정한 경우에 한한다. 정관에서 대표이사로 총회의 의장을 정하지 않은 경우에는 주주총회의 보통결의로 선임하여야 한다. 이 점 주목할 필요가 있다.

(2) 권한

① 질서유지권

의장은 총회의 질서를 유지하고 의사를 정리한다(제366조의2). 의장은 일반원칙에 따라 합리적이고 공정한 방법으로 주주의 의사를 정리하여야 하며, 찬반을 유도하거나 주주의 발언을 봉쇄하는 등 편파적으로 진행하는 것은 허용될 수 없다.

② 퇴장명령권

총회의 의장은 총회장에서 고의로 의사진행을 방해하기 위한 언동을 하거나 현저히 질서를 문란하게 하는 자에 대하여 그 발언의 정지 또는 퇴장을 명할 수 있다(제366조의2 제3항).

(3) 의무와 책임

의장과 회사와의 관계는 민법상 위임에 준하는 것으로 보아야 한다. 따라서 의장은 선량한 관리자의 주의로 의사를 진행하여야 한다(민법 제681조). 만일 이에 위반한 경우 회사에 대한 손해배상책임을 부담하여야 한다.

의장과 회사와의 관계가 위임에 준하므로 주주총회는 언제든지 의장을 해임할 수 있으나, 정관으로 의장이 정해진 경우에는 정관변경이 선행되어야 한다.

Ⅶ 주주총회의 결의

1. 총설

(1) 결의방법

주주총회의 결의는 의사의 형성과정에서 다수결의 원리가 지배한다. 주주총회의 결의를 이루는 요소인 주주의 의결권의 행사는 주주들의 의결을 통해 형성된 주주총회의 의사표시이다. 의결권의 행사방법에 관해서는 법률상 아무런 규정이 없으므로 거수·기립·투표 기타 어떠한 방법이든 가능하며 정관으로 그 방법을 정할 수도 있다.

(2) 성립정족수와 의결정족수

주주총회의 결의가 성립하기 위해서는 일정한 요건을 충족하여야 하는데 총회가 성립하기 위해 필요한 정족수를 성립정족수라 하며 이는 발행주식총수를 기준으로 산정된다. 그에 반해 결의가 성립하기 위해 필요한 정족수를 의결정족수라 하며 이는 출석한 주주의 의결권의 수를 기준으로 산정된다. 주주총회의 결의는 이 두 가지 요건을 모두 충족한 경우에 한해 결의의 효력이 발생한다.

2. 결의의 종류 및 내용

(1) 보통결의

① 결의요건

주주총회의 결의는 상법 또는 정관에 다른 정함이 있는 경우를 제외하고는 출석한 주주의 의결권의 과반수와 발행주식총수의 4분의 1 이상의 수로써 하여야 한다(제368조 제1항). 이를 주주총회의 보통결의하고 한다. 상법이나 정관에서 총주주의 동의를 요하는 사항으로 정한 것 또는 특별결의사항으로 정한 것을 제외하고는 보통결의에 의하여야 한다. 보통결의에 관한 상법의 규정은 단체법상 최소의 요건을 정한 것이므로 이를 완화할 수는 없고 가중하는 것만 가능하다.

② 가부동수

총회의 표결결과 찬성과 반대가 같은 수, 즉 가부동수가 된 경우 그 결의는 당연히 부결되며, 의장의 결정권(casting vote)은 인정되지 않는다. 정관으로 가부동수인 때에는 의장이 결정한다는 규정을 둔 경우에도 그 결의는 효력이 없다. 그 이유는 의장이 주주가 아닌 경우에는 의결권을 행사해서는 안될 것이며, 의장이 주주인 경우에는 이미 의결정족수에 자신의 의결권이 포함되어 계산되었기 때문이다.

(2) 특별결의

① 결의요건

특별결의는 출석한 주주의 의결권의 3분의 2 이상의 수와 발행주식총수의 3분의 1 이상의 수로써 하는 결의이다(제434조). 특별결의사항 또한 보통결의와 마찬가지로 결의요건을 완화하는 것은 불가능하고 가중하는 것은 가능하다.

주주총회 특별결의가 필요한 것은 회사의 구조적 기초에 변화를 가져오는 사항으로서 대주주의 전횡과 그로 인한 소수주주들의 불이익이 염려되는 사항에 관해 예외적으로 특별결의를 요구하고 있다.

② 특별결의사항

정관변경의 결의(제434조), 영업의 전부 또는 중요한 일부의 양도(제374조 제1항 제1호), 중요한 전부 또는 일부의 영업양수(제374조 제1항 제3호), 이사·감사의 해임(제385조 제1항), 액면미달의 신주발행(제417조 제1항), 자본금의 감소(제438조 제1항), 회사의 해산(제518조), 합병(제522조 제3항)·분할(제530조의3 제2항), 주식의 포괄적 교환·이전(제360조의3 제2항) 등이 특별결의사항이다.

(3) 특수결의

① 결의요건

특수결의란 의결권 없는 주식을 포함하여 총주주의 동의를 요하는 결의사항이다. 발기인의 회사설립에 관한 손해배상책임을 면제하는 결의(제324조, 제400조), 이사·감사·청산인 등이 회사에 대해 책임을 지는 손해배상책임을 면제하는 결의(제400조, 제415조, 제542조 제2항), 유한책임회사 또는 유한회사로의 조직변경의 결의(제287조의43, 제604조 제1항)가 대표적인 특수결의사항이다.

주주총회의 결의의 종류 및 내용

구분	결의요건	결의내용
보통결의	출석한 주주의 의결권의 과반수이며, 발행주식총수의 1/4 이상의 수	① 이사와 감사의 선임 ② 이사와 감사의 보수결정 ③ 주주총회의 의장의 선임 등
특별결의	출석한 주주의 의결권의 2/3 이상이며, 발행주식총수의 1/3 이상의 수	① 이사와 감사의 해임 ② 정관변경 ③ 합병, 분할 등의 구조변경 등
특수결의	의결권 없는 주식을 포함한 주주 전원의 동의	① 조직변경 ② 이사, 감사 등의 회사에 대한 손해배상책임 면제결의 등

3. 주주총회의 의사록

(1) 작성의무

주주총회의 의사에 대해서는 의사록을 작성하여야 한다(제373조 제1항). 주주총회의사록에는 의사의 경과요령과 그 결과를 기재하고 의장과 출석한 이사가 기명날인 또는 서명하여야 한다(제373조 제2항). 주주총회의사록은 본점과 지점에 비치하여야 하며(제396조 제1항), 주주와 채권자는 영업시간 내에 언제든지 주주총회의사록의 열람 또는 등사를 청구할 수 있다(제396조 제2항).

(2) 의사록과 증명책임

의사록은 주주총회의 성립과 결의에 관해 중요한 증거자료가 된다. 따라서 주주총회의 결의가 있는 것으로 의사록이 작성된 이상 결의의 외관을 창출한 것이므로 이를 믿고 거래한 제3자에 대해 주주총회의 결의가 없었음을 주장할 수 없다(대법원 1993.9.14.선고, 91다33926판결).

의사록은 특히 진실성을 부인할 만한 사정이 없는 한 총회의 절차적 요건에 관해서는 증명력이 인정되어야 하고, 따라서 반대의 사실을 주장하는 자가 증명책임을 져야 한다(대법원 2011.10.27.선고, 2010다88682판결).

(3) 결의의 효력발생시기

주주총회의 결의는 주주들의 의사를 묻는 표결에 들어가 결의요건을 충족하는 의결권의 수가 확인되는 순간, 결의가 이루어진 것으로 보아야 한다. 의장이 가결을 선언하거나, 의사록을 작성하는 절차 등은 결의절차상의 요건일 뿐이므로 결의의 성립 시기는 될 수 없다. **따라서 결의의 효력도 결의의 성립과 동시에 발생하는 것으로 보아야 한다.**

결의내용이 등기를 요하는 이사의 선임과 같은 경우에도 주주총회의 보통결의요건을 충족함과 동시에 발생하는 것이며, 성립 후 정관변경의 경우에도 특별결의의 요건을 충족함과 동시에 곧바로 효력이 발생하게 된다. 그러므로 서면의 변경, 등기변경 등은 주주총회의 효력발생과 무관한 후속행위일 뿐이다(대법원 2007.6.28.선고, 2006다62362판결).

Ⅷ 주요특별결의사항

1. 영업의 양도

(1) 영업 전부의 양도(제374조 제1항 제1호)

영업전부의 양도는 주주총회의 특별결의가 있어야 한다(제374조 제1항). 상법이 영업전부의 양도에 대해 특별결의를 요하게 한 이유는 당초 주주들의 출자의 동기가 되었던 목적사업의 수행이 어려워지고 회사의 수익의 원천이 변동됨으로써 주주들이 새로운 위험을 부담해야 하므로 주주의 경영정책적 판단을 요하는 사항이기 때문이다.

(2) 중요한 일부의 양도(제374조 제1항 제3호)

영업의 전부양도와 마찬가지로 영업의 중요한 일부의 양도는 주주총회의 특별결의가 있어야 한다(제374조 제1항). 여기서 영업의 중요한 일부가 무엇을 뜻하는가에 대한 해석의 문제가 제기된다. 중요한 일부양도란 영업양도로 인해 회사의 기본적인 사업목적을 변경시킬 정도에 이르는 것을 뜻한다고 이해해야 한다.

2. 영업의 양수

"회사의 영업에 중대한 영향을 미치는" 다른 회사의 영업의 전부 또는 일부의 양수는 주주총회의 특별결의사항이다(제374조 제1항 제3호). 영업양도와 달리 영업의 양수는 전부양수이든 일부양수이든 회사의 영업에 중대한 영향을 미치는 것에 한해 특별결의사항으로 보고 있다. 이 점 주목할 필요가 있다. 이처럼 영업양도와 영업양수를 차별화하는 이유는 양자가 회사의 목적사업에 주는 영향이 다르기 때문이다. 영업양수는 자산의 새로운 유입으로 인해 기존의 목적사업에 직접적인 장애를 초래하는 것이 아니므로 목적사업에 중대한 영향을 주는 것만 특별결의사항으로 한 것이다.

3. 중요재산의 처분

(1) 의의

회사의 중요한 재산의 처분에 대해 주주총회의 특별결의가 필요한지 여부에 대해 학설은 긍정설과 부정설이 대립하고 있다. 이에 반해 판례는 기본적으로 부정설의 입장에서 단순한 영업재산만의 양도는 그것이 회사의 유일한 재산일지라도 주주총회의 특별결의를 요하지 않는다고 본다(대법원 1965.12.21.선고, 65다2009·2100판결 등).

(2) 특별결의가 필요한 경우

양도한 재산이 회사의 존속의 기초가 되는 중요한 영업용재산인 때에는 그러한 재산의 양도는 영업의 폐지나 중단을 초래하게 되어 영업양도와 다를 바 없어 주주총회의 특별결의가 필요하다. 여기서 회사의 존립의 기초가 되는 중요한 영업용재산이라 함은 예컨대, ① 관광호텔업을 위해 설립된 회사가 회사의 존립의 기초가 되는 자산인 호텔신축부지를 처분한 경우(대법원 1988.4.12.선고, 87다카1662판결), ② 광산업을 영위하는 회사가 회사존립의 기초가 되는 자산인 광산업을 양도한 경우(대법원 1969.11.25.선고, 64다569판결), ③ 특허권을 이용한 공사의 수주를 주된 사업으로 하고 그 특허권이 회사의 자산의 대부분을 차지하는데 이를 양도한 경우(대법원 2004.7.8.선고, 2004다13717판결), 등에는 회사재산의 기초가 된 중요재산의 양도로서 주주총회의 특별결의가 필요하다고 본다.

4. 담보의 제공

담보의 제공에 대해서도 특별결의를 요하는지 여부에 대해서 판례는 양도담보와 저당권을 설정하는 경우에 대해 다른 견해를 보이고 있다.

회사존립의 기초가 되는 유일한 재산을 양도담보로 제공한 경우에는 환매기간 내에 환매하지 못하면 영업의 전부 또는 중요부분을 폐업하게 되므로 주주총회의 특별결의가 필요하다(대법원 1987.4.28.선고, 86다카553판결 등). 그러나 단순한 저당권 또는 근저당권을 설정한 것은 영업양도의 결과를 초래하지 않으므로 주주총회의 특별결의를 요하지 않는다고 보고 있다(대법원 1971.4.30.선고, 71다392판결).

5. 영업의 임대 등(제374조 제1항 제2호)

영업전부의 임대·경영위임·타인과 영업손익의 전부를 같이하는 계약, 기타 이에 준하는 계약의 체결·변경·또는 해약은 주주총회의 특별결의가 필요하다(제374조 제1항 제2호). 그러나 영업일부의 임대·영업의 일부에 대한 경영위임·손익의 일부를 같이하는 계약 등은 본조의 적용대상이 되지 아니하므로 주주총회의 특별결의를 요하지 않는다(동조 반대해석).

6. 사후설립

(1) 의의

회사성립 후 2년 내 이사가 영업을 위하여 계속 사용하여야 할 재산을 자본금의 100분의 5 이상의 대가로 취득하는 계약을 사후설립이라고 한다. 상법은 사후설립에 대해서는 반드시 주주총회의 특별결의를 거치도록 하고 있다(제375조).

(2) 규제의 이유

재산인수는 변태설립사항의 일종으로 정관에 기재해야만 효력이 있고, 원칙적으로 검사인의 조사절차를 거쳐야 하는 등 상법상 엄격한 규제를 받는다. 그러나 이를 회피하기 위하여 회사설립 후 단기간 내에 주주의 이해관계에 영향을 미칠 만한 상당한 대가의 재산인수계약을 체결하는 경우 이는 변태설립사항에 대한 상법상 엄격한 규제를 회피하고 자본충실을 해하게 될 가능성이 있다. 그런 이유에서 상법은 특히 사후설립에 대해 주주총회의 특별결의를 거치지 않은 때에는 이를 무효로 보고 있다. 이 점 유의할 필요가 있다.

재산인수와 사후설립의 비교

구분	재산인수	사후설립
의의	설립중 회사의 발기인이 제3자와 체결하는 재산양수계약	회사설립 후 2년 내에 이사가 자본금의 5/100 이상의 대가로 재산양수계약을 체결하는 것
상법상 규제	① 정관에 기재해야만 효력발생 ② 원칙적 검사인의 조사 필요	주주총회의 특별결의 필요
규제의 이유	설립시 자본충실원칙의 유지	변태설립사항에 대한 규제회피의도의 차단

Ⅸ 반대주주의 주식매수청구권

1. 의의

주주의 이해에 중대한 영향을 미치는 일정한 의안이 주주총회에서 결의되었을 때 주주총회의 결의 전에 그러한 의안에 반대의사를 통지한 주주가 총회결의 후 일정한 기간 내에 자신의 보유주식에 대해 회사에 매수를 청구할 수 있는 권리를 가지게 되는데, 이를 반대주주의 주식매수청구권이라고 한다.

반대주주의 주식매수청구권은 주주총회가 다수결의 원리에 의해 지배되기 때문에 다수주주로부터 소수주주를 보호하기 위해 인정되는 권리이다.

반대주주의 주식매수청구권

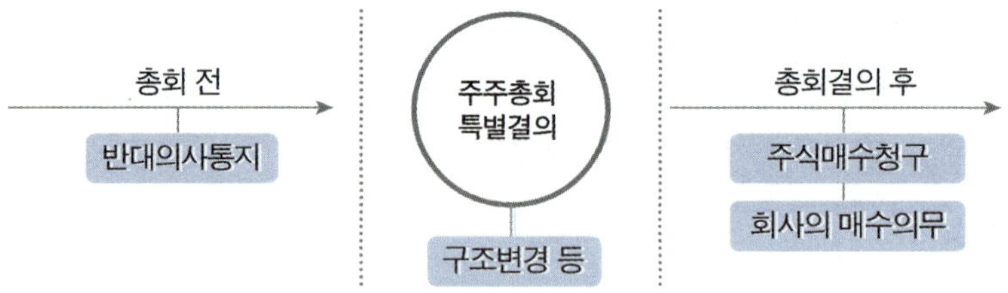

2. 이론적 근거

주주총회의 결의는 다수결의 원칙이 지배하므로 결의에 반대하는 주주가 있다 하여 이로 인해 사원구성을 해체할 이유가 없다. 영미법에서는 주주가 회사설립시부터 예정되고 기대되었던 회사기능의 구조적인 변화를 거부할 수 있는 기본적인 권리를 가지며, 이 권리의 침해에 대한 대가로 인정되는 것이 주식매수청구권이라고 본다.

주식매수청구권은 그 법적 성질은 "형성권"이다. 따라서 주주의 주식매수청구권의 행사에 대해 회사는 그 주식의 매수의무가 있다. 이 점 유의하기 바란다.

3. 적용요건

(1) 주주총회의 특별결의

어떠한 경우에 반대주주의 주식매수청구권을 인정할 것이냐는 입법정책의 문제이다. 회사에 구조변경을 가져오는 특별결의에 해당하는 결의가 있는 경우에는 일반적으로 반대주주의 주식매수청구권이 인정된다.

(2) 주주의 반대와 결의

상법은 제374조 제1항에서 인정하는 주주총회의 특별결의사항과 합병, 분할합병, 주식의 포괄적 교환, 주식의 포괄적 이전 등을 위한 특별결의에서는 반대주주의 주식매수청구권을 인정하고 있다.

주식매수청구권은 결의에 반대한 주주에게 그 반대에도 불구하고 주주총회의 특별결의에 의해 원안이 가결된 경우에만 인정된다.

4. 주식매수청구권의 인정여부

총회결의에 반대하는 주주의 주식매수청구권은 주주총회의 특별결의 전에 서면으로 주주가 그 특별결의사항에 반대했음에도 불구하고 주주총회의 특별결의에 의해 구조변경 등이 실행되는 경우 그 반대주주의 권리를 보호하기 위해서 인정되는 제도이다. 따라서 대부분의 특별결의사항에 대해서는 반대주주의 주식매수청구권이 인정된다. 그러나 주주총회의 특별결의가 있는 경우에도 그 특별결의로 인해 주주의 권리침해가 균등하거나 또는 주주의 권리침해가 없는 경우에는 반대주주의 주식매수청구권은 인정되지 않는다. 반대주주의 주식매수청구권이 인정되는지 여부는 다음과 같다.

구분	구체적 사례
반대주주의 주식매수청구권이 인정되는 경우	① 합병, 분할합병 등의 구조변경의 특별결의 ② 특별결의가 필요한 영업양도와 영업양수 ③ 특별결의가 필요한 영업임대, 경영위임 등
반대주주의 주식매수청구권이 인정되지 않는 경우	① 정관변경을 위한 특별결의 ② 자본금감소를 위한 특별결의 ③ 회사의 단순분할의 특별결의 ④ 주식의 포괄적 이전시 완전모회사의 주주 등

5. 주식매수청구권의 행사절차

(1) 총회 전 반대의사통지

① 총회소집통지

이사회에서 합병 등의 결의가 있은 후 주주총회를 소집하는데, 공식적으로는 주주가 그 통지에 의해 비로소 합병 등이 추진되고 있음을 알게 되고 반대여부를 결정한다. 통지에는 주식매수청구권의 내용 및 행사방법을 명시해야 한다(제374조의2).

② 반대주주의 서면통지

결의에 반대하는 주주는 **주주총회 전에** 당해 회사에 대하여 서면 또는 전자문서로 그 결의에 반대하는 의사를 통지하여야 한다(제374조의2 제1항). 반대의 통지는 주주총회일 이전에 회사에 도달하여야 하며, 통지사실은 주주가 증명해야 한다. 사전반대는 주주권의 행사이므로 통지 당시에 주주권을 행사할 수 있는 자만이 할 수 있다. 그러므로 주주명부에 등재된 자만이 서면통지를 할 수 있다.

(2) 사후 매수청구

회사에 대하여 반대의사를 통지한 주주는 그 총회의 결의일로부터 20일 내에 주식의 종류와 수를 기재한 서면으로 회사에 대하여 주식의 매수를 청구할 수 있다(제374조의2 제1항). 주주는 매수청구권의 행사는 주주의 의사에 의하여 철회가 가능하다. 그 이유는 주식매수청구권은 주주의 이익을 보호하기 위한 제도이므로 매수청구권의 행사, 불행사에 관해 회사가 반대의 이해를 갖는다고 볼 수 없기 때문이다.

(3) 회사의 매수절차

① 회사의 매수의무

주주가 주식매수청구권을 행사한 경우 회사는 주식매수청구기간(20일)이 종료한 날로부터 2월 내에 그 주식을 매수하여야 한다(제374조의2 제2항). 그 이유는 주식매수청구권이 형성권이기 때문이다. 따라서 회사는 주주의 매수청구에 대해 주식매수청구기간(20일)이 종료한 날로부터 2월 내에 매수를 하고 그 매수대금을 지급하여야 한다(대법원 2011.4.28.선고, 2009다72667판결).

② 매수가격의 결정

매수가격은 원칙적으로 주주와 회사 간의 협의에 의하여 결정한다(제374조의2 제3항). 다만 주주와 회사간에 주식매수청구기간이 종료한 날로부터 30일 내에 가격결정에 관한 합의가 이루어지지 않을 경우에는 회사 또는 매수청구를 하는 주주는 법원에 대하여 매수가격의 결정을 청구할 수 있다(제374조의2 제4항). 법원이 매수가격을 결정할 경우에는 회사의 재산상태, 그 밖의 사정을 참작하여 공정한 가격으로 이를 산정하여야 한다(제374조의2 제5항).

6. 주식매수의 효력발생

상법은 매수의 효력발생시기에 관해 명문의 규정을 두고 있지 않다. 상법 제360조의26 제1항은 지배주주가 소수주주의 주식을 매수하는 경우에는 매수대금을 지급하는 때에 주식이전의 효력이 발생하고 있는 것으로 정하고 있다. 반대주주의 주식매수청구권도 그 원리는 동일하므로 동 조항을 유추적용하여 반대주주에게 매수대금을 지급하는 때에 매수의 효력이 발생하는 것으로 보아야 한다.

7. 주식매수청구권의 비교

상법상 주식매수청구권은 ① 정관규정에 의한 주식양도의 제한에 있어서 주식매수청구권, ② 소수주주의 지배주주에 대한 주식매수청구권, ③ 반대주주의 주식매수청구권의 세 가지이다.

이 세 가지의 주식매수청구권의 공통적인 점은 각각의 주식매수청구권이 그 명칭은 청구권이란 이름으로 포장하고 있지만, 실질은 형성권이라는 점이다. 따라서 각각의 요건을 충족한 주식매수청구권의 행사에 대해 상대방은 반드시 이를 매수해야 하는 의무를 부담하게 된다.

주식매수청구권의 비교

구분	정관규정에 의한 주식양도제한시 주식매수청구권	소수주주의 주식매수청구권	반대주주의 주식매수청구권
법적 성질	형성권	형성권	형성권
제도의 취지	주식양도의 제한의 보완규정의 성격	지배주주의 주식매수청구권 인정에 대한 반대급부	다수결에 의한 구조변경으로부터 소수주주의 보호
청구의 상대방	회사	지배주주	회사
회사의 매수시기	주식매수청구기간(20일)이 끝난 날부터 2개월 내	청구를 받은 날부터 2개월 내	주식매수청구기간(20일)이 끝난 날부터 2개월 내

X 종류주주총회

1. 의의

회사가 종류주식을 발행한 경우에 정관을 변경하거나 그 밖의 정함으로써 어느 종류주식의 주주에게 손해를 미치게 될 때에는 주주총회결의 외에 그 종류주식의 주주의 총회의 결의가 있어야 한다(제435조 제1항). 이때 그 종류주식의 주주총회의 결의를 종류주주총회라고 한다.

종류주주총회는 그 결의가 주주총회 결의의 효력발생을 위하여 부가적으로 요구되는 요건일 뿐이지 그 자체가 주주총회는 아니며, 회사의 기관도 아니다.

2. 취지

사안에 따라서는 각 종류별로 주주들이 이해관계를 달리할 수 있다. 이 경우 수적으로 우세한 종류의 주주가 주주총회의 결의를 지배하여 열세인 종류의 주주가 손해를 입을 수 있다. 그러므로 상법은 주주총회의 특별결의사항 중 이러한 위험이 특히 요구되는 사안에 관해서 주주총회의 결의 외에 손해를 입을 염려가 있는 종류의 주주들만의 결의를 요구하고 있는데, 이 결의를 위해서 소집되는 회합을 종류주주총회라고 한다.

3. 결의가 필요한 경우

다음과 같은 경우에는 주주총회의 결의 외에 종류주주총회의 결의가 필요하다. 즉 주주총회의 특별결의 또는 종류주식에 대한 특수한 정함으로 하는 경우로서 어느 종류의 주주에게 손해를 미치게 될 때에는 주주총회의 결의 외에 종류주주총회의 결의가 필요하다.

① 정관을 변경함으로써 어느 종류주식의 주주에게 손해를 미치게 될 때(제435조 제1항)
② 주식의 종류에 따라 특수한 정함을 하는 경우 그로 인해 어느 종류의 주주에게 손해를 미치게 될 때(제436조)
③ 주식교환·주식이전·합병·분할·분할합병으로 인하여 어느 종류의 주주에게 손해를 미치게 되는 경우(제436조).

4. 결의요건과 준용규정

종류주주총회의 결의는 **출석한 그 종류주식의 의결권의 3분의 2 이상의 다수와 그 종류의 발행주식총수의 3분의 1 이상의 수로써 하여야 한다.** 주주총회의 특별결의 요건과 동일하다. 종류주주총회에서는 의결권 없는 주식도 의결권을 가진다(제435조 제3항).

그 밖에 종류주주총회의 소집과 운영에 관한 사항에 관해서는 의결권 없는 주식에 관한 규정을 제외하고는 주주총회에 관한 규정을 준용한다(제435조 제3항).

5. 종류주주총회 결의의 하자

주주총회에 관한 모든 규정을 종류주주총회에 준용하므로 종류주주총회의 결의에 하자가 있을 때 이를 종류주주총회결의의 취소의 소 등의 형식으로 독립하여 다툴 수 있는 것처럼 보이고 이를 긍정하는 견해가 다수설이다.

그러나 종류주주총회의 결의의 하자는 별개의 소로 주장하지 못한다고 보는 것이 타당하다. 그 이유는 종류주주총회의 결의는 주주총회의 결의의 효력발생요건에 지나지 않으므로 주주총회결의의 하자로 다투면 되고, 또 별개의 소를 인정하더라도 주주총회결의의 효력을 부정하기 위해서는 종류주주총회결의의 하자를 다투는 소에서 승소한 후, 다시 이를 원인으로 주주총회의 결의의 효력을 다투는 소를 제기하여야 할 것이므로 독립하여 다툴 실익이 없기 때문이다.

각종 총회의 결의요건

구분		결의요건
창립총회		출석한 주식인수인의 의결권의 2/3 이상이며, 인수된 주식총수의 과반수
주주총회	보통결의	출석한 주주의 의결권의 과반수이며, 발행주식총수의 1/4 이상의 수
	특별결의	출석한 주주의 의결권의 2/3 이상이며, 발행주식총수의 1/3 이상의 수
	특수결의	의결권 없는 주식을 포함한 주주 전원의 동의
종류주주총회		출석한 그 종류주주의 의결권의 2/3 이상이며, 그 종류의 발행주식총수의 1/3 이상의 수

XI 주주총회결의의 하자

1. 의의

(1) 특징

주주총회의 결의는 단체법적 법률행위이므로 그 성립과정에 다수인의 의사와 이해관계가 개입되며, 결의가 이루어지면, 결의의 유효를 전제로 각종의 후속행위가 이루어지므로 무효·취소에 관한 민법의 일반원리에 따라 해결한다면 단체법적 법률관계의 불안정을 초래하여 다수인의 이익을 해하게 된다. 그런 이유로 상법은 결의의 효력을 부정할 원인이 존재하는 경우에는 그 하자의 유형을 법정하여 구분하고, 원칙적으로 소로써만 이를 주장할 수 있도록 하고 있다.

(2) 종류

하자의 유형에 따라 결의취소의 소, 무효의 소, 부존재의 소, 부당결의취소·변경의 소의 4가지로 소의 종류를 법정하고 그에 대한 판결의 효력을 별도로 정함으로써 이해관계의 조정을 꾀하고 있다. 판례는 이 4가지의 소송 중 무효의 소와 부존재의 소를 확인의 소로 보아 소 또는 소 이외의 방법으로 하자를 주장할 수 있도록 하고 있으며, 제소권자와 제소기간에도 제한이 없는 것으로 보아 회사법상 일반원칙의 예외를 인정하고 있다.

2. 접근방법

주주총회의 결의하자에 관해서는 다음과 같은 방법으로 접근하는 것이 가장 효율적이므로 반드시 다음의 순서에 따라 정리하여야 한다.

① 제1단계: 형성의 소 vs. 확인의 소(제소권자, 제소기간 주장방법의 제한 여부)
② 제2단계: 법원의 재량기각권, 판결의 효력(대세적 효력, 소급효), 패소원고의 책임
③ 제3단계: 소송 vs. 제소사유의 구별
④ 제4단계: 결의취소의 소 vs. 부존재확인의 소의 제소사유 구분(판례)
⑤ 제5단계: 소의 이익이 있는 자
⑥ 제6단계: 결의취소의 소의 특칙(재량기각권, 담보제공명령)

소의 종류 및 비교

구분	결의취소의 소	무효확인의 소	부존재확인의 소	부당결의취소·변경의 소
제소사유	① 소집절차·결의방법이 법령, 정관위반 ② 결의내용 정관위반	① 결의내용 법령위반 ② 주식회사의 본질위배(주주평등, 유한책임 등)	소집절차·결의방법이 법령, 정관위반	특별이해관계 있는 주주→의결권행사×→현저한 손해염려
제소권자	주주, 이사, 감사	소의 이익이 있는 자	소의 이익이 있는 자	특별이해관계 있는 주주
제소기간	결의일로부터 2개월 이내	제한 없음	제한 없음	결의일로부터 2개월 이내
주장방법	소송only	소송 또는 소송 외의 방법	소송 또는 소송 외의 방법	소송only
법원의 재량기각권	인정○	인정×	인정×	인정×
대세적 효력	인정○	인정○	인정○	인정○
불소급효	적용×	적용×	적용×	적용×
패소원고의 책임	악의 또는 중과실이 없는 경우에는 손해배상 책임 없음	좌동	좌동	좌동

3. 결의취소의 소

(1) 의의

총회의 소집절차 또는 결의방법이 법령 또는 정관에 위반하거나 현저하게 불공정한 때 또는 결의 내용이 정관을 위반한 때에 주주·이사·감사는 결의의 날로부터 2월 이내에 결의취소의 소를 청구할 수 있다(제376조 제1항).

(2) 소의 원인

주주총회 결의취소의 소의 구체적 원인은 다음과 같다.

소의 원인	구체적 내용(판례)
소집절차상 하자	① 이사회결의는 없었으나 정당한 소집권자인 대표이사가 소집한 경우 ② 이사회결의는 있었으나 정당한 소집권자가 아닌 대표이사가 소집한 경우 ③ 일부주주에게 소집통지를 하지 않은 경우, 통지기간을 준수하지 않은 경우 또는 통지방법을 그르친 경우 ④ 소집통지서에 기재되지 않은 사항의 결의, 법원의 허가를 얻어 소집하는 총회에서 허가받은 목적 외의 사항을 결의 등
결의방법의 하자	① 일부의 주주 아닌 자가 주주총회에 출석하여 결의에 참가한 경우 ② 결의에 특별이해관계 있는 자가 의결권을 행사한 경우 ③ 성립정족수·의결정족수에 미달한 결의가 이루어진 경우 등
결의내용의 정관위반	① 정관이 정하는 이사의 자격에 미달하는 자를 이사로 선임하는 결의 ② 정관이 정하는 원수를 초과하여 이사를 선임하는 결의, 이사에게 정관에서 정한 금액 이상의 보수를 지급하는 결의 등

(3) 제소권자(주주, 이사, 감사)

① 주주

결의취소의 소를 제기할 수 있는 주주는 단독주주이다. 이때 주주의 요건으로 결의에 의해 개별적으로 불이익을 입었는지 여부를 묻지 않으며, 하자와 무관한 주주도 다른 주주에 대한 소집절차의 하자를 이유로 소를 제기할 수 있다(대법원 2003.7.11.선고, 2001다45584판결). 결의에 찬성한 주주라도 제소할 수 있다(대법원 1977.4.26.선고, 76다1440판결).

주주는 결의당시 주주임을 요하지 않으며 제소당시의 주주이면 족하다. 다만, 이때 주주라 함은 주주명부에 명의개서된 주주만을 뜻하므로 명의개서를 하지 않은 주식양수인은 제소권이 없다(대법원 1991.5.28.선고, 90다6774판결).

② 이사, 감사

제소 당시 이사, 감사임을 요한다. 다만 임기가 만료된 이사와 감사, 사임한 이사와 감사는 원고적격이 없으나, 그 퇴임으로 결원이 되어 그들의 후임이사나 감사가 취임할 때까지 이사, 감사로서의 권리의무가 있는 경우에는 제소할 수 있다(대법원 1992.8.14.선고, 91다45141판결).

(4) 제소의 상대방(회사)

상법에 명문의 규정은 없으나 회사가 결의취소의 소의 피고가 된다는 점에서는 이견이 없다. 결의취소의 소는 대표이사가 회사를 대표하여 소송을 수행할 것이지만, 이사가 취소의 소를 제기한 경우에는 감사가 회사를 대표하여 수행하여야 한다(제394조 제1항).

(5) 소의 절차 및 효력

① 제소기간

결의취소의 소는 결의가 있은 날로부터 2월 내에 제기하여야 한다(제376조 제1항). 이처럼 단기의 제소기간을 둔 것은 취소소송의 경우 하자가 비교적 경미한데 회사의 법률관계를 장기간 불안정한 상태로 방치하는 것은 바람직하지 않기 때문이다.

결의취소의 소의 소송물의 단위는 개개의 결의이다. 따라서 동일한 총회일에 수 개의 결의가 이루어졌다면 다투고자 하는 결의별로 제소기간을 준수하여야 한다(대법원 2010.3.11.선고, 2007다51505판결). 이 점 유의하여야 한다.

② 대세적 효력의 의미

결의취소의 소가 제기된 경우 소의 당사자는 화해를 할 수 없다. 소가 단체법상의 법률관계를 대상으로 하고, 그 판결의 효력은 회사와 제3자에게도 효력이 미친다. **따라서 결의취소가 제기된 후에는 화해·조정 등은 할 수 없고, 청구의 인낙 또는 화해·조정이 이루어졌다고 하더라도 그 인낙·화해·조정조서는 효력이 없다**(대법원 2004.9.24.선고, 2004다28407판결). 이 점 특히 유의하여야 한다.

(6) 결의취소의 소의 특칙

① 법원의 재량기각권

결의취소의 소가 제기된 경우에 결의의 내용, 회사의 현황과 제반사정을 참작하여 그 취소가 부적당하다고 인정한 때에는 **법원은 그 청구를 기각할 수 있다**(제379조). 재량기각권은 법원이 스스로 결정하는 것이며, 일정한 자의 청구에 의하는 것이 아님에 유의하여야 한다.

② 담보제공명령

주주가 결의취소의 소를 제기한 때에는 법원은 회사의 청구에 의하여 상당한 담보를 제공할 것을 명할 수 있다(제377조 제1장 본문). **그러나 주주가 이사나 감사인 때에는 법원은 담보제공을 명할 수 없다**(제377조 제1항 단서). 그 이유는 이사나 감사인 주주의 경우 회사에서 일반적으로 보수를 지급받기 때문이다. 이 점 유의할 필요가 있다.

4. 결의무효확인의 소

(1) 소의 원인

결의내용이 법령에 위반한 때에는 결의무효의 소를 제기할 수 있다(제380조). 결의내용이 법령에 위반한 때라 함은 ① 주주총회의 권한 사항이 아닌 사항의 결의, ② 주주평등의 원칙에 반하는 결의, ③ 주주의 유한책임원칙에 반하는 결의, ④ 위법배당의 결의, ⑤ 기타 강행법규나 선량한 풍속, 기타 사회질서에 위반하는 내용의 결의가 있는 경우 등을 말한다.

(2) 소의 성질

결의무효의 소에 대해서 판례는 확인의 소로 본다(대법원 1992.9.22.선고, 91다5365판결). 그러므로 제소권자와 제소기간에 제한이 없고 소 이외의 방법으로도 그 하자주장이 가능하다(대법원 2011.6.24.선고, 2009다35033판결).

(3) 소의 당사자

① 제소권자

상법은 결의무효확인의 소의 제소권자와 제소기간을 법정하고 있지 않았으므로 결의취소의 소와는 달리 그 무효확인에 관하여 소의 이익이 있는 자는 누구든지 또 언제든지 무효확인의 소를 제기할 수 있다(대법원 1959.12.3.선고, 4290민상669판결).

② 피고

결의무효확인의 소의 피고는 회사에 한정된다(대법원 1982.9.14.선고, 80다2425판결).

(4) 소의 절차

소의 절차에 관하여는 결의취소의 소의 규정이 준용된다. 그러므로 제소주주의 담보제공의무(제377조)도 인정된다. 그러나 결의취소의 소와는 달리 결의무효확인의 소에서는 법원의 재량기각권(제379조)은 인정되지 않음에 유의하여야 한다.

5. 결의부존재확인의 소

(1) 의의

총회의 소집절차 또는 결의방법에 총회의 결의가 존재한다고 볼 수 없을 정도의 중대한 하자가 있는 경우에는 부존재확인의 소를 제기할 수 있다(제380조).

소집절차와 결의방법에 중대한 하자가 있는 것을 원인으로 하는 점에서 결의취소의 소와 그 본질을 같이 하지만 상법은 제380조에서 결의부존재확인의 소를 결의무효확인의 소와 같이 다루고 있어 제소권자와 제소기간의 제한을 받지 않는다는 점에서 취소의 소와 구별된다.

(2) 소의 성질

상법은 결의부존재확인의 소의 절차와 결의무효확인의 소의 절차에 같은 특칙을 적용하고 있다. 판례도 결의부존재의 소를 확인의 소로 보고 있다(대법원 1992.8.18.선고, 91다39924판결).

(3) 소의 원인

결의부존재의 소의 원인은 총회의 소집절차 또는 결의방법에 총회결의가 존재한다고 볼 수 없을 정도로 중대한 하자가 있는 경우이다. 즉 결의취소의 소의 원인이 되는 총회의 소집절차 또는 결의방법이 법령 또는 정관에 위반하거나 현저하게 불공정한 경우로서 하자의 정도가 심하여 총회결의가 존재한다고 볼 수 없을 정도에 이르렀을 때 부존재의 원인이 된다. 판례는 다음과 같은 사유가 있는 경우에는 결의부존재확인의 소의 원인이 된다고 보고 있다.

① 소집권한이 없는 자가 이사회의 결의 없이 소집한 경우
② 대부분의 주주에게 소집통지를 하지 않은 경우
③ 유효하게 총회가 종료한 후에 일부의 주주들만이 모여 결의한 경우
④ 전혀 주주총회를 개최한 사실이 없이 허위의 의사록을 작성한 경우 등

(4) 제소권자(소의 이익이 있는 자)

① 소의 이익이 있는 자

결의부존재확인의 소는 주주, 이사, 감사에 한하지 않고 무효확인의 소에서와 같이 소의 이익이 있는 자는 누구든지 소를 제기할 수 있다. 결의에 찬성한 주주는 물론, 주권발행 전에 주식을 양도한 원시주주는 양수인들의 총회결의부존재 확인의 소를 주장할 수 있다(대법원 1977.4.26.선고, 76다1440판결). 퇴임한 이사와 감사라도 부존재확인의 소를 주장할 수 있고, 하자 있는 결의에 의하여 선임된 이사라도 재임중에 있었던 총회결의의 부존재를 주장할 수 있다(대법원 1969.9.27.선고, 66다980판결).

② 소의 이익이 없는 자

판례는 ㉠ 주식을 양수하였으나 명의개서를 하지 않은 주주(대법원 1991.5.28.선고, 90다6774판결), ㉡ 사임한 이사 등은 결의부존재를 주장할 이익이 없다고 보고 있다(대법원 1982.9.14.선고, 80다2425판결).

관련판례요약

제380조에 규정된 주주총회결의 부존재확인의 소는 그 법적 성질이 확인의 소에 속하고 그 부존재확인 판결도 확인 판결이라고 보아야 할 것이어서, 설립무효의 판결 또는 설립취소의 판결과 같은 형성 판결에 적용되는 상법 제190조의 규정을 주주총회결의 부존재확인의 판결에도 준용하는 것이 타당한지 여부가 이론상 문제될 수 있다. 그럼에도 불구하고 상법 제380조가 제190조의 규정을 준용하고 있는 것은 제380조가 소정의 주주총회결의 부존재확인의 소도 이를 회사법상의 소로 취급하여 그

판결에 대세적 효력을 부여하되, 주주가 제3자를 보호하기 위하여 그 판결이 확정되기까지 그 주주총회의 결의를 기초로 하여 이미 형성된 법률관계를 유효한 것으로 취급함으로써 회사에 관한 법률관계에 법적 안정성을 보장하여 주려는 법정책적인 판단의 결과이다(대법원 1992.8.18.선고, 91다39924판결).

6. 부당결의취소·변경의 소

(1) 의의

주주총회의 결의에 관하여 특별한 이해관계가 있음으로 인하여 의결권을 행사할 수 없었던 주주(제368조 제2항)가 그 결의의 부당함을 이유로 결의의 취소 또는 변경을 구하는 소를 부당결의취소변경의 소라 한다(제368조 제4항). 부당결의취소·변경의 소는 결의취소의 소와 마찬가지로 형성의 소이다.

(2) 소의 원인

다음과 같은 요건이 충족된 경우에는 부당결의취소·변경의 소의 원인이 된다.

① 결의에 특별한 이해관계 있는 주주가 의결권을 행사하지 못했을 것
② 결의가 현저하게 부당할 것
③ 특별이해관계 있는 주주가 의결권을 행사하였더라면 결의를 저지할 수 있었을 것

(3) 제소권자

특별한 이해관계가 있어 의결권을 행사할 수 없었던 주주만이 소를 제기할 수 있다.

(4) 그 밖의 절차

재판관할, 제소기간, 소의 병합, 원고승소 판결의 대세적 효력, 원고패소의 경우 손해배상책임, 제소주주의 담보제공의무, 결의취소의 등기 등은 모두 결의취소의 소와 같다(제381조 제2항). 또한 결의취소의 판결과 같이 부당결의취소·변경의 소도 소급하여 그 효력을 미친다(제381조 제2항).

7. 주주총회의 결의하자와 후속행위의 효력

(1) 쟁점

주주총회결의에 기초하여 이루어지는 후속행위에 대해 별도로 그 효력을 다투는 경우도 있

다. 예컨대 주주총회결의에 하자가 있는 경우 결의취소의 사유도 되지만 동시에 신주발행, 합병 등의 무효사유도 함께 되는 경우가 그것이다.

(2) 결론

이때 어느 소를 제기하여야 하는지에 관해 견해가 대립하고 있지만, 주주총회결의 하자는 후속행위의 하자로 흡수되는 것으로 보아 후속행위의 무효를 주장하는 소만을 제기할 수 있다고 보아야 한다. 예를 들면 합병을 위해서는 일반적으로 합병당사회사의 주주총회의 특별결의가 필요하다. 그런데 주주총회의 결의에 하자가 있는 경우 이는 결의취소의 원인이 됨과 동시에 합병무효의 소의 원인이 된다. 이때 결의취소의 소와 합병무효의 소는 동시에 제기할 수 없고 후속행위의 효력에 따라 합병무효의 소만 제기할 수 있다(대법원 2010.2.11.선고, 2009다83599 판결 등).

제 3 절 이사 · 이사회 · 대표이사

I 총설

1. 지배구조의 변화

현대주식회사는 소유와 경영의 분리원칙에 따라 회사운영에 관한 권한을 이사회에 집중시키고 있다. 회사운영의 형태를 보면 주주총회의 형해화와 감시기능의 저하로 인해 이사 및 이사회의 경영독주가 심화되는 경향을 보인다. 특히 주식이 널리 분산된 공개회사에서는 대주주 및 그 영향력에 복종하는 이사의 전횡이 현저하다.

그런 이유에서 현대회사의 기관구조에서는 이사의 의무와 책임이 강조되고, 이사를 견제하고 책임을 추궁하기 위한 제도적 장치가 중요성을 갖는다. 그런 이유로 상법도 이사 및 이사회에 의한 대표이사의 업무집행에 대한 감독기능을 강화하고 있으며 더불어 감사 또는 감사위원회에 보다 많은 감시기능을 부여하고 있다.

2. 상법상 권한배분

주식회사의 업무집행에 관한 의사결정은 이사회가 하고(제393조 제1항), 이에 따른 업무집행행위 및 회사의 대표행위는 이사 중에서 선임된 대표이사가 이를 수행한다(제389조). 이사는 기관이라는 견해도 있으나 기관은 아니라고 보는 것이 다수설의 견해이다. 그러므로 이사는 이사회의 구성원으로서 대표이사가 될 잠재적인 자격을 갖는 자일뿐이다. 이사회는 상법 또는 정관에서 정한 주주총회의 의사결정사항을 제외한 나머지 회사의 중요한 의사를 결정하는 기관이고, 대표이사는 주주총회 또는 이사회에서 결의된 사항에 대한 업무집행권과 회사대표권을 가지는 기관이다.

Ⅱ 이사

1. 총설

(1) 의의

이사란 이사회의 구성원으로서, 이사회가 하는 회사의 업무집행에 관한 의사결정과 대표이사의 업무집행을 감독하는 권한을 갖는 자를 말한다. 이사는 주식회사의 기관은 아니다. 다만, 대내적으로는 이사회의 구성원으로서 이사회를 통하여 회사의 업무집행에 관여할 수 있고, 각종 소제기 등을 단독으로 행사할 권한을 가지며, 대외적으로는 대표이사가 될 수 있는 자격을 갖는 지위에 있는 자라고 할 수 있다.

(2) 이사의 종류

① 의의

상법상 이사는 사내이사, 사외이사, 그 밖에 상무에 종사하지 아니하는 이사로 구분하여 등기하도록 하고 있다(제317조 제2항 제8호). 사내이사, 사외이사, 그 밖에 상무에 종사하지 않는 이사는 모두 상법상 이사로 그들의 권한, 의무 및 책임은 동일하다.

② 사내이사

회사 내부에 근속하면서 회사의 상무에 종사하는 이사를 말한다(제382조 제3항 본문 반대해석). 상법에서 사외이사와 그 밖에 상무에 종사하지 않는 이사는 일반적으로 사내이사이다.

③ 사외이사

사외이사란 회사의 상무에 종사하지 아니하는 이사를 말한다(제382조 제3항 본문). 상법은 사외이사의 결격사유를 규정하고 있으며(제382조 제3항 각호), 상장회사의 경우에는 일정한 수의 사외이사를 둘 것을 강제하고(제542조의8 제1항), 대규모상장회사의 경우에는 사외이사의 선임절차에 관한 특칙을 두고 있다(제542조의8 제4항·제5항). 이에 대해서는 후술한다.

④ 그 밖에 상무에 종사하지 않는 이사

그 밖에 상무에 종사하지 아니한 이사란 상무에 종사하지 않는 이사로서 사외이사가 아닌 자를 말한다. 이들을 실무적으로는 비상근이사라고 부르는데, 이들에게는 사외이사에 관한 규정이 적용되지 않고, 법적 규율에 있어서는 사내이사와 전혀 차이가 없다.

2. 이사와 회사와의 관계

(1) 민법상 위임의 관계

이사는 주주총회에서 선임하며, 민법상 위임의 관계에 기초하여 회사의 수임인으로서의 자격을 갖는다. 그러므로 이사는 원칙적으로 주주에게 직접 의무를 부담하는 일은 없으며 오직 회사에 대하여 의무를 부담하고 책임을 질뿐이다. 회사와의 관계에 대해서는 이사에 대해서는 민법상 위임에 관한 규정을 준용한다(제382조 제2항).

(2) 이사에 대한 보수지급

① 근거

이사와 회사와의 관계는 민법상 위임이므로 위임의 관계에서 수임자인 이사는 선관주의의무를 부담하며, 원칙적으로 무보수이다. 다만 일반적으로 이사에게는 보수가 지급된다. 그러나 보수를 이사 스스로가 정할 경우에는 과도해질 우려가 있으므로 상법은 이를 위한 근거를 정하고 있다. 이사의 보수를 정관에서 정하지 않은 때에는 주주총회에서 정한다(제368조).

② 보수의 의미

보수라 함은 명칭여하에도 불구하고 회사의 직무수행에 대한 보상으로 지급되는 일체의 대가를 뜻하며 정기적이든 부정기적이든 불문한다. 퇴직금은 물론 퇴직위로금도 이사의 재식 중 직무수행에 대한 대가로 보수가 되는 것이므로 정관 또는 주주총회의 결의에 의해서만 지급할 수 있을 뿐이며(대법원 1990.2.24.선고, 97다38930판결), 주주총회의 결의에 갈음하여 이사회나 대표이사가 이사의 보수를 결정할 수는 없다. 지배주주라도 마찬가지이다(대법원 2012.9.27.선고, 2010다94342판결).

③ 보수결정의 방법

정관이나 주주총회의 결의에서는 이사의 보수 총액을 정하고, 개인별 지급액은 이사회의 결정에 위임할 수 있고 또한 기업실무도 그러하다(대법원 2012.3.29.선고, 2012다1993판결). 그러나 이사와 감사의 보수총액을 정관 또는 주총결의로 함께 정하고 이사회에 이를 위임하는 것은 위법이다. 그 이유는 이사회에서 감사의 보수를 정한다면 감사의 독립성에 영향을 줄 수 있기 때문이다. 이사의 보수를 정함에 있어 특별이해관계인인 이사는 주주총회에서는 그 의결권이 제한된다(제368조 제4항). 만일 정기총회에서 이사의 보수를 독립된 안건으로 상정하지 않고 재무제표에 임원의 보수를 기재하고 재무제표의 승인을 결의하였다면, 보수에 관한 주주총회의 결의가 있었다고 보아야 한다(인천지법 부천지원 2005.5.27.선고, 2004가합3207판결).

④ 보수규정의 법적 성질

이사와 회사와의 관계는 위임이므로 이사의 보수는 무상이 원칙이다(민법 제585조 제1항). 그러므로 이사가 근로기준법상의 근로자와 같이 보수청구권을 당연히 갖는 것은 아니다. 이사의 보수에 관한 위의 규정은 강행규정이므로, 정관 또는 주주총회의 결의가 없는 한 보수청구권을 행사할 수 없다(대법원 1992.12.22.선고, 92다28228판결). 상법 제388조에 위반하여 정관의 규정이나 주주총회의 결의 없이 이사에게 지급된 보수는 부당이득으로 회사에 반환해야 한다(대법원 2010.3.11.선고, 2007다71271판결). 그러나 일단 정관이나 주주총회에서 보수가 결정되면 선임행위의 내용을 이룬다고 보아야 하므로 동일한 이사에 관해서는 정관이나 주주총회의 결의에 의해 박탈하거나 감액하지 못한다(대법원 1977.11.22.선고, 77다1472판결).

3. 이사의 선임

(1) 이사의 자격

① 자격제한

이사의 자격에 관하여 상법은 특별한 제한을 두고 있지 않다. 그러나 이사는 전문적인 판단을 요하는 각종의 법률행위를 하고 회사나 제3자에 대하여 책임을 지는 자이므로 법인, 파산선고를 받은 자는 이사가 될 수 없다고 본다.

② 자격주

정관으로 이사의 자격을 제한하는 것은 그 내용이 사회질서에 반하지 않는 한 가능하며, 정관으로 이사가 가져야 할 주식수를 정하는 것도 가능하다. 이를 자격주라고 한다. 정관의 규정에 의해 자격주를 정한 경우에는 다른 규정이 없는 한 이사는 주권을 감사에게 공탁하여야 한다(제387조). 이는 내부자거래는 차단하기 위한 취지이나.

(2) 이사의 선임절차

① 선임권자

이사는 회사설립 시에는 발기인이 선임하거나 창립총회에서 선임하고(제296조 제1항, 제312조), 성립 후에는 주주총회의 보통결의로 선임한다(제382조 제1항). 상장회사의 사외이사는 사내이사와 그 자격요건을 달리하고, 선임절차도 달리하므로 주주총회에서 양자를 구분하여 선임하여야 한다.

이사는 주주총회의 결의에 의해 선임되는 것이므로 주주총회에서 선임되지 않은 자는 등기여부에도 불구하고 상법상의 이사가 아니다. 그러므로 이들은 상법상의 이사의 권한을 행사할 수 없으며, 이사로서의 책임(제399조)도 지지 않는다(대법원 2003.9.26.선고, 2002다64981판결).

② 이사의 지위

이사의 선임은 주주총회의 고유권한으로 정관이나 주주총회의 결의로도 타 기관에 위임할 수 없다. 주주총회에서 이사선임의 결의만 있었을 뿐, 이사의 동의를 얻지 못한 경우에는 아직 이사로서의 지위를 취득하였다고 볼 수 없다. **따라서 이사로서의 지위는 주주총회보통결의와 이사의 동의로 완료된다**(대법원 1995.2.28.선고, 93다31440판결). 따라서 반드시 임용계약절차가 완료되어야 이사의 지위가 생겨나는 것은 아니다.

(3) 이사의 정원

① 일반규정

이사는 원칙적으로 3명 이상이어야 한다(제383조 제1항). 최소 인원을 3명으로 한 이유는 이사회를 구성하기 위해 복수의 이사를 요구한 것이며, 이사회결의에서 가부동수를 피하기 위해 홀수로 한 것이다.

② 소규모주식회사

자본금총액이 10억원 미만인 주식회사에서는 이사의 수를 1인 또는 2인으로 할 수 있으며(제383조 제1항 단서), 이때에는 이사회가 구성될 수 없으므로 이사회의 권한사항은 모두 주주총회로 이관되게 된다.

③ 상장회사특례

상장회사에서는 이사총수의 4분의 1 이상을 사외이사로 선임하여야 한다. 대규모상장회사(자산총액이 2조원 이상)의 경우에는 사외이사를 3인 이상 그리고 이사총수의 과반수가 되도록 선임하여야 한다(제542조의8 제1항, 상법시행령 제34조 제2항).

만일 사외이사의 사임·사망 등으로 인하여 사외이사의 수가 위의 구성요건에 미달하게 되면 그 사유가 발생한 후 처음으로 소집되는 주주총회에서 요건에 합치되도록 사외이사를 선임하여야 한다(제542조의8 제2항).

(4) 이사의 임기

이사의 임기는 3년을 초과하지 못한다(제383조 제2항). 다만 정관으로 그 임기 중의 최종의 결산기에 관한 정기주주 총회의 종결에 이르기까지 연장할 수 있다(제383조 제3항). 이사의 임기에 대한 상법의 규정은 이사의 임기를 지나치게 장기로 할 경우 주주의 감시기능과 경영정책적 통제가 무력해지기 때문에 둔 것이다.

이때 3년의 기간은 임기의 한계를 정할 뿐이므로 회사가 임기를 정하지 아니한 경우 그 임기를 3년으로 본다는 뜻은 아니다(대법원 2001.6.15.선고, 2001다23928판결).

4. 이사의 종임

(1) 일반적 사유

이사와 회사와의 관계는 위임에 관한 민법의 규정이 준용되기 때문에(제382조 제2항), 이사는 사망·파산 또는 금치산 등 일반적 위임의 종료사유(민법 제689조, 제690조 참조)로써 종임하게 된다. 이사는 위임관계에서 수임자로서의 지위를 가지므로 언제든지 스스로 사임할 수도 있다. 이사의 사임은 단독행위로서 회사에 대한 일방적 의사표시에 의해 그 효력이 발행하며, 회사 또는 주주총회의 승낙을 요하지 않고 또 변경등기를 하지 않더라도 이사는 사임의 의사표시에 의해 그 자격을 상실하게 된다(서울고법 1980.5.23.선고, 79나2290판결).

(2) 해임결의에 의한 해임

주주총회의 특별결의로 언제든지 이사를 해임할 수 있다(제385조 제1항 본문). 주주총회의 결의에 의해서만 해임할 수 있으므로 정관으로도 이사회의 결의나 대표이사의 결정에 의한다는 식으로 달리 해임의 방법을 정할 수 없다.

(3) 소수주주의 해임청구에 의한 해임

이사가 그 직무에 관하여 부정행위 또는 법령이나 정관에 위반한 중대한 사실이 있음에도 불구하고 주주총회에서 해임을 부결한 때에는 의결권 있는 발행주식총수의 100분의 3 이상의 주식을 가진 주주는 총회의 결의가 있은 날로부터 1월 내에 그 이사의 해임을 법원에 청구할 수 있다(제385조 제2항).

소수주주의 해임청구는 부정행위 또는 법령·정관위반을 요하므로 단순한 임무해태는 해임청구의 사유가 될 수 없다. 그리고 이러한 사유는 이사의 재임 중에 있으면 족하고 반드시 해임청구시에 현존할 필요는 없다(대법원 1990.11.2선고, 90마745판결).

(4) 이사의 해임과 손해배상

① 임기가 정해진 경우

임기가 정해진 이사를 정당한 사유 없이 임기만료 전에 해임할 때에 그 이사는 회사에 대해 해임으로 인한 손해배상을 청구할 수 있다(제385조 제1항 단서). 이사가 손해배상을 청구할 수 있는 범위는 재임기간에 받을 수 있는 보수이다(서울고법 1978.7.6.선고, 77나2669판결). 이러한 회사의 손해배상책임은 법정책임이므로 해임으로 인하여 받은 정신적 고통에 대한 위자료는 배상범위에 포함되지 않는다(서울고법 1990.7.6.선고, 89나46297판결).

손해배상을 하지 않아도 되는 해임사유인 정당한 사유란 부정행위, 법령·정관에 위반한 중대한 사실, 직무의 현저한 부적임 등이 있다(대법원 2004.10.15.선고, 2004다25611판결). 정당한 사유의 존부는 해임당시를 기준으로 판단하며 그 증명책임은 손해배상을 청구하는 이사가 부담하여야 한다(대법원 2012.9.27.선고, 2010다49570판결).

② 임기가 정해지지 않은 경우

이사의 임기를 정하지 않은 경우에는 언제든지 이사를 해임할 수 있고, 이때 회사는 손해배상책임을 부담하지 아니한다(대법원 2001.6.15.선고, 2001다23928판결).

5. 선임과 종임의 등기

이사를 선임하거나 이사가 종임한 때에는 본점소재지에서 2주간 내에, 지점소재지에서 3주간 내에 등기를 하여야 한다(제317조 제1항). 그러므로 선임 및 종임사실을 등기하지 않은 경우에는 상업등기의 일반적 효력에 의해 선의의 제3자에게 대항할 수 없다(제37조 제1항). 이사의 선임의 효력은 선임의 결의에 의해, 종임의 효력은 원인된 사실에 의해 발생하는 것이다. 그러므로 이사의 선임 및 종임의 등기는 효력발생과 무관한 대항요건일 뿐이다.

제386조 제1항에 의해 퇴임한 이사로서의 권리·의무가 있는 경우에는 후임이사가 취임할 때까지 종전의 등기를 유지하고, 후임이사가 취임한 때로부터 위 기간 내에 등기하여야 한다. 이 경우 퇴임 후 바로 등기를 한다면 오히려 사실관계와 불일치하는 내용을 공시하는 결과가 되기 때문이다(대법원 2007.6.19.선고, 2007마311판결).

6. 이사의 결원

(1) 퇴임이사

법률 또는 정관에 정한 이사의 원수를 결한 경우에는 임기의 만료 또는 사임으로 인하여 퇴임한 이사는 새로 선임된 이사가 취임할 때까지 이사의 권리·의무가 있다(제386조 제1항). 이를 퇴임이사라고 한다. 퇴임이사는 해임이사와 엄격히 구별하여야 한다. 그 이유는 법률관계의 적용이 전혀 다르기 때문이다.

퇴임이사제도는 이사의 결원으로 회사가 정상적인 영업활동을 할 수 없게 된 사태를 타개하고자 하는 취지이므로, 만일 정관상의 정원을 일부 결하더라도 회사의 운영에 장애가 없다면 이 규정을 적용할 필요는 없다(대법원 1988.3.22.선고, 85누884판결).

(2) 임시이사

이사의 정원을 결한 경우 법원은 필요하다고 인정한 때에 이사·감사 기타 이해관계인의 청구에 의하여 임시이사의 직무를 수행할 자를 선임할 수 있다(제386조 제2항 전문). 임시이사를 선임한 경우에는 본점소재지에서 등기하여야 한다(제386조 제2항 후문).

임시이사가 선임될 수 있는 사유는 이사의 사망이나 해임, 중병으로 인한 사임 등 임시이사의 필요성이 인정되는 모든 경우를 포함하는 것으로 해석하여야 한다(대법원 2000.11.17.선고, 2000마5632판결). 그러나 앞에서의 퇴임이사가 다른 주주나 이사와 분쟁상태에 있다고 해서 퇴임이사에 갈음해서 임시이사를 선임해야 하는 것은 아니다(대법원 2000.11.17.선고, 2000마5632판결).

(3) 퇴임이사와 임시이사의 권한

이사의 결원에 대한 퇴임이사 및 임시이사 제도는 기업유지의 이념에서 회사의 업무집중의 공백을 방지하기 위한 취지이다. 그러므로 **퇴임이사와 임시이사는 그 권한이 정상적인 이사의 모든 권리·의무에 미치게 된다**(대법원 1968.5.22.선고, 68마119판결). 이 점이 직무집행정지가처분에 의해 선임된 직무대행자의 권한이 상무에 제한되는 점(제408조 제1항)과는 차이를 보인다.

7. 집중투표제(누적투표제)

(1) 의의

주주총회에서 이사 선임시 1주에 대해 선임할 이사의 수와 동일한 의결권을 부여하여 주주가 자신의 의결권을 특정후보자에게 집중적으로 투표하거나 수인의 후보자에게 분산하여 행사할 수 있게 하는 것을 집중투표제라고 한다.

이사의 선임이 주주총회의 보통결의로 이루어지므로 통상 이사의 대부분은 대주주의 후보자가 이사로 선임된다. 그렇다면 소수주주도 회사의 주주임에도 불구하고 회사의 경영에 전혀 참여할 수 있는 길이 막히게 되므로 이러한 문제점을 해소하여 소수주주의 대표자도 이사로 선임될 수 있는 길을 마련하여 소수주주권을 강화하고자 하는 취지에서 둔 제도가 집중투표제이다.

(2) 적용요건

① 2인 이상의 이사선임

집중투표제는 2인 이상의 이사를 선임하는 경우에 한하여 채택할 수 있다(제382조의2 제1항). 선임할 이사가 1인이라면 집중투표에 의한 의결권의 집중행사가 무의미해지기 때문이다.

② 정관에 다른 정함이 없을 것

집중투표를 원하지 않는 회사는 정관에 집중투표를 허용하지 않는다는 규정을 둠으로써 동제도의 적용을 배제할 수 있다(제382조의2 제1항). 이는 집중투표제를 상법의 규정에 의해 강제하되, 회사가 집중투표제를 배제할 수 있는 여지를 인정한 것이다.

③ 소수주주의 청구

의결권 없는 주식을 제외한 발행주식총수의 100분의 3 이상에 해당하는 주주는 이사선임을 위한 주주총회일의 7일 전까지 서면 또는 전자문서로 집중투표에 의할 것을 청구할 수 있다(제382조의2 제1항·제2항). 소수주주의 이러한 청구에 대해 주주총회의 의장은 주주총회에서 이사 선임결의에 앞서 그러한 청구가 있다는 취지를 알려야 한다(제382조의2 제5항). 그러한 서면은 주주총회가 종결될 때까지 본점에 비치하고 주주로 하여금 영업시간 내에 열람할 수 있도록 하여야 한다(제382조의2 제6항).

④ 소집통지의 특례

집중투표를 원하는 주주는 총회일의 7일 전에 청구하여야 하므로 총회의 소집통지서에 선임할 이사의 수를 기재하여야 하며, 총회에서는 그 기재된 이사의 수를 초과하거나 그 수에 미달하여 이사를 선임할 수는 없다.

(3) 적용효과

이상과 같은 요건이 구비되어 집중투표에 의해 이사를 선임할 때에는 주주는 1주마다 선임할 이사의 수와 동일한 수의 의결권을 가진다. 상법상 1주1의결권원칙에 대한 중대한 예외이다.

주주는 이같이 주어진 의결권을 가지고 1인의 이사후보에게 집중하여 투표할 수 있고, 분산하여 수인의 이사후보에게 투표할 수 있다(제382조의2 제4항). 그 결과 최다수의 득표를 얻은 자부터 순차적으로 이사가 선임된다(제382조의2 제4항).

(4) 상장회사의 특례

① 상장회사특례

상장회사의 집중투표 청구는 주주총회일 6주 전에 하여야 한다(제542조의7 제1항).

② 대규모상장회사특례

대규모상장회사(자산총액 2조원 이상)의 경우 집중투표를 청구할 수 있는 소수주주의 요건은 의결권 없는 주식을 제외한 발행주식총수의 100분의 1 이상으로 하며(제542조의7 제2항), 집중투표를 배제하기 위해 정관변경을 할 경우에는 의결권 없는 주식을 제외한 발행주식총수의 100분의 3을 초과하는 주식을 소유한 주주의 의결권은 100분의 3까지로 제한된다(제542조의7 제3항).

집중투표를 배제하는 정관변경의 안은 다른 정관변경 안과 분리하여 표결하여야 한다(제542조의7 제4항).

Ⅲ 이사회

1. 의의

이사회란 회사의 업무집행에 관한 의사결정을 위해 이사 전원으로 구성되는 주식회사의 필요적 상설기관이다. 이사회는 회의체기관이므로 업무집행에 관한 의사결정을 하고 그 구체적인 실행은 대표이사가 수행한다. 다만, 업무집행의 적정을 기하기 위하여 이사회는 대표이사를 포함한 모든 이사의 집무집행을 감독하는 권한을 함께 가지고 있다(제393조 제2항).

2. 이사회의 권한

(1) 기본적 권한

① 업무집행에 대한 의사결정권

회사의 업무집행은 이사회의 결의로 한다(제393조 제1항). 이를 업무집행에 대한 의사결정권이라 한다. 상법이 이처럼 포괄적인 규정을 둔 것은 입법기술상의 한계로 이사회의 권한을 전부 나열할 수 없기 때문이다. 따라서 이사회의 권한은 주주총회의 고유권한을 제외한 나머지를 최대한도로, 동시에 이사회의 고유권한을 최소한도로 하고, 정관의 규정을 변수로 하여 주주총회의 권한과 역의 관계로 증감한다고 볼 수 있다.

② 이사의 감독권

이사회는 이사의 직무집행을 감독한다(제393조 제2항). 이를 이사의 감독권이라 한다. 이사회는 업무집행에 대한 결정권을 가지고, 그 집행을 대표이사 또는 업무담당이사에게 맡기므로 이사회는 자기시정의 기능으로써 당연히 이사의 업무집행을 감독할 권한을 갖는다고 할 것이며, 상법 제393조 제2항은 이 점을 명문화한 것이다.

(2) 이사·이사회의 정보접근권

이사는 대표이사로 하여금 다른 이사 또는 피용자의 업무에 관해 이사회에 보고할 것을 요구할 수 있다(제393조 제3항). 동시에 이사회에 대한 정보제공을 강행적으로 보장하기 위하여 이사(또는 대표이사)는 3개월에 1회 이상 업무의 집행상황을 이사회에 보고하도록 하고 있다(제393조 제4항). 이사의 정보요구에 대해 대표이사는 기업비밀임을 이유로 정보제공을 거절할 수 없다.

(3) 그 밖의 부수적 권한

이사회의 권한사항을 열거하는 것은 현실적으로 불가능하다. 그런 이유에서 상법은 대표적으로 ① 중요재산의 처분, ② 대규모의 차입, ③ 지배인의 선임과 해임, ④ 지점의 설치·이전·폐지 등은 이사회의 결의에 의하여야 한다고 규정하고 있다(제393조 제1항). 이는 이사회결의 없이 대표이사가 단독으로 할 수 없음을 주의적으로 규정한 것으로 볼 수 있다. 판례도 중요재산의 처분 또는 대규모의 차입에 대해 이사회의 규정상 이사회의 부의사항으로 정해져 있지 않더라도 반드시 이사회결의를 거쳐야 한다고 보고 있다(대법원 2011.4.28.선고, 2009다47791판결).

(4) 기타의 고유권한

주식의 양도를 제한할 경우의 승인(제335조 제1항 단서), 주주총회의 소집(제362조), 이사의 경업피지의 승인(제397조), 이사의 사업기회이용의 승인(제397조의2), 이사의 자기거래의 승인(제398조), 사채발행(제469조)등은 이사회의 결의에 의하여야 한다.

(5) 주주총회의 권한으로 전환할 수 있는 사항

① 대표이사의 선임(제389조 제1항), ② 신주발행(제416조), ③ 준비금의 자본금전입(제461조 제1항), ④ 전환사채의 발행(제513조 제2항), ⑤ 신주인수권부사채의 발행(제516조의2 제2항) 등은 원칙적으로 이사회의 권한으로 규정하고, 정관에 규정을 두어 주주총회의 권한으로 전환할 수 있도록 하고 있다.

3. 이사회의 소집

(1) 소집권자

① 원칙적 소집권자

이사회의 소집은 각 이사가 한다(제390조 제1항). 그러므로 대표이사가 이사회의 소집권자가 아님에 유의하여야 한다. 만일 이사회의 결의로 소집할 이사를 정한 때에는 그 이사가 소집한다(제390조 제1항 단서).

② 소집권자를 정한 경우

이사회를 소집할 이사를 정한 경우에도 다른 이사도 언제든지 소집권자인 이사에게 이사회 소집을 요구할 수 있으며, 소집권자인 이사가 정당한 이유 없이 이사회소집을 거절할 경우에는 다른 이사도 이사회를 소집할 수 있다(제390조 제2항).

(2) 소집의 통지

① 소집통지의 기간

이사회를 소집함에는 회일을 정하고 회일의 1주간 전에 각 이사와 감사에 대하여 통지를 발송하여야 한다. 이 기간은 정관으로 단축할 수 있다(제390조 제3항). 이사회의 소집통지는 이사뿐만 아니라 감사에게도 하여야 함에 유의하여야 한다. 그러나 이사·감사 전원의 동의가 있으면 이와 같은 절차를 밟지 아니하고 언제든지 회의를 개최할 수 있다(제390조 제4항).

② 소집통지를 하지 않은 경우

만일 일부의 이사에게 소집통지를 하지 않고 행한 결의는 무효이다. 이때 통지를 받지 못한 이사가 출석하여 반대하였더라도 결의에 영향이 없었을 것이라는 가정이 성립하더라도 역시 무효로 보아야 한다(대법원 1972.7.24.선고, 92다749판결). 그러나 감사의 출석이나 기명날인 또는 서명이 이사회결의의 유효요건은 아니므로 감사가 출석하지 않았고, 출석하였으나 기명날인 또는 서명이 없는 경우에도 이는 이사회결의의 유효요건은 아니다(대법원 1992.4.14.선고, 90다카22698판결).

(3) 소집시기

이사회는 긴급을 요하지 않는 한 가급적 많은 이사가 출석할 수 있는 시기에 소집하여야 할 것이다. 그러므로 의안에 반대의견을 가진 이사들이 해외 출장 중인 틈을 타서 소집하여 결의한다거나, 대표이사가 출장 중에 대표이사의 해임을 결의하는 것 등은 경영권을 둘러싼 내분이 있는 회사에서 흔히 일어날 수 있는 상황인데, 이같이 이루어진 결의는 무효이다(대법원 1988.3.22.선고, 85누884판결).

(4) 소집장소

상법에서는 주주총회와는 달리 이사회의 소집장소에 관한 명문의 규정은 두고 있지 않지만 합리적인 이유 없이 또는 이사들의 동의 없이 일부 이사의 참석이 현실적으로 어려운 장소나 회사와 무관한 장소를 선택하는 것은 위법하다.

4. 이사회의 결의

(1) 의의

이사회의 결의는 이사 과반수의 출석과 출석이사의 과반수로 하여야 한다(제391조 제1항). 결의요건은 정관으로 그 비율을 높일 수 있다(제386조 제1항 단서). 그러나 이와 반대로 그 비율을 낮추는 것은 허용되지 않는다(대법원 1995.4.11.선고, 94다33903판결).

이때 이사 과반수란 이사 전원의 과반수를 말하며, 퇴임이사(제386조 제1항), 임시이사(제386조 제2항)는 포함되지만, 직무집행이 정지된 이사(제407조 제1항)는 포함되지 않는다.

(2) 의결권

이사회에서의 의결권은 주주총회와는 달리 이사 1명에 대해 1개의 의결권(1인 1의결권원칙)

이 주어진다. 정관에 의해서도 이에 대한 예외를 둘 수 없다. **예컨대, 6인의 이사 중 3인이 출석하여 전원 찬성하더라도 이는 성립정족수에 미달하므로 무효이다**(대법원 1995.4.11.선고, 94다33903판결).

(3) 의결권의 제한

이사회의 결의에 대하여 특별한 이해관계가 있는 이사는 의결권을 행사할 수 없다(제391조 제3항). 예컨대, 자기거래(제398조)를 하고자 하는 이사는 그 승인 여부를 다투는 이사회에서 특별한 이해관계가 있는 자이다(대법원 1992.4.14.선고, 90다카22698판결). 이사회의 결의에 특별이해관계가 있는 이사는 이사회의 성립정족수에는 포함되지만, 의결정족수의 계산에서는 출석이사의 수에 산입하지 아니한다(대법원 1991.5.28.선고, 90다20084판결).

(4) 의결권행사의 독립성

이사는 의결권행사에 관해서도 회사에 대하여 책임을 진다(제399조 제2항). 이는 의결권이 자기책임 하에 독립적으로 행사되어야 함을 의미한다. 그러므로 **이사 상호간 또는 이사와 주주 기타 제3자와의 사이에 이사는 직접 의결권을 행사하여야 하므로 의결권의 대리행사나 대리인에게 의결권을 위임하는 것은 허용되지 않는다**(대법원 1982.7.3.선고, 80다2441판결). 그 이유는 회사와 이사와의 관계는 민법상 위임의 법리인데, 이러한 위임의 내면에서는 이사 개인의 전문성·경험·식견 등에 대한 고도의 신뢰가 내재되어 있기 때문이다.

(5) 의결권의 행사방법

이사회는 회사의 경영에 관한 실무적인 문제를 다루므로 여러 가지 변환이 가능한 의안을 놓고 상호 의견을 교환함으로써 최적의 결론을 내야하는 집단적 의사결정방식을 취해야 하므로 원칙적으로 이사들의 구체적인 화합을 요한다.

한편, 정관에서 달리 정하고 있는 경우를 제외하고 이사회는 이사의 전부 또는 일부가 직접 총회에 출석하지 아니하고 모든 이사가 음성을 동시에 송수신하는 원격통신수단에 의하여 결의에 참가하는 것을 허용할 수 있는데, 이 경우 당해 이사는 이사회에 직접 출석한 것으로 본다(제391조 제2항).

(6) 감사의 이사회출석·의견진술권

이사회를 소집함에는 회일을 정하고 그 1주 전에 각 감사 및 이사에 대하여 통지를 발송하여야 한다(제390조 제3항). 감사는 이사회에 출석하여 의견을 진술할 수 있는 권리가 있다(제391조의2 제1항). 이를 감사의 이사회출석 및 의견진술권이라고 한다.

5. 의사록의 작성과 공시

(1) 의사록의 작성

이사회의 의사에 관하여는 의사록을 작성하여야 한다(제391조의3 제1항). 이사회의사록에는 의사의 요건, 경과요령, 그 결과, 반대하는 자와 그 반대이유를 기재하고 출석한 이사와 감사 전원이 기명날인 또는 서명하여야 한다(제391조의3 제2항). 이사회결의의 효력은 적법한 결의 요건을 충족하는 표결이 있음으로써 그 효력이 발생하는 것이므로, 의사록의 작성은 이사회결의의 요건이 아니다.

(2) 의사록의 효력

이사회결의에 참가한 이사로서 이의를 한 기재가 의사록에 없는 자는 그 결의에 찬성한 것으로 추정한다(제399조의 제3항). 그러므로 이사회의 결의에 의한 행위로 인해 이사가 손해배상 책임을 져야 하는 경우 결의에 참가한 이사로서 이의를 한 기재가 의사록에 없는 자는 반대의 증거를 제시하지 못하는 때에는 다른 이사와 연대책임을 부담하여야 한다. 이 점 유의하여야 한다. 이사회의사록은 결의에 관한 중요한 증거수단으로서의 기능을 수행하게 된다.

(3) 의사록의 공시와 제한

① 의의

이사회의 결의는 회사의 업무집행을 결정하는 의사결정이므로 그 내용 중에는 기업비밀에 속하는 사항도 다수 들어 있어, 이를 주주총회 의사록과 동일시하여 주주와 채권자에게 항상 공개하게 하는 것은 기업의 경쟁력에 치명적인 장애를 줄 수 있다. 그런 이유로 상법은 이사회의 의사록의 공시를 제한하는 동시에 회사가 사안에 따라 이사회의사록의 열람 또는 등사를 거절할 수 있는 길을 열어놓고 있다.

② 공시의 범위

이사회의사록은 회사에 비치할 의무가 없다. 다만 주주는 영업시간 내에는 이사회의사록의 열람 또는 등사를 청구할 수 있다(제391조의3 제3항). **그러나 채권자는 이사회의사록의 열람·등사를 청구할 수 없다.** 이 점 특히 유의하여야 한다.

③ 열람의 거절

회사는 주주의 의사록의 열람·등사청구에 대하여 이유를 붙여 이를 거절할 수 있다(제391조의3 제4항 전단). 회사가 열람을 거절하는 이유가 정당한 사유가 있어야 함은 물론이다.

회사가 이사회의사록의 열람·등사를 거절할 경우 주주는 "법원의 허가를 얻어" 이사회의사록을 열람·등사할 수 있다(제391조의3 제4항 후단). 회사의 거절이유가 타당하더라도 주주가 이사의 책임을 추궁하기 위해서 필요하거나(제399조, 제403조), 기타 주주의 권리행사에 부득이하게 필요한 경우에는 열람·등사를 허가해야 할 것이다.

④ 다른 공시의무와 비교

이사는 정관·주주총회 의사록을 본점과 지점에, 주주명부·사채원부를 본점에 비치하여야 한다. 주주와 채권자는 영업시간 내에는 언제든지 이 서류의 열람·등사를 청구할 수 있음을 규정하고 있다(제396조 제1항·제2항).

상법상 공시 및 열람제도

구분	정관·주주총회 의사록	주주명부·사채원부	이사회의사록
① 공시의무 장소	본점과 지점	본점only	공시의무 없음
② 열람청구권자	주주와 채권자의 열람청구 가능	주주와 채권의 열람청구 가능	주주의 열람청구만 가능
③ 열람의 거절	원칙적으로 불가능	원칙적으로 불가능	정당한 사유가 있는 경우에는 가능

6. 이사회결의의 하자

(1) 의의

이사회결의의 하자에 대해서는 상법에 명문의 규정을 두고 있지 않다. 따라서 그 다툼도 일반적인 무효의 법리에 따라 해결하여야 한다. 따라서 그 주장방법에 제한이 없으며, 판결의 기판력의 일반원칙(민사소송법 제218조)에 따르므로 대세적 효력이 없으며 소급효도 제한되지 않는다(대법원 1988.4.25.선고, 87누399판결). 또한 주주총회의 결의하자에 대한 규정도 준용되지 않는다. 이 점 유의하기 바란다.

(2) 후속행위의 효력

① 의의

특정한 업무집행을 위해 이사회결의가 필요함에도 결의가 없거나 또는 하자가 있는 결의에도 불구하고 대표이사가 업무를 집행한 경우 대표이사가 집행한 그 행위를 후속행위라고 한다. 대표이사의 후속행위는 어떤 효력을 갖는지가 문제되는데 이에 대하여는 다음과 같은 방법으로 해결하는 것이 타당하다.

② 처리방법

후속행위의 효력을 별도로 다투는 소가 인정될 경우에는 이사회결의의 하자 등은 별도로 다투는 소로 흡수되어 별도의 소로써 효력이 다투어지게 된다. 다만, 그 밖의 후속행위는 순수하게 내부적인 문제에 그치는 경우에 그 내부적 거래는 무효이다. 그러나 그 후속행위가 대외적 거래에 해당하는 경우에는 거래의 안전을 고려해서 그 거래상대방이 선의인 경우에는 유효이지만, 악의 또는 중과실이 있는 경우에는 무효이다(대법원 2005.7.28.선고, 2005다3649판결).

③ 악의 또는 중과실의 증명책임

악의 또는 중과실이란 당해 거래가 이사회결의를 요한다는 사실, 이사회결의가 없었거나 무효인 사실을 알고 있거나 알 수 있었음을 말하며 이에 대한 증명책임은 회사에 있다(대법원 2009.3.26.선고, 2006다47677판결 등).

7. 이사회내위원회

(1) 의의

이사회 내에 기능이 분화된 다수의 위원회를 이사회내위원회라고 한다. 대표적인 위원회로는 감사위원회, 집행위원회, 보수위원회, 자문위원회 등이 있다. 이는 이사회의 업무를 기능별로 세분화하여 의사결정의 신속성과 전문성을 확보하기 위한 것이다.

상법은 이러한 위원회 중 특히 감사위원회(제415조의2)를 종래의 감사에 대체할 수 있는 기관으로 도입한 외에, 그 밖의 업무에 관해서도 하나 또는 수 개의 위원회를 두어 이사회의 권한을 위임할 수 있도록 하였다(제393조의2). 다만 감사위원회를 두는 경우에는 감사를 둘 수 없다(제415조의2 제1항).

(2) 설치근거 및 구성방법

① 설치근거

이사회는 정관이 정하는 바에 따라 위원회를 둘 수 있다(제393조의2 제1항). 따라서 위원회를 설치하기 위해서는 정관에 근거가 있어야 하며, 정관의 규정에는 위원회의 구성방법 및 운영방법을 명기하여야 한다.

② 구성방법

위원회는 2인 이상의 이사로 구성하는 것이 원칙이지만(제393조의2 제3항), 감사위원회는 3인 이상의 이사로 구성하여야 하며 이 중 사외이사가 2/3 이상이고(제415조의2 제2항), 위원회의 결의로 위원회를 대표할 자를 선임하도록 하고 있다(제415조의2 제4항).

(3) 위원의 선임과 해임

위원의 선임과 해임은 원칙적으로 이사회의 결의에 의하여야 한다(제415조의2 제4항 유추해석). 따라서 위원의 선임과 해임은 이사 과반수출석과 출석이사 과반수의 찬성으로 결정하는 것이 원칙이다. **다만 이사회내위원회 중 감사위원회 위원의 해임에 관한 이사회의 결의는 이사 총수의 3분의 2 이상의 결의로 하여야 한다**(제415조의2 제1항).

한편, 대통령령으로 정하는 대규모상장회사(자산총액 2조원 이상)는 감사는 둘 수 없고 감사위원회설치의무가 부여되는데, 이때 감사위원의 선임 및 해임권은 주주총회에 있다(제542조의12 제1항). 이에 대해서는 감사위원회에서 후술하기로 한다.

(4) 위원회의 운영

① 소집과 결의

위원회가 이사회로부터 위임받은 사항을 수행하기 위해서 위원회를 소집하여 결의하여야 한다. 위원회의 소집과 결의에 관해서는 이사회의 소집과 결의에 관한 절차가 준용된다(제393조의2 제5항, 제390조, 제391조). 그리고 위원회는 그 결의된 사항을 각 이사에게 통지하여야 한다(제393조의2 제4항).

② 위원회의 권한

상법은 이사회가 위원회에 수권할 수 있는 사항을 폭넓게 인정하고 있다. **이사회는 ㉠ 주주총회의 승인을 요하는 사항의 제안, ㉡ 대표이사의 선임 및 해임, ㉢ 위원회의 설치와 그 위원의 선임 및 해임 그리고 ㉣ 기타 정관으로 정하는 사항을 제외하고는** 그 권한을 위원회에 위임할 수 있다(제393조의2 제2항).

③ 결의의 효력

이사회가 위원회에 권한을 위임한다고 하는 것은 이사회가 위임한 사항에 관한 위원회의 결의는 이사회결의와 같은 효력이 있다는 뜻이다. 이사회가 위원회결의를 변경하는 결의를 하지 않는 한, 위원회의 결의는 이사회결의로써 효력이 발생한다. 그러나 위원회의 결의가 올바르지 않은 경우에는 이사회는 위원회가 결의한 사항에 대하여 다시 결의할 수 있으며(제393조의2 제4항), 이사회의 결의가 있으면 위원회의 결의는 원칙적으로 효력을 잃게 된다.

다만, 감사위원회의 결의사항에 대해서는 이사회에서 재결의할 수 없다.

(5) 이사회의 권한과 책임

① 위원회결의의 변경권한

위원회가 위임받은 사항에 관하여 결의한 경우, 결의된 사항을 각 이사에게 통지하여야 한다. 통지의 대상이 되는 각 이사란 회사의 이사 전부를 뜻한다. 이 통지를 받은 각 이사는 이사회의 소집을 요구할 수 있으며, 소집된 이사회에서는 위원회가 결의한 사항에 대하여 다시 결의할 수 있다(제393조의2 제4항). 다만 감사위원회의 결의사항에 대해서는 이사회에서 재결의할 수 없다(제415조의2 제6항). 감사위원회의 독립성과 중립성 보장을 위함이다. 이 점 유의하여야 한다.

② 이사회의 감독책임

위원회의 결의는 원래 이사회가 결정한 사항을 위임받아 하는 것이므로 위원회의 결의에 대하여는 각 이사가 감시의무를 지며, 이사회가 감독권을 갖는다. 그러므로 위원회의 결의를 통지받은 이사가 위원회의 결의가 부당함에도 불구하고 이사회의 소집을 게을리 하거나, 소집된 이사회에서 이사들이 위원회결의와 다른 결의를 하는 것에 반대하는 것은 임무해태에 해당하여 회사에 대한 손해배상책임의 원인이 된다(제399조 제1항·제2항).

Ⅳ 대표이사

1. 의의

대표이사는 회사를 대표하고 업무를 집행하는 권한을 가진 이사이며, 주식회사의 필요상설기관이다. 원래 회사의 업무집행에 대한 결정권은 이사회가 가지는 것이 원칙이지만, 이사회는 회의체기관으로 주로 회사의 중요한 의사결정을 수행할 뿐 현실적인 업무집행을 담당하기에는 부적합하다. 그런 이유로 상법은 이사 중에서 대표이사를 선정하여 내부적인 업무집행권과 회사의 대표권을 대표이사를 선임하여 집중하도록 하고 있다.

2. 선임

(1) 선임권자

대표이사는 이사 중에서 선임한다(제389조 제1항 본문). 그 밖의 자격제한은 없으나 정관으로 대표이사의 자격을 정하는 것은 무방하다.

대표이사는 이사회에서 선임한다(제389조 제1항 본문). 그러나 정관으로 주주총회에서 선정하는 것으로 정할 수 있다(제389조 제1항 단서). 대표이사의 자격은 이사회 또는 주주총회의 결의에 의하지 않는 한 다른 방법으로는 주어질 수 없다. 유상거래를 통해 회사의 경영권을 인수한 자라 하더라도 대표이사 선임의 절차를 거치지 않는 한 대표이사가 될 수 없다(대법원 1994.12.2.선고, 94다7591판결).

(2) 대표이사의 수

대표이사는 1인을 선임하는 것이 일반적이지만 그 수에는 제한이 없다. 그러므로 이사 전원을 대표이사로 선임하더라도 무방하다. 대표이사를 선임하면 그 성명·주민등록번호·주소는 등기하여야 한다(제317조 제2항 제9호). 일단 대표이사로 선임된 이상 선임결의의 부존재 등이 다투어지더라도 판결이 있을 때까지는 대표이사의 지위를 가진다(대법원 1985.12.10선고, 84다카319판결).

3. 종임

(1) 종임사유

대표이사는 대표이사로서의 임기만료, 해임 또는 사임에 의하여 퇴임한다. 대표이사를 선임한 기관이 이사회인 경우에는 이사회에서, 선임기관이 주주총회인 경우에는 주주총회에서 해임할 수 있다(민법 제689조 제1항). 대표이사는 이사임을 전제로 하므로 이사직에서 퇴임하면 당연히 대표이사로서의 지위를 잃게 되지만, 그 반대의 경우는 적용되지 않는다.

(2) 해임과 손해배상청구

대표이사를 정당한 이유 없이 해임할 경우 대표이사가 이사해임에 관한 규정(제385조 제1항)을 준용하여 손해배상을 청구할 수 있는지 여부가 문제가 될 수 있다. 이에 대해 **판례는 이사의 해임에 관한 제385조 제1항의 규정은 주주의 지배권확보와 경영자의 지위안정을 목적으로 한 규정일 뿐 이사의 보수청구권을 보장하는 규정이 아니라고 보아 대표이사의 해임에는 이를 준용할 수 없다고 본다**(대법원 2004.12.10.선고, 2004다25123판결).

(3) 대표이사의 결원

대표이사의 퇴임으로 인하여 대표이사가 없게 되거나 정원을 결한 경우에는 퇴임한 대표이사는 새로운 대표이사가 취임할 때까지 대표이사로서의 권리의무가 있으며, 법원이 필요하다고 인정한 때에는 이해관계인의 청구로 일시적으로 대표이사의 직무를 행할 자를 선정할 수 있다(제389조 제3항). 즉 대표이사의 결원이 생긴 경우에도 퇴임이사 및 임시이사에 관한 제386조의 규정이 준용된다.

4. 대표이사의 권한

(1) 업무집행권

① 의의

대표이사는 주주총회 또는 이사회에서 결정된 사항에 대해서 업무를 집행할 권한을 갖는다(제389조 제3항). 이를 대표이사의 업무집행권이라고 한다.

일상적인 업무가 아닌 한 중요한 의사결정은 반드시 이사회의 결의에 의하여야 하므로(제393조 제1항), 중요재산의 처분이나 대규모의 차입 등은 대표이사가 단독으로 결정하거나 집행할 수 없다(대법원 1997.6.13.선고, 96다48282판결).

② 명시된 권한

대표이사는 주주총회 또는 이사회에서 결의된 사항을 집행하고 일상적인 회사의 대내적 관리업무를 집행할 권한을 갖는데, 상법이 몇 가지 구체적인 사항을 특히 대표이사의 직무사항으로 규정하고 있다. i) 주권과 채권의 기명날인 또는 서명(제356조, 제478조 제2항), ii) 주식청약서와 사채청약서의 작성(제420조, 제474조), iii) 현물출자시 검사인의 선임청구(제422조 제1항) 등은 대표이사의 권한사항으로 명시되어 있다

(2) 회사대표권

대표이사는 회사의 영업에 관하여 재판상·재판외의 모든 행위를 할 권한이 있다(제389조 제3항). 대표이사의 대표권은 회사의 권리능력의 범위와 일치한다. 다만, 상법은 이사와 회사간의 소송에 있어서는 대표이사가 회사를 대표하지 못하고 감사가 회사를 대표한다(제394조)고 규정하고 있다. 또한 정관 또는 이사회의 결의에 의해서도 대표권을 내부적으로 제한할 수 있다.

5. 대표권의 제한

(1) 소송시 대표권의 제한

① 이사와 회사간의 소송

이사가 회사를 상대로 소를 제기하거나 반대로 회사가 이사를 상대로 소를 제기하는 경우에는 대표이사가 회사를 대표하지 못하고, 감사가 회사를 대표한다(제394조). 따라서 소수주주가 회사에 대하여 이사의 책임을 추궁할 소의 제기를 청구할 경우에도 감사가 회사를 상대로 소의 제기를 청구하여야 한다(제394조 제1항).

② 퇴임한 이사와 회사간의 소송

회사가 퇴임한 이사를 상대로 소송을 수행하는 경우에는 감사가 대표하지 아니하고 당연히 대표이사가 회사를 대표한다(대법원 2002.3.15.선고, 2000다9086판결). 그 이유는 퇴임한 이사는 이사의 지위를 이미 상실하였기 때문이다.

③ 감사위원과 회사간의 소송

감사에 갈음하여 회사가 감사위원회를 둔 경우에는 이사와 회사 간의 소에서는 감사위원이 회사를 대표하며(제415조의2 제6항), 감사위원회 위원이 회사와의 소의 당사자인 경우에는 감사위원회 또는 이사가 법원에 회사를 대표할 자를 선임해줄 것을 신청하여야 한다(제394조 제2항).

소송시 회사대표권

소송의 당사자	회사대표권
① 이사와 회사간의 소송	감사가 회사를 대표한다.
② 퇴임이사와 회가간의 소송시	대표이사가 회사를 대표한다.
③ 감사위원과 회사간의 소송시	법원에 대표선임을 청구해야 하며, 법원이 선임한 자가 회사를 대표한다.

(2) 대표권의 내부적 제한

대표권의 내부적 제한이 있는 경우에는 선의의 제3자에게 대항할 수 없다. 예컨대, 이사회의 결의에 의하여 대표이사의 권한을 일부 제한한 경우를 말한다. 이 경우에도 회사는 그러한 사실을 알지 못하는 제3자에게 채무의 이행을 거절(대항)할 수 없다. 거래의 안전을 보호하기 위한 취지이다.

6. 대표권의 남용

(1) 의의

대표권의 남용이란 외관상으로는 대표이사의 권한 내의 적법한 행위이지만, 주관적으로는 자기 또는 제3자의 이익을 도모하는 행위로서 회사에 손실을 끼치는 행위를 말한다. 따라서 적법한 이사회의 결의 등이 있었음에도 대표이사가 자기 또는 제3자의 이익을 위해 일정한 행위를 한 것을 대표권의 남용이라고 한다.

(2) 적용요건

대표권의 남용이 되기 위해서는 다음의 요건을 충족하여야 한다.

적용요건	내용
① 외관상 적법한 행위	내부적으로 적법한 이사회의 결의 등을 거친 행위이어야 한다.
② 자기 또는 제3자의 이익을 위한 행위	대표이사가 자기 또는 제3자의 이익을 위한 행위를 하였어야 한다. 대표이사가 자기 개인의 채무를 변제하기 위하여 회사명의로 어음을 발행한 행위 등을 예로 들 수 있다.
③ 회사에 손해를 발생시킨 행위	회사에 손해를 발생시킨 행위이어야 한다. 따라서 회사에 손해가 없으면 대표권의 남용은 성립하지 않는다.

(3) 적용효과

대표권의 남용행위는 상대방이 남용행위임을 안 때(악의)에는 무효이고, 알지 못한 때(선의)에는 유효하다는 것이 통설과 판례의 일치된 견해이다. 대표이사의 행위가 대표권한 내의 행위라 할지라도 회사의 이익 때문이 아니고 **자기 또는 제3자의 개인적인 이익을 도모할 목적으**

로 그 권한을 행사한 경우에도 상대방이 대표이사의 진의를 알았거나 알 수 있었을 때에는 무효가 된다(대법원 2004.3.26.선고, 2003다34045판결).

(4) 증명책임

대표권의 남용을 이유로 대표행위의 무효를 주장할 때에는 그 무효를 주장하는 자가 대표권의 남용이라는 사실, 상대방이 악의라는 사실을 증명하여야 한다(대법원 1987.10.13.선고, 86다카1522판결).

7. 대표이사의 불법행위

대표이사가 업무집행으로 인하여 타인에게 손해를 가한 때에는 회사는 대표이사와 연대하여 손해를 배상할 책임이 있다(제389조 제3항). 따라서 대표행위가 가능한 범위에서 회사의 업무집행과 관련이 있고 또 그 행위의 외형상 객관적으로 대표이사의 직무범위 내로 보여지는 경우는 모두 회사의 불법행위가 성립할 수 있다(대법원 1990.11.13.선고, 89다카26878판결).

피해자가 대표이사의 직무가 아님을 알았거나 중대한 과실로 알지 못할 때에는 일반인에게 요구되는 주의의무에 현저히 위반한 것으로 거의 고의에 가까운 정도의 주의를 결하고, 공평의 관점에서 상대방을 구태여 보호할 필요가 없다고 본다(대법원 2004.3.26.선고, 2003다34045판결).

8. 공동대표이사

(1) 의의

공동대표이사는 2인 이상이 공동으로만 회사를 대표할 수 있는 대표이사를 말한다. 주식회사가 수인의 대표이사를 둘 경우 이들을 공동대표이사로 정할 수 있다(제389조 제2항).

수인의 대표이사는 단독대표의 원칙에 따라 각자 대표기관을 구성하고 각자 회사를 대표하는 것이 원칙이다. 따라서 공동대표이사로 하려면 대표이사의 선정 외에 이들을 공동대표이사로 한다는 별도의 결의가 있어야 한다.

(2) 공동대표이사의 결정

① 결정권자

공동대표이사를 별도로 선임하는 것이 아니므로 선정된 수인의 대표이사에 대해 권한행사방법에 관해 제한을 가하는 것이므로 수인의 대표이사를 선정하고, 이를 다시 공동대표이사로 정하는 절차를 밟아야 한다. 따라서 이사회의 결의로 대표이사를 선임하는 경우에는 이사회의 결의로 공동대표이사로 결정하고(제389조 제1항 본문), 정관의 규정에 의하여 주주총회에서 대표이사를 선정하는 때에는 주주총회의 결의로 공동으로 정한다(제389조 제1항 단서).

② 공동대표의 유형

공동대표이사를 정하는 방법으로는 대표이사 전원이 공동으로만 대표하게 하는 것이 가장 흔한 모습이다. 그러나 이를 변형하여 3인의 대표이사 중 2인의 대표이사들이 공동으로만 대표하게 하는 것도 가능하다.

③ 선임의 등기

공동대표이사를 정한 때에는 그 내용을 등기하여야 한다(제317조 제2항 제10호). 이를 등기하지 아니한 때에는 선의의 제3자에게 대항하지 못한다(제37조 제1항). 즉 1인의 대표이사가 단독으로 회사를 대표하여 거래하였더라도 회사는 선의의 제3자에 대해서는 그 무효를 주장하지 못한다.

(3) 적용의 효과

① 능동대표

회사가 제3자에 대하여 하는 의사표시를 능동대표라고 한다. 능동대표는 대표이사들이 공동으로만 할 수 있다(제389조 제2항). 1인의 대표이사의 의사만으로는 회사의 완성된 대표행위를 이루지 못하므로 그에 의한 거래는 무효이다. 어음·수표의 발행과 같은 서면행위는 공동대표이사 전원이 기명날인 또는 서명하여야 한다.

② 수동대표

거래상대방이 회사에 대하여 하는 의사표시를 수동대표라고 한다. 수동대표는 공동대표이사 중 1인에게만 하여도 효력이 있다(제389조 제3항). 공동대표이사제도는 대표이사의 권한남용을 방지하기 위한 취지인데, 의사표시의 수령에는 권한남용의 소지가 없기 때문이다.

③ 불법행위

공동대표제도는 거래행위에만 적용되고 불법행위에는 적용되지 아니한다. 즉 공동대표이사 중 1인의 불법행위이더라도 회사의 업무집행으로 인하여 타인에게 손해를 가한 때에는 회사가 연대하여 책임을 진다(제389조 제3항).

(4) 대표권의 위임

① 개별적 위임

대표행위의 사안별로 특정 거래에 관해 개별적인 위임을 할 수 있느냐는 문제가 있다. 공동대표이사 1인에게 개별적인 행위를 위임하는 것은 가능하다고 보며, 위임관계를 행위시에 현명하게 한다면 공동대표제도의 운영을 대내외적으로 통일·명시할 수 있고 아울러 거래의 신속과 조직운영의 효율을 기할 수 있다.

② 포괄적 위임

공동대표이사의 일부가 다른 공동대표이사에게 **대표권의 행사를 포괄적으로 위임하는 것은 실질적으로 단독대표를 가능하게 하는 일이므로 공동대표의 취지에 비추어볼 때 허용될 수 없다**(대법원 1989.5.23.선고, 89다카3677판결). 같은 취지에서 부분적으로 포괄위임하는 것도 허용되지 않는다고 본다.

(5) 대표행위의 추인

공동대표이사 중 1인이 단독으로 대표하여 한 행위는 무효이지만, 이를 추인할 수 있다. 추인은 나머지 공동대표이사가 하여야 하며, **추인의 의사표시는 거래상대방에게 할 수도 있고 단독의 대표행위를 한 대표이사에게 할 수도 있다**(대법원 1991.11.12.선고, 91다19111판결).

(6) 제3자의 보호

① 표현대표이사의 적용

공동대표이사 중 1인이 단독으로 대표행위를 한 경우에는 상대방에게 불측의 손해를 줄 수도 있다. 공동대표이사 1인이 단독으로 대표권이 있음직한 명칭을 사용하여 거래하고, 그 명칭 사용에 회사의 책임이 있는 경우에는 표현대표이사(제395조)의 요건을 충족하므로 회사에 대해 거래상의 책임을 물을 수 있다.

② 불법행위책임의 추궁

공동대표이사가 월권하여 단독대표행위를 한 경우에는 민법 제750조에 의한 불법행위의 요건을 충족하게 될 것이므로 상대방은 대표이사의 개인적인 불법행위책임을 물어 손해배상을 청구할 수 있음은 물론, 회사의 업무집행으로 인한 손해로 보아 회사에 대해서도 연대책임을 물을 수 있다(제389조 제3항).

9. 표현대표이사

(1) 의의

사장, 부사장, 전무, 상무 기타 회사를 대표할 권한이 있는 것으로 인정할 만한 명칭을 사용한 이사의 행위에 대해서는 그 이사가 회사를 대표할 권한이 없는 경우에도 회사는 선의의 제3자에 대하여 그 책임을 진다(제395조). 이를 표현대표이사의 책임이라고 한다. 영미법상 금반언의 법리 또는 독일법의 외관법리에서 그 근거하여 상법도 표현대표이사의 책임에 관한 규정을 두고 있다(대법원 1998.3.27.선고, 97다34709판결).

(2) 취지

대표이사가 아닌 자가 회사의 승인을 얻어 대표이사로 오인될 만한 명칭을 사용하여 대표행위를 하는 경우에 이를 믿고 거래한 상대방에게 등기부를 조회하지 않은 책임을 물어 불이익을 주는 것은 신속을 요하는 상거래에서는 비현실적이며 신의칙에도 반한다. 또한 그러한 자를 대표이사로 오인한 제3자를 보호할 필요가 있다. 그런 이유에서 상법은 제395조의 규정을 두고 있다.

(3) 상업등기와의 관계

제37조의 상업등기제도는 기업관계가 외부에 공시된 후에는 상대방의 희생 아래 공시자의 면책을 보장함으로써 당사자의 이해를 조정하려는 제도임에 반해, 표현대표이사제도는 표현적 명칭이라는 부진정한 외관창출에 귀책사유가 있는 자를 희생시키고 외관대로의 법률효과를 인정함으로써 상거래의 신속과 안전을 도모하려는 제도이므로 서로 법익을 달리한다. 따라서 표현대표이사제도와 상업등기제도는 서로 관련성이 없다(대법원 1979.2.13.선고, 77다2436판결).

(4) 적용요건

① 표현적 명칭사용

대표이사가 아닌 자가 회사를 대표할 권한이 있는 것으로 인정할 수 있는 명칭을 사용하였어야 한다. 표현대표이사에 관한 동조의 규정을 적용함에 있어서 이사자격의 유무가 문제될 수 있다. 이에 대해 판례는 이사자격의 유무는 표현적 지위의 형성에 아무런 차이가 없는 점을 감안하면 **부존재인 주주총회결의에 의해 선임된 이사, 전혀 이사로 선임된 사실조차 없는 자의 행위에 대해서도 표현대표이사에 관한 본조를 유추 적용하여야 한다고 본다**(대법원 1998.3.27 선고, 97다34709판결).

② 회사의 귀책사유

표현대표이사의 행위가 성립하기 위해서는 표현적 명칭의 사용을 회사가 명시적 또는 묵시적으로 허락하였어야 한다. 그러므로 이와 같은 회사의 원인부여 없이 자의적으로 대표권이 있는 것과 같은 명칭을 사용하여 대표행위를 하였다면 회사의 책임은 인정되지 않는다.

예컨대, **표현대표이사가 한 계약을 이의 없이 이행하거나 또는 명칭사용을 알고도 제지하지 않은 경우에는 표현대표이사의 책임이 인정된다**(대법원 2005.9.9.선고, 2004다17703판결).

③ 표현대표이사의 대표행위

표현대표이사는 대표이사의 권한 내에 속하는 대표행위를 하였어야 한다. 이때 대표행위는 영업에 관한 행위가 될 것이므로 거래행위에 한정되고 **재판 외의 행위에 국한된다.** 그러므로 대외적 거래행위가 아닌 대내적인 업무집행행위는 포함되지 않는다. 불법행위와 소송행위는 거래의 안전과 무관하므로 본조가 적용될 여지가 없다.

④ 제3자에게 악의 또는 중과실이 없을 것

표현대표이사의 행위에 대해 회사가 책임을 지는 제3자는 악의 또는 중과실이 없어야 한다. 즉 선의이어야 한다. 제3자의 범위에는 표현대표이사와 거래한 직접의 상대방뿐만 아니라, 이와 관련하여 표현적 명칭을 신뢰한 제3자를 모두 포함한다. 따라서 표현대표이사가 한 어음행위를 믿고 이 어음을 취득한 제3자도 보호를 받음은 물론이다(대법원 2003.9.26.선고, 86다카1228판결).

(5) 적용범위

① 공동대표와 표현대표이사

공동대표이사 중 1인이 사장, 대표이사 등의 명칭으로 단독으로 대표할 권한이 있음직한 명칭을 회사로부터 허락받아 사용하면서도 단독으로 회사를 대표하여 행위를 한 때에는 이를 표현대표이사의 행위로 보고 제395조를 적용하여야 한다(대법원 1992.10.27선고, 92다19033판결).

② 선임이 무효·취소된 대표이사의 행위

대표이사의 선임결의가 무효인 경우 대표이사의 선임 이후 무효 판결이 있을 때까지 대표이사가 한 행위에 대하여 과거의 판례는 이를 표현대표이사의 행위로 보았으나(대법원 1985.6.11.선고, 84다카197판결), 최근의 판례에서는 선임이 무효·취소된 등기가 부실등기(제39조)에 해당한다고 보아 선의의 거래상대방을 보호하고 있다(대법원 1998.3.27.선고, 97다34709판결). 결론적으로 어떠한 명분을 취하든 선의의 제3자가 보호되는 점은 같다.

③ 진정한 대표이사의 이름으로 한 행위

표현대표이사로서의 요건을 갖춘 자가 대표행위는 **자기의 이름으로 하지 않고 진정한 대표이사의 명칭을 사용한 경우에도 판례는 제395조를 적용하여 선의의 제3자를 보호하고 있다**(대법원 1998.3.27.선고, 97다34709판결).

V 집행임원

1. 의의

집행임원이란 회사의 선택에 따라 대표이사에 갈음하는 기구로 설치되어 회사의 업무집행과 회사 대표에 관한 권한을 행사할 수 있는 기관이다(제408조의2 제1항, 제408조의4).

회사는 집행임원을 둘 수 있는데, 집행임원을 둘 경우에는 대표이사를 두지 못한다(제408조의2 제1항 후단). 즉 회사는 종래의 대표이사와 집행임원 중 하나를 업무집행기구로 자유로이 선택할 수 있다.

2. 집행임원의 선임

(1) 선임권자

상법은 집행임원제의 채택을 위해 정관의 근거나 주주총회의 결의를 요한다는 규정을 두고 있지 않다. 그러므로 제408조의2 제3항의 규정에 의해 이사회의 결의로 집행임원을 선임하여야 한다.

(2) 정원

집행임원은 1인 또는 수인을 선임한다(제408조의5 제1항). 집행임원이 수인인 경우에는 이사회가 그 직무분담 등에 관해 결의하지 않는 한 각자가 업무를 집행한다. 상법상 집행임원의 회의체는 규정된 바 없으므로, 3인 이상의 집행임원이 선임되는 경우에도 집행위원회의 구성은 필요하지 않다. 다만 집행임원들이 자율적으로 집행위원회를 구성하여 운영할 수는 있다.

(3) 임기

집행임원의 임기는 2년을 초과할 수 없다(제408조의3 제1항). 즉 2년 내의 기간으로 회사가 자유롭게 정할 수 있다. 그러나 정관에 그 임기 중에 최종결산기에 관한 정기주주총회가 종결한 후 가장 먼저 소집하는 이사회의 종결 시까지로 정할 수 있다(제408조의2 제3항).

(4) 자격제한

집행임원의 자격에 관해서는 특별한 제한이 없다. 따라서 이사가 집행임원을 겸할 수도 있으며 심지어 이사가 아닌 자도 집행임원이 될 수 있다. 이 점 유의할 필요가 있다.

3. 집행임원의 권한

(1) 업무집행권

상법은 집행임원의 권한으로 집행임원설치회사의 업무집행을 규정하고 있다. 집행임원의 업무집행권은 대표이사의 권한으로 인정되는 회사의 관리업무를 말하고 이 점에서 집행임원은 대표이사와 동일한 권한을 갖는다.

(2) 의사결정권

상법은 집행임원의 권한으로서 업무집행권과 별도로 정관이나 이사회결의에 의하여 위임받은 업무집행에 관한 의사결정을 규정하고 있다(제408조의4). 이때 이사회의 결정에 의하여 위임받은 업무집행에 관한 의사결정이란 당연히 제393조 제1항이 규정하는 포괄적인 업무집행 결정사항 중 다른 조문에서 명문으로 열거한 이사회의 권한사항을 제외한 나머지를 가리킨다고 말할 수 있다.

그러나 명문에서 이사회의 권한사항으로 열거하고 있는 ① 신주발행의 결정(제416조 본문), ② 경업거래의 승인(제397조), ③ 사채발행사항의 결정(제469조) 등은 이사회에서 집행임원에게 위임할 수 없는 것으로 볼 수 있다.

(3) 이사회소집권

① 의의

집행임원은 필요하면 이사회의 소집을 청구할 수 있다. 이 경우 집행임원은 회의의 목적사항과 소집이유를 기재한 서면을 이사에게 제출하여야 한다(제408조의7 제1항).

집행임원의 소집청구에 대하여 이사가 지체 없이 이사회의 소집절차를 밟지 아니하면 소집을 청구한 집행임원은 "법원의 허가"를 얻어 이사회를 소집할 수 있다(제408조의7 제2항).

② 감사의 이사회소집권과의 비교

집행임원의 이사회 소집청구에 대해 이사가 지체없이 소집절차를 밟지 않은 경우에는 소집을 청구한 집행임원은 반드시 법원의 허가를 얻어야만 이사회를 소집할 수 있다. 이 점은 감사의 이사회소집권과는 커다란 차이가 있다. 즉 감사의 이사회소집청구에 대해 이사가 지체없이 소집절차를 밟지 않은 경우에 감사는 법원의 허가를 얻을 필요 없이 직접 이사회를 소집할 수 있다. 집행임원과 감사의 이사회소집권에 대해서는 명확한 구별이 필요하다.

집행임원과 감사의 이사회소집권

구분	집행임원	감사
① 이사회소집권	인정○	인정○
② 이사가 소집을 지체한 경우의 이사회의 소집	법원의 허가를 얻어야만 이사회를 소집할 수 있음	법원의 허가를 얻을 필요 없이 감사가 직접 이사회를 소집할 수 있음

4. 대표집행임원

집행임원이 1인인 경우에는 그 집행임원이 대표집행임원이 된다. 그리고 2명 이상의 집행임원이 선임되는 경우에는 이사회결의로 집행임원 설치회사를 대표할 집행임원을 선임하여야 한다(제408조의5 제1항). 대표집행임원에 관하여는 상법에 다른 규정이 없으면 대표이사의 규정을 준용한다(제408조의5 제2항).

5. 의무

(1) 선관주의의무

회사와 집행임원의 관계는 민법의 위임에 관한 규정을 준용한다(제408조의2 제2항). 그러므로 집행임원은 그 선임의 본지에 따라 선량한 관리자의 주의로써 회사의 사무를 처리하여야 한다(민법 제681조).

(2) 그 밖의 의무

집행임원은 이사와 마찬가지로 회사에 대한 충실의무(제382조의3)와 비밀준수의무(제382조의3)를 진다. 그리고 회사와의 이익충돌을 방지하기 위하여 이사와 같이 경업금지, 회사의 사업기회유용금지, 자기거래금지 등의 제한을 받는다(제408조의9).

6. 집행임원의 보수결정

정관에 규정이 없거나 주주총회의 승인이 없는 경우 집행임원의 보수결정은 이사회에서 후 순위적으로 정할 수 있다(제408조의2 제3항 제6호). 이 점 특히 주목할 필요가 있다. 그 이유는 이사, 감사의 보수는 반드시 정관의 규정 또는 주주총회의 결의로 결정할 수 있음에 반해 집행임원의 임기는 이사회결의에 의해서 가능한 점에서 커다란 차이를 보이기 때문이다. 상법에서 후순위적이기는 하나 이사회가 집행임원의 보수를 정할 수 있도록 한 것은 이사회에 집행임원은 실적을 평가할 수 있는 기능을 부여하고 이를 통해 집행임원을 통제·감독할 수 있도록 하기 위함이다.

7. 집행임원의 감독권

(1) 이사회의 감독원

집행임원의 업무집행은 이사회가 감독한다(제408조의2 제3항 제2호). 집행임원을 수인 선임한 경우 이사회는 집행임원의 직무분담 및 지휘·명령관계, 그 밖의 집행임원의 상호관계에 관한 사항을 정할 수 있다(제408조의2 제3항 제5호).

(2) 집행임원의 감사

상법상 감사는 이사를 상대로 하는 것으로 규정되어 있다. 또한 상법은 이사를 상대로 하는 감사업무에 관한 규정을 집행임원에 대해 준용한다. 감사는 집행임원의 직무를 감사하며, 구체적으로는 집행임원에 대하여 언제든지 영업에 관한 보고를 요구하거나 업무와 재산상태를 조사할 수 있다(제408조의9). 그리고 집행임원은 회사에 현저한 손해를 미칠 염려가 있는 사실을 발견한 때에는 즉시 감사에게 보고하여야 한다(제408조의2).

8. 집행임원의 책임

(1) 회사와 제3자에 대한 책임

집행임원이 고의 또는 과실로 법령이나 정관을 위반한 행위를 하거나 그 임무를 게을리한 경우에는 그 집행임원은 회사에 손해를 배상할 책임이 있으며(제408조의8 제1항), 고의 또는 중대한 과실로 그 임무를 게을리하여 제3자에게 손해를 가한 경우에는 제3자에게도 손해를 배상할 책임이 있다(제408조의8 제2항).

(2) 이사·감사의 연대책임

집행임원의 이러한 책임에 관하여 다른 집행임원·이사 또는 감사도 책임이 있으면 다른 집행임원·이사 또는 감사와 연대하여 배상할 책임이 있다(제408조의8 제3항).

제 4 절 이사의 의무와 책임

I 의의

상법은 이사의 의무와 책임에 대한 광범위한 규정을 두고 있다. 또한 이사의 의무와 책임에 관한 규정을 대표이사는 물론 집행임원에 대해 준용하여 적용하고 있다. 또한 심지어는 감사에 대해서도 이사의 의무와 책임을 준용하거나 유사한 규정을 두어 운용하고 있다. 따라서 이사의 의무와 책임에 대한 규정은 매우 중요하다. 그런 이유에서 변호사시험에서도 이사 또는 대표이사의 책임을 묻는 문제가 주로 출제되고 있다.

한편, 상법은 대표이사의 의무와 책임에 관한 규정을 별도로 두고 있지 않다. 그 이유는 대표이사는 당연히 이사의 자격을 가져야 하기 때문이다.

II 이사의 일반적인 의무

1. 의의

이사의 의무란 이사가 마땅히 해야 할 것으로 기대되는 행위를 말한다. 이사의 의무는 사전적 개념인 점에서 사후적 개념인 이사의 책임과는 그 성격을 달리한다.

상법상 이사의 의무는 기본적 의무와 부수적 의무로 구분할 수 있다. 기본적 의무에는 선관주의의무와 충실의무가 있으며, 부수적 의무는 기본적 의무에서 파생되는 의무로 볼 수 있다.

2. 기본적 의무

(1) 선관주의의무

회사와 이사와의 관계는 위임에 관한 민법 제681조가 준용되므로, 이사는 회사에 대하여 이사선임의 본지에 따라 선량한 관리자의 주의로써 사무를 처리할 의무를 진다(제382조 제2항, 민법 제681조). 이는 고도의 인적 신뢰를 기초로 하는 매우 높은 주의의무로서 자신의 직무를 수행함에 있어 법령을 준수해야 하는 의무는 물론 항상 회사를 위해 최선의 이익이 되는 결과를 추구해야 할 의무를 포함하는 개념이다.

선관주의의무는 상근·비상근을 가리지 않고 보수의 유무에 관계없이 모든 이사에게 주어지는 의무이며, 이에 위반하였을 때에는 회사에 대하여 손해배상책임을 진다(제399조).

(2) 충실의무

이사는 법령과 정관의 규정에 따라 회사를 위하여 그 직무를 충실하게 수행하여야 한다(제382조 제3항)고 하여 충실의무를 규정하고 있다. 이는 우리 상법상의 선관주의의무만으로는 이사의 직무수행의 적정성을 확보할 수 없다는 전제 하에 보다 폭넓은 의무를 부여할 필요가 있다는 취지에서 둔 규정이다.

선관주의의무는 대륙법계의 위임관계에 기초한 의무이고, 충실의무는 영미법계의 신인의무에 그 근거를 두고 있는 것인데 선관주의의무를 구체화한 규정이 바로 충실의무라고 볼 수 있다.

3. 부수적 의무

(1) 이사회출석의무

이사는 이사회에 출석하여 의결권을 행사할 의무를 진다고 보아야 한다. 그러나 이사회에 단순히 불출석했다고 해서 임무를 게을리한 것으로는 볼 수 없고, 정당한 사유 없이 출석하지 아니한 경우에만 임무해태로 보아야 한다. 특히 이사회의 위법·부당한 결의를 방치한 때에는 이사는 감시의무를 게을리한 것으로 보아 손해배상책임을 부담한다(대법원 2008.12.11.선고, 2005다51471판결).

(2) 비밀유지의무

기업비밀이란 기업조직 또는 사업에 관한 공시되지 아니한 정보로서 당해 기업이 배타적으로 관리할 수 있고, 그 기업 또는 제3자가 경제적 가치를 가지고 이용할 수 있는 것이라고 정의할 수 있다. 이사는 통상 회사의 최고경영자의 반열에 있는 자로서 기업비밀에 대한 접근이 용이하고 때로는 기업비밀을 창출할 수 있는 지위에 있는 자이다.

그런 이유에서 상법은 이사는 재임 중뿐만 아니라 퇴임 후에도 직무상 알게 된 회사의 영업상 비밀을 누설하여서는 아니된다(제382조의4)고 규정함으로써 이사의 비밀준수의무를 인정하고 있다.

(3) 보고의무

이사는 회사에 현저하게 손해를 미칠 염려가 있는 사실을 발견한 때에는 즉시 감사(또는 감사위원회)에게 이를 보고하여야 한다(제412조의2, 제415조의2 제6항). 이러한 보고의무는 감사업무의 효율성을 기하기 위해 회사의 손해여부에 대한 가장 빠른 정보를 가지고 있는 이사의 적극적인 의무이다. 그러므로 감사의 요구가 없더라도 보고하여야 하며 그러한 적극적인 보고의무를 위반한 때에는 이사는 그로 인한 손해를 배상할 책임을 진다(제399조 제1항).

4. 감시의무

(1) 의의

이사의 선관주의의무에 따른 구체적인 의무의 하나로서 이사들은 상호 다른 이사의 업무집행을 감시할 권한과 의무가 있다. 이사의 감시의무는 실정법상의 개념은 아니지만 상법은 제393조 제2항에서 이사회의 감독권을 규정하고 있으며, 이사회의 감독권은 이사의 감시의무를 포함하는 개념으로 보고 있다. 그리고 제393조 제3항에서 이사는 대표이사로 하여금 다른 이사 또는 피용자의 업무에 관하여 이사회에 보고할 것을 요구할 수 있다고 규정하고 있는데 이 규정 역시 이사의 감시의무의 근거규정으로 볼 수 있다.

(2) 감시의무의 적용

① 대표이사의 감시의무

대표이사는 대내외적인 회사업무의 전체를 집행하는 기관이므로 이사 전원의 업무집행을 감시·감독할 의무를 지며, 공동대표이사의 경우에는 상호 감시할 의무를 진다. 그리고 수인의 대표이사가 내부적인 업무분장에 따라 각자의 분야를 전담하여 처리하는 경우에는 다른 대표이사가 담당하는 업무집행에 대해서도 전반적으로 감시할 의무를 부담한다(대법원 2012.7.12.선고, 2009다61490판결).

② 업무담당이사의 감시의무

업무담당이사의 감시의무는 평이사의 감시의무와 구별하여 대체로 대표이사의 감시의무와 같은 맥락으로 이해한다. 따라서 업무담당이사는 대표이사와 같은 수준의 감시의무를 부담하여야 한다.

③ 평이사의 감시의무

평이사도 이사회의 구성원 또는 이사의 일반적인 선관주의 의무를 근거로 평이사의 일반적·능동적 감시의무를 긍정한다. 그런 이유에서 **다른 업무담당이사의 업무집행이 위법하다고 의심할만한 사유가 있었음에도 불구하고 평이사가 감시의무를 위반하여 이를 방치한 때에는 이로 말미암아 회사가 입은 손해배상책임을 면할 수 없다**(대법원 2007.9.20.선고, 2007다25865판결).

Ⅲ 이익충돌방지의무

1. 의의

이익충돌방지의무란 이사가 일정한 행위를 함으로써, 회사에 손실을 발생시킬 염려가 있는 것에 대해 상법에서 일정한 의무를 부여한 것을 말한다. 상법상 이사와 회사간의 이익충돌방지의무는 크게 경업피지의무, 자기거래금지의무, 회사의 자산 및 기회의 유용금지의무로 구분할 수 있다. 경업피지의무는 다시 경업금지의무와 겸직금지의무로 구분할 수 있다.

경업피지의무에 대해서는 이미 상법총칙의 상업사용인에서도 살펴보았다. 어느 정도 이해가 된 부분일 것이다. 따라서 여기서는 자기거래금지의무에 초점을 두고 공부할 필요가 있다.

이사와 회사의 이익충돌방지의무

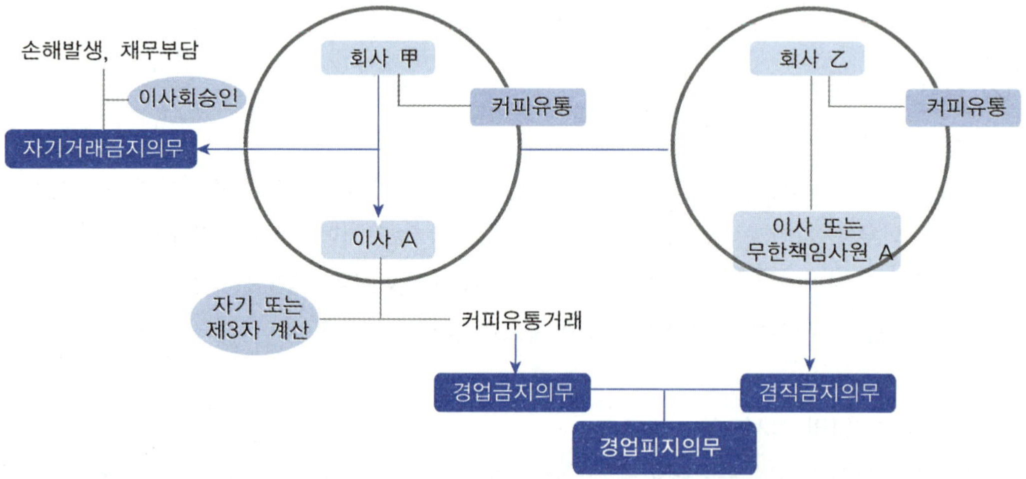

2. 경업금지의무

(1) 의의

이사는 이사회의 승인이 없으면 자기 또는 제3자의 계산으로 회사의 영업부류에 속하는 거래를 하지 못한다(제397조 전단). 이를 경업금지의무라고 한다. 이사회의 승인이 있으면 경업거래는 가능하다. 이때 이사회의 승인은 사전승인을 뜻한다고 볼 수 있다.

회사의 영업부류에 속하는 거래란 정관상의 사업목적에 국한하지 않고 사실상 회사의 영리활동의 대상이 되어 있는 것은 모두 포함한다.

(2) 자기 또는 제3자의 계산

누구의 이름으로 거래당사자가 되는가는 문제되지 않는다. 제3자의 이름으로 하더라도 자기의 계산으로 할 경우에는 이에 해당한다. 그러므로 이사가 별도의 회사를 설립하여 그 회사로 경업을 수행하게 한 경우, 이사가 이미 경업을 하고 있는 회사의 주식을 취득하여 지배주주가 된 경우도 본조의 적용대상이다(서울고법 2011.6.16.선고, 2010나70751판결).

(3) 위반의 효과

경업금지의무에 위반한 경우 이사는 회사에 대해 손해배상책임을 진다. 또한 이러한 행위는 불법행위이므로 손해배상 없이 이사를 해임할 정당한 사유가 된다(대법원 1993.4.9.선고, 92다53583판결). 그러나 경업금지의무에 위반한 경우에도 그 거래 자체는 제3자의 선의 또는 악의를 불문하고 유효하다. 이 점 유의하여야 한다. 또한 이사가 경업금지의무에 위반한 경우에 회사는 개입권을 행사할 수 있다.

(4) 개입권

① 의의

이사가 경업금지의무에 위반한 경우에만 인정되는 권리이다. 회사는 경업거래가 이사 자신의 계산으로 한 것인 때에는 이를 회사의 계산으로 한 것으로 볼 수 있고, 제3자의 계산으로 한 것인 때에는 그 이사에 대하여 이로 인한 이득의 양도를 청구할 수 있다(제397조 제2항).

② 법적 성질

개입권은 형성권이다. 따라서 이사에 대한 의사표시만으로 그 효과가 발생한다. 개입권은 거래가 있은 날로부터 1년을 경과하면 소멸한다(제397조 제3항).

경업금지의무에 위반한 경우 회사는 개입권과 손해배상청구권을 선택적으로 행사할 수 있다.

개입권의 비교

구분	상업사용인의 개입권	이사의 개입권
① 법적 성질	형성권	형성권
② 개입권의 행사기간	거래를 안 날로부터 2주 내 또는 거래가 있은 날로부터 1년 내에 행사할 수 있다.	거래가 있은 날로부터 1년 내에 행사할 수 있다.

3. 겸직금지의무

(1) 의의

이사는 이사회의 승인 없이 동종영업을 목적으로 하는 다른 회사의 무한책임사원이나 이사가 되지 못한다(제397조). 이를 겸직금지의무라고 한다.

(2) 위반의 효과

이사가 겸직금지의무에 위반한 경우 회사는 이사에 대하여 손해배상청구권을 행사할 수 있고 해임권을 행사할 수 있음은 경업금지의무 위반의 경우와 같지만, 개입권은 인정되지 않고 거래자체의 유효여부 또한 문제되지 않는다.

4. 이사 등의 자기거래금지의무

(1) 의의

이사 등이 자기 또는 제3자의 계산으로 회사와 거래를 하기 위해서는 미리 이사회에서 해당 거래에 관한 중요사실을 밝히고 이사회의 승인을 받아야 한다(제398조 제1항). 이를 이사 등의 자기거래금지의무라고 한다.

(2) 거래의 주체 : 이사 등

① 이사

상근, 비상근을 가리지 않고 모든 이사가 이에 해당된다. 그러나 이사의 지위에서 물러난 이사는 해당되지 않는다(대법원 1989.9.13.선고, 88다카9098판결). 이 점 유의하기 바란다.

② 주요주주

주요주주란 발행주식의 100분의 10 이상을 소유하는 자 또는 이사와 감사의 선임·해임 등 상장회사의 주요경영사항에 대하여 사실상 영향력을 행사하는 주주를 뜻한다(제542조의8 제2항 제6호).

③ 특수관계인

ⓐ 이사 또는 주요주주의 배우자 및 직계존·비속, ⓑ 이사 또는 주요주주의 배우자의 직계존·비속, ⓒ 이사 또는 주요주주와 이상의 자들이 단독 또는 공동으로 의결권 있는 발행주식총수의 100분의 50 이상을 가진 회사 및 그 자회사, ⓓ 이사, 주요주주, 위 ⓐ 또는 ⓑ의 자와 ⓒ의 자가 합하여 의결권 있는 발행주식총수의 100분의 50 이상을 가진 회사이다.

(3) 자기 또는 제3자의 계산

① 의의

상법은 자기 또는 제3자의 계산으로라고 규정하고 있으므로 누구의 이름으로 회사의 상대방이 되어 거래하였느냐는 묻지 않는다. 그러므로 이사 등이 제3자에게 위탁하여 회사와 거래한다면 자기의 계산으로 거래한 것이고, 이사 등이 제3자와 회사의 거래를 중개하는 것은 제3자의 계산으로 거래한 예가 될 것이다.

② 쌍방대표

두 회사의 대표이사를 겸하고 있는 자가 그 회사를 겸하여 거래하는 경우 이를 쌍방대표라고 하는데 쌍방대표도 자기거래에 포함되어 반드시 이사회의 승인을 얻어야 한다(대법원 1996.5.28.선고, 95다12101판결).

③ 간접거래의 포함

이사 등이 회사와의 거래로 인해 그 결과적인 이득이 이사 등에 귀속되는 간접거래도 자기거래에 포함된다. 그러므로 이사 등의 채권자와 이사 등의 채무에 대한 담보 또는 담보설정계약을 체결하거나 그 채무를 인수하는 것, 더 나아가 甲회사와 乙회사의 대표이사를 겸하고 있는 A가 甲회사를 대표하여 乙회사의 채무를 보증한 경우에도 A와 甲회사 간에는 자기거래가 성립한다(대법원 1984.12.11.선고, 84다카1591판결). 그러나 이사가 회사의 모회사나 자회사와 거래하는 것은 자기거래에 속하지 않는다(서울고법 2011.6.16.선고, 2010나70751판결).

(4) 자기거래의 제한범위

① 이익충돌의 염려가 있는 거래

회사와 이사 등의 이익이 충돌할 우려가 있는 거래는 반드시 이사회의 승인을 얻어야 한다. 이때 이익충돌의 염려가 있는 거래는 이사와 회사간의 거래로 인해 회사가 채무를 부담하거나 회사에 손실이 발생하는 거래를 말한다. 회사가 이사 등의 채무를 보증하는 행위, 회사가 이사를 위해 어음을 발행하거나 배서하는 행위는 회사가 채무를 부담할 수 있거나 채무를 부담하는 행위로서 반드시 이사회의 승인을 얻어야 하는 자기거래에 포함된다.

판례도 어음행위는 원인관계와는 다른 새로운 채무를 발생시키고, 항변의 절단, 채무의 독립성 등으로 인하여 어음행위자에게 더욱 엄격한 책임이 따르는 거래이므로 이사회의 승인을 요한다고 본다(대법원 2004.3.25.선고, 2003다64688판결).

② 이익충돌의 염려가 없는 거래

이사와 회사 사이의 거래라고 하더라도 양자 사이의 이해가 상반되지 않고 회사에 불이익을 초래할 우려가 없는 때에는 이사회의 승인을 얻을 필요가 없다(대법원 2010.3.11.선고, 2007다71271판결). 대표적으로 이사가 회사에 대해서 무이자·무담보로 자금을 대여하는 행위, 이사가 회사의 채무를 보증하는 행위, 회사 명의로 해 두었던 명의신탁계약의 해지 등과 같이 객관적 성질로 보아 회사에 불이익이 없는 거래 등은 이사회의 승인을 얻을 필요가 없다.

(5) 자기거래의 승인

① 승인시기

자기거래의 승인은 이사 전원의 3분의 2의 찬성을 요한다. 그리고 이사회의 승인은 거래가 있기 전에 사전적으로 미리 이루어져야 한다. 따라서 자기거래의 추인이 허용되는지 여부에 대해서 논란이 있을 수 있는데, 자기거래에 대한 승인은 사전승인을 명문화하였으므로 허용되지 않는 것으로 해석하는 것이 옳다. 또한 이사회의 승인은 개개의 거래에 대하여 이루어져야 하고, 포괄적인 승인은 허용되지 않는다.

② 승인기관

이사 등의 자기거래는 이익충돌의 염려가 없는 거래를 제외하고는 모두 이사회의 승인을 요한다(제383조 제4항). 이때 정관의 규정에 의해 자기거래에 대한 이사회의 결의사항을 주주총회의 결의사항으로 할 수 있는지 여부에 대해 판례는 이를 긍정하고 있다(대법원 2007.5.10.선고, 2005다4284판결). 이사회의 승인이 없더라도 1인 주주나 총주주의 동의가 있는 자기거래에 대해서도 판례는 유효한 것으로 보고 있다(대법원 2002.7.12.선고, 2002다20544판결).

③ 승인과 이사의 책임

이사회의 승인이 있더라도 자기거래를 한 이사의 책임이 없어지는 것은 아니다. 따라서 이사회의 승인을 얻어 거래한 결과 회사에 손해를 끼친 경우에는 그 거래한 이사는 제399조 제1항에 따라 손해배상책임을 지며, 이사회의 승인결의에 찬성한 이사도 연대하여 책임을 진다(제399조 제2항·제3항).

(6) 위반의 효과

이사회의 승인 없이 거래한 경우에 이사가 손해배상책임을 지고 해임사유가 되는 등 대내적인 책임문제가 제기됨은 물론이다. 그런데 이사회의 승인 없이 행해진 자기거래의 사법적 효력은 어떠한지가 문제되는데, 판례는 상대적 무효설에 따라 이사 등과 회사 간의 거래는 무효이지만, 자기거래와 관련되는 선의의 제3자와의 사이에는 유효하다고 본다.

회사가 자기거래임을 이유로 무효를 주장할 경우, 이사회의 승인이 없었다는 점과 이 점에 대한 상대방의 악의는 회사가 증명책임을 부담한다(대법원 1994.10.11.선고, 94다24626판결).

관련판례요약

이사와 회사 간의 직접 발생한 이익상반의 거래에 있어서는 회사의 이익을 보호하는 데에 중점을 두어 회사는 당해 이사에 대하여 이사회의 승인을 못 얻는 것을 내세워 그 행위의 무효를 주장할 수 있음은 그 규정으로 당연하지만, 회사 이외의 제3자와 이사가 회사를 대표하여 자기를 위하여 한 거래에 있어서는 거래의 안전의 견지에서 선의의 제3자를 보호할 필요가 크므로, 회사는 그 거래에 대하여 이사회의 승인을 받지 않은 것 외에 상대방인 제3자의 악의라는 사실을 주장·입증하여야 비로소 그 무효를 그 상대방인 제3자에게 주장할 수 있다고 해석해야 옳을 것이다(대법원 1973.10.31.선고, 73다954판결).

5. 회사의 자산 및 기회의 유용금지의무

(1) 의의

이사는 이사회의 승인 없이 현재 또는 장래에 회사의 이익이 될 수 있는 회사의 사업기회를 자기 또는 제3자의 이익을 위하여 이용하여서는 아니 된다(제397조의2 제1항). 이를 회사의 기회 및 자산의 유용금지 또는 사업기회유용금지제도라고 한다.

최근 경제가 발전함에 따라 회사의 규모가 커지고 영리기회도 확산되고 있어, 기존의 경업피지의무와 자기거래금지의무로는 막을 수 없는 사업기회를 유용함으로써 회사가 취할 이익을 이사가 가로챌 수 있는 기회가 늘고 있다. 이를 방지하기 위한 규정이다.

(2) 이사회의 승인

이사회의 승인이 있으면 회사의 사업기회의 이용이 가능하다(제397조 제1항). 이때 이사회의 승인은 이사총수의 3분의 2 이상의 찬성으로 한다(제397조 제1항 후단). 이사회의 승인은 사전승인을 뜻한다고 보아야 하므로 미리 승인을 얻어야 한다.

자본금총액이 10억원 미만인 주식회사에서는 주주총회의 결의로 승인한다(제383조 제4항).

(3) 금지의 내용

이사회의 승인 없이 현재 또는 장래에 회사의 이익이 될 수 있는 소정의 회사의 사업기회를 자기 또는 제3자의 이익을 위하여 이용하는 것을 금지한다(제397조의2 제1항).

상법은 이용금지대상을 현재 또는 장래에 회사의 이익이 될 수 있는 기회로 한정하고 있다.

그리하여 위의 금지대상 사업기회에 해당하더라도 회사의 이익이 될 수 없는 것은 회사의 사업기회라 할 수 없고 이사의 이용이 금지되지 않는다(제397조의2 제1항).

(4) 위반의 효과

이사가 이사회의 승인 없이 한 회사의 사업기회의 유용은 경업거래와 같이 무효이다. 그리고 회사의 사업기회유용금지제도를 위반한 경우도 이사에 대해서 개입권은 행사할 수 없고, 손해배상청구권, 계약해지권(해임권)을 행사할 수 있을 뿐이다.

이익충돌방지의무 요약

구분		내용
경업피지의무	경업금지의무	① 의의 : 이사회의 승인 없이 자기 또는 제3자의 계산으로 회사의 영업부류에 속하는 거래를 하지 못하는 것 ② 위반의 효과 : 해임권, 손해배상청구권, 개입권 행사 가능
	겸직금지의무	① 의의 : 이사회의 승인 없이 동종영업을 목적으로 하는 다른 회사의 무한책임사원 또는 이사가 되지 못하는 것 ② 위반의 효과 : 해임권, 손해배상청구권 행사 가능
자기거래금지의무		① 의의 : 이사회의 승인 없이 이사 등이 자기 또는 제3자의 계산으로 회사에 채무부담 또는 손실발생 염려가 있는 거래를 하지 못하는 것 ② 적용대상 : 이사 및 주요주주와 그들의 특수관계인이 포함 ③ 이사회의 승인 : 미리 이사총수의 2/3 이상의 승인 필요 ④ 위반의 효과 : 해임권, 손해배상청구권 행사 가능
회사의 기회유용금지의무		① 의의 : 이사회의 승인 없이 회사의 자산 또는 기회의 유용을 하지 못하는 것 ② 위반의 효과 : 해임권, 손해배상청구권 행사 가능

Ⅳ 이사의 책임

1. 총설

(1) 의의

상법상 이사는 일정한 의무를 부담한다. 그 의무를 이행하는 과정에 임무해태가 있거나 법령이나 정관에 위반하는 경우에는 민법상 채무불이행 또는 불법행위로 인한 책임의 문제가 발생하게 된다. 이때 민법상 채무불이행 또는 불법행위로 인한 책임을 지도록 하는 경우에는 회사 또는 제3자의 보호가 제대로 이루어지기 힘들 것이다. 그런 이유에서 상법은 이사의 회사 또는 제3자에 대한 책임에 관한 규정을 두고 있다.

한편, 회사성립 후 신주발행은 수권자본제도에 의하여 원칙적으로 이사회의 결의에 의하여야 하고, 신주발행의 절차는 이사들이 수행하게 된다. 이때 주식의 인수 또는 취소가 있는 경우에는 변경등기에 의해 공시된 자본과 인수된 자본의 불일치가 발생하게 된다. 그런 이유에서 이사는 신주발행시 자본충실책임으로 인수담보책임을 부담하게 된다.

(2) 이사의 책임범위

이사의 책임은 책임을 지는 주체에 따라 구분하면 회사에 대한 책임과 제3자에 대한 책임으로 나눌 수 있다. 이때 회사에 대한 책임은 자본충실책임(제428조 제1항)과 손해배상책임(제399조)으로 구분할 수 있으며, 제3자에 대한 책임은 손해배상책임(제401조)이 있다.

이사의 책임은 주식회사의 설립시 발기인의 책임과 유사한 면이 많아 발기인의 책임과 비교해서 정리하는 것이 좋다. 다만 발기인의 경우에는 회사불성립시 책임이 추가되고 자본충실책임으로 납입담보책임이 추가되는 점이 차이를 보인다. 그에 반해 이사의 회사에 대한 손해배상책임의 원인에는 고의·과실로 인한 법령 또는 정관위반이 추가되는 점에서 차이를 보인다.

이사의 책임범위

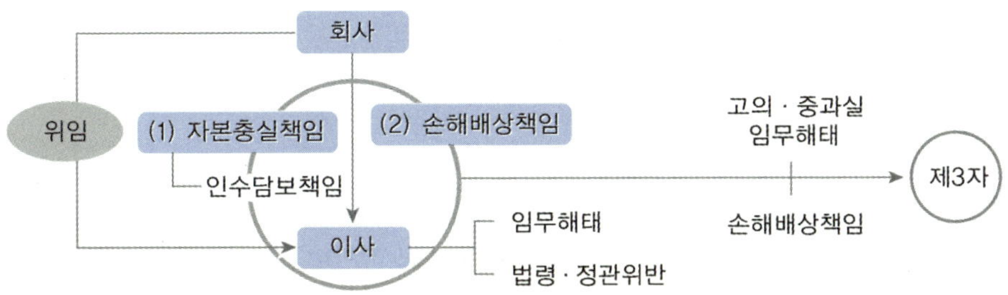

2. 자본충실책임(인수담보책임only)

(1) 의의

신주발행으로 인한 변경등기가 있은 후에 아직 인수되지 아니한 주식이 있거나 주식청약이 취소된 때에는 이에 대해 이사가 공동으로 인수한 것으로 본다(제428조 제1항). 이를 이사의 자본충실책임이라고 하며, 구체적으로는 인수담보책임이라고 한다.

(2) 책임의 성격

이사는 인수담보책임에 의해 인수가 의제되므로 인수를 위한 의사표시가 필요하지 않고 바로 납입의무가 발생하는 점에서 무과실책임이고 총주주의 동의로도 면제가 불가능한 점에서 발기인의 인수담보책임과 같다. 그 밖에 회사에 손해가 발생하면 인수담보책임과는 별개로 이사에 대해 손해배상을 청구할 수 있는 것도 같다(제428조 제2항).

(3) 발기인의 자본충실책임과 비교

발기인은 회사설립시에 설립등기 후에도 불구하고 주식이 인수되지 않았거나 주식인수가 취소된 경우에는 인수담보책임을 부담하고, 납입이 완료되지 않은 주식에 대해서는 납입담보책임을 진다. 그에 반해 이사는 자본충실책임으로 인수담보책임만을 부담할 뿐, 납입담보책임은 부담하지 않는다. 그 이유는 신주발행시에는 납입기일에 납입이 되지 않으면 실권되므로 이 부분은 인수가 되지 않은 것으로 취급하기 때문이다(제423조 제2항).

이사와 발기인의 자본충실책임의 비교

구분	발기인의 자본충실책임	이사의 자본충실책임
책임의 발생시점	설립등기 후	변경등기 후
책임의 종류	① 인수담보책임 ② 납입담보책임	인수담보책임only
책임의 성격	무과실책임	무과실책임

3. 회사에 대한 손해배상책임

(1) 의의

이사가 고의·과실로 법령 또는 정관에 위반한 행위를 하거나 그 임무를 게을리한 때에는 회사에 대하여 연대하여 손해를 배상할 책임을 진다(제399조 제1항). 이를 이사의 회사에 대한 손해배상책임이라고 한다.

이사가 회사에 대해 손해를 가했을 경우, 우선 민법의 일반원칙에 따라 위임계약의 불이행으로 인한 손해배상책임을 지거나 불법행위로 인한 손해배상책임을 진다. 이와 별도로 이사의 손해배상책임에 관한 제399조를 둔 것은 위임계약의 불이행으로 인한 책임으로 볼 수 있다(대법원 1985.6.25.선고, 84다카1954판결).

(2) 책임의 원인

① 임무해태

이사가 직무수행과 관련하여 선량한 관리자로서의 주의의무를 게을리함으로써 회사에 손해를 가하거나 손해를 방지하지 못한 경우를 말한다(제399조 제1항).

이사의 주의의무는 행위의 업무집행에 대해서만 요구되는 것이 아니고 회사에 손해를 가하지 않아야 할 부작위의무 또는 손해를 방지할 의무도 포함하므로 이를 게을리하여 회사에 손해를 야기한 경우에는 임무해태를 구성한다.

예컨대, 화재 기타 사고방지를 위한 설비구축을 게을리한 것은 물론, 하부직원들에 의한 손해발생을 방지하기 위한 내부통제체계를 구축하지 못한 것도 이사의 임무해태에 속한다(대법원 2008.9.11.선고, 2006다68636판결). 임무해태의 사실, 회사의 손해, 임무해태와 손해의 인과관계는 이사의 책임을 주장하는 자가 증명하여야 한다(대법원 1996.12.23.선고, 96다30465판결).

② 고의·과실로 인한 법령 또는 정관위반

이사가 고의·과실로 인하여 법령 또는 정관에 위반한 행위를 한 때를 말한다(제399조 제1항). 여기서 말하는 법령이란 법률과 법규명령(시행령·시행규칙)을 말하는 것으로 **행정기관의 행정지침이나 행정해석은 국민에 대한 직접적인 구속력을 갖는 것이 아니므로 법령에 포함되지 않는다**(대법원 2006.11.9.선고, 2004다41651판결).

법령 또는 정관에 위반한 경우의 예로는 이사회승인 없이 이사가 경업거래나 자기거래를 한 경우, 위법한 신주발행을 결의한 경우, 위법하게 자기주식을 취득한 경우 등을 들 수 있다.

(3) 경영판단의 법칙(Business Judgement Rule)

① 의의

경영판단의 법칙이란 회사의 목적범위 내이고 이사의 권한 내인 사항에 대하여 이사가 내린 의사결정이 그와 같이 할 합리적인 근거가 있고 회사의 이익을 위한 것이라는 믿음 하에 어떤 다른 고려에 의한 영향을 받지 아니한 채 독립적인 판단을 통해 성실히 이루어진 것이라면 법원은 이에 개입하여 그 판단에 따른 거래를 무효로 하거나 그로 인해 발생한 회사의 손해에 관해 이사의 책임을 묻지 아니한다는 원칙을 말한다.

요컨대 정직한 실수(honest mistake)는 사후적 안목(in the hindsight)에서 비난하지 않는다는 원칙이다.

② 취지

경영판단의 법칙은 중요한 소송법적 의미를 가지고 있으며, 이 점이 경영판단의 법칙의 실효성을 크게 하는 요인이다. 소송법적으로 정의하면 경영판단의 법칙이란 이사가 경영에 관해 내린 의사결정은 사익을 위한 것이 아니고, 사안에 관해 숙지한 상태에서 그러한 행위가 회사에 최선의 이익을 가져온다는 믿음에 기해 최선을 다해 이루어졌다고 하는 추정을 뜻한다. 그러므로 대표소송에서 주주가 이사의 책임을 묻고자 할 때에는 원고가 이러한 사실을 주장·증명하여야 하고, 이러한 주장·증명이 성공하면 이사 측이 문제된 거래의 공정성을 증명할 책임을 부담하여야 한다.

③ 적용의 한계

경영판단의 법칙은 사후적인 판단에 의해 행위 당시의 이사의 행위를 비난할 수 없다는 이론이다. **따라서 경영판단의 법칙은 임무해태에 국한하여 적용될 수 있는 것이고, 법령에 위반한 행위 또는 부정행위에 대해서는 적용될 수 없다**(대법원 2005.10.28.선고, 2003다69638판결). 또한 단순히 회사의 영업에 이익이 될 것이라는 일반적·추상적 기대 하에 업무를 처리하여 회사에 손해가 발생하였다면 경영판단의 재량범위를 벗어난다(대법원 2011.10.13.선고, 2009다80521판결).

(4) 책임의 확장

① 의의

법령·정관에 위반한 행위 또는 임무해태가 이사회의 결의에 의한 것인 때에는 그 결의에 찬성한 이사도 연대하여 책임을 진다(제399조 제2항). 예컨대 이사회가 위법하게 액면미달의 신주발행을 결의하였다면 그 결의에 찬성한 이사는 모두 연대하여 책임을 진다.

② 찬성의 추정

이사회결의에 참가한 이사로서 이의를 한 기재가 의사록에 없는 자는 그 결의에 찬성한 것으로 추정한다(제399조 제3항). 찬성여부에 대한 증명책임을 이사에게 전가한 것이다. 그러므로 반대의 증거를 제시하지 못하는 한 다른 이사와 연대하여 책임을 부담한다.

③ 공동행위자의 책임형태

법령·정관에 위반한 행위 또는 임무해태가 수인의 이사에 의하여 이루어진 경우에는 연대책임을 지며(제399조 제1항), 감사도 책임을 질 경우에는 이사와 연대책임을 진다(제414조 제3항). 이 연대책임은 부진정연대책임이다. 이때 어느 이사가 자기의 부담부분을 초과하여 손해를 배상하여 이사들이 공동으로 면책된 경우에는 다른 이사에게 그 부담 부분의 비율에 따라 구상권을 행사할 수 있음은 당연하다(대법원 2006.1.27.선고, 2005다19378판결).

(5) 책임의 범위

① 의의

손해배상책임의 일반원칙에 따라 법령·정관위반 또는 임무해태와 상당인과관계가 있는 손해에 한하여 책임을 진다(대법원 2007.7.26.선고, 2006다33609판결). 따라서 이사의 임무해태가 있더라도 이후 다른 이사의 행위가 관련되어 손해가 발생하거나 확장된 경우에는 그 부분에 관해 전자인 이사는 책임을 부담하지 아니한다(대법원 2007.7.26.선고, 2006다33609판결).

② 손해배상액의 제한

이사가 법령·정관에 위반한 행위를 하거나 그 임무를 게을리함으로써 회사에 대하여 손해배상책임을 지는 경우에 그 손해배상의 범위에 있어서 법원은 해당사업의 성격, 이사의 임무위반의 경위, 위험관리체계의 구축여부 등 제반사정을 참작하여 손해분담의 공평이라는 손해배상제도의 이념에 비추어 그 손해배상액을 제한할 수 있다(대법원 2008.12.11.선고, 2005다51471판결).

(6) 책임의 면제

① 일반규정

이사의 손해배상책임은 의결권 없는 주식을 포함하여 총주주의 동의가 없으면 면제하지 못한다(제400조 제1항). 동의는 명시적으로든 묵시적으로든 가능하다(대법원 2008.12.11.선고, 2005다51471판결). 이사의 책임은 대표이사의 일반채무면제의 절차(민법 제506조)에 의하는 방법으로 면제할 수 없다(대법원 2002.12.10.선고, 2002다60467판결).

② 예외규정

정기주주총회에서 재무제표를 승인한 때에는 이사와 감사의 부정행위가 있는 경우를 제외하고는 2년 내에 다른 결의가 없으면 이사와 감사의 책임을 해제한 것으로 본다(제450조). 따라서 이 경우에는 주주총회의 보통결의에 의해 이사와 감사의 책임은 면제될 수 있다.

(7) 책임의 제한

① 의의

회사는 "정관으로 정하는 바에 따라" 제399조에 따른 이사의 손해배상책임을 이사가 원인된 행위를 한 날 이전 최근 1년간의 보수액의 6배(사외이사는 3배)를 초과하는 금액에 대하여 면제할 수 있다(제400조 제2항 본문). 즉 정관에 규정을 두어 손해배상액을 연간 보수액의 6배를 하한으로 하여 경감할 수 있는 것이다. 사외이사의 책임은 연간보수액의 3배까지로 제한할 수 있다(제400조 제2항).

② 정관의 규정

이사의 책임을 경감하기 위해서는 정관에 규정을 두어야 한다. 정관에 책임의 일부를 면제할 수 있다는 뜻과 함께 제400조 제2항이 설정한 한도 내에서 구체적인 면제의 규모 또는 면책이 되는 금액을 정해야 한다.

③ 적용제외

이사의 손해배상책임을 경감하는 것은 기업활동에 수반되는 위험을 회사가 분담하고 이사의 부담을 덜어줌으로써 경영활동의 위축을 방지하기 위한 것이다. 따라서 ① 이사가 고의 또는 중대한 과실로 손해를 발생시킨 경우에는 이 제도의 적용대상에서 제외한다. 또한 ② 이사가 이익충돌방지의무에 위반한 경우 즉, 이사의 경업피지의무를 위반한 경우, 사업기회유용금지의무를 위반한 경우(제397조의2), 자기거래금지의무를 위반한 경우(제398조)에도 본조의 규정은 적용되지 않는다. 이 점 특히 유의하기 바란다.

(8) 불법행위책임과의 경합

이사의 임무해태가 동시에 불법행위의 요건을 충족할 경우에는 상법 제399조의 책임과 민법 제750조의 불법행위책임이 경합한다. 그러므로 총주주의 동의로 책임을 면제하더라도 이는 상법상 책임(제399조)만 면제되는 것이다. 그러므로 불법행위책임(민법 제750조)을 면제하려면 일반채무면제의 절차(민법 제506조)의 절차를 별도로 밟아야 한다(대법원 1989.1.31.선고, 87누760판결).

(9) 책임의 시효

이사의 책임을 법정책임으로 보든 계약책임으로 보든 채권의 일반시효(민법 제162조 제1항)가 적용되어 10년의 소멸시효에 걸린다(대법원 1985.6.25.선고, 84다카1954판결). 소멸시효는 권리를 행사할 수 있는 때로부터 진행하므로(민법 제166조 제1항), 이사의 책임의 소멸시효는 회사에 이사에 대하여 손해배상청구를 할 수 있는 때로부터 진행한다.

4. 제3자에 대한 손해배상책임

(1) 의의

이사가 고의 또는 중대한 과실로 인하여 그 임무를 게을리한 때에는 그 이사는 제3자에 대하여 연대하여 손해를 배상할 책임이 있다(제401조 제1항).

제401조는 업무와 관련한 이사의 활동이 제3자의 손실로 파급될 경우 이사로 하여금 이를 전보하게 함으로써 제3자를 보호하는 한편, 이사가 직무를 수행함에 있어 신중을 기하게 하려는 취지에서 이사의 제3자에 대한 직접적인 책임을 규정하였다(대법원 2006.8.25.선고, 2004다26619판결).

최근 분식결산을 하여 금융기관으로부터 대출을 받은 회사의 이사에 대해 금융기관이 손해배상책임을 묻는 예를 흔히 볼 수 있다. 이 경우 금융기관은 부실재무제표를 작성한 이사들을 상대로 제401조에 의한 책임을 물을 수 있다(대법원 2008.1.18.선고, 2005다65579판결).

(2) 고의·중과실의 요건

법문에서는 고의 또는 중대한 과실로 임무를 게을리한 때라고 규정하는데, 이때 고의·중과실은 회사의 임무에 관해서 요구되는 것이다(대법원 1985.11.12.선고, 84다카2490판결). 임무를 게을리한다고 함은 이사의 회사에 대한 책임(제399조 제1항)에서와 달리 법령·정관위반도 포함하는 개념이다.

판례도 이사가 선관주의의무를 위반한 행위로서 위법성이 있는 경우에는 고의·중과실로 인한 임무해태에 해당한다는 해석기준을 제시하고 있다(대법원 2003.4.11.선고, 2002다70044판결).

(3) 직접손해와 간접손해

직접손해란 이사의 임무해태로 직접 제3자가 입은 손해이다. 예컨대 이사가 작성한 허위의 주식청약서를 믿고 제3자가 주식을 인수하였다가 손해를 본 경우이다. 간접손해란 이사의 임무해태에 의해 회사가 손해를 입음으로 인해 다시 제3자가 입은 손해이다. 예컨대 이사가 임무해태로 회사재산을 감소시켜 회사채권자의 채권회수를 어렵게 한 경우와 같다.

제401조의 책임을 법정책임으로 보는 한 손해의 유형에 제한을 둘 필요는 없다. 이사의 임무해태와 제3자의 손해 사이에 상당인과관계가 있으면 족하다.

(4) 제3자의 범위

판례는 주주가 입은 간접손해를 포함시킨다면 주주가 회사채권자에 우선하여 변제를 받는 결과가 되므로 이를 제외한다(대법원 2003.10.24.선고, 2003다29661판결). 그 이유는 간접손해는 회사가 입은 손해에 근거하므로 회사가 이사에 대하여 제399조에 의한 손해배상을 청구할 수 있고 주주가 대표소송을 제기하여 회사의 손해를 회복함으로써 주주의 손해는 전보될 수 있다고 보기 때문이다.

(5) 책임의 확장

이사의 책임이 이사회의 결의에 의한 행위로 인한 것인 때에는 결의에 찬성한 이사도 연대하여 책임을 진다. 또한 의사록에 이의를 한 기재가 없는 때에는 찬성한 것으로 추정된다. 그러므로 반대의 증거를 제시하지 못하는 한 그 이사는 다른 이사와 연대하여 손해배상책임을 부담하여야 한다(제401조 제2항).

(6) 불법행위책임과의 경합

법정책임설에 의하면 이사의 책임은 불법행위와는 무관한 까닭에 이사가 불법행위의 요건까지 구비하면 불법행위책임과의 경합을 인정한다. 상법 제401조 제1항의 책임은 경과실을 제외하므로 일반 불법행위책임을 배제한다고 해석하면 오히려 이사의 책임이 가벼워지는 수가 있기 때문이라는 이유도 있다.

(7) 책임의 시효

이사의 제3자에 대한 책임은 법정책임이므로 회사에 대한 책임과 마찬가지로 10년의 소멸시효를 적용한다(대법원 2008.1.18.선고, 2005다65579판결).

관련판례요약

이사는 이사회의 일원으로서 이사회에 상정된 의안에 대하여 찬부의 의사표시를 하는데 그치지 않고, 담당업무는 물론 다른 업무담당이사의 업무집행을 전반적으로 감시할 의무가 있고 이러한 의무는 비상근이사라고 하여 면할 수 있는 것은 아니므로 주식회사의 이사가 이사회에도 참석하지 않고 사후적으로 이사회의 결의를 추인하는 등으로 실질적으로 이사의 임무를 전혀 수행하지 않은 이상 그 자체로서 임무해태가 된다고 할 것이다(대법원 2008.12.11.선고, 2005다51471판결).

V 업무집행관여자의 책임

1. 의의

우리나라에서는 모든 회사에 거의 예외 없이 지배주주가 존재하는데, 지배주주는 사실상의 이사선임권을 배경으로 하여 이사의 업무집행을 자신의 사익을 위한 방향으로 유도하는 예가 많다. 그리하여 상법은 특히 지배주주의 영향력에 의해 회사운영이 왜곡되는 것을 방지할 목적으로 이사가 아닌 자로서 회사의 업무집행에 직·간접적으로 관여한 자의 책임을 묻는 제도를 두고 있다. 이를 업무집행관여자의 책임제도라도 한다.

2. 업무집행관여자

(1) 업무집행지시자

회사에 대한 자신의 영향력을 이용하여 이사에게 업무집행을 지시한 자는 그 지시한 업무에 관하여 이사로 본다(제401조의2 제1항 제1호). 회사에 대한 영향력을 보유하는 자는 회사의 기관이 아닌 제3자임이 일반적이겠지만, 어느 이사가 회사에 대한 영향력을 이용하여 다른 이사에게 업무집행을 지시할 수도 있다.

영향력의 보유자는 자연인은 물론 법인일 수도 있다. 그러므로 회사의 모회사 또는 지배적 지분을 가진 회사도 본조의 적용대상이다(대법원 2006.8.25.선고, 2004다26119판결).

(2) 무권대표

제401조의2 제1항 제2호는 이사의 이름으로 직접 업무를 집행한 자를 책임주체의 하나로 들

고 있다. 이를 무권대표라고 한다. 법문에서는 영향력의 행사를 요건으로 규정하고 있지 않으나, 이는 제1호의 업무집행지시자의 요건을 구비하는 자가 이사에게 지시하는 대신 자신의 영향력을 이용하여 이사의 이름으로 직접 업무를 집행한 것을 뜻하는 것으로 보아야 한다(대법원 2009.11.26.선고, 2009다39240판결).

(3) 표현이사

이사가 아니면서 명예회장, 회장, 사장, 부사장, 전무, 상무 기타 회사의 업무를 집행할 권한이 있는 것으로 인정될 만한 명칭을 사용하는 자가 회사의 업무를 집행한 때에는 그 집행한 업무에 관하여는 이사로 보고 책임을 묻는다(제401조의2 제1항 제3호). 이를 표현이사라 부르기로 한다.

표현이사의 책임을 묻는 데에는 전술한 영향력의 행사라는 요건은 별도로 필요하지 않다(대법원 2009.11.26.선고, 2009다39240판결). 예시한 명칭 자체가 영향력행사의 결과이기 때문이다. 그리고 이러한 명칭을 사용하여 업무를 집행한 것에 관해 이사와 동등한 책임을 지우려는 취지이므로 실제 이사와 동등한 권한이 있었느냐는 묻지 않는다(서울중앙지법 2009.1.9.선고, 2006가합78171판결).

3. 적용효과

상법 제401조의2는 회사에 대한 자신의 영향력을 이용하여 이사에게 그 업무집행을 지시하거나 이사의 이름으로 직접 회사의 업무를 집행한 자는 그 지시하거나 집행한 업무에 관하여 제399조(회사에 대한 손해배상책임), 제401조(제3자에 대한 책임), 제403조(대표소송)의 적용에 있어 이사로 본다(제401조의2 제1항).

업무집행관여자의 책임

구분	종류	상법상 처리방법	책임의 부담
업무집행관여자	① 업무집행지시자	이사로 본다	제399조(회사에 대한 손해배상책임)
	② 무권대표		제401조(제3자에 대한 손해배상책임)
	③ 표현이사		제403조(대표소송)

제 5 절 이사의 견제와 책임추궁

I 의의

이사의 직무수행이 항상 회사의 이익을 위해 최선으로 행해진다는 보장은 없으므로 이사를 감시·견제할 수단이 필요하다. 이사에 대한 적극적인 견제 및 책임추궁수단으로는 이사의 책임(제385조 제1항), 손해배상청구(제399조), 그리고 주주에 의한 대표소송(제403조)과 같은 사후적 구제수단과 위법행위유지청구권과 같은 사전적 구제수단이 있다. 또한 상법은 직무집행정지가처분과 직무대행자에 대한 규정도 두고 있다.

II 위법행위유지청구권

1. 의의

이사가 법령 또는 정관에 위반한 행위로 인하여 회사에 회복할 수 없는 손해가 발생할 염려가 있는 경우에는 감사(감사위원회를 두는 경우 감사위원회, 이하 같다) 또는 소수주주는 회사를 위하여 이사에 대하여 그 행위를 유지할 것을 청구할 수 있다(제402조). 감사 또는 소수주주의 이러한 권리를 위법행위유지청구권이라 한다. 위법행위유지청구권은 회복할 수 없는 손해를 방지하기 위해 사전적으로 인정된 권리로서 공익권의 일종이다.

유지청구권과 직무집행정지가처분은 이사의 업무집행과 관련된 행위를 정지시키기 위한 보전행위라는 점에서는 동일하지만 그 행사방법 및 권한정지의 효력 면에서 다음과 같은 차이를 보인다.

2. 당사자

(1) 청구권자

유지청구를 할 수 있는 자는 감사 또는 발행주식총수의 100분의 1 이상에 해당하는 주식을 가진 주주(소수주주)에 한한다. 소수주주의 주식수의 계산에 있어서는 의결권 없는 주식도 포함된다. 그 이유는 위법행위유지청구권이 공익권이기 때문이다.

한편, 상장회사의 경우에는 발행주식총수의 50/100,000(자본금이 1,000억원 이상인 회사의 경우는 25/100,000)을 보유한 자가 유지청구를 할 수 있다(제542조의6 제5항, 시행령 제11조).

(2) 상대방

유지청구의 상대방은 법령 또는 정관에 위반한 행위를 한 "이사"이다. 그러므로 유지청구의 상대방은 회사가 아님에 유의하여야 한다. 이는 유지청구권이 영미법의 injunction에서 유래한 것이기 때문이며, injunction은 대인소송인 것이기 때문이다.

3. 적용요건

(1) 법령 또는 정관에 위반한 행위

이사가 법령 또는 정관에 위반한 행위를 할 것이 요구된다(제402조). 유지청구의 대상이 되는 불법행위는 목적범위내외의 행위 또는 대내적·대외적 행위를 불문한다. 불법행위는 물론 법률행위나 준법률행위 그리고 사실행위도 유지청구의 대상이 될 수 있다. 그리고 행위가 법령 또는 정관에 위반하면 족하고, 이사의 고의·과실 또는 이사회의 권한 내외의 여부를 묻지 않는다. 그러나 법령 또는 정관에 위반되지 않는 한 임무해태가 있더라도 이는 유지청구의 원인이 될 수는 없다.

(2) 회복할 수 없는 손해의 발생염려

이사의 행위를 유지청구하기 위해서는 법령이나 정관에 위반한 행위로써 회사에 회복할 수 없는 손해가 생길 염려가 있어야 한다(제402조). 회복할 수 없는 손해인지의 여부는 사회통념에 따라 판단하는데 회복이 법률적으로 불가능한 것만을 뜻하는 것은 아니다. 회복을 위한 비용이나 절차 등으로 보아 회복이 곤란하거나 상당한 시일을 요하는 경우에도 청구는 인정된다.

4. 적용절차

유지청구는 이사에 대한 의사표시(소송 이외의 방법)로도 할 수 있고, 소로써도 할 수 있다. 만일 유지청구를 소로써 한다면 이는 민사소송법상 이행의 소가 될 것이며(민사소송법 제251조), 소제기와 함께 가처분으로 이사의 행위를 중지시킬 수도 있다(민사집행법 제300조 제2항). 유지청구를 위한 소는 회사를 위해 제기하는 것이므로 판결의 효과는 당연히 회사에 미친다. 또한 유지청구의 소는 대표소송과 마찬가지로 주주가 회사의 대표기관적 지위에서 제기하는 것이므로 소의 관할, 참가, 패소주주의 책임 등에 있어서는 대표소송에 관한 규정을 유추적용하여야 한다.

5 적용효과

(1) 수용여부

소수주주나 감사(또는 감사위원회)가 유지청구를 한 경우에 이사가 반드시 이에 따라 행위를 유지하여야 하는 것은 아니다. 그러므로 유지청구에 응하지 아니하였다는 것만으로는 당연히 법령·정관위반 또는 임무해태가 되거나, 그로 인해 회사에 대하여 손해배상책임을 부담하는 것은 아니다.

(2) 수용한 경우

유지청구가 정당한 경우에는 그 행위를 유지하는 것이 당연하지만, 유지청구가 부당함에도 그에 좇아 이사가 그 행위를 유지한 경우에는 사안에 따라 그 유지의 행위가 오히려 법령·정관에 위반 또는 임무를 해태한 경우에 해당되어 회사에 대한 손해배상책임이 발생할 수 있다.

(3) 수용하지 않은 경우

이사가 유지청구를 받고도 행위를 유지하지 않아 결과적으로 회사에 손해가 발생하였다고 하더라도 그것만으로는 당연히 이사의 손해배상책임이 인정되는 것은 아니다. 그러나 차후 그 행위가 법령이나 정관에 위반한 것으로 판명되었다면 당해 이사에게 중과실이 의제된다. 이에 따라 이사는 제399조의 책임을 부담하게 되고, 이렇게 함으로써 유지청구의 실효성을 어느 정도 확보할 수 있을 것이다. 그리고 유지청구를 무시한 이사의 행위의 사법상의 효과에 대해서 유지청구를 무시했다고 하더라도 그 행위 자체의 사법상의 효력에는 영향이 없다고 본다.

Ⅲ 대표소송

1. 의의

대표소송이란 회사가 이사에 대한 책임추궁을 게을리한 경우 소수주주가 회사를 위하여 이사의 책임을 추궁하기 위해 제기하는 소이다(제403조).

이사의 책임추궁을 위한 소제기는 본래 회사의 권리로서, 회사를 대표하는 자가 수행해야 할 일이다. 그러나 이사가 다른 이사의 책임추궁을 하는 경우는 쉽지 않을 것이고, 또한 그러한 책임추궁이 지연될 때에는 시효완성이나 이사의 고의적인 무자력화로 회사의 권리실현이 불가능해질 수도 있으므로 주주가 회사의 권리실현을 선도할 수 있는 수단으로 마련된 것이 주주의 대표소송이다.

2. 법적 성질

주주는 원래 회사재산에 대하여 일반적·추상적인 이해를 가질 뿐이므로, 회사의 대외적 권리를 직접 또는 대위하여 소송을 제기할 지위에 있지 않다(대법원 1978.4.25.선고, 78다90판결). 대표소송은 이에 대한 예외로 회사의 채무자가 이사라는 특수한 관계로 인해 회사의 권리구제가 소홀해질 염려가 있으므로 특히 인정되는 것이다.

대표소송을 제기한 주주는 회사의 대표기관으로서 회사의 권리를 주장하는 것이다. 그리하여 판결의 효과는 회사에 직접 귀속되고, 그 반사적 효과로서 다른 주주들도 대표소송을 제기한 것과 같은 효과를 누린다. 대표소송은 주주의 개별적인 이익을 위한 것이 아니고 회사와 주주 전체의 이익을 위한 것이므로 대표소송은 주주의 공익권의 일종이다.

3. 적용요건

(1) 이사의 책임 발생

① 이사의 회사에 대한 책임 발생

대표소송은 이사의 회사에 대한 책임을 추궁하기 위한 소송이다. 따라서 이사의 제3자에 대한 책임을 추궁하기 위해서나 주주 자신의 손실회복을 위해서는 제기할 수 없다. 이사의 거래상의 책임은 물론 법령·정관위반이나 임무해태 등에 의한 책임의 경우에도 추궁이 가능하다.

② 책임추궁의 범위

이사의 지위에 있는 동안 발생한 모든 책임에 관해 대표소송이 가능하다. 일단 발생한 책임은 이사가 퇴임하더라도 추궁할 수 있다. 또한 이사가 취임 전에 부담한 채무에 대해서도 취임 후에 회사가 권리행사를 게을리할 수 있으므로 대표소송의 대상이 된다.

(2) 소수주주의 소제기 청구

소수주주는 대표소송을 제기하기 전에 먼저 이유를 기재한 서면으로 회사에 대하여 이사의 책임을 추궁할 소를 제기할 것을 먼저 청구하여야 한다(제403조 제1항·제2항). 이 청구는 주주의 권리인 동시에 대표소송의 제기요건이기도 하다. 이사의 책임추궁은 원래 회사의 권리이므로 회사가 그 행사를 게을리할 경우에 한하여 대표소송이 인정되어야 할 것이기 때문이다. 회사가 이사를 상대로 대표소송을 제기한 경우에는 감사가 회사를 대표하므로 그 청구는 감사에게 하여야 한다.

(3) 회사의 제소해태

회사가 이 청구를 받은 날로부터 30일 내에 소를 제기하지 아니한 때에는 소수주주는 즉시 회사를 위하여 소를 제기할 수 있다(제403조 제3항). 그러나 이 기간의 경과로 인하여 회사에 회복할 수 없는 손해가 생길 염려가 있는 경우에는 회사에 대해 청구하지 아니하고, 또 청구를 했더라도 30일을 기다릴 필요 없이 즉시 소를 제기할 수 있다(제403조 제4항).

4. 제소권자

(1) 소수주주의 요건

발행주식총수의 100분의 1 이상의 주식을 가진 주주, 즉 소수주주에 한하여 제소할 수 있다. 100분의 1의 주식에 의결권 없는 주식이 포함되는 점은 위법행위유지청구권과 같다.

한편, 상장회사의 경우에는 이 요건을 완화하여 발생주식총수의 1만분의 1 이상을 보유한 주주는 대표소송을 제기할 수 있다.

제소주주는 당연히 주주명부상의 주주이어야 한다. 이때 주주명부상 주주와 실질주주가 다른 경우, 대표소송의 제기는 특별한 사정이 없는 한 주주명부상 주주가 청구하여야 한다.

(2) 소수주주 요건의 구비

제소 당시에 소수주주의 요건을 구비한 이상 제소 후에는 그 지분율이 100분의 1 이하로 감소하더라도 무방하다(제403조 제5항). 이 규정은 당연히 상장회사에도 적용된다. 그러나 상장회사이든 비상장회사이든 원고가 주식을 전혀 보유하지 않게 된 경우에는 당사자적격이 없으므로 소를 각하해야 한다(제403조 제5항).

(3) 회사의 공동소송참가

주주 전원이 당사자적격을 상실하더라도 다른 주주 또는 회사가 이미 공동소송참가를 한 경우에는 그 참가에 의해 소송은 계속된다. 주주인 원고가 제소요건을 결할 경우에는 각하 판결이 선고되기 이전에 회사가 공동소송참가를 하는 것은 가능하다(대법원 2002.3.15.선고, 2000다9086판결). 그리고 회사에 파산이 선고된 경우에는 파산관재인이 당사자적격을 가지므로 주주는 대표소송을 제기하지 못한다(대법원 2002.7.12.선고, 2001다2617판결).

(4) 이중대표소송

자회사의 이사의 임무해태로 자회사에 손해가 발생한 경우 모회사의 주주가 자회사의 이사를 상대로 대표소송을 제기할 수 있는지 여부에 대해, 지배회사와 종속회사는 상법상 별개의 인격을 가진 회사이고 대표소송의 제소자격은 책임추궁을 당하여야 하는 이사가 속한 당해 회사의 주주로 한정되어 있으므로 종속회사의 주주가 아닌 지배회사의 주주는 종속회사의 이사 등에 대하여 책임을 추궁하는 이른바 이중대표소송을 제기할 수 없다고 본다(대법원 2004.9.23.

선고, 2003다49221판결).

5. 대표소송의 피고(상대방)

대표소송의 피고는 회사에 책임이 있는 이사 또는 이사였던 자이다. 또한 주주의 대표소송은 이사 외에도 발기인, 업무집행관여자, 감사, 청산인 등의 책임을 추궁하기 위해서도 제기할 수 있다(제324조, 제401조의2 제1항, 제415조, 제415조의2 제7항, 제542조 제2항). 또한, 불공정한 가액으로 신주를 인수한 자(제424조의2), 주주권의 행사와 관련하여 이익을 공여받은 자(제467조의2)에 대한 회사의 권리를 실현하기 위해서 대표소송이 인정된다. 이 점 주목할 필요가 있다.

6. 대표소송의 적용절차

(1) 일반적인 절차

대표소송은 회사의 본점소재지 지방법원의 관할에 전속한다(제403조 제7항). 대표소송의 당사자는 회사인데, 주주와 이사의 통모에 의해 대표소송이 부당하게 수행될 우려가 있으므로 상법은 회사의 소송참가를 허용하고(제404조 제1항), 참가의 기회를 보장하기 위해 소송고지제도를 두고 있다. 주주가 대표소송을 제기한 때에는 지체 없이 회사에 대하여 소송의 고지를 하여야 한다(제404조 제2항).

(2) 주주의 담보제공

이사가 대표소송을 제기하는 주주의 악의를 소명하여 청구할 때에는 법원은 주주에게 상당한 담보의 제공을 명할 수 있다(제403조 제7항). 주주의 악의란 피고인 이사를 해할 것을 알고 제소함을 뜻한다. 담보제공은 원고가 패소할 경우에 피고인 이사가 대표소송의 수행으로 입은 손해를 배상하는 것을 담보하기 위함이다.

(3) 소의 취하, 청구의 포기 등

제소주주는 법원의 허가를 얻지 아니하고는 소의 취하, 청구의 포기, 화해, 인낙 등을 할 수 없다(제403조 제6항). 이처럼 제소주주의 화해 등을 인정하지 않는 이유는 제소주주가 소송물에 대한 처분권을 갖지 못하기 때문이기도 하지만, 이러한 소송종결행위를 허용할 경우에 제소주주가 이사와 통모하여 이사에게 책임이 없거나 가벼운 책임만을 지우고 소송을 종료할 염려가 있기 때문이다.

7. 재심의 소

대표소송에서 원고와 피고가 공모하여 소송의 목적물인 회사의 권리를 사해할 목적으로 판결을 하게 한 때에는 회사 또는 주주는 확정된 종국 판결(청구의 포기, 화해 포함)에 대하여 재심의 소를 제기할 수 있다(제406조 제1항).

대표소송은 타인 간의 소송에 의해 회사의 권리가 확정되는 제도이므로 원고와 피고 간의 결탁으로 인해 회사의 권리가 침해될 수도 있다. 재심의 소는 이와 같은 경우에 회사의 권리를 회복하기 위하여 인정되는 제도이다.

8. 판결의 효력

(1) 일반적 효력

대표소송도 회사법상 소송이다. 따라서 대표소송은 대세적 효력과 불소급효를 특징으로 한다. 또한 대표소송 또는 재심의 소에서 주주가 승소한 때에는 소송비용 및 소송으로 인하여 지출한 비용 중 상당한 금액의 지급을 청구할 수 있다(제405조 제1항 전단, 제406조 제2항). 회사가 주주에게 소송비용을 지급하면 피고였던 이사를 상대로 구상권을 갖는다(제405조 제1항 후단).

(2) 패소원고의 책임

대표소송에서 주주가 패소하더라도 원칙적으로 회사에 대해 손해배상책임을 지지 아니한다. 다만, 주주가 악의인 경우에만 회사에 대해 손해배상책임을 진다(제405조 제2항). 따라서 주주에게 중과실이 있는 경우에는 주주가 패소한 경우라도 손해배상책임을 부담하지 않는다. 이 점 유의하여야 한다.

위법행위유지청구권과 대표소송의 비교

구분	위법행위유지청구권	대표소송
법적 성질	사전적 권리	사후적 권리
청구권자	① 소수주주(1/100 이상) ② 감사	소수주주(1/100 이상)only
상대방	이사	① 이사, 감사, 발기인, 청산인, 업무집행관여자 등 ② 불공정한 가액으로 주식을 인수한 자 ③ 주주권 행사와 관련하여 이익을 공여받은 자
주장방법	소송 또는 소송 이외의 방법 가능	소송only
특징	회사의 수용의무는 없음	① 대세적 효력(법원의 허가를 얻지 않고는 소의취하, 청구의 포기 및 인낙 등을 할 수 없음) ② 원고패소의 경우 : 악의인 경우에만 손해배상책임을 부담함

Ⅳ 직무집행정지가처분과 직무대행자

1. 의의

특정 이사의 지위에 다툼이 있어 장차 당해 이사의 지위가 박탈될 가능성이 있음에도 불구하고 당해 이사로 하여금 직무를 계속 수행하게 하면 회사의 업무집행의 적정성은 확보되기 힘들다. 이런 경우 일시적으로 이사의 직무수행권한을 정지시키는 것이 직무집행정지가처분이라는 제도이다. 그리고 이로 인해 회사의 직무를 수행할 자가 없게 되어 회사의 정상적인 운영이 어려워지는 일이 없도록 직무를 대신할 자로 선임되는 자가 직무대행자이다. 상법은 이사의 직무집행정지가처분 및 직무대행자에 관하여 제407조와 제408조를 두고 이를 감사, 청산인 기타의 지위에 있는 자에 대해서도 이를 준용하고 있다.

2. 직무집행정지가처분

(1) 법적 성질

민사집행법 제300조 제2항은 다툼 있는 권리관계에 대하여 임시적 지위를 정하기 위한 가처분제도를 두고 있다. 통설·판례는 제407조의 이사의 직무집행정지가처분도 보전소송으로서 민사집행법상의 통상의 임시의 지위를 정하기 위한 가처분의 하나로 본다(대법원 1972.1.31.선고, 71다2351판결). 따라서 이사의 직무집행정지가처분은 민사집행법상의 가처분에서와 같이 보전의 필요성이 있어야 하며, 그 절차는 민사집행법상의 가처분의 절차에 의한다.

(2) 가처분의 요건

① 본안소송의 제기

이사의 직무집행정지가처분을 신청하기 위해서는 이사의 지위를 다투는 본안소송이 제기되어야 한다. 이사의 지위를 다투는 본안소송이어야 하므로, 이사에 대한 손해배상청구와 같은 채권적 권리를 소송물로 하는 본안소송에 대해서는 직무집행정지가처분을 신청할 수 없다(대전지법 1989.3.15.선고, 88카608판결).

상법은 본안소송으로서 이사선임을 위한 주주총회결의 무효의 소(제380조)·취소의 소(제376조 제1항), 이사 해임의 소(제385조 제2항)를 열거하고 있으며(제407조 제1항 본문), 판례는 이와 더불어 이사선임결의의 부존재확인의 소도 당연히 가처분의 본안소송으로 보고 있다(대법원 1989.5.23.선고, 88다카9883판결).

② 본안소송 전의 가처분

예외적으로 급박한 사정이 있는 때에는 본안소송의 제기 전에도 가처분을 신청할 수 있다(제

407조 제1항 단서). 여기서 급박한 사정이란 본안소송 전임에도 불구하고 가처분을 해야 할 사정을 뜻하는 것으로 이사의 직무수행에 비추어 본안소송까지 기다릴 여유가 없는 경우를 말한다.

이에 대해 판례는 보전의 필요성을 인정하는 데에 신중을 기해야 한다는 이유에서 특별히 급박한 사정이 없는 한 이사해임의 소 등 본안소송을 제기할 수 있을 정도의 절차요건을 거친 흔적이 소명되어야 본안소송 전 가처분의 필요성을 인정할 수 있다고 본다(대법원 1997.1.10.선고, 95마837판결).

③ 이사의 지위 유지

가처분의 대상인 이사가 가처분이 있을 때까지 그 지위를 유지하여야 한다. 그러므로 가처분 전에 이사가 사임하거나 기타 사유로 퇴임한다면 피보존권리가 없게 되므로 가처분신청을 각하하여야 한다. 만일 이사가 사임하면 동일인이 새로운 주주총회에서 이사로 선임되었다 하더라도 본안소송과 관련된 피보존권리가 없으므로 역시 각하하여야 한다(대법원 1982.2.9.선고, 80다2424판결).

④ 보전의 필요

일반적으로 가처분은 권리보전의 필요가 있어야 한다. 민사집행법상 임시적 지위를 정하는 가처분의 경우, 보전의 필요란 특히 계속하는 권리관계에서 현저한 손해를 피하거나 급박한 위험을 막기 위하여 또는 그 밖의 필요한 이유를 말한다(민사집행법 제300조 제2항). 따라서 이사의 직무수행의 계속으로 인하여 회사에 현저한 손해가 발생한다든지, 기타 이에 준하는 사유가 있을 때 가처분을 할 수 있다. 이때 보전의 필요성은 가처분을 신청하는 자가 소명하여야 한다(민사집행법 제301조).

(3) 가처분의 당사자

본안소송 중에 가처분을 신청할 수 있는 자는 본안소송의 원고이다. 그리고 본안소송 전에는 본안소송의 원고가 될 자가 신청할 수 있다. 상대방은 신청인의 주장에 의해 지위가 다투어지는 자이며, 회사는 상대방이 될 수 없다(대법원 1982.2.9.선고, 80다2424판결).

(4) 가처분의 절차

관할은 본안소송전의 관할법원에 속하며(민사집행법 제303조), 기타 절차는 모두 민사소송법상의 가처분절차에 따른다. 법원은 당사자의 신청에 의하여 가처분을 변경 또는 취소할 수 있다(제407조 제2항). 가처분 또는 가처분의 변경·취소가 있는 때에는 본점과 지점소재지에서 등기하여야 한다(제407조 제3항). 가처분은 제3자의 이해관계에도 영향을 미치므로 이를 공시할 필요가 있기 때문이다.

(5) 가처분의 효력

직무집행정지가 있더라도 이사 또는 대표이사는 직무집행에서는 제외된다. 그러나 직무집행이 정지된 이사 또는 대표이사가 그 지위를 잃는 것은 아니다. 직무집행정지가처분이 된 이사 또는 대표이사는 일체의 직무집행을 할 수 없으며 이에 위반하여 직무집행을 수행한 경우에는 그 직무집행은 무효가 된다. 직무집행정지가처분은 기간을 정한 때에는 그 기간이 만료함으로써 효력을 상실하고, 기간을 정하지 아니한 때에는 본안소송의 판결이 확정됨과 동시에 효력을 상실한다(대법원 1989.9.12.선고, 87다카2691판결).

3. 직무대행자

(1) 선임

법원은 이사의 직무집행정지가처분과 함께 직무대행자를 선임할 수 있다(제407조 제1항 전단). 이것도 가처분의 내용으로 하는 것이다. 그러나 직무대행자는 직무집행정지로 인한 회사의 공백을 메우기 위해 선임되는 것이므로 그러한 필요가 없는 경우에는 직무대행자를 반드시 선임하여야 하는 것은 아니다. 한편, 직무집행정지를 하지 않고 직무대행자만을 선임할 수는 없다. 법원은 직무대행자의 선임에 있어서 신청인의 추천에 구속받지 아니한다(대법원 1985.5.28.선고, 85그50판결).

(2) 선임의 효력

일단 직무대행자를 선임하면 이사의 직무집행이 정지됨은 물론, 직무집행이 정지된 이사가 퇴임하고 후임이사가 선임되더라도 가처분이 취소되기까지는 직무대행자의 권한이 존속한다. 이를 소멸시키기 위해서는 가처분이 취소되어야 하며, 그때까지는 후임자가 권한을 행사할 수 없다. 그러므로 직무집행이 정지된 이사 또는 그 후임자가 한 대외적 행사는 무효이고, 상대방은 선의이더라도 회사에 대항하지 못한다(대법원 1992.5.12.선고, 92다5638판결). 이 점 특히 유의하여야 한다.

직무대행자가 선임된 후 회사가 해산하면 동 대행자가 바로 청산인의 직무대행자가 된다(제531조 제1항). 그러므로 직무대행자의 선임이 취소되지 않는 한 새로이 청산인의 직무대행자를 선임할 수는 없다(대법원 1991.12.24.선고, 91다4355판결).

(3) 직무대행자의 권한

① 의의

직무집행정지가처분으로 인해 선임된 직무대행자는 임시적 지위를 가지는 자이므로 가처분명령에 다른 정함이 없는 한 회사의 상무에 속하지 아니한 행위를 하지 못한다(제408조 제1항 본문). 그러나 법원의 허가를 얻은 때는 그러하지 아니하다(제408조 제1항 단서).

② 상무적 행위

상무(常務)란 그 지위의 성격상 회사의 정상적인 운영에 있어 최소·불가피한 관리업무를 말한다(대법원 1970.4.14.선고, 69다1613판결). 즉 통상의 업무범위 내의 사무, 즉 회사의 경영에 중요한 영향을 미치지 않는 보통의 업무(예컨대 소송대리를 위임하는 업무 등)라고 할 수 있다. 그러므로 정기총회의 소집은 상무에 속하나, 임시총회의 소집은 상무에 속하지 않는다(대법원 2007.6.28.선고, 2006다62362판결).

③ 비상무적 행위

신주발행, 사채발행, 영업양도와 같은 조직법적 변경을 가져오는 행위나 중요재산의 처분과 같은 행위는 비일상적인 위험을 수반하는 것이므로 인정되지 않는다고 볼 수 있다. 그리고 주주총회의 안건이 상무에 속한 것이 아닌 경우에는 주주총회의 소집 자체도 상무에 속하지 않는 것으로 보고 법원의 허가를 받지 않고 소집하면 결의취소의 사유로 본다(대법원 2007.6.28.선고, 2006다62362판결). 또한 직무대행자가 타인에게 직무대행자로서의 권한을 위임하는 것은 가처분명령의 취지에 위배되므로 허용될 수 없다(대법원 1984.2.14.선고 83다카875·876·877판결).

상무적 행위와 비상무적 행위의 구별

구분	상무적 행위	비상무적 행위
의의	회사의 정상적인 운영에 있어서 최소·불가피한 관리업무	회사의 비일상적인 업무로서 조직법적 변경을 가져오거나 중요한 재산의 처분이나 자금조달행위 등
종류	① 정기총회의 소집 ② 소송대리를 위임하는 업무 등	① 임시총회의 소집 ② 신주발행, 사채발행 등의 자금조달행위 ③ 영업양도와 영업양수 등의 행위

제 6 절 감사제도

I 총설

1. 감사업무

회사의 감사는 업무감사와 회계감사로 대별할 수 있다. 업무감사란 회사의 업무집행, 대표행위의 적법성과 합목적성에 대하여 감사하는 것을 말하며, 회계감사는 회사의 회계에 관하여 부정사실의 유무를 확인하고, 회사의 회계에 관한 장부나 기록이 일반적으로 인정된 공정·타당한 회계원칙에 준거하여 회사의 재무상태 및 경영성과를 적정하고 적법하게 표시하고 있는지 여부를 감사하는 것이다.

업무감사와 회계감사는 그 성질상 명확히 구별될 수 있는 것은 아니다.

2. 감사기능의 수행

감사기능을 전담하는 업무감사권 및 회계감사권을 가진 기관으로서 상법은 감사 또는 감사위원회를 두고 있다. 이사회는 각각의 이사의 업무집행에 대해 업무감사를 포함하는 업무감독권을 가지고 있으며, 주주도 이사의 선임 및 해임(제382조, 제385조), 영업의 양도(제374조) 등의 업무감사기능과 회계와 재산상태의 조사를 위한 검사인의 선임청구(제467조 제1항), 각종 장부의 열람 등(제396조 제2항, 제448조 제2항)을 통해 회계감사기능을 수행하고 있다.

3. 감사제도의 운용

(1) 소규모 주식회사

상법은 감사기능을 전담할 필요적 상설기관으로 감사를 두고 있다(제409조 제1항). 그러나 자본금 총액이 10억원 미만인 주식회사의 경우에는 감사 또는 감사위원회를 선임하지 않을 수 있도록 하고 있어(제409조 제4항), 소규모주식회사의 경우에는 감사 또는 감사위원회가 없이 운영될 수 있다.

(2) 일반적인 회사

소규모주식회사를 제외한 비상장주식회사와 일반상장회사는 정관이 정하는 바에 따라 감사에 갈음하여 이사회내위원회의 일종인 감사위원회를 설치할 수 있도록 하여 감사 또는 감사위원회를 선택하여 둘 수 있도록 하고 있다. 그러나 상장회사 중 자산총액이 1,000억원 이상인 상장회사가 감사제도로 감사위원회를 설치하지 않은 경우에는 상근감사설치의무가 강제되어 있다(제542조의10 제1항, 상법시행령 제36조 제1항).

(3) 대규모 상장회사

대규모상장회사(자산총액 2조원 이상)의 경우에는 감사는 둘 수 없고 감사위원회만을 설치하도록 강제하고 있다(제542조의11 제1항). 현행 상법상 감사제도는 회사의 형태에 따라 다양한 모습으로 운영되고 있다.

현행 상법상 감사제도의 운용

구분		감사제도의 운용
비상장회사	자본금총액이 10억원 미만인 주식회사	감사 또는 감사위원회 설치가 강제되지 않음
	일반 비상장회사	감사 또는 감사위원회 중 택일하여 운용
상장회사	일반 상장회사	감사 또는 감사위원회 중 택일하여 운용* * 자산총액 1,000억원 이상인 상장회사가 감사위원회를 설치하지 않은 경우에는 상근감사 설치의무 부여
	자산총액 2조원 이상인 상장회사	감사위원회 설치의무가 부여됨

4. 임의감사기관

상술한 회사 내부의 감사기능을 보완하기 위하여 검사인과 외부감사인을 두고 있는데 검사인은 업무감사와 아울러 회계감사도 수행하는 기관이지만 외부감사인은 그 업무범위가 회계감사기능에 한정된다는 점에서 양자는 차이를 보인다.

Ⅱ 감사

1. 의의

감사란 업무감사권과 회계감사권을 가진 주식회사의 기관이다. 다만 자본금총액이 10억원 미만인 회사의 경우에는 감사를 선임하지 않을 수 있고(제409조 제4항), 상법시행령에서 정하는 자산총액 2조원 이상인 상장회사에서는 감사위원회설치의무가 부여되어 있어 이 경우 감사는 필요상설기관은 아니다.

2. 겸직의 제한

감사는 당해 회사 및 자회사의 이사, 지배인 또는 그 밖의 사용인을 겸하지 못한다(제411조). 이사는 감사를 받아야 할 자이고, 사용인은 이사의 지휘감독을 받는 자이므로 감사가 이사나 사용인을 겸한다면 감사업무의 객관성을 기대할 수 없기 때문이다. 그리고 자회사는 모회사의 지배를 받는 자이므로 자회사의 이사가 모회사의 감사가 될 경우에는 자기가 지배하는 자를 감사하는 결과가 되어 객관적인 감사가 불가능하기 때문이다.

3. 감사의 선임

(1) 자격

상법상 감사의 자격에는 제한이 없으나, 상장회사의 상근감사에 대해서는 상장법인의 사외이사와 같은 특별한 제한이 있다. 행위무능력자, 파산선고를 받고 복권되지 않은 자, 소정의 형을 선고받은 자, 소정의 요건에 해당하는 주요주주 등은 상근감사가 될 수 없고 감사의 재임 중에 이러한 사유가 생기면 퇴임사유가 된다(제542조의10 제2항).

(2) 감사의 정원

이사와 달리 감사의 정원에는 제한이 없으므로 1인 또는 수인이어도 무방하다. **감사가 3인 이상인 경우에도 감사회가 구성되는 것은 아니며, 수인의 감사가 각자 업무감사권과 회계감사권을 수행한다.**

(3) 선임권자

① 선임의 결의

감사는 주주총회의 보통결의로 선임한다(제409조 제1항). **이때 의결권 없는 주식을 제외한 발행주식총수의 100분의 3을 초과하는 수의 주식을 가진 주주는 그 초과하는 주식에 관하여는 의결권을 행사하지 못한다**(제409조 제2항). 감사선임시 대주주의 영향력을 제한하고자 하는 취지이다. **정관으로 이 비율을 낮추는 것은 가능하지만 높이는 것은 허용되지 않는다**(제409조 제3항).

② 대주주의 판단

100분의 3의 요건은 1인이 소유한 주식수를 기준으로 판단하지만, 상장회사의 경우에는 최대주주에 관한 한, 주주 1인과 일정한 친족 등 특수관계인, 기타 시행령에서 정하는 자가 가진 주식수를 합산하여 1인이 소유한 것으로 보고 100분의 3 초과 여부를 판단한다. 이 특례의 적용은 최대주주에 한하는 것이므로 최대주주가 아닌 주주에게까지 확장하는 정관규정은 1주1의결권의 원칙에 반하므로 무효이다(대법원 2009.11.26.선고, 2009다51820판결).

③ 별도 의안상정

상장회사에서 감사를 선임할 때에는 이사선임과 별도의 안건으로 상정하여야 한다(제542조의12 제5항). 감사를 선임하기 위한 주주총회를 소집할 때에도 소집통지·공고에 감사후보의 성명 등을 기재해야 하고(제542조의4), 주주총회는 이에 기재된 자에 한하여 선임해야 한다(제542조의5).

(4) 감사의 임기

감사의 임기는 취임 후 3년 내의 최종의 결산기에 관한 정기총회의 종결 시까지이다(제410조). 감사의 임기는 취임을 언제 하느냐에 따라 3년을 초과할 수도 있고 3년에 미달할 수도 있다. 이 점이 이사의 임기가 3년을 초과할 수 없는 점과는 차이를 보인다(제383조 제2항).

4. 감사의 종임

감사는 임기의 만료와 종임의 사유로 퇴임한다(대법원 1962.11.29.선고, 62다524판결). 회사가 해산하여도 이사의 경우와는 달리 그 자격을 잃지 않는다. 특별결의에 의한 해임, 소수주주에 의한 해임청구의 소, 결원의 처리 등은 모두 이사와 같은 방법에 의한다(제415조). 감사를 선임하거나 감사가 종임한 때에는 이를 등기하여야 한다(제415조).

5. 감사와 회사의 관계(위임)

(1) 의의

감사와 회사와의 관계는 이사와 마찬가지로 민법상 위임의 규정을 따른다. 그러므로 감사는 회사에 대해 선관주의의무를 부담하게 된다. 만일 선관주의의무를 위반한 경우에는 회사에 대한 손해배상책임을 부담하여야 한다. 감사는 회사의 업무집행에 관여하지 않고 업무감사권과 회계감사권을 가지는 감독기관이므로 경업피지의무나 자기거래금지의무에 대한 제한은 받지 않는다(제408조의9).

(2) 감사의 보수

감사는 회사와 위임관계의 적용을 받는다. 그러므로 원칙적으로 무보수이다. 다만 정관의 규정 또는 주주총회의 결의에 의해 감사의 보수를 정할 수 있는데(제415조), 그러한 근거가 있는 경우에는 보수의 지급이 가능하다. 통상 정관 또는 주주총회에서 임원의 보수를 총액으로 정하고 각 임원별 보수액은 이사회의 결정에 위임하는데, 감사의 보수에 관한 한 이사의 보수와는 구분하여 정하여야 한다. 이사회에서 감사의 보수액을 결정한다면 감사의 독립성에 영향을 줄 수 있기 때문이다.

6. 감사의 권한

(1) 업무감사권

① 의의

감사는 이사의 직무집행을 감사한다(제412조 제1항). 이는 감사가 회계감사권을 포함하여 업무집행 전반을 감사할 권한을 가지는 것을 뜻한다. 감사의 범위는 일상적인 업무집행에 한하지 않고 개별이사의 직무집행뿐만 아니라 이사회의 권한사항(제393조 제1항)도 감사대상이 된다.

② 영업보고의 요구

업무감사를 위하여 감사는 언제든지 이사에 대하여 영업에 관한 보고를 요구하거나 회사의 재산 상태를 조사할 수 있다(제412조 제2항). 그러므로 회사의 기밀에 속한다는 등의 이유로 보고나 조사를 거부할 수 없다.

③ 감사업무의 수행

정기적인 결산감사를 위해서는 이사로부터 재무제표와 영업보고서를 제출받아 감사를 실시하여야 하며(제447조의3), 이때에도 필요한 사항에 관해 보고를 요구하거나 조사할 수 있음은 물론이다.

④ 감사결과의 산출

감사결과에 대한 의견은 이사회에서의 의견진술 및 보고(제391조의2), 유지청구(제402조), 주주총회에서의 의견진술(제413조), 감사록(제413조의2), 감사보고서의 작성 및 제출(제447조의4)로 나타난다.

(2) 회계감사권

회사의 이사는 회계기간이 종료한 때에는 재무제표를 작성하여 주주총회일의 6주 전까지 감사에게 재무제표를 전달하여야 한다. 그리고 감사는 이사로부터 전달받은 재무제표를 4주간 동안 감사한 후 주주총회일의 2주 전까지 이사에게 전달하여야 한다. **이때 이사로부터 전달받은 재무제표에 대해 4주간 동안 감사하는 것을 회계감사라고 하며, 감사는 회계감사를 수행할 수 있는 권한을 가지고 있는 것을 회계감사권이라고 한다.**

(3) 감사권의 범위

감사의 감사권이 미치는 범위는 특히 이사회의 감독권과 비교하여 문제된다. 대체로 이사회의 이사에 대한 감독은 자기시정의 기능으로서 적법성뿐만 아니라 이사가 하는 업무집행의 합목적성·타당성·능률성 등에 관해서도 미치지만, 감사의 감독권은 이사의 직무집행에 대한 적법성에만 미친다고하는 것이 다수설의 입장이다. 그러므로 상법이 타당성 감사를 해야 할 것으로 규정한 것 외에는 **타당성 감사권은 없고 적법성 감사권만 있다고 보아야 한다.**

(4) 부수적 권한

① 이사회소집청구권

감사는 필요하면 회의의 목적사항과 소집이유를 적은 서면을 이사에게 제출하여 이사회 소집을 청구할 수 있다(제412조의4 제1항). 감사의 이사회소집청구에도 불구하고 이사가 지체 없이 이사회를 소집하지 아니하면 그 청구한 감사가 이사회를 소집할 수 있다(제412조의4 제2항). 이때 주의할 점은 감사는 법원의 허가를 얻을 필요 없이 직접 이사회를 소집할 수 있다는 것이다. 이 점이 집행임원의 이사회소집청구권과 차이를 보인다.

행임원과 감사의 이사회소집권

구분	집행임원	감사
① 이사회소집권	인정○	인정○
② 이사가 소집을 지체한 경우의 이사회의 소집	법원의 허가를 얻어야만 이사회를 소집할 수 있음	법원의 허가를 얻을 필요 없이 감사가 직접 이사회를 소집할 수 있음

② 자회사의 조사권

모회사의 감사는 그 직무를 수행하기 위하여 필요한 때에는 자회사에 대하여 영업의 보고를 요구할 수 있다(제412조의4 제1항). 그럼에도 불구하고 자회사가 지체 없이 보고를 하지 아니할 때 또는 보고의 내용을 확인할 필요가 있을 때에는 모회사의 감사는 자회사의 업무와 재산상태를 조사할 수 있다(제412조의4 제2항). 자회사는 정당한 이유가 없는 한 이러한 조사 또는 보고를 거절하지 못한다(제412조의4 제3항).

자회사는 법적으로는 독립된 회사이지만 경제적으로는 모회사의 종속된 하나의 회사로 볼 수 있다. 그러므로 자회사의 경영성과 및 재산 상태는 모회사에 직접적인 영향을 미치게 된다. 감사에게 자회사에 대한 조사권을 부여한 것은 바로 이러한 이유에서이다.

③ 이사회출석·의견진술권

감사는 이사회에 출석하여 의견을 진술할 수 있다(제391조의2 제1항). 따라서 이사회를 소집할 때에는 감사에게도 소집통지를 하여야 한다(제390조 제2항). 감사업무의 수행을 위해서는 감사가 이사회의 결의사항을 알 필요가 있고, 또 감사의견을 이사회에 표시할 필요가 있기 때문에 둔 규정이다. 따라서 이사회를 소집할 때에는 감사에게도 소집통지를 하여야 하며(제390조 제3항), 소집통지를 생략하는 경우에는 감사 전원의 동의를 얻어야 한다(제390조 제4항).

감사의 이사회출석은 감사권의 수행을 위한 것이고, 이사회의 의사형성을 위한 것은 아니다. 따라서 감사에게 소집통지를 하지 않았다거나, 감사가 소집통지를 받고도 출석하지 않았다 해서 이사회결의에 하자가 있는 것은 아니다(대법원 1992.4.14.선고, 90다카22698판결).

④ 임시총회소집청구권

감사는 회의의 목적사항과 소집이유를 기재한 서면을 이사회에 제출하여 임시총회의 소집을 청구할 수 있다(제412조의3 제1항). 이러한 청구가 있음에도 이사가 지체 없이 총회소집의 절차를 밟지 아니한 때에는 감사가 법원의 허가를 얻어 직접 총회를 소집할 수 있다(제412조의3 제2항).

⑤ 감사의 보고수령권

이사는 회사에 현저한 손해를 미칠 염려가 있는 사실을 발견한 때에는 즉시 감사에게 이를 보고하여야 한다(제412조의2 제1항). 이사가 감사에게 이러한 보고의무를 게을리한 경우에는 손해배상책임의 사유가 된다.

⑥ 위법행위유지청구권

이사가 법령 또는 정관에 위반한 행위를 함으로써 회사에 회복할 수 없는 손해가 발생할 염려가 있는 경우에는 감사는 회사를 위하여 이사에게 그 행위를 유지할 것을 청구할 수 있다(제402조).

⑦ 소송시 회사대표권

회사가 이사에 대하여 또는 이사가 회사에 대하여 소를 제기하는 경우에 감사는 그 소에 관하여 회사를 대표한다(제394조 제1항 전단). 회사대표권은 원칙적으로 대표이사에게 있다. 그러나 이사와 회사간의 소송에 있어서는 그 소송수행의 공정을 위해 객관적·중립적 기관인 감사에게 대표권을 부여한 것이다. 소송시 감사의 회사대표권에 관한 규정은 강행규정이다. 그러므로 이에 위반하여 대표이사가 회사를 대표하여 한 소송행위는 무효이다(대법원 1990.5.11.선고, 89다카15199판결).

소송시 회사대표권

소송의 당사자	회사대표권
① 이사와 회사간의 소송	감사가 회사를 대표한다.
② 퇴임이사와 회가간의 소송시	대표이사가 회사를 대표한다.
③ 감사위원과 회사간의 소송시	법원에 대표선임을 청구해야 하며, 법원이 선임한 자가 회사를 대표한다.

⑧ 감사해임에 관한 의견진술권

감사는 주주총회에서 감사의 해임에 관하여 의견을 진술할 수 있다(제409조의2). 주주총회는 감사가 의견의 진술을 원할 경우 반드시 의견진술의 기회를 부여하여야 하며, 이를 무시한 경우에는 결의취소의 사유가 된다.

⑨ 각종의 소권

회사설립무효의 소(제328조), 결의취소의 소(제376조 제1항), 신주발행무효의 소(제429조), 감자무효의 소(제445조), 합병무효의 소(제529조) 등에 관해 감사에게 소권을 인정하고 있다.

7. 감사의 의무

(1) 기본적인 의무(선관주의의무)

감사와 회사의 관계에 대해서는 위임에 관한 규정이 준용되므로 감사는 회사의 수임인으로서 선량한 관리자의 주의로써 위임사무를 처리할 의무가 있다. 감사는 업무집행에 관여하지 아니하므로 경업피지의무(제397조) 및 자기거래금지의무(제398조)는 부담하지 않는다.

(2) 부수적 의무

① 이사회에 대한 보고의무

감사는 이사가 법령 또는 정관에 위반한 행위를 하거나 그 행위를 할 염려가 있다고 인정한 때에는 이사회에 이를 보고하여야 한다(제391조의2 제1항).

② 주주총회출석 및 의견진술의무

감사는 이사가 주주총회에 제출한 의안 및 서류를 조사하여 법령 또는 정관에 위반하거나 현저하게 부당한 사항이 있는지 여부에 관하여 주주총회에서 그 의견을 진술하여야 한다(제413조).

③ 감사록 작성의무

감사는 감사에 관한 감사록을 작성하여야 한다(제413조의2 제1항). 감사록에는 감사의 실시요령과 그 결과를 기재하고 감사를 실시한 감사가 기명날인 또는 서명하여야 한다(제413조의2 제2항).

④ 감사보고서의 작성의무

감사는 매 결산기에 이사로부터 재무제표와 영업보고서를 제출받아 이를 기초로 감사보고서를 작성하여 이사에게 제출하여야 한다(제447조의4).

8. 감사의 책임

(1) 회사에 대한 손해배상책임

감사가 그 임무를 해태한 때에는 회사에 대하여 연대하여 손해를 배상할 책임을 진다(제414조 제1항). 감사가 회사에 대하여 손해를 배상할 책임이 있는 경우에 이사도 그 책임이 있는 때에는 그 감사와 이사는 연대하여 배상할 책임이 있다(제414조 제3항).

(2) 제3자에 대한 손해배상책임

감사가 악의 또는 중대한 과실로 인하여 그 임무를 해태한 때에는 그 감사는 회사에 대하여 연대하여 손해를 배상할 책임이 있다(제414조 제2항). 감사가 제3자에 대하여 손해를 배상할 책임이 있는 경우에 이사도 그 책임이 있는 때에는 그 감사와 이사는 연대하여 배상할 책임이 있다(제414조 제3항). 예컨대 회사의 재무상태가 악화된 상황에서 상당기간 회계감사를 하지 않았다면 중대한 과실이 있다고 볼 수 있다. **다만 판례는 회사의 다른 임직원들에 의해 분식결산이 조직적으로 교묘하게 이루어진 것이어서 감사가 이를 쉽게 발견할 수 없었던 때에는 분식결산을 발견하지 못하였다는 사정만으로는 중대한 과실이 있다고 할 수 없고 따라서 이 경우에는 감사의 제3자에 대한 손해배상책임을 인정할 수 없다고 본다**(대법원 2008.7.24.선고, 2008다18376판결). 타당한 판결이다.

(3) 연대책임과 대표소송

감사가 회사 또는 제3자에 대하여 손해를 배상할 책임이 있는 경우에 이사도 그 책임이 있는 때에는 그 감사와 이사는 연대하여 배상할 책임이 있다(제414조 제3항). 그리고 감사의 책임도 이사의 경우와 마찬가지로 소수주주가 대표소송을 제기하여 이를 추궁할 수 있다.(제415조, 제413조).

한편, 감사의 책임은 총주주의 동의로 면제할 수 있다(제415조). **그러나 감사의 임무해태가 동시에 민법 제750조에 의한 불법행위를 구성하는 경우에는 민법상 불법행위책임(민법 제750조)은 면제되지 않는다**(대법원 1996.4.9.선고, 95다56316판결). 이 점 유의하여야 한다.

관련판례요약

결산과 관련한 업무 자체를 수행하기는 하였으나 재무제표 등에 허위의 기재가 있다는 사실을 과실로 알지 못한 경우에는 문제된 분식결산이 쉽게 발견할 수 있는 것이어서 조금만 주의를 기울였더라면 허위로 작성된 사실을 알아내어 이사가 허위의 재무제표 등을 주주총회에서 승인받는 것을 저지할 수 있었다는 등 중대한 과실을 추단할 만한 사정이 인정되어야 비로소 제3자에 대한 손해배상책임을 인정할 수 있을 것이다.

<u>그러나 분식결산이 회사의 임직원들에 의하여 조직적으로 교묘하게 이루어진 것이어서 감사가 쉽게 발견할 수 없었던 때에는 분식결산을 발견하지 못하였다는 사정만으로는 중대한 과실이 있다고 할 수는 없고, 따라서 감사에게 분식결산으로 인하여 제3자가 입은 손해에 대한 배상책임을 인정할 수는 없다</u>(대법원 2008.2.14.선고, 2006다82601판결).

Ⅲ 감사위원회

1. 의의

상법은 감사기관으로 감사를 두는 것을 원칙으로 하되, 정관에 규정을 두어 감사위원회를 둘 수 있도록 한다. **다만 감사위원회를 두는 경우 감사는 둘 수 없다**(제415조의2 제1항).

상법이 감사위원회를 도입한 것은 IMF경제위기 하에서 우리나라에 외화를 원조해주던 국제금융기구의 권고에 의한 것인데, 국제금융기구가 감사위원회 도입을 권고한 이유는 종래의 감사제도가 법에서 기대하는 기능을 하지 못한 데 기인한다. 그러나 감사위원회가 종래의 감사보다 나은 기능을 할 수 있는지는 의문이다. 감사위원회는 이사회의 하부기관인 이사회내위원회의 일종으로 자리매김하기 때문이다.

2. 설치근거

회사는 정관이 정하는 바에 따라 감사에 갈음하여 이사회내위원회(제393조의2)의 일종으로 감사위원회를 둘 수 있다(제415조의2 제1항). 그리고 자산규모 등을 고려하여 대통령령으로 정하는 상장회사(자산총액 2조원 이상인 상장회사)는 감사위원회를 설치하여야 한다.

자산총액 2조원 이상인 상장회사를 제외한 주식회사에서 감사위원회는 정관의 규정에 의해 둘 수도 있고 두지 않을 수도 있지만, **자산총액 2조원 이상인 상장회사(대규모상장회사)에서는 감사는 둘 수 없고 반드시 감사위원회를 설치하여야 한다.**

3. 감사위원

(1) 위원의 자격

감사위원의 자격에 관해서는 특별한 규정을 두고 있지 않다. 다만 감사위원회의 중립성과 객관성을 확보하기 위하여 사외이사가 위원의 3분의 2 이상이어야 한다(제415조의2 제1항). 다만 감사위원회를 의무적으로 두어야 하는 대규모상장회사의 경우에는 감사위원 중 1인 이상은 회계 또는 재무전문가이어야 하며(제542조의11 제2항), 감사위원회의 대표는 반드시 사외이사이어야 한다(제542조의11 제2항 제2호).

(2) 위원의 선임

감사위원회는 3인 이상의 이사로 구성되며, 사외이사가 위원의 3분의 2 이상이어야 한다(제415조의2 제2항). 자산총액이 2조원 이상인 상장회사를 제외한 회사에서 **감사위원은 이사회의 결의로 선임하고 해임한다**(제415조의2 제2항).

감사위원회 설치의무가 부여된 대규모상장회사에서 감사위원은 주주총회에서 이사를 선임하고 선임된 이사 중에서 감사위원을 선임하여야 한다(제542조의12 제2항). 그러므로 이때에는 감사위원의 선임·해임권이 주주총회에 있다. 감사위원의 선임·해임권자에 대해서는 회사별로 명확히 구별하여 이해할 필요가 있다.

(3) 별도의안 상정

상장회사가 주주총회의 목적사항으로 감사의 선임 또는 보수결정을 위한 의안을 상정하려는 경우에는 이사의 선임 또는 이사의 보수결정을 위한 의안과는 별도로 상정하여 의결하여야 한다(제542조의12 제5항).

(4) 선임의 결의요건

사외이사가 아닌 감사위원을 선임 또는 해임할 때에는 상장회사에서 상근감사를 선임할 때와 마찬가지로 주주 1인의 의결권이 발행주식총수의 3/100으로 제한되는 외에 최대주주의 경우에는 특수관계자의 소유주식을 포함하여 의결권이 3/100까지로 제한된다. 그러나 사외이사인 감사위원을 선임할 때에는 비상장회사의 감사를 선임할 때와 마찬가지로 주주 1인의 의결권이 3/100으로 제한되는 점에서 양자는 차이를 보인다(제542조의12 제3항).

4. 위원회의 운영

감사위원회는 감사와는 달리 회의체기관이므로 권한행사는 위원회의 결의를 통하여야 한다. 감사위원회의 소집이나 결의방법 등 감사위원회의 운영은 제393조의2가 정하는 이사회내위원회의 운영방법에 따라야 한다. 다만, 운영에 있어 일반위원회와 다른 점은 대표위원을 선정하여야 한다는 점이다(제415조의2 제4항).

한편, 감사위원회설치의무가 부여된 대규모상장회사의 대표위원의 자격은 사외이사의 자격을 갖추어야 한다(제542조의11 제2항 제2호). 감사위원회는 회사의 비용으로 전문가의 조력을 구할 수 있다(제415조의2 제5항).

5. 위원회의 권한

(1) 의의

상법은 감사위원회의 권한과 의무를 별도로 규정하지 않고, 감사의 권한과 의무에 관한 규정인 제412조 내지 제414조의 규정을 감사위원회에 준용하는 방식을 취하여 감사와 동등한 권한을 부여하고 있다. 이에 따라 감사위원회는 기본적 권한으로 회계감사권과 업무감사권을 가지고 있으며, 그 밖에 전술한 감사의 권한과 의무도 감사위원회에 동일하게 적용된다.

(2) 이사회의 재결의 여부

감사위원회는 이사회내위원회의 일종으로서(제393조 제1항), 이사회내위원회가 결의한 사항에 대해서는 이사회가 이를 번복하여 재결의를 할 수 있지만(제393조의2 제4항), 감사위원회의 결의에 대해서는 이 규정이 적용되지 않는다(제393조의2 제4항 단서). **감사위원회의 결의사항에 대해서는 이사회가 이를 재결의할 수 없다. 감사의 중립성과 객관성을 보장하기 위한 상법상 최소한의 장치이다.**

6. 감사위원의 책임

상법은 감사의 책임에 관한 제414조를 감사위원회에 준용하고 있다(제415조의2 제7항). 따라서 감사위원이 그 임무를 해태한 때에는 회사에 대하여 연대하여 손해를 배상할 책임이 있음은 물론(제414조 제1항), 감사가 악의 또는 중대한 과실로 임무를 해태한 때에는 그 감사는 제3자에 연대하여 손해를 배상할 책임이 있다(제414조 제2항). 감사가 회사 또는 제3자에 대하여 손해를 배상할 책임이 있는 때에는 그 감사와 이사는 연대하여 손해를 배상할 책임이 있다(제414조 제3항).

감사위원회제도의 비교

구분	비상장회사	상장회사	대규모상장회사
감시제도의 운용	감사 또는 감사위원회 중 택일	감사 또는 감사위원회 중 택일	감사위원회 설치의무 부여
감사위원회의 설치근거	정관규정 필요○	정관규정 필요○	정관규정 필요×
감사위원의 선임·해임권	이사회의 결의	이사회의 결의	주주총회의 결의
사외이사의 선임	감사위원 중 2/3 이상은 사외이사로 선임해야 함	감사위원 중 2/3 이상은 사외이사로 선임해야 함	① 감사위원 중 2/3 이상은 사외이사로 선임해야 함 ② 위원 중 1인 이상은 회계·재무전문가
대표위원의 자격	제한 없음	제한 없음	사외이사이어야 함
감사보고서의 제출기한	주주총회 2주 전까지	주주총회 1주 전까지	주주총회 1주 전까지

제 7 절 준법통제기준과 준법지원인

I 의의

최근 사업연도말 자산총액이 5천억원 이상인 상장회사는 회사경영을 적정하게 하기 위하여 임직원이 그 직무를 수행함에 있어 따라야 할 기준 및 절차(준법통제기준)를 마련하여야 하고(제542조의13 제1항), 이러한 준법통제기준의 준수에 관한 업무를 담당하는 사람(준법지원인)을 1명 이상 두어야 한다(제542조의13 제2항).

준법통제기준 및 준법지원인은 개정상법에 의해 신설된 제도인데, 일정 규모 이상의 상장회사의 업무집행에 있어 관련규범의 준수에 필요한 체제를 구축하는 한편, 그 체제의 전문성을 높이기 위한 제도이다.

II 준법통제기준

준법통제기준은 이사회결의로 작성하며, 다음 사항이 포함되어야 한다(제542조의13 제1항, 상법시행령 제40조).

① 준법통제기준의 제정 및 변경의 절차에 관한 사항
② 준법지원인의 임면절차에 관한 사항
③ 준법지원인의 독립적 직무수행의 보장에 관한 사항
④ 임직원이 업무수행과정에서 준수해야 할 법규 및 법적 절차에 관한 사항
⑤ 임직원에 대한 준법통제기준 교육에 관한 사항
⑥ 임직원의 준법통제기준 준수여부를 확인할 수 있는 절차 및 방법에 관한 사항
⑦ 준법통제기준을 위반하여 업무를 집행한 임직원의 처리에 관한 사항
⑧ 준법통제에 필요한 정보가 준법지원인에게 전달될 수 있도록 하는 방법에 관한 사항
⑨ 준법통제기준의 유효성 평가에 관한 사항

III 준법지원인

1. 선임

(1) 선임권자

준법지원인은 이사회의 결의로 선임한다(제542조의13 제4항). 법률관련사무의 전문성을 높이

기 위해 변호사 등 법률전문가와 시행령으로 열거하는 법률지식이 풍부한 사람으로 자격을 제한하고 있다(제542조의13 제5항, 상법시행령 제41조).

(2) 임기

준법지원인의 임기는 3년으로 하고, 상근으로 한다(제542조의13 제6항). 다른 법률의 규정이 준법지원인의 임기를 3년보다 단기로 정하고 있는 경우에도 제542조 제6항을 다른 법률에 우선하여 적용하므로 3년으로 한다(제542조의13 제11항). 이 점 특히 유의하여야 한다.

2. 종임

준법지원인은 임기의 만료로 퇴임하는 외에 위임의 일반적 종료사유로 종임한다(민법 제690조). 위임의 상호해지의 사유(민법 제689조)에 따라 준법지원인은 언제든지 사임할 수 있다고 보아야 한다. 그리고 이사회의 결의에 의하여 해임할 수도 있다(제542조의13 제4항).

3. 직무수행과 보고

(1) 직무수행방법

준법지원인의 사무는 독립적 기관으로서 수행되어야 한다. 따라서 이사회나 대표이사의 감독을 받지 않고 독립적으로 그 업무를 수행한다. 상장회사의 임직원은 준법지원인이 그 직무를 수행할 때 자료나 정보의 제출을 요구하는 경우에 이에 성실하게 응하여야 한다(제542조의13 제9항). 준법지원인은 재임 중뿐만 아니라 퇴임 후에도 직무상 알게 된 회사의 영업비밀을 누설하여서는 아니된다(제542조의13 제8항).

(2) 수행직무의 보고

상법의 규정에 근거하여 준법지원인은 준법통제기준의 준수여부를 점검하는 업무라고 할 수 있다(제542조의13 제2항·제3항). 준법지원인은 그 점검결과를 이사회에 보고하여야 한다(제542조의13 제3항).

4. 신분보장

상장회사는 준법지원인이었던 사람에 대하여 그 직무수행과 관련된 사유로 부당한 인사상의 불이익을 주어서는 아니 된다(제542조의13 제10항).

관련판례요약

1. 주주총회

(1) 주주총회의 소집

① 소집통지서에 기재된 소집 일시 또는 소집 장소가 회의 일시 또는 장소와 상당한 괴리가 있어 사회통념상 통지된 대로 회의가 있었다고 보기 어려운 경우에는 소집통지에 하자가 있다고 본다(대법원 2003.7.11.선고, 2001다45584판결).

② 총회의 속행 또는 연기가 있는 경우 이는 그 결의를 한 총회의 연장일 뿐이므로 다시 소집통지 또는 공고절차를 거칠 필요가 없다(대법원 1989.2.14.선고, 87다카3200판결).

③ 소집통지 또는 공고를 하지 않은 경우에도 주주전원이 총회개최에 동의하였고 전원이 출석한 경우에는 주주전원이 소집절차(통지 또는 공고)에 관한 이익을 포기하고 총회의 개최에 동의한 것이라고 볼 수 있으므로 이는 유효한 결의로 인정한다(대법원 2002.12.24.선고, 2000다69927판결).

④ 1인회사의 경우에는 실제로 주주총회를 개최한 사실이 없더라도 의사록이 작성되었다면 주주총회의 결의로 인정될 수 있으며, 더 나아가 의사록의 작성조차 없더라도 1인주주의 의사에 합치하는 한, 그 증거에 의해 주주총회의 결의가 있었던 것으로 볼 수 있다(대법원 2004.12.10.선고, 2004다25123판결 등).

⑤ 총회를 연기 또는 속행하는 경우에는 통지 등 별도의 소집절차를 요하지 않는다(대법원 1989.2.14.선고, 87다카3200판결).

⑥ 철회 또는 변경은 당초의 소집을 결정할 때와 마찬가지로 이사회의 결의를 거쳐 대표이사가 그 뜻을 통지·공고하여야 한다(대법원 2009.3.26.선고, 2007도8195판결).

(2) 의결권

① 1주1의결권에 관한 상법의 규정은 강행규정으로 상법상 제한을 제외하고는 정관으로도 이를 달리 정할 수 없으며, 이와 다른 내용으로 주주들 간의 합의가 있더라도 무효이다(대법원 2009.11.26.선고, 2009다51820판결).

② 의결권의 대리행사에 있어 대리인의 자격을 제한할 만한 합리적인 이유가 있는 경우에는 정관의 규정에 의하여 그 상당한 제한이 가능하다고 볼 수 있고 이를 무효라고 볼 수는 없다고 보고 있다(대법원 2009.4.23.선고, 2005다22701·22718판결).

③ 대리인이 위임장 원본인 서면으로 대리권을 증명한 이상, 그 외의 신분증의 제시나 기타 신원확인을 요구하는 것은 위법하다(대법원 2004.4.27.선고, 2003다29616판결).

④ 본인의 의사에 반하여 기권하거나 주주의 명시된 의사와 달리 의결권을 행사한다면 본인과 대리인 사이에서는 채무불이행이 되어 손해배상책임을 지게 될 것이지만, 주주총회의 결의의 효력에는 전혀 영향이 없고 유효한 결의가 된다(대법원 1969.7.8.선고, 69다688판결).

⑤ 의결권은 반드시 대리인이 행사해야 할 필요가 있는 것은 아니므로 본인의 반대의 의사표시가 없는 한 대리인은 제3자에게 의결권의 행사를 재차 위임할 수 있다(대법원 2009.4.23.선고, 2005다22701·22718판결).

⑥ 주주가 의결권을 불통일하여 행사하기 위해서는 총회 회일의 3일 전까지 도달하여야 하지만, 3일 전 이후에 통지가 도달한 경우 이 시한보다 늦게 도착하였더라도 회사가 이를 받아들여 불

통일행사를 허용하였다면, 의결권의 행사는 적법한 것으로 보아야 한다(대법원 2009.4.23.선고, 2005다22701 · 22718판결).

(3) 주주총회의 결의

① 주주총회의 결의는 결의요건이 충족된 즉시 그 효력이 발생하는 것이며, 서면의 변경이나 등기 여부는 효력발생과 무관하다(대법원 2007.6.28.선고, 2006다62362판결).

② 특허권을 이용한 공사의 수주를 주된 사업으로 하고 그 특허권이 회사의 자산의 대부분을 차지하는데 이를 양도한 경우에는 반드시 주주총회의 특별결의에 의하여야 한다(대법원 2004.7.8.선고, 2004다13717판결)

③ 회사존립의 기초가 되는 유일한 재산을 양도담보로 제공한 경우에는 환매기간 내에 환매하지 못하면 영업의 전부 또는 중요부분을 폐업하게 되므로 주주총회의 특별결의가 필요하다(대법원 1987.4.28.선고, 86다카553판결 등).

(4) 주주총회결의 하자

① 이사회결의는 있었으나 대표이사 또는 정관상의 소집권자가 아닌 자가 소집한 것은 결의취소의 소의 원인이다(대법원 1993.9.10.선고, 93도698판결).

② 일부주주에게 소집통지를 하지 않은 경우, 통지기간을 준수하지 않은 경우 또는 통지방법을 그르친 경우 등은 결의취소의 소의 원인이다(대법원 1993.10.12.선고, 92다21692판결)

③ 정관에 기재된 의장이 아닌 자가 의장으로서 회의를 진행한 경우는 결의취소의 소의 원인이다(대법원 1977.9.28.선고, 76다2386판결).

④ 결의취소가 제기된 후에는 화해·조정 등은 할 수 없고, 청구의 인낙 또는 화해·조정이 이루어졌다고 하더라도 그 인낙·화해·조정조서는 효력이 없다(대법원 2004.9.24.선고, 2004다28407판결).

⑤ 소집권한이 없는 자가 이사회의 결의 없이 소집한 경우는 부존재확인의 소의 원인이다(대법원 2010.6.24.선고, 2010다13541판결).

⑥ 유효하게 총회가 종료한 후에 일부의 주주들만이 모여 결의한 경우는 부존재확인의 소의 원인이다(대법원 1993.10.12.선고, 92다28235판결).

⑦ i) 단순한 명의대여자(대법원 1980.12.9.선고, 79다1989선고), ii) 주식을 양수하였으나 명의개서를 하지 않은 주주(대법원 1991.5.28.선고, 90다6774판결), iii) 사임한 이사 등은 결의부존재를 주장할 이익이 없다(대법원 1982.9.14.선고, 80다2425판결).

⑧ 결의취소의 소와 합병무효의 소는 동시에 제기할 수 없고 후속행위의 효력에 따라 합병무효의 소만 제기할 수 있다(대법원 2010.2.11.선고, 2009다83599판결 등).

2. 이사

① 주식회사의 이사로서의 지위는 주주총회보통결의와 이사의 동의가 있는 경우에는 그 지위를 취득한다고 볼 수 있다(대법원 1995.2.28.선고, 93다31440판결).

② 퇴직금은 물론 퇴직위로금도 이사의 재직 중 직무수행에 대한 대가이므로 정관 또는 주주총회의 결의에 의해서만 지급할 수 있을 뿐이다(대법원 1990.2.24.선고, 97다38930판결).

③ 정관의 규정이나 주주총회의 결의 없이 이사에게 지급된 보수는 부당이득으로 회사에 반환해야 한다(대법원 2010.3.11.선고, 2007다71271판결).

④ 일단 정관이나 주주총회에서 보수가 결정되면 선임행위의 내용을 이룬다고 보아야 하므로 동일한 이사에 관해서는 정관이나 주주총회의 결의에 의해 박탈하거나 감액하지 못한다(대법원 1977.11.22.선고, 77다1472판결).

⑤ 이사의 임기를 정하지 않은 경우에도 언제든지 이사를 해임할 수 있고, 이때에 이사는 회사에 손해배상을 청구할 수 없다(대법원 2001.6.15.선고, 2001다23928판결).

⑥ 퇴임이사제도는 이사의 결원으로 회사가 정상적인 영업활동을 할 수 없게 된 사태를 타개하고자 하는 취지이므로, 만일 정관상의 정원을 일부 결하더라도 회사의 운영에 장애가 없다면 이 규정을 적용할 필요는 없다(대법원 1988.3.22.선고, 85누884판결).

3. 이사회

① 중요재산의 처분 또는 대규모의 차입에 대해 이사회의 규정상 이사회의 부의사항으로 정해져 있지 않더라도 반드시 이사회결의를 거쳐야 한다(대법원 2011.4.28.선고, 2009다47791판결).

② 의안에 반대의견을 가진 이사들이 해외 출장 중인 틈을 타서 소집하여 결의한다거나, 대표이사가 출장 중에 대표이사의 해임을 결의하는 것 등은 경영권을 둘러싼 내분이 있는 회사에서 흔히 일어날 수 있는 상황인데, 이같이 이루어진 이사회의 결의는 무효이다(대법원 1988.3.22.선고, 85누884판결).

③ 이사회의 결의에 특별이해관계가 있는 이사는 이사회의 성립정족수에는 포함되지만, 의결정족수의 계산에서는 출석이사의 수에 산입하지 아니한다(대법원 1991.5.28.선고, 90다20084판결).

④ 이사회의 결의에서 의결권의 대리행사나 대리인에게 의결권을 위임하는 것은 허용되지 않는다(대법원 1982.7.3.선고, 80다2441판결).

⑤ 이사회결의를 거쳐야 할 행위에 대해 이사회결의가 없는 경우 그 후속행위가 대외적 거래에 해당하는 경우에는 거래의 안전을 고려해서 그 거래상대방이 선의인 경우에는 유효이지만, 악의 또는 중과실이 있는 경우에는 무효이다(대법원 2005.7.28.선고, 2005다3649판결).

4. 대표이사

① 어느 이사가 장기간 대표이사의 직무를 수행하더라도 그것을 대표이사의 행위로 볼 수 없으며(대법원 1989.10.24.선고, 89다카14714판결), 유상거래를 통해 회사의 경영권을 인수한 자라 하더라도 대표이사 선임의 절차를 거치지 않는 한 대표이사가 될 수 없다(대법원 1994.12.2.선고, 94다7591판결).

② 이사의 해임에 관한 제385조 제1항의 규정은 주주의 지배권확보와 경영자의 지위안정을 목적으로 한 규정이지 이사의 보수청구권을 보장하는 규정은 아니라고 보아 대표이사의 해임에는 이를 준용할 수 없다(대법원 2004.12.10.선고, 2004다25123판결).

③ 퇴임한 이사를 상대로 소송을 수행하는 경우에는 감사가 대표하지 아니하고 당연히 대표이사가 대표한다(대법원 2002.3.15.선고, 2000다9086판결).

④ 대표이사의 행위가 대표권한 내의 행위라 할지라도 회사의 이익 때문이 아니고 자기 또는 제3자의 개인적인 이익을 도모할 목적으로 그 권한을 행사한 경우에 상대방이 대표이사의 진의를 알았거나 알 수 있었을 때에는 무효가 된다(대법원 2004.3.26.선고, 2003다34045판결).

⑤ 공동대표이사의 일부가 다른 공동대표이사에게 대표권의 행사를 포괄적으로 위임하는 것은 실

질적으로 단독대표를 가능하게 하는 일이므로 공동대표의 취지에 비추어볼 때 허용될 수 없다(대법원 1989.5.23.선고, 89다카3677판결).

⑥ 표현대표이사제도와 상업등기제도는 서로 관련성이 없다(대법원 1979.2.13.선고, 77다2436판결).

⑦ 이사자격의 유무는 표현적 지위의 형성에 아무런 차이가 없는 점을 감안하면 부존재인 주주총회결의에 의해 선임된 이사, 전혀 이사로 선임된 사실조차 없는 자의 행위에 대해서도 표현대표이사에 관한 본조를 유추 적용하여야 한다고 본다(대법원 1998.3.27선고, 97다34709판결).

⑧ 공동대표이사 중 1인이 사장, 대표이사 등의 명칭으로 단독으로 대표할 권한이 있음직한 명칭을 회사로부터 허락받아 사용하면서도 단독으로 회사를 대표하여 행위를 한 때에는 이를 표현대표이사의 행위로 보고 제395조를 적용하여야 한다(대법원 1992.10.27.선고, 92다19033판결).

⑨ 표현대표이사로서의 요건을 갖춘 자가 대표행위는 자기의 이름으로 하지 않고 진정한 대표이사의 명칭을 사용한 경우에도 판례는 제395조를 적용하여 선의의 제3자를 보호하고 있다(대법원 1998.3.27.선고, 97다34709판결).

5. 이사의 의무와 책임

① 평이사가 업무담당이사의 부정을 의심할 만한 사유가 있음에도 불구하고 이를 방치한 때에는 감시의무를 위반한 것이라고 보아야 한다(대법원 2006.7.6.선고, 2004다8272판결).

② 두 회사의 대표이사를 겸하고 있는 자가 그 회사를 겸하여 거래하는 경우 이를 쌍방대표라고 하는데 쌍방대표도 자기거래에 포함되어 반드시 이사회의 승인을 얻어야 한다(대법원 1996.5.28.선고, 95다12101판결).

③ 이사와 회사 사이의 거래라고 하더라도 양자 사이의 이해가 상반되지 않고 회사에 불이익을 초래할 우려가 없는 때에는 이사회의 승인을 얻을 필요가 없다(대법원 2010.3.11.선고, 2007다71271판결).

④ 이사회의 승인이 없더라도 1인주주나 총주주의 동의가 있는 자기거래에 대해서도 판례는 유효한 것으로 보고 있다(대법원 2002.7.12.선고, 2002다20544판결).

⑤ 이사가 법령 또는 정관에 위반한 경우에는 회사에 대한 손해배상책임을 부담하는데, 여기서 말하는 법령에는 일반적 의미의 법령, 즉 법률과 법규명령을 의미하는 것이고, 행정기관의 행정지도, 지침은 법령에 포함되지 않는다(대법원 2006.11.9.선고, 2004다41651·41668판결).

⑥ 경영판단의 법칙은 임무해태에 국한하여 적용될 수 있는 것이고, 법령에 위반한 행위 또는 부정행위에 대해서는 적용될 수 없다(대법원 2005.10.28.선고, 2003다69638판결).

⑦ 일단 이사의 임무해태로 인한 손해가 발생한 이상 손해의 관리과정에서 손해액에 변동이 있거나 손해액으로 확정되는 것은 당초의 손해배상책임에는 영향이 없다(대법원 2007.7.26.선고, 2006다33609판결 등).

⑧ 화재 기타 사고방지를 위한 설비구축을 게을리한 것은 물론, 하부직원들에 의한 손해발생을 방지하기 위한 내부통제체계를 구축하지 못한 것도 이사의 임무해태에 속한다(대법원 2008.9.11.선고, 2006다68636판결).

⑨ 이사의 회사에 대한 손해배상책임은 의결권 없는 주식을 포함하여 주주 전원의 동의가 없으면 면제하지 못하므로, 대표이사가 일반채무면제의 절차에 의하는 방법으로 면제할 수 없다(대법

원 2004.12.10.선고, 2002다60467·60474판결).

⑩ 총주주의 동의로 책임을 면제하더라도 이는 상법상 책임(제399조)만 면제되는 것이다. 그러므로 불법행위책임(민법 제750조)을 면제하려면 일반채무면제의 절차(민법 제506조)를 별도로 밟아야 한다(대법원 1989.1.31.선고, 87누760판결).

⑪ 최근 분식결산을 하여 금융기관으로부터 대출을 받은 회사의 이사에 대해 금융기관이 손해배상책임을 묻는 예를 흔히 볼 수 있다. 이 경우 금융기관은 부실재무제표를 작성한 이사들을 상대로 제401조에 의한 책임을 물을 수 있다(대법원 2008.1.18.선고, 2005다65579판결).

⑫ 주주가 입은 간접손해를 포함시킨다면 주주가 회사채권자에 우선하여 변제를 받는 결과가 되므로 이를 제외한다고 본다(대법원 2003.10.24.선고, 2003다29661판결).

⑬ 이사의 제3자에 대한 책임은 법정책임이므로 회사에 대한 책임과 마찬가지로 10년의 소멸시효를 적용한다(대법원 2008.1.18.선고, 2005다65579판결).

6. 이사에 대한 견제와 책임추궁

① 제소주주에 대해 법문에서는 주주의 자격에 관해 별도의 요건을 정하고 있지 않으므로 명의차용으로 추가출자가 이루어진 경우 실질주주만이 대표소송을 제기할 수 있다(대법원 2011.5.26.선고, 2010다22552판결).

② 주주인 원고가 제소요건을 결할 경우에는 각하 판결이 선고되기 이전에 회사가 공동소송참가를 하는 것은 가능하다(대법원 2002.3.15.선고, 2000다9086판결).

③ 지배회사의 주주는 종속회사의 이사 등에 대하여 책임을 추궁하는 이른바 이중대표소송을 제기할 수 없다(대법원 2004.9.23.선고, 2003다49221판결).

④ 상대방은 신청인의 주장에 의해 지위가 다투어지는 자이며, 회사는 직무집행정지가처분의 상대방이 될 수 없다(대법원 1982.2.9.선고, 80다2424판결).

⑤ 직무집행이 정지된 이사 또는 그 후임자가 한 대외적 행사는 무효이고, 상대방은 선의이더라도 회사에 대항하지 못한다(대법원 1992.5.12.선고, 92다5638판결).

⑥ 정기총회의 소집은 상무에 속하나, 임시총회의 소집은 상무에 속하지 않는다(대법원 2007.6.28.선고, 2006다62362판결).

7. 감사제도

① 소송시 감사의 회사대표권에 관한 규정은 강행규정이므로 이에 위반하여 대표이사가 회사를 대표하여 한 소송행위는 무효이다(대법원 1990.5.11.선고, 89다카15199판결).

② 회사의 다른 임직원들에 의해 분식결산이 조직적으로 교묘하게 이루어진 것이어서 감사가 이를 쉽게 발견할 수 없었던 때에는 분식결산을 발견하지 못하였다는 사정만으로는 중대한 과실이 있다고 할 수 없고 따라서 이 경우에는 제3자에 대한 손해배상책임을 인정할 수 없다고 본다(대법원 2008.7.24.선고, 2008다18376판결).

③ 감사의 임무해태가 동시에 불법행위를 구성하는 경우에는 총주주의 동의가 있어도 불법행위책임(민법 제750조)은 면제되지 않는다는 점은 이사의 경우와 같다(대법원 1996.4.9.선고, 95다56316판결).

실전연습문제

01 상법상 비상장주식회사의 주주총회의 소집절차에 관한 설명으로 옳지 않은 것은? 세무사 2014

① 자본금 총액이 10억원 미만인 회사가 전자문서로 주주총회의 소집통지를 하는 경우 각 주주의 동의를 받아야 한다.

② 주주총회의 소집통지가 주주명부상 주주의 주소에 계속 3년간 도달하지 아니한 경우 해당 주주는 그 주주총회에서 의결권을 행사할 수 없다.

③ 감사위원회는 회의의 목적사항과 소집의 이유를 기재한 서면을 소집권자인 이사에게 제출하여 임시주주총회의 소집을 청구할 수 있다.

④ 의결권이 없는 종류주식의 주주에게는 주주총회의 소집통지에 관한 규정이 적용되지 않는다.

⑤ 자본금 총액이 10억원 미만인 회사는 주주 전원의 동의가 있으면 소집절차 없이 주주총회를 개최할 수 있다.

해설 ② 주주총회의 소집통지서가 주주명부상 주주의 주소에 계속하여 "3년간 도달하지 아니한 경우"에는 회사는 주주총회소집통지서를 보낼 필요가 없다(제363조 제1항). 그러나 소집통지서를 받지 못한 주주의 경우에도 주주총회에 참석하여 의결권을 행사하는 것에 대한 제한은 없으므로 의결권은 행사는 가능하다(제369조 제1항).

02 상법상 비상장회사의 주주총회 소집에 관한 설명으로 옳지 않은 것은? 세무사 2015

① 자본금총액이 10억원 미만인 회사가 주주총회를 소집하는 경우에는 주주총회일의 10일 전에 각 주주에게 서면으로 통지를 발송하거나 각 주주의 동의를 받아 전자문서로 통지를 발송할 수 있다.

② 주주총회의 소집통지서에는 회의의 목적사항을 적어야 하지만, 전자문서로 통지를 발송하는 경우에는 예외이다.

③ 의결권 없는 주식을 가진 주주에게는 주주총회의 소집통지를 하지 않아도 된다.

④ 주주총회의 소집통지가 주주명부상 주주의 주소에 계속 3년간 도달하지 아니한 경우에는 회사는 해당 주주에게 총회의 소집을 통지하지 아니할 수 있다.

⑤ 자본금총액이 10억원 미만인 회사는 주주 전원의 동의가 있을 경우에는 소집절차 없이 주주총회를 개최할 수 있다.

해설 ② 주주총회를 소집할 때에는 주주총회일의 2주 전에 각 주주에게 서면으로 통지를 발송하거나 각 주주의 동의를 받아 전자문서로 통지를 발송하여야 한다(제363조 제1항). 제1항의 통지서에는 회의의 목적사항을 적어야 한다(제363조 제2항). 따라서, 서면통지를 하는 경우는 물론 전자문서로 통지하는 경우에도 회의의 목적사항을 적어야 한다.

03 상법상 비상장주식회사의 주주총회에 관한 설명으로 옳지 않은 것은? 세무사 2013

① 자본금 총액이 10억원 미만인 회사가 서면으로 주주총회의 소집을 통지하는 경우 소집통지서에는 회의의 목적사항을 적지 않아도 된다.

② 자본금 총액이 10억원 미만인 회사에서 주주총회의 소집통지를 하지 않은 경우에도 1인 주주의 의사에 합치하는 한 총회의 결의는 유효하다.

③ 자본금 총액이 10억원 미만인 회사가 서면으로 통지하여 주주총회를 소집하는 경우에는 주주총회일의 10일 전에 각 주주에게 통지를 발송하면 된다.

④ 자본금 총액이 10억원 미만인 회사는 주주 전원의 동의가 있을 경우에는 소집절차 없이 주주총회를 개최할 수 있다.

⑤ 자본금 총액이 10억원 미만인 회사는 결의의 목적사항에 대하여 주주 전원이 서면으로 동의를 한 경우에 서면에 의한 결의가 있는 것으로 본다.

해설 ① 자본금총액이 10억원 미만인 주식회사가 서면으로 주주총회의 소집을 통지하는 경우에는 소집통지서에 회의의 목적사항을 적어야 한다(제363조 제2항, 제4항).

04 상법상 비상장회사에서의 주주제안권에 관한 설명으로 옳지 않은 것은? 세무사 2015

① 주주제안의 내용이 주주가 권리를 행사하기 위하여 일정 비율을 초과하는 주식을 보유해야 하는 소수주주권에 관한 사항인 경우에 이사회는 이를 주주총회의 목적사항으로 하여야 한다.

② 주주제안권이 있는 주주는 주주총회일(정기주주총회의 경우 직전 연도의 정기주주총회일에 해당하는 그 해의 해당일)의 6주 전에 서면 또는 전자문서로 일정한 사항으로 주주총회의 목적사항으로 할 것을 제안할 수 있다.

③ 이사회는 주주가 제안한 일정한 사항을 주주총회의 목적사항으로 한 경우, 주주제안을 한 자의 청구가 있는 때에는 주주총회에서 당해 의안을 설명할 기회를 주어야 한다.

④ 주주제안의 내용이 법령 또는 정관을 위반한 경우에 이사회는 그 제안내용을 주주총회의 목적사항으로 해서는 아니된다.

⑤ 의결권 없는 주식을 제외한 발행주식총수의 100분의 3 이상에 해당하는 주식을 가진 주주에게 주주제안권이 인정된다.

해설 ① 주주제안의 내용이 주주가 권리를 행사하기 위하여 일정 비율을 초과하는 주식을 보유해야 하는 "소수주주권에 관한 사항인 경우"에 이는 상법시행령에서 정하고 있는 주주제안의 거부가능사유이다(상법시행령 제12조). 그러므로 소수주주권에 관한 사항에 대해서 이사회는 이를 주주총회의 목적사항으로 할 수 없다.

01 ② 02 ② 03 ① 04 ① 정답

05 상법상 비상장주식회사의 주주제안권에 관한 설명으로 옳지 않은 것은?

세무사 2018

① 이사는 주주제안이 있는 경우에는 이를 이사회에 보고하여야 한다.

② 주주제안의 내용이 주주 개인의 고충에 관한 사항인 경우 회사는 그 주주제안을 거부할 수 없다.

③ 회사는 적법한 주주제안을 한 자의 청구가 있는 경우 주주총회에서 당해 의안을 설명할 기회를 주어야 한다.

④ 주주는 이사에게 주주총회일의 6주 전에 서면 또는 전자문서로 일정한 사항을 주주총회의 목적사항으로 할 것을 제안할 수 있다.

⑤ 주주총회에서 의결권의 100분의 10 미만의 찬성밖에 얻지 못하여 부결된 내용과 같은 내용의 의안을 부결된 날부터 3년 내에 다시 제안하는 경우 회사는 주주제안을 거부할 수 있다.

해설 ② 주주제안의 내용이 ㉠ 소수주주권으로 정하고 있는 사항, ㉡ 주주 개인의 고충에 관한 사항, ㉢ 상장회사 임원의 임기 중 해임에 관한 사항 등인 경우에는 회사는 그 주주제안을 거부할 수 있다.

06 상법상 의결권이 없거나 의결권 행사가 제한되는 주식에 해당되지 않는 것은? (단, 종류주식은 없다고 가정함)

세무사 2013

① 회사가 가진 자기주식

② 회사가 다른 회사의 발행주식의 총수의 10분의 1을 초과하는 주식을 가지고 있는 경우 그 다른 회사가 가지고 있는 회사의 주식

③ 이사와 통모하여 현저하게 불공정한 발행가액으로 취득한 주식

④ 주주총회 결의에 관하여 특별한 이해관계가 있는 자가 보유하는 주식

⑤ 감사선임의 결의에 있어서 의결권없는 주식을 제외한 발행주식 총수의 100분의 3을 초과하는 수의 주식을 가진 주주가 보유하는 그 초과하는 주식

해설 ③ 회사가 가진 자기주식, 피감가회사 소유 참가회사 주식, 주주총회에서 특별이해관계 있는 자가 보유하는 주식, 감사선임시 발행주식총수의 100분의 3을 초과하는 주식을 가진 경우 그 초과주식에 대하여는 의결권이 인정되지 않는다(제369조, 제409조 제2항). 그러나 이사와 통모하여 현저하게 불공정한 방법으로 취득한 주식에 대한 의결권은 인정된다.

07 상법상 주식회사에서 서면에 의한 의결권의 행사(서면투표)에 관한 설명으로 옳은 것은?

세무사 2013

① 자본금 총액이 10억원 미만인 회사는 주주 전원의 동의가 있더라도 서면에 의한 결의로써 주주총회의 결의를 갈음할 수 없다.

② 주주총회소집통지가 주주명부상 주주의 주소에 계속 3년간 도달하지 아니하여 총회소집통지를 생략하는 경우에도 회사는 그 주주에 대하여 서면에 의한 의결권행사에

필요한 서류는 송부하여야 한다.

③ 이사회결의로 채택할 수 있는 전자투표와는 달리 회사는 정관에 규정을 두어야 서면투표를 실시할 수 있다.

④ 서면투표의 제출기한에 관하여 상법은 전자투표의 제출기한에 관한 규정을 준용하고 있다.

⑤ 주주총회에서 서면투표를 실시하는 경우 상장회사는 발행주식총수의 100분의 3 이하의 주식을 소유한 주주에게 전자적 방법에 의한 소집공고로써 소집통지를 갈음할 수 있다.

해설 ① 자본금총액이 10억원 미만인 주식회사는 "주주 전원의 동의가 있는 경우"에는 서면에 의한 결의로써 주주총회의 결의를 갈음할 수 있다(제363조 제5항).

② 주주총회의 소집통지가 주주명부상 주주의 주소에 "연속하여 3년간 도달하지 아니한 때"에는 회사는 해당 주주에 대하여 소집통지를 아니할 수 있으며, 서면에 의한 의결권행사에 필요한 서류도 송부할 필요가 없다(제363조 제1항).

④ 상법시행령 제13조 제2항 제2호에서는 전자투표의 종료일은 "주주총회의 전날까지"로 정하고 있지만, 서면투표의 제출기한은 "주주총회의 결의가 있기 전"까지는 도달하면 된다. 그러므로 전자투표와 서면투표의 제출기한이 각각 다름에 유의하여야 한다.

⑤ 상장회사는 주주총회를 소집하는 경우 의결권 있는 발행주식총수의 100분의 1 이하의 주식을 소유한 주주에 대해서는 일간신문에 2회 이상 공고하거나, 전자적 방법에 의한 소집공고로써 소집통지를 갈음할 수 있다(제542조의4 제1항, 상법시행령 제31조 제1항).

08 상법상 비상장주식회사 주주의 의결권 행사방법에 관한 설명으로 옳지 않은 것은? 세무사 2017

① 주주는 대리인으로 하여금 그 의결권을 행사하게 할 수 있다.

② 회사는 이사회의 결의로 주주가 총회에 출석하지 아니하고 전자적 방법으로 의결권을 행사할 수 있음을 정할 수 있다.

③ 주주는 동일한 주식에 관하여 상법의 규정에 따라 의결권을 행사하는 경우 전자적 방법과 서면의 방법을 병행해야 한다.

④ 정관으로 서면에 의한 의결권의 행사방법을 채택한 회사는 총회의 소집통지서에 주주가 서면에 의한 의결권을 행사하는데 필요한 서면과 참고자료를 첨부하여야 한다.

⑤ 주주가 2 이상의 의결권을 가지고 있는 경우 이를 통일하지 아니하고 행사하고자 할 때에는 주주총회일의 3일 전에 회사에 대하여 서면 또는 전자문서로 그 뜻과 이유를 통지하여야 한다.

해설 ③ 주주가 "동일한 주식에 관하여" 상법의 규정에 따라 의결권을 행사하는 경우 전자적 방법과 서면의 방법 중 어느 하나의 방법으로 하여야 한다(제368조 제4항). 따라서 동일한 주식에 대하여 전자적 방법과 서면의 방법을 병행할 수 없다. 그 이유는 1주1의결권의 원칙에 위배되기 때문이다.

05 ② 06 ③ 07 ③ 08 ③ 정답

09 상법상 주식회사의 주주총회의 전자투표제도에 관한 설명으로 옳지 않은 것은? 세무사 2013

① 이사회를 설치한 회사는 이사회의 결의로 주주가 총회에 출석하지 아니하고 전자적 방법으로 의결권을 행사할 수 있음을 정할 수 있다.

② 회사가 상법이 정한 바에 따라 전자적 방법에 의한 의결권 행사를 정한 경우 전자서명법이 정하는 공인전자서명을 통하여 주주확인을 받은 주주만이 전자투표를 할 수 있다.

③ 전자투표의 종료일은 주주총회 전날까지로 하여야 한다.

④ 전자투표를 한 주주는 해당 주식에 대하여 그 의결권 행사를 철회할 수 있으나 변경하지는 못한다.

⑤ 동일한 주식에 관하여 서면 또는 전자적 방법에 따라 의결권을 행사하는 경우 전자적 방법 또는 서면 중 어느 하나의 방법을 선택하여야 한다.

해설 ④ 전자적 방법에 의한 의결권행사, 즉 전자투표를 한 주주는 해당주식에 대하여 그 의결권의 행사를 철회하거나 변경하지 못한다(상법시행령 제13조 제3항).

10 상법상 주식회사의 주주총회 특별결의 사항이 아닌 것은? (다툼이 있는 경우에는 판례에 의함) 세무사 2013

① 영업 전부의 양도

② 영업의 전부 또는 중요한 일부를 양도하거나 폐지하는 결과를 초래하지 않는 영업용 재산의 양도 또는 재산의 처분

③ 영업 전부의 임대

④ 회사의 영업에 중대한 영향을 미치는 다른 회사의 영업 전부의 양수

⑤ 타인과 영업의 손익 전부를 같이 하는 계약

해설 ② 나머지는 모두 주주총회의 특별결의사항이지만, 판례에 의하면 영업의 전부 또는 중요한 일부를 양도하거나 폐지하는 결과를 초래하지 않는 영업용 재산의 양도 또는 재산의 처분은 이사회결의 또는 주주총회의 보통결의로써 족하다(제361조, 제374조).

11 상법상 주주총회의 특별결의사항에 해당하는 것을 모두 고른 것은? 세무사 2015

ㄱ. 경영위임
ㄴ. 영업의 중요한 일부의 임대
ㄷ. 영업의 중요한 일부의 양도
ㄹ. 타인과 영업의 손익 일부를 같이 하는 계약
ㅁ. 회사의 영업에 중대한 영향을 미치는 다른 회사의 영업 일부의 양수

① ㄱ, ㄴ, ㄹ ② ㄱ, ㄷ, ㅁ ③ ㄴ, ㄷ, ㄹ
④ ㄴ, ㄷ, ㅁ ⑤ ㄷ, ㄹ, ㅁ

해설 ㄱ. 경영위임 : 조문에서는 경영위임을 특별결의사항으로 정하고 있다. 다만, 이에 대해서는 논란이 있으며, 다수설과 저자의 견해는 영업전부의 경영위임만이 주주총회의 특별결의를 거쳐야 하는 것으로 볼 수 있다.

ㄴ. 영업의 중요한 일부의 임대 : 영업전부의 임대만이 주주총회의 특별결의사항이다. 그러므로 영업의 중요한 일부의 임대는 특별결의사항으로 볼 수 없다.

ㄷ. 영업의 중요한 일부의 양도 : 주주총회의 특별결의사항이다.

ㄹ. 타인과 영업의 손익 일부를 같이 하는 계약 : 타인과 손익전부를 함께 하는 계약은 주주총회의 특별결의사항이다. 그러나 타인과 손익 일부를 함께 하는 계약은 주주총회의 특별결의사항이 될 수 없다.

ㅁ. 회사의 영업에 중대한 영향을 미치는 다른 회사의 영업 일부의 양수 : 주주총회의 특별결의사항이다.

12 상법상 주주총회에 관한 설명으로 옳은 것은?

세무사 2013

① 정관에 주주총회의 의장에 관한 정함이 없으면 대표이사가 당연히 의장이 된다.

② 주주총회의 의장은 고의로 의사진행을 방해하기 위한 발언·행동을 하는 등 현저히 질서를 문란하게 하는 자에 대하여 그 발언의 정지를 명할 수 있지만 퇴장을 명할 수는 없다.

③ 주주총회의 결의는 상법 또는 정관에 다른 정함이 있는 경우를 제외하고는 출석한 주주의 의결권의 과반수로써 하여야 한다.

④ 주주가 2 이상의 의결권을 가지고 있을 때 그 의결권을 통일하지 않고 행사하려면 그 주주는 주주총회일의 3일 전에 회사에 대하여 서면 또는 전자문서로 그 뜻과 이유를 통지하여야 한다.

⑤ 주주총회의 소집절차 또는 결의방법이 법령에 위반한 경우에는 주주는 결의의 날로부터 6월 내에 결의취소의 소를 제기할 수 있다.

해설 ① 정관에 주주총회 의장에 관한 정함이 없는 경우에는 주주총회에서 의장을 별도로 선임하여야 한다(제366조의2 제1항). 따라서 정관에 별도의 정함이 없는 경우 대표이사가 당연히 의장이 되는 것은 아니다.

② 주주총회의 의장은 고의로 의사진행을 방해하기 위한 발언이나 행동을 하는 등 총회의 질서를 문란하게 하는 자에 대하여는 그 발언의 정지 또는 퇴장을 명할 수 있다(제366조의2 제3항).

③ 주주총회의 결의는 상법 또는 정관에서 다른 정함이 있는 경우를 제외하고는 출석한 주주의 의결권의 과반수와 발행주식총수의 4분의 1 이상의 수로써 하여야 한다(제368조 제1항). 이를 주주총회의 보통결의라고 한다.

⑤ 주주총회의 소집절차 또는 결의방법이 법령이나 정관에 위반하거나 현저하게 불공정한 때 또는 결의의 내용이 정관에 위반한 때에는 주주·이사·감사는 결의의 날로부터 2월 내에 결의취소의 소를 제기할 수 있다(제376조 제1항).

09 ④ 10 ② 11 ② 12 ④ 정 답

13 상법상 비상장주식회사에서 주주총회의 특별결의가 요구되지 않는 사항은? 세무사 2017

① 주식매수선택권의 부여
② 사후설립
③ 정관변경
④ 주식회사의 계속
⑤ 이사가 제출한 서류와 감사의 보고서를 조사하기 위한 총회의 검사인 선임

해설 ⑤ 이사가 제출한 서류와 감사의 보고서를 조사하기 위한 총회의 검사인의 선임은 "회사" 또는 "발행주식총수의 100분의 1 이상의 소수주주의 청구"에 의하여야 한다. 따라서 총회검사인의 선임은 주주총회의 특별결의사항이 될 수 없다.

14 상법상 주주총회의 권한으로 규정된 것이 아닌 것은? 세무사 2018

① 정관의 변경
② 지배인의 선임
③ 주식배당
④ 감사의 선임
⑤ 이사의 해임

해설 ② 나머지는 모두 주주총회의 결의사항이지만, 지배인의 선임과 종임에 관한 사항은 이사회의 결의에 의한다(제393조 제1항).

15 상법상 주주총회의 결의사항 중 반대주주의 주식매수청구권이 인정되지 않는 것은? 세무사 2013

① 주식의 포괄적 이전을 하고자 하는 회사의 주식이전계획서에 대한 승인 결의
② 영업 전부의 경영위임에 관한 결의
③ 회사의 영업에 중대한 영향을 미치는 다른 회사의 영업 일부의 양수
④ 자본금 감소에 관한 결의
⑤ 영업의 중요한 일부의 양도에 관한 결의

해설 ④ 주주총회의 결의 전에 반대의사를 통지한 주주에 대하여 주식매수청구권이 인정되는 경우로는 주주총회의 특별결의에 의해 구조변경이 있는 합병 및 분할합병, 영업양도, 회사의 영업에 중요한 영향을 미치는 다른 회사의 영업의 일부양수, 주식의 포괄적 교환 및 이전 등이 있다. 그러나 ① 자본금감소, ② 정관변경, ③ 회사의 단순분할, ④ 주식의 포괄적 이전시 완전모회사의 주주는 총회결의 전에 반대의사를 통지한 경우에도 주식매수청구권이 인정되지 않는다. 이 점 유의하여야 한다.

16 상법상 반대주주의 주식매수청구권이 인정되지 않는 주주총회의 결의사항은? 세무사 2017

① 영업의 전부의 양도
② 이사의 해임
③ 경영 전부의 위임
④ 타인과 영업의 손익 전부를 같이 하는 계약
⑤ 회사의 영업에 중대한 영향을 미치는 다른 회사의 영업 일부의 양수

해설 ② 나머지는 반대주주의 주식매수청구권이 인정되지만, 이사의 해임의 경우에는 반대주주의 주식매수청구권이 인정되지 않는다. 그 이유는 반대주주의 주식매수청구권은 주주총회의 특별결의가 있는 총회 전에 반대의사를 통지한 주주에 대하여 인정되는 제도이기 때문이다.

17 상법상 반대주주의 주식매수청구권이 인정되는 것은? 세무사 2018

① 회사 계속의 결의
② 간이영업양도 결의
③ 자본금 감소의 결의
④ 정관변경 결의
⑤ 이사해임 결의

해설 ② 나머지는 모두 반대주주의 주식매수청구권이 인정되지 않는 사유이다. 그러나 "간이영업양도"를 하는 경우 영업을 양도하는 회사의 주주로서 주주총회의 특별결의에 반대하는 주주의 주식매수청구권은 인정된다.

18 상법상 주주총회 결의취소의 소에 관한 설명으로 옳지 않은 것은? (다툼이 있는 경우에는 판례에 의함) 세무사 2014

① 이사인 주주가 결의취소의 소를 제기한 경우에 법원은 회사의 청구에 의하여 상당한 담보를 제공할 것을 명할 수 있다.
② 특별결의사항을 보통결의의 정족수로 가결한 경우에는 주주총회 결의취소의 소의 원인이 된다.
③ 주주총회에 참석하여 의결권을 행사한 주주도 다른 주주에 대한 소집절차의 하자를 이유로 주주총회 결의취소의 소를 제기할 수 있다.
④ 주주총회에서 결의한 사항이 등기된 경우 결의취소의 판결이 확정된 때에는 본점과 지점의 소재지에서 등기하여야 한다.
⑤ 동일한 의안에 관하여 수 개의 주주총회 결의취소의 소가 제기된 때에는 법원은 이를 병합심리하여야 한다.

해설 ① 주주가 결의취소의 소를 제기한 경우에 법원의 회사의 청구에 의하여 상당한 담보를 제공할 것을 명할 수 있다. 그러나 주주가 이사나 감사인 경우에는 법원은 회사의 청구에 의해서도 담보제공을 명할 수 없다(제377조 제1항).

19 상법상 주주총회 결의취소의 소에 관한 설명으로 옳지 않은 것은? 세무사 2015

① 총회의 소집절차가 정관에 위반한 때에는 결의취소의 소의 대상이 된다.
② 결의취소의 소의 제소권자는 주주·이사 또는 감사이다.
③ 결의취소의 소를 제기한 자가 이사 또는 감사인 경우 법원은 회사의 청구에 의하여 상당한 담보를 제공할 것을 명할 수 있다.
④ 결의한 사항이 등기된 경우에 결의취소의 소의 판결이 확정된 때에는 본점과 지점의 소재지에서 등기하여야 한다.
⑤ 결의취소의 판결은 제3자에 대하여도 효력이 있다.

13 ⑤ 14 ② 15 ④ 16 ② 17 ② 18 ① 19 ③ 정답

해설 ③ 주주가 결의취소의 소를 제기한 때에는 법원의 회사의 청구에 의하여 상당한 담보를 제공할 것을 명할 수 있다. 그러나 주주가 이사가 감사인 때에는 그러하지 아니하다(제377조 제1항). 그러므로 결의취소의 소를 제기한 자 주주가 이사 또는 감사인 경우 법원은 회사의 청구에 의하여 상당한 담보를 제공할 것을 명할 수 없다.

20 상법상 주주총회결의취소의 소의 대상이 아닌 것은?

세무사 2016

① 주주총회 결의내용이 법령에 위반한 경우
② 주주총회 결의내용이 정관에 위반한 경우
③ 주주총회 결의방법이 정관에 위반한 경우
④ 주주총회 결의방법이 현저하게 불공정한 경우
⑤ 주주총회 소집절차가 법령에 위반한 경우

해설 ① 주주총회의 결의취소의 소는 주주총회의 소집절차 또는 결의방법이 법령이나 정관에 위반하거나 현저히 불공정한 경우 또는 결의내용이 정관이 정관에 위반한 경우이다. 결의내용이 "법령에 위반"한 경우 이는 결의무효확인의 소의 원인이 될 뿐, 결의취소의 소의 원인은 되지 아니한다(제376조, 제380조).

21 상법상 주주총회결의의 하자에 관한 설명으로 옳지 않은 것은?

세무사 2017

① 총회에서 결의한 사항이 등기된 경우 결의부존재의 확인의 판결이 확정된 때에는 본점과 지점의 소재지에서 등기하여야 한다.
② 총회의 소집절차 또는 결의방법이 현저하게 불공정한 때에는 주주·이사 또는 감사는 결의의 날로부터 2월 내에 결의취소의 소를 제기할 수 있다.
③ 결의취소의 소에서 원고가 승소한 경우 판결의 효력에 소급효가 있다.
④ 이사인 주주가 결의취소의 소를 제기한 때에는 법원은 회사의 청구에 의하여 상당한 담보를 제공할 것을 명할 수 있다.
⑤ 주주총회의 결의의 내용이 법령에 위반한 것은 결의무효확인의 소의 원인이 된다.

해설 ④ 주주가 결의취소의 소를 제기한 때에는 법원은 회사의 청구에 의하여 상당한 담보를 제공할 것을 명할 수 있다. 그러나 주주가 이사나 감사인 때에는 그러하지 아니하다(제376조). 따라서 이사인 주주가 결의취소의 소를 제기한 때에는 법원은 회사의 청구에 의하여 상당한 담보를 제공할 것을 명할 수 없다.

22 상법상 주주총회 결의하자의 소에 관한 설명으로 옳지 않은 것은? (다툼이 있으면 판례에 따름)

세무사 2018

① 주주총회의 소집절차 또는 결의방법이 법령 또는 정관에 위반하거나 현저하게 불공정한 때 또는 그 결의의 내용이 정관에 위반한 때에는 주주·이사 또는 감사는 결의의 날로부터 2월 내에 결의취소의 소를 제기할 수 있다.
② 주주총회 결의취소의 소가 제기된 경우에 결의의 내용, 회사의 현황과 제반사정을 참작하여 그 취소가 부적당하다고 인정한 때에는 법원은 그 청구를 기각할 수 있다.

③ 주주총회의 소집절차 또는 결의방법에 총회결의가 존재한다고 볼 수 없을 정도의 중대한 하자가 있는 경우 결의부존재확인의 소를 제기할 수 있다.

④ 상법상 주주총회 결의부존재확인의 소에서 주주총회결의 자체가 있었다는 점에 관해서는 제소한 주주가 증명책임을 부담한다.

⑤ 주주총회를 소집할 권한이 없는 자가 이사회의 주주총회 소집결정도 없이 주주총회를 소집한 경우에는 특별한 사정이 없는 한 주주총회 결의부존재확인의 소의 원인이 된다.

해설 ④ 상법상 주주총회 결의부존재확인의 소에서 주주총회결의 자체가 있었다는 점에 관해서는 "회사"가 증명책임을 부담한다(제380조). 따라서 이 경우 주주가 증명책임을 부담하는 것이 아니다.

23 상법상 주식회사의 이사에 관한 설명으로 옳은 것은? 세무사 2015

① 이사는 이사회의 승인이 없더라도 제3자의 계산으로 회사의 영업부류에 속한 거래를 할 수 있다.

② 이사의 배우자가 제3자의 계산으로 회사와 거래를 하려는 경우에는 이사회의 승인을 받지 않아도 된다.

③ 이사회의 결의에 참가한 이사로서 이의를 한 기재가 의사록에 없는 자는 그 결의에 찬성한 것으로 의제한다.

④ 이사가 고의 또는 중대한 과실로 정관에 위반한 행위에 대하여 그 이사는 회사에 대하여 연대하여 손해를 배상할 책임이 있다.

⑤ 이사의 제3자에 대한 책임은 주주 전원의 동의로 면제할 수 있다.

해설 ① 이사는 이사회의 승인이 있는 경우에 한하여 제3자의 계산으로 회사의 영업부류에 속한 거래를 할 수 있다(제397조 제1항).

② 이사의 배우자가 제3자의 계산으로 회사와 거래를 하려는 경우 이사의 배우자는 이사 등에 포함된다. 따라서 이사의 배우자가 제3자의 계산으로 회사와 거래를 하는 경우 이는 이사회의 승인을 미리 받아야 하는 자기거래에 해당한다(제398조).

③ 이사회의 결의에 참가한 이사로서 이의를 한 기재가 의사록에 없는 자는 그 결의에 찬성한 것으로 "추정"한다(제399조 제3항). 그러므로 찬성한 것으로 추정하는 것이지 간주하는 것은 아니다. 추정과 간주의 개념구별에 유의하여야 한다.

⑤ 이사의 회사에 대한 손해배상책임은 주주 전원의 동의로 면제할 수 있다(제400조 제1항). 그러나 이사의 제3자에 대한 책임은 총주주의 동의로도 면제할 수 없다. 이 점 명확히 구별하기 바란다.

20 ① 21 ④ 22 ④ 23 ④ 정 답

24 상법상 비상장회사의 이사에 관한 설명으로 옳지 않은 것은? 세무사 2015

① 자본금총액이 15억원인 회사의 이사는 3명 이상이어야 한다.
② 이사의 보수는 정관에 그 액을 정하지 않은 때에는 주주총회의 결의로 이를 정한다.
③ 이사회의 결의는 상법에 달리 규정이 없는 한 이사과반수의 출석과 출석이사의 과반수로 하여야 하지만 이 결의요건은 정관으로 그 비율을 낮게 정할 수 있다.
④ 이사회의 결의에 관하여 특별한 이해관계가 있는 자는 이사회에서 의결권을 행사하지 못한다.
⑤ 이사가 중대한 과실로 그 임무를 게을리한 때에는 그 이사는 제3자에 대하여 연대하여 손해를 배상할 책임이 있다.

해설 ③ 이사회의 결의는 상법에 달리 규정이 없는 한 이사과반수의 출석과 출석이사의 과반수로 하여야 하지만, 이사회의 결의요건은 정관으로 그 비율을 높게 정할 수 있다(제391조 제1항). 따라서 이사회의 결의요건을 상법에서 정한 비율 보다 정관의 규정에 의해 낮게 정할 수는 없다.

25 상법상 주식회사의 이사에 관한 설명으로 옳지 않은 것은? (다툼이 있으면 판례에 따름) 세무사 2018

① 이사의 보수는 정관에 그 액을 정하지 아니한 때에는 주주총회의 보통결의로 이를 정한다.
② 주주총회의 결의로 이사의 보수를 정한 경우 보수에 관한 권리를 주장하는 이사는 이사의 보수에 관해 주주총회의 결의가 있었음에 관하여 증명책임을 진다.
③ 정관이나 주주총회의 결의로 이사의 보수를 정한 경우에 이사로서의 실질적인 직무를 수행하지 않는 명목상 이사라 하더라도 특별한 사정이 없는 한 그 이사는 회사에 대하여 보수에 관한 권리를 주장할 수 있다.
④ 이사의 퇴직시에 지급하는 퇴직위로금은 재직 중 직무집행의 대가가 아니므로 상법상 이사의 보수에 포함되지 않는다.
⑤ 이사의 임기를 정한 경우에 정당한 이유없이 그 임기만료 전에 이를 해임한 때에는 그 이사는 회사에 대하여 해임으로 인한 손해의 배상을 청구할 수 있다.

해설 ④ "이사의 보수"는 직무수행의 대가로 지급하는 일체의 금품을 말한다. 따라서 이사의 퇴직 시 지급하는 퇴직위로금은 직무수행의 대가로 지급하는 금액으로 이사의 보수에 포함된다. 판례도 같은 견해이다.

26 상법상 주식회사 이사의 선임에 관한 설명으로 옳지 않은 것은? (다툼이 있으면 판례에 따름) 세무사 2018

① 발기설립의 경우 발기인은 의결권의 과반수로 이사를 선임한다.
② 주주총회에서 특정인을 이사로 선임하는 결의를 하였더라도 이사의 지위는 별도로 대표이사와 피선임자 사이에 임용계약이 체결되어야만 비로소 인정된다.
③ 집중투표의 방법으로 이사를 선임하는 경우에는 투표의 최다수를 얻은 자부터 순차적

으로 이사에 선임되는 것으로 한다.

④ 회사는 정관에 집중투표를 허용하지 않는다는 규정을 둠으로써 집중투표의 적용을 배제할 수 있다.

⑤ 회사가 설립된 후에는 주주총회에서 이사를 선임한다.

해설 ② 주주총회에서 특정인을 이사로 선임하는 결의를 한 경우에는 이미 그 특정인의 동의에 의한 것이므로 이사의 지위는 별도로 대표이사와 피선임자 사이에 임용계약이 체결되지 않은 경우에도 인정된다.

27 A주식회사는 자본금 총액이 8억원인 비상장주식회사로서 이사가 1인이다. 상법상 이사회의 결의사항 중 A주식회사의 이사가 담당하는 기능이 아닌 것은? 세무사 2018

① 회사가 보유하는 자기주식의 소각

② 상법에 다른 규정이 없는 경우의 주주총회의 소집

③ 주주제안이 있는 경우 이를 주주총회의 목적사항으로 하는 것

④ 지점의 설치·이전 또는 폐지

⑤ 회사가 정관으로 주식의 양도에 관하여 이사회의 승인을 받도록 하는 경우 그 양도에 관한 승인

해설 ⑤ 회사가 정관으로 주식의 양도에 관하여 이사회의 승인을 받도록 하는 경우 그 양도에 관한 승인에 대해서는 원칙적으로 이사회의 결의에 의하여야 한다. 다만, 지문의 사례에서 A주식회사는 이사를 1인 선임한 것으로 이사회는 구성될 수 없으므로, 이 경우 정관규정에 의한 주식양도의 제한은 주주총회의 결의에 의하여야 한다. 따라서 이사가 단독으로 주식양도를 승인할 수는 없다.

28 상법상 자본금 총액이 10억원인 주식회사의 이사 또는 이사회에 관한 설명으로 옳은 것은? 세무사 2013

① 자본금 총액이 10억원인 회사는 1인 또는 2인의 이사를 둘 수 있다.

② 이사 과반수의 동의만 있으면 언제든지 소집절차 없이 이사회의 회의를 개최할 수 있다.

③ 감사는 이사회에 출석할 수 있으나 의견은 진술할 수 없다.

④ 주주는 회사에 대하여 영업시간 내에 이사회의사록의 열람 또는 등사를 청구할 수 있으며, 회사는 그 청구에 대하여 이유를 붙여 이를 거절할 수 있다.

⑤ 이사회는 회의 연기의 결의를 할 수 있지만, 소집절차는 다시 밟아야 한다.

해설 ① 이사는 원칙적으로 3명 이상이어야 한다. 다만 자본금총액이 10억원 미만인 회사는 1명 또는 2명으로 할 수 있다(제383조 제1항). 따라서 자본금총액이 10억원인 회사는 이사를 3명 이상 선임하여야 한다.

② 이사회는 "이사 및 감사 전원의 동의"가 있는 때에는 소집절차를 거칠 필요 없이 언제든지 이사회를 소집할 수 있다(제390조 제4항).

③ 감사는 이사회에 출석하여 의견을 진술할 수 있다(제391조의2 제1항).

④ 이사회는 회의의 속행 또는 연기의 결의를 할 수 있으며, 이때에는 소집의 통지 및 공고절차를 다시 밟을 필요가 없다.

24 ③ 25 ④ 26 ② 27 ⑤ 28 ④ 정답

29 상법상 자본금 총액이 10억원인 비상장주식회사의 이사회에 관한 설명으로 옳지 않은 것은?

세무사 2013

① 이사회의사록의 열람 또는 등사 청구권은 주주와 회사채권자에게 인정된다.
② 이사는 매결산기에 영업보고서를 작성하여 이사회의 승인을 얻어야 한다.
③ 지배인의 선임 또는 해임과 지점의 설치·이전 또는 폐지 등 회사의 업무집행은 이사회의 결의로 한다.
④ 이사는 대표이사로 하여금 다른 이사 또는 피용자의 업무에 관하여 이사회에 보고할 것을 요구할 수 있다.
⑤ 이사회를 소집함에는 회일을 정하고 그 1주간 전에 각 이사 및 감사에 대하여 통지를 발송하여야 하지만, 그 기간은 정관으로 단축할 수 있다.

해설 ① 주주는 영업시간 내에 이사회의사록의 열람 및 등사를 청구할 수 있다(제391조 제3항). 주주의 이사회의사록의 열람청구에 대해 회사는 정당한 사유가 있는 경우에는 이를 거절할 수 있다. 그러나 채권자의 이사회의사록의 열람 및 등사청구권은 인정되지 않는다. 이유는 이사회의사록은 기업비밀을 다수 포함하고 있는 회사의 내부정보이기 때문에 채권자에 대한 열람청구를 인정하는 경우에는 회사의 비밀이 사외유출될 수 있기 때문이다.

30 상법상 주식회사의 이사회에 관한 설명으로 옳지 않은 것은?

세무사 2016

① 이사회 소집권자인 이사가 정당한 이유없이 이사회 소집을 거절하는 경우에는 다른 이사가 이사회를 소집할 수 있다.
② 이사회의 결의는 이사과반수의 출석과 출석이사의 과반수로 하여야 하는 것이 원칙이나, 정관으로 그 비율을 높게 정할 수 있다.
③ 감사는 이사가 법령 또는 정관에 위반한 행위를 하거나 그 행위를 할 염려가 있다고 인정한 때에는 이사회에 이를 보고하여야 한다.
④ 이사회의사록의 열람 또는 등사를 청구하려는 주주는 발행주식의 총수의 100분의 1 이상에 해당하는 주식을 보유하여야 한다.
⑤ 이사는 3월에 1회 이상 업무의 집행상황을 이사회에 보고하여야 한다.

해설 ④ 이사회의사록의 열람 및 등사청구권은 단독주주권이다. 그러므로 발행주식총수의 100분의 1 이상에 해당하는 주식을 보유하여야 하는 것은 아니다(제391조의3 제3항).

31 상법상 정관에서 달리 정함이 없으면 주주총회에서 결정하여야 하는 사항은?

세무사 2015

① 대표이사의 선임
② 준비금의 자본금 전입
③ 신주를 발행하는 경우 그 발행가액
④ 주주에게 전환사채를 발행하는 경우 전환의 조건
⑤ 자기주식을 취득할 수 있는 경우 그 취득가액총액의 한도

해설 ⑤ 나머지 지문은 모두 원칙적으로 이사회결의사항이지만, 정관규정으로 주주총회의 권한사항으로 할 수 있는 사항이다. 그러나 자기주식의 취득을 위한 결의는 원칙적으로 주주총회의 결의에 의하여야 한다(제341조 제2항).

32 상법상 이사회의 권한 중 정관에 의하여 주주총회의 권한으로 할 수 있는 사항이 아닌 것은?

세무사 2017

① 대표이사의 선임
② 주주에 대한 신주의 발행
③ 준비금의 자본전입
④ 주주에 대한 전환사채의 발행
⑤ 감사의 보수결정

해설 ⑤ 상법상 이사회의 권한사항 중 정관의 규정에 의하여 주주총회의 권한사항으로 할 수 있는 것은 ① 대표이사의 선임, ② 신주발행, ③ 준비금의 자본금전입, ④ 전환사채의 발행 및 ⑤ 신주인수권부사채의 발행 등이 있다. 따라서 감사의 보수결정은 이와 무관한 사항이다.

33 상법상 자본금 총액이 10억원 이상인 비상장주식회사의 이사회에 관한 설명으로 옳지 않은 것은?

세무사 2017

① 이사는 대표이사로 하여금 다른 이사 또는 피용자의 업무에 관하여 이사회에 보고할 것을 요구할 수 있다.
② 이사회의 결의는 상법상 다른 규정이 없으면 이사과반수의 출석과 출석이사의 과반수로 하여야 한다. 그러나 정관으로 그 비율을 높게 정할 수 있다.
③ 정관에서 달리 정하는 경우를 제외하고 이사회는 이사의 전부 또는 일부가 직접 회의에 출석하지 아니하고 모든 이사가 음성을 동시에 송수신하는 원격통신수단에 의하여 결의에 참가하는 것을 허용할 수 있다.
④ 이사는 3월에 1회 이상 업무의 집행상황을 이사회에 보고하여야 한다.
⑤ 이사회의 결의로 감사를 이사회의 소집권자로 정하여야 한다.

해설 ⑤ 자본금총액이 10억원 이상인 비상장회사에서는 이사회의 결의로 이사회의 소집권자인 이사를 정할 수 있다. 따라서 이사회의 결의로 감사를 이사회의 소집권자로 정해야 하는 것은 아니다.

29 ① 30 ④ 31 ⑤ 32 ⑤ 33 ⑤ 정 답

34 상법상 주식회사의 이사회내 위원회에 관한 설명으로 옳지 않은 것은? 세무사 2017

① 최근 사업연도 말 현재의 자산총액이 2조원 이상인 상장회사는 사외이사 후보추천위원회를 설치하여야 한다.

② 비상장회사의 감사위원회는 3명 이상의 이사로 구성하고, 그 중 3분의 2 이상은 사외이사로 하여야 한다.

③ 최근 사업연도 말 현재의 자산총액이 2조원 이상인 상장회사의 경우 감사위원회 위원을 선임하거나 해임하는 권한은 주주총회에 있다.

④ 이사회는 위원회에 대표이사의 선임 및 해임에 관한 권한을 위임할 수 없다

⑤ 감사위원회의 결의에 대하여 이사회는 다시 결의할 수 있고, 이사회가 다시 결의하는 경우 그 감사위원회의 결의는 그 효력을 잃게 된다.

해설 ⑤ 감사위원회의 결의사항에 대하여 이사회는 재결의할 수 없다(제415조의2 제6항). 그리고 이사회가 재결의한 경우에도 그 결의의 효력은 인정되지 않으므로 감사위원회의 결의는 그대로 효력이 인정된다.

35 상법상 3인 이상의 이사를 둔 비상장주식회사의 이사회 내 위원회에 관한 설명으로 옳은 것은? 세무사 2013

① 이사회는 정관에 규정이 없더라도 주주총회의 특별결의를 얻어 위원회를 설치할 수 있다.

② 감사위원회는 3인 이상의 이사로 구성되고, 위원의 과반수는 사외이사이어야 한다.

③ 이사회는 대표이사의 선임을 위원회에 위임할 수 있다.

④ 이사회는 위원회의 설치와 그 위원의 선임 및 해임에 관하여 그 권한을 위원회에 위임할 수 없다.

⑤ 이사회는 원칙적으로 위원회가 결의한 사항에 대하여 다시 결의할 수 없다.

해설 ① 이사회는 "정관이 정하는 바에 따라" 위원회를 설치할 수 있다(제393조의2 제1항). 그러므로 정관으로 정하지 않은 경우에는 주주총회의 결의로 이사회내위원회를 설치할 수 없다.

② 감사위원회는 3명 이상의 이사로 구성하여야 하며, 사외이사가 위원의 3분의 2 이상이어야 한다(제415조의2 제2항).

③ 이사회는 ㉠ 주주총회의 승인을 요하는 사항의 제안, ㉡ 대표이사의 선임 및 해임, ㉢ 위원회의 설치 및 구성, ㉣ 기타 정관으로 정하는 사항을 "제외하고는" 그 권한을 위원회에 위임할 수 있다(제393조의2 제2항). 그러므로 대표이사의 선임은 이사회가 이사회내위원회에 위임할 수 없는 사항이다.

⑤ 이사회는 위원회가 결의한 사항에 대해서는 원칙적으로 이를 재결의할 수 있다(제393조의2 제4항). 다만, 감사위원회의 결의사항에 대해서는 이를 재결의할 수 없다.

36 상법상 비상장주식회사의 이사 및 대표이사에 관한 설명으로 옳은 것은? 세무사 2014

① 정관에 정함이 없어도 주주총회에서 회사를 대표할 이사를 선정할 수 있다.

② 판례에 의하면 이사회의 결의는 이사 과반수의 출석과 출석이사의 과반수로 하여야 하나 정관으로 그 비율을 낮게 정할 수 있다.

③ 정관으로 이사가 가질 주식의 수를 정한 경우에 다른 규정이 없는 때에는 이사는 그 수의 주권을 본점소재지의 관할법원에 공탁하여야 한다.

④ 회사는 주주총회의 특별결의에 의하여 임기를 정하지 않은 이사를 언제든지 해임할 수 있다.

⑤ 대표이사의 퇴임으로 대표이사가 없게 되는 경우 새로운 대표이사가 취임할 때까지 업무담당이사가 회사의 대표권을 행사한다.

해설 ① 주식회사의 대표이사는 원칙적으로 이사회의 결의로 선임한다. 다만, 정관에 규정을 둔 경우에는 주주총회의 결의로 대표이사를 선임할 수 있다(제389조 제1항). 따라서 정관에 정함이 없는 경우 대표이사는 이사회의 결의에 의해 선임하여야 한다.

② 이사회의 결의는 원칙적으로 이사 과반수 출석과 출석이사의 과반수로 하여야 하지만, 정관으로 그 비율을 높게 정할 수 있다(제391조 제1항).

③ 정관으로 이사가 가질 주식의 수를 정한 경우에 이사가 가지는 주식을 자격주라고 한다. 이때 이사가 가진 주권(자격주)은 "감사"에게 공탁하여야 한다(제387조).

⑤ 대표이사의 퇴임으로 인하여 대표이사가 없게 된 때에는 새로운 이사가 선임될 때까지 기존의 대표이사가 회사의 대표권을 행사한다(제386조 제1항). 대표이사의 퇴임으로 인한 경우 업무담당이사가 회사의 대표권을 행사하는 것은 아니다.

37 상법상 주식회사의 대표이사에 관한 설명으로 옳은 것은? (다툼이 있으면 판례에 의함) 세무사 2015

① 대표이사는 이사회에서만 선임된다.

② 회사를 대표할 이사의 성명과 주소는 설립등기사항이 아니다.

③ 이사가 회사에 대하여 소를 제기하는 경우 그 소에 관하여 대표이사가 회사를 대표한다.

④ 대표이사는 이사의 자격을 전제로 하므로 대표이사의 자격을 상실하면 이사의 자격도 상실한다.

⑤ 대표이사가 이사회의 결의를 거쳐야 할 거래행위에 관하여 이를 거치지 아니한 경우, 거래상대방이 이를 알았거나 알 수 있었을 때에는 그 거래행위는 무효이다.

해설 ① 대표이사는 원칙적으로 이사회에서 선임한다. 그러나 정관의 규정으로 주주총회에서 이를 선정할 것을 정할 수 있다(제389조 제1항). 따라서, 이사회의 결의에 의해서만 대표이사가 선임되는 것은 아니다.

② 회사를 대표할 이사의 성명과 주소는 설립등기사항이다(제317조 제2항).

③ 이사가 회사에 대하여 소를 제기하는 경우 그 소에 관하여 "감사"가 회사를 대표한다(제394조 제1항). 그러므로 이사와 회사간의 소송에서 대표이사가 회사를 대표하는 것은 아니다.

④ 회사는 이사회의 결의로 회사를 대표할 이사를 선정하여야 한다(제389조 제1항). 대표이사는 이사의 자격을 전제로 한다. 대표이사의 자격이 상실된 경우에도 이사의 자격은 유지되지만, 이사의 자격이 상실되면 대표이사의 자격은 자동 상실된다.

34 ⑤ 35 ④ 36 ④ 37 ⑤ 정답

38 상법상 주식회사의 대표이사에 관한 설명으로 옳지 않은 것은? 세무사 2016

① 공동대표이사를 선임한 경우 제3자의 회사에 대한 의사표시는 공동대표이사의 1인에 대하여 이를 함으로써 그 효력이 생긴다.

② 대표이사는 이사 중에서 선정하므로 대표이사의 자격을 상실하여도 이사의 자격이 당연히 상실되는 것은 아니다.

③ 대표이사는 회사의 영업에 관하여 재판상 또는 재판외의 모든 행위를 할 권한이 있다.

④ 대표이사는 이사가 회사에 대하여 소를 제기하는 경우에 그 소에 관하여 회사를 대표한다.

⑤ 대표이사가 그 업무집행으로 인하여 타인에게 손해를 가한 때에는 회사는 그 대표이사와 연대하여 배상할 책임이 있다.

해설 ④ 이사가 회사에 대하여 또는 회사가 이사에 대하여 소를 제기하는 경우에는 "감사"가 회사를 대표한다(제394조).

39 상법상 자본금 총액이 10억원 이상인 비상장주식회사의 대표이사에 관한 설명으로 옳지 않은 것은? 세무사 2017

① 회사는 정관으로 주주총회에서 대표이사를 선정할 것을 정할 수 있으며, 대표이사를 선정하는 경우에 수인의 대표이사가 공동으로 회사를 대표할 것을 정할 수 있다.

② 사장, 부사장, 전무, 상무 기타 회사를 대표할 권한이 있는 것으로 인정될 만한 명칭을 사용한 이사의 행위에 대하여는 그 이사가 회사를 대표할 권한이 없는 경우에도 회사는 선의의 제3자에 대하여 그 책임을 진다.

③ 공동대표이사를 둔 경우 상대방이 공동대표이사 전원에 대하여 의사표시를 하여야 회사에 대하여 그 효력이 생긴다.

④ 감사가 설치된 주식회사에서 회사와 대표이사간의 소송의 경우에 감사가 회사를 대표한다.

⑤ 대표이사가 그 업무집행으로 인하여 타인에게 손해를 가한 때에는 회사는 그 대표이사와 연대하여 손해배상책임을 부담한다.

해설 ③ 공동대표이사를 둔 경우 회사가 상대방(제3자)에 대해 하는 의사표시(능동대표)는 공동으로 하여야 한다. 그러나 상대방(제3자)이 회사에 대하여 하는 의사표시(수동대표)는 공동대표이사 중 1인에 대하여 하여도 그 효력이 인정된다. 공동대표이사의 경우 능동대표와 수동대표의 구분에 대해 명확한 이해를 하기 바란다.

40 상법상 주식회사의 표현대표이사에 관한 설명으로 옳지 않은 것은? (다툼이 있는 경우에는 판례에 의함)

세무사 2014

① 대표이사 아닌 자의 행위에 대하여 회사의 표현대표이사 책임이 성립하려면 그 행위가 대표이사의 권한에 속하는 것이어야 한다.

② 대표이사 아닌 이사가 진정한 대표이사의 명의를 사용하여 거래를 한 경우에는 상법상 표현대표이사의 성립을 위한 다른 요건이 갖추어져도 회사는 표현대표이사의 책임을 지지 않는다.

③ 공동대표이사 중 1인이 단독으로 회사를 대표할 권한이 있는 듯한 명칭을 회사로부터 허락받아 사용하면서 단독으로 대표행위를 한 경우 표현대표이사가 성립할 수 있다.

④ 이사의 자격이 없는 자가 회사를 대표할 권한이 있는 것으로 인정될 만한 명칭을 사용한 경우 회사가 표현대표이사의 책임을 질 수 있다.

⑤ 대표이사 아닌 자와 거래한 상대방의 악의에 대한 증명책임은 이를 주장하는 회사가 부담한다.

해설 ② 판례에 의하면, 대표이사가 아닌 이사가 진정한 대표이사의 명의를 사용하여 거래를 한 경우에도 상법상 표현대표이사의 요건이 갖추어진 경우에 회사는 표현대표이사의 책임을 부담하여야 한다(대법원 1998.3.27.선고, 97다34709판결).

41 상법상 주식회사의 집행임원에 관한 설명으로 옳지 않은 것은?

세무사 2013

① 집행임원의 임기는 정관에 다른 규정이 없으면 2년을 초과하지 못한다.

② 집행임원이 고의 또는 중대한 과실로 그 임무를 게을리한 경우에는 그 집행임원은 제3자에게 손해를 배상할 책임이 있다.

③ 집행임원 설치회사의 이사회 의장은 사외이사 중에서 선임하여야 한다.

④ 집행임원의 해임에 관한 이사회의 결의는 이사 과반수의 출석과 출석이사의 과반수로 하여야 하지만 정관으로 그 비율을 높게 정할 수 있다.

⑤ 집행임원을 둘 것인지의 여부는 회사가 자율적으로 결정할 수 있다.

해설 ③ 집행임원 설치회사는 이사회의 회의를 주관하기 위하여 이사회 의장을 두어야 한다. 이 경우 이사회의장은 정관의 규정이 없으면 이사회 결의로 선임하며, 그 자격은 제한이 없다(제408조의2 제4항). 집행임원 설치회사의 이사회의장의 자격은 제한이 없으므로 사외이사에 한정되는 것은 아니다.

38 ④ 39 ③ 40 ② 41 ③ 정 답

42 甲은 비상장주식회사 A의 상법상의 집행임원이다. 상법상 다음의 설명 중 옳은 것은?

세무사 2014

① A회사는 상근감사 또는 감사위원회를 반드시 설치하여야 한다.
② 甲은 이사회의 소집권자인 이사에게 그 소집을 청구하였음에도 그 이사가 지체 없이 이사회의 소집절차를 밟지 아니하면 다른 절차 없이 스스로 이사회를 소집할 수 있다.
③ A회사의 이사회는 乙을 집행임원으로 추가 선임할 수 있으나, 甲과 乙이 공동으로 회사를 대표하도록 정할 수는 없다.
④ A회사의 이사회는 정관의 규정이 없거나 주주총회의 승인이 없는 경우 甲의 보수를 결정할 수 있다.
⑤ 甲이 과실로 정관 위반행위를 하여 회사에 대하여 부담하는 손해배상책임은 주주총회의 특별결의로 면제할 수 있다.

해설 ① 비상장회사는 감사 또는 감사위원회 중 어느 하나를 설치하여야 한다(제415조의2 제1항). 이때 감사를 선임하는 경우 비장회사에서는 상근이든 비상근이든 무방하다. 다만, 자산총액이 1,000억원 이상인 상장회사가 감사위원회를 설치하지 않은 경우에는 반드시 상근감사를 1인 이상 두어야 한다(제542조의10 제1항).

② 집행임원은 필요하면 회의의 목적사항과 소집이유를 적은 서면을 이사에게 제출하여 이사회의 소집을 청구할 수 있다(제408조의7 제1항). 이때 집행임원이 이사회의 소집청구를 한 후 이사가 지체없이 이사회소집의 절차를 밟지 아니하면 소집을 청구한 집행임원은 "법원의 허가를 받아" 이사회를 소집할 수 있다(제408조의7 제2항). 따라서 집행임원은 스스로 이사회를 소집할 수는 없다. 이 점 감사의 이사회소집청구권에 관한 제412조의4 규정과 엄격한 구별을 바란다.

③ 수인의 집행임원이 있는 경우 이사회의 결의로 공동으로 회사를 대표하도록 정할 수 있다(제408조의9).

④ 집행임원의 보수결정에 대해서는 상법의 명문의 규정이 없다. 그러므로 이사와 감사의 보수를 정관 또는 주주총회의로 정하는 점과는 차이를 보인다. 집행임원의 보수결정은 정관 또는 주주총회의 정함이 없는 경우에도 이사회의 결의로 이를 정할 수 있다. 이 점 명확히 이해하여야 한다(제408조의9). 이 점 특히 유의하여야 한다.

⑤ 집행임원의 회사에 대한 손해배상책임에 대해서는 이사에 관한 규정이 준용된다(제408조의9). 다라서 집행임원이 과실로 정관에 위반한 행위를 하여 회사에 대해 손해배상책임을 부담하는 경우에도 그러한 책임은 총주주의 동의로 면제할 수 있다.

43 상법상 집행임원을 둔 회사(이하 "집행임원 설치회사"라 함)에 관한 설명으로 옳지 않은 것은?

세무사 2016

① 집행임원 설치회사는 대표이사를 두지 못한다.
② 집행임원 설치회사의 이사회는 집행임원의 선임·해임권한이 있다.
③ 집행임원의 임기는 정관에 다른 규정이 없으면 2년을 초과하지 못한다.
④ 집행임원 설치회사의 이사회 의장은 정관의 규정이 없으면 이사회 결의로 선임한다.
⑤ 집행임원이 이사회 소집청구를 한 후 이사가 지체없이 이사회 소집 절차를 밟지 아니하면 집행임원은 즉시 이사회를 소집할 수 있다.

해설 ⑤ 집행임원이 이사회 소집청구를 한 후 이사가 지체 없이 이사회의 소집절차를 밟지 아니하면 집행임원은 "법원의 허가를 얻어" 이사회를 소집할 수 있다(제408조의7 제2항). 따라서 집행임원이 법원의 허가 없이 이사회를 소집할 수 있는 것은 아니다.

44 상법상 집행임원제도에 관한 설명으로 옳지 않은 것은? 세무사 2018

① 집행임원을 둔 회사는 대표이사를 두지 못한다.
② 집행임원의 청구에도 불구하고 소정 기간 내에 이사회를 소집하지 않을 경우, 집행임원은 별도의 절차 없이 이사회를 소집할 수 있다.
③ 집행임원은 이사회의 요구가 있으면 언제든지 이사회에 출석하여 요구한 사항을 보고하여야 한다.
④ 사장, 부사장, 전무, 상무 기타 회사를 대표할 권한이 있는 것으로 인정될 만한 명칭을 사용한 집행임원의 행위에 대하여는 그 집행임원이 회사를 대표할 권한이 없는 경우에도 회사는 선의의 제3자에 대하여 그 책임을 진다.
⑤ 집행임원이 고의 또는 과실로 그 임무를 게을리한 경우에는 그 집행임원은 집행임원 설치회사에 손해를 배상할 책임이 있으며, 이러한 책임은 주주 전원의 동의로 면제할 수 있다.

해설 ② 집행임원의 청구에도 불구하고 소정 기간 내에 이사회를 소집하지 않을 경우, 집행임원은 법원의 허가를 받아 이사회를 소집할 수 있다(제408조의7 제2항). 이 점이 감사의 이사회소집권과 커다란 차이를 보이는 부분이다. 양자의 차이점에 대한 명확한 이해를 하기 바란다.

45 자본금 총액이 15억원으로 비상장인 甲 주식회사에서 상법상 미리 이사 3분의 2 이상의 수에 의한 이사회 승인이 요구되는 경우는? 세무사 2017

① 甲 주식회사 이사의 배우자가 자기 또는 제3자의 계산으로 甲 주식회사와 거래를 하는 경우
② 甲 주식회사 이사가 자기 또는 제3자의 계산으로 회사의 영업부류에 속한 거래를 하는 경우
③ 甲 주식회사가 본점의 지배인을 선임하는 경우
④ 甲 주식회사가 영업 전부를 임대하는 경우
⑤ 甲 주식회사가 이사회내 위원회를 설치하는 경우

해설 ① 이사 등이 자기 또는 제3자의 계산으로 회사와 거래를 하는 경우에는 미리 이사총수의 3분의 2 이상의 승인을 얻어야 한다. 이를 이사 등의 자기거래금지규정이라고 한다. 이때 이사 등에는 이사와 주요주주, 그들의 배우자 및 직계존비속이 포함된다. 따라서 甲주식회사 이사의 배우자가 자기 또는 제3자의 계산으로 甲주식회사와거래를 하는 경우에는 미리 이사총수의 3분의 2 이상의 승인을 얻어야 한다.

42 ④ 43 ⑤ 44 ② 45 ① 정 답

46 상법상 주식회사의 이사의 의무에 관한 설명으로 옳지 않은 것은?

세무사 2016

① 이사는 이사회의 승인 없이 현재 또는 장래에 회사의 이익이 될 수 있는 것으로서 회사의 직무를 수행하는 과정에서 알게 된 사업기회를 자기 또는 제3자의 이익을 위하여 이용하여서는 아니된다.

② 이사는 이사회의 승인이 없으면 자기 또는 제3자의 계산으로 회사의 영업부류에 속한 거래를 할 수 없으며 이 경우 이사회의 승인은 이사 3분의 2 이상의 수로써 하여야 한다.

③ 이사는 재임중뿐만 아니라 퇴임후에도 직무상 알게된 회사의 영업상 비밀을 누설하여서는 아니된다.

④ 이사가 자기 또는 제3자의 계산으로 회사와 거래를 하기 위하여는 미리 이사회에서 해당 거래에 관한 중요사실을 밝히고 이사회의 승인을 받아야 한다.

⑤ 회사의 기회 및 자산의 유용 금지를 위반하여 회사에 손해를 발생시킨 이사 및 승인한 이사는 연대하여 손해를 배상할 책임이 있으며 이로 인하여 이사 또는 제3자가 얻은 이익은 손해로 추정한다.

해설 ② 이사는 이사회의 승인이 없으면 자기 또는 제3자의 계산으로 회사의 영업부류에 속하는 거래를 하지 못한다(제397조 제1항). 이때 이사회의 승인은 이사 과반수 출석과 출석한 이사의 과반수로써 하여야 한다. 한편, 이사가 자기 또는 제3자회의 계산으로 회사와 거래를 하는 경우에는 이사 총수의 3분의 2 이상의 승인을 얻어야 하는 점에서 차이를 보인다. 이 점 명확히 구별하기 바란다.

47 상법상 주식회사의 이사와 회사 간의 이익충돌을 방지하기 위한 제도로 옳지 않은 것은?

세무사 2013 수정

① 이사와 회사 간의 소에 있어서 감사가 회사를 대표하는 것

② 자기주식의 취득제한

③ 정관이나 주주총회에 의한 이사의 보수 결정

④ 이사와 회사 간의 자기거래 제한

⑤ 이사의 경업금지의무

해설 ② 지문의 나머지 규정은 모두 이사와 회사 간의 이익충돌방지에 관한 규정이지만, 상법상 자기주식취득의 제한규정은 지배구조의 왜곡방지와 투기거래의 악용을 차단하기 위한 조치이다.

48 상법상 다음의 설명 중 옳지 않은 것은? (다툼이 있는 경우에는 판례에 의함) 세무사 2014

① 회사의 1인주주이며 대표이사인 자가 그 임무를 위배하여 회사에 손해를 가하여 회사채권자의 이익이 침해된 경우 횡령죄나 배임죄가 성립할 수 있다.

② 합명회사는 합자회사의 무한책임사원이 될 수 없다.

③ 유한회사의 이사는 주식회사의 이사와 동일하게 상법상 회사의 기회 및 자산의 유용금지 규정의 적용을 받는다.

④ 주식회사 이사의 정관 위반행위로 인하여 회사에 회복할 수 없는 손해가 생길 염려가 있는 경우 감사위원회는 그 이사에 대하여 그 행위를 유지할 것을 청구할 수 있다.

⑤ 주식회사의 이사가 제3자에 대하여 부담하는 손해배상책임의 소멸시효는 10년이다.

해설 ③ 회사의 기회 및 자산의 유용금지 규정은 주식회사의 이사에 대해서만 적용되는 규정이다. 따라서 유한회사에 대해서는 동 규정이 적용되지 않는다(제567조).

49 상법상 자본금 총액이 10억원 이상인 주식회사의 회사의 기회 및 자산의 유용 금지에 관한 설명으로 옳은 것은? 세무사 2017

① 집행임원은 회사의 기회 및 자산의 유용 금지의무를 부담하지 않는다.

② 정관에 이사의 회사에 대한 손해배상책임의 감면을 정하고 있는 경우에도, 이사가 회사의 기회를 유용하여 회사에 대하여 손해배상책임을 부담하는 경우에는 책임감면에 관한 정관규정이 적용되지 않는다.

③ 회사의 기회 및 자산의 유용 금지의 대상이 되는 사업기회를 이용하고자 하는 이사는 이사회의 승인결의에 있어서 의결권을 행사할 수 있다.

④ 회사의 기회 및 자산의 유용 금지의 대상이 되는 사업기회에 대한 이사회의 승인은 이사 전원의 동의가 있어야만 한다.

⑤ 회사의 기회 및 자산의 유용 금지 규정을 위반하여 회사에 손해를 발생시킨 이사는 회사에 대하여 손해를 배상하여야 하는데, 그 위반 행위로 인하여 제3자가 얻은 이익은 회사의 손해로 추정되지 않는다.

해설 ① 회사의 기회 및 자산의 유용금지의무는 원칙적으로 이사에 대해 적용되지만, 이는 집행임원에도 준용된다. 따라서 집행임원도 회사의 기회 및 자산의 유용금지의무를 부담한다.

③ 회사의 기회 및 자산의 유용금지대상이 되는 사업기회를 이용하고자 하는 이사는 이사회의 승인결의에 있어서 특별이해관계인이 되므로 의결권을 행사할 수 없다.

④ 회사의 기회 및 자산의 유용금지대상이 되는 사업기회에 대한 이사회의 승인은 이사총수의 2/3 이상의 승인이 필요하다.

⑤ 회사의 기회 및 자산의 유용 금지 규정을 위반하여 회사에 손해를 발생시킨 이사는 회사에 대하여 손해를 배상하여야 하는데, 그 위반 행위로 인하여 제3자가 얻은 이익은 회사의 손해로 추정된다.

46 ② 47 ② 48 ③ 49 ② 정 답

50 이사가 상법 제399조의 회사에 대한 책임을 부담하는 경우 그 감면에 관한 설명으로 옳은 것을 모두 고른 것은?

세무사 2016

> ㄱ. 주주 전원의 동의로 이사의 책임을 면제할 수 있다.
> ㄴ. 회사는 정관으로 정하는 바에 따라 이사의 책임을 사내이사가 그 행위를 한 날 이전 최근 1년간의 보수액의 6배를 초과하는 금액에 대하여 면제할 수 있다.
> ㄷ. 회사는 정관으로 정하는 바에 따라 이사의 책임을 사외이사가 그 행위를 한 날 이전 최근 1년간의 보수액의 3배를 초과하는 금액에 대하여 면제할 수 있다.
> ㄹ. 이사가 고의 또는 중대한 과실로 손해를 발생시킨 경우에는 손해배상액의 제한이 허용되지 아니한다.

① ㄱ, ㄴ ② ㄴ, ㄷ ③ ㄱ, ㄴ, ㄹ
④ ㄱ, ㄷ, ㄹ ⑤ ㄱ, ㄴ, ㄷ, ㄹ

해설 ⑤ 지문의 내용은 모두 옳은 내용이다.

51 상법상 비상장회사의 이사의 책임에 관한 설명으로 옳은 것은?

세무사 2017

① 이사가 회사에 대하여 손해배상책임을 부담하는 경우 주주 전원의 동의로 그 책임을 면제할 수 없다.
② 정기주주총회에서 재무제표를 승인한 후 1년 내에 다른 결의가 없으면 그 즉시 회사는 이사의 책임을 해제한 것으로 본다.
③ 회사는 이사가 고의 또는 중대한 과실로 손해를 발생시킨 경우 정관에 책임감면 규정이 있으면 이를 적용하여 이사의 회사에 대한 손해배상책임을 최근 1년간의 보수액의 6배를 초과하는 금액에 대하여 면제할 수 있다.
④ 회사에 대한 자신의 영향력을 이용하여 이사에게 업무집행을 지시한 자는 그 지시하거나 집행한 업무에 관하여 회사 및 제3자에 대한 손해배상책임의 적용에 있어서 이사로 본다.
⑤ 이사가 이사회의 결의에 의하여 고의 또는 과실로 법령에 위반한 행위를 하여 회사에 손해를 배상할 책임을 지는 경우 그 이사회 결의에 참가하지 않은 이사도 그 결의에 찬성한 것으로 추정한다.

해설 ① 이사가 회사에 대하여 손해배상책임을 부담하는 경우 "주주 전원의 동의로" 그 책임을 면제할 수 있다(제400조 제1항).
② 정기주주총회에서 재무제표를 승인한 후 "2년 내에 다른 결의가 없으면" 부정행위가 있는 경우를 제외하고는 이사의 책임을 해제한 것으로 본다(제450조).
③ 회사는 "정관의 규정"에 의하여 이사의 회사에 대한 손해배상책임을 최근 1년간 보수의 6배를 초과하는 금액을 면제할 수 있다. 다만, 고의 또는 중과실이 있는 경우에는 정관규정에 의한 책임제한규정은 적용하지 아니한다(제400조 제2항).
⑤ 이사회결의에 참여한 이사로써 이사회의사록에 이의를 한 기재가 없는 경우에는 찬성한 것으로 추정한다. 따라서 이사회결의에 참가하지 않은 이사를 그 결의에 찬성한 것으로 추정할 수는 없다.

52 상법상 주식회사에 관한 설명으로 옳은 것은? (다툼이 있는 경우에는 판례에 의함) 세무사 2014

① 비상장주식회사가 정관으로 감사선임시 의결권 없는 주식을 제외한 발행주식총수의 100분의 2를 초과하는 주식에 관하여 의결권을 행사하지 못한다는 내용을 정하였다면 그 규정은 효력이 없다.

② A회사가 채무를 면탈할 목적으로 기업의 형태나 내용이 실질적으로 동일한 B회사를 설립하였다면, A회사의 채권자는 B회사의 법인격이 부인되어야 함을 주장할 수 있다.

③ 이사의 법령 위반행위로 인하여 회사에 대하여 부담하는 손해배상책임을 판단함에 있어서는 경영판단의 법칙이 적용된다.

④ 업무집행지시자의 책임은 영향력 행사에 대한 책임이므로 그의 지시를 받은 이사의 업무집행이 적법하고 정당하게 이루어진 경우에도 회사에 대하여 손해배상책임을 부담할 수 있다.

⑤ 회사는 이사회의 의사록을 본점에 비치하여야 하고 주주나 채권자는 영업시간 내에는 이 서류의 열람 또는 등사를 청구할 수 있다.

해설 ① 감사선임시 발행주식총수의 100분의 3을 초과하는 주식을 가진 주주는 그 초과주식에 대해서는 의결권을 행사할 수 없다. 다만, 정관으로 그 비율을 낮출 수 있다(제409조 제2항·제3항). 따라서 100분의 2를 초과하는 주식에 관하여 의결권을 행사하지 못한다는 정관의 규정은 효력이 있다.

③ 경영판단의 법칙이란 사전적으로 합리적이고 타당한 의사결정에 대해 사후적으로 회사에 손해가 발생하더라도 이사의 책임을 경감 또는 면제하자는 규정이다. 경영판단의 법칙은 이사의 임무해태로 인한 손해배상책임에 국한해서 적용되는 것이며, 법령이나 정관위반 또는 부정행위에 대해서는 적용되지 아니한다(대법원 2005.10.28.선고, 2003다69638판결 등).

④ 업무집행지시자는 상법상 이사로 보아 제399조(회사에 대한 손해배상책임), 제401조(제3자에 대한 손해배상책임), 제403조(대표소송에 관한 규정)가 적용된다(제401조의2). 따라서 업무집행지시자는 회사에 대한 임무해태 또는 고의·과실로 인한 법령이나 정관에 위반한 행위를 한 경우에는 회사에 대해 손해배상책임을 부담하여야 한다. 그러나 업무집행의 지시를 받은 자의 업무집행이 적법하고 정당하게 이루어진 경우에는 업무집행지시자는 회사에 대해 손해배상책임을 부담하지 않는다.

⑤ 주식회사의 이사회의사록은 비치·공시의무가 없다. 또한, 이사회의사록은 주주의 열람청구만 가능할 뿐 채권자의 열람청구는 인정되지 않는다(제391조의3 제3항).

50 ⑤ 51 ④ 52 ② 정답

53 상법상 비상장회사의 대표소송에 관한 설명으로 옳지 않은 것은? 세무사 2015

① 대표소송은 회사의 본점소재지의 지방법원의 관할에 전속한다.

② 발행주식총수의 100분의 1 이상에 해당하는 주식을 가진 주주는 회사에 대하여 이사의 책임을 추궁할 소의 제기를 청구할 수 있다.

③ 대표소송을 제기한 주주는 소를 제기한 후 지체없이 회사에 대하여 그 소송의 고지를 하여야 한다.

④ 주주가 대표소송을 제기한 경우에 회사의 동의만 있으면 청구의 포기를 할 수 있다.

⑤ 대표소송을 제기한 주주가 패소한 때에는 악의인 경우 외에는 회사에 대하여 손해를 배상할 책임이 없다.

해설 ④ 회사가 소수주주의 청구에 따라 소를 제기하거나 주주가 대표소송을 제기한 경우, 당사자는 "법원의 허가를 얻지 아니하고는" 소의 취하, 청구의 포기, 인낙, 화해를 할 수 없다(제403조 제6항). 이를 대표소송의 대세적 효력이라고 한다. 따라서, 주주가 대표소송을 제기한 경우에 회사의 동의가 있는 경우에도 청구의 포기는 할 수 없다.

54 상법상 비상장회사의 주주대표소송에 관한 설명으로 옳은 것을 모두 고른 것은? 세무사 2016

ㄱ. 대표소송은 회사의 본점소재지의 지방법원의 관할에 전속한다.
ㄴ. 발행주식의 총수의 100분의 1 이상에 해당하는 주식을 가진 주주는 회사에 대하여 이사의 책임을 추궁할 소의 제기를 청구할 수 있다.
ㄷ. 대표소송을 제기한 주주가 제소후 발행주식을 전혀 보유하지 아니하게 된 경우에 제소의 효력에는 영향이 없다.
ㄹ. 회사는 주주의 대표소송에 참가할 수 없다.

① ㄱ, ㄴ　② ㄱ, ㄷ　③ ㄴ, ㄹ
④ ㄱ, ㄴ, ㄷ　⑤ ㄱ, ㄴ, ㄹ

해설 ㄷ. 대표소송을 제기한 후에 제소주주의 지분비율이 감소한 경우에도 소제기의 효력에는 영향이 없다. 다만, 주주가 제소후 발행주식을 전혀 보유하지 아니하게 된 경우에 소를 각하하여야 한다.
ㄹ. 회사는 대표소송에서 공동참가인이 될 수 있다.

55 상법상 발행주식총수의 100분의 4에 해당하는 비상장주식회사의 주식을 보유한 甲의 대표소송에 관한 설명으로 옳지 않은 것은? (다툼이 있으면 판례에 따름) 세무사 2018

① 집행임원이 과실로 임무를 게을리하여 재직 중인 주식회사에 대해 부담하는 손해배상책임에 관하여 甲은 대표소송을 제기할 수 있다.

② 甲이 乙의 명의를 빌려 주식을 인수하여 그 대금을 납입하였고, 乙의 명의로 주주명부에 명의개서가 되어 있다면 甲은 주주대표소송을 제기할 수 없다.

③ 주주대표소송을 제기한 甲이 그 후 주식을 전부 처분하여 발행주식을 하나도 보유하지 아니하게 된 경우라도 제소의 효력에는 영향이 없다.

④ 甲의 대표소송 제소청구에 응하여 회사가 이사의 책임을 추궁하는 소를 제기한 경우 회사는 법원의 허가를 얻지 아니하고는 소를 취하할 수 없다.
⑤ 대표소송을 제기한 甲이 승소한 때에는 甲은 회사에 대하여 소송비용 및 그 밖에 소송으로 인하여 지출한 비용 중 상당한 금액의 지급을 청구할 수 있다.

해설 ③ 주주대표소송을 제기한 甲이 그 후 주식을 전부 처분하여 1주 이상을 보유한 경우에는 그 제소의 효력에 영향이 없다. 그러나 발행주식을 하나도 보유하지 아니하게 된 경우에는 소를 각하하여야 한다.

56 상법상 비상장주식회사에서 주주의 대표소송에 관한 설명으로 옳지 않은 것은? 세무사 2018

① 주주가 대표소송을 제기한 때에는 지체없이 회사에 대하여 그 소송의 고지를 하여야 한다.
② 주주의 대표소송이 제기된 경우에 원고와 피고의 공모로 인하여 소송의 목적인 회사의 권리를 사해할 목적으로써 판결을 하게 한 때에는 회사는 확정한 종국판결에 대하여 재심의 소를 제기할 수 있다.
③ 대표소송에서 소를 제기한 주주가 패소한 때에는 선의인 경우에도 회사에 대해 손해배상책임을 진다.
④ 회사는 소송고지의 유무에 불구하고 주주의 대표소송에 참가할 수 있다.
⑤ 회사의 발행주식의 총수의 100분의 1 이상에 해당하는 주식을 가진 주주는 회사에 대하여 이사의 책임을 추궁할 소의 제기를 청구할 수 있다.

해설 ③ 대표소송에서 소를 제기한 주주가 패소한 때에는 악의인 경우에 한하여 회사에 대해 손해배상책임을 진다. 따라서 중과실의 경우에는 패소한 경우에도 손해배상책임을 부담하지 않는다.

57 상법상 주식회사의 이사의 직무대행자에 관한 설명으로 옳지 않은 것은? (다툼이 있으면 판례에 따름) 세무사 2017

① 법원에 의한 직무대행자의 선임은 등기사항이 아니다.
② 이사의 직무대행자는 가처분명령에 다른 정함이 있는 경우외에는 회사의 상무에 속하지 아니한 행위를 하지 못한다. 그러나 법원의 허가를 얻은 경우에는 그러하지 아니하다.
③ 직무대행자가 정기주주총회를 소집함에 있어서 그 안건에 이사회의 구성 자체를 변경하는 행위 등 회사의 경영 및 지배에 영향을 미칠 수 있는 것이 포함되어 있다면 그 안건의 범위에서 정기총회의 소집은 상무에 속하지 않는다.
④ 법원은 당사자의 신청에 의하여 직무집행정지의 가처분을 변경 또는 취소할 수 있다.
⑤ 이사선임결의의 무효나 취소 또는 이사해임의 소가 제기된 경우에는 법원은 당사자의

53 ④ 54 ① 55 ③ 56 ③ 57 ① 정답

신청에 의하여 가처분으로써 이사의 직무집행을 정지할 수 있고 또는 직무대행자를 선임할 수 있다.

해설 ① 법원에 의한 주식회의 이사의 직무대행자의 선임은 등기사항이다(제407조 제3항).

58 상법상 자본금 총액이 10억원인 비상장주식회사의 감사와 감사위원회에 관한 설명으로 옳은 것은? 세무사 2013

① 감사의 수는 3인을 초과할 수 없다.

② 감사의 임기는 취임후 5년 내의 최종의 결산기에 관한 정기총회의 종결시까지로 한다.

③ 감사가 감사보고서를 법정 양식에 따라 작성하면 감사록의 작성의무는 면제된다.

④ 감사위원회 위원의 해임에 관한 이사회의 결의는 이사 총수의 3분의 2 이상의 결의로 하여야 한다.

⑤ 자회사의 감사는 그 직무를 수행하기 위하여 필요한 때에는 모회사에 대하여 영업의 보고를 요구할 수 있다.

해설 ① 상법상 주식회사의 감사의 수에는 제한이 없다(제409조 제1항). 그러므로 1인 또는 수인을 선임할 수 있으며 3인을 초과하는 것도 가능하다.

② 감사의 임기는 취임 후 3년 내 도래하는 최종의 결산기에 관한 정기총회의 종결 시까지로 한다(제410조).

③ 감사는 감사에 관하여 감사록을 작성하여야 한다(제413조의2 제1항). 이는 감사보고서가 작성된 경우에도 마찬가지이다.

⑤ 모회사의 감사는 그 직무를 수행함에 있어서 필요한 때에는 자회사에 대하여 영업의 보고를 요구할 수 있다(제415조의2 제1항). 그러므로 자회사의 감사가 모회사에 대하여 영업의 보고를 요구할 수는 없다.

59 주식회사의 감사 등에 관한 설명으로 옳지 않은 것은? 세무사 2015

① 자본금총액이 30억원인 비상장회사의 경우, 모집설립시 창립총회에서 이사와 감사를 선임하여야 한다.

② 자본금총액이 10억원 미만인 비상장회사로서 감사를 선임하지 아니한 경우 주주총회가 이사의 직무집행을 감사한다.

③ 감사위원회가 그 결의로 감사위원회를 대표할 자를 선정하는 경우 수인의 위원이 공동으로 대표할 것을 정할 수 있다.

④ 최근 사업연도 말 현재의 자산총액이 3조원인 상장회사가 주주총회에서 상근감사를 선임한 경우에는 감사위원회를 설치할 수 없다.

⑤ 상장회사가 감사의 선임에 관한 사항을 목적으로 하는 주주총회를 소집통지하는 경우에는 감사 후보자의 성명, 약력, 추천인, 그 밖에 대통령령으로 정하는 후보자에 관한 사항을 통지하여야 한다.

해설 ④ 대통령령으로 정하는 최근 사업연도 말 자산총액 2조원 이상인 상장회사는 감사위원회를 설치하여야 한다(제542조의11 제1항). 따라서 최근 사업연도 말 현재의 자산총액이 3조원인 상장회사 감사는 둘 수 없고 감사위원회 설치의무가 강제되어 있다.

60 상법상 주식회사의 감사에 관한 설명으로 옳지 않은 것은? 세무사 2016

① 감사는 주주총회에서 선임한다.
② 감사는 언제든지 이사에 대하여 영업에 관한 보고를 요구하거나 회사의 업무와 재산 상태를 조사할 수 있다.
③ 감사는 주주총회에서 감사의 해임에 관하여 의견을 진술할 수 있다.
④ 감사는 자회사의 감사를 겸하지 못한다.
⑤ 감사는 회사의 비용으로 전문가의 도움을 구할 수 있다.

해설 ④ 감사는 회사 및 자회사의 이사, 지배인 및 기타 사용인의 지위를 겸하지 못한다(제411조). 모회사의 감사가 자회사의 감사가 되는 것에 대한 제한은 상법상 없다.

61 甲 주식회사는 2015년 5월 1일에 성립된 회사로 乙 주식회사의 상법상 모회사이다. A는 甲 주식회사의 주주이고, B는 甲 주식회사의 이사이며, C는 甲 주식회사의 감사이다. 다음 설명으로 옳지 않은 것은? (甲 주식회사, 乙 주식회사, 丙 주식회사는 모두 비상장주식회사이며 각 회사의 자본금 총액은 20억원이다) 세무사 2017

① 2015년 7월 1일에 주권이 발행되지 않은 상태에서 A가 제3자인 D에게 甲 주식회사의 주식을 양도했다면 이 양도는 甲 주식회사에 대하여 효력이 없다.
② B는 재임중뿐만 아니라 퇴임 후에도 직무상 알게 된 甲주식회사의 영업상 비밀을 누설하여서는 안 된다.
③ B는 甲 주식회사 이사회의 승인이 없으면 甲주식회사의 영업과 동종인 영업을 목적으로 하는 다른 회사의 이사가 되지 못한다.
④ C는 甲 주식회사의 지배인의 직무를 겸할 수 없으나 乙주식회사의 지배인의 직무는 겸할 수 있다.
⑤ 乙 주식회사가 丙 주식회사를 흡수합병하면서 합병계약서에 따라 소멸회사인 丙 주식회사의 주주에게 제공하는 재산이 甲 주식회사의 주식을 포함하는 경우라면 乙주식회사는 그 지급을 위하여 甲 주식회사의 주식을 취득할 수 있다.

해설 ④ 감사는 회사 및 자회사의 이사, 지배인 기타 사용인의 직무를 겸하지 못한다(제411조). 따라서 C는 甲주식회사와 乙주식회사의 지배인의 직무를 겸할 수 없다.

62 상법상 준법지원인에 관한 설명으로 옳지 않은 것은? 세무사 2017

① 최근 사업연도 말 현재의 자산총액이 5천억원 이상인 상장회사는 다른 법률에 따라 내부통제기준 및 준법감시인을 두어야 하는 상장회사가 아니면 준법지원인을 두어야 한다.

② 준법지원인은 이사회 결의에 의하여 선임된다.

③ 준법지원인의 임기는 3년이며, 다만 다른 법률의 규정이 준법지원인의 임기를 3년보다 단기로 정하고 있는 경우에는 다른 법률이 우선하여 적용된다.

④ 준법지원인은 재임중뿐만 아니라 퇴임 후에도 직무상 알게 된 회사의 영업상 비밀을 누설하여서는 아니 된다.

⑤ 준법지원인은 상근으로 하여야 하고, 그 직무를 독립적으로 수행할 수 있도록 하여야 한다.

해설 ③ 준법지원인의 임기는 3년이며, 다른 법률의 규정이 준법지원인의 임기를 3년보다 단기로 정하고 있는 경우에는 상법의 규정이 다른 법률에 우선하여 적용된다(제542조의13 제11항). 따라서 준법지원인의 임기는 상법에 의해 3년이 적용된다.

62 ③ 정 답

제1절 총설

제2절 통상의 신주발행

제3절 자본금의 감소

제5장

자본금의 변동

제 5 장 자본금의 변동

회사법강의

제 1 절 총설

I 자본금의 의의

상법상 액면주식을 발행하는 경우에 자본금은 상법에서 달리 규정한 경우 외에는 발행주식의 액면총액으로 한다(제451조 제1항). 한편, 무액면주식을 발행한 경우 회사의 자본금은 주식발행가액의 2분의 1 이상의 금액으로서 회사설립시에는 정관 또는 발기인 전원동의에 의하여, 신주발행시에는 이사회 또는 주주총회에서 자본금으로 계상하기로 한 금액의 총액으로 하도록 하고 있다(제451조 제2항).

II 자본금과 순자산의 관계

1. 의의

회사의 대외적 신용의 기초가 되는 것은 실질적인 회사의 변제능력이므로 상법상 자본금보다는 순자산이 훨씬 중요한 개념이 된다. 그러나 자본금도 회사의 신용을 평가하는 과정에서는 주주의 투하자본의 회수 및 채권자에 대한 책임재산의 측면에서는 순자산 못지않게 중요한 기능을 수행하므로 주주나 채권자 등 이해관계인에게 중요한 관심이 아닐 수 없다. 그렇다고 상법상 자본금과 회계상 순자산이 아무런 관계가 없는 것은 아니며 이들은 상호 밀접한 관련성을 가진다.

2. 자본충실의 원칙

자본금과 순자산은 자본의 3원칙 중 자본충실(유지)의 원칙을 통해 서로 보완적인 기능을 가진다. 그런 이유에서 자본충실의 원칙은 회사설립시는 물론 회사의 존속 중에도 반드시 지켜질 수 있도록 하고 있다. 상법상 자본금이 아무리 중요하다고 할지라도 그 자본금에 상응하는 재산을 보유하지 못한다면 상법상 자본금은 명목상 금액이 될 뿐이기 때문이다.

자본충실의 원칙에 대해서는 주식회사의 설립 부분에서 이미 설명한 내용이므로 다시 한번 그 부분을 참고해서 명확한 이해를 하기 바란다.

Ⅲ 자본금의 변동

1. 의의

자본금의 변동은 자본금의 증가 또는 감소를 뜻한다. 정관의 규정에 의해 회사가 발행주식의 전부를 무액면주식으로 발행하기로 한 경우를 제외하고, 상법상 자본금은 발행주식의 액면총액을 원칙으로 한다(제451조 제1항). 회사가 액면주식을 발행한 경우 자본금의 증가 및 감소를 위한 "이론적 방법"으로는 ① 발행주식수를 증감시키는 방법, ② 액면가를 증감시키는 방법 그리고 ③ 양자를 병용하는 방법이 있을 수 있다.

2. 자본금의 증가

(1) 의의

자본금을 증가시키는 방법 중 액면가를 증가시키는 방법은 주주에게 추가출자를 요구하게 되므로 이는 주주의 유한책임의 원칙상 불가능하다. 그런 이유에서 자본금의 증가는 주식수를 증가시키는 방법, 즉 신주를 발행하는 방법 외에는 인정되지 않는다. 자본금의 증가를 신주발행이라고도 하는 이유가 거기에 있다.

신주발행은 다시 두 가지로 구분할 수 있다. 회사성립 후 자금조달을 목적으로 수권자본제도에 근거하여 실행하는 통상의 신주발행과 그 밖의 원인으로 하여 자본금을 증가시키는 신주발행이 그것이다.

(2) 통상의 신주발행

통상의 신주발행이란 성립 후 회사가 자금조달을 목적으로 하여 미발행주식수의 범위 내에서 이사회결의 등에 의해 신주를 발행하는 것을 말한다. 실무적으로는 이를 수권자본제도에 근거한 유상증자라고도 한다. 통상의 신주발행은 정관과 등기부등본을 통해 파악할 수 있다.

정관의 절대적 기재사항에는 회사가 발행할 주식의 총수가 기재되어 있다.

설립 후 신주발행이 없었던 경우에는 회사가 발행할 주식의 총수에서 설립시 발행주식수를 차감하면 미발행주식수가 산출된다. 그렇지 않고 회사가 성립 후 신주를 발행한 경우라면, 회사의 발행주식수는 정관의 기재사항을 통해서는 파악할 수 없고 등기부등본을 살펴보아야 한다. 이때 정관상 회사가 발행할 주식의 총수에서 등기부등본상 회사가 발행한 주식수를 차감하면 미발행주식수가 산출된다.

(3) 특수한 신주발행

특수한 신주발행이란 통상의 신주발행을 제외한 다양한 원인에 의해 회사가 신주를 발행하는 것을 말한다. 이때 다양한 원인에는 전환종류주식의 전환, 주식배당, 준비금의 자본전입, 전환사채권자의 전환권의 행사 등이 있을 것이며, 그러한 원인에 근거하여 신주를 발행하는 것을 말한다.

특수한 신주발행이 통상의 신주발행과 다른 점은 신주발행의 유형에 따라 주식수, 자본금, 순자산에 미치는 효과가 달라진다는 것이다. 아래의 표를 통해서 신주발행의 유형을 비교하기로 한다.

신주발행과 자본금·주식수·순자산의 상호관계

구분		주식수	자본금	순자산
통상의 신주발행		증가	증가	증가
특수한 신주발행	① 전환주식의 전환	불변·증가·감소	불변·증가·감소	불변
	② 준비금의 자본금전입	증가	증가	불변
	③ 주식배당	증가	증가	불변
	④ 전환사채의 전환	증가	증가	증가
	⑤ 신주인수권부사채의 신주인수권 행사	증가	증가	증가
	⑥ 합병으로 인한 신주발행	증가	증가	증가
	⑦ 주식의 포괄적 교환	증가	증가	증가
	⑧ 주식분할	증가	불변	불변

3. 자본금의 감소

(1) 의의

자본금의 감소는 ① 발행주식수를 감소시키는 방법, ② 1주의 액면금액을 감소시키는 방법, ③ ①과 ②를 병용하는 방법이 모두 인정된다. 자본금감소의 경우에는 신주발행의 경우와 달리 주식수, 자본, 순자산에 미치는 효과는 그다지 중요하지 않다. 오히려 상법상 자본금의 감소로 인한 주주와 채권자의 보호가 주된 초점이 된다.

(2) 보호법익

① 주주의 보호절차

회사의 자본금은 회사가 청산할 경우 주주에 대한 잔여재산분배의 몫을 산정하는 기준이 된다. 자본금을 감소시키는 경우에는 결손보전을 위한 자본금감소를 제외하고는 주주총회의 특별결의에 의한 승인절차를 거쳐야 한다.

② 채권자의 보호절차

회사의 자본금은 주주에 대한 잔여재산분배의 몫이 됨은 물론 채권자에 대한 책임재산의 기초가 된다. 따라서 채권자에 대한 승인절차라고 하며, 이를 법률적으로는 채권자보호절차라고 한다. 자본금감소의 경우에는 명목감자이든 실질감자이든 반드시 채권자보호절차를 거쳐야 한다.

③ 그 밖의 절차

자본금감소의 경우에는 주식수가 감소하거나 1주당 액면가액이 감소하게 되므로 회사가 기발행한 주주의 지위를 표창하는 유가증권인 주권의 제출절차가 필요하다. 상법은 이를 획일적으로 처리하기 위하여 주권제출기간(1월 이상)을 정하고 그 기간이 종료하는 때에 효력이 발생하는 것으로 본다. 다만 1주의 액면금액이 감소되는 경우에는 1주의 액면금액이 정관의 절대적 기재사항이므로 정관변경절차도 추가로 거쳐야 한다.

4. 자본금공식의 예외

(1) 예외가 인정되는 경우

자본금은 무액면주식을 발행한 경우를 제외하고는 발행주식총수에 1주의 액면금액을 곱한 것으로 종속적으로 결정된다. 원칙적으로 이러한 자본금공식은 지켜져야 하지만, ① 상환종류주식의 상환(제345조)의 경우 또는 ② 이사회결의에 의한 이익소각(무액면주식을 발행한 경우)의 경우에는 상법상 자본금은 불변이고 주식수만 감소하게 되어 자본금공식의 예외가 된다.

(2) 채권자보호절차의 가부

상환종류주식의 상환 또는 이사회결의에 의한 이익소각의 경우에는 채권자에 대한 책임재산이 감소하지 않으므로 별도의 채권자보호절차는 필요하지 않다. 또한 결손보전을 위한 감자의 경우에도 채권자보호절차는 필요하지 않다. 다만, 이미 발행된 주권에 대한 소각절차를 거치게 되는데 이에 대해서는 주식병합에 관한 제440조 및 제441조의 규정을 준용하여 회사는 1월 이상의 기간을 정하여 그 뜻과 그 기간 내에 주권을 제출할 것을 공고하고 그 기간이 만료한 때에 효력이 발생하도록 하고 있다.

자본금공식과 채권자보호절차

구분	효과	종류
자본금공식의 예외	주식수 감소, 자본금 불변	① 상환종류주식의 상환 ② 이사회결의에 의한 이익소각
채권자보호절차의 예외	별도의 채권자보호절차가 필요하지 않음	① 상환종류주식의 상환 ② 이사회결의에 의한 이익소각 ③ 결손보전목적의 자본금감소

제 2 절 통상의 신주발행

I 총설

1. 의의

신주발행은 수권자본제도와 관련하여 생각할 때 비로소 자본조달방법으로서의 의의를 정확히 파악할 수 있다. 신주발행은 원칙적으로 이사회의 권한사항이므로 정관으로 정한 발행예정주식총수의 범위 내에서 신주를 발행한다면 정관을 변경할 필요가 없고, 이사회의 결의(또는 주주총회의 결의)만으로 자본금을 증가시킬 수 있다(제416조 본문).

이는 이사회가 주주로부터 구속받지 않고 경영상의 필요에 의해 수시로 기동성 있게 자금을 조달할 수 있도록 제도적으로 보장함을 뜻한다. 물론 정관의 절대적 기재사항인 발행예정주식총수를 초과하여 신주발행이 있는 경우에는 먼저 정관변경을 위한 주주총회의 특별결의가 선행되어야 함은 물론이다.

2. 신주발행의 본질적 문제

(1) 신주인수권의 귀속문제

신주발행의 과정에서 기존주주를 무시하고 제3자에게 신주를 발행하는 경우 기존주주의 지분비율은 감소하게 되고 종전에 기존주주가 가지고 있던 회사에 대한 비례적 이익은 감소하게 되는데 이를 희석화(dilution)라 한다.

희석화로 인한 기존주주의 권리침해를 방지하기 위하여 상법은 회사가 성립 후 신주를 발행하는 경우 그 신주를 우선적으로 인수할 수 있는 권리, 즉 신주인수권은 원칙적으로 기존주주에게 있다. 다만 예외적으로 회사의 자금조달상의 목적 등 합당한 이유가 있는 경우에는 법률 또는 정관의 규정에 의해 제3자에 대한 배정도 가능하다.

(2) 자본충실(유지)의 문제

신주발행에 의해 우선 외형적으로 자본금이 증가한다. 이에 상응하는 재산의 증가가 따라야 하지만 때로는 그렇지 못할 위험이 있음은 회사설립의 경우와 같다. 따라서 신주발행에 있어서도 회사설립의 경우에 못지않게 자본충실에 대한 고려가 필요하다.

Ⅱ 신주인수권

1. 의의

신주인수권이란 회사가 신주를 발행하는 경우, 그 신주를 우선적으로 인수할 수 있는 권리를 말한다. 회사의 기존주주는 당연히 신주인수권을 가진다. 다만, 그 신주인수권을 행사할지 여부는 주주의 선택에 따르는 것이므로 신주인수권의 행사여부는 권리일 뿐, 의무는 아니다. 한편, 제3자도 법률 또는 정관의 규정에 의해 신주인수권을 가질 수 있다.

결론적으로 신주인수권의 귀속은 원칙적으로 기존주주에게 이루어지지만, 법률 또는 정관의 규정에 의해서 제3자에게도 신주인수권을 부여할 수 있다.

주주에게 신주인수권을 부여하든 제한하든 주주평등의 원칙에 따라야 한다. 다만 회사가 가지는 자기주식이나 종류주식 등에 대해서는 예외적으로 주주평등의 원칙이 배제되기도 한다.

2. 신주인수권의 중요성

(1) 회사 지배구조의 문제

회사가 신주를 제3자에게 발행하는 경우에 기존주주의 회사에 대한 지분율은 감소하게 된다. 이는 회사 지배구조의 변동을 초래하게 된다. 그런 이유에서 상법은 신주인수권은 기존주주가 가지는 것을 원칙으로 하고, 법률 또는 정관의 규정이 있는 경우에 한하여 예외적으로 제3자에게 신주를 배정하도록 하고 있다.

(2) 주가의 희석화 문제

신주는 실권을 방지하기 위하여 정책적으로 현재의 주가나 순자산가치보다 낮은 가격으로 발행하는 것이 보통이다. 그런 경우에는 신주발행 후의 주가는 종전의 주가보다 낮아지게 된다. 이를 주가의 희석화(dilution)라고 한다. 희석화 현상은 기존주주 입장에서는 바람직하지 않은 결과이다. 그런 이유에서 신주발행시에는 희석화의 여부 및 정도에 대한 고려도 필요하다.

3. 주주의 신주인수권

(1) 의의

주주의 신주인수권이란 회사가 신주를 발행할 경우 주주가 각자 가진 주식수에 비례하여 신주를 인수할 수 있는 권리를 말한다(제418조 제1항). 회사가 신주를 발행하는 경우 주주는 당연히 신주인수권을 가지게 된다.

(2) 종류

① 추상적 신주인수권

추상적 신주인수권이란 회사가 신주를 발행한다면 신주를 우선적으로 인수할 수 있는 잠재적 권리를 말한다. 추상적 신주인수권은 주주권의 일부로서 주식과 분리하여 양도·포기하거나 담보에 제공할 수 없고 시효에도 걸리지 않는다.

② 구체적 신주인수권

구체적 신주인수권이란 회사가 실제로 신주를 발행할 때 그 신주를 청약하고 배정받을 수 있는 권리로서, 이사회에서 정한 신주배정기준일에 발생한다. 구체적 신주인수권은 추상적 신주인수권에 근거를 두고 생겨나지만, 회사에 대한 독립된 채권적 권리이다. 따라서 구체적 신주인수권은 주주권이 이전되더라도 이에 수반하여 이전되지 않는다(대법원 2010.2.25.선고, 2008다96963판결). 이 점이 추상적 신수인구권과 커다란 차이를 보이는 부분이다.

추상적 신주인수권과 구체적 신주인수권

구분	추상적 신주인수권	구체적 신주인수권
의의	회사가 신주를 발행하는 경우 그 신주를 잠재적으로 인수할 수 있는 추상적 권리	신주를 발행한 경우 기존주주가 배정기준일 이후에 회사에 신주발행을 요구할 수 있는 구체적 권리
권리의 성격	주주권과 분리될 수 없는 불가분의 추상적 권리	주주권과 분리된 독립한 채권적 권리
양도의 방법	주주권과 분리하여 양도할 수 없음	주주권과 분리하여 독립적인 양도가 가능함

4. 제3자의 신주인수권

(1) 의의

신주인수권은 주주가 가지는 것이 원칙이다. 다만, 법률 또는 정관의 규정에 의해서 제3자도 신주인수권을 가질 수 있는데, 제3자가 가지는 그 권리를 제3자의 신수인수권이라고 한다.

법률에 의하여 제3자에게 신주인수권이 주어지는 경우가 있다. 예컨대, 회사의 설립·경영·기술혁신에 공로가 있는 임직원에게 주식매수선택권을 부여하는 경우, 자본시장법에 의해 우리사주조합원에 대해 신주를 배정하는 경우 등이다.

제3자에 대한 신주인수권의 부여는 바로 주주의 신주인수권에 대한 제한을 뜻하므로, 법률에 의한 경우 외에는 정관의 규정에 의해 부여할 수 있을 뿐이다(제418조 제2항). 정관에 규정이 없더라도 정관변경과 같은 요건인 주주총회의 특별결의에 의해 부여할 수는 있다.

(2) 정관규정의 구체성

정관에 제3자에게 신주인수권을 부여하는 근거규정을 둘 때, 부여대상·주식의 종류와 수 등을 확정하여 주주들에게 예측가능성을 부여해야 한다. 예컨대 "단순히 주주총회의 보통결의로 제3자에게 신주를 배정할 수 있다거나 이사회결의로 제3자에게 신주를 배정할 수 있다"라고 규정하는 것은 백지위임으로 예측가능성과 제3자 배정의 구체적 합리성을 보장할 수 없으므로 무효이다.

(3) 제3자 배정의 합리성

① 경영상의 목적달성

회사는 주주의 신주인수권에도 불구하고 정관이 정하는 바에 따라 주주 외의 자에게 신주를 배정할 수 있다, 다만, 제3자에 대한 신주발행은 신기술의 도입, 재무구조의 개선 등 회사의 경영상의 목적을 달성하기 위하여 필요한 경우에 한한다(제418조 제2항). 이는 신기술의 도입, 재무구조의 개선 등을 예시하고 경영상의 목적이라는 가치개념을 요건으로 함으로써 제3자 배정의 합리성을 요구한 뜻으로 해석된다.

② 경영권 방어목적

신주를 제3자에게 배정하는 가장 흔한 동기는 경영권의 방어이다. 경영권의 분쟁에 임하여 또는 이에 대비하여 현 지배주주나 경영자에게 혹은 그 우호세력에게 신주를 발행하는 것이다. 제418조 제2항이 정하는 경영상의 목적과는 무관하게, 경영권의 분쟁에서 현 경영자의 지배권의 방어를 목적으로 하는 제3자 배정은 주주의 신주인수권을 침해하므로 무효이다(대법원 2009.1.30.선고, 2008다50776판결).

(4) 발행가액의 공정성

정관의 명확한 근거에 의해, 그리고 합리적인 필요에 의해 제3자에게 신주인수권을 부여하더라도 그 발행가가 현저히 저렴하다면 주주의 이익을 침해하게 된다. 발행가액이 불공정할 경우에는 이사의 책임추궁(제401조), 신주발행유지청구권(제424조), 신주발행무효의 소(제424조의2) 등의 원인이 된다.

5. 신주인수권의 침해

(1) 주주의 신주인수권의 침해

주주의 신주인수권을 무시하고 신주가 발행될 경우에는 신주발행무효의 소의 원인이 되며(제429조), 신주인수권을 침해당한 자는 신주발행유지청구권을 행사할 수 있다(제424조). 또한 이사에 대하여 손해배상을 청구하거나(제401조), 회사에 대하여 손해배상을 청구할 수 있다(제389조 제3항).

(2) 제3자의 신주인수권의 침해

제3자의 신주인수권이 무시될 경우에는 신주발행무효의 소의 원인이 되지 아니한다. 또한 신주발행유지청구권도 주주만이 행사할 수 있으므로, 제3자의 신주인수권이 침해된 경우에는 신주발행유지청구권도 행사할 수 없다. 이 점 유의하여야 한다. 그러므로 제3자는 이사 또는 회사에 대하여 손해배상을 청구할 수 있을 뿐이다.

신주인수권침해의 해결방법

구분	
기존주주의 신주인수권이 침해된 경우	① 신주발행유지청구권의 행사가능 ② 신주발행무효의 소의 원인
제3자의 신주인수권이 침해된 경우	① 신주발행유지청구권의 행사가 불가능함 ② 신주발행무효의 소의 원인이 되지 못함

6. 현물출자와 신주인수권

현물출자를 포함하여 제416조 제4호에서 열거하는 결정사항들은 주주의 신주인수권과 관련된 문제가 상위차원의 규범에 의해 해결된 후, 그 실행을 위한 절차를 규정한 것으로 보아야 한다. 따라서 주주의 신주인수권에 변동을 가져오는 현물출자는 정관의 규정 또는 이에 갈음하는 주주총회의 특별결의에 의하여야 한다(서울남부지법 2010.11.26.선고, 2010가합3538판결).

관련판례요약

제3자로부터 현물출자를 받고 그에 대하여 신주를 배정하는 경우에도 기존주주가 보유한 주식의 가치하락이나 회사에 대한 지배권의 상실 등 불이익을 끼칠 우려는 여전히 존재하는 것인데, 단지 그 방식이 현물출자라는 이유만으로 기존주주의 신주인수권에 대한 보호가 약화된다고 볼 근거가 없고, 상법 제416조 제4호의 규정(이사회규정에 의한 현물출자)만으로 현물출자에 의한 신주발행에는 상법 제418조(주주의 신주인수권)가 배제된다고 해석할 수도 없는 것이므로, 현물출자에 의한 신주발행의 경우에도 상법 제418조 제2항의 요건을 갖추어야 한다고 봄이 상당하다(서울지법 2010.11.26.선고, 2010가합3538판결).

7. 신주인수권증서

(1) 의의

신주인수권증서란 "기존주주"의 신주인수권을 표창하는 유가증권이다. 이사회가 신주인수권을 양도할 수 있음을 정한 경우(제416조 제5호), 적절한 공시방법을 갖추게 하고 유통성을 강화해 주기 위하여 발행되는 유가증권이다.

신주인수권증서는 기존주주에게만 발행할 수 있고, 제3자의 신주인수권에 대해서는 신주인수권증서를 발행할 수 없다(제416조 제5호·제6호). 제3자의 신주인수권은 양도성 자체가 부정되기 때문이다.

(2) 발행

① 발행을 요하는 경우

신주인수권증서는 정관 또는 이사회의 결의로 신주의 발행사항으로 주주의 신주인수권을 양도할 수 있음을 정한 경우에 한하여 발행한다. 상법은 역시 발행사항의 하나로 주주의 청구가 있는 때에만 신주인수권증서를 발행한다는 뜻과 그 청구기간을 정할 수 있다(제416조 제5호).

② 발행시기

신주인수권증서는 성질상 신주인수권자가 확정된 후에 발행할 수 있는 것이므로 신주배정기준일(제418조 제3항) 이후에 발행하여야 한다. 주주의 청구가 있는 때에만 신주인수권증서를 발행한다는 것을 정할 수 있다. 그 청구기간을 정한 때에는 그 청구기간에 주주의 청구를 받아 발행하면 되지만, 이를 정하지 아니한 경우에는 청약일의 2주 전에 발행하여야 한다(제420조의 2 제1항).

(3) 기재사항

신주인수권증서에는 ① 신주인수권증서라는 뜻의 표시, ② 주식청약서 소정의 사항, ③ 신주인수권의 목적인 주식의 종류와 수, ④ 일정기일까지 주식의 청약을 하지 아니한 때에는 그 권리를 잃는다는 뜻을 기재하고 대표이사가 기명날인 또는 서명하여야 한다(제420조의2 제2항 본문).

(4) 신주인수권증서의 효력

① 권리추정력

신주인수권증서의 점유자는 적법한 소지인으로 추정한다(제420조의3 제2항). 그러므로 신주인수권증서를 점유한 자는 실질적 권리를 증명할 필요 없이 신주인수권을 행사할 수 있다. 이와 같은 권리추정력의 결과, 신주인수권증서의 선의취득도 인정된다(제420조의3 제2항).

② 신주인수권의 양도

정관 또는 이사회결의로 신주인수권을 양도할 수 있음을 정한 경우에 회사는 신주인수권증서를 발행하게 된다. 따라서 이 경우에는 신주인수권의 양도는 반드시 신주인수권증서의 교부에 의하여야 한다(제420조의3 제1항).

(5) 신주의 청약방법

신주인수권증서를 발행한 경우에는 신주의 청약은 신주인수권증서에 의하여야 한다(제420조의5 제1항). 다만 주주의 청구에 의하여 신주인수권증서를 발행하기로 정하였으나(제416조 제6호), 그 발행을 청구하지 아니한 주주는 주식청약서에 의하여 청약을 해야 함은 물론이다. 만일 신주인수권증서를 상실한 자는 주식청약서에 의하여 주식의 청약을 할 수 있다. 그러나 주식청약서에 의한 청약은 신주인수권증서에 의한 청약이 있는 때에는 그 효력을 잃는다(제420조의5 제2항).

(6) 신주인수권증서의 상실

신주인수권증서를 상실한 경우, 원래는 공시최고절차를 밟아 제권판결을 얻어 증서의 재발행을 통해 신주인수권증서로써 신주의 청약을 해야 하지만 공시최고기간(3개월)과 신주인수권증서가 유통되는 기간(약 2주간)까지의 기간을 비교해 볼 때 이는 비현실적이므로 주식청약서에 의해 청약을 할 수 있도록 하고 있다(제420조의4 제2항). 따라서 신주인수권증서를 상실한 경우에도 공시최고와 제권판결이 인정되지 않는다. 이 점 유의하기 바란다.

(7) 신주인수권의 전자등록

신주인수권증서의 발행에 갈음하여 정관으로 정하는 바에 따라 전자등록기관의 전자등록부에 신주인수권을 등록할 수 있으며(제420조의4 전문), 전자등록을 하면 주권을 전자등록한 때와 마찬가지로 신주인수권의 등록에 의해 권리추정력이 생기고, 신주인수권의 양도는 등록에 의하여야 한다(제420조의4 후문).

8. 신주인수권의 양도

(1) 의의

추상적 신주인수권은 주주 또는 제3자의 지위의 일부로서 양도가 불가능하지만, 구체적 신주인수권은 독립된 채권적 권리로서 이론상 양도가 가능하다.

신주인수권은 배정기준일과 청약일의 간격을 최단기로 잡는다 하더라도 현행법상 2주간의 시차가 나게 되어 있으므로(제419조 제3항), 그 기간 동안 양도할 실익이 있다. 또한 신주의 인수는 사실상 신주인수권자에게 출자를 강요하는 셈이 되어 신주의 인수권자에게는 경제적 부담을 준다. 그런 이유로 상법은 신주인수권자가 이를 환가하여 신주의 발행가액과 시가와의 차액을 획득할 수 있도록 신주인수권의 양도를 허용하고 있다.

(2) 양도성 부여의 임의성

상법은 정관의 규정으로 또는 이사회가 신주발행사항의 하나로 주주가 가지는 신주인수권을 양도할 수 있는 것에 관한 사항을 정할 수 있도록 하였다(제416조 제5호). 정관의 규정에 의하여 주주총회가 신주발행을 결정할 때에는 양도에 관한 사항도 주주총회가 정한다.

신주인수권을 양도할 수 있다는 뜻은 임의로 정할 수 있다. 따라서 이를 정하지 아니할 수도 있다. 발행사항으로 신주인수권의 양도를 정한 경우 신주인수권증서도 발행해야 하는 등 회사로서는 사무처리에 부담이 늘어나므로 양도의 가부를 회사 자율에 맡긴 것이다.

(3) 양도성의 범위와 방법

기존주주의 신주인수권만 양도성이 인정된다. 이사회가 신주인수권을 양도할 수 있음을 정한 경우에는 회사는 신주인수권증서를 발행할 것이므로, **이 경우 신주인수권의 양도는 회사가 발행한 "신주인수권증서의 교부"에 의해서만 할 수 있다**(제420조의3 제1항).

한편, 신주인수권부사채권자는 신주인수권만을 따로 양도할 수 있다(제516조의2 제2항 4호). **신주인수권부사채권자의 신주인수권은 "신주인수권증권의 교부"에 의하여 양도하여야 한다**(제516조의6 제1항).

(4) 이사회의 정함이 없는 경우의 양도성

상법 제416조 제5호에서 이사회의 결의로 신주인수권을 양도할 수 있음을 정할 수 있다고 한 것의 의미는 회사의 편의에 따라 신주인수권의 양도를 신주인수권증서의 발행에 의해 정형적으로 규율할 수도 있고, 그렇게 하지 않을 수도 있다는 뜻으로 보아야 한다.

신주인수권의 양도에 관한 이사회의 정함이 없더라도 신주인수권을 양도할 수 있다고 해석해야 한다. **이 경우 신주인수권증서가 없으므로 지명채권양도의 방법과 효력으로 신주인수권을 양도할 수 있다**(대법원 1995.5.23.선고, 94다36421판결).

Ⅲ 신주발행절차

1. 의의

신주발행은 다음과 같은 절차에 의해 진행된다. 신주발행절차는 주식회사의 설립절차와 유사하다. 따라서 제2장에서 공부했던 주식회사의 설립절차와의 공통점과 차이점에 초점을 두고 공부하기 바란다.

신주발행의 절차

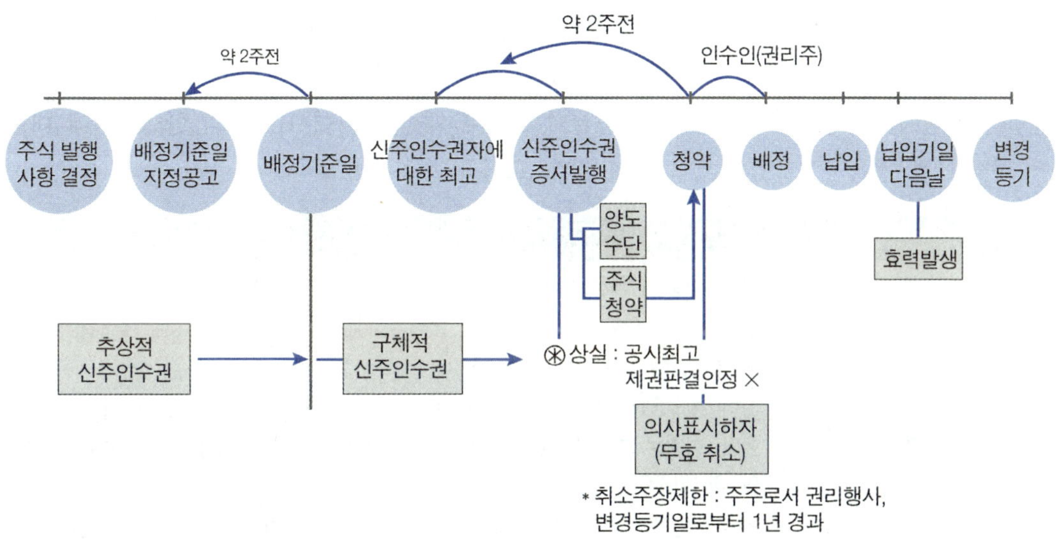

2. 신주발행사항의 결정

(1) 결정기관

통상의 신주발행에 관한 사항은 **원칙적으로 이사회가 결정한다**(제416조 본문). 신주발행은 주주에게 중대한 이해가 걸린 사항이므로 정관에 규정을 두어 주주총회의 결의사항으로 할 수도 있다(제416조 단서).

(2) 결정사항

신주를 발행하는 경우 이사회 또는 주주총회에서는 다음의 사항을 결정하여야 한다.

① 신주의 종류와 수(제1호)
② 신주의 발행가액과 납입기일(제2호)
③ 자본금 계상액(제2호의2)
④ 신주의 배정방식(제3호)
⑤ 현물출자에 관한 사항(제4호)
⑥ 주주가 가지는 신주인수권을 양도할 수 있는 것에 관한 사항(제5호)
⑦ 주주의 청구가 있는 때에만 신주인수권증서를 발행한다는 것과 그 청구기간(제6호)

(3) 액면미달발행(할인발행)

회사의 실적부진이나 시장의 침체로 신주에 대한 투자자의 수요가 낮을 경우 액면가액을 고집한다면 청약이 발행주식수에 미달하여 자금조달에 실패할 수 있다. 그러므로 원만한 자금조달을 위해서는 액면가액을 하회하는 가액으로 주식을 발행해야 할 경우도 있다. 그런 이유로 상법은 액면미달발행을 허용하되, 자본충실의 원칙에 대한 고려에서 주식의 할인발행에 대한 엄격한 제한규정을 두고 있으며, 다음과 같은 요건을 충족해야 한다.

할인발행의 요건	내용
① 회사성립 후 2년 경과	할인발행을 위해서는 회사성립 후 2년이 경과하여야 한다.
② 주주총회의 특별결의	할인발행을 위해서는 주주총회의 특별결의에 의하여야 한다. 이때 특별결의에서는 최저발행가액을 정하여야 한다.
③ 법원의 인가	할인발행은 자본충실에 해가 될 염려가 있으므로 반드시 법원의 인가를 얻어야 한다. 법원은 회사의 현황과 제반사정을 참작하여 최저발행가액을 변경하여 인가할 수 있다.
④ 발행시기	법원의 인가를 얻은 날로부터 1월 내에 발행하여야 하며, 법원은 이 기간을 연장하여 인가할 수 있다

3. 배정기준일의 지정공고

회사는 신주배정기준일을 정하여 그 날의 주주명부에 기재된 주주가 신주인수권을 가진다는 뜻을 그 날의 2주 전에 공고하여야 한다(제418조 제3항 본문).

신주인수권을 양도할 수 있음을 정한 경우에는 그 뜻도 같이 공고한다. 배정일이 주주명부폐쇄기간 중인 때에는 그 폐쇄기간의 초일의 2주 전에 공고하여야 한다(제418조 제3항).

4. 배정기준일의 도래

배정기준일은 기존주주의 신주인수권을 확정하는 일정한 날을 말한다. 배정기준일 전에 기존주주가 가지고 있던 추상적 신주인수권은 배정기준일의 도래로 인해 구체적 신주인수권으로 전환된다. 구체적 신주인수권은 주주권과는 독립된 채권적 권리로 양도가 가능하다.

5. 신주인수권자에 대한 최고

회사는 청약일을 정하고 그 기일의 2주 전에 신주인수권자에게 ① 신주인수권자가 인수권을 가지는 주식의 종류와 수, ② 청약일까지 주식인수의 청약을 하지 아니하면 그 권리를 잃는다는 뜻을 통지해야 하며, ③ 신주인수권을 양도할 수 있는 것에 관한 사항과 주주의 청구에 의하여 신주인수권증서를 발행한다는 사항을 정한 때(제416조 제5호·제6호)에는 그 사항도 통지해야 한다(제419조 제1항·제3항).

청약일까지 신주인수권자가 청약을 하지 아니하면 신주인수권을 상실하게 된다(제419조 제4항). 따라서 청약을 하지 않은 경우에는 이른바 실권주가 생긴다.

6. 신주인수권증서의 발행

신주인수권증서는 이사회가 신주의 발행사항으로 주주의 신주인수권을 양도할 수 있음을 정한 경우에 한하여 발행한다. 상법은 역시 발행사항의 하나로 주주의 청구가 있는 때에만 신주인수권증서를 발행한다는 뜻과 그 청구기간을 정할 수 있다(제416조 제5호).

자세한 내용은 이미 살펴본 것이므로 그 부분을 참고하기 바란다.

7. 신주의 인수

(1) 의의

회사설립시와 마찬가지로 주식의 청약과 배정에 의해 주식인수가 이루어진다. 그 법적 성질은 입사계약이다. 만일 주식인수인이 청약을 하지 않는 경우에는 그 청약은 당연히 효력을 상실하게 된다.

(2) 청약

이사는 주식청약서를 작성하여야 하고, 주식을 인수하고자 하는 자는 이 주식청약서에 의하여 청약하여야 함은 모집설립의 경우와 같다. 다만 전술한 바와 같이 신주인수권증서를 발행한 경우에는 주식청약서에 의한 청약은 인정되지 아니하며, 신주인수권증서에 의해 청약하여야 한다(제420조의5 제1항).

(3) 배정

이사가 배정하는데(제421조), 주주이든 제3자이든 이미 신주인수권을 가지고 있는 자에 대해서는 이사의 재량에 의한 배정은 있을 수 없다. 그러나 일반주주를 공모하는 부분에 대해서는 이사가 자유롭게 재량으로 배정할 수 있다. 이 점은 주식회사 설립시 공모분에 대해 발기인이 배정자유의 원칙에 따라 배정할 수 있는 점과 같다.

(4) 주식인수의 하자주장

① 하자의 효과

신주의 인수는 주주와 회사 간의 법률행위이므로 인수인이나 회사의 의사표시상의 하자, 무권대리 등으로 무효가 되거나 취소할 수 있음은 물론이다. 신주발행은 전액 확정주의를 취하지 않는 관계로 개별적인 신주인수가 무효·취소되더라도 나머지 유효하게 인수된 부분만으로 신주발행의 효과가 생기고 또한 이사가 인수담보책임을 지므로 신주발행 전체가 무효로 되지는 않는다.

② 하자의 주장제한

신주를 인수한 자는 신주발행으로 인한 변경등기를 한 날로부터 1년을 경과하거나, 그 이전이라도 주주권을 행사한 때에는 주식청약서 또는 신주인수권증서의 요건흠결을 이유로 하여 인수의 무효를 주장하거나, 사기·강박·착오를 이유로 인수를 취소하지 못한다(제427조).

③ 하자의 주장방법

신주발행무효의 소(제429조)와는 별도로 일반 민사소송절차로서 특정인의 주식인수의 무효를 주장하는 것은 허용되지 않는다(서울고법 1987.4.2.선고, 86나3445판결). 신주의 인수인은 자신의 인수행위의 무효를 신주발행무효의 소로써만 다툴 수 있다.

8. 출자

(1) 의의

출자란 신주발행시 신주를 배정받은 인수인이 그 인수대금을 납입하는 것을 말한다. 인수대금의 납입방식으로는 금전납입과 현물출자의 방법이 모두 인정된다. 이 점에서 주식회사의 설립의 경우와 같다. 다만, 현물출자는 정관의 상대적 기재사항이 아니고, 이사회의 결의에 의할 수 있는 점에서 커다란 차이를 보인다.

(2) 금전의 납입

① 납입의무

신주의 인수인은 인수가액을 납입할 의무를 지며, 이사는 신주인수인으로 하여금 그 배정한 주식 수에 따라 납입기일에 그 인수한 각 주식에 대한 인수가액의 전액을 납입시켜야 한다(제425조).

② 납입의 방법

납입에 의해 증가되는 자본의 실체가 구비되므로 구체적인 납입방법은 자본충실의 원칙에 부합해야 한다. 그러므로 회사가 주주의 납입의무를 대신하여 이행하는 것은 허용될 수 없고(대법원 1963.10.22.선고, 63다494판결), 대물변제나 경개가 허용되지 않는다.

어음·수표로 납입하는 경우에는 지급인에 의해 지급되어야만 유효한 납입이 있는 것으로 본다.

③ 미납입시 처리방법

신주의 인수인이 납입기일에 납입하지 아니한 때에는 인수인으로서의 권리를 잃는다(제423조 제2항). **회사설립의 경우와는 달리 신주발행시에는 실권절차를 밟을 필요 없이 납입기일의 경과로 당연히 실권한다.** 따라서 미납입으로 인한 이사의 납입담보책임은 발생할 여지가 없다. 이 점이 주식회사의 설립시 발기인이 납입담보책임을 지는 것과 커다란 차이가 있다.

④ 납입에 대한 상계

신주의 인수인이 회사에 대해 이행기가 도래한 금전채권을 가지고 있더라도 **"회사의 동의가 없는 경우"에는 주금의 납입과 상계할 수 없다**(제421조 제2항). 따라서 회사의 동의가 있는 경우에만 납입에 대한 상계가 가능하다. 이 점 유의하기 바란다.

(3) 현물출자

① 의의

신주발행시 신주의 인수인이 금전을 납입하지 않고 그 밖의 재산으로 납입에 갈음하는 것을 현물출자라고 한다. **신주발행시 현물출자는 ① 이사회의 결의에 의하며, ② 원칙적으로 법원이 선임한 검사인의 조사를 거쳐야 한다.** 이 점에서 주식회사의 설립시 현물출자가 정관에 기재한 경우에만 그 효력이 발생하는 것과 커다란 차이가 있다.

② 검사인 등의 조사

현물출자가 있는 경우 이사는 이를 조사하게 하기 위하여 법원에 검사인의 선임을 청구하여야 한다(제422조 제1항). 검사인의 조사는 공인된 감정인의 감정으로 갈음할 수 있다(동항 단서). 법원은 검사인의 보고서 또는 감정인의 감정결과를 심사하여 현물출자가 부당하다고 인정한 때에는 이를 변경하여 이사와 현물출자자에게 통고할 수 있다(제422조 제3항).

③ 검사인 등의 조사를 거치지 않은 경우의 효력

신주발행시 현물출자는 원칙적으로 검사인 등의 조사를 거쳐야 한다. 그러나 검사인 등의 조사를 거치지 않은 경우에 현물출자의 효력이 문제되는데, 판례는 **현물출자에 관하여 이와 같은 검사절차를 거치지 않더라도 신주발행이 무효가 되는 것은 아니라고 본다**(대법원 1980.2.12.선고, 79다509판결).

④ 현물출자에 대한 검사의 면제

현물출자를 하더라도 소규모에 그쳐 자본충실을 해할 위험이 크지 않거나, 시세가 존재하는 등 출자가액의 평가가 불공정해질 염려가 없는 경우에는 검사를 면제한다. 면제되는 사유는 다음과 같다(제422조 제2항).

구분	검사인 등의 조사가 면제되는 경우
㉠ 소액출자의 경우	현물출자의 목적재산의 가액이 자본금의 5분의 1 이하이고 시행령으로 정하는 금액(5천만원)을 초과하지 아니하는 경우
㉡ 시세와의 균형	현물출자의 목적 재산이 거래소의 시세 있는 유가증권인 경우에는 이사회가 정한 평가액이 시행령으로 정한 방법으로 산정된 시세를 초과하지 아니하는 경우
㉢ 출자전환의 경우	회사에 대한 변제기에 이른 금전채권을 출자의 목적으로 하는 경우로서 그 가액이 회사의 장부가를 초과하지 아니하는 경우

(4) 실권주와 단주의 처리

실권주는 신주인수권자가 청약을 하지 아니하여 생기기도 하고(제419조 제4항), 신주인수인이 납입기일에 납입을 하지 아니한 경우에도 생긴다(제423조 제2항). 신주발행시에는 자본금의 전액확정을 요구하지 않으므로 실권주와 단주는 미발행부분으로 유보하더라도 관계 없으나, 이사회결의로 제3자에게 배정할 수도 있다. 이 경우 발행조건을 변경할 필요는 없다(대법원 2009.5.29.선고, 2007도4949판결).

9. 신주의 효력발생

(1) 의의

신주의 인수인은 납입 또는 현물출자의 이행을 한 때에는 **"납입기일의 다음 날"부터 신주의 주주가 되며, 주주의 권리의무가 있다**(제423조 제1항). 이에 따라 신주인수인의 지위, 즉 권리주의 상태가 종식되고(제425조 제1항), 주식의 양도가 가능하나 주권을 발행하기 전에는 상법 제335조 제3항의 양도제한을 받는다. 이 날로부터 회사는 지체 없이 주권을 발행하여야 한다(제355조 제1항).

(2) 이익배당의 효력발생

납입기일의 다음 날로부터 신주의 효력이 발생하는 결과, 그 날이 속하는 영업 연도의 이익배당에 신주의 주주도 참여하게 된다. 이때 이익배당에 대한 일할계산의 시비를 방지하기 위하여 **상법은 정관에 규정을 두어 "직전 영업 연도 말"에 신주가 발행된 것으로 보아 구주식과 동일한 배당을 받을 수 있도록 하고 있다**(제423조 제1항 후단).

10. 변경등기

신주발행으로 인해 등기사항인 자본금의 총액과 발행주식의 총수가 증가하므로 변경등기를 하여야 한다(제317조 제2항 제2호·제3호).

Ⅳ 신주발행과 관련한 그 밖의 문제

1. 이사의 자본충실책임(인수담보책임only)

(1) 의의

신주발행으로 인한 변경등기가 있은 후에 아직 인수되지 아니한 주식이 있거나 주식청약이 취소된 때에는 이에 대해 이사가 공동으로 인수한 것으로 본다(제428조 제1항). 이를 이사의 자본충실책임이라고 하며, 구체적으로는 인수담보책임이라고 한다.

(2) 발기인의 자본충실책임과 비교

발기인은 회사설립시에 설립등기 후에도 불구하고 주식이 인수되지 않았거나 주식인수가 취소된 경우에는 인수담보책임을 부담하고, 납입이 완료되지 않은 주식에 대해서는 납입담보책임을 진다. 그에 반해 이사는 자본충실책임으로 인수담보책임만을 부담할 뿐, 납입담보책임은 부담하지 않는다. 그 이유는 신주발행시에는 납입기일에 납입이 되지 않으면 실권되므로 이 부분은 인수가 되지 않은 것으로 취급하기 때문이다(제423조 제2항).

(3) 책임의 성격

이사는 인수담보책임에 의해 인수가 의제되므로 인수를 위한 의사표시가 필요하지 않고 바로 납입의무가 발생한다는 점에서 무과실책임이고 총주주의 동의로도 면제가 불가능한 점에서 발기인의 인수담보책임과 같다. 그 밖에 회사에 손해가 발생하면 인수담보책임과는 별개로 이사에 대해 손해배상을 청구할 수 있는 경우도 있다(제428조 제2항).

자본충실책임의 비교

구분	발기인의 자본충실책임	이사의 자본충실책임
발생시기	주식회사의 설립시	설립 후 신주발행시
자본충실책임의 범위	① 인수담보책임 ② 납입담보책임	인수담보책임에 한정됨
책임의 성격	무과실책임	무과실책임

2. 불공정한 가액으로 인수한 자의 책임

(1) 의의

이사와 통모하여 현저하게 불공정한 발행가액으로 주식을 인수한 자는 회사에 대하여 공정한 발행가액과의 차액에 상당한 금액을 지급할 의무가 있다(제424조의2 제1항).

이사가 특정 주주 또는 제3자에게 불공정한 발행가로 주식을 인수하게 한다면 다른 주주들이 보유하는 주식의 순자산가치를 희석시키므로, 어떤 형태로든 회사와 주주의 손실을 보전해 주어야 할 것이다. 물론 이사는 회사 또는 다른 주주들에게 손해배상책임을 지며(제399조, 제401조), 신주의 인수인도 요건이 충족된다면 불법행위로 인한 손해배상책임을 지겠지만, 이는 간접적 전보방법일 뿐이다. 그런 이유에서 상법은 회사가 직접 신주인수인을 상대로 출자의무에 기초한 지급책임을 물을 수 있는 길을 마련한 것이 본 규정이다.

(2) 요건

불공정한 가액으로 신주를 인수한 자의 책임이 적용되기 위해서는 다음의 요건을 충족해야 한다.

적용요건	내용
주식인수인과 이사의 통모	본조의 책임이 적용되기 위해서는 신주의 인수인이 이사와 통모하였어야 한다.
현저히 불공정한 가액으로 주식의 인수	이사와 통모하여 공정한 발행가액 보다 현저히 낮은 가액으로 신주를 인수하였어야 한다.

(3) 이사의 책임

인수인의 책임은 이사가 임무해태로 인해 회사에 대해 지는 손해배상책임(제399조), 주주에 대한 책임(제401조)에 영향을 미치지 아니한다(제424조의2 제3항). 따라서 이사는 특정 주주 또는 제3자에게 불공정한 발행가로 주식을 인수하게 한 것이므로 이사는 회사 또는 다른 주주들에게 손해배상책임을 부담하여야 한다.

(4) 신주인수인의 책임

① 책임의 범위

불공정한 가액으로 신주를 인수한 자는 공정한 가액과의 차액에 상당한 금액을 회사에 지급하여야 한다. 인수인의 책임은 자본충실을 위한 추가적 출자의무가 되므로 유한책임원칙의 예외를 이룬다.

인수인의 책임이 되는 금액은 공정한 가액과 인수가액의 차액이 될 것이며, 인수인으로부터 지급받은 차액은 성질상 자본준비금으로 적립하여야 한다(제459조 제1항).

② 대표소송의 제기

인수인의 책임은 회사에 대한 책임이므로 그 책임의 추궁도 회사가 하여야 한다. 이때 **신주인수인의 책임추궁을 회사가 게을리 한 경우에는 의결권 없는 주식을 포함한 발행주식총수의 100분의 1 이상의 소수주주가 대표소송을 제기할 수 있다**(제424조의2 제2항).

3. 신주발행유지청구권

(1) 의의

회사가 법령 또는 정관에 위반하거나 현저하게 불공정한 방법에 의하여 신주를 발행함으로써 주주가 불이익을 받을 염려가 있는 경우에는 그 주주는 회사에 대하여 신주의 발행을 유지할 것을 청구할 수 있다(제424조). 신주발행유지청구권은 현 주주의 비례적 이익에 중대한 영향을 미치므로 회사의 위법·불공정한 신주발행에 대해 개별주주의 이익을 보호하기 위하여 둔 제도이다.

(2) 유지청구권의 비교

신주발행유지청구권은 일정한 행위를 사전에 저지하기 위하여 주주에게 인정된 권리라는 점에서 상법 제402조가 정하는 위법행위유지청구권과 같다. 그러나 그 행사요건에 있어서는 커다란 차이가 있다. 이를 요약하면 다음과 같다.

유지청구권의 비교

구분	신주발행유지청구권	위법행위유지청구권
청구권자	주주(단독주주)	① 소수주주(1/100이상) ② 감사
권리의 특징	사전적 권리	사전적 권리
청구의 사유	① 신주발행이 법령 또는 정관에 위반한 경우 ② 신주발행이 현저히 불공정한 경우	이사가 법령 또는 정관에 위반한 행위를 한 경우
손해염려의 대상	주주가 불이익을 받을 염려	회사에 회복할 수 없는 손해 염려
권리의 성격	자익권	공익권

(3) 유지청구권의 요건

신주발행의 유지청구권이 인정되기 위해서는 다음의 요건이 충족되어야 한다.

적용요건	내용
① 신주발행의 위법·불공정	회사가 법령·정관에 위반하거나 현저하게 불공정한 방법에 의해 신주를 발행하였어야 한다
② 주주의 불이익 염려	신주발행이 위법·불공정하여 그로 인해 특정주주가 불이익을 받을 염려가 있어야 한다

(4) 유지청구의 당사자

불이익을 받을 염려가 있는 주주가 회사에 대하여 청구한다(제424조). 그러므로 단독주주도 가능하며, 신주인수권의 유무, 의결권의 유무를 따지지 않는다. 다만, 제3자의 유지청구권은 인정되지 아니한다.

(5) 유지청구의 방법 및 시기

청구의 방법에 관해 특별한 규정이 없으므로 상법 제402조의 유지청구에서와 마찬가지로 소

이외의 의사표시로도 할 수 있고, 소를 제기할 수도 있으며, 가처분을 구하여 실효성을 확보할 수도 있다. 유지청구는 신주의 효력이 발생하기 전, 즉 납입기일까지는 해야 한다.

(6) 유지청구의 효과

① 유지 여부의 결정

주주가 유지청구를 하더라도 발행절차에 직접 영향을 주지는 않는다. 다만 회사가 유지청구를 받았을 때에는 신주발행의 위법·불공정 여부를 심사할 주의의무를 진다. 유지의 여부는 이사회에서 결정하여야 한다.

② 수용한 경우의 효과

위법·불공정함에도 불구하고 신주발행을 완료한 경우, 대표이사 등에게 중과실이 있다고 해야 할 것이므로, 이를 이유로 주주가 회사를 상대로 손해배상을 청구하거나 이사의 제3자에 대한 책임(제401조)을 물어 손해배상을 청구할 수 있다. 이로 인해 회사에 손해가 생겼다면 대표이사 등이 회사에 대하여 손해배상책임을 져야 함은 물론이다(제399조).

③ 수용하지 않은 경우의 효과

유지청구에 응하지 아니하였다 하여 신주발행이 무효가 되는 것은 아니다(서울고법 1977.4.7. 선고, 76나2887판결). 위법·불공정하지 않음에도 신주발행을 유지한 경우에는 역시 대표이사 등에게 과실이 있다고 보아야 할 것이므로 이로 인해 회사에 손해가 발생하면 이사들은 회사에 대하여 손해배상책임을 진다(제399조).

4. 신주발행무효의 소

(1) 의의

신주발행의 내용이나 절차에 하자가 있다고 하더라도 이를 집단적·획일적으로 해결하여 신주에 관련된 법률관계의 안정을 기할 필요가 있다. 그런 이유로 상법은 신주발행의 하자는 신주발행무효의 소에 의해서만 주장하게 하고(제429조), 무효 판결에 대세적 효력을 인정하는 한편 소급효를 제한하는 등 특수한 효과를 부여하고 있다.

신주발행무효의 소는 형성의 소로써 상법상 신주발행의 효력을 다투는 유일한 방법이다. 신주발행의 무효는 후술하는 신주발행의 부존재와는 구별하여야 한다.

(2) 제소사유

① 수권자본제도 위반

발행예정주식총수를 초과한 경우, 정관에서 인정하지 아니한 종류주식을 발행한 경우에는 무효원인이 된다.

이사회결의 없이 대표이사가 신주를 발행한 경우에도 이사회결의는 회사에 내부적인 의사결정에 불과하므로 신주발행의 효력에는 영향이 없다(대법원 2007.2.22.선고, 2005다77060판결). 그러나 주주총회의 하자 있는 결의에 의해 선임된 이사들이 신주발행을 결의한 흠에 추가하여 신주인수권을 무시하고 이루어진 신주발행의 사안에서는 이사회결의의 흠도 중대한 하자라 하며 신주발행무효의 소의 원인으로 보고 있다(대법원 2010.4.29.선고, 2008다65860판결).

② 자본충실의 위반

필요한 절차를 거치지 않고 액면미달의 할인발행을 한 것은 신주발행무효의 소의 원인이 된다. 또한 회사가 자기가 발행하는 신주를 자기의 계산으로 인수하는 경우, 또는 인수자에게 인수자금을 대여함으로써 실질적으로 자기의 계산과 동일한 방법으로 인수하게 하는 것은 자본의 유입이 없으므로 그 신주발행은 무효이다(대법원 2003.5.16.선고, 2001다44109판결).

그러나 현물출자에 관하여 검사인 또는 감정인의 조사절차를 거치지 않더라도 신주발행이 무효가 되는 것은 아니라고 본다(대법원 1980.2.12.선고, 79다509판결).

③ 신주인수권의 침해

주주의 신주인수권을 부당하게 무시하고 신주발행을 한 경우 그 침해로 인하여 주주가 회사 지배구조에 대해 갖는 비례적 이익을 침해하여 회사의 지배구조의 영향력에 변동을 주는 경우에는 신주발행무효의 소의 원인이 된다. 그러나 제3자의 신주인수권을 부당하게 무시하고 침해한 경우에는 신주발행무효의 소의 원인이 될 수 없다.

신주인수권의 침해가 특정주주에 국한된 경우라도 그 주주가 자기의 인수권을 확보하기 위하여 회사를 상대로 개별적인 이행의 소를 제기하는 것은 허용되지 아니한다(서울고법 1987.4.2.선고, 86나3345판결). 그러므로 그 주주는 신주발행무효의 소를 제기하여 신주발행 전체의 효력을 다투어야 한다.

(3) 무효판결의 엄격성

판례는 신주인수권 등의 침해가 있더라도 무효 판결을 자제하는 경향이 있다. 신주인수권의 보호 및 거래안전에 대한 고려 때문이다. 그리하여 판례는 거래의 안전을 고려하더라도 도저히 묵과할 수 없는 정도의 주식회사의 본질, 회사법의 기본원칙에 반하거나 주주의 이익과 경영권에 중대한 영향을 미치는 경우에 한해 무효 판결을 내릴 수 있다는 입장을 취하고 있다(대법원 2010.4.29.선고, 2008다65860판결). 전환사채나 신주인수권부사채에 대해서도 이와 같은 논리를 펴고 있다.

(4) 제소권자와 제소기간

신주발행무효의 소는 주주, 이사, 감사에 한하여 제기할 수 있으며(제429조), 회사를 피고로 한다. 주주는 주주명부에 명의개서를 마친 주주에 한하여 제소할 수 있다(대법원 2003.2.26.선고, 2000다42786판결).

신주발행무효의 소는 신주를 발행한 날로부터 6월 내에 제기하여야 한다(제429조). 신주를 발행한 날이란 신주발행의 효력발생일, 즉 납입기일의 다음 날을 뜻한다(제423조 제1항).

이때 6월 내에 제소하여야 한다고 함은 제소기간을 제한하는 뜻만 아니라 6월 내에 제기한 후 6월 이후에 새로운 무효원인을 청구원인으로 추가할 수 없다는 뜻도 포함하는 것으로 해석하여야 한다(대법원 2004.6.25.선고, 2000다37326판결).

(5) 판결의 효력

① 대세적효력·불소급효

신주발행무효의 판결은 제3자에게도 효력이 미친다(제430조). 또한 신주발행무효의 판결이 확정된 때에는 신주는 장래에 대하여 그 효력을 잃는다(제431조 제1항). 판결의 효력은 장래에 대해서만 미치므로 신주발행의 유효를 전제로 그 이후 판결시까지 이루어진 모든 행위는 유효하다.

② 원고패소 판결의 효과

원고가 패소한 경우에는 악의 또는 중대한 과실이 있는 경우에 한하여 손해배상책임을 부담한다(제430조).

③ 무효판결 후의 효력

무효 판결이 확정된 때에는 회사는 지체 없이 그 뜻과 일정한 기간 내에 신주의 주권을 회사에 제출할 것을 공고하고 주주명부에 기재된 주주와 질권자에 대하여는 각별로 통지하여야 한다(제431조 제2항 본문). 그 기간은 3월 이상으로 정하여야 한다(제431조 제2항 단서).

5. 신주발행의 부존재

(1) 의의

판례에서는 신주발행의 부존재란 개념을 인정한다. 신주발행의 실체가 전혀 존재하지 아니하는데, 신주발행의 변경등기가 있는 등 신주발행의 외관만 존재하는 경우, 이를 신주발행의 부존재라 한다.

(2) 원인

신주발행의 실체가 없이 신주가 발행된 것과 같은 외관만이 존재해야 한다. 예컨대 신주발행을 위한 절차가 전혀 취해진 바 없거나, 신주발행의 결의가 있더라도 실제 주식의 인수·납입과 같은 실체적 요소가 따르지 아니한 채 증자의 변경등기가 되어 있는 경우, 주주 아닌 자들이 이사를 선임하여 이사회와 대표이사를 구성하고 이들이 신주발행절차를 밟은 경우(대법원 1989.7.25.선고, 87다카2316판결) 등이 있다.

(3) 효력

신주발행의 부존재는 상법 제429조에 의한 주장자·주장방법·주장시기의 제한을 받지 아니한다. 따라서 누구라도, 어느 때, 어떠한 방법으로든지 부존재를 주장할 수 있다. 소로써 주장하고자 할 때에는 일반 확인의 소로써 부존재확인의 소를 제기할 수 있으며, 그 판결의 효력은 대세적 효력이 없고 소급효도 제한되지 않는다(대법원 1989.7.25.선고, 87다카2316판결).

관련판례요약

신주발행유지청구권은 위법한 발행에 대한 사전 구제수단임에 반해 신주발행무효의 소는 사후에 이를 무효로 함으로써 거래의 안전과 법적 안정성을 해칠 위험이 큰 점을 고려할 때, 신주발행의 무효원인은 가급적 엄격하게 해석하여야 하고 따라서 법령이나 정관의 중대한 위반 또는 현저한 불공정이 있어 그것이 주식회사의 본질이나 회사법의 기본원칙에 반하거나 기존주주들의 이익과 회사의 경영권 내지 지배권에 중대한 영향을 미치는 경우로서 신주와 관련된 거래의 안전, 주주 기타 이해관계인의 이익 등을 고려하더라도 도저히 묵과할 수 없는 정도라고 평가되는 경우에 한하여 신주발행을 무효로 할 수 있을 것이다(대법원 2010.4.29.선고, 2008다65860판결)

제 3 절 자본금의 감소

I 의의

자본금의 감소란 자본금의 금액을 축소시키는 것을 말한다. 자본금은 회사의 설립을 위한 물적기초가 되고 기간손익 계산을 위한 기준이 된다. 그러므로 자본금은 회사의 재무지표를 나타냄과 동시에 자본금에 부합하는 실질적 자산을 보유하도록 노력해야 하는 규범적 기준이 된다. 그러므로 자본금을 감소하는 것은 이러한 규범적 기준을 낮추어 회사의 잠재적인 자금력과 사업능력을 축소하는 의미를 가지므로 주주의 이해관계에 중대한 영향을 미친다. 또한 자본금의 감소는 회사의 지급능력 내지는 책임재산을 감소시키는 요인이 되므로 채권자들이 밀접한 이해를 갖는다.

Ⅱ 감자의 구분

1. 실질감자와 명목감자

자본금이 감소함에 따라 순자산이 감소하는지 여부를 기준으로 실질감자와 명목감자로 구분한다. 실질감자란 자본금의 감소와 더불어 순자산도 함께 감소하는 것이고, 명목감자는 자본금은 감소하지만 순자산은 감소하지 않는 것이다. 이는 액면주식을 발행하는 경우에 생기는 분류방식이다.

2. 결손보전감자와 일반적 감자

실정법상 감자의 구분에서 보다 중요한 것은 결손보전을 위한 감자와 그 밖의 감자이다. 자본금감소를 실행함에 있어서 전혀 다른 절차에 의하여야 하기 때문이다.

결손보전을 위한 감자의 경우에는 주주총회의 보통결의로 족하고 채권자보호절차가 필요하지 않다. 그러나 일반적인 감자의 경우에는 주주총회의 특별결의와 채권자보호절차 등의 자본금감소절차를 반드시 거쳐야 한다.

Ⅲ 자본금감소의 보호법익

1. 주주의 보호절차

자본금감소가 지배주주의 이익에 편중하여 이루어질 때에는 소액주주의 이익이 침해될 소지가 있으므로 자본금의 감소를 할 때에는 주주평등의 원칙을 준수하여야 한다. 또한 자본금이 감소됨으로 인해 회사로부터 주주가 이미 출자한 금액에 대한 환급액이 줄어드는 결과 주주총회의 특별결의에 의한 승인이 필요하다(제438조 제1항). 다만 결손의 보전을 위한 자본금의 감소의 경우에는 주주총회의 보통결의에 의한다(제438조 제2항).

2. 채권자보호절차

실질적인 자본금감소(실질감자)를 하면 채권자에 대한 회사의 책임재산이 줄어들기 때문에 자본금감소에 있어서는 채권자보호도 주주 못지않게 중요한 과제이다. 한편, 명목상의 자본금감소(명목감자)는 순자산이 감소되지는 않지만 장차 회사가 자본충실의 원칙에 따라 적립하여야 할 순자산액의 규모를 축소시키므로 소극적인 의미에서 역시 책임재산의 감소를 초래한다. 그러므로 상법은 실질감자·명목감자를 불문하고 모두 채권자보호절차를 밟도록 하고 있다(제

439조 제1항 본문). **다만, 결손의 보전을 위해서 자본금을 감소하는 경우에는 채권자보호절차를 거칠 필요가 없다**(제439조 제1항 단서).

Ⅳ 자본금감소의 방법

1. 주식수의 감소

(1) 주식의 병합

주식의 병합은 여러 개의 주식을 합하여 그보다 적은 수의 주식을 발행하는 방법을 말한다. 주식의 병합은 상법상 자본금을 감소시키지 않고 단순히 주식수를 감소시키고 이에 비례하여 1주의 액면금액을 증가시키는 단순주식병합과 상법상 자본금을 감소시키는 방법으로 주식수를 감소시키는 자본금감소를 위한 주식병합으로 구분할 수 있다. 이때 단순주식병합의 경우에는 상법상 자본금이 감소되지 않으므로 채권자보호절차는 거칠 필요가 없지만 자본금감소를 위한 주식병합의 경우에는 주주총회특별결의와 채권자보호절차를 거쳐야 하는 점에서 차이가 있다.

(2) 주식의 소각

발생주식 중 일부를 소멸시키는 방법이다. 주식소각의 방법에는 소각에 동의한 주주의 주식에 대해서만 할 수 있는 임의소각과 그러한 동의와 관계없이 회사가 일방적으로 소각하는 강제소각, 그리고 주식의 소각에 따라 주주에게 대가를 지급하는 유상소각과 그 대가를 지급하지 않는 무상소각으로 구분할 수 있다. 다만 어느 경우에든 주주평등의 원칙이 지켜져야 함은 물론이다.

2. 액면가의 감액

발행주식수는 줄이지 않으면서 주식의 액면금액만을 낮추는 방법이다. 액면가는 균일하여야 하므로 액면가를 낮추는 방법으로 자본금을 감소할 때에는 모든 주주에게 평등하게 적용하여야 한다. 또한 1주의 액면금액은 정관의 절대적 기재사항이므로 이를 감소시키는 경우에는 정관변경의 절차도 추가로 필요하게 된다.

3. 양자의 병용

회사의 발행주식수를 감소하는 방법과 1주의 액면금액을 감소시키는 방법을 병용하여 자본금을 감소시킬 수도 있다. 예컨대 발행주식수 10,000주, 1주의 액면금액 5,000원, 상법상 자본금 5,000만원인 상태에서 상법상 자본금을 2,000만원으로 감소시키는 방법으로 발행주식수를 5,000주, 1주의 액면금액은 4,000원으로 하는 방법을 말한다. 물론 이때에는 10,000주의 주식수가 5,000주의 주식으로 줄어들기 때문에 주식병합의 방법으로 자본금감소가 이루어지게 된다.

V 자본금감소의 절차

1. 주주총회의 특별결의

자본금감소는 결손보전을 위한 경우(제438조 제2항)를 제외하고는 회사의 자본구조의 변동을 초래하여 주주의 투하자본의 감소를 가져오는 것이므로 원칙적으로 주주총회의 특별결의에 의해서만 할 수 있다(제438조 제1항). 주주총회를 소집함에는 의안의 요령도 통지하여야 한다(제438조 제2항). 자본금감소의 결의와 동시에 감소의 방법도 정하여야 한다.

이때 1주의 액면금액은 정관의 절대적 기재사항이므로 액면가를 감액하는 방법을 취할 때에는 정관변경을 요하지만 그 밖의 방법에 의할 때에는 정관변경을 할 필요가 없다.

2. 채권자보호절차

(1) 공고와 최고

회사는 자본감소의 결의일로부터 2주간 내에 회사채권자에 대하여 자본감소에 이의가 있으면 일정한 기간(1월 이상) 내에 이를 제출할 것을 공고하고, 알고 있는 채권자에 대하여는 따로 이를 최고하여야 한다(제439조 제2항, 제232조).

(2) 이의가 없는 경우

채권자가 이의제출기간(1월 이상) 내에 이의가 없으면 자본금감소를 승인한 것으로 보고 자본감소절차를 속행한다. 이때 자본금감소에 이의가 없는 자는 자본금감소를 승인한 것으로 보기 때문에 그 절차상 하자가 있는 경우에도 자본감소무효의 소를 제기할 수 없다.

(3) 이의가 있는 경우

채권자는 이의가 있는 경우에는 회사에 통지하여야 한다. 그 통지방법에는 특별한 방식을 요하지 않는다. 이의를 제출한 채권자에 대하여 회사는 채무를 변제하거나, 상당한 담보를 제공하거나 또는 이를 목적으로 상당한 재산을 신탁회사에 신탁하여야 한다(제439조 제2항). **이때 자본금 감소에 이의가 있는 채권자는 자본금감소를 승인하지 않은 것으로 보아 그 절차상 하**

자가 있는 경우에는 감자무효의 소를 제기할 수 있다.

3. 추가적 절차(주권제출절차)

(1) 주권제출을 위한 공고·통지

회사는 1월 이상의 기간을 정하여 그 뜻과 그 기간 내에 주권을 회사에 제출할 것을 공고하고, 주주 명부에 기재된 주주와 질권자에 대해서는 각별로 이를 통지하여야 한다(제440조).

(2) 주권제출의 효력발생

주주는 자신이 가지고 있는 주권을 회사에 제출하게 된다. 이때 주주의 주권제출은 그 방법과 시기가 달라 각각의 경우에 따라 그 효력을 발생시킨다면 회사의 사무처리의 번잡을 가져오게 되어 상법은 이를 획일적인 방법으로 처리하고 있다. 즉 주주의 주권제출기간(1월 이상)이 만료한 때에 그 효력이 발생하도록 하고 있다(제441조). 다만, 채권자의 이의제출기간도 회사가 정한 1월 이상의 기간이 되며, 주권제출기간도 회사가 정한 1월 이상의 기간이 되기 때문에 자본금 감소의 효력은 채권자보호절차와 주권제출기간이 모두 종료하는 때에 그 효력이 발생하는 점에 유의하여야 한다.

(3) 신주권의 교부

구주권을 제출한 주주에게 신주권을 교부한다. 주주 중에 구주권을 제출할 수 없는 자가 있는 때에는 회사는 그 자의 청구에 의하여 3월 이상의 기간을 정하고 이해관계에 대하여 그 주권에 이의가 있으면 그 기간 내에 제출할 것을 공고하고 그 기간이 경과하여도 이의가 없으면 신주권을 청구자에게 교부할 수 있다(제442조 제1항). 이때의 공고비용은 청구자의 부담으로 한다(제442조 제2항).

(4) 단주의 처리

병합에 적당하지 아니한 주식이 있는 때에는 그 병합에 적당하지 아니한 부분에 대하여 발행한 신주를 경매하여 그 대금을 주식 수에 따라 종전의 주주에게 지급하여야 한다. 이때 거래소의 시세 있는 주식은 거래소를 통하여 매각하고, 거래소의 시세가 없는 주식은 법원의 허가를 얻어 경매 외의 방법으로 매각할 수 있다(제443조).

(5) 변경등기

자본금의 금액은 등기사항이다(제317조 제1항 제2호). 따라서 자본금의 감소로 인하여 등기사항에 변동이 발생하게 되므로 이에 따른 변경등기를 하여야 한다. 다만, 자본금감소의 효력은 위에서 말한 채권자보호절차와 주권제출기간이 모두 종료한 때에 발생하는 것이지, 등기에 의해 효력이 발생하는 것이 아님에 특히 유의하여야 한다.

(6) 부수적 효과

액면가액이 감액되더라도 주식의 동일성이 달라지는 것은 아니므로 질권에는 영향이 없고 다만, 신주권과 교환하면 된다. 소각·병합으로 인해 받는 주식이나 금액에 대해서도 질권의 효력이 미치며, 등록질권자는 그 금전으로 우선하여 변제에 충당할 수 있다(제339조, 제340조). 그리고 주식의 소각이나 병합으로 인하여 발행주식수가 줄어드는데, 이 부분에 대하여 재발행은 허용되지 않는다.

Ⅵ 감자무효의 소

1. 의의

자본금감소무효의 소는 회사의 실질상·명목상의 자본금을 일정한 절차에 의하여 직접적으로 감소시킨다는 점에서 합병무효의 소와 유사한 면이 많다. 또한 자본금감소무효의 소는 신주발행무효의 소와 반대되는 현상이다. 이런 점을 고려하고 자본감소무효의 소를 살펴보아야 한다. 자본금 감소의 절차나 내용에 하자가 있을 경우에도 다른 회사법상 소에서와 마찬가지로 법률관계의 획일적 확정을 위하여 소로써만 그 하자를 주장할 수 있다.

2. 제소사유

자본금감소의 무효원인에는 ① 자본금감소를 위한 주주총회결의에 하자가 있는 경우, ② 채권자보호절차를 밟지 않은 경우, ③ 자본금감소의 방법 또는 기타 절차에 있어 주주평등의 원칙에 반하는 경우, ④ 기타 법령·정관에 위반하거나 현저하게 불공정한 경우 등이 있다.

3. 소의 절차

(1) 제소기간

제소기간은 자본금의 감소로 인한 “변경등기가 있은 날”부터 6월이다. 이 점이 신주발행무효의 소가 신주를 발행한 날(납입기일의 다음날)인 점과 차이를 보인다.

(2) 제소권자

제소권자는 주주·이사·감사·청산인·파산관재인·자본금의 감소를 승인하지 않은 채권자이다. 그러므로 제소권자만 놓고 본다면 합병무효의 소와 전혀 다를 바 없다. 기타 소의 관할, 소제기의 공고, 병합심리, 하자의 보완과 청구의 기각 등은 신주발행무효의 규정이 준용된다.

4. 판결의 효력

(1) 대세적 효력·소급효

원고가 승소하여 감자무효의 판결이 확정되면 제3자에 대해서도 판결의 효력이 미치지만, **회사법상 다른 소송과는 달리 판결의 효력이 소급한다**(제446조, 제190조 본문). 즉 자본금감소무효의 소는 판결의 효력에 소급효가 인정되는 점에 유의하기 바란다. 이 점이 회사법상 일반적인 소송과 다르며, 주주총회결의하자에 관한 4개의 소송과 같은 점이다.

(2) 원고패소의 효력

원고가 패소한 경우에는 악의 또는 중대한 과실이 있는 경우에 한해 회사에 대하여 연대하여 손해를 배상할 책임이 있다(제446조, 제191조).

신주발행무효의 소와 감자무효의 소

구분	감자무효의 소	신주발행무효의 소
제소사유	감자와 관련된 객관적 하자	신주발행과 관련된 객관적 하자
제소권자	주주, 이사, 감사, 청산인, 파산관재인, 자본금감소불승인채권자에 한해	주주, 이사, 감사에 한해
제소기간	변경등기일부터 6월 이내	신주를 발행한 날부터 6월 이내
판결의 효력	① 대세적 효력 ② 소급효	① 대세적 효력 ② 불소급효

관련판례요약

① 구체적 신주인수권은 주주권이 이전되더라도 이에 수반하여 이전되지 않는다(대법원 2010.2.25.선고, 2008다96963판결).

② 경영권의 분쟁에서 현 경영자의 지배권의 방어를 목적으로 하는 제3자 배정은 주주의 신주인수권을 침해하므로 무효이다(대법원 2009.1.30.선고, 2008다50776판결).

③ 주주의 신주인수권에 변동을 가져오는 현물출자는 정관의 규정 또는 이에 갈음하는 주주총회의 특별결의를 거쳐야 한다. 그러므로 현물출자시 이사회의 결의로 제3자에게 신주를 우선 배정할 수는 없다.(서울남부지법 2010.11.26.선고, 2010가합3538판결).

④ 신주인수권증서가 발행되지 않은 경우에는 지명채권양도의 방법과 효력으로 신주인수권을 양도할 수 있다(대법원 1995.5.23.선고, 94다36421판결).

⑤ 현물출자에 관하여 이와 같은 검사절차를 거치지 않더라도 신주발행이 무효가 되는 것은 아니다(대법원 1980.2.12.선고, 79다509판결).

⑥ 이사회결의 없이 대표이사가 신주를 발행한 경우에도 이사회결의는 회사의 내부적인 의사결정에 불과하므로 신주발행의 효력에는 영향이 없다(대법원 2007.2.22.선고, 2005다77060판결).

⑦ 신주발행의 부존재는 상법 제429조에 의한 주장자·주장방법·주장시기의 제한을 받지 아니한다. 따라서 누구라도, 어느 때, 어떠한 방법으로든지 부존재를 주장할 수 있다(대법원 1989.7.25.선고, 87다카2316판결).

실전연습문제

01 상법상 주식회사의 자본금에 관한 설명으로 옳지 않은 것은? 세무사 2016

① 회사설립시 자본금의 액은 설립등기사항이다.

② 회사의 자본금은 액면주식을 무액면주식으로 전환함으로써 변경할 수 있다.

③ 무액면주식을 발행하는 경우 회사의 자본금은 주식 발행가액의 2분의 1 이상의 금액으로서 이사회(상법이나 정관에서 주주총회로 정한 경우에는 주주총회)에서 자본금으로 계상하기로 한 금액의 총액으로 한다.

④ 액면주식을 발행하는 경우 회사의 자본금은 상법에서 달리 규정한 경우 외에는 발행주식의 액면총액으로 한다.

⑤ 신주의 발행으로 인한 변경등기가 있은 후에 아직 인수하지 아니한 주식이 있거나 주식인수의 청약이 취소된 때에는 이사가 이를 공동으로 인수한 것으로 본다.

해설 ② 회사는 정관의 규정에 의하여 액면주식의 전부를 무액면주식으로, 무액면주식의 전부를 액면주식으로 전환할 수 있다. 이때 액면주식을 무액면주식으로 전환하거나, 무액면주식을 액면주식으로 전환함으로써 회사의 자본금은 변경할 수 없다(제451조 제3항).

02 상법상 신주인수권에 관한 설명으로 옳지 않은 것은? 세무사 2014

① 회사가 보유하는 자기주식에 대하여는 신주인수권이 인정되지 않는다.

② 신주인수권증서가 발행된 경우 신주인수권의 양도는 증서의 교부에 의한다.

③ 제3자의 신주인수권이 무시되는 경우 제3자는 신주발행유지청구권을 행사할 수 있다.

④ 신주인수권증서는 주주의 신주인수권에 대해서만 발행할 수 있으며 제3자의 신주인수권에 대해서는 발행할 수 없다.

⑤ 판례에 의하면 회사가 정관이나 이사회의 결의로 주주의 신주인수권의 양도에 관한 사항을 결정하지 않았더라도 회사가 신주인수권의 양도를 승낙한 경우에는 회사에 대하여 효력이 있다.

해설 ③ 제3자의 신주인수권이 침해될 우려가 있는 경우에도 제3자는 신주발행유지청구권 또는 신주발행무효의 소를 제기할 수 없다. 그 이유는 제3자의 신주인수권이 침해된 경우 제3자는 주주가 될 수 없기 때문이다.

03 상법상 신주인수권에 관한 설명으로 옳지 않은 것은? 세무사 2015

① 주주가 가지는 신주인수권을 양도할 수 있는 것에 관한 사항은 정관에 다른 규정이 없는 한 원칙적으로 이사회가 결정한다.
② 신주배정일에 확정된 구체적 신주인수권의 경우 주식과 분리하여 신주인수권증서에 의해 양도할 수 없다.
③ 신주인수권증서를 상실한 자는 주식청약서에 의하여 주식의 청약을 할 수 있다.
④ 회사는 신주인수권증서를 발행하는 대신 정관으로 정하는 바에 따라 전자등록기관의 전자등록부에 신주인수권을 등록할 수 있다.
⑤ 회사는 신주인수권을 가진 자에 대하여 그 인수권을 가지는 주식의 종류 및 수와 일정한 기일까지 주식인수의 청약을 하지 아니하면 그 권리를 잃는다는 뜻을 통지하여야 한다.

해설 ② 신주배정일에 확정된 구체적 신주인수권은 주식과 분리되어 있는 독립한 채권적 권리로서 주식과 분리하여 양도할 수 있다. 이때 신주인수권증서가 발행된 경우에는 신주인수권증서의 교부에 의하여 양도하여야 하지만(제420조의3 제1항), 신주인수권증서가 발행되지 않은 경우에는 지명채권양도방식에 의하여 양도할 수 있다(대법원 1995.5.23.선고, 94다36421판결).

04 상법상 주식회사의 신주발행에 관한 설명으로 옳지 않은 것은? 세무사 2013

① 이사는 신주의 인수인으로 하여금 그 배정한 주식 수에 따라 납입기일에 그 인수한 주식에 대한 인수가액의 전액을 납입시켜야 한다.
② 신주의 인수인은 회사의 동의가 있는 경우에 인수한 주식의 납입채무와 그 회사에 대한 채권을 상계할 수 있다.
③ 신주발행 시 현물출자에 관한 사항은 이사회에서 정할 수 없고, 반드시 정관에 정함이 있어야 한다.
④ 현물출자의 목적인 재산의 가액이 자본금의 5분의 1을 초과하지 아니하고 5천만원을 초과하지 아니하는 경우에는 현물출자에 대한 검사를 생략할 수 있다.
⑤ 변제기가 돌아온 회사에 대한 금전채권을 출자의 목적으로 하는 경우로서 그 가액이 회사장부에 적혀 있는 가액을 초과하지 아니하는 경우 현물출자에 대한 검사를 생략할 수 있다.

해설 ③ 주식회사의 설립시 현물출자는 변태설립사항으로써 정관에 기재하여야만 그 효력이 인정된다. 그러나 신주발행시 현물출자에 관한 사항은 정관에 기재할 필요 없이 이사회의 결의만으로 가능하다(제422조 제1항). 회사설립시와 신주발행시의 현물출자에 대한 상법상 처리방법이 다르다. 다만, 회사설립시 또는 신주발행시에도 현물출자에 대해서는 원칙적으로 검사인의 조사를 거쳐야 하는 점은 같다.

01 ② 02 ③ 03 ② 04 ③ 정답

05 상법상 주식회사의 신주발행에 관한 설명으로 옳지 않은 것은? 세무사 2014

① 이사와 통모하여 현저하게 불공정한 발행가액으로 주식을 인수한 자의 책임은 주주의 대표소송으로 추궁할 수 있다.

② 주식인수인은 회사의 동의를 얻지 않으면 납입채무와 회사에 대한 채권을 상계할 수 없다.

③ 신주의 발행으로 인한 변경등기가 있은 후 아직 인수하지 아니한 주식이 있는 때에는 이사와 감사가 이를 공동으로 인수한 것으로 본다.

④ 신주의 발행으로 인한 변경등기를 한 날로부터 1년을 경과한 후에는 신주를 인수한 자는 주식청약서의 요건의 흠결을 이유로 그 인수의 무효를 주장하지 못한다.

⑤ 판례에 의하면 현물출자에 의해 신주가 발행된 경우 법원에 의해 선임된 검사인의 검사를 받지 않아도 신주발행 및 변경등기가 당연무효로 되지는 않는다.

해설 ③ 신주의 발행으로 인한 변경등기가 있은 후에 아직 인수되지 아니한 주식이 있는 경우에는 이를 이사가 공동으로 인수한 것으로 본다(제428조 제1항). 이를 이사의 인수담보책임이라고 한다. 그러므로 이사와 감사가 공동으로 인수하는 것이 아니다.

06 상법상 신주의 발행에 관한 설명으로 옳은 것은? 세무사 2015

① 액면미달의 발행을 하는 경우 주식의 최저발행가액은 이사회에서 결정한다.

② 신주의 인수인은 납입기일부터 주주의 권리의무가 있다.

③ 주주 외의 자에게 신주를 배정하는 경우 회사는 그 자에게 신주의 인수방법을 그 납입기일의 1주 전까지 통지하여야 한다.

④ 이사는 인수담보책임을 이행하더라도 그 이사의 회사에 대한 손해배상책임에는 영향을 미치지 아니한다.

⑤ 신주발행으로 인한 변경등기를 한 날로부터 1년을 경과한 후에도 신주를 인수한 자는 강박을 이유로 하여 그 인수를 취소할 수 있다.

해설 ① 액면미달의 발행을 하는 경우 주식의 최저발행가액은 주주총회의 특별결의로써 이를 정하여야 한다(제417조 제1항·제2항).

② 신주의 인수인은 "납입기일의 다음 날부터" 주주의 권리의무가 있다(제423조 제1항).

③ 주주 외의 자에게 신주를 배정하는 경우 회사는 그 자에게 신주의 인수방법을 그 납입기일의 2주 전까지 통지하여야 한다(제418조 제3항).

⑤ 신주발행으로 인한 변경등기를 한 날로부터 1년을 경과한 후에는 신주를 인수한 자는 주식청약서 또는 신주인수권증서의 요건흠결을 이유로 하여 그 인수의 무효를 주장하거나 사기, 강박 또는 착오를 이유로 하여 그 인수를 취소하지 못한다(제427조).

07 상법상 신주발행에 관한 설명으로 옳지 않은 것은? 세무사 2016

① 주식의 액면미달발행을 위한 주주총회의 결의에서는 주식의 최저발행가액을 정하여야 한다.

② 신주인수권증서가 발행된 경우 신주인수권의 양도는 신주인수권증서의 교부에 의하여서만 이를 행한다.

③ 이사와 통모하여 현저하게 불공정한 발행가액으로 주식을 인수한 자는 회사에 대하여 공정한 발행가액과의 차액에 상당한 금액을 지급할 의무가 있다.

④ 신주의 인수인은 회사의 동의가 있으면 인수한 주식에 대한 인수가액의 납입채무와 그 주식회사에 대한 채권을 상계할 수 있다.

⑤ 신주의 인수인이 납입 또는 현물출자의 이행을 한 때에는 신주발행의 변경등기일로부터 주주의 권리의무가 발생한다.

해설 ⑤ 신주의 인수인이 납입 또는 현물출자의 이행을 한 때에는 납입 또는 현물출자의 이행이 완료된 날의 "다음 날부터" 주주의 권리의무가 발생한다(제423조 제1항).

08 상법상 신주발행에 관한 설명으로 옳지 않은 것은? 세무사 2017

① 금전으로 출자하는 주주에게 신주를 발행하는 경우 주주는 그가 가진 주식 수에 따라서 신주의 배정을 받을 권리가 있다.

② 회사가 성립한 날로부터 2년을 경과한 후에 주식을 발행하는 경우에는 주주총회의 특별결의와 법원의 인가를 얻어서 주식을 액면미달의 가액으로 발행할 수 있다. 이 경우 법원의 인가를 얻은 날로부터 1월 내에 발행하여야 하며, 법원은 이 기간을 연장하여 인가할 수 있다.

③ 회사는 신주인수권증서를 발행하는 대신 정관으로 정하는 바에 따라 전자등록기관의 전자등록부에 신주인수권을 등록할 수 있다.

④ 회사가 법령 또는 정관에 위반하거나 현저하게 불공정한 방법에 의하여 주식을 발행함으로써 주주가 불이익을 받을 염려가 있는 경우에는 그 주주는 회사에 대하여 그 발행을 유지할 것을 청구할 수 있다.

⑤ 이사와 통모하여 현저하게 불공정한 발행가액으로 주식을 인수한 자는 회사채권자에 대하여 공정한 발행가액과의 차액에 상당한 금액을 지급할 의무가 있다.

해설 ⑤ 이사와 통모하여 현저하게 불공정한 발행가액으로 주식을 인수한 자는 회사에 대하여 공정한 발행가액과의 차액에 상당한 금액을 지급할 의무가 있다(제424조의2 제1항). 따라서 회사채권자에게 그 차액에 대한 지급의무가 있는 것은 아니다.

05 ③ 06 ④ 07 ⑤ 08 ⑤ 정 답

09 상법상 신주의 발행에 관한 설명으로 옳지 않은 것은? 세무사 2018

① 주식청약서에는 주주에 대한 신주인수권의 제한에 관한 사항을 적어야 한다.
② 회사는 정관에 정하는 바에 따라 신기술의 도입, 재무구조의 개선 등 회사의 경영상 목적을 달성하기 위하여 필요한 경우에 주주 외의 자에게 신주를 배정할 수 있다.
③ 신주의 인수인은 회사의 동의 없이 인수한 주식에 대한 납입채무와 주식회사에 대한 채권을 상계할 수 있다.
④ 이사는 신주의 인수인으로 하여금 그 배정한 주수(株數)에 따라 납입기일에 그 인수한 주식에 대한 인수가액의 전액을 납입시켜야 한다.
⑤ 회사는 신주의 인수권을 가진 자에 대하여 그 인수권을 가지는 주식의 종류 및 수와 일정한 기일까지 주식인수의 청약을 하지 아니하면 그 권리를 잃는다는 뜻을 통지하여야 한다.

해설 ③ 신주의 인수인은 "회사의 동의 없이" 인수한 주식에 대한 납입채무와 주식회사에 대한 채권을 상계할 수 없다(제421조 제2항).

10 상법상 자본금 총액이 15억원인 비상장주식회사에 관한 설명으로 옳지 않은 것은? (단, 정관에 상법과 달리 정하는 규정은 없다) 세무사 2018

① 정관의 변경은 주주총회의 특별결의에 의하여야 한다.
② 회사는 해산된 후에도 청산의 목적범위내에서 존속하는 것으로 본다.
③ 신주의 인수인은 납입 또는 현물출자의 이행을 한 때에는 납입기일의 다음 날로부터 주주의 권리의무가 있다.
④ 의결권없는 주식을 제외한 발행주식의 총수의 100분의 3을 초과하는 수의 주식을 가진 주주는 그 초과하는 주식에 관하여 감사의 선임에 있어서는 의결권을 행사하지 못한다.
⑤ 신주인수권증서를 상실한 자가 주식청약서에 의하여 주식의 청약을 한 경우 그 청약은 신주인수권증서에 의한 청약이 있는 때에도 그 효력을 잃지 않는다.

해설 ⑤ 신주인수권증서를 상실한 자는 주식청약서에 의하여 주식의 청약을 할 수 있다. 다만, 그 청약은 신주인수권증서에 의한 청약이 있는 때에는 주식청약서에 의한 청약은 그 효력을 잃는다(제420조의5 제2항).

11 상법상 신주발행무효의 소에 관한 설명으로 옳지 않은 것은? 세무사 2014

① 신주발행무효의 소는 주주, 이사 및 감사에 한하여 제기할 수 있다.
② 신주발행무효의 소의 피고는 회사이다.
③ 신주발행무효의 소는 신주발행일로부터 1년 이내에 제기하여야 한다.
④ 원고 승소판결은 대세적 효력을 가지나 소급적 효력은 가지지 않는다.
⑤ 원고 승소판결로 환급되는 금액이 회사의 재산 상태에 비추어 현저하게 부당한 때에

는 법원은 직권으로 그 금액의 증감을 명할 수 있다.

해설 ③ 신주발행무효는 주주, 이사, 감사에 한하여 신주를 발행한 날로부터 6월 내에 소로써만 이를 제기하여야 한다(제429조).

12 상법상 주식회사의 자본금의 감소에 관한 설명으로 옳은 것은? 세무사 2014

① 자본금을 감소하는 경우 사채권자가 이의를 제기하려면 법원의 허가를 받아야 한다.

② 결손보전을 위한 자본금의 감소는 주주총회의 보통결의에 의한다.

③ 주식을 병합하는 경우 회사는 2주간 이상의 기간을 정하여 주권을 회사에 제출할 것을 공고하여야 한다.

④ 주식을 병합하는 경우 구주권을 회사에 제출할 수 없는 자가 있는 경우 회사는 1월 이상의 이의기간이 경과한 후에 신주권을 청구자에게 교부할 수 있다.

⑤ 주식을 병합하는 경우 단주의 처리를 위하여 거래소의 시세없는 주식은 법원의 허가 없이 회사가 주주와 협의하여 경매 외의 방법으로 매각할 수 있다.

해설 ① 자본금을 감소하는 경우 사채권자가 이의를 제기하려면 사채권자집회의 결의가 있어야 한다. 이 경우에는 법원은 이해관계인의 청구에 의하여 사채권자를 위하여 이의제기기간을 연장할 수 있다(제439조 제3항). 이때 사채권자의 이의제기를 위해 법원의 허가는 필요하지 않다.

③ 주식병합의 경우 회사는 1월 이상의 기간을 정하여 그 뜻과 그 기간 내에 주권을 회사에 제출할 것을 공고하고 주주명부에 기재된 주주와 질권자에 대하여는 각별로 그 통지를 하여야 한다(제440조).

④ 주식병합을 하는 경우에 구주권을 제출할 수 없는 자가 있는 때에는 회사는 그 자의 청구에 의하여 3월 이상의 기간을 정하고 이해관계인에 대하여 그 주권에 이의가 있으면 그 기간 내에 제출할 뜻을 공고하고 그 기간이 경과한 후에 신주권을 청구자에게 교부할 수 있다(제442조 제1항).

⑤ 주식을 병합하는 경우 "단주"에 대해서는 거래소의 시세가 있는 경우에는 "경매"를 통해, 거래소의 시세가 없는 주식은 법원의 허가를 받아 "경매 외의 방법"으로 매각할 수 있다(제443조 제1항).

13 상법상 자본금 감소제도에 관한 설명으로 옳지 않은 것은? 세무사 2015

① 결손의 보전을 위해 자본금을 감소하고자 할 경우에는 주주총회의 특별결의를 거쳐야 한다.

② 결손의 보전을 위한 자본금감소의 경우에는 채권자에게 이의를 제출할 기회를 주지 않아도 된다.

③ 주식병합의 절차에 따라 결손의 보전을 위해 자본금을 감소하는 경우 주권제출기간이 만료한 때에 주식병합의 효력이 생긴다.

④ 자본금감소의 무효를 주장하려면 소에 의해서만 이를 다툴 수 있다.

⑤ 청산인은 자본금감소의 무효의 소를 제기할 수 있다.

해설 ① 자본금의 감소에는 주주총회의 특별결의가 있어야 한다(제438조 제1항). 다만, 결손보전을 위한 자본금의 감소는 주주총회의 보통결의에 의한다(제438조 제2항).

09 ③ 10 ⑤ 11 ③ 12 ② 13 ① 정 답

14 상법상 주식회사 자본금의 감소에 관한 설명으로 옳지 않은 것은? 세무사 2016

① 결손의 보전(補塡)을 위한 자본금의 감소는 주주총회의 특별결의에 의하여야 한다.

② 결손의 보전을 위하여 자본금을 감소하는 경우에는 채권자의 이의제기 절차를 요하지 않는다.

③ 사채권자가 이의를 제기하려면 사채권자집회의 결의가 있어야 한다.

④ 주식을 병합할 경우에는 회사는 1월 이상의 기간을 정하여 그 뜻과 그 기간 내에 주권을 회사에 제출할 것을 공고하고 주주명부에 기재된 주주와 질권자에 대하여는 각별로 그 통지를 하여야 한다.

⑤ 자본금 감소의 무효는 주주·이사·감사·청산인·파산관재인 또는 자본금의 감소를 승인하지 아니한 채권자만이 자본금 감소로 인한 변경등기가 된 날부터 6개월 내에 소(訴)만으로 주장할 수 있다.

해설 ① 자본금의 감소에는 주주총회의 특별결의가 있어야 한다(제438조 제1항). 다만, 결손의 보전을 위한 자본금의 감소는 주주총회의 보통결의에 의하여야 한다(제438조 제2항).

15 상법상 비상장주식회사의 자본금 감소에 관한 설명으로 옳지 않은 것은? 세무사 2017

① 이사회의 결의에 의하여 회사가 보유하는 자기주식을 소각하는 경우에도 자본금 감소에 관한 규정에 따라서만 소각할 수 있다.

② 주식을 병합할 경우에는 회사는 1월 이상의 기간을 정하여 그 뜻과 그 기간 내에 주권을 회사에 제출할 것을 공고하고 주주명부에 기재된 주주와 질권자에 대하여는 각별로 그 통지를 하여야 한다.

③ 주식의 병합은 주권제출 기간이 만료한 때에 그 효력이 생기지만 상법상 채권자의 이의절차가 종료하지 아니한 때에는 그 종료한 때 효력이 생긴다.

④ 자본금 감소에 대하여 사채권자가 이의를 제기하려면 사채권자집회의 결의가 있어야 한다.

⑤ 자본금 감소의 무효는 주주·이사·감사·청산인·파산관재인 또는 자본금의 감소를 승인하지 아니한 채권자만이 자본금 감소로 인한 변경등기가 된 날부터 6개월 내에 소(訴)만으로 주장할 수 있다.

해설 ① 이사회의 결의에 의하여 회사가 보유하는 자기주식을 소각하는 경우, 이는 무액면주식을 발행하여 소각하는 것으로 회사의 자본금은 감소하지 않는다. 따라서 이사회결의에 의해 회사가 자기주식을 소각하는 경우에는 자본금의 감소절차는 거칠 필요가 없다.

16 상법상 (　)안에 들어갈 기간으로 옳은 것은? 세무사 2018

주식회사의 감자무효의 소의 제소기간은 자본금 감소로 인한 변경등기가 된 날부터 (　) 내이다.

① 6개월　② 1년　③ 2년　④ 3년　⑤ 5년

해설 ① 주식회사의 감자무효의 소의 제소기간은 자본금 감소로 인한 변경등기가 된 날부터 6월 내이다(제445조).

제6장
주식회사의 기타제도

제 6 장

회사법강의

주식회사의 기타제도

제 1 절 정관변경

I 취지

상사에 관한 법률관계를 상법이 모두 규율하는 것은 불가능하다. 그런 이유로 상법상 모든 회사는 공통설립의 절차로써 사원 스스로 정한 자치법인 정관의 작성을 강제하고 있다. 주식회사도 마찬가지이며, 설립시 작성한 정관을 원시정관이라고 한다.

회사는 설립 후 법적·사회적·경제적 환경변화를 겪게 된다. 이때 그런 환경변화에 대응하지 못하는 정관의 규정이 있는 경우에는 정관변경의 필요성이 제기되고 그에 따라 상법은 정관변경을 위한 제반요건과 절차를 규정하고 있다.

II 의의

정관변경이란 정관의 기재사항을 추가·삭제하거나 수정하는 것을 말한다. 따라서 자구나 구두점의 수정·가감도 정관변경이며, 절대적 기재사항이든 임의적 기재사항이든 정관에 이미 기재된 사항의 변경은 모두 정관변경의 내용을 이룬다.

정관은 그 규범자체를 뜻하는 실질적 정관과 그것이 쓰인 서면을 뜻하는 형식적 정관으로 구분되는데, 정관변경은 형식적 정관을 변경하는 것은 물론 실질적인 정관을 변경하는 것을 모두 포함한다.

Ⅲ 정관변경의 범위

1. 원칙

정관변경의 범위에는 제한이 없다. 그러므로 목적·상호 등 어떠한 사항이든 변경할 수 있으며, 내용 전부를 변경하는 것도 가능하다. 그러므로 원시정관에 정관변경을 불허하거나 특정규정만을 변경할 수 없다는 규정을 두었더라도 그 규정은 무효이며, 이에 불구하고 정관을 변경할 수 있다.

2. 범위의 제한

사회질서나 강행법규에 위반한 내용으로 변경하여서는 안 되며, 변경된 내용이 주식회사의 본질에 반하거나 주주의 고유권을 침해하여서는 안 된다. 또한 주주평등의 원칙에 따라야 하며 일반규범으로서의 성질을 잃는 것도 불가하므로 특정인에 대한 적용이나 특정인만을 위한 적용제외를 위한 변경도 허용되지 않는다. 그리고 정관변경으로 인하여 회사의 동일성에 변화가 오는 것도 아니다.

Ⅳ 정관변경의 절차

1. 주주총회의 특별결의

정관변경은 주주총회의 특별결의에 의해서 이루어진다(제433조 제1항, 제434조). 그 이유는 회사의 법적 구조를 변경하는 것이기 때문이다. 정관변경을 위한 주주총회를 소집할 경우에는 정관변경에 관한 의안의 요령도 소집통지서에 기재하여야 한다(제433조 제2항).

2. 종류주주총회

회사가 종류주식을 발행한 경우에 정관을 변경함으로써 어느 종류주식의 주주에게 손해를 미치게 될 경우에는 주주총회결의 외에 그 종류의 주주총회의 결의가 있어야 한다(제435조 제1항). 종류주주총회의 결의는 그 종류의 출석한 주주의 의결권의 3분의 2 이상의 수와 그 종류의 발행주식총수의 3분의 1 이상의 수로써 하여야 한다(제435조 제2항).

3. 서면 및 등기변경

정관변경이 있는 경우에는 그 서면(형식적 정관)의 변경이 있어야 하고, 정관변경으로 등기사항에 변경이 생긴 때에는 변경등기를 하여야 한다(제371조 제4항). 이때 서면이나 변경등기는 정관변경의 후속행위일 뿐이므로 그 자체가 효력발생요건은 되지 못한다.

정관변경의 효력은 주주총회의 특별결의가 통과함으로써 발생하는 것이지, 서면이나 등기변경은 정관변경의 효력발생과는 무관하다.

V 정관변경의 특수문제

1. 발행예정주식총수의 변경

회사설립시에는 발기인이 정관을 작성하여야 하며, 정관의 절대적 기재사항에는 회사가 발행할(예정) 주식총수를 기재하여야 한다(제289조 제1항 제3호). 이때 발행할 주식총수의 변경 범위는 제한이 없으므로 정관변경을 통해 발행예정주식총수는 무한히 증가시킬 수 있다.

2. 주금액의 변경

(1) 주금액의 인하

정관의 절대적 기재사항인 액면주식을 발행하는 경우 1주의 금액을 인하하여 자본금이 감소되는 경우에는 상법상 자본금감소절차를 밟아야 한다. 다만 자본금의 감소 없이 단순히 주금액을 인하하는 주식분할 등의 경우에는 정관변경의 결의만으로 가능하지만, 액면가는 법정최저액인 100원 미만으로는 할 수 없다(제329조 제3항). 주금액의 인하로 인해 단주가 발생하는 경우 이에 대해서는 주식병합에 관한 단주의 처리규정을 준용한다(제443조 참조).

(2) 주금액의 인상

주금액을 인상하면 인상한 부분에 대해서는 주주의 추가출자가 이루어져야 한다. 주금액의 인상은 주주의 유한책임의 원칙에 반하므로 인정되지 않는다. 그러므로 주주의 자발적인 의무부담이 있는 경우를 제외하고 주금액의 인상은 허용되지 않는다.

3. 역사적 사실 등

(1) 역사적 사실의 변경

원시정관에 기재된 ① 회사의 설립시에 발행하는 주식의 총수(제289조 제1항 제5호), ② 발기인의 성명·주민등록번호·주소(제290조 제1항 제8호), ③ 설립시 변태설립사항(제290조)은 과거의 역사적 사실로 정관변경의 대상이 될 수 없다. 즉, 역사적 사실은 정관변경의 대상이 되지 아니한다.

(2) 관련법령의 변경이 있는 경우

행정법 등의 변경에 의해 자동으로 변경되는 행정구역의 변경 등은 정관변경의 대상이 아니다. 그 이유는 관련법률의 변경에 의한 부득이한 변경이기 때문이다.

4. 조건부 변경

정관은 자치법으로써 상사에 관한 법률관계에 있어서 가장 먼저 적용되는 법규이므로 정관에 조건을 붙이는 것은 법률관계의 불안정을 초래하기 때문에 인정되지 않는다. 조건은 미래의 불확실한 사실의 발생을 법률행위의 효력발생요건으로 하는 정지조건과 법률행위의 해제조건으로 하는 해제조건으로 나눌 수 있는데, 정지조건부 또는 해제조건부로 정관을 변경하는 것은 허용되지 않는다.

Ⅵ 정관변경의 효력발생

정관변경은 주주총회의 결의로써 즉시 효력이 발생한다. 따라서 변경된 내용을 문서화하거나 등기하는 것은 정관변경의 효력발생 후 후속절차일 뿐 효력발생과는 전혀 무관하다. 이 점 유의하기 바란다.

제 2 절 주식회사의 회계

Ⅰ 의의

주식회사의 회계라 함은 기업유지의 관점에서 회계기간을 단위로 하여 회사의 경영성과 및 재무상태를 인식·측정·평가·배분하는 일련의 과정을 말한다.

회사의 회계는 기업의 경영활동에 대한 객관적 수치의 정보이므로 회사 및 회사와 관련된 다양한 이해관계자들에게 정보적 관점에서 많은 의미를 부여한다. 즉 ① 경영자에게는 자신의 경영활동에 대한 객관적인 평가를 받을 수 있게 하며 또한 회사의 목표와 방향을 설정할 수 있는 근거를 제시하며, ② 주주에게는 회사에 대한 투자여부 및 투자성과에 대한 판단의 근거를 제공해주며, ③ 채권자에게는 자신들을 위한 책임재산에 대한 유지 및 지속 여부 등에 대한 정보를 제공하는 기능을 하게 된다.

Ⅱ 상법의 회계규정

1. 의의

회계의 내용이 재산·손익을 파악하고 손익을 처리하는 것이므로 자본금의 설정에 관한 제451조는 회사의 재산상태와 손익을 인식하는 데에 가장 기초가 되는 규정이다. 회계의 실행을 위해서는 회계방법에 관한 규율도 필요하지만 상법은 기술적인 이유에서 회계방법에 관해서는 상법적 규율보다 일반적으로 인정된 회계원칙에 의한 규율을 수용하는 것이 바람직하다고 보고 이를 준용하도록 하고 있다(제29조 제2항, 제446조의2).

2. 회계규정의 초점

(1) 의의

상법은 주로 회계에 필요한 조직법적 절차에 관한 규정을 두고 있다. 회사의 재산·손익의 기초가 되는 서류인 재무제표의 종류를 법정하고(제447조), 그 작성에 이르기까지 여러 기관들을 관여시켜 진실성을 추구하고 있다(제447조~제449조의2).

(2) 자본충실의 유지

상법은 회계에 필요한 조직법적 절차에 관한 규정과 더불어 자본충실을 위한 재산의 보전에도 초점을 두고 있다. 준비금의 적립을 강제하고(제458조, 제459조), 그 사용을 제한하며(제460조), 배당의 요건을 규정한 것(제462조~제462조의4)은 자본충실에 입각하여 회사재산의 사외유출을 억제함으로써 계속기업으로서의 재산적 기초를 유지하고 채권자를 위한 책임재산을 건실히 지키기 위함이다.

3. 부수적 목적

회사의 회계규정은 회계에 필요한 조직법적 절차와 자본충실을 위한 회사재산의 보전에 초점을 두고 있지만, 실제 회사의 회계에 관한 여러 가지 부수적인 목적을 추구하고 있다.

우선 재무제표의 비치·공시에 관한 규정을 두어(제448조, 제449조 제3항) 적시에 이해관계자에게 회계정보를 제공하며, 재무제표의 승인을 계기로 이사·감사의 책임문제를 매듭짓고(제450조), 배당에 있어서 주주들의 이기적 대립을 예방하고 공평을 기하기 위하여 배당의 기준을 제시하고(제464조), 주주의 배당채권의 실현을 위해 배당금의 지급시기를 명문화하고 있다(제464조). 또한 주주들의 회계장부열람권(제446조)과 업무와 재산상태조사권(제467조)을 인정하는 동시에 그 남용을 방지하기 위하여 요건을 법정하고 있다. 그리고 주주권 행사와 관련하여 회사의 이익공여를 금지하는 규정(제467조의2)을 두고 있다.

4. 회계의 원칙

회사의 회계는 상법과 대통령령으로 정하는 규정을 제외하고는 일반적으로 공정하고 타당한 회계관행에 따른다(제446조의2). 이는 상법이 일반적으로 공정·타당한 회계관행을 상법의 회계방법으로 수용하고 있음을 뜻한다. 이때 일반적으로 공정·타당한 회계관행을 회계학에서는 일반적으로 인정된 회계원칙(GAAP)이라고 한다.

III 재무제표와 영업보고서

1. 의의

(1) 재무제표

상법상 재무제표란 주식회사의 회계를 위해 작성하는 재무정보에 관한 궁극적인 회계서류를 말한다. **상법상 재무제표는 대차대조표, 손익계산서, 그 밖에 회사의 재무상태와 경영성과를 표시하는 것으로서 대통령령으로 정하는 서류를 말한다**(제447조 제1항). 다만, 대통령령으로 정하는 회사의 경우에는 이사가 작성하여 이사회의 승인을 받아야 하는 연결재무제표도 작성하여야 한다(제447조 제2항).

(2) 영업보고서

영업보고서는 당해 영업 연도에 있어서 영업상태 등 회사의 현황을 나타내는 보고서이다. 재무제표인 대차대조표와 손익계산서는 숫자로 회사의 현황을 표시함에 반해, 영업보고서는 그 숫자의 의미 또는 숫자로 표현되지 않는 상황을 설명하는 보고서라 할 수 있다. 그 기재사항은 대통령령으로 정한다(제447조의2 제2항).

영업보고서는 대표이사가 작성하여 이사회의 승인을 얻어(제447조의2 제1항) 주주총회에 보고하여야 한다(제447조의2 제2항). **영업보고서는 재무제표와는 달리 주주총회의 승인을 요하지 않는다.** 이 점 유의하기 바란다.

2. 재무제표의 작성과 공시

(1) 재무제표 등의 작성

이사(대표이사)는 매 결산기에 재무제표와 그 부속명세서 및 영업보고서를 작성하여 이사회의 승인을 얻어야 한다(제447조, 제447조의2 제1항). 이사회의 승인은 감사와 정기총회에 제출하기 위한 재무제표, 영업보고서 안의 내용을 확정하는 절차이다.

(2) 감사에 의한 감사

이사는 재무제표와 그 부속명세서 및 영업보고서를 정기총회 6주간 전에 감사 또는 감사위원에게 제출하여야 한다(제447조의3). 그리고 **감사는 재무제표 등의 서류를 받은 날로부터 4주 내에 감사보고서를 이사에게 제출하여야 한다**(제447조의4 제1항). 감사보고서에는 감사방법의 개요 등 10개의 사항을 기재해야 하고(제447조의4 제2항 제1호~제10호) 그 사항을 감사해야 한다.

(3) 외부감사인의 감사

상장회사 기타 외부감사를 받아야 할 회사는 재무제표에 관하여 외부감사인의 감사를 받아야 하므로 주주총회 6주 전에 외부감사인에게 제출하여야 한다(자본시장법 제169조 제1항, 외감법 제7조). 외부감사인에게 제출할 재무제표에는 상법상 재무제표 외에 연결재무제표 또는 결합재무제표가 있다(외감법 제7조). 외부감사인은 정기총회일의 1주일 전에 회사에 감사보고서를 제출하여야 한다(외감법 제8조).

외부감사인의 감사보고서에서 감사의견은 적정·한정·부적정의견 및 의견거절 등으로 표시된다(금융감독원 회계감사기준 705 문단 A1).

(4) 재무제표의 비치·공시

재무제표 등과 감사보고서는 정기주주총회 1주간 전부터 본점에 5년간, 그 등본을 지점에 3년간 비치하여야 한다(제448조 제1항).

재무제표의 승인절차

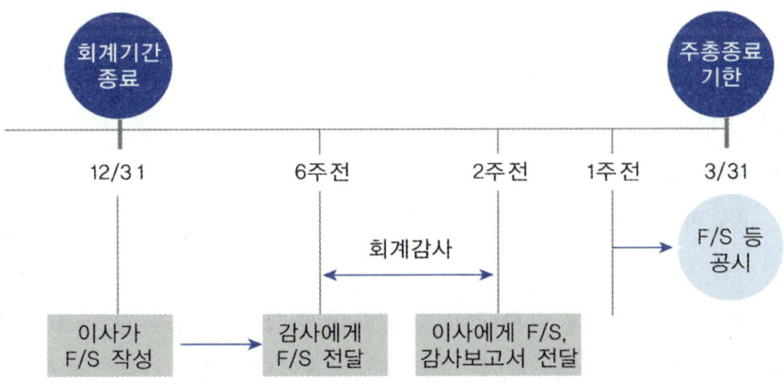

3. 재무제표의 승인

(1) 승인기관

① 원칙 : 주주총회의 승인

재무제표는 주주총회에서 승인하는 것이 원칙이다. 대표이사는 이사회의 승인과 감사의 감사를 경유한 후 재무제표를 정기총회에 제출하여 그 승인을 요구하여야 하며(제449조 제1항), 영업보고서를 제출하고 그 내용을 보고하여야 한다(제449조 제2항). 결의요건은 보통결의이다.

재무제표의 승인은 이사가 작성하고 제출한 재무제표를 시인 또는 부인하는 것만을 뜻하는 것이 아니고 수정하여 결의할 수도 있음을 뜻한다.

② 예외 : 이사회의 승인

재무제표의 승인은 주주총회에서 하는 것이 원칙이지만, **"정관의 규정"으로 이사회가 재무제표를 승인하게 할 수 있다**(제449조의2 제1항 본문). 정관에 규정이 있더라도 이사회가 승인하기 위해서는 재무제표의 각 서류가 법령 또는 정관에 따라 회사의 재무상태 및 경영성과를 적정하게 표시하고 있다는 외부감사인의 의견이 있고, 감사 또는 감사위원 전원의 동의가 있어야 한다(제449조의2 제1항 제1호·제2호).

이사회가 재무제표를 승인할 수 있다는 것은 이익배당을 이사회가 결정하기 위한 전제가 된다는 점에서 큰 의의가 있다(제462조 제2항 단서).

(2) 승인의 효력

① 재무제표의 확정

정기총회 또는 이사회에서 재무제표를 승인한 때에는 당해 결산기에 관한 회사의 회계에 관한 내용은 대내외적으로 확정되고 이사는 이에 근거하여 준비금을 적립하는 등, 승인내용을 실행하게 된다.

② 대차대조표 공고의무

정기총회 또는 이사회에서 재무제표를 승인한 때에는 이사는 지체 없이 대차대조표를 공고하여야 한다(제449조 제3항). **대차대조표 공고의무는 주식회사의 특유한 제도이므로 유한회사는 대차대조표 공고의무는 없다.** 이 점 명확히 구별하여야 한다.

③ 이사와 감사의 책임해제

재무제표를 승인한 후, 2년 내 다른 결의가 없으면 회사는 이사와 감사 또는 감사위원의 책임을 해제한 것으로 본다(제450조 제1항 본문, 제415조의2 제7항). **다만, 부정행위에 대해서는 그러하지 아니하다**(제450조 제1항 단서). 이때 책임해제의 범위가 문제되는데, 최근 판례는 이를 좁게 해석하여 재무제표 등에 그 책임사유가 기재되어 정기총회에서 승인을 얻은 경우에만 한정되는 것으로 보고 있다(대법원 2007.12.13.선고, 2007다60080판결). 이 점 유의하여야 한다.

Ⅳ 재무제표 등에 대한 그 밖의 문제

1. 재무제표 등의 공시

(1) 의의

기업내용의 공시는 회사의 외부에 존재하는 이해관계자들의 자기방어가 가능하도록 업무와 재산에 관한 제반 정보를 전달하는 것이라 할 수 있다. 주주로서는 투자금의 회수와 수익성에 대한 필요한 정보를 얻는 계기가 되며, 회사채권자는 변제가능성을 판단하고 채권회수여부를 위한 의사결정에 있어서 중요한 자료가 된다.

주주와 채권자는 자기방어의 보장이라는 측면만 생각한다면, 회사의 정보는 전부 공시되어야 하지만, 완전공시란 기업비밀의 유지를 불가능하게 하고 나아가서는 회사의 존립에 심각한 문제를 야기할 수 있다. 그러므로 기업의 공시에는 한계가 있을 수밖에 없으며, 상법도 공시범위에 있어 소수주주, 일반주주, 회사채권자에 따라 차등을 두는 것은 그런 이유에서이다.

(2) 비치·공시의무

이사는 재무제표 및 그 부속명세서, 영업보고서와 감사보고서를 정기총회일의 1주간 전부터 본점에 5년간, 그 등본을 지점에 3년간 비치하여야 한다(제448조 제1항). 상장회사 등 외부감사를 받는 회사는 외부감사인의 감사보고서도 비치·공시하여야 한다(외감법 제14조 제1항). 주주와 채권자는 영업시간 내에는 언제든지 재무제표 및 그 부속명세서, 영업보고서, 감사보고서를 열람할 수 있으며, 회사가 정한 비용을 지급하고 서류의 등본이나 초본의 교부를 청구할 수 있다(제448조 제2항).

(3) 서류의 열람청구

회사는 정관·주주총회의 의사록을 본점과 지점에, 주주명부·사채원부를 본점에 비치하여야 한다(제396조 제1항). 주주와 채권자는 영업시간 내에 언제든지 이 서류의 열람 또는 등사를 청구할 수 있다(제396조 제2항).

이는 회사의 조직법적 법률관계의 기초적인 사항에 관한 주주·채권자의 정보접근권을 인정한 것으로 주주와 채권자라는 신분으로 족하고 열람 또는 등사의 목적이 정당하다는 증명을 요하지 않는다. 다만, 회사가 그 청구의 목적이 정당하지 아니함을 증명하는 경우에는 이를 거부할 수 있다(대법원 2010.7.22.선고, 2008다37193판결).

2. 회계장부열람권

(1) 의의

발행주식총수의 100분의 3 이상의 주식을 가진 주주는 이유를 붙인 서면으로 회계의 장부와 서류의 열람 또는 등사를 청구할 수 있다(제466조 제1항). 이를 회계장부열람권이라고 한다. 회계장부열람권을 상법이 소수주주권으로 정하고 있는 이유는 회계장부는 기업비밀을 다수 포함하고 있어 기업비밀의 유출을 방지하기 위함이다. 주주는 회계장부의 열람·등사청구권을 피보존권리로 하여 열람·등사를 명하는 가처분도 신청할 수 있다(대법원 1999.12.21.선고, 99다137판결).

(2) 회사의 거부

회사는 주주의 열람청구가 부당함을 증명하지 아니하면 이를 거부하지 못한다(제466조 제2항). 열람청구의 정당성 여부는 회사의 경영상태에 대한 주주의 알권리와 기업비밀의 유출을 비교교량하여 판단하여야 한다. 그러므로 단순히 경영감시의 필요성과 같이 추상적인 이유만으로는 열람을 청구할 정당한 사유가 되지 않지만, 이사의 부정을 의심할 만한 사유가 있는 경우에는 열람을 청구할 정당한 사유가 된다(대법원 1999.12.21.선고, 99다137판결).

(3) 열람의 대상

열람청구의 대상이 되는 회계장부나 서류는 반드시 청구대상이 되는 회사가 작성한 것에 국한되는 것은 아니다. 회사가 보관하고 있고 회사의 회계상황을 파악하기 위한 근거자료로 필요한 경우에는 자회사가 작성한 서류도 열람청구의 대상이 될 수 있다(대법원 2001.10.26.선고, 99다58051판결).

3. 검사인선임청구권

(1) 검사인의 선임청구

업무집행에 관하여 부정행위 또는 법령·정관을 위반한 중대한 사실이 있음을 의심할 사유가 있는 때에는 발행주식총수의 100분의 3 이상을 가진 주주는 회사의 업무와 재산상태를 조사하기 위하여 법원에 검사인의 선임을 청구하여 적극적인 조사를 꾀할 수 있다(제467조).

검사인의 선임청구는 이사와 이사회의 업무집행을 침해하는 이례적인 행위이므로 단순한 임무해태는 사유가 될 수 없으며, 청구사유는 구체적으로 소명하여야 한다(대법원 1985.7.31.선고, 85마214판결).

(2) 검사인의 조사보고

법원이 검사인을 선임하는 경우, 검사인은 업무와 재산상태를 조사하고 그 결과를 법원에 보고하여야 한다(제467조 제2항). 법원은 검사인의 보고에 의하여 필요하다고 인정한 때에는 대표이사에게 주주총회의 소집을 명할 수 있으며, 검사인은 주주총회에 보고서를 제출하여야 한다(제467조 제3항).

4. 주주권행사와 관련한 이익공여금지

(1) 의의

회사는 누구에게든지 주주의 권리행사와 관련하여 재산상의 이익을 공여할 수 없으며(제467조의2 제1항), 이를 위반하여 이익을 얻은 자는 그 이익을 회사에 반환하여야 한다(제467조의2 제3항). 본조의 규정은 이른바 총회꾼과 회사의 불건전한 거래를 근절시키고자 하는 취지에서 둔 규정이다.

(2) 취지

총회꾼의 횡포는 회사의 재산 또는 이익을 부당하게 감소시키며, 다른 주주의 정당한 권리행사를 방해함으로써 주주총회의 형해화를 재촉하므로 법적 제재를 가해야 함은 당연하다. 벌칙으로 이를 제재하는 규정은 따로 있으나(제631조), 이들에게 제공된 이익을 회사에 회복시키기 위한 사법적 구제수단이 필요해 본 규정이 마련된 것이다.

(3) 적용요건

① 주주권행사와 관련성

재산상의 이익은 주주권행사와 관련하여 공여되어야 한다. 주주권행사와 관련하여 이익을 공여한다 함은 주주권의 행사·불행사·행사방법 등을 협의하고, 이에 관해 이익이 공여됨을 뜻한다. 이때 주주권행사 또는 불행사가 위법함은 문제되지 않는다.

② 회사에 의한 이익공여

회사의 계산으로 재산상의 이익이 제공되는 것을 금지한다. 재산상의 이익공여란 널리 금전·물품·신용이나 용역의 제공 등을 포함한다. 그러나 주주총회에 참석한 주주에게 간단한 기념품을 주거나 음식을 접대하는 것은 사회통념상 이익공여라 할 수 없다.

(4) 위반의 효과

① 이익반환의무

회사가 주주의 권리행사와 관련하여 재산상의 이익을 공여한 때에는 그 이익을 공여받은 자는 이를 회사에 반환하여야 한다(제467조의2 제3항 전단). 본조에 위반하여 공여받은 이익은 부당이득이 될 것이므로 상법은 부당이득에 대한 특칙을 두어 이익을 반환하도록 하고 있다.

② 대표소송의 허용

이익반환의 청구는 회사가 해야 할 것이지만, 회사가 이를 게을리할 가능성도 있어 상법은 이익반환청구에 관해 소수주주(1/100이상)의 대표소송을 허용하고 있다(제467조의2 제4항).

③ 회사의 반환의무

회사도 이익을 공여하고 그 대가를 받은 것이 있다면 그 대가를 반환하여야 한다(제467조의2 제3항 후단). 대가의 반환과 이익의 반환은 동시이행의 관계에 있다.

④ 주주권행사의 효력

이익공여와 관련하여 주주권이 행사되더라도 주주권행사 자체의 효력에는 영향이 없다. 본조의 목적은 주주권행사와 관련하여 불공정한 거래를 방지하자는 것이기 때문이다.

(5) 입증책임의 전환

이익공여의 상대방이 주주이고 회사가 그 주주에 대하여 무상으로 이익을 공여하거나 또는 유상으로 공여하였더라도 회사가 얻은 이익이 공여한 이익에 비해 현저하게 적을 때에는 주주의 권리행사와 관련하여 공여한 것으로 추정한다(제467조의2 제2항). 따라서 이 경우에는 이익공여를 받은 자가 주주권행사와 관련 없음을 증명하여야 한다.

V 상법상 준비금

1. 의의

영업 연도 말에 회사가 보유하는 순자산액 중 자본금을 초과하는 금액으로서 회사가 주주에게 배당하지 않고 사내에 적립하는 금액을 준비금이라 한다. 준비금이란 상법상 준비금인 법정준비금만을 말한다.

준비금은 자본금과 같이 대차대조표의 자본의 항목에 표시되어 배당가능이익의 산출에 있어 공제항목이 되므로 재산의 사외유출을 억제하는 작용을 한다. 그러므로 준비금이 증가하면 그만큼 회사에 유보되는 순자산이 증가한다. 이는 계속기업을 위한 물적기초의 마련과 유한책임의 원칙 하에서 채권자의 보호를 위해 요청되는 자본충실의 원칙을 실현하기 위한 것이라 할 수 있다.

2. 준비금의 의의

상법에서 정의하는 준비금은 법정준비금만을 말한다. 따라서 정관 또는 주주총회의 결의에 의해 적립하는 준비금은 임의준비금으로 상법상 준비금이 아니다. 임의준비금은 그 적립 여부가 주주의 의사에 의한 것이므로 배당의 용도 등으로 그 사용에 제한이 없어 이를 특히 배당가능이익이라고도 한다. 이하에서는 상법상 준비금인 자본준비금과 이익준비금을 중심으로 설명하기로 한다.

준비금의 종류

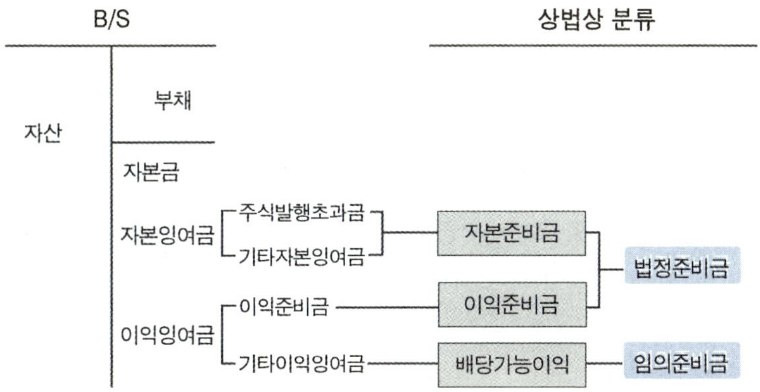

3. 준비금의 적립

(1) 이익준비금

① 의의

회사는 자본금의 2분의 1에 달할 때까지 매결산기에 이익배당액의 10분의 1 이상의 금액을 이익준비금으로 적립하여야 한다(제458조 본문). 이를 이익준비금이라고 한다.

② 적립대상

금전 또는 현물에 의한 이익배당액의 10분의 1 이상을 적립하여야 하므로, 주식배당을 하는 부분에 대해서는 적립의무가 없다(제458조 단서).

③ 한도초과준비금

상법상 한도(자본금의 2분의 1)를 초과하여 적립하는 준비금은 임의준비금의 성격을 가지게 되며, 배당가능이익의 재원으로 사용할 수 있다. 상법에서 이처럼 이익준비금의 적립을 강제하는 것은 주로 자본금의 결손보전 등에 충당하고, 채권자를 보호하기 위함이다.

(2) 자본준비금

회사는 자본거래에서 발생한 잉여금을 대통령령으로 정하는 바에 따라 자본준비금으로 적립해야 한다(제459조 제1항). 합병, 분할, 분할합병의 경우, 소멸 또는 분할되는 회사의 이익준비금이나 그 밖의 법정준비금은 합병, 분할, 분할합병 후 존속되거나 새로 설립되는 회사가 이를 승계할 수 있다(제459조 제2항).

개정 전의 상법에서는 주식발행초과금, 합병차익, 감자차익, 기타 자본거래에서 발생한 잉여금 등을 자본준비금으로 명시하였으나, 상법개정으로 인해 자본준비금의 종류는 대통령령에 위임하여 기업회계의 자본잉여금과 일치시키려는 노력을 하고 있다.

4. 준비금의 사용

(1) 원칙적 사용방법

① 결손보전

자본의 결손이란 결산기 말에 회사의 순자산액이 자본금과 법정준비금의 합계에 미달되는 상태이다. 영업 연도 도중에 결손이 생기더라도 임의준비금으로 보전이 가능한 경우에는 결손이 아니다. 결손의 보전에는 순서 제한이 없으므로 이익준비금이나 자본준비금 중 어느 것을 먼저 사용해도 무방하다(제460조).

② 자본금전입

자본금전입이란 준비금 계정의 금액에서 일정액을 차감하고 같은 금액을 자본금계정에 가산하는 것이다. 이익준비금은 자본금의 2분에 1에 달할 때까지 적립해야 하고, 자본준비금은 무제한 적립해야 하므로 때로는 준비금이 자본금에 비하여 지나치게 거액이 될 수 있다. 그런 이유에서 회사는 재무구조의 개선 수단으로 준비금의 전부 또는 일부를 자본금에 전입할 수 있다.

(2) 준비금의 감액

① 의의

회사는 적립된 자본준비금 및 이익준비금의 총액이 자본금의 1.5배를 초과하는 경우에 "주주총회의 결의"에 따라 그 초과한 금액의 범위 내에서 자본준비금과 이익준비금을 감액할 수 있다(제461조의2).

② 감액의 순서

자본준비금 및 이익준비금의 합계액이 자본금의 1.5배를 초과할 경우에 그 초과분을 감액할 수 있다. 감액의 순서에 제한이 없으므로 이익준비금과 자본준비금 중 어느 것을 감소시켜도 무방하다.

감액할 수 있는 준비금은 직전 결산기에 대차대조표에 의해 확정된 준비금에 한한다. 영업연도 중에는 결손이 얼마인지 확인할 수 없으므로 자본준비금이 발생하더라도 감소가능한 금액을 계산할 수 없기 때문이다.

③ 감액의 절차

준비금의 감액은 주주총회의 보통결의에 의한다(제461조의2). 주주총회에서는 감소되는 준비금의 종류와 금액을 정해야 하는 외에 명문의 규정은 없다. 그러므로 이사회결의로 준비금을 감액할 수는 없다. 이 점 유의하기 바란다.

5. 준비금의 자본금전입

(1) 의의

준비금의 자본금전입으로 자본금은 증가하고, 따라서 자본금전입액을 액면가로 나눈 수의 신주가 발행된다. 준비금의 자본금전입을 흔히 무상증자라고 하며, 이로 인해 발행하는 신주를 무상주라고 한다. 준비금의 자본금전입으로 주식수와 자본금은 증가하지만 회사의 순자산에는 변화가 없다.

(2) 대상

자본금전입의 재원은 법정준비금에 한하고 임의준비금은 전입할 수 없다. 그 이유는 임의준비금은 배당가능이익으로서 이를 전입하는 경우에는 주주의 이익배당청구권을 침해할 소지가 있기 때문이다. 자본준비금과 이익준비금은 모두 순서에 관계없이 전입이 가능하다.

자본금에 전입할 수 있는 준비금은 직전 결산기의 대차대조표에 의해 확정된 준비금에 한정된다.

(3) 감액의 결의

자본금전입의 의사결정은 원칙적으로 이사회의 결의에 의한다(제461조 제1항 본문). 그러나 준비금의 자본금전입은 주주의 배당가능이익을 감소시키는 요인이 되므로 주주들이 스스로 전입여부의 의사결정권을 갖고자 할 경우에는 정관으로 주주총회의 결의사항으로 할 수 있다(제461조 제1항 단서).

(4) 전입의 효과

준비금의 자본금전입으로 인해 자본금이 늘어나고 이를 액면가로 나눈 수의 신주가 발행된다. 이러한 신주는 각 주주에 대하여 그가 가진 주식수에 따라 비례하여 발행되고(제461조 제2

항), 주주는 별도의 신주 인수절차 없이 신주의 주주가 되므로 제3자가 신주인수권을 가질 여지가 없다.

만일 단주가 생길 경우에는 이를 매각한 금액을 단주의 주주에게 분배하여야 한다(제461조 제2항 후단). 신주발행으로 인하여 자본금과 발행주식총수가 증가하므로 변경등기를 하여야 한다(제317조 제4항).

(5) 효력발생시기

① 이사회결의에 의한 경우

회사는 일정한 날을 정하여 그 날의 주주명부에 기재된 주주가 신주의 주주가 된다는 뜻을 배정기준일의 2주간 전에 공고해야 한다(제461조 제3항 단서). 이사회의 결의에 의한 준비금의 자본금전입으로 인해 신주의 주주가 되는 시기는 이사회결의일이 아닌 "배정기준일"이다. 배정기준일이 주주명부폐쇄기간 중인 경우에는 폐쇄기간의 2주간 전에 공고해야 한다(제463조 제3항 후단).

② 주주총회 결의에 의한 경우

주주총회의 소집통지에 의해 주주에게 자본금전입의 사실이 예고되므로 배정기준일을 별도로 정할 필요가 없다. 따라서 주주총회 결의일로부터 바로 신주의 주주가 된다(제461조 제4항). 이 점 명확히 구분하기 바란다.

(6) 그 밖의 문제

① 질권의 효력

종전의 주식을 목적으로 하는 질권은 등록질이든 약식질이든 물상대위권이 인정된다.

② 이익배당의 효력

이익배당에 관해서는 정관에 규정을 두어 직전 영업 연도 말에 신주가 발행된 것으로 볼 수 있다(제461조 제6항).

③ 구주와 신주의 관계

자본금전입으로 인해 발행되는 신주는 이사결의에 의한 경우에는 배정기준일, 주주총회의 결의에 의한 경우에는 주주총회 결의일에 귀속이 확정된다. 그리고 그 신주는 구주식의 과실이나 종물이 아니므로 구주식이 양도되더라도 신주식은 그에 수반하여 양도되는 것은 아니다(대법원 2010.2.25.선고, 2008다96963판결). 이 점 명확히 이해하기 바란다.

Ⅵ 이익배당

1. 총설

(1) 보호법익

주식회사에서 이익배당은 주식의 처분과 더불어 주주가 투하자본을 회수할 수 있는 중요한 수단이므로 이익배당청구권은 주주의 고유한 권리라고 할 수 있다. 그러나 주주는 유한책임의 효용을 누리기 때문에 회사채권자에 대한 권리에 우선할 수는 없다. 이익배당은 채권자를 위한 책임재산이 확보된 상태에서만 가능하다.

(2) 이익배당의 종류

이익배당은 크게 정기배당, 주식배당, 중간배당으로 구분할 수 있다. 배당금을 지급하는 방식으로 개정상법에서 새로이 도입된 제도가 현물배당이다. 그런데 현물배당은 배당의 종류라기보다는 배당금을 지급하는 방식으로 금전 이외의 재산을 배당하는 것이므로 배당의 방법에 속한다고 볼 수 있다. 그러므로 이익배당은 크게 정기배당, 주식배당, 중간배당으로 분류할 수 있다.

2. 이익배당의 재원 : 배당가능이익

(1) 의의

이익배당은 주주의 본질적인 권리이지만, 주주의 이기심에 의해 무리한 배당을 하게 되면 회사의 자본충실을 해한다. 특히 주주가 유한책임을 누리는 이상 회사채권자의 권리에 우선해서는 안 되므로 이익배당은 채권자를 위한 책임재산이 확보된 상태에서만 허용되어야 할 것이다. 그런 이유로 상법은 자본충실과 채권자보호를 위하여 이익배당의 요건을 엄격하게 정하고 있다.

(2) 배당가능이익

이익배당은 이익이 있어야 하며, 이익이 없으면 배당할 수 없다는 명제가 전제되어야 한다. 여기서 이익이란 배당가능이익을 말한다. 배당가능이익이란 대차대조표상의 순자산액에서 ① 자본금의 액, ② 그 결산기까지 적립된 법정준비금의 합계액, ③ 그 결산기에 적립하여야 할 이익준비금의 액, ④ 소정의 미실현이익을 공제한 금액이며, 이를 한도로 이익배당을 할 수 있다(제462조 제1항). 미실현이익은 자산·부채를 평가한 결과 증가한 대차대조표상의 순자산액으로 미실현손실과 상계하지 않은 금액을 말한다(상법시행령 제19조).

3. 이익배당의 방법

(1) 금전배당

이익배당을 금전으로 하는 것을 금전배당이라고 한다. 상법상 이익배당은 금전배당을 원칙으로 한다.

(2) 주식배당

회사가 신주를 발행하는 방법에 의해 이익을 배당하는 것을 주식배당이라고 한다. 넓은 의미에서는 주식배당도 현물배당의 일종이 되겠지만, 상법상 주식배당은 현물배당으로 분류되지 않는다. 따라서 회사가 보유하는 주식을 배당의 대가로 지급하는 경우에는 현물배당이 된다. 그러나 회사가 신주를 발행하는 방법에 의해 배당하는 경우 이는 주식배당이 된다. 이 점 명확히 구별하기 바란다.

(3) 현물배당

금전이나 주식이 아닌 기타의 재산으로 배당하는 것을 현물배당이라고 한다. **현물배당을 하기 위해서는 "정관"에 금전 이외의 재산으로 이익배당을 할 수 있음을 정해야 한다**(제462조의4 제1항). 정관에 규정이 있는 경우에는 이익배당의 방법으로 현물배당을 할 수 있다. 다만, 현물배당을 실시하는 과정에서 일정 수에 미달하는 주식을 보유한 주주에게는 금전으로도 배당할 수 있다(제462조의2 제2항 제2호).

4. 이익배당의 승인권자

(1) 의의

회사의 이익배당에 대한 의사결정은 원칙적으로 주주총회의 결의에 의하여야 한다. 다만, 회사는 "정관으로 정하는 바에 따라" 일정한 요건을 충족한 경우에는 주주총회를 갈음하여 재무제표를 이사회에서 승인할 수 있고(제449조의2 제1항), 그 경우에는 이사회의 결의에 의해 이익배당을 결의하는 것도 가능하다(제462조 제2항 단서).

(2) 주식배당의 특칙

재무제표를 이사회가 승인할 경우에는 이익배당도 이사회의 승인으로 한다는 규정(제462조 제2항 단서)은 주식배당에는 적용되지 않는다. 그 이유는 주식배당은 오로지 주주총회의 결의에 의해서만 가능하기 때문이다. **따라서 이사회가 결정한 이익배당을 주식배당의 방법으로 지급하고자 하는 경우에는 반드시 주주총회의 결의가 필요하다**(제462조의2 제1항 단서). 이 점 유의하기 바란다.

5. 정기배당

(1) 의의

이익배당의 결정은 재무제표에 근거하여 산출되는 배당가능이익을 기초로 이루어지는 의사결정이므로 재무제표의 승인 없이 이익배당만을 별도로 결의할 수는 없다. 그러므로 주주총회의 결의(또는 이사회결의)에 의해 재무제표의 승인과정에서 이루어지는 배당을 정기배당이라고 한다.

(2) 결정기관

① 원칙: 주주총회의 결의

이익배당은 주주총회의 보통결의로 정한다(제462조 제2항 본문). 배당의 여부, 배당금의 크기에 관한 의사결정은 회사의 재산 및 영업상태를 파악한 후에 이루어지는 결정이므로 재무제표의 승인권을 가진 주주총회로 하여금 이익배당을 결정하도록 한 것이다.

② 예외: 이사회결의

회사가 정관으로 정하는 바에 따라 재무제표를 이사회에서 승인하는 경우(제449조의2 제1항)에는 주주총회의 결의에 갈음하여 이사회에서 이익배당을 결정한다.

(3) 배당의 방법

정기배당에 의해 지급하는 배당은 금전배당을 원칙으로 한다. 다만 회사가 정관으로 금전 이외의 재산으로 배당할 수 있음을 정한 경우에는(제462조의4 제1항) 이익배당을 현물배당으로 할 수도 있다.

(4) 지급의 시기

회사는 정기배당금을 주주총회 또는 이사회결의가 있은 날로부터 1월 내에 지급하여야 한다(제464조의2 제1항 본문). 다만 주주총회 또는 이사회결의에서 배당금의 지급시기를 따로 정한 경우에는 그러하지 아니하다(제464조의2 제1항 단서). 이는 배당금지급의 지연을 막기 위함이다.

(5) 소멸시효기간

배당금지급청구권은 5년의 소멸시효에 걸린다(제464조의2 제2항). 소멸시효는 배당결의일이 아니라 1개월이 경과한 때 또는 배당결의시에 따로 정한 기한이 경과한 때로부터 기산한다.

6. 중간배당

(1) 의의

중간배당이란 사업연도 중간에 직전 결산기의 배당가능이익을 재원으로 하여 실시하는 배당을 말한다. 중간배당은 배당평준화에 기여하고 증권시장으로 자본유입을 확대시킨다는 목적을 가진 제도이다. 그럼에도 불구하고 중간배당은 당해 사업연도의 손익이 확정되기 전에 회사재산의 사외유출을 수반하므로 자본충실을 해할 염려가 있다. 그런 이유로 상법은 중간배당에 대해 다음과 같은 엄격한 제한을 하고 있으며, 이사에게 무거운 책임을 지우고 있다.

(2) 배당의 재원

상법 제462조의3 제2항은 중간배당이 가능한 금액의 범위를 정하고 있다. 중간배당은 직전 결산기의 배당가능이익을 한도로 한다. 즉 직전 결산기의 대차대조표상의 순자산액에서 직전 결산기의 자본금의 액, 직전 결산기까지 적립된 법정준비금, 직전결산기에 정기총회에서 이익으로 배당하거나 또는 지급하기로 정한 금액, 중간배당에 따라 적립해야 할 이익준비금을 공제한 잔액을 한도로 한다.

(3) 배당의 제한

상법은 중간배당으로 인한 자본충실의 침해를 염려하여, 당해 결산기의 대차대조표상의 순자산액이 제462조 제1항 각호의 금액의 합계액에 이르지 아니할 우려가 있는 때에는 중간배당을 할 수 없다고 규정하고 있다(제462조의3 제3항).

(4) 적용요건

① 정관의 규정

중간배당은 정관에 규정이 있는 경우에 한하여 할 수 있다. 따라서 정관에 규정이 없는 경우에는 중간배당이 인정되지 않는다.

② 이사회의 결의

중간배당은 이사회의 결의를 요한다. 중간배당 여부는 다른 요건이 충족되는 한, 이사회의 재량으로 정한다. 그러므로 중간배당도 주주총회의 결의에 의해서 할 수는 없다.

③ 연 1회의 결산기

연 1회의 결산기를 정한 회사에 한하여 중간배당을 할 수 있다(제462조의3 제1항). 따라서 연 2회 이상의 결산기를 정한 회사는 중간배당을 할 수 없다.

④ 연 1회만 가능

중간배당은 영업 연도 중 연 1회에 한하여 할 수 있다(제462조의3 제1항). 그 시기는 정관으로 정하여야 한다. 정관으로 정한 날이 중간배당의 기준일이 된다.

⑤ 금전 또는 현물배당

개정상법은 중간배당의 방법으로 현물배당도 가능하도록 한 제462조의3 제1항의 규정을 '단순히 이익배당을 할 수 있음'이라는 용어로 수정하였다. 법문의 표현에 의하면 주식배당도 가능하다고 해석할 소지가 있으나, 주식배당은 주주총회의 결의를 요하는 점(제462조의2 제1항)에 비추어 이사회결의만으로 충분한 중간배당을 주식배당의 방법으로 하는 것은 적합하지 않다. 따라서 **중간배당의 방법으로 주식배당은 인정되지 않으며, 중간배당은 금전 또는 현물에 의한 배당만이 가능하다.** 이 점 유의하여야 한다.

(5) 이사의 책임

중간배당의 제한에 관한 규정의 실효성을 확보하기 위하여 상법은 중간배당을 한 결과 당해 결산기의 대차대조표상의 순자산액이 제462조 제1항의 각호의 금액의 합계액에 미치지 못하게 된 경우 이사는 회사에 대하여 연대하여 그 차액을 배상할 책임이 있다(제462조의3 제4항).

(6) 채권자의 반환청구

배당가능이익이 없이 중간배당을 한 경우, 주주는 채권자에 비해 우선하여 자신의 투자금액을 회수하는 것으로 이는 허용될 수 없다. 그러므로 이 경우 회사채권자는 주주에게 위법배당액을 회사에 반환하도록 요구할 수 있다(제462조의3 제6항).

7. 주식배당

(1) 의의

주식배당은 금전 대신 회사가 새로이 발행하는 주식으로 하는 이익배당을 말한다. 따라서 **새로이 발행하는 주식이 아닌 회사가 보유하는 주식으로 배당하는 경우 이는 현물배당이지 주식배당은 아니다.**

주식배당은 회사의 배당가능이익을 재원으로 하여 주주평등의 원칙에 따라 신주를 발행하는 방법에 의한 배당을 말한다.

(2) 법적 성질

주식배당에 관해서는 이익배당의 일종으로 보는 견해와 주식분할로 보는 견해의 대립이 있다. 통설은 주식배당을 이익배당으로 본다. 즉 회사는 주식배당에 의해 배당금의 지급으로 감소될 재산이 주식의 발행가액으로 환수되므로 이익배당의 실질의 요건을 충족하고, 절차 면에서도 주주는 이익배당결의에 의해 배당금지급청구권을 취득하게 되므로 배당과 실질적 효과가 같기 때문이다.

(3) 주식배당의 요건

① 배당가능이익의 존재

주식배당은 이익배당을 주식으로 하는 것이므로 금전배당과 마찬가지로 배당가능이익이 있어야 한다. 주식배당을 하는 부분에 대해서는 회사재산의 사외유출이 없으므로 이익준비금을 적립할 필요는 없다(제458조 단서).

② 미발행주식수의 존재

주식배당을 하면 그만큼 발행주식총수가 증가한다(제462조의2 제1항). 발행예정주식총수 중 미발행부분이 배당주식수에 부족할 때에는 먼저 정관변경을 해야 하며 발행예정주식총수를 보류해 두어야 한다.

③ 주식배당의 한도

주식배당은 이익배당총액의 2분에 1에 상당하는 금액을 초과하지 못한다(제462조의2 제1항 단서). 상법이 이처럼 주식배당을 제한하는 취지는 환금성 없는 주식이 과도하게 배당되지 않도록 하여 주주를 보호하기 위함이다.

(4) 주식배당의 승인권자

주식배당은 주주총회의 결의에 의해서 이루어져야 한다(제462조의2 제1항 본문). 재무제표를 이사회에서 승인하는 경우에는 이익배당도 이사회승인으로 족하지만(제462조 제2항 단서), 이 규정이 주식배당에까지 적용되지는 않는다. 따라서 주식배당은 반드시 주주총회결의에 의하여야 한다. 이 점 특히 유의할 필요가 있다.

(5) 신주의 발행가액

주식배당으로 인해 발행하는 신주의 발행가액은 주식의 권면액으로 한다(제462조의2 제2항). 이는 자본충실의 이유에서 액면가 이하의 발행을 허용하지 않는 동시에 주주의 이익을 위해서 액면가 이상의 발행도 허용하지 않겠다는 뜻으로 받아들여야 한다.

주식배당에 의해 발행주식수와 자본금이 증가하게 되므로 주주총회의 결의가 있은 날로부터 본점소재지에서는 2주간 내, 지점소재지에서는 3주간 내에 변경등기를 해야 한다(제317조 제4항).

(6) 종류주식과 주식배당

회사가 종류주식을 발행한 경우에는 각각 그와 같은 종류의 주식으로 배당할 수 있다(제462조의2 제2항 단서). 그러므로 모든 주식에 대해 보통주로 배당하는 것이 원칙이지만, 종류주식을 발행한 경우에는 그 종류의 주식으로 주식배당을 하는 것도 가능하다.

(7) 주식배당의 효력발생

주식배당을 받은 주주는 주식배당의 결의가 있는 "주주총회가 종결한 때"로부터 신주의 주주가 된다(제462조의2 제4항). 주주총회의 결의시에 효력이 생긴다면 이 주식을 가지고 다시 당기의 배당에 재차 참가하는 모순이 있기 때문이다.

(8) 질권의 효력

등록질권자의 권리는 주주가 배당받은 주식에 대하여 미친다(제462조의2 제6항 전단). 그러므로 등록질권자는 회사에 대하여 주권의 교부를 청구할 수 있다(제462조의2 제6항). 주식배당의 본질은 이익배당이며, 약식질은 이익배당에 효력이 미치지 않는다고 보는 까닭에 주식배당에는 약식질의 효력이 미치지 아니한다.

이익배당의 비교

구분	정기배당	중간배당	주식배당
승인권자	① 원칙: 주주총회의 결의 ② 예외: 정관규정이 있는 경우 이사회의 결의로 가능	이사회의 결의only	주주총회의 결의only
배당의 요건	배당가능이익의 존재	배당가능이익의 존재	배당가능이익의 존재
배당의 방법	① 원칙: 금전배당 ② 예외: 정관의 규정으로 현물배당 가능	① 원칙: 금전배당 ② 예외: 정관의 규정으로 현물배당 가능	신주발행에 의해서만 가능함
위법배당	채권자의 반환청구권 인정○	채권자의 반환청구권 인정○	채권자의 반환청구권 인정×

VII 이익배당의 위법

1. 의의

법령·정관에 위반하여 행해진 이익배당을 위법배당이라 한다. 위법배당의 전형적인 모습은 배당가능이익이 없음에도 불구하고 배당을 하거나 이를 초과하여 배당하는 것이다. 그 밖에도 배당절차·기준·시기·방법 등에 하자가 있거나 주주평등의 원칙에 위반하는 등 위법의 사유는 다양하다.

2. 보호법익

위법배당을 하는 경우 이사·감사의 손해배상책임이 발생하고 벌칙이 적용되는 것은 물론이다. 하지만 보다 중요한 문제는 배당 자체의 사법적 효과가 어떻게 되는지 여부이다. **특히, 배당가능이익이 없는 상태에서 위법배당을 한 경우 이는 채권자의 우선변제권을 침해하는 결과가 된다. 이때 위법배당액에 대하여 채권자의 반환청구권이 인정되는지 여부가 본질적이고 가장 중요한 문제이다.**

3. 금전 또는 현물배당의 위법

(1) 배당가능이익이 없는 위법배당

① 문제의 본질

제462조에서 정한 배당가능이익이 없는 상태 또는 배당가능이익을 초과해서 금전 또는 배당을 하거나 제462조의3 제2항이 정하는 배당가능이익이 없는 상태에서 금전에 의한 중간배당을 하는 것은 상법의 강행규정을 위반한 것임은 물론이다. 더하여 주주가 채권자 보다 우선 배당을 받음으로써 채권자의 우선변제권을 침해하게 된다.

② 회사의 반환청구

배당가능이익이 없는 위법배당은 그 자체가 위법적 요소를 안고 있음은 물론, 이익이 없이 위법배당금을 지급하는 자체가 상법상 강행규정(제462조 제1항)에 어긋나므로 결의무효확인의 소와 무관하게 위법배당액은 민법 제741조에 의한 부당이득반환의 법리에 의해 회사가 직접 반환을 청구할 수 있다고 보는 것이 타당하다. 이때 주주가 선의라고 해서 반환책임이 면제될 수는 없고, 그 전액을 반환해야 한다.

③ 채권자의 반환청구

배당가능이익이 없는 위법배당은 채권자를 위한 책임재산을 감소시키므로 회사채권자도 직접 주주를 상대로 배당금의 반환을 청구할 수 있다(제462조 제2항). 다만, 채권자는 위법배당액을 자신에게 반환하라는 청구를 하는 것이 아니라 회사에 반환하라고 청구하는 것이다. **위법배당 당신의 채권자뿐만 아니라 그 이후의 채권자도 반환청구가 가능하다.** 채권자는 회사의 청구 유무에도 불구하고 반환을 청구할 수 있다. 그리고 위법한 배당액 전액의 반환을 청구할 수 있다.

(2) 그 밖의 위법배당

배당가능이익의 범위 내에서 배당이 이루어졌다 하더라도 결의자체에 취소사유가 있거나 기타 시기·절차·방법 등에 하자가 있거나 주주평등의 원칙에 반하는 경우도 위법한 배당으로서 그 효력이 부정되어야 한다.

다만, 이 경우에는 회사채권자는 배당가능이익의 범위 내에서 이루어진 배당이므로 반환청구권을 가지지 못하며, 회사의 반환청구권만이 인정되는 점이 배당가능이익이 없는 위법배당의 경우와 차이를 보인다. 회사가 반환을 청구할 경우 주주간의 위법한 차등배당이나 중간배당의 경우에는 회사가 그 반환을 청구할 수 있다고 보아야 하지만, 그 밖의 경우에는 먼저 배당결의의 효력을 다투는 소를 제기하여 판결을 얻어야 할 것이다.

4. 주식배당의 위법

(1) 문제의 본질

주식배당이 위법한 경우, 회사의 배당가능이익은 자본금으로 대체되는 결과가 된다. 따라서 채권자의 우선변제권은 침해되지 않는다. 물론 이는 상법상 절차를 위반한 것이므로 무효가 되어야 할 것이다. 이때 위법한 주식배당을 어떻게 해결한 것이지가 문제된다.

(2) 적용의 효과

주식배당이 위법한 경우, 이로 인해 발행된 신주의 효력에 대한 문제가 동시에 제기되어 후속행위의 문제가 되므로 신주발행무효의 소에 준하여 해결하여야 한다. 주식배당의 경우에는 주주가 주금을 납입한 바가 없으므로 주금의 환급문제(제432조)는 발생할 리 없고, 또한 신주발행무효의 판결에 의해 주주의 배당으로 인한 신주는 소멸될 것이기 때문에 채권자의 반환청구(제462조의3)도 인정되지 않는다.

5. 이사 등의 책임

위법한 배당 안을 작성하고 집행한 이사는 회사, 주주와 채권자 등에 대하여 손해배상책임을 지며(제399조, 제401조), 이사회에서 위법한 배당 결의안을 승인한 이사, 그리고 감사를 게을리한 감사도 손해배상책임을 진다. 또한 위법배당과 관련해 외부감사인의 과실이 있는 경우에는 그 외부감사인도 회사 및 제3자에 대해 책임을 져야 한다(외감법 제17조).

제 3 절 사채 일반

I 의의

사채(Bond)란 주식회사가 불특정 다수인으로부터 자금을 조달할 목적으로 액면금액, 액면이자, 만기 3요소를 표준화하여 집단적·정형적으로 부담하는 단위화된 채무를 말한다.

사채는 주식회사가 부담하는 거액의 자금조달을 목적으로 대중으로부터 자금을 집중시키기 위해 부담하는 채무이다. 그러므로 사채를 발행하는 회사는 불특정 다수인과 집단적으로 채무부담을 위한 계약을 체결하며, 발행조건이나 방법은 정형성을 띤다. 사채도 주식처럼 액면가로 세분화되어 있는데 이는 사채의 인수를 편리하게 하고 유통성을 증대시키기 위한 것인데, 결국 사채발행을 용이하게 하기 위함이다.

사채발행은 유한회사에서는 허용되지 않는다(제600조 제2항, 제604조 제1항).

II 자본조달의 방법

1. 의의

회사가 자본을 조달하는 방법은 다양하다. 자금을 차입할 수도 있고, 신주발행 또는 사채발행 등 다양한 방법에 의해서 회사는 자본조달이 가능하다.

자본조달의 측면에서 상법의 관심은 주식과 사채의 발행에 집중되어 있다. 그 이유는 주식의 발행과 사채의 발행은 일반 공중을 통해 대중자금을 조달하는 것이므로 일반공중의 보호가 필요하고, 그에 대한 역할을 상법이 해야 하기 때문이다.

2. 신주발행과 사채발행

(1) 양자의 관계

자금을 조달한다는 측면과 그 규모가 거액에 이른다는 점에서 신주발행과 사채발행은 같은 기능을 가지며, 서로 대체적 관계에 있다고 할 수 있다.

사채는 타인자본이므로 이익의 유무에도 불구하고 이자를 지급해야 하며, 일정기간이 경과한 후에는 원금을 상환해야 하는 부담이 있다. 그에 반해 신주발행으로 조달되는 자금은 자기자본을 구성하므로 이와 같은 부담이 없으나, 회사는 배당압력에 직면하고 경영안정에 위협을 받기도 한다. 그러므로 어느 방법이 더 우수하다고 단정할 수 없고, 상황에 따라 회사의 여건과 자금의 목적에 따라 결정할 문제이다.

(2) 최적 자본구조

회사가 신주발행 또는 사채발행을 통해 자금을 조달하는 경우 회사의 일방적 선택이 항상 가능한 것은 아니다. 그 이유는 신주발행 또는 사채발행의 성공여부는 이를 인수할 투자자의 호응 여부에 달려 있기 때문이다. 이때 투자자의 선호는 그 발행조건뿐만 아니라 회사의 전망이나 금리에 따라 민감하게 반응한다. 따라서 주식회사는 신주발행과 사채발행을 서로 대체적 수단으로 하여 자본시장의 여건변화에 적응하며 최적의 자본구조에 대한 탐색을 하고 그 결과 최적의 자본구조를 만들어야 할 것이다.

Ⅲ 주식과 사채의 비교

1. 유사점

사채와 주식은 공통적으로 주식회사가 공중으로부터 장기자금을 조달하는 수단이다. 그로 말미암아 양자의 본질적인 차이점에도 불구하고 법률관계에 있어서는 매우 유사한 점이 많다. 주식과 사채의 법률관계는 필연적으로 계속성·집단성·공중성을 가지고 있으며, 이에 대응하여 법적 규율에 있어서도 신속하고 확실한 발행절차, 고도의 유통성을 보장하기 위한 유가증권화, 권리자의 단체적 취급 등 여러 점에서 유사한 모습을 보인다.

2. 차이점

사채는 주식과 기본적으로 법적 성질을 달리한다. 사채는 사채권자의 입장에서 보면 금전채권임에 반하여, 주식은 주식회사의 사원의 지위를 뜻하는 사원권이다. 그러므로 사채권자는 외부의 제3자로서 성질상 회사운영에 관여할 수 없는데 반하여 주주는 의결권 기타의 공익권을 통하여 회사의 지배·경영·감독의 권한을 갖는다.

그리고 사채권자는 회사의 이익의 유무에도 불구하고 확정된 이자를 청구할 수 있음에 반해, 주주는 회사에 이익이 있고 배당결의가 있는 경우에 한해 이익배당을 받는데 그친다. 투하자금의 회수에 있어서도 상이하다. 사채는 만기에 원금을 전액 회수하며, 회사가 해산한 경우에는 주식에 대해 우선하여 변제되는데 반하여, 주주는 잔여재산의 분배를 받을 따름이다.

3. 양자의 접근

주식과 사채는 일반 공중을 대상으로 한 자금조달의 수단인 점에서는 공통점을 가지고 있다. 그러나 양자는 그 장점과 단점이 뚜렷하다. 만일 주식과 사채의 장점을 동시에 부여한다면 회사의 대중자본의 조달을 보다 용이해 질 것이다.

그런 이유에서 최근에는 주식과 사채의 장점을 혼합한 금융상품이 속속 등장하고 있으며, 그 수는 헤아릴 수 없다. 이를 주식의 사채화 또는 사채의 주식화라고 한다. 무의결권주식·상환주식·누적적 우선주와 같이 주식의 사채화가 이루어지는 경우도 있으며, 반대로 전환사채·신주인수권부사채·이익참가부사채와 같이 사채의 주식화 현상도 일어나고 있다.

주식과 사채의 비교

구분	주식	사채
기본적 차이점	① 자기자본구성 ② 경영참여가능 ③ 배당가능이익의 범위 내에서 배당 가능 ④ 출자금을 원칙적으로 상환하지 않음	① 타인자본구성 ② 경영참여불가능 ③ 배당가능이익과 무관하에 확정이자 지급 ④ 만기에 사채의 원금을 상환하여야 함
부수적 차이점	① 전액납입필요, 현물출자 인정 ② 회사의 승인이 있는 경우에만 납입에 대한 상계 가능 ③ 발행은 수권주식수에 의해 영향을 받음 ④ 자기주식의 취득은 원칙적으로 인정되지 않음	① 분할납입, 대물변제, 경개, 상계 등이 모두 가능 ② 납입에 대한 상계는 회사와의 계약으로 가능 ③ 발행은 순자산가액에 제한을 받지 않음 ④ 자기사채의 취득은 자유롭게 인정됨

Ⅳ 사채발행의 절차

1. 발행의 결정

(1) 원칙

사채의 발행은 이사회의 결의로 한다(제469조 제1항). 신주발행을 이사회의 권한으로 한 것과 균형을 맞추기 위한 것이다. 이 결의에서 사채의 종류·총액·각 사채의 금액·이율·상환방법·상환기간 등을 정하여야 한다.

(2) 발행의 위임

위의 규정에도 불구하고 **회사는 "정관에 규정을 두어" 이사회가 대표이사에게 사채의 금**

액·종류를 정하여 1년을 초과하지 아니하는 기간 내에 사채를 발행할 것을 위임할 수 있다(제469조 제4항). 사채발행의 효율을 높이기 위해서는 사채발행여부의 결정과 실행에 기동성을 요한다. 이사회결의로 대표이사에게 사채발행을 위임할 수 있게 함은 이러한 사채발행의 특수성을 감안하여 사채발행의 효율을 기하기 위한 것이다.

2. 유가증권신고와 공시

자본시장법상 사채의 모집·매출은 상장법인의 신주발행과 마찬가지로 증권신고서를 제출하고, 그 신고서의 효력이 발생하여야만 모집·매출을 할 수 있으며(자본시장법 제119조, 제121조), 투자설명서의 작성·공람 등 공시를 해야 하며(자본시장법 제123조), 외부감사인에 의한 감사도 받아야 한다(자본시장법 제169조).

3. 사채의 인수

사채의 인수는 총액인수와 채권매출의 경우 외에는 사채청약서에 의한다. 사채모집에 응하고자 하는 자는 사채청약서 2통에 인수할 사채의 수와 주소를 기재하고 기명날인 또는 서명하여야 한다(제474조 제1항). 사채청약서는 이사가 작성하여야 하지만 사채관리회사도 작성할 수 있으며, 법정사항을 기재해야 한다(제474조 제2항, 제476조 제2항). 청약에 의해 배정이 있으면 인수는 확정되고 사채계약이 성립한다.

4. 인수대금의 납입

사채의 모집이 완료되면 대표이사는 지체 없이 인수인에 대하여 각 사채의 전액 또는 1회의 납입을 시켜야 한다(제476조 제1항). 위탁모집의 경우에는 사채관리회사가 이를 할 수 있다(제476조 제2항). 주금의 납입과 달리 금전납입에 한하지 않으므로 상계·경개·대물변제도 가능하다.

5. 발행등기

사채의 발행은 등기를 요하지 않는다. 사채는 일정기간 후에는 상환하여야 할 채무이므로 공시의 실익이 없기 때문이다. 다만, 특수사채인 전환사채, 신주인수권부사채, 이익참가부사채, 교환사채 등은 그 발행에 등기가 필요하다. 그 이유는 전환사채 등은 잠재적 주식이기 때문이다.

V 사채의 유통

1. 의의

사채의 상환기간은 보통 장기이므로 상환기간 이전에도 사채권자로 하여금 자금회수의 길을 열어주어야 할 것이다. 그런 이유로 사채의 유통성 증대를 위해 주식과 마찬가지로 유가증권화하여 채권을 발행하며, 사채원부를 갖추도록 하는 등의 장치를 마련하고 있다.

2. 사채원부

무기명사채를 발행한 때에는 사채 및 채권에 관한 사항을 명백히 하기 위하여, 기명사채를 발행한 때에는 이와 함께 사채권자에 관한 사항을 명백히 하기 위하여 회사는 사채원부를 작성·비치해야 한다(제488조, 제396조).

사채원부는 주주명부에 대응하는 장부조직으로 기명사채이전의 대항요건(제479조), 통지 및 최고(제489조 제1항) 등에 있어서 그 법률상 의의가 있다. 또한 사채원부에는 기명사채에 대한 사항은 물론 무기명사채에 관한 사항도 기재되어 있음에 유의하기 바란다.

3. 사채권

(1) 발행의 자유

사채권은 사채권자의 권리를 표창하는 유가증권이다. 사채원부에 사채권자의 성명·주소 등의 기재여부에 따라 기명사채권과 무기명사채권으로 구분할 수 있다. 사채는 사채원부에 사채권자의 성명과 주소 등의 기재여부에 따라 기명사채와 무기명사채가 모두 인정되며, 그 발행에 상법상 제한은 없다. 따라서 **회사는 기명사채와 무기명사채를 자유롭게 발행할 수 있다.**

(2) 전환의 자유

양자의 전환도 자유롭게 인정되므로 회사가 어느 하나로 한정할 것으로 정하지 않은 이상 기명식에서 무기명식 또는 그 반대로 전환해줄 것을 청구할 수 있다(제480조).

회사는 사채권을 발행하는 대신 정관으로 정하는 바에 따라 전자등록기관의 전자등록부에 사채를 등록할 수 있으며, 이 경우에는 사채권을 발행하지 아니한다.

4. 사채의 유통

(1) 무기명사채

무기명사채의 유통에 관해서는 상법에 규정이 없으므로 민법의 규정에 따라 양도는 양수인에게 채권을 교부함으로써(민법 제523조) 입질은 채권을 교부함으로써(민법 제351조) 그 효력이 생기며, 계속 점유함으로써 제3자에게 대항할 수 있다.

(2) 기명사채

기명사채의 양도는 지시식으로 되어 있지 않는 한 당사자의 의사표시와 채권의 교부로써 효력이 생기지만, 회사 기타 제3자에게 대항하기 위해서는 취득자의 성명과 주소를 사채원부에 기재하고 그 성명을 채권에 기재하여야 한다(제479조 제1항). 명의개서대리인이 있는 경우에는 명의개서대리인을 통해 이 절차를 밟을 수 있다(제479조 제2항).

사채의 양도방법과 대항요건

구분	발행	유가증권화	사채의 양도	대항요건	전환
기명사채	자유	기명사채권	채권의 교부	명의개서	자유
무기명사채	자유	무기명사채권	채권의 교부	채권의 점유	자유

5. 이권(coupon)

(1) 의의

우리나라에서는 대부분 무기명사채가 발행되고 있는데, 이권은 무기명사채에 있어서 이자지급청구권을 표창하는 유가증권이다. 이권은 사채와 별개로 유통될 수 있으며 이권의 소지인은 채권을 제시함이 없이 이자를 지급받을 수 있다. 회사는 이권의 소지인에게 지급하면 면책된다.

(2) 이권흠결시 상환

무기명사채의 이자지급시 이권이 흠결된 때에는 그 이권에 상당하는 금액을 공제한 금액을 상환한다(제486조 제1항). 이권은 사채권과는 독립해서 유통될 수 있으므로 채권과 분리되는 일이 있을 수 있다. 이권소지인의 보호를 위한 규정이다. 이권소지인은 언제든지 이권과 상환하여 공제액의 지급을 청구할 수 있다(제486조 제2항).

6. 사채의 시효

사채의 발행은 보조적 상행위로 볼 수 있다. 그러므로 5년의 상사소멸시효기간을 적용해야 할 것이다. 그어나 상법은 공중성을 고려해 **사채의 소멸시효기간을 10년으로 하고 있다. 다만 이자와 이권소지인의 지급청구권에 대해서는 5년의 소멸시효기간이 적용된다**(제487조 제3항).

회사가 사채의 원리금의 상환을 게을리하면 손해배상으로 지연손해금이 발생하는데, 지연손해금의 시효는 원본채권과 같으므로 사채원금의 지연손해금은 10년, 이자의 지연손해금은 5년의 소멸시효기간이 적용된다(대법원 2010.9.9.선고, 2010다28031판결).

Ⅵ 사채 관련기구

1. 의의

사채발행은 보통 3당사자 관계에서 이루어진다. 발행회사, 사채관리회사 및 사채권자가 그것이다. 발행회사는 사채발행을 통해 자금을 조달하려는 회사이고, 모집회사라고도 한다. 사채관리회사는 발행회사로부터 사채발행의 위탁을 받은 자이면서 사채권자와의 관계는 법정대리관계에 있는 자이다. 그리고 사채권자는 발행회사의 사채를 인수하고 그 인수대금을 납입한 자이다.

상법은 사채발행과 관련된 당사자간에 발생할 수 있는 문제를 해결하기 위하여 다양한 규정을 두고 있다. 본서에서는 이 중 사채관리회사와 사채권자를 중심으로 살펴보기로 한다.

사채관련기구

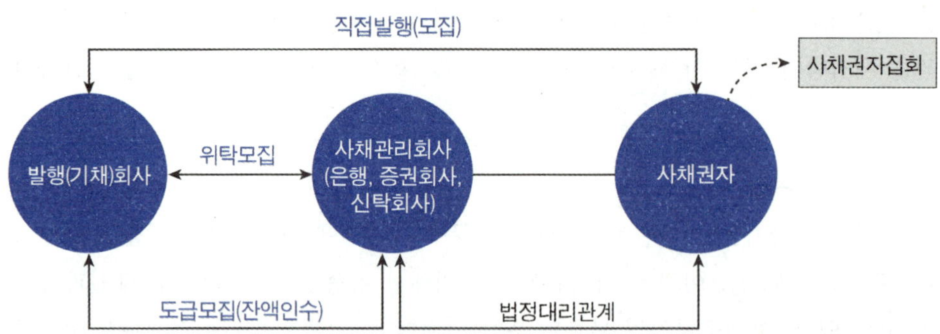

2. 사채관리회사

(1) 의의

사채관리회사란 사채발행회사에 의해 선임되어 사채권자를 위하여 사채의 상환청구, 변제수령 등 사채의 관리에 필요한 사무를 집행하는 자를 말한다.

사채관리회사는 사채발행회사에 의해 지정되므로 발행회사의 수임인으로서 발행회사에 대해 선량한 관리자의 주의의무를 지는 것은 당연하지만(민법 제691조), 사채권자의 법정대리인이면서, 사채권자에 대해서도 선량한 관리자로서 사채를 관리할 의무를 지며, 직접 손해배상책임을 진다(제484조의2).

(2) 사채관리회사의 지정

① 지정의 임의성

사채관리회사의 업무는 사채권자를 위한 것이지만, 그 지정은 발행회사가 한다(제480조의2). 상법은 사채관리회사의 선임을 강제하지는 않는다(제480조의2).

② 자격

은행, 신탁회사 그 밖에 대통령령으로 정하는 자가 아니면 사채관리회사가 될 수 없다(제480조의3 제1항). 대통령령에는 은행법상의 금융기관, 자본시장법상의 소정의 투자매매업자 등을 적격자로 규정하고 있다(상법시행령 제26조). 사채의 인수인은 그 사채의 사채관리회사가 될 수 없다고 규정한다(제480조의3 제2항).

(3) 사채관리회사의 권한

① 사채의 상환을 위한 권한

사채관리회사는 사채권자를 위하여 사채를 상환받음에 필요한 재판상·재판외의 모든 행위를 할 권한이 있다(제484조 제1항). 사채관리회사가 발행회사로부터 사채를 상환받은 때에는 지체 없이 이를 공고하고, 알고 있는 사채권자에게는 개별로 이를 통지하여야 한다(제484조 제2항).

② 사채권자집회의 소집권 등

사채관리회사는 사채권자의 소집, 출석 및 의견진술, 결의집행 등의 권한을 갖는다(제491조 제1항, 제493조 제1항, 제501조). 한편, 사채관리회사의 권한과 의무가 중대함에 대한 보상으로 사채관리회사의 보수는 사채권자에 우선하여 변제받는다(제507조 제2항).

③ 업무와 재산상태 조사권

사채관리회사는 관리를 위탁받은 사채에 관하여 채권을 변제받거나 채권의 실현을 보전하기 위한 행위를 할 때(제484조 제1항) 또는 사채 전부에 대한 지급의 유예, 책임의 면제 또는 화해, 사채 전부에 대한 지급의 유예, 책임의 면제 또는 화해, 사채 전부에 관한 소송 또는 채무자회생 및 파산절차에 관한 절차에 속하는 행위(제484조 제4항)를 하고자 할 경우에는 법원의 허가를 받아 사채를 발행한 회사의 업무와 재산상태를 조사할 수 있다(제484조 제7항).

(4) 사채관리회사의 의무와 책임

① 의무

사채관리회사는 사채권자에 대하여 선량한 관리자의 주의로 사채를 관리하여야 한다(제484조의2 제2항). 또한 사채관리회사에게 사채권자를 위하여 공평하고 성실하게 사채를 관리할 것을 명하고 있다(제484조의2 제1항).

② 책임

사채관리회사가 이 법이나 사채권자집회의 결의를 위반한 행위를 한 때에는 사채권자에 대하여 연대하여 이로 발생한 손해를 배상할 책임이 있다(제484조의2 제3항).

(5) 사채관리회사의 행위제한

사채관리회사의 월권으로 사채권자의 권리가 침해될 우려가 있는 다음과 같은 행위는 반드시 사채권자집회의 결의를 요하도록 하고 있다(제484조 제1항 본문). 예컨대 ① 해당 사채의 전부에 대한 지급의 유예, ② 그 채무의 불이행으로 발생한 책임의 면제 또는 화해, ③ 사채에 관한 채권을 변제받거나 채권의 실현을 보전하기 위한 것이 아닌 해당 사채 전부에 관한 소송행위 또는 채무자회생 또는 파산에 관한 절차에 속하는 행위가 그것이다.

(6) 사채관리회사의 사임과 해임

사채관리회사는 발행회사와 사채권자집회의 동의를 받아 사임할 수 있다. 다만 부득이한 사유가 있는 경우에는 법원의 허가를 받아 사임할 수도 있다(제481조).

한편, 사채관리회사가 그 사무를 처리하기에 적임이 아니거나 그 밖에 정당한 사유가 있을 때에는 법원은 사채발행회사 또는 사채권자집회의 청구에 의하여 이를 해임할 수 있다(제482조).

3. 사채권자집회

(1) 의의

사채권자집회는 사채권자로 구성되며, 사채권자의 이익에 중대한 관계가 있는 사항에 관하여 사채의 종류별로 사채권자(제509조)의 총의를 결정하기 위하여 소집되는 사채권자 단체의 임시적 의사결정기관이다.

사채권자집회는 사채권자로 이루어진 임시적 의사결정기관인 점에서, 주주총회가 주주로 이루어진 필요적 상설기관인 점과 차이가 있다.

(2) 소집의 통지 및 공고

① 의의

사채권자집회를 소집할 경우에는 주주총회의 소집통지 및 소집통지서의 기재사항에 관한 사항을 준용한다(제491조의2 제1항). 그러므로 기명사채권자에 대해서는 회일의 2주간 전에 소집을 통지해야 한다.

② 무기명사채권자에 대한 공고

회사가 무기명식의 채권을 발행한 경우에는 주주총회일 3주 전에 사채권자집회를 소집하는 뜻과 회의의 목적사항을 공고하여야 한다(제491조의2 제2항). 다만 자본금총액이 10억원 미만인 회사는 회일의 2주간 전에 공고함으로 족하다.

(3) 집회의 소집권자

발행회사 또는 사채관리회사가 소집하지만(제491조 제1항), 해당종류의 사채총액의 10분의 1 이상에 해당하는 사채권자도 회의의 목적사항과 소집의 이유를 기재한 서면으로 사채권자집회의 소집을 청구할 수 있다(제491조 제2항). 이 소집청구에 대해 발행회사가 응하지 않을 때에는 소집을 청구했던 사채권자는 법원의 허가를 얻어 사채권자집회를 소집할 수 있다(제491조 제3항).

(4) 사채권자의 의결권

각 사채권자는 그가 가진 해당 종류의 사채금액의 합계액에 따라 의결권을 가진다(제492조). 의결권은 대리행사할 수 있으며, 대리권은 서면으로 증명해야 한다(제510조 제1항). 또한 서면투표, 전자투표의 방식도 가능하다(제495조 제3항, 제495조 제6항). 무기명식의 사채권자는 회일로부터 1주간 전에 채권을 공탁해야만 의결권을 행사할 수 있다(제492조 제2항).

(5) 사채의 종류별 소집·결의

사채권자집회는 사채의 종류별로 소집과 결의를 전제로 하고 있다(제491조 제2항, 제492조, 제498조). 사채의 종류는 사채권자집회의 동일성 내지는 구성원의 일체성을 결정하는 중요한 개념이다. 사채권자집회를 종류별로 하는 이유는 종류가 다른 사채권자 간에는 사채에 관한 이해를 달리하기 때문이다. 다른 종류의 사채권자를 동일한 의사결정의 단위로 취급하면 결의가 사채권자들의 의사를 왜곡하여 전달할 우려가 있다.

(6) 집회의 결의사항

사채권자집회의 결의사항에는 ① 자본금감소의 이의(제439조 제3항), ② 합병의 이의(제530조 제2항), ③ 사채권자집회의 대표자 및 결의집행자의 선임과 해임 등이 있다. 이 밖에도 사채권자에게 이해관계가 있는 사항에 관하여 결의할 수 있다(제490조). 이상의 사채권자집회의 권한에 관한 사항은 사채권자가 단독으로 하지 못한다.

(7) 결의방법

사채권자집회의 결의에 관해서는 주주총회의 특별결의에 관한 규정이 준용된다. 즉, 해당 종류별 출석한 사채권자의 의결권의 3분의 2 이상이며, 해당종류의 사채총액의 3분의 1 이상의 수로써 하여야 한다(제495조 제1항).

(8) 결의의 효력발생

사채권자집회의 결의는 결의한 날로부터 1주간 내에 법원에 인가를 청구하여야 하며(제496조), 법원의 인가를 받아야 비로소 효력을 갖는다(제498조 제1항). 다만, 해당 종류의 사채권자 전원이 동의한 결의는 법원의 인가를 요하지 않고 효력이 발생한다(제498조 제1항 단서).

제 4 절 특수사채

I 의의

특수사채란 사채에 특수한 속성이 부여된 사채를 말한다. 이때 특수한 속성을 옵션(option)이라고도 하며, 사채에 특수한 속성이 옵션을 부여함으로써 사채로서의 기능과 옵션의 속성이 결합된 금융상품을 특수사채라고 한다.

상법은 특수사채의 종류로 전환사채, 인수인수권부사채, 이익참가부사채, 교환사채, 상환사채 및 파생결합사채를 인정하고 있다.

II 전환사채(Convertible bond)

1. 의의

사채에 전환권(Convertible Right)이 부여되어 사채권자가 사채발행회사의 주식으로 전환할 수 있는 권리가 부여된 사채를 전환사채(Convertible Bond)라고 한다.

전환사채(CB)는 투자자에게는 사채의 확실성과 주식의 투기성을 비교하여 선택할 수 있는 권리(전환권)를 부여함으로써 다양한 욕구를 충족시킬 수 있는 반면, 회사로서는 전환에 의해 사채상환의 효과를 통한 영구자본화가 가능하여 통상 일반사채에 비하여 표면이자가 낮게 책정되므로 자본조달비용을 절약할 수 있는 장점이 있다.

이처럼 사채라는 기초자산에 전환권이라는 옵션(option)이 부여된 사채를 전환사채라고 하는데 이러한 금융상품을 파생금융상품(Derivatives)이라고 한다.

2. 발행의 결정

(1) 발행권자

전환사채의 발행 및 구체적인 발행사항은 정관에 규정이 없는 것은 이사회가 이를 결정한다(제513조 제2항 본문). 그러므로 정관으로 주주총회의 결의사항으로 할 수 있다(제513조 제2항 단서). 이 규정은 신주발행을 이사회결의만으로 할 수 있게 한 제416조와 균형을 맞춘 것이므로, 신주발행이 정관의 규정에 의하여 주주총회의 권한사항으로 되어 있는 경우(제416조 단서)에는 전환사채발행에 관해서는 정관에 명문의 규정이 없더라도 이사회결의만으로는 할 수 없고, 주주총회의 결의를 거쳐야 한다(대법원 1999.6.25.선고, 99다18435판결).

(2) 발행사항

전환사채를 발행하는 경우 정관 또는 이사회의 결의로 정할 구체적인 발행사항은 다음과 같다.

① 전환사채의 총액
② 전환의 조건
③ 전환으로 인하여 발행할 주식의 내용
④ 전환을 청구할 수 있는 기간
⑤ 주주에게 전환사채의 인수권을 준다는 뜻과 인수권의 목적인 전환사채의 액
⑥ 주주 이외의 자에게 전환사채를 발행하는 것과 이에 대하여 발행할 전환사채의 액

3. 전환사채의 귀속

(1) 원칙: 주주에 대한 발행

전환사채도 발행시에는 사채이지만 사채권자의 전환권의 행사를 주식으로 전환할 수 있으므

로 제3자에 대한 전환사채의 발행은 주주 외의 제3자에게 신주인수권을 부여하는 것과 같다. 제3자에게 전환사채를 발행하게 되면 기존주주는 주가의 희석화(dilution) 등으로 인한 피해를 입을 우려가 있다. 그런 이유에서 상법은 전환사채의 발행은 이사회결의에 의해 주주에게 발행하는 것을 원칙으로 한다. 이에 따라 전환사채인수권을 가진 주주는 그가 가진 주식의 수에 따라서 전환사채의 배정을 받을 권리를 갖게 된다(제513조의2 제2항).

(2) 예외: 제3자에 대한 발행

주주 외의 자에게 전환사채를 발행하는 경우에는 그 발행할 수 있는 전환사채의 액, 전환의 조건, 전환으로 인하여 발행할 주식의 내용과 전환을 청구할 수 있는 기간에 관하여 **정관에 규정이 없으면 주주총회의 특별결의로 이를 정해야 한다**(제513조 제3항).

정관이나 주주총회의 결의로 제3자의 신주인수권을 정할 때에는 그 내용이 구체적이고 확정적이어야 하므로 신주인수권의 내용을 구체적이고 확정적으로 정하지 않은 채 이사회가 결정하도록 포괄적으로 위임한 정관의 규정은 무효이다(서울고법 2000.5.9.선고, 2000라77판결).

전환의 조건 등에 관한 정관의 규정은 구체적이어야 하지만, 전환의 조건을 경제사정에 따라 신축적으로 결정할 수 있도록 정관에 일정한 기준을 정해 놓은 다음, 구체적인 전환의 조건은 발행시마다 이사회에서 결정하도록 위임하는 것은 허용된다고 본다(대법원 2004.6.25.선고, 2000다37326판결).

관련판례요약

전환의 조건 등이 정관에 이미 규정되어 있어 주주총회의 특별결의를 다시 거칠 필요가 없다고 하기 위해서는 전환의 조건 등 정관에 상당한 정도로 특정되어 있을 것이 요구된다고 하겠으나, 주식회사가 필요한 자금수요에 대응한 다양한 자금조달의 방법 중에서 주주 외의 자에게 전환사채를 발행하는 방법을 선택하여 자금을 조달함에 있어서는 전환가액 등 전환의 조건을 그때그때의 필요자금의 규모와 긴급성, 발행회사의 주가, 이자율과 시장상황 등 구체적인 경제사정에 즉응하여 신축적으로 결정하도록 하는 것이 바람직하다 할 것이다. 따라서 주주총회의 특별결의에 의해서만 변경이 가능하도록 한 정관에 전환의 조건 등을 미리 획일적으로 확정하여 규정하도록 요구할 것은 아니며, 정관에 일응의 기준을 정해놓은 다음 이에 기하여 실제로 발행할 전환사채의 조건 등은 그 발행시마다 정관에 벗어나지 않는 범위에서 이사회에서 결정하도록 위임하는 방법을 취하는 것도 허용된다고 보아야 할 것이다(대법원 2004.6.25.선고, 2000다37326판결).

4. 발행의 절차

(1) 배정기준일의 공고

주주가 인수할 전환사채의 금액이 결정됨에 따라 주주는 그가 가진 주식 수에 비례하여 전환사채의 배정을 받을 권리를 가진다(제513조의2 제1항). 따라서 인수권을 행사할 자를 위하여 배정기준일을 정하고, 그 날의 2주간 전에 배정기준일의 주주명부에 기재된 주주가 인수권을 갖는다는 뜻을 공고하여야 한다(제512조의2 제2항). 다만, 전환사채의 최저액에 미달하는 단수에 대해서는 인수권이 미치지 않는다(제513조의2 제1항 단서).

(2) 주주에 대한 최고

배정기준일에 인수권이 확정된 주주에 대해서는 그 인수권을 가지는 전환사채의 금액, 발행가액, 전환의 조건, 전환으로 인하여 발행할 주식의 내용, 전환을 청구할 수 있는 기간과 일정한 기일(청약일)까지 전환사채의 청약을 하지 아니하면 권리를 잃는다는 뜻을 청약일의 2주간 전에 통지하여야 하며, 무기명주주를 위해서는 동일한 사항을 공고하여야 한다(제513조의3 제2항). 이때 회사가 정한 청약기일에 청약을 하지 아니하면 실권한다.

(3) 그 밖의 절차

① 인수와 납입

일반사채의 경우와 같으므로 사채의 인수 및 납입부분을 참고하기 바란다.

② 발행의 등기

일반사채의 발행은 등기를 요하지 않는다. 그러나 전환사채를 발행할 때에는 납입을 완료한 날로부터 2주간 내에 본점소재지에서 소정의 사항을 등기하여야 한다(제514조의2).

5. 발행과 관련된 그 밖의 문제

(1) 수권주식과의 관계

전환사채의 전환으로 인하여 발행예정주식총수에 미발행부분이 있어야 그 발행이 가능하므로 이 부분은 전환청구기간 동안은 그 발행을 보류하여야 한다(제516조 제1항).

(2) 발행의 유지청구

회사가 법령 또는 정관에 위반하거나 현저하게 불공정한 방법으로 전환사채를 발행함으로써 주주가 불이익을 받을 염려가 있는 경우에는 신주발행에서와 마찬가지로 주주가 그 발행을 유지할 것을 청구할 수 있다(제516조 제1항). **이때 유지청구는 전환사채의 효력이 발행되기 전, 즉**

전환사채의 납입기일까지는 해야 한다(대법원 2004.8.16.선고, 2003다9636판결). 그 이유는 전환사채가 발행된 후에는 전환사채발행무효의 소 등에 의해 그 하자를 처리하여야 하기 때문이다.

6. 전환사채의 전환

(1) 전환의 청구

① 청구의 시기

전환사채의 전환은 전환을 청구할 수 있는 기간 중 "언제든지" 전환을 청구하는 자가 청구서 2통에 채권을 첨부하여 회사에 제출하여야 하는 것이 원칙이지만(제515조 제1항 본문), 채권을 발행하는 대신 전자등록기관의 전자등록부에 채권을 등록한 경우에는 그 채권을 증명할 수 있는 자료를 첨부하여 회사에 제출하여야 한다(제515조 제1항 단서).

② 주주명부폐쇄기간의 청구

전환청구는 주주명부폐쇄기간 중에도 가능하다. 다만 그 기간 중의 총회에서는 의결권을 행사할 수 없고 그 다음 총회에서부터 의결권을 행사할 수 있다(제516조 제2항). 만일 전환청구기간이 경과하도록 전환청구를 하지 않으면 전환청구권을 상실함은 물론이며, 그 기간 전에 주주는 스스로 전환청구권을 포기할 수 있다(서울지법 1999.2.4.선고, 98가합69295판결).

(2) 전환의 효력

① 전환의 효력발생

전환은 사채권자가 청구서를 회사에 제출함으로써 그 효력이 생기며(제516조 제2항) 회사의 승낙을 요하지 않는다. 전환권은 형성권이기 때문에 회사의 승낙을 요하지 않음은 물론 전환청구와 동시에 사채권자는 주주가 되는 것이다.

② 이자·이익배당의 효력발생

이익이나 배당에 관해서는 그 청구를 한 때가 속하는 영업 연도 말에 전환된 것으로 본다(제516조 제2항). 다만, 정관의 규정에 의하여 직전 영업 연도 말에 전환된 것으로 볼 수 있다(제516조 제2항).

(3) 질권자의 권리

전환사채의 질권자는 전환 후의 주식에 대하여 질권을 행사할 수 있다(제516조 제2항). 그 이유는 전환사채의 전환권행사로 인해 종전에 전환사채에 설정되어 있던 질권의 효력은 새로이 발행하는 주식에도 인정되어야 하기 때문이다.

(4) 신주의 발행가액

전환으로 인해 발행하는 신주의 발행가액은 전환사채의 발행가액과 동액이어야 한다(제516조 제2항). 이는 전환조건의 통제를 통하여 이사회가 자금조달에 급급하여 무모한 조건으로 전환사채를 발행함으로써 자본충실을 해하는 것을 막기 위함이다.

(5) 전환으로 인한 변경등기

전환사채의 전환으로 인해 전환되는 부분만큼 전환사채는 감소하게 되고 신주가 발행되어 회사의 자본금은 증가하게 된다. 회사의 자본금에 변경이 생기게 되므로 이에 따른 변경등기를 해야 하는데, 전환으로 인한 변경등기는 전환을 청구한 날이 속하는 달의 말일로부터 2주간 내에 본점소재지에서 해야 한다(제516조 제2항).

주의할 점은 전환사채의 발행등기는 그 납입이 완료된 날로부터 2주간 내에 등기하지만, 전환으로 인한 변경등기는 전환을 청구한 날이 속하는 달의 말일로부터 2주간 내라는 점이다.

7. 전환사채발행의 하자

(1) 의의

상법은 전환사채발행의 하자에 대해 명문에 규정을 두고 있지 않다. 그러나 판례는 그 하자의 유형에 따라 전환사채발행의 유지청구, 전환사채발행무효의 소 및 전환사채발행의 부존재 등을 인정하고 있다.

(2) 유지청구

회사가 법령 또는 정관에 위반하거나 현저하게 불공정한 방법으로 전환사채를 발행함으로써 주주가 불이익을 받을 염려가 있는 경우에는 신주발행에서와 같이 주주가 그 발행의 유지를 청구할 수 있다(제516조 제1항). 이때 유지청구는 전환사채의 효력이 발생되기 전, 즉 전환사채의 납입기일까지 해야 한다(대법원 1994.8.16.선고, 2003다9636판결). 그러므로 전환사채의 납입이 완료된 이후에는 유지청구권은 행사할 수 없고 무효의 소 등에 의해서만 그 하자주장이 가능하다.

(3) 무효의 소

전환사채의 발행에 무효원인이 있는 경우, 어떠한 방법으로 다툴 수 있는지에 대해 상법은 명문의 규정을 두고 있지 않다. 그러나 판례는 전환사채의 발행은 사실상 신주를 발행한 것과 같으므로 무효원인이 있는 경우, 신주발행무효의 소에 관한 규정(제429조)을 유추 적용하여 전환사채발행무효의 소를 제기할 수 있다(대법원 2004.6.25.선고, 2000다37326판결).

(4) 발행의 부존재

전환사채가 발행되었음에도 불구하고 납입이 없는 등 전환사채의 실체가 없는 경우 이를 전환사채 발행의 부존재라 한다. 이는 민사소송법상 무효확인의 소의 방법으로 그 하자를 주장할 수 있다(대법원 2004.8.16.선고, 2003다9636판결).

(5) 불공정한 가액으로 인수한 자의 책임

이사와 통모하여 불공정한 발행가액으로 전환사채를 인수한 자는 공정한 발행가액과의 차액에 상당한 금액을 지급할 의무가 있다(제516조). 또한 그 지급청구에 관해서는 대표소송이 인정되고 이사의 손해배상책임이 발생한다.

Ⅲ 신주인수권부사채(Bond with Warrant)

1. 의의

신주인수권부사채(Bond with Warrant)란 사채를 발행하면서 사채권자에게 회사가 신주를 발행하는 경우 그 신주를 우선적으로 인수할 수 있는 권리인 신주인수권(warrant)을 부여한 사채를 말한다.

전환사채와 가장 큰 차이를 보이는 점은 신주인수권부사채의 경우에는 신주인수권이 행사된 경우에도 원칙적으로 그 행사된 부분에 대한 사채권은 소멸하지 않고 존속한다는 것이다.

2. 비분리형과 분리형

전환사채는 전환권이 사채권에 내재되어 있어 비분리형만이 인정되지만, 신주인수권부사채는 신주인수권이 사채권에 내재되어 있는지 분리되어 있는지 여부에 따라 비분리형과 분리형으로 구분할 수 있다.

상법은 신주인수권부사채에 대해서도 비분리형을 원칙적으로 발행하도록 하고 있지만, 예외적으로 신주인수권자의 지위를 표창하는 유가증권인 신주인수권증권을 사채권과 별도로 분리하여 발행하는 분리형도 인정하고 있다. 이사회의 결의로 신주인수권만을 양도할 수 있는 것에 관한 사항을 정한 때(제516조의2 제2항 제4호)에는 분리형을 발행할 수 있다.

3. 전환사채와의 비교

신주인수권부사채와 전환사채는 사채에 신주인수권 또는 전환권이라는 형성권(Option)이 부여되어 있는 점에서 유사하고 발행의 결정, 귀속, 하자의 주장 등에 있어서도 그 내용이 거의 같다. 신주인수권부사채가 전환사채와 현격한 차이를 보이는 것은 다음과 같은 세 가지이다.

① 신주인수권부사채는 신주인수권을 행사한 경우에도 그 부분에 대한 사채권은 존속하므로 별도의 주금납입이 필요하다.
② 신주인수권의 행사로 인해 발행하는 신주의 발행가액은 신주인수권부사채의 가액을 초과할 수 없도록 하고 있다.
③ 분리형이 인정되므로 사채권과는 별도로 신주인수권자의 지위를 표창하는 유가증권이 발행된다는 점이다.

4. 발행의 결정

신주인수권부사채의 발행은 이사회가 결정하지만, 정관으로 주주총회에서 결정하도록 할 수 있다(제516조의2 제2항). 다음 사항 중 정관에 규정이 없는 것은 이사회 또는 주주총회의 결의로 발행을 결정할 때에 함께 결정하여야 한다.

① 신주인수권부사채의 총액
② 각 신주인수권부사채에 부여된 신주인수권의 내용
③ 신주인수권을 행사할 수 있는 기간
④ 신주인수권만을 양도할 수 있는 것에 관한 사항
⑤ 신주인수권을 행사하려는 자의 청구가 있는 경우에는 신주인수권부사채의 상환에 갈음하여 그 발행가액으로 신주의 발행가액의 납입이 있는 것으로 본다는 뜻
⑥ 주주에게 신주인수권부사채의 인수권을 준다는 뜻과 인수권의 목적인 신주인수권부사채의 액
⑦ 주주 외의 자에게 신주인수권부사채를 발행하는 것과 이에 대하여 발행한 신주인수권부사채의 액

5. 신주인수권부사채의 귀속

(1) 원칙 : 기존주주

신주인수권부사채의 발행은 실질적으로 그 인수인에게 신주인수권을 부여하는 것과 같으므로 통상의 신주발행이나 전환사채의 발행과 같이 주주의 이해관계가 걸린 중대한 문제이다.

신주인수권부사채의 인수권은 원칙적으로 주주가 가지는 것으로 한다.

(2) 예외 : 제3자배정

주주 아닌 자에게 신주인수권부사채를 발행할 경우에는 신주인수권부사채의 액, 신주인수권의 내용과 신주인수권을 행사할 수 있는 기간에 관하여 정관의 규정 또는 주주총회의 특별결의로 정하도록 하고 있다(제516조의2 제4항). 이를 결의하기 위하여 주주총회를 소집할 경우에는 소지통지와 공고에 신주인수권부사채의 발행에 관한 의안의 요령도 기재하여야 한다(제516조의2 제5항). 정관 또는 주주총회의 결의로 정할 구체적인 사항은 전환사채에서 설명한 바와 같다.

6. 발행의 절차

(1) 배정기준일 공고

주주가 인수할 신주인수권부사채의 액(제516조의2 제2항 제7호)의 결정에 따라 주주는 그가 가진 주식수에 비례하여 신주인수권사채를 배정받을 권리를 가진다(제516조의11). 회사는 신주인수권부사채의 인수권을 행사할 자를 확정하기 위하여 배정기준일을 정하고 그 2주간 전에 배정기준일에 주주명부에 기재된 주주에게 사채의 인수권을 갖는다는 뜻을 공고하여야 한다(제516조의11).

(2) 주주에 대한 최고

주주가 신주인수권부사채의 인수권을 가진 경우에는 각 주주에 대해 신주인수권을 가지는 신주인수권부사채의 액, 발행가액, 신주인수권의 내용, 신주인수권을 행사할 수 있는 기간과 청약일까지 청약을 하지 아니하면 그 권리를 잃는다는 뜻을 청약일의 2주 전에 통지하여야 하며, 무기명주식을 발행한 경우에는 그 뜻을 공고하여야 한다(제516조의3 제1항, 제2항). 이와 같은 통지·공고에도 불구하고 청약기일에 청약을 하지 아니하면 실권된다(제516조의3 제2항).

(3) 인수 및 납입

일반사채와 같은 절차에 의한다. 그러나 사채발행시에 신주인수권을 행사하려는 자의 청구가 있는 때에는 신주인수권부사채의 상환에 갈음하여 그 발행가액으로 납입이 있는 것으로 본다는 뜻을 정할 수 있으며(제516조의2 제2항 제5호), 이에 따라 **신주인수권부사채권자는 발행가액으로 대용납입할 수 있다. 주금납입에 대한 상계가 허용되는 중대한 예외이다.** 이 경우 사채는 소멸하고 채권을 회사에 제출하여야 함은 물론이다. 대용납입의 여부는 사채권자가 선택한다는 점에서 전환사채와는 차이를 보인다.

(4) 수권주식과의 관계

발행예정주식총수 중 미발행부분이 있어야 사채권자의 신주인수권행사가 가능하므로 그 종류의 주식에 미발행부분에 대해서는 신주인수권의 행사기간 동안 그 발행을 보류하여야 한다(제516조의11).

7. 신주인수권의 행사

(1) 행사의 청구

신주인수권은 청구서 2통에 인수할 주식의 종류 및 수와 주소를 기재하고 기명날인 또는 서명하여 회사에 제출하여야 하며(제516조의9 제4항), 신주인수권증권이 발행된 때에는 신주인수권증권을 첨부하고 발행되지 아니한 때에는 채권을 제시하여야 한다(제516조의9 제2항). 회사가 신주인수권증권을 발행하지 않고 전자등록한 때에는 신주인수권을 행사하는 자는 사채권이나 신주인수권을 증명할 수 있는 자료를 첨부하여 회사에 제출하여야 한다(제515조 단서).

(2) 납입

신주인수권을 행사하려는 자는 청구서 2통을 회사에 제출하여 신주발행가액 전액을 납입하여야 한다(제516조의9 제1항). 납입은 금전으로 해야 하며 현물출자는 있을 수 없다.

(3) 발행가액의 제한

각 신주인수권부사채에 부여된 신주인수권의 행사로 발행할 주식의 발행가액의 합계액은 각 신주인수권부사채의 금액을 초과할 수 없다(제516조의2 제3항). 이 점 전환사채와 가장 큰 차이를 보이는 부분이다.

(4) 효력발생시기

① 행사의 효력발생

신주인수권은 형성권이다. 그러므로 신주인수권을 행사한 때에 그 효력이 발생하여야 하지만, 신주인수권부사채권자에 대해서는 별도의 주금납입의무가 뒤따른다. 그러므로 신주인수권이 행사된 경우에는 사채권자는 별도로 주금을 납입하여야 하며, 신주인수권을 행사한 자는 "주금을 납입한 때"에 주주가 된다(제516조의10 본문). 이 점 전환사채와 가장 큰 차이를 보이는 부분이다.

② 이자·이익배당의 효력발생

이익이나 이자배당의 효력발생에 대해서는 전환사채에 관한 규정이 준용되므로 원칙적으로 당해연도 말에 신주인수권이 행사된 것으로 볼 수 있다. 다만 정관에 규정을 둔 경우에는 직전

연도 말에 신주인수권이 행사된 것으로 볼 수 있다(제516조의10 단서).

③ 주주명부폐쇄기간 중의 권리행사

주주명부폐쇄기간 중에도 신주인수권을 행사할 수 있다. 다만, 기간 중의 총회에서는 의결권을 행사할 수 없다(제516조의 단서).

(5) 질권의 효력

① 원칙

신주인수권부사채에 설정된 질권은 신주인수권의 행사로 발행된 신주에 대해서는 미치지 아니한다. 그러므로 신주인수권부사채에 설정되어 있는 질권의 효력은 신주인수권부사채에 대해 그대로 존재하는 것이며, 새로이 발행하는 신주에 대해서는 물상대위권이 인정되지 않는다. 그 이유는 신주인수권을 행사하더라도 사채는 여전히 존속하기 때문이다.

② 대용납입

제516조의2 제5호에 따라 신주인수권을 행사하려는 자의 청구가 있는 때에는 신주인수권부사채의 상환에 갈음하여 그 발행가액으로 납입을 갈음할 수 있다. 이를 대용납입이라고 한다. 대용납입은 신주인수권부사채의 금액으로 납입을 갈음하는 것이므로 신주인수권부사채에 설정되어 있는 질권의 효력은 새로이 발행하는 신주에 대해서도 물상대위권이 인정된다. 이 점 명확히 이해할 필요가 있다.

(6) 변경등기

신주인수권의 행사가 있는 때에는 신주가 발행되어 자본금이 증가하므로 이에 대한 변경등기를 하여야 한다. 전환사채와 마찬가지로 신주인수권이 행사하고 납입이 완료된 날이 속하는 달의 말일로부터 2주간 내에 본점소재지에서 등기하여야 한다(제516조의11).

8. 신주인수권증권

(1) 의의

신주인수권증권은 "분리형 신주인수권부사채"에 있어서 신주인수권자의 지위를 표창하는 유가증권이다. 신주인수권증권은 인수권자의 성명을 기재하지 않으므로 무기명증권이다. 따라서 신주인수권증권의 교부로써 신주인수권의 양도가 가능하다(제516조의5 제2항).

신주인수권의 행사나 양도는 이 증권에 의해서 이루어져야 한다. 이 점이 통상의 신주발행에 있어서 신주인수권자의 지위를 표창하는 유가증권인 신주인수권증서(제420조의2)와 같다.

신주인수권증서는 발행일 이후 청약일까지 약 2주 동안만 유통되므로 이를 상실한 경우에는 공시최고와 제권판결(제360조)이 인정되지 않음에 반해, 신주인수권증권은 신주인수권의 행사기간 동안 장기간에 걸쳐 유통되므로 이를 상실한 경우에는 공시최고와 제권판결에 의해 무효로 하거나 재발행을 청구할 수 있다는 점에서 커다란 차이를 보인다(제516조의6 제2항, 제360조).

신주인수권증서와 신주인수권증권의 비교

구분	신주인수권증서	신주인수권증권
의의	신주발행시 기존주주의 신주인수권을 표창하는 유가증권	분리형 BW에 있어서 신주인수권자의 지위를 표창하는 유가증권
발행근거	이사회결의로 신주인수권을 양도할 수 있음을 정한 경우	분리형 BW를 발행하는 경우
양도방법	신주인수권증서의 교부	신주인수권증권의 교부
공시최고 · 제권판결	허용×	허용○
권리추정력 · 선의취득	인정○	인정○

(2) 기재사항

신주인수권부사채의 발행을 결정하면서 신주인수권만을 양도할 수 있음을 정한 때(제516조의2 제2항 제4호)에는 신주인수권증권을 발행하여야 한다.

신주인수권증권에는 다음의 사항과 번호를 기재하고 이사가 기명날인 또는 서명하여야 한다(제516조의5 제2항).

① 신주인수권증서라는 뜻의 표시
② 회사의 상호
③ 각 사채에 부여된 신주인수권의 내용, 신주인수권행사기간, 사채상환에 갈음한 납입충당
④ 주금납입을 맡을 은행 기타 금융기관과 납입장소
⑤ 주식의 양도에 관하여 이사회의 승인을 얻도록 정한 때에는 그 규정

(3) 증권의 효력

신주인수권을 발행하면 신주인수권부사채는 이른바 분리형이 되므로, 신주인수권은 사채권과 별개로 양도할 수 있고, 그 양도는 신주인수권증권의 교부에 의해서만 할 수 있다(제516조의6 제1항). 신주인수권증권이 발행되지 않을 경우에는 그 인수권은 사채권의 양도에 의해 이전될 뿐이다. 신주인수권증권을 점유한 자는 적법한 소지인으로 추정하며(제516조의6 제2항), 선의취득이 인정된다(제516조의6 제2항).

전환사채와 신주인수권부사채

구분		전환사채(CB)	신주인수권부사채(BW)
의의		사채+전환권(Option)	사채+신주인수권(Option)
발행	발행권자	① 원칙: 이사회결의 ② 예외: 정관규정으로 주주총회에서 발행 가능	① 원칙: 이사회결의 ② 예외: 정관규정으로 주주총회에서 발행 가능
	귀속	① 원칙: 기존주주 ② 예외: 제3자 배정가능(정관 또는 주총특별결의)	① 원칙: 기존주주 ② 예외: 제3자 배정가능(정관 또는 주총특별결의)
	발행등기	납입완료일로부터 2주 내 본점소재지에서	납입완료일로부터 2주 내 본점소재지에서
권리행사	효력발생	전환청구시	주금납입시
	발행가액	신주의 발행가액=전환사채의 발행가액	신주의 발행가액은 신주인수권부사채의 금액을 초과할 수 없음
	변경등기	전환청구일이 속하는 달의 말일로부터 2주 내 본점소재지	신주인수권이 행사된 날이 속하는 달의 말일로부터 2주 내 본점소재지
특수문제	사채의 소멸여부	전환된 부분에 해당하는 사채는 소멸	신주인수권의 행사에도 불구하고 사채는 존속
	질권자의 물상대위권	인정됨	인정되지 않음(단, 대용납입의 경우에는 물상대위권인정)

Ⅳ 그 밖의 특수사채

1. 의의

상법의 개정 전에는 상법상 인정되는 특수사채는 전환사채와 신주인수권부사채에 한정되었다. 그러나 상법개정으로 회사는 위의 사채 외에도 ① 이익참가부사채, ② 교환사채, ③ 상환사채, ④ 파생결합사채 등을 발행할 수 있도록 하여 회사의 자금조달의 자율성을 확대하였다. 이 중 ① 이익참가부사채와 ② 교환사채는 이미 1988년부터 상장법인에 대해 발행을 허용해 오던 것인데, 개정상법은 이를 상법상의 제도로 수용하여 금융상품의 다양화를 도모하였다.

2. 이익참가부사채

(1) 의의

이익참가부사채란 사채권자가 그 사채발행회사의 이익배당에 참가할 수 있는 사채를 말한다

(제469조 제2항 제1호). 이익참가부사채는 기본적으로는 사채의 속성을 지녔지만, 사채권자가 회사의 이익배당에도 참여할 수 있으므로 주식으로서의 속성도 일부 가미되어 있다.

(2) 발행의 결정

이익참가부사채를 발행하는 경우에 이익참가부사채의 총액, 이익배당 참가의 조건 및 내용, 주주에게 이익참가부사채의 인수권을 준다는 뜻과 인수의 목적인 이익참가부사채의 금액에 대하여 정관에 규정이 없는 것은 이사회의 결의에 의하여 발행한다. 다만 정관에서 주주총회에서 이를 결정하도록 한 경우에는 주주총회에서 결정한다(상법시행령 제21조 제1항).

(3) 귀속

이익참가부사채는 주주에게 배당할 이익을 잠식하므로 주주에게 중대한 이해관계가 걸린 문제이다. 그러므로 전환사채와 같이 원칙적으로 주주에게 발행하여야 한다(상법시행령 제21조 제1항 제3호). 다만 주주 외의 자에게도 이익참가부사채를 발행할 수 있는데 이 경우에는 이익참가부사채의 가액과 이익배당참가의 내용에 관하여 정관에 규정이 없으면 주주총회의 특별결의로 정해야 한다(상법시행령 제21조 제2항).

(4) 등기

① 발행등기

회사가 이익참가부사채를 발행하였을 때에는 각 사채의 전액 또는 1회의 납입이 완료된 날로부터 2주일 내에 본점소재지에서 이익참가부사채의 총액, 각 이익참가부사채의 금액 및 납입금액 등을 등기하여야 한다.

② 변경등기

등기한 사항에 변경이 생긴 때에는 2주간 내에 본점소재지에서 변경등기를 해야 한다(상법시행령 제21조 제11항).

3. 교환사채

(1) 의의

교환사채란 사채권자가 회사 소유의 주식이나 그 밖의 다른 유가증권으로 교환할 수 있는 사채를 말한다(상법시행령 제22조 제1항).

(2) 발행의 결정

교환사채는 정관에 근거를 두거나 주주총회의 결의를 거칠 필요 없이 이사회의 결의만으로 교환할 주식이나 유가증권의 종류 및 내용, 교환의 조건, 교환을 청구할 수 있는 기간을 정하여 발행할 수 있다(상법시행령 제22조 제1항). 이 점이 이익참가부사채의 발행이 정관에 규정을 두거나 주주총회의 결의로 발행할 수 있는 점과 차이를 보이는 부분이다.

(3) 제3자에 대한 발행

교환사채는 신주발행을 수반하지 않는 점에서 주주의 이익과 무관하므로 정관의 규정이 필요하지 않고 이사회결의만으로 제3자에 대한 발행이 가능하다. 즉 주주 외의 자에게 발행회사의 자기주식으로 교환할 수 있는 사채를 발행하는 경우에 사채를 발행할 상대방에 관하여 정관에 규정이 없으면 이사회가 이를 결정한다(상법시행령 제22조 제2항).

(4) 교환의 절차

사채의 교환을 청구하려는 자는 청구서 2통에 사채권을 첨부하여 회사에 제출하여야 한다(상법시행령 제22조 제4항).

4. 상환사채

(1) 의의

상환사채란 회사가 그 소유의 주식이나 그 밖에 다른 유가증권으로 상환할 수 있는 사채를 말한다(상법시행령 제23조 제1항).

(2) 발행의 결정

회사가 상환사채를 발행하는 경우에는 교환사채와 마찬가지로 정관에 근거를 두거나 주주총회의 결의를 거칠 필요 없이 이사회의 결의로 상환할 주식이나 유가증권의 종류 및 내용, 상환의 조건, 상환의 뜻을 정하여 발행한다(상법시행령 제23조 제1항).

(3) 제3자에 대한 발행

주주 외의 자에게 발행회사의 자기주식으로 상환할 수 있는 사채를 발행하는 경우에 사채를 발행할 상대방에 관하여 정관에 규정이 없으면 이사회가 이를 결정한다(상법시행령 제23조 제2항).

(4) 상환대상 증권의 신탁

일정한 조건의 성취나 기한의 도래에 따라 상환할 수 있는 경우에는 상환사채를 발행하는 회사는 조건이 성취되는 때 또는 기한이 도래하는 때까지 상환에 필요한 주식 또는 유가증권을 한국예탁결제원에 예탁하여야 한다. 이 경우 한국예탁결제원은 그 주식 또는 유가증권을 신탁재산임을 표시하여 관리하여야 한다(상법시행령 제23조 제3항).

5. 파생결합사채

(1) 의의

파생결합사채란 유가증권이나 통화 또는 그 밖의 자산이나 지표 등과 연계하여 미리 정해진 방법에 따라 상환 또는 지급금액이 결정되는 사채를 말한다(상법시행령 제24조 본문).

(2) 발행의 결정

파생결합사채를 발행하는 경우에는 상환 또는 지급금액을 결정하는데 연계할 유가증권이나 통화 그 밖의 자산이나 지표, 자산이나 지표와 연계하여 상환 또는 지급금액을 결정하는 방법 등 그 발행에 관해서는 이사회의 결의에 의하여야 한다(상법시행령 제24조).

특수사채의 비교

구분	이익참가부사채	교환사채	상환사채	파생결합사채
발행권자	① 원칙: 이사회결의 ② 예외: 정관규정으로 주총권한으로 가능	이사회결의	이사회결의	이사회결의
사채의 귀속	① 원칙: 기존주주 ② 예외: 제3자 배정 가능(정관규정 또는 주총특별결의)	① 원칙: 기존주주 ② 예외: 제3자 배정 가능(정관규정 또는 이사회결의)	① 원칙: 기존주주 ② 예외: 제3자 배정 가능(정관규정 또는 이사회결의)	① 원칙: 기존주주 ② 예외: 제3자 배정 가능(정관규정 또는 이사회결의)

제 5 절 주식회사의 해산과 청산

I 주식회사의 해산

1. 의의

상법상 회사의 해산에 관한 일반적인 사항 및 공통해산사유 등은 제1장에서 이미 설명하였으므로 여기서는 주식회사의 특유한 사항에 대해서만 설명하기로 한다.

2. 해산사유와 등기

(1) 해산사유

존립기간의 만료, 기타 정관으로 정한 사유의 발생, 합병, 분할, 파산, 해산명령과 해산판결, 주주총회의 해산결의가 주식회사의 해산사유이다(제517조). 그리고 휴면회사의 해산의제제도가 있다(제520조의2).

회사의 인격은 법에 의해 주어지는 것이므로 법이 정한 해산과 청산절차에 의해서만 소멸한다. 따라서 회사의 부채가 과다하여 사실상 파산지경에 이르고 이사들이 없어 업무가 수행되지 못하고 있다 하더라도 해산에 의하여 청산절차를 종료하기 전까지는 권리능력, 즉 법인격이 소멸하지 아니한다(대법원 1985.6.25.선고, 84다카1954판결).

(2) 해산등기

주식회사가 해산한 경우에는 해산등기를 하여야 한다. 이때 회사의 해산등기는 상법상 회사의 설립등기 등과 같은 특별한 규정은 없으므로 상법총칙의 상업등기의 일반적 효력(제37조)에 의해 해결하여야 한다.

회사의 해산등기는 대항요건에 불과한 것이므로 해산결의가 있고 청산인의 선임결의가 있는 이상, 그 해산등기가 없다 하더라도 이를 청산중의 회사로 본다(대법원 1981.9.8.선고, 80다2511 판결).

3. 해산의 공고

파산으로 해산한 경우를 제외하고는 이사는 지체 없이 주주에 대하여 해산의 통지를 하고, 무기명주권을 발행한 때에는 이를 공고하여야 한다(제521조). 또한 해산사유가 있은 날로부터 본점소재지에서는 2주간 내, 지점소재지에서는 3주간 내에 해산등기를 해야 한다(제521조의2).

4. 해산의 효과

해산에 의하여 회사의 권리능력은 청산의 목적범위 내로 축소된다(제542조 제1항). 주식회사에 있어서는 회사의 재산이 회사채권자에 대한 유일한 담보이므로, 합병 및 파산 이외의 사유에 의하여 해산한 때에는 해산등기와 더불어 채권자보호를 위하여 법정의 청산절차를 밟아야 한다. 청산 중에는 청산인이 이사에 갈음하여 회사의 청산사무를 집행하고 회사를 대표하는 기관이 된다.

5. 회사의 계속

해산사유 중 존립기간의 만료, 기타 정관에서 정한 사유의 발생, 주주총회의 특별결의에 의하여 해산한 경우에는 주주총회의 특별결의로써 회사를 계속할 수 있다(제519조). 휴면회사의 해산의제로 해산한 경우도 마찬가지이다(제520조의2 제3항). 이때 회사가 이미 해산등기를 한 때에는 계속등기를 하여야 한다(제521조의2 제3항).

특히 정관에서 존립기간을 정해 놓고 무심코 이 기간을 넘어 영업을 계속하는 경우가 있는데, 해산할 의사가 없다면 존립기간이 만료한 경우 반드시 회사계속을 위한 주주총회의 특별결의가 있어야 하며, 그 결의가 없으면 회사는 당연히 해산하게 되며, 청산중의 회사가 된다(대법원 1968.4.22.선고, 67마659판결).

Ⅱ 주식회사의 청산

1. 의의

주식회사가 해산을 하면 합병 또는 파산의 경우를 제외하고는 청산을 해야 한다(제531조 제1항). 주식회사는 청산의 방법으로 합명회사나 합자회사와는 달리 임의청산은 인정되지 않고 법정청산만이 인정된다. 그 이유는 주주는 유한책임을 지므로 회사채권자를 보호하기 위해서는 청산절차의 공정한 이행이 특히 요구되기 때문이다.

2. 권리능력

해산 후의 회사, 즉 청산중회사의 권리능력은 청산의 목적범위로 한정된다. 따라서 청산의 목적 외의 행위를 한 경우에는 권리능력이 없는 자의 행위로 당연히 무효가 된다(대법원 1959.5.6.선고, 4292민재항8판결).

주식회사가 청산절차에 들어가면 업무집행과 관계 없는 주주총회 및 감사는 그대로 존속한다. 그러나 이사·이사회 및 대표이사는 그 지위를 잃고 청산인·청산인회·대표청산인이 이에 갈음하여 청산사무를 집행한다.

3. 청산인

(1) 선임의 방식

① 내부적 절차에 의한 선임

정관에서 청산인을 따로 정하거나 주주총회에서 청산인을 선임한 경우를 제외하고는 원칙적으로 이사가 청산인이 된다(제531조 제1항). 여기서 이사란 법원이 선임한 이사 또는 직무대행자도 포함된다(대법원 1991.12.24.선고, 91다4355판결). 그리고 청산법인의 주주총회에서 이사를 선임하는 결의를 했다면 이때에는 이사의 선임을 무효로 볼 것이 아니라 청산인을 선임한 것으로 보아야 한다(대법원 1989.9.12.선고, 87다카2691판결).

② 법원이 선임하는 경우

회사 내에서 청산인이 정하여지지 않을 때에는 이해관계인의 청구에 의하여 법원이 청산인을 선임한다. 그리고 해산명령과 해산판결에 의하여 회사가 해산한 경우에는 이사가 청산인이 되는 것이 아니라 이해관계인이나 검사의 청구에 의하여 또는 직권으로 법원이 청산인을 선임한다(제542조 제1항). 다만 감사는 청산인을 겸할 수 없다(제542조 제2항).

(2) 회사와의 관계

청산인과 회사와의 관계는 이사와 회사와의 관계와 마찬가지로 위임의 법리가 적용된다(제542조 제2항). 그러므로 청산인의 보수, 청산인과 회사의 소에 있어서 대표, 청산인의 자기거래, 회사 및 제3자에 대한 책임, 대표소송 등에 관해서 모두 이사에 관한 규정이 준용된다(제542조 제2항).

4. 청산인회 및 대표청산인

청산인회는 청산사무의 집행에 대한 의사결정을 하며, 대표청산인이 청산인회의 의사결정에 따라 청산사무에 관한 재판상·재판 외의 모든 업무를 담당한다(제542조 제2항). 해산 전의 회사의 이사가 청산인이 된 때에는 종전의 대표이사가 대표 청산인이 되며, 법원이 청산인을 선임한 때에는 법원이 대표청산인을 정한다(제542조 제1항). 그 밖의 경우에는 청산인회의 결의로 정한다(제542조의2 제1항).

5. 청산인의 직무

(1) 의의

청산인이 해야 할 청산사무는 ① 현존사무의 종결, ② 채권의 추심, ③ 재산의 환가처분, ④ 채무의 변제, ⑤ 잔여재산의 분배로서 제1장에서 본 내용과 다를 바 없다. 다만, 주식회사에서는 특히 청산사무의 절차 중 채무의 변제와 잔여재산의 분배에 관하여 다수의 채권자에 대한 공평한 변제와 신속한 청산절차를 위해 몇 가지 특수한 규정을 두고 있다.

(2) 채무의 변제

① 채권자에 대한 최고

청산인은 취임한 날로부터 2월 내에 회사채권자에 대하여 일정한 기간 내에 채권을 신고할 것과 그 기간 내에 신고하지 아니하면 청산에서 제외한다는 뜻을 2회 이상의 공고로써 최고하여야 한다(제535조 제1항 본문). 회사가 알고 있는 채권자에 대해서는 각별로 채권신고를 최고하여야 하며, 그 채권자가 신고하지 아니한 때에도 이를 청산에서 제외하지 못한다(제535조 제2항).

② 채권자에 대한 변제

채권신고기간이 경과하면 신고한 채권자자에게 우선하여 변제하여야 한다. 이때 완제불능인 경우 외에는 어느 채권자에게 먼저 변제하더라도 무방하다. 회사재산이 채무를 변제하기에 부족한 때에는 청산인은 지체 없이 파산선고를 신청하여야 한다(제542조 제1항).

(3) 잔여재산의 분배

채무를 변제하고 남는 재산은 주주에게 분배한다(제542조 제1항). 이 경우 주주평등의 원칙에 따라 각 주주가 가진 주식수에 비례하여 배분한다(제538조 본문). 그러나 잔여재산의 분배에 관해 내용이 다른 종류주식을 발행한 경우에는 그에 따른다(제538조 단서).

(4) 제외된 채권자의 권리

채권신고기간 내에 신고하지 않았기 때문에 청산에서 제외된 채권자(신고하지 않은 채권자)는 주주에게 분배되지 않은 재산의 범위에서만 변제를 청구할 수 있다(제537조 제1항). 따라서 잔여재산분배가 완료되면 권리를 잃게 된다.

6. 청산의 종결

(1) 결산보고서의 제출

청산사무가 종결한 때에는 청산인은 지체 없이 결산보고서를 작성하고 이를 주주총회에 제출하여 승인을 얻어야 한다(제540조 제1항). 청산인이 결산보고서의 승인을 얻은 때에는 부정행위가 있는 경우를 제외하고는 청산인의 책임을 해제한 것으로 본다(제540조 제2항).

(2) 청산종결의 등기 및 서류의 보존

청산인은 결산보고서의 승인이 난 뒤에는 청산종결의 등기를 하여야 한다(제542조 제1항). 회사의 장부 기타 영업과 청산에 관한 서류는 청산인 기타 이해관계인의 청구에 의하여 법원이 정하는 보존인과 보존방법에 의하여 청산종결의 등기 후 10년간 이를 보존하여야 한다. 다만 전표, 기타 이와 유사한 서류는 5년간만 보존하면 된다(제541조).

(3) 청산종결의 시기

청산은 청산사무가 사실상 종결한 때에 청산이 되는 것이므로, 청산사무가 일부라도 남아있는 경우에는 청산종결의 등기가 된 경우라고 하더라도 청산은 종결되지 아니한다. 따라서 남아있는 사무의 범위 내에서는 회사는 법인격을 가지며, 소송상 소송당사자 능력이 인정되고 청산인의 의무도 존속한다(대법원 2001.7.13.선고, 2000두5333판결).

7. 분배의 착오와 주주 간의 관계

일부의 주주에게 잔여재산을 분배하지 않고 청산종결의 등기를 한 경우에는 전술한 바와 같이 청산종결의 효과가 생길 수 없음은 당연하다. 따라서 분배과정에서 착오를 일으켜 원래의 주주에게 배분하지 아니하고 타인에게 분배한 금전은 부당이득으로 반환을 청구할 수 있다고 본다.

제 6 절 소규모주식회사에 관한 특례

I 의의

자본금총액이 10억원 미만인 주식회사를 소규모주식회사라고 한다. 상법은 소규모주식회사의 영세성 등을 감안하여 설립, 주주총회의 운영, 이사와 감사의 선임 등에 대한 특례규정을 두고 있다.

소규모주식회사에 대한 특례규정은 상법의 여러 부분에 펼쳐져 있다. 이를 한 번에 정리할 필요가 있다고 판단되어 그 부분을 정리하기로 한다.

II 발기설립과 관련된 규정

1. 원시정관의 공증인 인증의무면제

자본금총액이 10억원 미만인 주식회사를 발기설립의 방식으로 설립하는 경우에는 설립절차의 간소화를 통해 소규모회사의 창업이 용이하도록 별도로 공증인의 인증을 받지 않더라도 발기인의 기명날인 또는 서명이 있으면 정관이 효력을 가질 수 있도록 하였다(제292조 단서).

한편, 모집설립의 방식으로 설립하는 경우에는 자본금의 규모에도 불구하고 위의 규정은 적용되지 않는다. 따라서 모집설립의 경우에 정관은 반드시 공증인의 인증을 받아야 그 효력이 발생한다.

2. 납입금보관증명서를 잔고증명서로 대체

주식회사의 설립시 주식인수인은 원칙적으로 지정된 금융기관에 인수가액의 전액을 납입하여야 하며(제295조 후문), 주식인수인이 납입하였다는 증명서류로서 금융기관이 발행한 납입금보관증명서를 발급받아 설립등기시 제출하여야 하는데, 이는 발급절차가 복잡하고 시간과 비용이 소요되는 단점이 있다.

그런 이유에서 상법은 자본금총액이 10억원 미만인 주식회사를 발기설립의 방식으로 설립하는 경우에는 납입금보관증명서를 금융기관의 잔고증명서로 대체할 수 있도록 하여 설립절차와 비용의 간소화를 도모하였다(제318조 제3항). 이 규정도 모집설립의 경우에는 적용되지 않는다.

Ⅲ 주주총회 관련 규정

1. 소집절차의 간소화

자본금총액이 10억원 미만인 주식회사가 주주총회를 소집하는 경우에는 주주총회일의 10일 전에 각 주주에게 서면으로 통지를 발송하거나 각 주주의 동의를 받아 전자문서로 통지를 발송할 수 있다(제363조 제4항).

2. 서면결의로 주주총회 결의 갈음

자본금총액이 10억원 미만인 주식회사는 주주 전원의 동의가 있을 경우에는 소집절차 없이 주주총회를 개최할 수 있고, 서면에 의한 결의로써 주주총회의 결의를 갈음할 수 있다. 그리고 결의의 목적사항에 대하여 주주 전원이 서면으로 동의를 한 때에는 서면에 의한 결의가 있는 것으로 본다(제363조 제5항). 이러한 서면에 의한 결의는 주주총회의 결의와 같은 효력이 있다(제363조 제6항).

Ⅳ 이사 및 감사의 선임규정 완화

1. 이사의 선임규정 완화

이사는 3명 이상을 원칙으로 하지만, 자본금총액이 10억원 미만인 주식회사는 이사를 1명 또는 2명으로 할 수 있다(제383조 제1항). 이는 과거 자본금총액이 5억원 미만인 회사의 경우에 이사를 1명 또는 2명으로 할 수 있었던 규정에 대해 자본금 요건을 완화하여 소규모주식회사의 법률관계의 일관성을 위한 규정이다. 그러므로 자본금총액이 10억원 미만인 주식회사에서 1명 또는 2명의 이사를 선임하는 경우에는 이사회가 구성되지 않으므로 의사결정권은 주주총회로 이관되며, 1인의 이사만 선임되는 경우에는 그 이사가 대표이사의 기능을 수행할 수 있다.

2. 감사의 선임의무 면제

자본금총액이 10억원 미만인 주식회사의 경우에는 감사를 선임하지 않을 수 있다(제409조 제4항). 이 규정에 의해 이사회 및 대표이사에 대한 감독권을 행사할 기관이 없어지게 되는데, 감사가 선임되지 않은 경우, 감사의 직무수행 및 보고요구·조사권(제412조), 이사의 보고의무(제412조의2), 자회사에 대한 조사권(제412조의4 제1항·제2항)에 관한 내용은 주주총회의 권한으로 이양된다.

소규모주식회사에서 감사가 선임되지 않은 경우에는 회사와 이사 간의 소송에서 회사를 대표할 자가 없게 된다. 이러한 입법적 불비현상을 메우기 위해 상법은 회사, 이사 또는 이해관계인은 법원에 회사를 대표할 자를 선임해 줄 것을 신청하여야 한다(제409조 제5항).

소규모주식회사 특례

구분		일반규정	소규모주식회사의 특례
발기설립	① 정관의 효력발생	공증인 인증 필요	공증인 인증의무 면제
	② 납입금보관증명서	필요	잔고증명서로 대체 가능
주주총회	① 소집통지	총회일의 2주 전에 소집통지 필요	총회의 10일 전에 소집통지
	② 서면결의	인정×	인정○
임원선임	① 이사의 선임	3인 이상이어야 함	1인 또는 2인 선임가능
	③ 감사 또는 감사위원회	택일하여 설치하여야 함	설치가 강제되지 않음

제 7 절 상장회사에 관한 특례

I 의의

상장회사란 대통령령으로 정하는 증권의 매매를 위해 개설된 증권시장에 상장된 주권을 발행한 주식회사를 말한다(제542조의2 제1항). 그러므로 상장회사·비상장회사의 구분은 주식회사에 한해서만 사용되는 개념이다.

상장회사는 비상장회사에 비해 주주와 채권자 등 다수의 이해관계자가 존재하기 때문에 특정한 법률관계에 대해서는 상법의 일반규정과는 별도의 특별규정을 두어 이러한 문제를 해결할 필요가 있다. 그런 취지에서 상법 제3편 회사의 제13절에서는 상장회사에 대한 특례규정을 두어 상장회사의 법률관계에 대해서는 이를 먼저 적용한 후 일반규정을 적용하도록 하고 있다(제542조의2 제2항). 그러므로 상장회사의 특례규정은 법적용에 있어서 일반규정에 대한 특별법적 지위를 가진다고 볼 수 있다.

II 주식매수선택권

1. 부여대상

상장회사의 경우에는 주식매수선택권의 부여대상이 일반주식회사에 비해 확대·적용된다. 즉, 비상장회사는 회사의 설립·기술 및 경영혁신 등에 기여하거나 기여할 수 있는 자에 한해 주식매수선택권이 인정된다.

상장회사에서는 그 대상이 확대되어 관계회사의 이사, 집행임원, 감사 또는 피용자도 그 대상이 될 수 있다(제542조의3 제1항).

2. 부여의 제한

비상장회사는 ① 의결권 없는 주식을 제외한 발행주식총수의 100분의 10 이상을 가진 대주주, ② 회사의 주요 경영사항에 대하여 사실상 영향력을 행사하는 자, ③ ① 또는 ②의 배우자 및 직계존비속은 주식매수선택권을 부여받을 수 없도록 하고 있다.

상장회사에서는 이에 더해 최대주주, 최대주주의 특수관계인, 기타 대통령령으로 정하는 자에 대해서는 주식매수선택권을 부여할 수 없도록 하고 있다(제542조의3 제1항).

3. 부여한도 및 절차

(1) 비상장회사

비상장회사는 정관규정에 의한 주주총회의 특별결의로 의결권 없는 주식을 제외한 발행주식총수의 100분의 10의 범위 내에서 주식매수선택권을 부여할 수 있다.

(2) 상장회사

상장회사에서는 그 범위를 확대하여 정관규정과 주주총회의 특별결의로 발행주식총수의 100분의 20의 범위 내에서 주식매수선택권을 부여할 수 있다(제542조의3 제2항). 다만, 위의 규정에도 불구하고 정관으로 정하는 바에 따라 발행주식총수의 100분의 10의 범위에서 대통령령으로 정하는 한도까지 이사회가 일정한 사항을 결의함으로써 주식매수선택권을 부여할 수 있으며(제542조의3 제3항 본문), 이 경우에는 이사회결의로 주식매수선택권을 부여한 후 처음으로 소집되는 주주총회의 승인을 받아야 한다(동항 후문).

4. 행사 및 그 밖의 절차

상장회사의 경우 주식매수선택권은 주주총회의 특별결의 또는 이사회결의에 의해서도 가능하므로 대통령령으로 정하는 경우를 제외하고는 주주총회 또는 이사회결의일로부터 2년 이상 재임하거나 재직하여야 주식매수선택권을 행사할 수 있다(제542조의3 제4항). 상장회사의 주식매수선택권에 관한 그 밖에 필요한 사항은 대통령령으로 정하도록 하고 있다(동조 제5항).

주식매수선택권의 비교

구분	비상장회사	상장회사
부여대상	회사의 설립, 경영·기술혁신에 기여하거나 기여할 수 있는 회사의 이사·집행임원·감사 또는 피용자	① 회사의 설립, 경영·기술혁신에 기여하거나 기여할 수 있는 회사의 이사·집행임원·감사 또는 피용자 ② 관계회사의 임직원
부여한도	발행주식총수의 100분의 10(정관규정, 주총특별결의)	① 원칙 : 발행주식총수의 100분의 20(정관규정, 주총특별결의) ② 발행주식총수의 100분의 10(정관규정, 이사회결의) → 부여 후 최초로 소집되는 주주총회의 승인
행사가능기간	주총특별결의일부터 2년 이상 재임·재직	좌동

효력발생시기	① 자기주식교부형, 신주발행형: 행사가격을 납입한 때 ② 차액정산형: 선택권행사시	좌동
이익배당의 효력발생	정관의 규정으로 직전연도 말에 선택권이 행사된 것으로 보아 배당금을 지급할 수 있음	좌동
양도 및 입질	인정되지 않음	좌동
상속	가능함	좌동

Ⅲ 주주총회운영의 특례

1. 소집통지 및 공고의 생략

(1) 비상장회사

비상장회사는 주주총회를 소집함에는 회일을 정하여 기명주식을 보유한 주주에 대해서는 회일의 2주 전에 통지를 발송하거나 각 주주의 동의를 받아 전자문서로 통지를 발송하여야 한다(제363조 제3항).

(2) 상장회사

상장회사에서는 이를 완화하여 대통령령으로 정하는 발생주식 총수 중 일정 수 이하의 주식을 소유하는 주주에게는 정관으로 정하는 바에 따라 주주총회일의 2주 전에 주주총회를 소집하는 뜻과 회의의 목적사항을 일간신문에 각각 2회 이상 공고하거나 대통령령으로 정하는 바에 따라 전자적 방법으로 공고함으로써 비상장회사의 소집통지에 갈음할 수 있다(제542조의4 제1항).

2. 추가적 통지 및 공고사항

(1) 이사·감사 후보자 등의 통지 및 공고

상장회사가 이사·감사의 선임에 관한 사항을 목적으로 하는 주주총회를 소집통지하는 경우에는 이사·감사 후보자의 성명, 약력, 추천인 그 밖에 대통령령으로 정하는 후보자에 관한 사항을 통지하여야 한다(제542조의4 제2항).

(2) 사외이사 등에 관한 통지 및 공고

상장회사가 주주총회 소집의 통지를 하는 경우에는 사외이사 등의 활동내역과 보수에 관한 사항, 사업개요 등 대통령령으로 정하는 사항을 통지하여야 한다. 다만 상장회사가 그 사항을 대통령령으로 정하는 방법으로 일반인이 열람할 수 있도록 하는 경우에는 그러하지 아니하다(제542조의4 제3항).

3. 이사·감사의 선임방법

상장회사가 주주총회에서 이사 또는 감사를 선임하려는 경우에는 제542조의4 제2항에 따라 통지한 후보자 중에서 선임하여야 한다(제542조의5).

주주총회의 운영

구분	비상장회사	상장회사특례
소집통지	총회일의 2주 전에 소집통지	① 원칙 : 좌동 ② 예외 : 발행주식총수의 1/100 이하의 수의 주식을 가진 자에 대해서는 일간신문에 공고하거나 전자공고의 방법으로 소집통지 생략 가능
이사와 감사, 사외이사 등에 관한 통지	해당 없음	이사와 감사, 사외이사 후보자 등에 대해 일정한 사항을 통지하여야 함
이사, 감사의 선임방식	해당 없음	통지한 후보자 중에서 선임하여야 함

Ⅳ 소수주주권의 특례

1. 비상장회사

비상장회사의 소수주주권은 원칙적으로 의결권 없는 주식을 제외한 발행주식총수의 100분의 1 이상, 100분의 3 이상, 100분의 10 이상의 세 가지뿐이며 주주요건에 대한 특별한 제한은 없다.

2. 상장회사의 특례

상장회사는 회사가 발행한 주식이 비상장회사에 비해 월등히 많고 다수의 주주에게 분산되어 있으므로 이를 재조정할 필요가 있어 소수주주의 보유주식 수에 대한 비율을 비상장회사에 비해 완화하여 적용하고 있으며, 특히 아래의 소수주주권을 행사하기 위해서는 6개월 전부터 계속하여 주식을 보유하여야 하는 제한이 있다(제542조의6 제1항~제6항). 다만, 정관에서 규정된 것보다 단기의 주식 보유기간을 정하거나 낮은 주식보유비율을 정할 수 있다(제542조의6 제

7항). 또한 정관에 규정이 있는 경우에는 제542조6의 비율을 더 낮게 정하는 것도 가능하다.

소수주주권의 비교

비상장회사	상장회사	종류
$\frac{1}{100}$ 이상	50/100,000 이상	위법행위유지청구권
	1/10,000 이상	대표소송
	-	총회 검사인선임청구권
$\frac{3}{100}$ 이상	1/000 이상	주주제안권
	10/1,000 이상	집중투표청구권
	15/1,000 이상	① 업무와 재산상태조사를 위한 검사인선임청구권 ② 임시총회소집청구권
	50/10,000 이상	① 이사·감사의 해임청구권 ② 청산인 해임청구권
	10/10,000 이상	회계장부열람청구권
$\frac{10}{100}$ 이상	-	해산판결청구권

V 집중투표에 관한 특례

1. 비상장회사

비상장회사의 주주총회에서 2인 이상의 이사를 선임하는 경우에는 정관에 다른 정함이 없는 경우에는 의결권 없는 주식을 제외한 발행주식총수의 100분의 3 이상의 주식을 가진 주주가 회사에 대하여 주주총회일의 7일 전까지 집중투표에 의할 것을 청구할 수 있다(제382조의2 제1항·제2항).

2. 상장회사특례

상장회사에 대하여 제382조에 따라 집중투표의 방식으로 이사를 선임할 것을 청구하는 경우, 주주총회일의 6주 전까지 서면 또는 전자문서로 회사에 청구하여야 한다(제542조의7 제1항).

3. 대규모상장회사특례

(1) 소수주주의 비율조정

대통령령으로 정하는 자산총액 2조원 이상인 상장회사에서는 의결권 없는 주식을 제외한 발행주식총수의 100분의 1 이상에 대항하는 주식을 보유한 자는 집중투표의 방식으로 이사를 선임할 것을 청구할 수 있다(제542조의7 제2항). 그러므로 이 규정은 일반 상장회사에 대해서는 적용되지 않는다.

(2) 정관 변경을 위한 요건

대통령령으로 정하는 자산총액 2조원 이상인 상장회사가 정관으로 집중투표를 배제하거나 그 배제된 정관을 변경하려는 경우에는 의결권 없는 주식을 제외한 발행주식총수의 100분의 3을 초과하는 수의 주식을 가진 주주는 그 초과하는 주식에 대해서는 의결권을 행사하지 못한다(제542조의7 제3항 본문). 정관에서 이보다 낮은 주식보유비율을 정하여 그 요건을 강화할 수 있다(제542조의7 제3항 단서).

(3) 별도 의안상정

대통령령으로 정하는 자산총액 2조원 이상인 상장회사가 주주총회의 목적사항으로 집중투표의 배제에 관한 정관변경의 의안을 상정하려는 경우에는 그 밖의 사항과 정관변경에 관한 의안을 별도로 상정하여 의결하여야 한다(제542조의7 제4항).

Ⅵ 사외이사

1. 비상장회사

비상장회사의 경우에는 원칙적으로 사외이사에 관한 규정은 두고 있지 않다. 다만, 회사가 정관이 정하는 바에 따라 감사에 갈음하여 감사를 대체하는 기관으로 감사위원회를 설치한 경우에만 그 감사위원의 3분의 2 이상을 사외이사로 선임하도록 하고 있다(제415조의2 제2항).

2. 상장회사특례

(1) 사외이사의 선임

상장회사는 자산규모 등을 고려하여 대통령령으로 정하는 경우를 제외하고는 원칙적으로 이사 총수의 4분의 1 이상을 사외이사로 하도록 하여(제542조의8 제1항 본문) 사외이사의 선임을 강제하고 있다.

(2) 사외이사의 자격제한

상장회사의 사외이사는 제382조 제3항 각호의 요건뿐만 아니라 다음 각 호의 어느 하나에 해당하지 아니하여야 하며 이에 해당하는 경우에는 그 직을 상실하게 된다(제542조의8 제2항).

① 미성년자, 한정치산자 또는 금치산자
② 파산선고를 받고 복권되지 아니한 자
③ 금고 이상의 형을 선고받고 그 집행이 끝나거나 집행이 면제된 후 2년이 지나지 아니한 자
④ 대통령령으로 정하는 법률에 위반하여 해임되거나 면직된 후 2년이 지나지 아니한 자
⑤ 상장회사의 주주로서 의결권 없는 주식을 제외한 발행주식총수를 기준으로 본인 및 그와 대통령령으로 정하는 특수관계에 있는 자가 소유하는 주식의 수가 가장 많은 경우 그 본인 및 그의 특수관계인
⑥ 누구의 명의로 하든지 자기의 계산으로 의결권 없는 주식을 제외한 발행주식총수의 100분의 10 이상의 주식을 소유하거나, 이사·집행임원·감사의 선임과 해임 등 상장회사의 주요 경영사항에 대해 사실상 영향력을 행사하는 자
⑦ 그 밖에 사외이사로서의 직무를 충실하게 수행하기 곤란하거나 상장회사의 경영에 영향을 미칠 수 있는 자로서 대통령령으로 정하는 자

(3) 결원시 조치

상장회사는 사외이사의 사임·사망 등의 사유로 인하여 사외이사의 수가 제1항의 이사회의 구성요건에 미달하게 되면 그 사유가 발생한 후 최초로 소집되는 주주총회에서 위의 요건에 합치되도록 사외이사를 선임하여야 한다(제542조의8 제3항).

3. 대규모상장회사의 특례

(1) 의의

자산, 규모 등을 고려하여 대통령령으로 정하는 상장회사(자산총액 2조원 이상)는 **사외이사를 3명 이상 선임하여야 하며, 이사 총수의 과반수가 되도록 하여야 한다**(제542조의8 제1항 단서).

(2) 사외이사후보추천위원회

대통령령으로 정하는 자산총액 2조원 이상인 상장회사는 사외이사 후보를 추천하기 위하여 이사회내위원회의 일종으로 사외이사후보추천위원회를 설치하여야 한다(제542조의8 제4항). 이 경우 **사외이사후보추천위원회는 사외이사가 총위원의 과반수가 되도록 구성하여야 한다**(제542

조의8 제4항). 그리고 대규모상장회사에서 주주총회에서 사외이사를 선임하려는 때에는 사외이사후보추천위원회의 추천을 받은 자 중에서 선임하여야 한다(제542조의8 제5항).

사외이사제도

구분	비상장회사	일반상장회사	대규모상장회사
사외이사의 선임	감사위원회를 두는 경우에는 감사위원의 2/3 이상은 반드시 사외이사로 선임	① 좌동 ② 이사총수의 1/4 이상을 사외이사로 선임하여야 함	① 감사위원의 2/3 이상은 반드시 사외이사로 선임 ② 사외이사는 3명 이상이며, 이사총수의 과반수가 되어야 함
결원시 보충	해당 없음	사유발생 후 최초로 소집되는 주주총회에서 사외이사의 수를 보충하여야 함	사유발생 후 최초로 소집되는 주주총회에서 사외이사의 수를 보충하여야 함
사외이사후보추천위원회	해당 없음	해당 없음	① 설치의무 부여 ② 총위원의 과반수는 사외이사로 하여야 함

Ⅶ 주요주주 등 이해관계자와의 거래

1. 상장회사특례

상장회사는 ① 주요주주 및 그의 특수관계인, ② 이사 및 집행임원, ③ 감사 중 어느 하나에 해당하는 자를 상대방으로 하거나 그를 위하여 신용공여를 하여서는 아니 된다(제542조의9 제1항). 다만 위의 규정에도 불구하고 복리후생을 위한 목적, 다른 법령에서 허용하는 신용공여, 그 밖에 경영건전성을 해칠 우려가 없는 금전대여 등으로서 대통령령으로 정하는 신용공여는 회사의 이익을 해할 염려가 없으므로 가능하다(제542조의9 제2항).

2. 대규모상장회사특례

(1) 의의

자산규모 등을 고려하여 대통령령으로 정하는 자산총액 2조원 이상인 상장회사는 최대주주, 그의 특수관계인 및 그 상장회사의 특수관계인으로서 대통령령으로 정하는 자를 상대방으로 하거나, 단일 거래규모가 대통령령으로 정하는 규모 이상인 거래 또는 해당 사업연도 중에 특정인과의 해당거래를 포함한 거래총액이 대통령령으로 정하는 규모 이상이 되는 해당거래를 하려는 경우에는 이사회의 승인을 받아야 한다(제542조의9 제3항).

(2) 주주총회에 보고

위의 거래에 해당하는 경우, 대규모상장회사는 이사회의 승인결의 후 처음으로 소집되는 정기주주총회에 해당거래의 목적, 상대방, 그 밖에 대통령령으로 정하는 사항을 보고하여야 한다(제542조의9 제4항).

(3) 승인제외 거래

대규모상장회사가 경영하는 업종에 따른 일상적인 거래로서 ① 약관에 따라 정형화되어 대통령령으로 정하는 거래, ② 이사회에서 승인한 거래총액의 범위 안에서 이행하는 거래는 이사회의 승인을 받지 않고 할 수 있으며, 위의 거래 중 ②의 거래는 그 거래내용을 주주총회에 보고하지 아니할 수 있다(제542조의9 제3항).

Ⅷ 상근감사

자본금총액이 10억원 미만인 소규모주식회사를 제외한 비상장회사는 감사기관으로 감사 또는 감사위원회 중 어느 하나를 설치하여야 한다(제415조의2 제1항). 이때 감사를 설치하는 경우에도 상근감사가 강제되지 않는다.

대통령령으로 정하는 상장회사(자산총액 1천억원 이상)는 주주총회의 결의에 의하여 회사에 상근하면서 감사업무를 수행하는 감사, 즉 상근감사를 1명 이상 두어야 한다(제542조의10 제1항 본문). **다만, 감사위원회를 설치한 경우에는 상근감사를 둘 필요가 없다.**

그 이유는 상근감사는 감사제도로 감사를 두기로 한 경우에 그 의미가 있는 것이므로 감사위원회를 설치한 경우에는 감사가 있을 수 없고 또한 상근감사를 둘 이유도 없기 때문이다.

Ⅸ 감사위원회

1. 의의

비상장회사의 경우에는 감사제도로써 감사 또는 감사위원회 중 어느 하나를 선택하여 설치할 수 있으므로 감사위원회의 설치는 강제사항이 아니다.

대통령령으로 정하는 자산총액 2조원 이상인 상장회사는 감사에 갈음하여 감사위원회를 설치하여야 한다(제542조의11 제1항). 따라서 **대통령령으로 정하는 일정한 상장회사(자산총액 2조**

원 이상)는 감사업무의 공정성과 중립성을 위해 감사위원회의 설치를 강제하고 있다. 이 점 주목할 필요가 있다.

2. 감사위원회의 구성

(1) 위원의 선임 및 해임

소규모주식회사를 제외한 비상장회사 또는 일반 상장회사에서 감사에 갈음하여 감사위원회를 설치하는 경우, 그 위원의 선임 및 해임은 이사회의 결의에 의한다(제393조의2).

대통령령으로 정하는 상장회사(자산총액 2조원 이상)에서는 감사위원회 설치가 강제되며, 감사위원의 선임 및 해임권은 위의 규정에도 불구하고 주주총회에 있다(제542조의12 제1항). 그리고 감사위원은 이사의 자격을 가져야 하므로 주주총회에서 이사를 선임한 후 선임된 이사 중에서 감사위원을 선임하여야 한다(제542조의12 제2항).

(2) 위원의 자격요건

감사위원회는 3명 이상의 이사로 구성하여야 하며, 그중 2/3 이상은 사외이사이어야 한다(제415조의2 제2항).

대통령령으로 정하는 자산총액 2조원 이상인 상장회사는 위원 중 1명 이상은 대통령령으로 정하는 회계 또는 재무전문가이어야 하며, 감사위원회의 대표는 반드시 사외이사이어야 한다(제542조의11 제2항).

(3) 결원시 보충

상장회사는 감사위원회위원인 사외이사의 사임·사망 등의 사유로 인하여 사외이사의 수가 감사위원회의 구성요건에 미달하게 되면, 그 사유가 발생한 후 최초로 소집되는 주주총회에서 그 요건에 합치되도록 하여야 한다(제542조의11 제4항).

(4) 의결권의 제한

① 상장회사

최대주주, 최대주주의 특수관계인, 그 밖에 대통령령으로 정하는 자가 그 회사의 의결권 없는 주식을 제외한 발행주식총수의 100분의 3을 초과하는 경우, 그 주주는 그 초과하는 주식에 관하여 감사 또는 사외이사가 아닌 감사위원을 선임하거나 해임할 때에는 의결권을 행사하지 못한다. 다만 정관에서 이보다 낮은 비율을 정할 수 있다(제542조의12 제3항).

② 대규모상장회사

대통령령으로 정하는 상장회사(자산총액 2조원 이상)의 의결권 없는 주식을 제외한 발행주식총수의 100분의 3을 초과하는 주식을 가진 주주는 그 초과하는 주식에 관하여 사외이사인 감사위원회위원을 선임할 때에 의결권을 행사하지 못한다. 다만 정관에서 이보다 낮은 주식보유비율을 정할 수 있다(제542조의12 제4항).

3. 감사위원의 보수결정

상장회사가 주주총회의 목적사항으로 감사의 선임 또는 감사의 보수결정을 위한 의안을 상정하려는 경우에는 **이사의 선임 또는 이사의 보수결정을 위한 의안과는 별도로 상정하여 의결하여야 한다**(제542조의12 제5항).

4. 감사보고서의 제출

상장회사의 감사 또는 감사위원회는 회계감사를 수행한 후 이사에게 감사보고서를 **주주총회일의 1주 전까지 제출할 수 있다**(제542조의12 제5항).

감사위원회제도의 비교

구분	비상장회사	상장회사	대규모상장회사
감사제도의 운용	감사 또는 감사위원회 중 택일	감사 또는 감사위원회 중 택일	감사위원회 설치의무 부여
감사위원회의 설치근거	정관규정 필요○	정관규정 필요○	정관규정 필요×
감사위원의 선임·해임권	이사회의 결의	이사회의 결의	주주총회의 결의
사외이사의 선임	감사위원 중 2/3 이상은 사외이사로 선임해야 함	감사위원 중 2/3 이상은 사외이사로 선임해야 함	① 감사위원 중 2/3 이상은 사외이사로 선임해야 함 ② 위원 중 1인 이상은 회계·재무전문가
대표위원의 자격	제한 없음	제한 없음	사외이사이어야 함
감사보고서의 제출기한	주주총회 2주 전까지	주주총회 1주 전까지	주주총회 1주 전까지

관련판례요약

1. 주식회사의 회계

① 정기총회에서 재무제표 등을 승인한 후 2년 내에 다른 결의가 없으면 이사와 감사의 책임을 해제한 것으로 본다. 이때 이사와 감사의 책임이 해제되는 범위가 문제되는데, 통설과 판례는 이를 좁게 해석하여 재무제표 등에 책임사유가 기재되어 정기총회에서 이에 대한 승인을 얻은 경우에 한정되는 것으로 보고 있다(대법원 2007.12.13.선고, 2007다60080판결).

② 단순히 경영감시의 필요성과 같이 추상적인 이유만으로는 열람을 청구할 정당한 사유가 되지 않지만, 이사의 부정을 의심할 만한 사유가 있는 경우에는 열람을 청구할 정당한 사유가 된다(대법원 1999.12.21.선고, 99다137판결).

③ 회사가 보관하고 있고 회사의 회계상황을 파악하기 위한 근거자료로 필요한 경우에는 자회사가 작성한 서류도 회계장부의 열람청구의 대상이 될 수 있다(대법원 2001.10.26.선고, 99다58051판결).

④ 준비금의 자본금전입으로 발행하는 신주는 구주식의 과실이나 종물이 아니므로 구주식이 양도되더라도 그에 수반하여 양도되는 것은 아니다(대법원 2010.2.25.선고, 2008다96963판결).

2. 사채

① 지연손해금의 시효는 원본채권과 같으므로 사채원금의 지연손해금은 10년, 이자의 지연손해금은 5년의 소멸시효기간이 적용된다(대법원 2010.9.9.선고, 2010다28031판결).

② 전환의 조건을 경제사정에 따라 신축적으로 결정할 수 있도록 정관에 일정한 기준을 정해 놓은 다음 구체적인 전환의 조건은 발행시마다 이사회에서 결정하도록 위임하는 것은 허용된다고 본다(대법원 2004.6.25.선고, 2000다37326판결).

③ 전환사채발행의 유지청구는 전환사채의 효력이 발생되기 전, 즉 전환사채의 납입기일까지는 하여야 한다(대법원 2004.8.16.선고, 2003다9636판결).

④ 전환사채의 발행은 사실상 신주를 발행한 것과 같으므로 무효원인이 있는 경우, 신주발행무효의 소에 관한 규정(제429조)을 유추 적용하여 전환사채발행무효의 소를 제기할 수 있다(대법원 2004.6.25.선고, 2000다37326판결).

3. 주식회사의 해산과 청산

① 회사의 해산등기는 대항요건에 불과한 것이므로 해산결의가 있고 청산인의 선임결의가 있는 이상 그 해산등기가 없다 하더라도 이를 청산중의 회사로 보고 있다(대법원 1981.9.8.선고, 80다2511판결).

② 회사의 부채가 과다하여 사실상 파산지경에 이르고 이사들이 없어 업무가 수행되지 못하고 있다고 하더라도 해산에 의하여 청산절차를 종료하기 전까지는 권리능력, 즉 법인격이 소멸하지 아니한다(대법원 1985.6.25.선고, 84다카1954판결).

③ 존립기간이 만료한 경우, 반드시 회사계속을 위한 주주총회의 특별결의가 있어야 하는데 그 결의가 없으면 회사는 당연히 해산하게 되며, 청산중의 회사가 된다(대법원 1968.4.22.선고, 67마659판결).

④ 청산법인의 주주총회에서 이사를 선임하는 결의를 했다면 이때에는 이사의 선임을 무효로 볼 것이 아니라 청산인을 선임한 것으로 보아야 한다(대법원 1989.9.12.선고, 87다카2691판결).

실전연습문제

01 상법상 주식회사 설립 후 정관변경에 관한 설명으로 옳지 않은 것은? (다툼이 있는 경우에는 판례에 의함)

세무사 2013

① 정관변경의 결의는 출석한 주주의 의결권의 3분의 2 이상의 수와 발행주식총수의 3분의 1 이상의 수로써 하여야 한다.

② 정관변경의 결과 등기사항에 변경이 있는 때에는 본점 소재지에서만 3주간 내에 변경등기를 하면 된다.

③ 정관의 변경내용이 강행법규, 사회질서, 주식회사의 본질에 반하지 않고 주주의 고유권을 침해하지 않는 한 원칙적으로 자유롭게 변경할 수 있다.

④ 정관의 변경에 관한 의안의 요령은 주주총회의 소집을 위한 통지와 공고에 기재하여야 한다.

⑤ 회사 설립 후 정관변경에는 공증인의 인증이 필요하지 않다.

해설 ② 정관변경의 결과 등기사항에 변경이 있는 때에는 본점소재지에서는 2주간 내, 지점소재지에서는 3주간 내에 변경등기를 하여야 한다(제436조).

02 상법상 주식회사의 정관에 관한 설명으로 옳지 않은 것은? 세무사 2016

① 액면주식을 발행하는 경우 1주의 금액은 정관의 절대적 기재사항이다.

② 회사가 부담할 설립비용은 정관에 기재하지 아니하면 효력이 없다.

③ 정관을 변경함으로써 어느 종류주식의 주주에게 손해를 미치게 될 때에는 주주총회의 결의 외에 그 종류주식의 주주의 총회의 결의가 있어야 한다.

④ 자본금 총액이 10억원 미만인 회사를 발기설립하는 경우에는 각 발기인이 정관에 기명날인 또는 서명함으로써 정관의 효력이 생긴다.

⑤ 정관변경은 주주총회에서 출석한 주주의 의결권의 3분의 2 이상의 수와 의결권없는 주식을 제외한 발행주식총수의 3분의 1 이상의 수로 결의하여야 한다.

해설 ⑤ 정관변경은 주주총회의 특별결의, 즉 출석한 주주의 의결권의 3분의 2 이상의 수와 발행주식총수의 3분의 1 이상의 수로써 결의하여야 한다(제434조). 이때 성립정족수(발행주식총수)를 계산함에 있어서 의결권 없는 주식을 제외하고

01 ② 02 ⑤ 정 답

발행주식총수를 산정한다는 명문의 규정은 없다. 따라서, 발행주식총수를 계산함에 있어서 의결권 없는 주식을 제외하지 않는 것으로 해석하여야 할 것이다.

03 상법상 주식회사의 재무제표 등 회계에 관한 설명으로 옳지 않은 것은? 세무사 2013

① 재무제표가 법령 및 정관으로 정하는 바에 따라 재무상태 및 경영성과를 적정하게 표시하고 있다는 외부감사인의 의견이 있고, 감사(감사위원회 설치회사의 경우에는 감사위원을 말한다) 전원의 동의가 있으면 회사는 정관으로 정하는 바에 따라 이사회의 결의로 재무제표를 승인할 수 있다.

② 정관에서 정하는 바에 따라 이사회의 결의로 재무제표 등을 승인하는 경우에는 이익배당에 관하여도 이사회가 결정한다.

③ 회사채권자는 영업시간 내에 언제든지 재무제표 등의 비치된 서류를 열람할 수 있다.

④ 이사는 정기총회회일의 1주간 전부터 재무제표 등의 서류와 감사보고서를 본점에 3년간, 그 등본을 지점에 2년간 비치하여야 한다.

⑤ 정기총회에서 재무제표의 승인을 한 후 2년내에 다른 결의가 없으면 회사는 이사나 감사의 부정행위가 없는 한 이사와 감사의 책임을 해제한 것으로 본다.

해설 ④ 이사는 정기총회일의 1주간 전부터 재무제표 등의 서류와 감사보고서를 본점에 5년간, 지점에 3년간 비치하여야 한다(제448조 제1항).

04 상법상 주식회사의 회계에 관한 설명으로 옳지 않은 것은? 세무사 2014

① 이사는 매 결산기마다 재무제표와 영업보고서를 작성하여 이사회의 승인을 받아야 한다.

② 이사는 정기주주총회의 회일의 6주간 전에 재무제표와 영업보고서를 감사에게 제출하여야 한다.

③ 감사는 재무제표와 영업보고서를 받은 날부터 4주 내에 감사보고서를 이사에게 제출하여야 한다.

④ 이사는 정기총회에 재무제표를 제출하여 승인을 받고 영업보고서를 제출하여 그 내용을 보고하여야 한다.

⑤ 회사는 감사 전원의 동의만 있으면 정관으로 정하는 바에 따라 주주총회에 의한 재무제표의 승인을 이사회 결의로 갈음할 수 있다.

해설 ⑤ 회사는 "정관으로 정하는 바에 따라" 감사 또는 감사위원 전원의 동의가 있고, 외부감사인의 감사보고서에 적정의견이 있는 경우에는 재무제표에 대한 주주총회의 승인을 이사회의 결의에 의한 승인으로 갈음할 수 있다(제449조의2 제1항). 그러므로 회사는 감사 전원의 동의만 있으면 정관으로 정하는 바에 따라 주주총회에 의한 재무제표의 승인을 이사회 결의로 갈음할 수는 없다.

05 상법상 주식회사에서 소수주주의 요건을 갖춘 주주의 회계장부열람권에 관한 설명으로 옳지 않은 것은? (다툼이 있는 경우에는 판례에 의함) 세무사 2013

① 비상장회사의 경우 발행주식 총수의 100분의 3 이상에 해당하는 주식을 가진 주주가 행사할 수 있는 권리이다.

② 주주가 회계장부열람의 청구를 함에는 이유를 붙인 서면으로 하여야 한다.

③ 자회사의 회계장부라 할지라도 모회사가 보관하고 있고 모회사의 회계상황을 파악하기 위한 근거자료로서 실질적으로 필요한 경우, 모회사의 회계서류로서 모회사의 소수주주는 자회사의 회계장부의 열람을 청구할 수 있다.

④ 주주의 회계장부열람 청구에 대하여 회사가 주주의 열람청구가 부당함을 증명하더라도 회사는 열람청구를 거부하지 못한다.

⑤ 회계장부열람을 청구하는 주주가 회사의 경쟁사로서 그 취득한 정보를 경업에 이용할 우려가 있는 경우에는 부당한 청구로 보아야 한다.

해설 ④ 발행주식총수의 100분의 3 이상을 가진 주주의 회계장부열람청구에 대하여 회사는 주주의 열람청구가 부당함을 증명한 경우에는 주주의 회계장부열람청구를 거부할 수 있다(제466조 제2항).

06 상법상 비상장주식회사 주주의 회계감독권에 관한 설명으로 옳은 것은? 세무사 2014

① 주주는 보유하는 주식 수에 관계없이 영업시간 내에 언제든지 재무제표 및 그 부속명세서를 열람할 수 있다.

② 발행주식총수의 100분의 1 이상에 해당하는 주식을 가진 주주는 회계장부의 열람 또는 등사를 청구할 수 있다.

③ 주주는 구두 또는 서면에 의하여 회계장부의 열람을 청구할 수 있으며 청구이유를 구체적으로 밝혀야 한다.

④ 이사는 정기총회 회일의 2주간 전부터 재무제표 및 영업보고서와 감사보고서를 본점 및 지점에 5년간 비치하여야 한다.

⑤ 회사의 업무집행에 관하여 부정행위가 있음을 의심할 사유가 있는 경우 발행주식총수의 100분의 1 이상에 해당하는 주식을 가진 주주는 회사의 재산상태를 조사하게 하기 위하여 법원에 검사인의 선임을 청구할 수 있다.

해설 ② 발행주식총수의 100분의 3 이상에 해당하는 주식을 가진 주주는 이유를 붙인 서면으로 회계의 장부와 서류를 열람 또는 등사를 청구할 수 있다(제466조 제1항).

③ 주주는 서면으로 회계장부의 열람을 청구할 수 있다. 따라서 구두로는 청구할 수 없다(제466조 제1항).

④ 이사는 정기총회 1주간 전부터 재무제표와 영업보고서 및 감사보고서를 본점에 5년간, 지점에 3년간 비치·공시하여야 한다(제448조 제1항).

03 ④ 04 ⑤ 05 ④ 06 ① 정답

⑤ 회사의 업무집행에 관하여 부정행위 또는 법령이나 정관에 위반한 중대한 사실이 있음을 의심할 사유가 있는 때에는 발행주식총수의 100분의 3 이상에 해당하는 주식을 가진 주주는 회사의 업무와 재산상태를 조사하게 하기 위하여 법원에 검사인의 선임을 청구할 수 있다(제467조 제1항).

07 상법상 자본금 총액이 10억원 이상인 비상장주식회사의 주주의 경영감독에 관한 설명으로 옳지 않은 것은?

세무사 2017

① 발행주식총수의 100분의 3 이상에 해당하는 주식을 가진 주주가 회사에 대하여 회계의 장부와 서류의 열람 또는 등사를 청구하려면 자신의 청구가 정당함을 증명하여야 한다.

② 회사의 업무집행에 관하여 부정행위 또는 법령이나 정관에 위반한 중대한 사실이 있음을 의심할 사유가 있는 때에는 발행주식의 총수의 100분의 3 이상에 해당하는 주식을 가진 주주는 회사의 업무와 재산상태를 조사하게 하기 위하여 법원에 검사인의 선임을 청구할 수 있다.

③ 주주와 회사채권자는 영업시간 내에 언제든지 본점과 지점에 비치된 회사의 정관, 주주총회의 의사록, 본점에 비치된 주주명부, 사채원부의 열람 또는 등사를 청구할 수 있다.

④ 주주는 영업시간 내에 이사회의사록의 열람 또는 등사를 청구할 수 있다.

⑤ 주주와 회사채권자는 영업시간 내에 언제든지 상법에 따라 비치·공시된 재무제표 및 영업보고서와 감사보고서를 열람할 수 있으며 회사가 정한 비용을 지급하고 그 서류의 등본이나 초본의 교부를 청구할 수 있다.

해설 ① 주식회사의 회계장부열람청구권은 발행주식총수의 3/100 이상의 소수주주권이다. 이때 소주주주의 회계장부열람청구권의 행사에 대해 회사가 그 청구가 부당함을 증명하지 못하면 주주의 회계장부와 서류의 열람 및 등사청구를 거절할 수 없다. 따라서 주주가 자신의 청구가 정당함을 입증해야 하는 것은 아니다.

08 상법상 주식회사에서 주주의 권리행사와 관련한 이익공여금지에 관한 설명으로 옳지 않은 것은?

세무사 2013

① 회사는 누구에게든지 주주의 권리행사와 관련하여 재산상의 이익을 공여할 수 없다.

② 회사가 특정의 주주에 대하여 무상으로 재산상의 이익을 공여한 경우에는 주주의 권리행사와 관련하여 이를 공여한 것으로 추정한다.

③ 회사가 주주의 권리행사와 관련하여 재산상의 이익을 공여한 때에는 그 이익을 공여받은 자는 이를 회사에 반환하여야 한다.

④ 이익공여의 금지규정의 위반으로 공여받은 이익을 반환하여야 하는 자는 자기가 회사에 지급한 대가가 있는 때에는 그 반환을 받을 수 있다.

⑤ 회사의 이익반환청구는 이사 또는 집행임원이 하여야 하기 때문에 어떠한 경우에도 소수주주는 이익반환청구에 관한 대표소송을 제기할 수 없다.

해설 ⑤ 상법상 주식회사에서 주주권행사와 관련한 이익공여의 금지규정에 관하여는 제403조 내지 대표소송에 관한 제403조 내지 제406조의 규정을 준용한다. 따라서 발행주식총수의 100분의 1 이상을 가진 소수주주는 이익의 반환을 청구하는 대표소송을 제기할 수 있다(제467조의2 제4항).

09 상법상 주식회사의 준비금에 관한 설명으로 옳은 것은? 세무사 2014

① 주식배당을 하는 경우 그 배당액의 10분의 1 이상을 이익준비금으로 적립하여야 한다.
② 분할합병의 경우 소멸되는 회사의 법정준비금은 분할합병 전에 모두 처분하여야 한다.
③ 법정준비금은 자본금의 결손보전에 먼저 충당하고 남은 금액을 한도로 이월하여야 한다.
④ 정관에 다른 정함이 없는 한 이사회의 결의에 의하여 준비금의 전부 또는 일부를 자본금에 전입할 수 있다.
⑤ 적립된 법정준비금의 총액이 자본금의 1.5배를 초과하는 경우에 이사회의 결의에 따라 그 초과한 금액의 범위에서 법정준비금을 감액할 수 있다.

해설 ① 회사는 자본금의 2분의 1이 될 때까지 매 결산기의 이익배당액의 10분의 1 이상을 이익준비금으로 적립하여야 한다. 다만, 주식배당의 경우에는 그러하지 아니하다(제458조). 따라서 주식배당의 경우에는 이익준비금의 적립의무가 없다.
② 합병이나 분할 또는 분할합병의 경우 소멸 또는 분할되는 회사의 이익준비금이나 그 밖의 법정준비금은 합병·분할·분할합병 후 존속되거나 새로 설립되는 회사가 승계할 수 있다(제459조 제2항).
③ 법정준비금은 원칙적으로 결손보전과 자본금전입에 사용할 수 있으며, 이때 결손보전과 자본금전입에 있어서 순서제한은 없다(제460조, 제461조 제1항).
⑤ 적립된 법정준비금이 자본금의 1.5배를 초과하는 경우에는 주주총회의 결의에 따라 그 초과한 금액의 범위에서 준비금을 감액할 수 있다(제461조의2). 준비금의 감액은 주주총회의 결의에 의해서만 가능한 것이므로 이사회의 결의에 의해서는 할 수 없다. 이 점 유의하기 바란다.

10 상법상 주식회사의 각종 준비금에 관한 설명으로 옳지 않은 것은? 세무사 2015

① 회사의 자본거래에서 발생한 잉여금을 대통령령으로 정하는 바에 따라 자본준비금으로 적립하여야 한다.
② 회사는 이사회의 결의에 의하여 준비금의 전부 또는 일부를 자본금에 전입할 수 있지만, 정관으로 주주총회에서 결정하기로 정한 경우에는 그러하지 아니하다.
③ 회사는 적립된 자본준비금 및 이익준비금의 총액이 자본금의 1.5배를 초과하는 경우에 주주총회의 결의에 따라 그 초과한 금액의 범위에서 자본준비금과 이익준비금을 감액할 수 있다.
④ 합병이나 분할 또는 분할합병의 경우 소멸 또는 분할되는 회사의 이익준비금이나 그 밖의 법정준비금은 합병·분할·분할합병 후 존속되거나 새로 설립되는 회사가 승계할 수 있다.

07 ① 08 ⑤ 09 ④ 10 ⑤ 정 답

⑤ 주식배당을 하는 경우 회사는 그 자본금의 2분의 1일 될 때까지 매결산기 이익배당액의 10분의 1 이상을 이익준비금으로 적립하여야 한다.

해설 ⑤ 회사는 이익배당을 하는 경우 그 자본금의 2분의 1에 달할 때까지 매결산기의 이익배당액의 10분의 1 이상을 이익준비금으로 적립하여야 한다. 다만 주식배당의 경우에는 그러하지 아니하다(제458조). 따라서 주식배당의 경우에는 이익준비금의 적립의무가 없다.

11 상법상 주식회사의 준비금에 관한 설명으로 옳은 것은? 세무사 2016

① 자본준비금은 자본금의 결손 보전에 충당하는 경우 이를 처분할 수 있으나 이익준비금은 그러하지 아니하다.

② 자본금의 2분의 1이 될 때까지 매 결산기 주식배당 및 이익배당액의 10분의 1 이상을 이익준비금으로 적립하여야 한다.

③ 무액면주식을 발행하는 경우 주식의 발행가액 중 자본금으로 계상하지 아니하는 금액은 이익준비금으로 계상하여야 한다.

④ 준비금의 전부 또는 일부를 자본금에 전입하는 경우 주주에 대하여 그가 가진 주식의 수에 따라 주식을 발행하여야 한다.

⑤ 적립된 자본준비금 및 이익준비금의 총액이 자본금의 1.5배를 초과하는 경우에 이사회의 결의에 따라 그 초과한 금액 범위에서 자본준비금과 이익준비금을 감액할 수 있다.

해설 ① 자본준비금이나 이익준비금은 원칙적으로 결손보전에 충당하거나 자본금에 전입할 수 있다(제460조).
② 회사는 자본금의 2분의 1에 달할 때까지 이익배당액의 10분의 1 이상을 이익준비금으로 적립하여야 한다. 다만, 주식배당의 경우에는 이익준비금의 적립의무가 없다(제458조).
③ 회사가 무액면주식을 발행하는 경우 주식의 발행가액 중 자본금으로 계상하지 아니하는 금액은 자본준비금으로 적립하여야 한다(제451조 제2항).
⑤ 적립된 자본준비금 및 이익준비금의 총액이 자본금의 1.5배를 초과하는 경우에 "주주총회의 결의"에 따라 그 초과한 금액 범위에서 자본준비금과 이익준비금을 감액할 수 있다(제461조의2).

12 상법상 자본금 총액이 15억원인 비상장주식회사의 자본금과 준비금에 관한 설명으로 옳지 않은 것은? 세무사 2018

① 회사가 무액면주식을 발행하는 경우 주식의 발행가액 중 자본금으로 계상하지 아니하는 금액은 자본준비금으로 계상하여야 한다.

② 회사는 그 자본금의 2분의 1이 될 때까지 매 결산기 이익배당액의 10분의 1 이상을 이익준비금으로 적립하여야 하지만 주식배당의 경우에는 그러하지 아니하다.

③ 액면주식을 발행하는 경우 회사의 자본금은 상법에서 달리 규정한 경우 외에는 발행주식의 액면총액으로 한다.

④ 회사는 이사회의 결의에 의하여 준비금의 전부 또는 일부를 자본금에 전입할 수 있으나, 정관으로 주주총회에서 결정하기로 정한 경우에는 그러하지 아니하다.

⑤ 회사는 적립된 자본준비금 및 이익준비금의 총액이 자본금의 1.5배를 초과하는 경우에 대표이사가 단독으로 그 초과한 금액 범위에서 자본준비금과 이익준비금을 감액할 수 있다.

해설 ⑤ 회사는 적립된 자본준비금 및 이익준비금의 총액이 자본금의 1.5배를 초과하는 경우에 주주총회의 결의로 그 초과한 금액 범위에서 자본준비금과 이익준비금을 감액할 수 있다. 이를 준비금의 감액이라고 하는데, 준비금의 감액은 주주총회의 결의에 의해서만 인정되므로, 이사회결의에 의해서는 자본준비금이나 이익준비금을 감액할 수는 없다.

13 상법상 액면주식을 발행한 비상장 주식회사의 이익(주식)배당에 관한 설명으로 옳지 않은 것은? 세무사 2014

① 회사의 채권자는 위법배당을 받은 주주에 대하여 배당받은 이익을 회사에 반환할 것을 소 또는 소 이외의 방법으로 청구할 수 있다.
② 주식배당은 이익배당총액의 2분의 1에 상당하는 금액을 초과하지 못한다.
③ 주식배당으로 인하여 발행하는 액면주식의 발행가액은 주식의 시가를 기준으로 하여야 한다.
④ 중간배당은 결산기가 연 1회인 회사로서 정관으로 정한 경우에 영업연도 중 1회에 한하여 허용된다.
⑤ 주주의 이익배당금 지급청구권은 5년간 행사하지 않으면 소멸시효가 완성한다.

해설 ③ 주식배당으로 인하여 발행하는 주식의 발행가액은 권면액(액면가액)을 기준으로 한다(제462조의2 제2항). 상법상 주식배당의 방법으로는 액면배당만이 인정된다.

14 상법상 주식회사의 이익배당에 관한 설명으로 옳지 않은 것은? 세무사 2013

① 주식에 의한 배당은 이익배당총액의 2분의 1에 상당하는 금액을 초과할 수 있다.
② 회사는 정관으로 금전 외의 재산으로 배당을 할 수 있음을 정할 수 있다.
③ 중간배당에서도 금전 이외의 재산으로 배당을 할 수 있다.
④ 정관의 규정에 의하여 현물배당을 결정한 회사는 주주가 배당되는 금전 외의 재산 대신 금전의 지급을 회사에 청구할 수 있도록 정할 수 있다.
⑤ 정관의 규정에 의하여 현물배당을 결정한 회사는 일정 수 미만의 주식을 보유한 주주에 대하여는 금전 외의 재산 대신 금전을 지급할 수 있다.

해설 ① 회사는 주주총회의 결의에 의하여 이익의 배당을 새로이 발행하는 주식으로써 할 수 있다. 이때 주식에 의한 배당은 이익배당총액의 2분의 1에 상당하는 금액을 초과하지 못한다(제462조의2 제1항).

11 ④ 12 ⑤ 13 ③ 14 ① 정답

15 상법상 주식회사의 배당에 관한 설명으로 옳지 않은 것은?

세무사 2016

① 이익배당은 주주총회의 결의로 정한다. 다만, 상법 규정에 따라 재무제표를 이사회가 승인하는 경우에는 이사회의 결의로 정한다.

② 배당가능이익에 관한 제한규정을 위반하여 이익을 배당한 경우에 회사채권자는 배당한 이익을 회사에 반환할 것을 청구할 수 있다.

③ 회사는 주주총회의 결의에 의하여 이익배당총액의 전액의 배당을 새로이 발행하는 주식으로써 할 수 있다.

④ 주식배당은 주식의 권면액으로 하며, 회사가 종류주식을 발행한 때에는 각각 그와 같은 종류의 주식으로 할 수 있다.

⑤ 중간배당은 정관 규정에 의하여 이사회의 결의로 할 수 있다.

해설 ③ 주식배당은 이익배당총액의 2분의 1의 범위 내에서만 가능하다(베462조의2). 따라서 회사는 주주총회의 결의에 의하여 이익배당총액의 2분의 1을 초과하는 금액에 대해서는 배당을 새로이 발행하는 주식으로써 배당할 수는 없다.

16 상법상 주식회사의 이익배당에 관한 설명으로 옳은 것은?

세무사 2017

① 이익배당금의 지급청구권은 1년간 이를 행사하지 아니하면 소멸시효가 완성된다.

② 이익배당은 예외없이 주주총회의 결의로 정한다.

③ 회사는 정관으로 금전 외의 재산으로 배당을 할 수 있음을 정할 수 있다.

④ 연 2회의 결산기를 정한 회사도 영업년도 중 1회에 한하여 이사회의 결의로 일정한 날을 정하여 그 날의 주주에 대하여 중간배당을 할 수 있음을 정관으로 정할 수 있다.

⑤ 회사는 대차대조표의 순자산액으로부터 그 결산기에 적립하여야 할 이익준비금의 액을 공제하지 아니하고 이익배당을 할 수 있다.

해설 ① 이익배당금의 지급청구권은 5년간 이를 행사하지 아니하면 소멸시효가 완성된다(제464조의2 제2항).

② 이익배당은 원칙적으로 주주총회의 결의에 의한다. 다만, "정관이 정하는 바에 따라" 재무제표를 이사회에서 승인할 수 있음을 정한 경우에는 이사회의 결의에 의해서도 이익배당이 가능하다(제462조 제2항).

④ 연1회의 결산기를 정한 회사는 연1회에 한하여 이사회의 결의로 일정한 날을 정하여 그 날의 주주에게 중간배당을 할 수 있음을 정관으로 정할 수 있다(제462조의3 제1항)

⑤ 회사는 대차대조표의 순자산액으로부터 그 결산기에 적립하여야 할 이익준비금의 액을 공제한 후에만 이익배당을 할 수 있다(제462조 제1항).

17 상법상 액면주식을 발행하는 비상장주식회사의 배당에 관한 설명으로 옳지 않은 것은?

세무사 2018

① 주식배당의 경우 신주의 발행가액을 주식의 권면액을 초과하는 금액으로 결정할 수 있다.

② 이사회가 적법하게 재무제표를 승인하는 경우 금전에 의한 이익배당은 이사회 결의로 정한다.

③ 회사가 이익배당을 새로이 발행하는 주식으로써 하기로 주주총회에서 결의한 경우 주주들은 그 주주총회가 종결한 때부터 신주의 주주가 된다.

④ 모회사가 보유하고 있는 자회사의 주식으로 모회사의 주주들에게 현물배당을 하기 위해서는 모회사 정관에 현물로 배당할 수 있음을 정하고 있어야 한다.

⑤ 배당가능이익이 없음에도 주주가 금전으로 배당받은 경우 회사의 채권자는 주주를 상대로 회사에 배당금을 반환할 것을 청구할 수 있다.

해설 ① 주식배당으로 발행하는 신주의 발행가액은 주식의 권면액(액면가액)으로 하여야 한다(제462조의2 제2항). 따라서 주식배당 시 신주의 발행가액을 주식의 권면액을 초과하는 금액으로 결정할 수는 없다.

18 상법상 액면주식을 발행한 비상장주식회사의 주식배당에 관한 설명으로 옳지 않은 것은?

세무사 2017

① 주식배당은 이익배당총액의 2분의 1에 상당하는 금액을 초과하지 못한다.

② 주식의 배당은 주식의 권면액으로 한다.

③ 주식으로 배당을 받은 주주는 주식배당 결의가 있는 주주총회가 종결한 때부터 신주의 주주가 된다.

④ 주식배당에 의하여 회사의 자본금은 증가하지 않는다.

⑤ 회사가 종류주식을 발행한 때에는 각각 그와 같은 종류의 주식으로 주식배당을 할 수 있다.

해설 ④ 주식배당으로 인해 미처분이익잉여금은 자본금으로 대체된다. 따라서 주식배당을 하는 경우에는 주식수와 자본금은 증가하게 된다. 그러나 회사의 순자산은 증가하지 않는다.

정답 15 ③ 16 ③ 17 ① 18 ④

19 상법상 주식회사의 사채발행에 관한 설명으로 옳은 것은? 세무사 2014

① 회사는 자기사채를 취득할 수 없다.

② 사채의 액면미달발행은 허용되지 않는다.

③ 사채의 납입은 분할납입 및 상계의 방법으로 할 수 없다.

④ 사채권자는 원칙적으로 기명식의 채권을 무기명식으로, 무기명식의 채권을 기명식으로 전환할 것을 회사에 청구할 수 없다.

⑤ 회사는 정관에 규정이 없더라도 신기술의 도입을 위하여 필요한 경우 주주총회의 특별결의로 주주 이외의 제3자에게 전환사채를 발행할 수 있다.

해설 ① 자기주식의 취득은 일정한 제한을 받지만, 자기사채의 취득은 제한이 없다(제341조).
② 사채의 액면미달발행(할인발행)은 상법상 제한 없이 인정된다(제471조 삭제).
③ 사채의 납입의 방식에는 제한이 없으므로 분할납입, 대물변제, 상계, 경개 등의 방법이 모두 인정된다(제476조 제1항).
④ 사채는 기명식과 무기명식의 발행은 자유롭다. 또한 기명사채와 무기명사채의 전환도 자유롭게 인정되므로, 사채권자는 언제든지 기명식을 무기명식으로, 무기명식을 기명식으로 전환해 줄 것을 청구할 수 있다(제480조).

20 상법상 주식회사의 사채관리회사 및 사채권자집회에 관한 설명으로 옳은 것은? 세무사 2014

① 사채관리회사는 사채를 발행한 회사가 법원의 허가를 얻어 지정한다.

② 사채관리회사는 부득이한 사유로 법원의 허가를 받은 경우에도 사채를 발행한 회사와 사채권자집회의 동의를 받아야 사임할 수 있다.

③ 사채관리회사는 사채권자집회의 결의를 위반한 행위를 한 때에도 직접 사채권자에 대하여 손해배상책임을 지지 않는다.

④ 사채권자집회에 출석하지 아니한 사채권자는 서면에 의하여 의결권을 행사할 수 없다.

⑤ 사채권자집회의 결의는 법원의 인가를 얻어야 효력이 발생하며 인가의 청구자는 사채권자집회의 소집권자이다.

해설 ① 회사는 사채를 발행하는 경우에 사채관리회사를 지정하여 변제의 수령, 채권의 보전, 그 밖에 사채의 관리를 위탁할 수 있다(제480조의2). 그러므로 법원의 허가를 얻어 사채관리회사를 지정하는 것은 아니다.
② 사채관리회사는 사채를 발행한 회사와 사채권자집회의 동의를 받아 사임할 수 있다. 부득이한 사유가 있어 법원의 허가를 받은 경우에도 같다(제481조).
③ 사채관리회사가 상법 또는 사채권자집회의 결의를 위반한 행위를 한 때에는 사채권자에 대하여 연대하여 이로 인하여 발생한 손해를 배상할 책임이 있다(제484조의2 제3항).
④ 사채권자집회의 결의에 대해서는 주주총회의 특별결의에 관한 주주총회의 특별결의에 관한 제434조를 준용한다(제495조 제1항) 한편, 사채권자집회에 출석하지 아니한 사채권자는 서면에 의한 결의로써 의결권을 행사할 수 있다(제495조 제3항).

21 상법상 주식과 사채에 관한 설명으로 옳지 않은 것은? 세무사 2017

① 회사가 발행할 주식의 총수는 정관에 기재되어야 한다.
② 회사가 다른 회사의 발행주식총수의 100분의 1을 취득한 때에는 그 다른 회사에 대하여 지체없이 이를 통지하여야 한다.
③ 사채의 납입은 상계가 허용된다.
④ 사채를 발행한 회사 또는 사채관리회사는 사채권자집회를 소집할 수 있다.
⑤ 회사는 주주총회의 특별결의로 액면주식을 분할할 수 있다.

해설 ② 회사가 다른 회사의 발행주식총수의 10분의 1을 취득한 때에는 그 다른 회사에 대하여 지체 없이 이를 통지하여야 한다(제342조의3). 이를 참가회사의 통지의무라고 하는데, 이때 통지의무가 부여되는 것은 발행주식총수의 1/10을 기준으로 한다.

22 상법상 사채권자집회에 관한 설명으로 옳지 않은 것은? 세무사 2016

① 사채권자집회는 사채를 발행한 회사 또는 사채관리회사가 소집한다.
② 무기명식의 채권을 가진 자는 그 채권을 공탁하지 아니하면 사채권자집회의 소집을 청구할 수 없다.
③ 사채권자집회에서 각 사채권자는 그가 가지는 해당 종류의 사채금액의 합계액(상환받은 액은 제외함)에 따라 의결권을 가진다.
④ 사채권자집회의 결의요건은 주주총회의 보통결의 요건에 따른다
⑤ 사채권자집회의 소집자는 결의한 날로부터 1주간 내에 결의의 인가를 법원에 청구하여야 한다.

해설 ④ 사채권자집회의 결의는 출석한 각 사채권자의 의결권의 3분의 2 이상이며, 그 종류의 사채총액의 3분의 1 이상의 수로써 하여야 한다(제495조 제1항). 사채권자집회의 결의요건은 주주총회의 특별결의와 그 요건이 같지만, 차이점이 있다면 종류별 사채권자집회의 결의를 거쳐야 하는 것이다.

23 상법상 사채에 관한 설명으로 옳지 않은 것은? 세무사 2016

① 회사는 이사회의 결의에 의하여 사채를 발행할 수 있다.
② 사채관리회사는 법원의 허가를 받은 경우에 한하여 사임할 수 있다.
③ 각 신주인수권부사채에 부여된 신주인수권의 행사로 인하여 발행할 주식의 발행가액의 합계액은 각 신주인수권부사채의 금액을 초과할 수 없다.
④ 신주인수권부사채에 있어서 신주인수권증권이 발행된 경우에 신주인수권의 양도는 신주인수권증권의 교부에 의하여서만 이를 행한다.
⑤ 전환사채의 인수권을 가진 주주는 그가 가진 주식의 수에 따라서 전환사채의 배정을

19 ⑤ 20 ⑤ 21 ② 22 ④ 23 ② 정답

받을 권리가 있다.

해설 ② 사채관리회사는 발행회사와 사채권자의 동의를 얻은 경우에는 사임할 수 있다. 다만, 부득이한 사유가 있는 경우에는 법원의 허가를 얻은 경우에도 사임할 수 있다(제481조).

24 상법상 자본금 총액이 15억원인 비상장주식회사의 사채에 관한 설명으로 옳은 것은?

세무사 2018

① 기명사채의 이전은 취득자의 성명과 주소를 사채원부에 기재하고 그 성명을 채권에 기재하지 아니하면 당사자 사이에 효력이 없다.

② 사채의 상환청구권은 10년간 행사하지 아니하면 소멸시효가 완성한다.

③ 이사회는 정관의 규정이 없이 이사회의 결의로 대표이사에게 사채의 금액 및 종류를 정하여 2년 이내에 사채를 발행할 것을 위임할 수 있다.

④ 사채가 수인의 공유에 속하는 경우 그 권리를 행사할 자가 없는 때에는 공유자에 대한 통지나 최고는 그 전원에 대하여 하여야 한다.

⑤ 사채관리회사가 사채를 발행한 회사와 사채권자집회의 동의를 받아 사임할 때에는 사채권자집회의 동의는 출석한 사채권자 의결권의 3분의 2 이상의 수와 발행한 사채총수의 3분의 1 이상의 수로써만 하여야 한다.

해설 ① 기명사채의 이전은 채권의 교부에 의하여 효력이 발생한다. 다만, 기명사채의 경우 취득자의 성명과 주소 등을 사채원부에 기재하지 아니하면 회사에 대항하지 못한다(제479조 제1항). 한편, 이를 명의개서라고 한다. 한편, 기명사채의 이전으로 인한 당사자 사이의 효력은 이전계약과 채권의 교부에 의해 그 효력이 발생한다.

③ 이사회는 "정관으로 정하는 바에 따라" 대표이사에게 사채의 금액 및 종류를 정하여 1년 이내에 사채를 발행할 것을 위임할 수 있다(제469조 제4항).

④ 사채가 수인의 공유에 속하는 경우, 그 권리를 행사할 자가 없는 때에는 공유자에 대한 통지나 최고는 공유자 중 1인에게 함으로써 족하다(제489조 제2항).

⑤ 사채관리회사가 사채를 발행한 회사와 사채권자집회의 동의를 받아 사임할 때에는 사채권자집회의 동의는 출석한 사채권자 의결권의 3분의 2 이상의 수와 발행한 사채총수의 3분의 1 이상의 수로써 한다(제481조).

25 상법상 전환사채에 관한 설명으로 옳지 않은 것은? (다툼이 있으면 판례에 의함)

세무사 2015

① 회사가 전환사채를 발행할 경우에는 사채의 총액에 관하여 정관에 다른 규정이 없다면 이사회가 이를 결정한다.

② 주주 외의 자에 대하여 전환사채를 발행하는 경우에 그 발행할 수 있는 전환사채의 액에 관하여 정관에 규정이 없으면 주주총회의 특별결의로써 이를 정하여야 한다.

③ 전환사채발행무효의 소에 관하여는 신주발행무효의 소에 관한 상법 제429조가 유추적용된다.

④ 전환사채의 인수권을 가진 주주는 그가 가진 주식의 수에 따라서 전환사채의 배정을 받을 권리가 있지만, 각 전환사채의 금액 중최저액에 미달하는 단수에 대하여는 그러

하지 아니하다.

⑤ 회사가 전환사채를 발행한 때에는 정관에 전환사채의 발행총액을 기재하여야 한다.

해설 ⑤ 전환사채의 발행에 있어서 ㉠ 전환사채의 총액, ㉡ 전환의 조건, ㉢ 전환으로 인하여 발행할 주식의 내용, ㉣ 전환을 청구할 수 있는 기간에 관한 사항으로서 정관에 규정이 없는 것은 이사회가 이를 결정한다(제513조 제2항).

26 상법상 주식회사의 신주인수권부사채에 관한 설명으로 옳은 것은?

세무사 2017

① 신주인수권증권이 발행된 경우에 신주인수권의 양도는 신주인수권증권의 교부에 의하여서만 이를 행한다.

② 각 신주인수권부사채에 부여된 신주인수권의 행사로 인하여 발행할 주식의 발행가액의 합계액은 각 신주인수권부사채의 금액을 초과할 수 있다.

③ 신주의 발행가액의 일부만을 납입한 자도 신주인수권을 행사할 수 있다.

④ 주주외의 자에 대한 신주인수권부사채의 발행은 금지된다.

⑤ 회사는 신주인수권증권을 발행하는 대신 정관으로 정하여도 전자등록기관의 전자등록부에 신주인수권을 등록할 수 없다.

해설 ② 각 신주인수권부사채에 부여된 신주인수권의 행사로 인하여 발행할 주식의 발행가액의 합계액은 각 신주인수권부사채의 금액을 초과할 수 없다(제516조의2 제3항).

③ 신주인수권부사채에 있어서 신주인수권을 행사한 자는 신주의 발행가액 전부를 지정한 금융기관에 납입하여야 한다(제516조의9 제3항·제4항).

④ 회사는 정관의 규정 또는 주주총회의 특별결의에 의해 제3자에게 신주인수권부사채를 발행할 수 있다(재516조의2 제4항).

⑤ 회사는 신주인수권증권을 발행하는 대신 정관으로 정하는 바에 따라 전자등록기관의 전자등록부에 신주인수권을 등록할 수 있다(제516조의7).

27 상법상 주식회사의 해산과 청산에 관한 설명으로 옳지 않은 것은?

세무사 2014

① 회사가 합병 또는 분할로 해산하는 경우 청산절차가 개시되지 아니한다.

② 회사가 해산사유의 발생으로 해산하는 경우 해산등기는 해산의 효력발생요건이 아니다.

③ 청산에서 제외된 채권자는 분배되지 아니한 잔여재산에 대하여서만 변제를 청구할 수 있다.

④ 청산인의 결산보고서를 주주총회에서 승인한 경우에 회사는 청산인의 부정행위로 인한 경우 외에는 청산인의 책임을 해제한 것으로 본다.

⑤ 청산인은 채권신고기간 내에는 채권자에 대하여 변제를 하지 못하며 회사는 그 변제의 지연으로 인한 손해배상의 책임을 지지 않는다.

정답 24 ② 25 ⑤ 26 ① 27 ⑤

해설 ⑤ 청산인은 채권신고기간 내에는 채권자에 대한 변제를 하지 못한다. 그러나 이 경우에도 회사는 그 변제의 지연으로 인한 손해배상책임을 면하지 못한다(제536조 제1항). 그 이유는 이미 채권의 변제기가 도래한 것이기 때문이다. 청산인은 전항의 규정에도 불구하고 소액의 채권, 담보있는 채권, 기타 변제로 인하여 다른 채권자를 해할 염려가 없는 채권에 대하여는 법원의 허가를 얻어 이를 변제할 수 있다(제536조 제2항).

28 상법상 주식회사의 해산에 관한 설명으로 옳은 것은?

세무사 2015

① 합병으로 인한 해산의 경우 주주총회의 특별결의에 의하여 회사를 계속할 수 있다.
② 주주총회의 결의에 의한 해산은 출석한 주주의 의결권의 과반수와 발행주식총수의 4분의 1 이상의 수로써 하여야 한다.
③ 회사의 설립목적이 불법인 경우 법원은 직권으로 회사의 해산을 명할 수 있다.
④ 파산으로 인하여 회사가 해산한 경우 이사는 지체없이 주주에 대하여 그 통지를 하여야 한다.
⑤ 발행주식총수의 100분의 5의 주식을 가진 주주는 회사의 해산을 법원에 청구할 수 있다.

해설 ① 주식회사는 존립기간의 만료 기타 정관에 정한 사유의 발생 또는 주주총회의 결의에 의하여 해산한 경우에는 "주주총회의 특별결의"로 회사를 계속할 수 있다(제519조). 그러나 "합병으로 해산한 경우"에는 피합병법인은 소멸한 것이므로 주주총회의 특별결의에 의해 회사를 계속할 수는 없다.
② 주주총회의 결의에 의한 해산은 특별결의에 의하여야 하며, 이때 주주총회의 특별결의는 출석한 주주의 의결권의 3분의 2 이상이며, 발행주식총수의 3분의 1 이상의 수로써 하여야 한다(제518조).
④ 회사가 해산한 때에는 "파산의 경우 외에는" 이사는 지체없이 주주에 대하여 그 통지를 하여야 한다(제521조). 회사가 파산한 경우 이사는 그 지위를 상실하고 "파산관재인이" 파산에 관한 업무집행을 수행하게 된다. 따라서 파산의 경우에는 이사가 주주 등에 대한 통지를 하지 못하고 파산관재인이 주주 등에 대한 통지를 하여야 한다.
⑤ 해산판결(제520조)에서 정한 부득이한 사유가 있는 때에는 발행주식총수의 100분의 10 이상에 해당하는 주식을 가진 주주는 회사의 해산을 법원에 청구할 수 있다(제520조 제1항). 해산판결은 소송사건의 일종으로 주식회사에서는 발행주식총수의 100분의 10 이상의 소수주주의 권리이다.

29 상법상 자본금 총액이 10억원 미만인 비상장주식회사에 관한 설명으로 옳지 않은 것은?

세무사 2016

① 이사는 1명 또는 2명으로 할 수 있다
② 감사를 선임하지 아니할 수 있다.
③ 이사가 2명인 경우에는 공동으로 회사를 대표하여야 한다.
④ 주주총회를 소집하는 경우에는 주주총회일의 10일 전에 각 주주에게 서면으로 통지를 발송하거나 각 주주의 동의를 받아 전자문서로 통지를 발송할 수 있다.
⑤ 주주 전원의 동의가 있을 경우에는 소집절차 없이 주주총회를 개최할 수 있고, 서면에 의한 결의로써 주주총회의 결의를 갈음할 수 있다.

해설 ③ 자본금총액이 10억원 미만인 비상장주식회사에서는 이사를 1인 또는 2인 선임할 수 있다(제383조 제1항 단서). 이때 선임된 이사가 2명인 경우에는 원칙적으로 각 이사가 "각자" 회사대표권을 갖는다.

30 A주식회사는 최근 사업연도말 현재의 자산총액이 2조원 이상인 상장회사이다. 상법상 A회사에 관한 설명으로 옳지 않은 것은? 세무사 2014

① A회사의 감사위원회의 위원을 선임하거나 해임하는 권한은 주주총회에 있다.
② A회사의 이사회는 준법지원인을 1인 이상 반드시 선임하여야 한다.
③ A회사가 이사를 선임하고자 하는 경우 주주총회의 소집통지나 공고를 함에 있어 상법 소정의 방법에 따라 통지하거나 공고한 후보자 중에서 선임하여야 한다.
④ A회사가 사외이사 후보를 추천하기 위하여 설치한 이사회 내 위원회는 사외이사가 총 위원의 3분의 2 이상이 되도록 구성하여야 한다.
⑤ 파산선고를 받고 복권되지 아니한 자는 A회사의 사외이사가 될 수 없다.

해설 ④ A회사가 사외이사 후보를 추전하기 위하여 설치한 이사회내위원회의 일종인 사외이사후보추천위원회는 사외이사가 "총위원의 과반수"가 되도록 구성하여야 한다(제542조의8 제4항).

제7장 회사의 구조변경

제7장 회사법강의

회사의 구조변경

제 1 절 총설

I 의의

기업의 구조변경(Restructuring)이란 기업의 조직에 변화를 가해 기업경영의 효율을 높이기 위한 제반 방법을 말한다. 기업의 구조조정은 조직변경, 합병, 회사의 분할, 주식의 포괄적 교환과 이전 등의 방법과 내부적인 업무체계의 정비 등을 포괄하는 것이다. 다만, 내부적인 업무체계의 정비는 상법과 무관한 기업내부의 경영정책의 일환이므로 여기서는 상법상 인정되는 구조변경의 방법인 ① 조직변경, ② 합병, ③ 회사의 분할, ④ 주식의 포괄적 교환, ⑤ 주식의 포괄적 이전에 대해서만 살펴보기로 한다.

상법상 구조변경

구분	인정되는 회사	특징
조직변경	인적회사간 또는 물적회사간에만 인정	인적·물적 조직은 그대로 둔 채 법적 형식만 변경시키는 구조변경
회사의 합병	모든 회사에서 인정됨	규모의 경제를 실현하기 위해 합병계약에 의해 이루어지는 구조변경
회사의 분할	주식회사only	규모의 불경제를 시정하기 위한 분할회사 스스로의 계획에 의해 행하는 구조변경
주식의 포괄적 교환	주식회사only	기존회사간 계약에 의해 완전모자회사를 형성하는 구조변경
주식의 포괄적 이전	주식회사only	기존회사가 스스로 계획에 의해 완전모회사를 설립하는 구조변경

Ⅱ 최근 개정상법(2016.3.2.)의 내용

1. 취지

기업 인수·합병 시장의 확대 및 경제 활성화를 도모하기 위하여 기업의 원활한 구조 조정 및 투자 활동이 가능하도록 다양한 형태의 기업 인수·합병 방식을 도입하는 한편, 반대주주의 주식매수청구권 제도를 정비하는 등 현행 제도의 운영상 나타난 일부 미비점을 개선·보완하고자 함이다.

2. 영업양도에 관한 규정의 정비

영업양도는 양도인의 자산과 부채가 양수인에 포괄적으로 이전되는 개별승계방식의 계약이다. 상법은 영업양도를 지원하고 그와 관련한 주주보호를 위해 다음과 같은 내용의 제도를 신설 또는 보완하였다.

구분	개정의 내용
간이 영업양도 등의 절차 간소화	영업양도 중 일정한 요건을 충족하는 간이영업양도에 대해서 주주총회의 특별결의를 이사회결의로 대체할 수 있도록 함으로써 그 절차를 간소화하였다.
반대주주의 주식매수청구권 정비	① 무의결권주주도 합병을 위한 주주총회의 특별결의 전에 반대의사를 서면으로 통지한 경우에는 반대주주의 주식매수청구권을 행사할 수 있도록 하였다. ② 주주의 주식매수청구권 행사에 대해 회사는 주식매수청구기간(20일)이 종료한 날로부터 2개월 내에 매수할 수 있도록 하여 회사의 부담을 완화하였다.

3. 합병에 관한 규정의 정비

합병은 청산절차 없이 합병계약에 의해 최소한 1개 이상의 회사가 소멸하고 소멸하는 회사의 권리와 의무를 존속회사 또는 신설회사에 포괄적으로 이전하는 구조변경이다. 상법은 합병 절차의 간소화 등을 위해 다음과 같은 내용의 제도를 신설 또는 보완하였다.

구분	개정상법의 내용
합병대가 지급방식의 다양화	존속회사 또는 신설회사는 합병으로 소멸하는 회사에 대해 합병대가의 일부 또는 전부를 금전이나 자기주식 또는 현물로 지급할 수 있도록 함으로써 대가지급방식을 유연화하였다.
역삼각합병제도의 신설	삼각주식교환제도를 통해 완전자회사가 되는 회사가 완전자회사가 되는 회사가 존속할 수 있는 역삼각합병을 가능하도록 함으로써 합병의 방법을 다양화하였다.
반대주주의 주식매수청구권제도의 정비	① 무의결권주주도 합병을 위한 주주총회의 특별결의 전에 반대의사를 서면으로 통지한 경우에는 반대주주의 주식매수청구권을 행사할 수 있도록 하였다. ② 주주의 주식매수청구권 행사에 대해 회사는 주식매수청구기간(20일)이 종료한 날로부터 2개월 내에 매수할 수 있도록 하여 회사의 부담을 완화하였다.

4. 분할에 관한 규정의 정비

분할은 분할회사가 스스로의 계획에 의해 새로운 회사를 설립하거나 새로이 설립된 회사가 합병계약에 의해 합병하는 단순분할과 분할합병으로 구분할 수 있다. 상법은 분할과 관련하여 용어정비와 더불어 다음과 같은 내용의 제도를 신설 또는 보완하였다.

구분	개정상법의 내용
용어의 정비	분할되는 회사를 분할회사로, 분할로 인해 신설되는 회사를 분할신설회사로, 분할합병의 상대방이 되는 회사를 분할합병의 상대방회사로, 분할합병으로 존속하는 회사 또는 신설되는 회사를 분할합병승계회사 또는 분할합병신설회사로 상법상 용어를 정비하였다.
영업권에 관한 규정 삭제	분할로 인해 발생하는 영업권에 대한 상각기간에 관한 규정을 삭제하였다.
합병에 관한 규정의 준용	① 분할대가 지급방식의 다양화 ② 삼각분할합병제도의 신설

5. 주식의 포괄적 교환에 관한 규정의 정비

주식의 포괄적 교환이란 기존회사간 주식교환계약에 의해 일방의 회사는 완전모회사가 되고 상대방이 되는 1개 또는 수개의 회사는 완전자회사가 되는 방식의 구조변경이다. 상법은 주식의 포괄적 교환의 유연화를 위해 다음과 같은 규정을 신설 또는 보완하였다.

구분	개정상법의 내용
교환대가의 지급방식의 유연화	교환으로 완전모회사가 되는 회사는 완전자회사가 되는 회사에 대해 교환대가로 신주발행은 물론 자기주식의 교부, 금전 또는 현물을 지급할 수 있도록 하였다.
삼각주식교환제도의 신설	교환으로 완전모회사가 되는 회사는 완전자회사가 되는 회사에 대해 교환의 대가로 모회사의 주식을 지급할 수 있도록 하였다.
소규모주식교환에 관한 규정의 정비	완전모회사가 완전자회사에 대해 지급하는 대가가 발행주식총수의 10%를 초과하지 아니하는 경우에는 완전모회사의 주주총회의 특별결의는 이사회의 결의로 대체할 수 있도록 하였다.

6. 주식의 포괄적 이전에 관한 규정의 정비

회사의 구조변경과 관련한 2016년 개정상법의 내용은 대부분 합병과 주식의 포괄적 교환에 초점이 있었다. 그런 이유에서 주식의 포괄적 이전에 대한 개정내용은 거의 없다고 볼 수 있다.

주식의 포괄적 이전에 관한 개정상법의 내용은 한 가지이며, 그 내용은 주식이전의 대가지급 방식에 대한 제한을 없앤 것이다. 즉 주식의 포괄적 이전대가의 지급방식으로 신주발행은 물론 그 전부 또는 일부를 금전이나 현물로 지급이 가능하도록 하였다(제360조의16 제4호). 다만, 자기주식의 교부는 허용되지 않는다.

그 이유는 주식의 포괄적 이전은 완전자회사가 되는 회사가 스스로의 계획에 의해 완전모회사를 신설하는 구조변경인데, 완전모회가가 기존에 존재하지 않기 때문에 자기주식의 교부는 있을 수 없기 때문이다.

제 2 절 조직변경

I 의의

조직변경이라 함은 회사가 그 법인격의 동일성을 유지하면서 성질이 유사한 다른 종류의 회사로 법률상의 조직을 변경하는 것을 말한다. **조직변경은 이를 전후하여 회사의 동일성이 유지되고, 인적회사 상호간 또는 물적회사 상호간에만 인정된다**(제242조, 제286조, 제604조 제1항, 제607조 제1항).

물적회사 상호간에 조직변경을 하는 경우에는 주식회사는 유한책임회사 및 유한회사로 조직변경이 가능하고, 유한책임회사나 유한회사의 경우 주식회사로 조직변경이 가능하다. 그러나 유한책임회사와 유한회사 간에는 조직변경이 인정되지 않는다(제287조의43 제1항 및 2항). 이 점 특히 유의할 필요가 있다.

Ⅱ 내부적 절차

조직변경은 사원에 대해 매우 중대한 영향을 미치기 때문에 엄격한 절차를 요구하고 있다. 합명회사 또는 합자회사가 조직변경을 함에는 총사원의 동의가 있어야 한다(제242조, 제286조). 주식회사에서는 주주의 전원일치에 의한 주주총회의 결의를(제604조), 유한책임회사와 유한회사에서는 총사원의 동의(제287조의43) 또는 총사원의 일치에 의한 결의(제607조)를 각각 거쳐야 한다.

결론적으로 상법상 조직변경에 있어서는 모든 회사에서 원칙적으로 총사원(또는 총주주)의 동의가 필요하다.

Ⅲ 인적회사간 조직변경의 절차

1. 합명회사에서 합자회사로 조직변경을 한 경우

유한책임사원을 새로이 가입시킨 경우에는 별다른 문제가 없지만, 무한책임사원을 유한책임사원으로 변경한 경우에는 회사채권자의 담보가치가 감소하여 손해를 입을 수 있으므로 채권자를 보호하기 위하여, 변경된 사원은 조직변경의 등기를 하기 전에 생긴 회사 채무에 대하여 등기 후 2년 내에 무한책임사원으로서 책임을 지도록 하고 있다(제244조).

2. 합자회사에서 합명회사로 조직변경을 한 경우

합자회사를 합명회사로 조직변경하는 경우에는 유한책임사원은 무한책임사원으로 변경되어야 한다. 따라서 회사채권자에 대한 책임재산이 오히려 증가하게 되므로 별도의 채권자보호절차는 필요하지 않다.

Ⅳ 물적회사간 조직변경의 절차

1. 주식회사에서 유한책임회사 또는 유한회사로 조직변경을 한 경우

유한책임회사와 유한회사는 사채를 발행할 수 없기 때문에 주식회사에서 유한책임회사 또는 유한회사로 조직변경을 하기 위해서는 ① 사채의 상환을 완료하여야 한다(제604조 제1항 단서). 또한 ② 자본충실을 기하기 위하여 변경 전의 회사의 순자산액보다 많은 금액을 변경 후의 회사의 자본금의 총액으로 하지 못하며(제605조 제1항), 필요한 경우에는 ③ 채권자보호절차를 거쳐야 한다.

2. 유한책임회사 또는 유한회사에서 주식회사로 조직변경을 한 경우

유한책임회사 또는 유한회사의 설립과 관련하여 변태설립사항이 있는 경우에는 법원이 선임한 검사인의 조사절차가 없다. 따라서 유한책임회사 또는 유한회사를 설립한 후, 이를 주식회사로 조직변경한다면 변태설립사항에 대한 법원의 감독을 회피할 수 있다. 그런 이유에서 상법은 이를 방지하기 위하여 유한책임회사 또는 유한회사가 주식회사로 조직변경을 하는 경우에는 ① 법원의 인가를 얻지 아니하면 그 효력이 없다(제287조의44, 제607조 제3항). 이 점 유의하여야 한다. 또한 ② 자본충실을 기하기 위하여 조직 변경시 발행하는 주식의 발행가액의 총액은 회사의 현존하는 순자산가액을 초과할 수 없도록 하고 있다(제607조 제2항). 그리고 필요한 경우에는 ③ 채권자보호절차를 거치도록 하고 있다.

3. 유한회사와 유한책임회사 간의 조직변경

상법은 유한회사와 유한책임회사 간에 이루어지는 조직변경은 허용하지 않고 있다. 따라서 유한회사는 유한책임회사로 조직변경을 할 수 없으며, 유한책임회사도 유한회사로 조직변경하는 것은 인정되지 않는다. 이 점 주목할 필요가 있다.

Ⅴ 조직변경의 등기

조직변경으로 다른 회사로 법인격이 변경된 경우에는 본점소재지에서는 2주간 내, 지점소재지에서는 3주간 내에 각각 해산등기 또는 설립등기를 하여야 한다.

제 3 절 회사의 합병

I 총설

1. 의의

합병이란 2개 이상의 회사가 청산절차를 거치지 않고 합해지면서 최소한 1개 이상의 회사의 법인격이 소멸하고 소멸하는 회사의 권리·의무(자산·부채)를 신설하는 회사 또는 존속하는 회사에 포괄적으로 이전시키는 구조변경이다.

2. 합병의 동기

합병은 기업집중의 가장 완전한 형태로서 경제적으로는 경영의 합리화, 영업비용의 절감, 사업의 확장, 경쟁의 회피 등을 통한 규모의 경제(economy of scale)를 실현하고자 하는 동기에서, 법률적으로는 청산절차의 생략, 세금의 절감 등을 위해 이용된다.

3. 법적 성질

합병의 법적 성질에 대해서는 합병은 2개 이상의 법인격이 결과적으로 하나의 법인격으로 합해지는 것이라고 보는 인격합일설이 통설이다.

4. 합병의 종류

회사의 합병은 크게 흡수합병과 신설합병으로 구분할 수 있다. 흡수합병이란 수 개의 합병당사회사 중 하나의 회사만이 존속하고 나머지 회사는 모두 소멸하며, 존속회사가 소멸회사의 권리·의무(자산·부채)를 포괄적으로 승계하고 사원을 수용하는 방법의 합병을 말한다. 신설합병이란 합병당사회사가 전부 소멸하고 이들에 의해 신설된 회사가 소멸하는 회사의 권리·의무를 포괄적으로 승계하고 사원을 수용하는 방법의 합병을 말한다.

합병의 종류

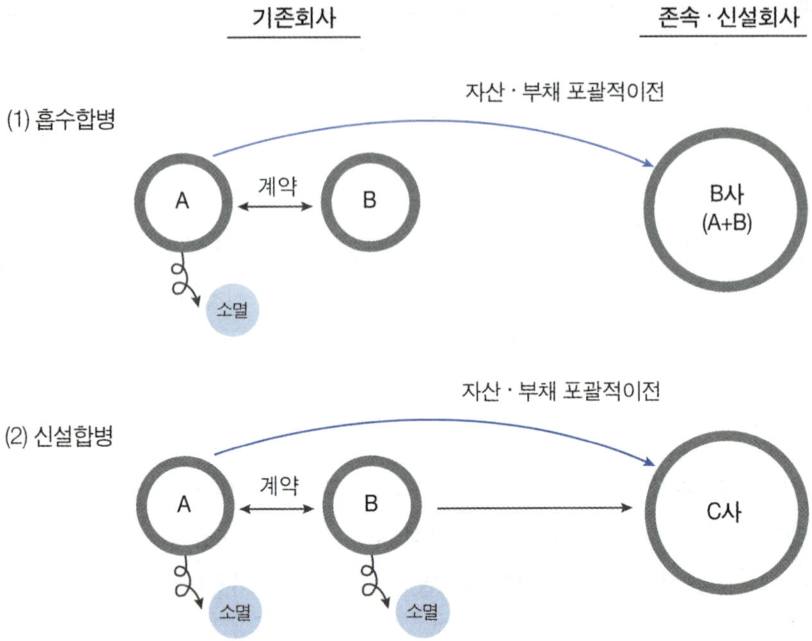

5. 개정상법의 내용(2016.3.2.시행)

합병은 청산절차 없이 합병계약에 의해 최소한 1개 이상의 회사가 소멸하고 소멸하는 회사의 권리와 의무를 존속회사 또는 신설회사에 포괄적으로 이전하는 구조변경이다. 상법은 합병절차의 간소화 등을 위해 다음과 같은 내용의 제도를 신설 또는 보완하였다.

구분	개정상법의 내용
합병대가 지급방식의 다양화	존속회사 또는 신설회사는 합병으로 소멸하는 회사에 대해 합병대가의 일부 또는 전부를 금전이나 자기주식 또는 현물로 지급할 수 있도록 함으로써 대가지급 방식을 유연화하였다.
역삼각합병제도의 신설	삼각주식교환제도를 통해 완전자회사가 되는 회사가 완전자회사가 되는 회사가 존속할 수 있는 역삼각합병을 가능하도록 함으로써 합병의 방법을 다양화하였다.
반대주주의 주식매수청구권 제도의 정비	① 무의결권주주도 합병을 위한 주주총회의 특별결의 전에 반대의사를 서면으로 통지한 경우에는 반대주주의 주식매수청구권을 행사할 수 있도록 하였다. ② 주주의 주식매수청구권 행사에 대해 회사는 주식매수청구기간(20일)이 종료한 날로부터 2개월 내에 매수할 수 있도록 하여 회사의 부담을 완화하였다.

Ⅱ 합병의 자유와 제한

1. 합병의 자유

상법상 회사는 어느 종류의 회사와도 자유롭게 합병할 수 있는 것이 원칙이다(제174조 제1항). 물적회사 상호간, 인적회사 상호 간은 물론 물적회사와 인적회사 간에도 합병할 수 있다. 이 점이 조직 변경이 인적회사 간 또는 물적회사 간에만 인정되는 점과 차이를 보인다.

2. 합병의 제한

(1) 인적회사와 물적회사간 합병

상법상 회사의 합병은 종류가 다른 회사끼리도 할 수 있다. 그러나 합병을 하는 회사의 일방 쌍방이 유한책임회사, 유한회사 또는 주식회사인 경우에는 합병 후 존속하는 회사 또는 신설되는 회사는 유한책임회사, 유한회사 또는 주식회사이어야 한다(제174조 제2항).

이때 인적회사와 유한책임회사의 경우에는 총사원의 동의를 거쳐야 하며, 유한회사와 주식회사의 경우에는 사원총회(또는 주주총회)의 특별결의를 거쳐야 한다(제230조, 제287조의41, 제522조 제3항, 제599조).

합명회사가 주식회사에 흡수합병될 경우 합명회사의 무한책임사원은 합병계약이 정하는 바에 따라 주식회사의 주주가 되는 것이므로 합명회사에서 퇴사하는 것이 아니다. 따라서 사원이 지분환급청구권을 행사할 수는 없다(대법원 2003.2.11.선고, 2001다14351판결).

(2) 유한회사와 주식회사 간 합병

유한회사가 주식회사와 합병할 경우, 주식회사의 사채상환이 완료되지 않으면 유한회사를 존속회사로 하거나 신설회사로 하지 못한다(제600조 제2항). 그 이유는 유한회사는 사채발행이 인정되지 않기 때문이다.

주식회사가 유한회사와 합병하여, 존속회사 또는 신설회사가 주식회사가 되는 경우에는 법원의 인가를 얻지 아니하면 합병의 효력이 없다(제600조 제1항). 그 이유는 유한회사의 경우, 변태설립사항에 대해서는 법원이 선임한 검사인의 조사절차가 없기 때문에 유한회사로 설립한 후 주식회사로 흡수합병이 될 때에 유한회사의 변태설립사항에 대한 법원의 감독을 회피할 수 있기 때문이다.

(3) 해산 후의 회사의 합병

해산 후의 회사는 존립중인 회사를 존속회사로 하는 경우에 한하여 합병할 수 있다(제174조

제3항). 그 이유는 회사가 해산한 후에는 영업활동을 할 수 없어 청산중인 회사가 존속회사가 될 때에 영업활동을 수행할 수 없기 때문이다.

Ⅲ 간이합병과 소규모합병

1. 의의

간이합병과 소규모합병은 ① 주식회사 간 합병의 경우에 한하여, ② 흡수합병의 경우에만 인정되는 제도이다. 간이합병은 소멸하는 회사의 주주총회의 특별결의를 이사회결의로, 소규모합병은 존속하는 회사의 주주총회특별결의를 이사회결의로 대체할 수 있도록 하여 합병절차의 간소화를 통한 기업의 구조조정을 촉진하기 위한 제도이다.

2. 간이합병(소멸회사 only)

(1) 의의

간이합병은 주식회사 간 흡수합병을 함에 있어 일정한 요건을 충족하는 경우 "소멸하는 회사"의 주주총회의 특별결의를 이사회결의로 대체하여 합병절차의 간소화를 위한 제도이다.

주식회사 간 흡수합병을 함에 있어서 ① 소멸하는 회사의 총주주의 동의가 있거나, ② 소멸하는 회사의 발행주식총수의 100분의 90 이상을 존속하는 회사가 소유하고 있는 때에는 소멸하는 회사의 주주총회의 특별결의는 이를 이사회결의로 갈음할 수 있다(제527조의2 제1항).

(2) 주식매수청구권

간이합병으로 인해 소멸하는 회사의 주주는 일정한 요건을 충족하는 경우 주식매수청구권을 행사할 수 있다. 소멸회사는 합병계약서를 작성한 날로부터 2주 내에 주주총회의 승인을 얻지 아니하고 합병한다는 뜻을 공고하거나 주주들에게 통지하여야 한다(제527조의3 제2항). 주주는 이 공고 또는 통지를 한 날로부터 2주간 내에 합병에 반대하는 의사를 통지할 수 있으며, 반대의사에도 불구하고 합병이 가결된 경우에는 반대의 통지를 한 주주가 그 기간이 경과한 날로부터 20일 내에 주식의 매수를 청구할 수 있으며(제527조의3 제2항 단서). 회사는 매수청구청구기간(20일)이 종료한 날부터 2월 이내에 그 주식을 매수하여야 한다.

3. 소규모합병(존속회사only)

(1) 의의

소규모합병은 주식회사 간 흡수합병을 함에 있어 소멸하는 회사에 대해 존속하는 회사가 지급하는 대가가 경미한 경우 "존속하는 회사"의 주주총회특별결의를 이사회결의로 대체하여 합병절차의 간소화를 도모하기 위한 제도이다.

주식회사 간 흡수합병을 함에 있어서 합병 이후에 존속하는 회사가 합병으로 인하여 발행하는 신주의 총수가 그 회사의 발행주식총수의 100분의 10을 초과하지 아니한 때에는 존속하는 회사의 주주총회의 특별결의는 이를 이사회결의로 갈음할 수 있다(제527조의3 제1항).

(2) 소규모합병의 제한

소멸회사의 주주에게 교부금을 지급하는 경우 ① 교부금이 존속회사의 순자산액의 100분의 5를 초과하는 경우(제527조의3 제1항 단서) 또는 ② 존속회사의 발행주식총수의 100분의 20 이상에 해당하는 주식을 소유한 주주가 통지 또는 공고일로부터 2주 내에 회사에 대하여 서면으로 합병에 반대하는 의사를 통지한 때에는 이사회의 결의에 의해 합병을 할 수는 없고 반드시 주주총회의 특별결의에 의하여야 한다(제527조의3 제4항).

(3) 반대주주의 주식매수청구권

소규모합병의 경우에 존속회사의 반대주주에 대해서는 주식매수청구권은 인정되지 않는다. 그 이유는 소규모합병의 경우에는 존속하는 회사가 지급하는 대가가 발행주식총수의 10% 이하로 경미하기 때문에 굳이 반대주주에게 주식매수청구권을 인정하지 않더라도 단체법적 법률효과에 별다른 무리가 없기 때문이다. 특히 유의하기 바란다.

간이합병과 소규모합병의 비교

구분	간이합병	소규모합병
적용대상	① 주식회사 간 흡수합병 ② 소멸회사에서만 인정	① 주식회사 간 흡수합병 ② 존속회사에서만 인정
적용요건	① 소멸회사의 총주주의 동의 ② 존속회사가 소멸회사의 총주식의 100분의 90 이상 소유한 경우	합병으로 인해 존속회사가 발행하는 신주 등의 대가가 발행주식총수의 100분의 10을 초과하지 않는 경우
제약조건	해당 없음	① 현금지급대가가 100분의 5를 초과(개정상법) ② 발행주식총수의 100분의 20 이상의 주주가 반대
반대주주의 주식매수청구권	인정	인정되지 않음

Ⅳ 합병의 절차

1. 합병계약의 체결

(1) 계약체결의 방식

합병당사회사의 대표기관에 의해 합병조건·합병방식 등 합병에 필요한 사항이 합의되어야 하는데 합병계약은 원칙적으로 특별한 방식을 요하지 아니하지만, 물적회사 중 주식회사와 유한회사가 합병을 함에 있어서는 법정사항이 기재된 합병계약서를 작성하여야 한다(제523조, 제524조, 제525조, 제603조).

(2) 합병계약의 법적 성질

합병계약의 법적 성질에 대하여 통설은 합병결의가 부결되는 경우에도 당사회사 간에는 어떠한 계약상의 의무도 발생하지 않으며, 특약이 없는 한 손해배상청구권도 행사할 수 없으므로 합병의 예약 또는 합병의 가계약이라고 본다. 그 이유는 합병의 실질적인 절차는 합병승인결의와 채권자보호절차에 의하는데, 이는 합병계약이 체결된 후에 이루어진다. 그런데 그 과정에 합병이 부결되는 경우 합병계약을 이행하지 못한 때에 채무불이행으로 인한 손해배상책임을 추궁하게 된다면 합병은 그 위험으로 인해 불가능하게 되기 때문이다.

(3) 합병비율의 결정

합병비율이란 소멸하는 회사의 주주에게 존속하는 회사 또는 신설되는 회사가 지급하는 주식의 지급비율을 말한다. 예컨대 소멸회사의 주가가 5,000원이고 존속하는 회사의 주가가 10,000원인 경우, 합병으로 인한 영업권이 없다고 가정하면 합병비율은 1/2이 된다. 합병비율은 소멸하는 회사의 주주의 이해관계에 절대적 영향을 미치는 요소이다.

따라서 합병계약 체결시 합병비율이 현저하게 불공정한 경우에는 합병절차상에 중대한 하자가 있는 것으로 보아 합병무효의 소의 원인이 된다(대법원 2008.1.10.선고, 2007다64136판결).

2. 합병을 위한 사전공시

주식회사와 유한회사는 합병에 대한 타당성 분석과정을 거친 후 실사를 통해 확정된 재무제표와 합병계약서 등을 공시하여 사원(주주)과 채권자에 대해 회사의 재무현황과 합병계약내용이 적절한지 여부를 공시하는 절차이다. 즉, **합병결의를 위한 주주(사원)총회 회일의 2주간 전부터 합병등기 후 6월이 경과하는 날까지** 합병손익계산서, 합병대차대조표, 합병계약서, 소멸회사의 주주에게 주식을 배정하는 것에 관한 이유를 기재한 서면 등을 비치하여 주주와 채권자가 이를 열람하게 해야 한다(제522조의2, 제603조).

3. 합병의 승인결의

(1) 결의요건

합병은 회사의 구조적 변경을 초래하는 상법상 계약이므로 사원(주주)에게 중대한 이해관계가 걸린 문제이다. 따라서 어떠한 종류의 회사를 막론하고 사원의 동의를 얻어야 한다. 인적회사와 유한책임회사의 경우에는 총사원의 동의를(제230조, 제269조, 제287조의41), 유한회사와 주식회사에서는 사원(주주)총회의 특별결의를 요한다(제522조, 제598조).

만일, 주식회사 간 흡수합병을 함에 있어 간이합병과 소규모합병의 요건을 충족하는 경우에는 주주총회의 특별결의를 이사회 결의로 갈음할 수 있다(제527조의2, 제527조의3).

(2) 종류주주총회

주식회사에서는 합병으로 인하여 어느 종류의 주주에게 손해를 미치게 될 때에는 종류주주총회의 결의를 요한다(제436조).

(3) 반대주주의 주식매수청구권

합병승인결의 전에 반대의사를 서면으로 통지한 주주는 합병승인결의 후 20일 내에 회사에 대하여 주식매수청구권을 행사할 수 있다. 이처럼 반대주주의 주식매수청구권이 인정되는 이유는 합병은 주주총회에서 다수결의 원리에 의해 소수주주가 원치 않는 구조변경을 감수하게 된다면 이는 합병반대주주의 권리를 부당히 침해하는 측면이 없지 않기 때문이다.

한편, 반대주주에게 주식매수청구권을 부여하지 않은 것으로는 합병무효의 소를 제기할 수 없다.

4. 채권자보호절차

(1) 의의

합병에 관해서는 회사채권자도 주주 못지않게 중대한 이해를 가진다. 그 이유는 합병결의가 있게 될 때에 당사회사의 자산과 부채가 포괄적으로 존속회사 또는 신설회사에 승계되기 때문에 합병당사회사의 채권자에 대한 책임재산의 변경(부채비율(B/S)의 변경)이 발생하는 것이 일반적이다.

따라서 합병하기 전의 회사의 신용이 그대로 유지된다고 볼 수 없다. 상법에서는 사원(주주)의 승인은 물론 채권자에 대한 승인절차 또한 거치도록 하고 있는데 이를 채권자보호절차라고 하며, 소멸회사는 물론 존속회사에 있어서도 채권자보호절차는 반드시 거쳐야 하는 필수적인 절차이다.

(2) 절차의 실행

① 이의제출의 통지·공고

회사의 채권자는 회사가 알고 있는 채권자와 알지 못하는 채권자로 구분할 수 있다. 이때 알고 있는 채권자에 대해서는 각별로 최고하여야 하며, 회사가 알지 못하는 채권자에 대해서는 합병결의일로부터 2주 내에 1월 이상의 기간을 정하여 이의를 제출할 것을 공고하여야 한다(제232조 제1항, 제269조, 제527조의5 제1항, 제603조). 이때 이의를 제출한 채권자는 합병무효의 소를 제기할 수 있다.

② 이의를 제출하지 않은 경우

회사의 채권자가 이의를 제출하지 않은 경우에는 합병을 승인한 것으로 본다(제232조 제2항, 제269조, 제527조의5 제3항, 제603조). **따라서 이의를 제출하지 않은 채권자는 합병무효의 소를 제기할 수 없다.**

③ 이의를 제출한 경우

이의를 제출한 채권자가 있는 경우에는 회사는 그 채권자에게 변제하거나, 상당한 담보를 채권자에게 직접 제공하거나 상당한 재산을 신탁회사에 신탁하여야 한다(제232조 제3항, 제269조, 제527조의5 제3항, 제603조). 이때 이의를 제출한 합병불승인채권자만이 합병무효의 소를 제기할 수 있다.

5. 보고총회·창립총회

주식회사의 흡수합병의 경우에는 이사가 보고총회를 소집하여 합병에 관한 사항을 기존회사의 주주에게 보고하여야 하며(제526조 제1항), 신설합병의 경우에는 각 당사회사는 합병결의와 동일한 방법으로 설립위원을 선임하고, 설립위원이 창립총회에서 합병 및 설립에 관한 사항을 보고하여야 한다(제175조 제1항, 제311조, 제527조 제3항).

보고총회와 창립총회를 소집하지 않은 경우에는 합병의 실질적 절차인 합병승인결의와 채권자보호절차를 거친 후에 단지 보고하는 사항일 뿐이므로 합병무효의 사유가 되지 않는다.

6. 합병등기

합병절차가 종료된 때에는 본점소재지에서 2주간 내, 지점소재지에서는 3주간 내에 합병등기를 하여야 한다. 합병은 영업양도와는 달리 포괄승계이므로 자산·부채의 개별적인 이전절차는 합병의 효력발생과 무관하고 합병등기에 의해 효력이 발생한다. 즉 존속회사는 본점소재지에서 변경등기를 한 때 또는 신설회사는 본점소재지에서 설립등기를 한 때에 그 효력이 발생한다(제234조, 제269조, 제287조의41, 제530조, 제603조).

합병은 등기에 의해 그 효력이 발생한다. 따라서 합병등기를 창설적 효력이 있다. 합병등기를 하지 않은 경우에는 합병의 효력이 발생하지 않을 뿐이므로, 합병무효의 소의 제소사유가 되지 못함은 당연하다.

Ⅴ 합병의 효과

1. 기본적 효과

흡수합병의 경우에는 존속회사 이외의 당사회사, 신설합병의 경우에는 모든 당사회사가 청산절차를 거치지 아니하고 소멸한다(제227조 제4호, 제169조, 제517조 제1호, 제609조 제1항). 합병으로 인하여 소멸하는 회사의 모든 권리·의무(자산·부채)는 포괄적으로 존속회사 또는 신설회사에 이전된다(제530조 제2항, 제235조).

합병은 포괄승계이므로 합병등기에 의해 효력이 발생하게 된다. 그러므로 개별자산의 이전절차는 제3자에 대한 대항요건이 될 뿐이며 제3자에게 대항하기 위해서 등기·등록 등의 방법을 갖추어야 하며(민법 제187조 단서), 권리의 종류에 따른 이전절차를 거쳐야 한다.

2. 사원(주주)의 수용

합병에 의해 소멸회사의 사원(주주)은 존속회사나 신설회사의 사원(주주)이 되며, 사원권은 합병계약에 의해 정해진다. 경우에 따라서는 사원의 일부만을 수용할 수도 있으나, 사원을 전혀 수용하지 않은 경우에는 합병으로 볼 수 없다.

Ⅵ 합병무효의 소

1. 의의

합병은 단체법적 법률관계의 변동을 초래하는 법률사실로서 그 절차상 하자가 있는 경우에는 법률관계를 획일적으로 처리하기 위하여 소로써만 이를 주장할 수 있도록 하고 있으며 제소사유, 제소권자, 제소기간 등을 법정하고 있다(제269조, 제529조, 제530조, 제603조). 절차상 하자는 상법이 정한 합병절차를 위반하는 등의 객관적인 무효사유를 말한다.

2. 제소사유

합병무효의 원인에 관해서는 상법상 명문규정이 없으므로 해석에 의할 수밖에 없다. 구체적인 원인으로는 다음과 같은 것들이 있다.

① 합병제한에 관한 법률규정의 위반
② 물적회사가 법정계약서를 작성하지 않은 경우
③ 합병대차대조표 등을 공시하지 않은 경우
④ 합병승인결의에 하자가 있는 경우
⑤ 채권자보호절차를 이행하지 않은 경우
⑥ 합병당사회사간 합병비율이 현저히 불공정한 경우(판례) 등

3. 제소권자

(1) 주식회사와 유한회사

주식회사와 유한회사의 경우에는 주주, 이사, 감사, 청산인, 파산관재인 또는 합병을 승인하지 않은 채권자에 한하여 합병무효의 소를 제기할 수 있다.

(2) 인적회사와 유한책임회사

인적회사와 유한책임회사의 경우에는 이사와 감사라는 기관이 없으므로 사원, 청산인, 파산관재인, 합병을 승인하지 않은 채권자에 한하여 소를 제기할 수 있다. 다만 회사채권자가 소를 제기한 때에는 법원은 채권자의 소제기가 악의임을 소명한 회사의 청구에 의하여 회사채권자에게 상당한 담보의 제공을 명할 수 있다(제530조 제2항, 제237조, 제287조의41).

4. 제소기간

합병무효의 소는 합병의 효력발생일, 즉 합병등기가 있는 날로부터 6월 내에 제기하여야 한다(제236조 제2항, 제529조 제2항).

5. 소의 절차

합병무효의 소는 회사의 본점소재지의 지방법원에 전속하며(제186조), 회사는 소가 제기된 때에는 지체 없이 이를 공고하여야 하며(제188조), 수 개의 소가 제기된 때에는 이를 병합 심리하여야 한다(제188조). 한편 소의 심리 중에 하자가 보완될 때에는 법원의 재량기각권도 인정된다(제189조).

6. 판결의 효력

(1) 일반적 효력

합병무효의 판결은 제소상대방인 원고와 피고는 물론 소를 제기하지 않은 제3자에 대해서도 영향을 미치는 대세적 효력과, 확정판결 전에 생긴 회사와 사원 및 제3자간의 권리의무에 영향을 미치지 않는 불소급을 원칙으로 한다(제240조, 제269조, 제530조 제2항, 제603조). 합병무효의 판결이 확정된 때에는 존속회사는 변경등기, 신설회사는 해산등기 그리고 소멸회사는 회복등기를 하여야 한다(제238조, 제269조, 제530조 제2항, 제603조).

(2) 패소원고의 책임

원고가 패소한 경우에는 원칙적으로 원고는 책임을 지지 않지만, 패소한 원고에게 악의 또는 중대한 과실이 있는 경우에 한하여 회사에 대하여 연대하여 손해를 배상할 책임을 진다(제530조 제2항, 제240조, 제191조).

(3) 부담한 채무와 취득한 자산의 처리방법

① 부담한 채무

합병으로 존속회사 또는 신설회사가 부담한 채무에 대해서는 각 회사가 연대하여 변제할 책임이 있다(제530조 제2항, 제239조 제1항, 제2항).

② 취득한 자산

합병 이후에 합병으로 존속하는 회사 또는 신설회사가 취득한 재산은 합병 당사회사의 공유재산이 된다(제530조 제2항, 제239조 제1항, 제2항).

7. 합병승인결의의 하자(주총결의하자)와 합병무효의 소

(1) 쟁점

주식회사에서 합병을 승인하는 주주총회의 결의에 하자가 있는 경우에는 그 결의의 하자를 다투는 소와 합병무효의 소를 모두 제기할 수 있는데 어떠한 소를 제기하여야 하는지가 문제된다. 예컨대 합병승인을 위한 주주총회의 소집을 위한 통지를 일부주주에게 해태한 경우, 이는 주주총회결의취소의 원인이 됨과 동시에 합병절차상의 하자가 된다. 이때에는 합병등기가 이루어진 시점을 기준으로 하여 달리 처리하여야 한다.

(2) 합병등기 전 하자의 처리방법

합병등기가 이루어지기 전에는 주주총회결의취소의 소만을 다툴 수 있다. 왜냐하면 합병무효의 소는 합병절차가 완료된 후에 그 절차상의 하자를 사후적으로 발견하여 하자를 다투는 것이기 때문이다.

(3) 합병등기 후 하자의 처리방법

합병등기가 이루어진 이후에는 결의취소의 소와 합병무효의 소를 동시에 제기할 수 있는데 이때에는 후속행위의 효력을 다투는 효력, 즉 합병무효의 소를 제기하여 그 하자를 치유하여야 한다. 즉, 결의취소의 소는 합병무효의 소에 흡수되어 합병무효의 소만을 제기할 수 있다(대법원 1993.5.27.선고, 92누14908판결).

Ⅷ 합병과 영업양도

1. 의의

합병과 유사한 상법상의 제도로서 영업양도가 있다. 영업양도와 합병은 규모의 경제 또는 기업의 집중이라는 경제적 목적을 위한 제도라는 점, 주식회사의 경우 영업의 전부 또는 중요한 일부의 양도와 합병을 하기 위해서는 주주총회특별결의를 거쳐야 하는 점(제374조의2, 제522조), 그 결의에 반대한 주주에게 주식매수청구권이 인정된다는 점(제374조의2, 제522조의3) 등 유사한 점이 많다.

2. 합병과 영업양도의 비교

영업양도는 물건, 권리, 사실관계 등을 포함한 조직적·기능적 재산으로서의 영업재산 일체를 영업의 동일성을 유지하면서 이전하기로 하는 개인법적인 채권계약으로, 개별자산의 이전절차인 등기·등록 등이 종결되지 않는 한 영업양도의 효력이 발생하지 않는다. 그에 반해 합병은 합병등기에 의해 효력이 발생하는 포괄승계의 방식이며 개별자산의 이전절차는 대항요건일 뿐이라는 점에서 양자는 커다란 차이를 보인다. 이 점 유의할 필요가 있다.

규모의 경제를 실현하기 위한 구조변경인 합병과 달리, 규모의 불경제를 시정하기 위한 구조변경의 방법으로 상법상 회사의 분할이 인정되고 있는데 회사의 분할도 포괄승계의 방식을 취하는 점에서는 합병과 유사하지만, 아래와 같은 차이점이 있다.

3. 개정상법의 내용(2016.3.2. 시행)

(1) 간이영업양도 등에 관한 규정의 신설

개정 전의 상법은 제374조 제1항 각호의 영업양도 및 양수, 영업임대 등이 있는 경우에 영업양도 등을 하는 회사의 경우에는 원칙적으로 주주총회의 특별결의에 의한 승인을 반드시 거쳐야 했다.

개정상법은 일정한 요건을 충족하는 경우에는 주주총회의 특별결의에 의한 승인은 이사회의 승인으로 대체할 수 있도록 하는 간이영업양도 등의 제도를 신설함으로써 영업양도 등의 절차의 간소화를 도모하였다(제374조의3).

(2) 반대주주의 주식매수청구권제도의 정비

개정 전의 상법은 영업양도 등에 있어서 주주총회의 특별결의 전에 반대의사를 통지한 주주는 회사에 대하여 주주총회의 결의일로부터 20일 내에 그 주식의 매수를 청구할 수 있었고, 그 청구를 받은 회사를 주주가 주식의 매수를 청구한 날로부터 2개월 내에 주식을 매수할 의무가 부여되었다.

개정상법은 회사의 매수의무에 대한 부담을 완화시켜주기 위하여 주식매수청구기간(20일)이 종료한 날로부터 2개월 내에 매수할 수 있도록 하였다(제522조의3 제2항).

영업양도와 회사합병의 비교

구분	영업양도	회사의 합병
법적 성질	개인법(민법, 상법총칙)적 채권계약	단체법(회사법)상 구조변경
당사자	개인상인 또는 회사가 가능	상법상 회사에 한정
재산의 이전방식	개별(특정)승계	포괄승계
경업금지의무	양도인은 경업금지의무를 부담함	경업금지의무는 없음
반대주주의 주식매수청구권	특별결의를 요하는 영업양도의 경우에는 인정됨	인정됨
채권자 보호절차	채무의 이전은 요소가 아니므로 필요하지 않음	채권자 보호절차가 반드시 필요함
하자의 주장방법	소송 또는 소송 외의 방법이 모두 인정	합병무효의 소로만 주장이 가능함

제 4 절 회사의 분할

I 총설

1. 의의

회사의 분할은 청산절차 없이 회사의 영업을 둘 이상으로 분리하고, 분리된 영업재산을 자본금으로 하여 회사를 신설하거나(단순분할), 새로이 설립된 회사가 다른 회사와 합병(분할합병)하는 단체법적 법률사실을 말한다. 회사는 분할에 의해 본래의 회사는 소멸하거나(소멸분할) 축소된 상태로 존속하고(존속분할), 본래의 회사의 주주는 권리의무를 포괄적으로 승계한 분할 또는 분할합병회사의 주식을 취득하게 된다.

2. 취지

회사의 분할은 수 개의 사업을 영위하거나 혹은 단계별로 기능이 복잡하게 얽혀 있는 일부분을 분리시켜, 경영의 전문화를 도모할 수 있고, 위험의 분산을 가능하게 하며, 회사와 주주들 사이에 이해관계의 대립을 조정하는 등의 기능을 수행한다. 즉 합병이 규모의 경제를 실현하기 위한 방법임에 반해 분할은 규모의 불경제를 시정하기 위한 구조조정방법이라고 할 수 있다. 해산후의 회사는 존립중의 회사를 존속회사로 하거나 새로 회사를 설립하는 경우에 한하여 분할 또는 분할합병할 수 있다(제530조의2 제4항).

3. 적용대상

합병은 상법상 모든 회사에서 인정되는 제도임에 반해, 회사의 분할은 주식회사에서만 인정된다. 따라서 분할의 당사자는 반드시 주식회사이어야 하며, 주식회사가 아닌 경우에는 회사의 분할은 인정되지 않는다.

4. 최근 개정상법(2016.3.2.시행)의 내용

분할은 분할회사가 스스로의 계획에 의해 새로운 회사를 설립하거나 새로이 설립된 회사가 합병계약에 의해 합병하는 단순분할과 분할합병으로 구분할 수 있다. 상법은 분할과 관련하여 용어정비와 더불어 다음과 같은 내용의 제도를 신설 또는 보완하였다.

구분	개정상법의 내용
용어의 정비	분할되는 회사를 분할회사로, 분할로 인해 신설되는 회사를 분할신설회사로, 분할합병의 상대방이 되는 회사를 분할합병의 상대방회사로, 분할합병으로 존속하는 회사 또는 신설되는 회사를 분할합병승계회사 또는 분할합병신설회사로 상법상 용어를 정비하였다.
영업권에 관한 규정 삭제	분할로 인해 발생하는 영업권에 대한 상각기간에 관한 규정을 삭제하였다.
합병에 관한 규정의 준용	① 분할대가 지급방식의 다양화 ② 삼각분할합병제도의 신설

회사분할의 종류

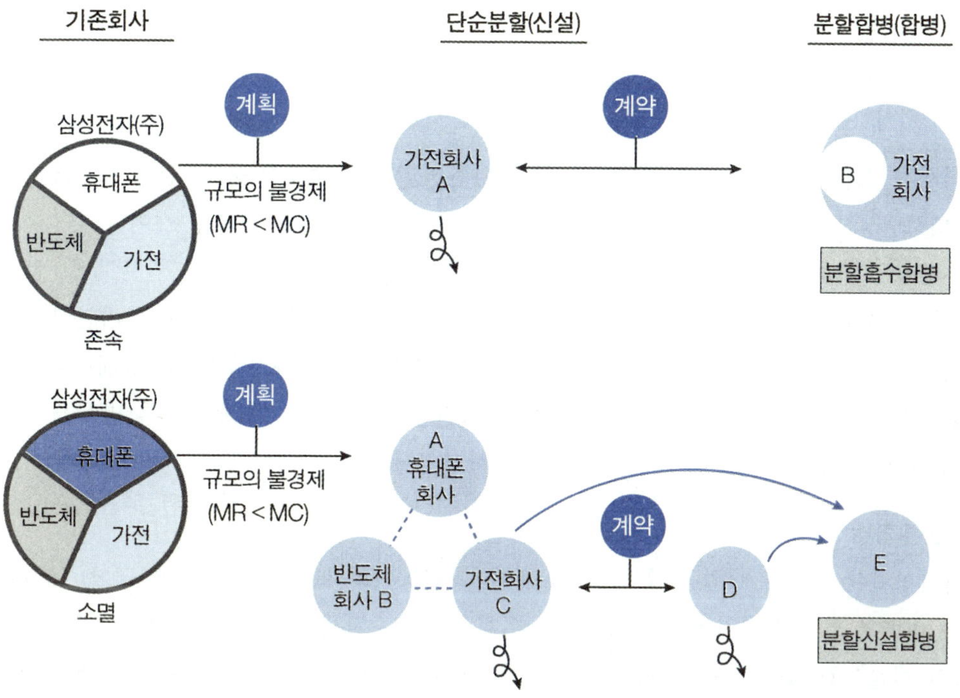

Ⅱ 회사분할의 종류

1. 소멸분할과 존속분할

회사분할은 분할되는 회사(분할회사)가 소멸하는지 또는 존속하는지 여부에 따라 소멸분할과 존속분할로 나눌 수 있다. 소멸분할은 분할 전 회사가 청산절차를 거치지 않고 소멸하는 회사분할의 한 형태로서 영업의 전부양도(제374조 제1항 제1호 전단)와 유사하며, 존속분할은 영업의 일부양도와 유사하다.

기존회사의 분할로 인해 회사가 신설되는 형태의 단순분할을 소멸분할 또는 존속분할이라고 한다. 그렇게 신설된 회사가 다른 회사와 다시 합병을 하는 방식을 취하는 경우, 합병의 방식에 따라 흡수합병과 신설합병의 조합을 통하여 다시 소멸분할흡수합병·소멸분할신설합병 또는 존속분할흡수합병·존속분할신설합병으로 구분할 수 있다. 즉 분할되는 회사가 존속하는지 소멸하는지 여부, 분할 후 회사가 분할되어 독립한 회사로 존재하는지 여부 그리고 합병을 한다면 흡수합병을 하는지 신설합병을 하는지 여부에 따라 다양한 형태의 회사분할이 가능하다.

2. 단순분할과 분할합병

(1) 단순분할

단순분할이란 회사의 영업을 수 개로 분할하고 분할된 영업 중에서 1개 또는 수 개를 각각 출자하여 1개 또는 수 개의 회사를 신설(설립)하는 것을 말한다(제530조의2 제1항). 단순분할은 기존회사가 소멸하는지 여부에 따라 소멸분할(완전분할)과 존속분할(불완전분할)로 나눌 수 있으며 회사법상 단순분할이라 함은 소멸분할과 존속분할을 모두 포함하는 것이다.

단순분할은 영업양도와 유사한 회사법상의 구조조정 방법이다. 즉, 소멸분할은 분할 전 회사가 청산절차를 거치지 않고 소멸하는 것으로서 영업의 전부양도와 유사하며, 존속분할은 일부양도와 유사하다. 그러나 영업양도는 개인법상의 채권계약으로 특정승계(개별승계) 방식을 거침에 비해, 회사의 분할은 단체법(회사법)상 구조변경의 일종으로 포괄승계의 방식을 거치는 점에서 차이를 보인다.

(2) 분할합병

분할합병이란 회사의 영업을 수 개로 분할하여 새로운 회사를 설립하고(단순분할), 분할되어 새로이 설립된 회사의 영업을 존립 중인 다른 회사에 흡수합병시키거나(분할흡수합병), 다른 존립 중인 다른 회사와 더불어 회사를 설립하는 것(분할신설합병)을 말한다(제530조의2 제2항).

분할합병은 합병의 일종이다. 다만, 회사가 분할로 인해 신설된 후에 합병하는 점에서 이를 분할합병이라고 일컫는 것이다. 분할합병웅 분할 전 회사가 소멸하는 소멸분할합병과 소멸하지 않는 존속분할합병으로 나눌 수 있으며 신설합병하는지 흡수합병을 하는지 여부에 따라 소멸분할신설합병·소멸분할흡수합병, 존속분할신설합병·존속분할흡수합병으로 나눌 수 있다.

단순분할과 분할합병의 비교

구분	단순분할	분할합병
취지	규모의 불경제의 시정	규모의 경제의 실현
종류	소멸분할과 존속분할	신설분할합병과 흡수분할합병
실행방법	분할회사의 「계획」에 의해 실행	분할회사와 상대방회사의 「계약」에 의해 실행
반대주주의 주식매수청구권	인정×	인정○
채권자보호절차	① 원칙 : 필요 ② 예외 : 분할책임제한결의가 있는 경우에는 필요○	필요○

3. 인적분할과 물적분할

인적분할과 물적분할은 분할의 형태에 따른 구분이 아니라, 단순히 대가의 지급방식에 따른 분류이다. 분할 후의 회사가 회사분할로 인하여 발행하는 신주를 분할 전 회사의 주주에게 지급하는 방식을 인적분할이라 하고, 분할 전 회사에 지급하는 방식을 물적분할이라고 한다. 상법에서는 인적분할과 물적분할을 모두 인정하고 있다.

Ⅲ 단순분할의 절차

1. 분할계획서의 작성

단순분할은 분할회사가 스스로의 계획에 의해 규모의 불경제가 발생한 부문을 분할하여 새로운 회사를 설립하는 것이므로 다른 회사와의 계약은 필요하지 않다. 그런 이유로 단순분할의 경우에는 분할에 관한 법률관계를 명확히 하기 위한 법정요식으로써 기존회사가 스스로의 "계획"에 의해 분할계획서를 작성하여야 한다(제530조의5 제1항).

2. 분할을 위한 사전공시

분할회사의 이사는 단순분할의 경우에는 분할계획서를 작성하여 주주총회 회일의 2주간 전부터 분할등기일로부터 6개월간 분할대차대조표, 분할손익계산서, 분할회사의 주주에게 발행할 주식의 배정에 관한 이유를 기재한 서면 등을 본점에 비치하여야 한다(제530조의7 제1항, 제522조의2 제3항).

3. 분할의 승인결의

(1) 주주총회의 특별결의

회사의 분할은 주식회사에서만 인정되는 구조변경으로서 회사의 분할승인을 위해서는 주주총회의 특별결의에 의한 승인을 얻어야 한다. 즉 회사의 단순분할의 경우에는 분할계획서 등을 작성하여 주주총회의 특별결의에 의한 승인을 얻어야 한다(제530조의3 제1항, 제2항).

(2) 의결권의 배제·제한주식의 의결권

합병의 경우에는 주주총회특별결의를 거치는 경우에도 의결권이 배제되는 주주의 의결권은 인정되지 않는다. 그러나 회사분할의 경우에는 주주총회의 특별결의에 의한 승인결의 과정에서 의결권이 배제되는 주주의 의결권이 인정된다(제530조의3 제3항). 이 점 특히 유의하기 바란다.

(3) 반대주주의 주식매수청구권

회사의 단순분할의 승인결의에 반대한 주주의 주식매수청구권은 인정되지 않는다(제530조의11 제2항, 제522조의3). 그 이유는 분할로 인해 설립되는 회사의 주주 또는 사업구성에 변화가 없기 때문이다. 이 점 유의하기 바란다.

(4) 간이·소규모분할의 인정여부

단순분할은 새로운 회사가 설립되는 것이므로 간이·소규모분할의 문제는 발생할 여지가 없다. 따라서 주식회사간 흡수합병의 경우에 소멸회사에 대해서만 인정되는 간이합병과 소규모합병은 단순분할의 경우에는 인정되지 않는다.

4. 채권자보호절차

(1) 원칙

단순분할의 경우 상법의 규정에 의하여 분할 전의 회사와 분할 후의 회사가 회사채권자에 대하여 연대책임을 진다(제530조의9 제1항). 따라서 회사의 단순분할로 인해 채권자의 책임재산에 대한 변동은 발생하지 않는다. 따라서 회사의 단순분할시 채권자보호절차는 원칙적으로 필요하지 않다.

(2) 예외

분할 전의 회사가 분할을 승인하는 주주총회의 특별결의 시 분할 후 회사가 분할되는 회사의 채무 중에서 출자 받은 재산에 관한 채무만을 부담할 것을 약정하고 그 책임범위를 제한하도록 하는 경우, 즉 분할책임제한결의가 있는 경우에는 반드시 채권자보호절차가 필요하다(제

530조의9 제2항, 제4항, 제527조의5). 그 이유는 상법에 의한 원칙적인 연대책임의 고리가 분할승인결의과정에서 끊어져 회사채권자에 대한 책임재산이 변동되어 채권자에게 해가 될 가능성이 있기 때문이다.

5. 창립총회의 필요 여부

회사의 단순분할은 기존회사의 부문이 새로이 설립된 회사에 그대로 이전되는 것으로 실질적인 회사의 구조에는 변화가 없다. 그런 이유로 회사의 단순분할시 창립총회는 필요하지 않다. 이 점 유의하기 바란다.

6. 회사분할의 등기

회사의 단순분할이 있는 경우에는 새로운 회사의 설립이 뒤따르게 된다. 따라서 분할로 인하여 설립되는 회사는 설립등기를 하여야 한다. 이때 분할로 신설되는 회사의 설립등기를 분할등기라고 한다. 회사의 단순분할은 분할등기에 의해 분할의 효력이 발생하게 된다. 따라서 분할등기는 창설적 효력을 가지게 된다.

Ⅳ 분할합병의 절차

1. 분할합병계약서의 작성

분할합병은 분할회사가 스스로의 계획에 의해 규모의 불경제가 발생한 부분을 분할하여 새로운 회사를 설립(단순분할)한 후 다른 회사와의 계약에 의해 신설합병을 하거나 흡수합병을 하는 구조변경방법으로서 결과적으로는 합병이다. 따라서 분할로 신설되는 회사와 분할합병의 상대방 회사는 "계약"에 의해 분할합병계약서를 작성하여야 한다(제530조의6 제1항). 이 점이 단순분할과 분할합병의 가장 큰 차이점이므로 명확히 이해하여야 한다.

2. 분할합병의 사전공시

분할회사의 이사는 분할합병의 경우에는 분할합병계약서를 작성하여 주주총회 회일의 2주간 전부터 분할합병등기일로부터 6개월간 분할대차대조표, 분할손익계산서, 분할회사의 주주에게 발행할 주식의 배정에 관한 이유를 기재한 서면 등을 본점에 비치하여야 한다(제530조의7 제1항, 제522조의2 제3항).

3. 분할합병의 승인결의

(1) 주주총회의 특별결의

회사의 분할은 주식회사에서만 인정되는 구조변경으로서 회사의 분할승인을 위해서는 주주총회의 특별결의에 의한 승인을 얻어야 한다. 따라서 분할합병의 경우에는 분할합병계약서 등을 작성하여 주주총회의 특별결의에 의한 승인을 얻어야 한다(제530조의3 제1항, 제2항).

(2) 의결권의 배제·제한주식의 의결권

합병의 경우에는 주주총회특별결의를 거치는 경우에도 의결권이 배제되는 주주의 의결권은 인정되지 않는다. 그러나 **분할합병의 경우에는 주주총회의 특별결의에 의한 승인결의 과정에서 의결권이 배제되는 주주의 의결권이 인정된다**(제530조의3 제3항). 특별히 이해하기 힘든 규정이지만, 이렇게 이해하기 바란다.

(3) 반대주주의 주식매수청구권

분할합병에 반대하는 주주는 그 결의 전에 반대의사를 서면으로 통지한 경우에는 **반대주주의 주식매수청구권이 인정된다**(제530조의11 제2항, 제522조의3). 그 이유는 분할합병은 분할 후에 합병하는 점을 제외하고는 합병과 같은 제도이기 때문이다.

(4) 간이·소규모분할합병

간이분할합병은 분할 전 회사의 경우에, 소규모분할합병은 존속하는 회사의 경우에 주주총회의 승인을 이사회승인으로 대체할 수 있는 제도이다. **회사의 분할의 과정에서도 간이분할합병과 소규모분할합병의 요건을 충족하는 경우에는 주주총회의 승인을 이사회승인으로 대체하여 분할합병절차를 간소화할 수 있다**(제527조의2, 제527조의3).

4. 채권자보호절차

분할합병은 합병의 일종으로 합병당사회사의 자산과 부채는 존속 또는 신설하는 회사에 포괄적으로 승계되므로 부채비율의 변경을 통해 채권자의 담보재산에 중대한 변화가 생기고 책임주체의 변경도 있게 된다. 그런 이유로 **단순분할과는 달리 분할합병의 경우에는 합병에 준하여 채권자보호절차를 거치도록 하고 있다**(제530조의11 제2항, 제527조의5). 채권자보호절차에 관한 내용은 합병절차를 참고하기 바란다.

5. 보고·창립총회

채권자보호절차를 거친 후 회사의 분할합병으로 인하여 존속하는 회사에서는 이사가 주주총회에 보고하기 위한 보고총회를 소집하여야 한다(제530조의11 제1항, 제526조). 분할신설합병을 하는 경우에는 새로운 회사가 설립되는 것이므로 그 회사의 설립위원은 창립총회를 소집하여야 한다(제530조의11 제1항, 제527조). 합병과 마찬가지로 보고총회 또는 창립총회는 이사회의 공고로 갈음할 수 있다(제526조 제3항, 제527조 제4항).

6. 분할합병등기

회사의 신설분할합병으로 인하여 신설되는 회사는 설립등기를 하여야 하고, 분할 전 회사는 존속분할의 경우에는 변경등기를, 소멸할 경우에는 해산등기를 하여야 하며, 흡수분할합병의 상대방회사는 변경등기를 하여야 한다(제530조의11 제1항, 제528조). **회사의 분할합병은 포괄승계의 방식을 취하므로 분할합병등기에 의해 그 효력이 발생하게 된다**(제530조의11 제1항, 제234조).

V 회사분할의 효과

1. 법인격의 승계여부

합병은 법인격이 합일되므로(인격합일설), 합병 전의 회사의 법인격은 합병 후의 회사에서 그 동일성이 유지된다. 그러나 회사의 분할은 이와 같은 인격의 승계현상은 발생하지 않는다.

존속분할의 경우에는 분할회사가 존속하므로 분할 전 회사의 법인격은 분할 후의 존속회사에서 그 동일성을 유지한다. 따라서 분할로 인해 신설되는 회사 또는 흡수분할합병의 상대방회사는 분할회사의 법인격을 승계하지 않는다(대법원 2012.7.26.선고, 2010다37813판결). 분할회사가 소멸하는 경우, 분할회사는 청산절차를 밟지 않고 해산한다(제517조 제1의2호).

2. 권리와 의무의 이전

분할로 인해 분할계획서 또는 분할계약서에서 특정된 분할회사의 권리와 의무가 신설회사 또는 분할합병의 상대방회사에 포괄적으로 이전한다(제530조의10). 그러므로 별도의 이전행위나 공시방법을 요하지 않고 분할로 인한 등기를 한 때에 이전되는 것으로 보아야 한다.

분할계획 또는 분할합병계약에 의해 이전된 영업재산에 관한 소송은 신설회사가 수계할 수 있으며, 분할합병의 상대방 회사도 인수할 수 있다(대법원 2002.11.26.선고, 2001다44352판결).

3 이사 · 감사의 선임

(1) 단순분할의 경우

단순분할의 경우 또는 신설분할합병의 경우, 분할계획서 또는 분할합병계약서에 신설회사의 이사와 감사를 정할 수 있다(제530조의5 제1항 제9호, 제530조의6 제2항 제1호). 이에 의해 정해진 이사와 감사는 신설회사의 별다른 선임절차를 요하지 않고 설립등기와 동시에 신설회사의 이사와 감사가 된다.

(2) 분할합병의 경우

흡수분할합병의 경우에는 분할합병계약서에 상대방회사의 이사와 감사를 정할 수 있다(제530조의6 제1항 제10호). 분할합병계약서는 분할회사만이 아니고 상대방회사에서도 주주총회의 승인결의를 얻어야 하는데, 이 승인결의는 이사와 감사의 선임결의를 포함한다고 보아야 하므로 분할계약서상의 이사와 감사는 별도의 선임절차 없이 합병으로 인한 상대방회사의 변경등기에 의해 이사와 감사가 된다.

4. 주주의 부담이 가중되는 경우

회사의 분할 또는 분할합병으로 인하여 분할 또는 분할합병에 관련되는 각 회사의 주주의 부담이 가중되는 경우에는 종류주주총회의 결의 외에 그 주주 전원의 동의가 있어야 한다(제530조의3 제6항).

Ⅵ 분할무효의 소

1. 제소사유

① 분할계획서 또는 분할합병계약서의 내용이 강행법규에 위반하거나 현저하게 불공정한 경우 ② 분할계획서 또는 분할합병계약서를 작성하지 않은 경우, ③ 분할대차대조표 등을 공시하지 않은 경우, ④ 분할승인결의를 거치지 않은 경우, ⑤ 채권자보호절차를 거치지 않은 경우 ⑥ 분할에 관한 법률상 제한의 위반(제530조의2 제4항) 등이 분할무효의 원인이 된다.

2. 제소권자

분할의 무효는 주주, 이사, 감사, 청산인, 파산관재인 또는 분할을 승인하지 않은 채권자에 한해 제기할 수 있다(제530조의11 제1항). 다만 이때 분할합병을 승인하지 않은 채권자는 분할합병의 경우에는 무효의 소를 제기할 수 있지만, 단순분할의 경우에는 원칙적으로 연대책임에 의해 채권자보호절차가 필요하지 않으므로 채권자의 소 제기권은 인정되지 않는다.

3. 제소기간

분할무효의 소는 분할등기 후 6월 내에 제기하여야 하며(제530조의11), 기타 소의 절차에 관하여는 합병무효의 소에 관한 규정이 준용된다.

4. 판결의 효력

(1) 대세적 효력·불소급효

분할무효판결의 효력에 관해서도 합병무효판결의 효력이 준용된다. 대세적 효력이 있으며 불소급의 원칙이 적용된다(제530조의11 제1항, 제239조, 제190조 단서).

분할로 인해 회사가 신설된 경우에는 신설회사의 설립무효가 되므로 분할 전 회사로 부활하며, 분할 후에 발생한 회사의 채무는 분할회사의 채무가 된다. 신설분할합병의 경우에도 신설회사의 설립이 무효가 됨은 단순분할과 같다.

(2) 취득한 자산과 부담한 채무

신설회사 및 상대방 회사로부터 승계한 재산과 채무는 각기 분할 전의 상태로 복귀한다. 분할 후에 신설회사가 취득한 재산은 분할회사 및 그 상대방 회사의 공유로 하며, 부담한 채무는 쌍방회사의 연대채무로 한다(제530조의11 제1항, 제239조 제1항, 제2항). 이 점 합병의 경우와 같다.

분할시 분할회사의 채무의 승계와 연대책임

1. 연대책임

분할 또는 분할합병으로 인하여 설립되는 회사 또는 존속하는 회사는 분할 또는 분할합병 전의 회사채무에 관하여 연대하여 변제할 책임이 있다(제530조의9 제1항). 이는 분할 당사회사 간에 채무승계가 어떠한 방식으로 이루어지든 분할 전 회사의 채권자가 책임재산이 감소됨으로 인한 불이익을 입지 않게 하려는 취지이다. 여기서 연대책임의 대상이 되는 회사의 채무란 분할 전에 분할회사에서 발생한 채무를 말한다. 그러므로 분할 전에 발생하였다면 이행기가 분할 후에 도래하더라도 분할 전 채무로서 연대책임의 대상이 된다(대법원 2008.2.14.선고, 2007다73321판결). 이때의 연대책임은 부진정연대책임이다.

2. 책임의 제한

분할되는 회사가 분할승인을 위한 특별결의에 의해 분할에 의하여 회사를 설립하는 경우에는 설립되는 회사 또는 분할합병의 상대방 회사는 분할되는 회사의 채무 중에서 출자한 재산에 관한 채무만을 부담할 것을 정할 수 있다(제530조의9 제2항, 제3항, 분할책임 제한결의). 이는 분할당사회사들이 연대책임을 지지만, 각자 승계한 채무에 관하여 분할책임을 지도록 정할 수 있음을 의미한다.

3. 책임제한의 요건

(1) 의의

상법 제530조의9 제2항에 의해 분할당사회사들이 책임을 제한하기 위해서는 다음의 두 가지 요건을 구비하여야 한다.

(2) 절차적 요건

분할당사회사 간에 배분·승계하는 채무의 내용이 분할계획서 또는 분할계약서에서 특정되고 주주총회의 승인을 얻어야 한다(대법원 2012.4.26.선고, 2012다12191판결). 이 사실은 분할채무를 주장하는 회사가 증명하여야 한다. 그러므로 이러한 절차 없이 채권자보호절차를 거치는 공고에서 분할책임을 진다고 선언했다고 해서 분할책임의 효과가 생기는 것은 아니다(대법원 2010.8.26.선고, 2009다95769판결).

(3) 채권자보호절차

단순분할을 할 때에는 원칙적으로 채권자보호절차가 필요하지 않지만, 이같이 책임을 제한하고자 할 때에는 채권자보호절차를 밟아야 한다(제530조의9 제4항). 종전의 책임재산이 분할 후 여러 개의 회사로 분리하여 소유되므로 책임주체가 특정회사로 제한된다면 채권자를 위한 책임재산이 감소되기 때문이다.

제 5 절 주식의 포괄적 교환

I 총설

1. 의의

주식의 포괄적 교환이란 다른 회사와의 주식교환계약에 의하여 회사(완전모회사가 되는 회사)가 다른 회사(완전자회사가 되는 회사)의 발행주식총수와 자기회사의 주식을 교환함으로써, 완전자회사가 되는 회사의 주주가 가지는 그 회사의 주식은 주식을 교환한 날에 주식교환으로 인해 완전모회사가 되는 회사에 이전하고 그 완전자회사가 되는 회사의 주주는 그 완전모회사가 되는 회사가 주식교환을 위해 발행하는 대가를 지급받는 것을 말한다(제360조의2).

2. 취지

주식의 포괄적 교환제도는 원활한 기업의 구조조정을 위해 기업의 물적 조직은 그대로 둔 채, 기업의 인적조직(주주구성)만 변경시켜 완전모자회사관계인 순수지주회사의 설립을 위한 지원책을 마련해주기 위한 목적으로 도입된 제도이다. 주식의 포괄적 교환도 회사의 분할이나 주식의 포괄적 이전과 마찬가지로 주식회사에 한해서만 인정된다.

3. 법적 성질

기업을 인적조직과 물적조직의 유기적 결합체라고 볼 때, 합병은 복수의 당사회사의 인적·물적조직을 포괄승계의 방식을 통해 법적으로 완전히 결합시켜 하나의 회사를 만드는 방법이라고 한다면 주식의 포괄적 교환제도는 회사의 인적조직(주주)만을 별개의 회사에 이전·흡수시켜 당사회사의 법적인 독립성은 유지하면서 완전모회사를 중심으로 하여 경영의 효율성과 통일성을 도모하는 방법이라고 할 수 있다.

주식의 포괄적 교환은 그 경제적 효과의 측면에서 보면 현물출자와 동일하지만, 상법은 주식의 포괄적 교환에 대해 개인법적인 출자행위인 현물출자의 법리를 적용하지 않고 합병이나 분할과 같은 조직법적 행위로 보아 단체법적인 원리를 적용하고 있다.

4. 최근 개정상법(2016.3.2.시행)의 내용

주식의 포괄적 교환이란 기존회사간 주식교환계약에 의해 일방의 회사는 완전모회사가 되고 상대방이 되는 1개 또는 수개의 회사는 완전자회사가 되는 방식의 구조변경이다. 상법은 주식의 포괄적 교환의 유연화를 위해 다음과 같은 규정을 신설 또는 보완하였다.

구분	개정상법의 내용
교환대가의 지급방식의 유연화	교환으로 완전모회사가 되는 회사는 완전자회사가 되는 회사에 대해 교환대가로 신주발행은 물론 자기주식의 교부, 금전 또는 현물을 지급할 수 있도록 하였다.
삼각주식교환제도의 신설	교환으로 완전모회사가 되는 회사는 완전자회사가 되는 회사에 대해 교환의 대가로 모회사의 주식을 지급할 수 있도록 하였다.
소규모주식교환에 관한 규정의 정비	완전모회사가 완전자회사에 대해 지급하는 대가가 발행주식총수의 10%를 초과하지 아니하는 경우에는 완전모회사의 주주총회의 특별결의는 이사회의 결의로 대체할 수 있도록 하였다.

주식의 포괄적 교환

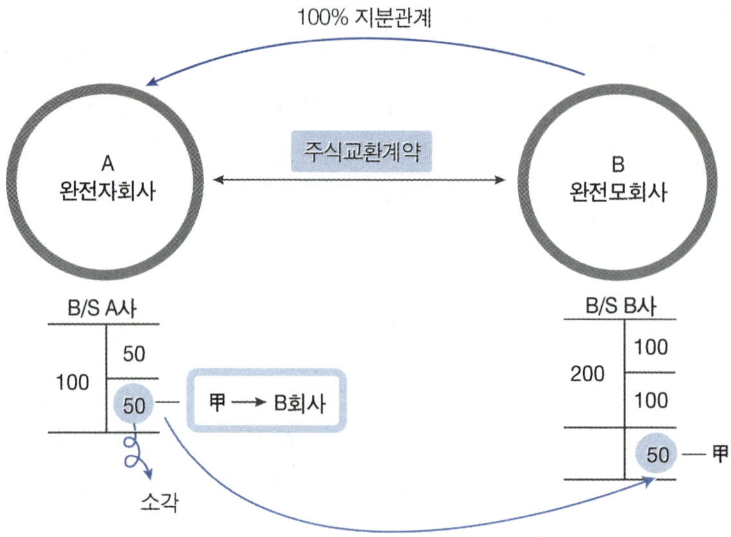

Ⅱ 주식교환의 절차

1. 주식교환계약서의 작성

주식교환은 기존의 회사 간의 계약에 의해 완전모자회사관계를 형성하는 것으로서, 그 계약에 의해 각각 모회사와 자회사로 예정된 회사 간에 주식교환계약서를 작성하여야 한다.

주식교환계약서는 각각의 회사의 이사회의 결의를 거쳐 대표이사가 작성하여야 한다(제260조의3 제3항). 주식교환계약서는 법정요식으로써 법정사항의 기재를 결한 때에는 주식교환무효의 소의 원인이 된다.

2. 포괄적 교환의 사전공시

주식교환의 각 당사회사의 이사는 이를 승인하기 위한 주주총회 회일의 2주간 전부터 주식교환의 날 이후 6월이 경과하는 날까지 주식교환계약서와 완전자회사가 되는 회사의 주주에 대한 주식의 배정에 관하여 그 이유를 기재한 서면, 그리고 각 회사의 최종대차대조표 및 손익계산서 등을 본점에 비치하여야 한다(제360조의4 제1항).

3. 주식교환계약서의 승인

(1) 주주총회의 특별결의

주식교환을 하는 당사회사는 각각 주식교환계약서에 대하여 주주총회의 특별결의에 의한 승인을 얻어야 한다(제360조의3 제1항, 제2항).

(2) 간이주식교환 · 소규모주식교환

① 간이주식교환

ⓐ 완전자회사가 되는 회사의 총주주의 동의가 있거나, ⓑ 그 회사의 발행주식총수의 100분의 90 이상을 이미 모회사가 소유하고 있는 때에는 완전자회사의 주주총회의 승인은 이사회의 승인으로 갈음할 수 있다(제360조의9 제1항).

② 소규모주식교환

완전모회사가 되는 회사가 주식교환을 위하여 발행하는 신주의 총수 등이 그 회사의 발행주식총수의 100분의 10를 초과하지 아니하는 경우에는 그 회사의 주주총회의 승인은 이사회의 승인으로 갈음할 수 있다(제360조의10 제1항 본문).

(3) 반대주주의 주식매수청구권

주식교환을 위한 이사회의 결의가 있는 때에 그 결의에 반대하는 완전자회사 또는 완전모회사의 주주는 주주총회의 특별결의 전에 회사에 대하여 서면으로 그 결의에 반대하는 의사를 통지하였으나, 그 결의가 주주총회에서 가결된 경우에는 주주총회의 결의일로부터 20일 내에 주식의 종류와 수를 기재한 서면으로 회사에 대하여 자기가 소유하는 주식의 매수를 청구할 수 있다(제360조의5 제1항). 회사는 주식매수청구기간(20일)이 종료한 날부터 2월 내에 그 주식을 매수하여야 한다(제360조의5 제3항).

4. 주식(주권)의 교환(실효)절차

주주총회의 특별결의에서 주식교환계약서의 승인결의가 이루어지면, 교환계약에서 정한 주식교환의 날에 완전자회사의 주주가 소유하는 자회사의 주식은 완전모회사로 이전된다(제360조의2 제2항). 완전자회사의 주식은 주권의 교부 없이 완전모회사에 이전되므로 자회사의 주주가 보유하는 주권은 효력을 잃는다.

따라서 완전자회사의 주주총회에서 주식교환을 승인한 때에는 주권을 실효시키기 위하여 주식교환의 날 1월 전에 공고하고, 주주명부에 기재된 주주와 질권자에게 따로 그 통지를 하여야 한다(제360조의8 제1항).

주식의 포괄적 교환은 "주식교환의 날"에 그 효력이 발생한다. 이 점 유의하기 바란다.

5. 주식의 포괄적 교환등기

주식교환의 경우에는 회사의 법인격이나 구조에는 변화가 없고 단지 주주의 이동이 있을 뿐이므로 주식교환으로 인한 설립등기는 필요하지 않다. 다만, 완전모회사가 완전자회사에 대해 주식교환의 대가로 신주를 발행하는 경우에는 자본금과 발행주식수의 증가가 있으므로 변경등기를 하여야 할 뿐이다. 따라서 주식의 포괄적 교환은 교환등기에 의해 효력이 발생하지 않는다. 그 이유는 주식의 포괄적 교환으로 인한 교환등기는 완전모회사의 자본금증가에 따른 변경등기일 뿐이기 때문이다.

Ⅲ 포괄적 주식교환의 효과

1. 교환대가의 지급

주식교환대가의 지급방식에 대한 제한은 없다. 따라서 주식교환으로 완전모회사가 되는 회사는 그 대가의 전부 또는 일부를 신주발행을 할 수도 있고, 자기주식의 교부는 물론 금전 또는 현물의 지급도 가능하다(제360조의3 제3항 제2호·4호). 이는 상법이 주식의 포괄적 교환에 있어서 그 대가지급방식에 대한 제한을 없애, 주식회사의 구조변경을 지원하기 위한 취지이다.

2. 채권자보호절차

주식교환에 있어서는 완전자회사가 되는 회사 또는 완전모회사가 되는 회사에서 채권자보호절차는 필요하지 않다. 완전자회사가 되는 회사에서는 회사의 재산에는 전혀 변동이 없고, 완전모회사는 오히려 자본금이 증가하기 때문이다.

3. 모회사의 임원의 퇴임

주식교환에 의하여 "완전모회사"가 되는 회사의 이사 및 감사로서 주식교환 전에 취임한 자는 주식교환계약서에 다른 정함이 있는 경우를 제외하고는 주식교환 후 최초로 도래하는 결산기에 관한 정기총회가 종료하는 때에 퇴임한다(제360조의13).

Ⅳ 주식교환무효의 소

1. 제소사유

① 주식교환계약 자체에 무효의 원인이 있는 경우, ② 주식교환계약서의 법정기재사항에 흠결이 있는 경우, ③ 교환대차대조표 등을 공시하지 않은 경우, ④ 교환승인결의에 하자가 있는 경우 등에는 주식교환무효의 소를 제기할 수 있다.

2. 제소권자·제소기간

주식교환무효의 소는 각 회사의 주주, 이사, 감사, 감사위원회위원 또는 청산인에 한하여 주식교환의 날로부터 6월 내에 소만으로 이를 주장할 수 있다(제360조의14 제1항). 이는 형성의 소이며 피고는 완전모회사가 된다.

3. 판결의 효력

(1) 일반적 효력

주식교환을 무효로 하는 판결은 대세적 효력이 있으며 소급효가 인정되지 않는다(제190조 본문). 만일 원고가 패소한 경우에는 패소원고에게 악의 또는 중대한 과실이 있는 경우에 한하여 연대하여 손해를 배상할 책임이 있다(제360조의14 제4항).

(2) 완전자회사에 대한 효력

교환무효의 소의 판결이 확정된 때에는 주식의 소유관계가 교환 전의 상태로 복귀되어야 할 것이다. 그러므로 모회사는 주식교환을 위하여 발행한 또는 교부한 신주나 자기주식 등을 소유하는 주주에 대하여 그가 소유하였던 자회사의 주식을 이전하여야 한다(제390조의14 제3항).

제 6 절 주식의 포괄적 이전

I 총설

1. 의의

회사는 스스로의 계획에 의한 주식의 포괄적 이전의 방법에 의하여 완전모회사를 설립하고 완전자회사가 될 수 있다(제360조의15 제1항). 주식이전에 의하여 완전자회사가 되는 회사의 주주가 소유하는 그 회사의 주식은 주식이전에 의하여 설립하는 완전모회사에 이전하고, 그 완전자회사가 되는 회사의 주주는 완전모회사가 주식이전을 위하여 발행하는 주식의 배정 등을 받음으로써 그 완전모회사의 주주가 된다(제360조의15 제2항).

2. 취지

주식교환은 기존회사 간의 계약에 의해 완전모자회사관계를 형성하는 구조조정방법임에 비해, 주식이전은 회사가 스스로의 계획에 의해 스스로 자회사가 되어 모회사를 설립하는 방법에 의한 회사법상의 구조조정방법인 점에서 커다란 차이를 보인다.

3. 최근 개정상법(2016.3.2.시행)의 내용

주식의 포괄적 이전에 관한 개정상법의 내용은 한 가지이며, 그 내용은 주식이전의 대가지급방식에 대한 제한을 없앤 것이다. 즉 주식의 포괄적 이전대가의 지급방식으로 신주발행은 물론 그 전부 또는 일부를 금전이나 현물로 지급이 가능하도록 하였다(제360조의16 제4호). **다만, 자기주식의 교부는 허용되지 않는다.**

그 이유는 주식의 포괄적 이전은 완전자회사가 되는 회사가 스스로의 계획에 의해 완전모회사를 신설하는 구조변경인데, 완전모회가가 기존에 존재하지 않기 때문이다.

주식의 포괄적 이전

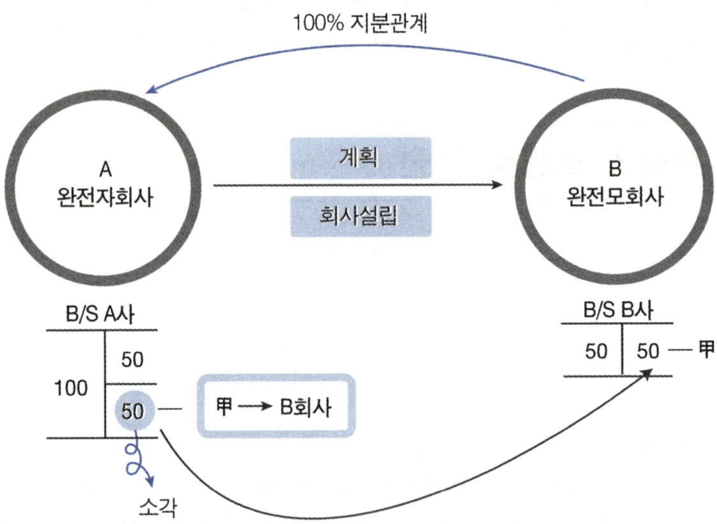

II 주식의 포괄적 교환과 이전의 비교

1. 공통점

주식의 포괄적 교환과 포괄적 이전은 어느 회사의 발행주식총수를 소유하는 완전모회사를 만들기 위한 방법이다.

2. 양자의 이해

(1) 주식의 포괄적 교환

주식의 포괄적 교환은 이미 존재하는 A회사와 B회사의 계약에 의해 B회사의 주주가 소유하는 B회사의 주식을 전부 A회사에 이전하고 그 주식을 재원으로 하여 A회사가 B회사의 주주에게 신주를 발행하거나 자기주식 등의 교환대가를 지급하는 것을 말한다. 이에 따라 A회사는 B회사의 주식전부를 소유하는 완전모회사가 되고, B의 주주는 A의 주주로 수용된다.

(2) 주식의 포괄적 이전

주식의 포괄적 이전은 B회사가 스스로의 계획에 의해 A회사를 신설하되, 그 신설방법은 B가 가진 주식 전부를 A회사에 이전하고 A회사는 설립시에 발행하는 신주 등을 B의 주주에게 배정하는 것이다. 이로 인해 A는 B의 완전모회사가 되고 B회사의 주주는 A회사의 주주가 된다.

3. 양자의 차이점

(1) 포괄적 교환과 이전의 차이점

두 제도는 모두 회사 간의 계약(주식교환계약) 또는 일방의 계획(주식이전계획)에 의해 일방회사의 주주들이 소유하는 주식이 완전모회사로 강제로 이전된다는 점에 특색이 있다. 또한 주식의 포괄적 교환은 새로운 회사의 설립이 없이 기존회사 중 한 회사가 완전모회사가 되지만, 주식의 포괄적 이전은 기존회사 등이 스스로 완전자회사가 되고 완전모회사를 설립하는 점에서 커다란 차이를 보인다.

(2) 현물출자와의 비교

주식의 포괄적 교환과 이전에서 기존회사의 주주들은 주주총회에서 주식교환 또는 주식이전을 승인하는 결의에 참여한다. 다만, 이 결의는 단체법적인 방법으로 주식교환이나 주식이전에 관한 회사의 의사를 결정하는 것이고, 개별주주의 개인적인 처분의사를 이끌어내는 것은 아니라는 점에서 현물출자와 구별된다.

주식의 포괄적 교환과 이전의 비교

구분	주식의 포괄적 교환	주식의 포괄적 이전
실행의 방법	기존회사 간 주식의 포괄적 교환계약에 의해 실행	기존회사가 스스로의 주식의 포괄적 이전 계획에 의해 실행
대가지급의 방식	신주발행, 자기주식의 교부, 금전 또는 현물의 지급 등에 대한 제한이 없음	신주발행·금전 또는 현물의 교부 등은 가능하지만, 자기주식의 교부는 허용되지 않음
완전자회사의 수	1개 또는 수 개가 가능함	1개 또는 수 개가 가능함
효력발생일	주식교환의 날	주식이전등기일
무효판결의 효과	완전자회사인 회사는 기존회사로 복귀하고, 완전모회사와 완전자회사는 각각의 회사로 존재	① 완전모회사는 소멸함 ② 완전자회사는 기존회사로 복귀하여 존속함

Ⅲ 주식이전의 절차

1. 주식이전계획서의 작성

주식교환에는 모회사와 자회사가 될 회사들 간의 계약을 요하지만, 주식이전은 어느 회사가 스스로의 의지에 의하여 자신의 모회사를 신설하는 제도이므로 주식교환에서와 같은 계약은 존재하지 않는다. 주식의 포괄적 이전은 완전모회사를 신설하고자 하는 회사의 일방적인 계획으로 실행한다. 그런 이유로 주식이전을 하고자 하는 회사는 주식이전에 필요한 사항을 기재한 주식이전계획서를 작성하여야 한다.

2. 포괄적 이전을 위한 공시

주식이전을 통해 완전자회사가 되는 회사의 이사는 주식이전계획서를 승인하는 주주총회 회일의 2주간 전부터 주식이전의 날 이후 6월을 경과하는 날까지 주식이전계획서, 완전자회사가 되는 회사의 주주에 대한 주식의 배정에 관하여 그 이유를 기재한 서면, 그리고 완전자회사가 되는 회사의 최종대차대조표 및 손익계산서 등을 본점에 비치하여야 한다(제360조의17 제1항).

3. 주식이전계획서의 승인

(1) 주주총회의 특별결의

완전자회사가 되는 회사는 주식이전계획서를 작성하여 주주총회의 특별결의에 의한 승인을 얻어야 한다(제360조의16 제1항, 제2항).

(2) 간이·소규모주식이전

주식의 포괄적 이전에는 간이주식이전과 소규모주식이전의 방법은 인정되지 않는다. 그 이유는 간이주식이전과 소규모주식이전은 간이합병과 소규모합병의 요건 및 절차를 준용하여 흡수합병의 경우에만 인정되는 것인데, 주식이전은 새로운 회사를 설립하는 방법에 의한 것이므로 합병에 비추어보면 신설합병과 유사하기 때문이다.

(3) 반대주주의 주식매수청구권

주식이전에 반대하는 주주에게는 주식매수청구권이 인정된다. 그 내용은 주식교환절차에서와 같다(제360조의22). 주식이전의 경우에는 완전자회사의 주주에게만 주식매수청구권이 인정되고, 완전모회사의 주주에게는 주식매수청구권이 인정되지 않는다. 그 이유는 완전모회사는 신설되는 회사로서 기존주주는 존재하지 않아 주식매수청구권은 있을 수 없기 때문이다. 이 점 특히 유의하기 바란다.

4. 주식(주권)의 이전(실효)절차

주식이전에 의하여 완전자회사가 되는 회사가 주식이전계획서를 승인하는 결의를 한 때에는 1월의 기간을 초과하여 정한 기간 내에 주권을 회사에 제출하여야 한다는 뜻을 공고하고, 주주명부에 기재된 주주와 질권자에 대하여 각각 통지를 하여야 한다(제360조의19).

5. 포괄적 이전등기

주식이전을 할 때에는 설립된 완전모회사의 본점소재지에서는 2주 내에, 지점소재지에서는 3주 내에 완전모회사의 설립등기를 하여야 하며(제360조의20), 본점소재지에서 모회사의 설립등기를 한 때, 즉 주식이전등기를 한 때에 주식이전의 효력이 발생한다. 이 점 주식교환과 차이가 있음에 유의하여야 한다.

Ⅳ 주식이전의 효과

1. 완전모회사의 설립

주식이전의 경우 정관은 주식이전계획에 의해 정해지고, 자본금은 자회사의 주식이전에 의해 구성되므로, 완전자회사의 주식은 완전모회사의 설립등기와 동시에 별도의 이전행위 없이 주권의 실효절차만 밟으면 설립등기에 의해 모회사가 설립된다(제360조의21).

2. 채권자보호절차

주식이전은 주식교환과 마찬가지로 책임재산의 변동이 없고 단지 주주구성만 바뀔 뿐이므로 채권자보호절차는 요하지 않는다.

V 주식이전무효의 소

1. 제소사유

주식이전을 위한 절차가 강행법규 또는 정관에 위반한 경우에는 이전무효의 소를 제기할 수 있다. 법정계획서를 작성하지 않은 경우, 이전 대차대조표 등을 공시하지 않은 경우, 이전승인을 위한 주주총회특별결의를 거치지 않은 경우 등이 제소사유가 된다.

2. 제소권자

주주, 이사, 감사, 감사위원회 위원 또는 청산인에 한하여 주식이전의 날로부터 6월 내에 소만으로 이를 주장할 수 있다(제360조의23 제1항). 이때 주식이전의 날이란 주식이전의 효력이 발생하는 날을 말한다. 그러므로 이전등기일을 뜻한다. 이 점 유의하여야 한다.

3. 판결의 효력

주식이전무효의 판결이 있는 경우에는 그 판결은 대세적 효력을 가지며, 소급하지 않는다. 그리고 모회사는 주식이전을 위하여 발행한 주식의 주주에 대하여 그가 소유한 자회사의 주식을 이전하여야 한다(제360조의23 제3항).

확정 판결에 의해 완전모회사는 설립자체가 무효가 되므로 완전모회사는 해산에 준하여 청산하여야 한다(제360조의23 제4항, 제193조). **그리고 완전자회사였던 회사는 기존회사로 복귀하게 된다.**

관련판례요약

1. 합병

① 합명회사가 주식회사에 흡수합병될 경우 합명회사의 무한책임사원은 합병계약이 정하는 바에 따라 주식회사의 주주가 되는 것이므로 합명회사에서 퇴사하는 것이 아니다. 따라서 사원이 지분환급청구권을 행사할 수는 없다(대법원 2003.2.11.선고, 2001다14351판결).

② 합병계약 체결시 합병비율이 현저하게 불공정한 경우에는 합병절차상에 중대한 하자 있는 것으

로 보아 합병무효의 소의 원인이 된다(대법원 2008.1.10.선고, 2007다64136판결).

2. 분할

① 분할로 인해 신설되는 회사 또는 흡수분할합병의 상대방회사는 분할회사의 법인격을 승계하지 않는다(대법원 2012.7.26.선고, 2010다37813판결).

② 분할 전에 발생하였다면 이행기가 분할후에 도래하더라도 분할 전 채무로서 연대책임의 대상이 된다(대법원 2008.2.14.선고, 2007다73321판결).

③ 분할당사회사 간에 배분·승계하는 채무의 내용이 분할계획서 또는 분할계약서에서 특정되고 주주총회의 승인을 얻어야 분할책임의 효과가 발생한다. 이러한 사실은 분할채무를 주장하는 회사가 증명하여야 한다(대법원 2012.4.26.선고, 2012다12191판결).

④ 분할계획서 또는 분할계약서에서 특정되고 주주총회의 승인을 얻지 않고 채권자보호절차를 거치는 공고에서 분할책임을 진다고 선언했다고 해서 분할책임의 효과가 생기는 것은 아니다(대법원 2010.8.26.선고, 2009다95769판결).

실전연습문제

01 상법상 회사의 조직변경에 관한 설명으로 옳지 않은 것은? 세무사 2014

① 합명회사는 총사원의 동의로 일부 사원을 유한책임사원으로 하거나 새로 유한책임사원을 가입시켜 합자회사로 조직을 변경할 수 있다.

② 합자회사의 유한책임사원 전원이 퇴사한 경우 무한책임사원은 그 전원의 동의로 합명회사로 변경하여 계속할 수 있다.

③ 유한회사는 정관에 정함이 없는 한 사원총회의 특별결의와 법원의 인가를 받아 주식회사로 조직을 변경할 수 있다.

④ 유한회사에서 주식회사로 조직을 변경할 때 발행하는 주식의 발행가액의 총액은 회사에 현존하는 순재산액을 초과하지 못한다.

⑤ 주식회사가 유한책임회사로 조직을 변경하는 경우 발행된 사채가 있을 때에는 그 사채를 상환하여야 한다.

해설 ③ 유한회사는 정관에 다른 정함이 없는 한, "총사원의 동의"와 "법원의 인가"를 얻어야만 주식회사로 조직변경할 수 있다(제607조 제1항).

02 상법상 회사의 조직변경에 관한 설명으로 옳지 않은 것은? 세무사 2016

① 합명회사가 합자회사로 조직을 변경한 경우 합명회사사원으로서 유한책임사원이 된 자는 합명회사의 해산과 합자회사의 신설이 본점에 등기되기 전에 생긴 회사채무에 대하여 등기 후 2년 내에는 무한책임사원의 책임을 면하지 못한다.

② 유한회사는 정관의 규정이 있으면 총사원의 반수 이상이며 총사원의 의결권의 3분의 2 이상을 가지는 자의 동의로 주식회사로 조직을 변경할 수 있다.

③ 주식회사는 사채의 상환을 완료하지 않으면 총주주의 일치에 의한 총회의 결의로도 그 조직을 유한회사로 변경할 수 없다.

④ 주식회사가 유한회사로 조직변경하는 경우 회사에 현존하는 순재산액이 자본금의 총액에 부족하는 때에는 조직변경을 위한 총회결의 당시의 이사와 주주는 회사에 대하여 그 부족액을 지급할 연대책임을 부담한다.

⑤ 유한회사가 주식회사로 조직을 변경할 때 발행하는 주식의 발행가액의 총액은 회사에 현존하는 순재산액을 초과하지 못한다.

해설 ② 유한회사는 총사원의 일치에 의한 총회의 결의로(총사원의 동의)로써 주식회사로 조직을 변경할 수 있다(제607조 제1항). 또한 유한회사가 주식회사로 조직변경을 하는 경우에는 반드시 "법원의 인가"를 얻어야 한다(제607조 제3항). 상법상 회사의 조직변경은 원칙적으로 총사원의 동의에 의하여야 하는 것이며, 사원총회의 특별결의에 의하여야 하는 것은 아니다.

03 상법상 회사의 조직변경에 관한 설명으로 옳은 것은? 세무사 2017

① 사채의 상환을 완료하지 아니한 주식회사라고 하더라도 주주총회의 특별결의로 유한회사로 조직을 변경할 수 있다.

② 합자회사는 유한책임사원 전원이 퇴사한 경우에는 무한책임사원의 과반수의 동의로 합명회사로 조직을 변경할 수 있다.

③ 유한책임회사가 주식회사로 조직을 변경하기 위해서는 총사원의 동의가 필요하다.

④ 유한회사의 주식회사로의 조직변경은 법원의 인가를 받지 아니하여도 효력이 있다.

⑤ 합명회사는 사원의 과반수의 동의로 일부 사원을 유한책임사원으로 하거나 유한책임사원을 새로 가입시켜서 합자회사로 조직을 변경할 수 있다.

해설 ① 사채의 상환을 완료하지 않은 주식회사는 총사원의 동의가 있는 경우에도 유한회사로 조직을 변경할 수 없다(제604조 제1항). 즉, 주식회사가 유한회사로 조직변경하는 경우에는 총사원의 동의는 물론 사채의 상환이 완료되어야만 가능하다.

② 합자회사는 유한책임사원 전원이 퇴사한 경우에는 무한책임사원 전원의 동의로 합명회사로 조직을 변경할 수 있다(제286조 제1항·제2항).

④ 유한회사의 주식회사로의 조직변경은 총사원의 동의가 있어야 하며, 법원의 인가를 받아야 그 효력이 인정된다(제607조 제1항·제1항).

⑤ 합명회사는 총사원의 동의로 일부 사원을 유한책임사원으로 하거나 유한책임사원을 새로 가입시켜 합자회사로 조직을 변경할 수 있다(제242조 제1항).

04 상법상 A 주식회사가 B 유한회사로 조직변경을 하는 경우에 관한 설명으로 옳지 않은 것은? 세무사 2018

① 조직변경을 위한 A 주식회사 주주총회의 결의는 총주주의 일치에 의한 총회의 결의이어야 한다.

② A 주식회사가 B 유한회사로의 조직변경을 하기 위해서는 A 주식회사에 현존하는 순재산액보다 많은 금액을 B 유한회사의 자본금 총액으로 하지 못한다.

③ A 주식회사가 사채의 상환을 완료하지 아니한 경우에는 B 유한회사로 조직을 변경할 수 없다.

④ A 주식회사의 조직변경의 결의가 있는 때에는 A 주식회사는 채권자보호절차를 밟아야 한다.

⑤ A 주식회사가 B 유한회사로 조직변경을 하기 위해서는 법원의 인가를 받아야 한다.

01 ③ 02 ② 03 ③ 04 ⑤ 정 답

해설 ⑤ A 주식회사가 B 유한회사로 조직변경을 하기 위해서는 법원의 인가는 받을 필요가 없다. 대신, 사채의 상환을 완료하여야 한다. 또한 총주주의 일치에 의한 총회의 결의(총주주의 동의)가 있어야 한다(제604조 제1항)

05 주식회사의 합병에 관한 설명으로 옳지 않은 것은? (다툼이 있으면 판례에 의함) 세무사 2015

① 회사가 합병을 함에는 합병계약서를 작성하여 주주총회의 특별결의에 의한 승인을 얻어야 한다.

② 합병에 반대하는 주주가 자기가 소유하는 주식의 매수를 청구하는 때에는 서면으로 하여야 한다.

③ 합병비율이 현저하게 불공정한 경우 합병할 각 회사의 주주는 소로써 합병무효의 소를 주장할 수 있다.

④ 회사는 합병계약서를 승인하는 주주총회의 승인결의가 있은 날로부터 2주 내에 채권자에 대하여 합병에 이의가 있으면 1월 이상의 기간 내에 이를 제출할 것을 공고하여야 한다.

⑤ 합병무효의 판결은 제3자에 대하여도 그 효력이 있으며 판결확정 전에 생긴 회사와 주주 및 제3자간의 권리의무에 영향을 미친다.

해설 ⑤ 합병무효의 판결은 제3자에 대하여도 그 효력이 있으며, 판결확정 전에 생긴 회사와 주주 및 제3자간의 권리의무에 영향을 미치지 않는다(제529조, 제530조). 이를 합병무효판결의 대세적 효력과 불소급효라고 한다.

06 상법상 유한책임회사의 합병의 효력발생시기는? 세무사 2015

① 업무집행자의 합병계약체결시

② 총사원의 동의에 의한 결의시

③ 회사의 채권자보호절차 종결시

④ 존속 또는 신설회사의 합병등기시

⑤ 합병계약서에 기재된 합병을 할 날

해설 ④ 합병은 포괄승계의 방식을 취하므로, 상법상 모든 회사에서 합병은 "합병등기일"에 그 효력이 발생한다(제529조 제2항).

07 상법상 주식회사의 합병에 관한 설명으로 옳지 않은 것은? 세무사 2014

① 신설합병의 경우 창립총회에서는 합병계약의 취지에 위반하지 않는 범위에서 정관변경의 결의를 할 수 있다.

② 흡수합병의 경우 존속하는 회사의 이사 및 감사로서 합병 전에 취임한 자는 합병계약서에 다른 정함이 없는 한 합병등기가 완료된 때에 퇴임한다.

③ 신설합병의 경우 설립위원은 채권자 보호절차의 종료 후 합병으로 인한 주식의 병합이 있을 때에는 그 효력이 생긴 후, 병합에 적당하지 아니한 주식이 없으면 지체없이 창립총회를 소집하여야 한다.

④ 흡수합병의 경우 이사가 3인 이상인 소멸회사의 발행주식총수의 100분의 90 이상을 존속회사가 소유하게 되면 소멸하는 회사의 주주총회는 이사회로 갈음할 수 있다.

⑤ 흡수합병의 경우 존속하는 회사가 합병으로 인하여 신주인수권부사채를 승계한 때에는 합병의 등기와 동시에 사채의 등기를 하여야 한다.

해설 ② 합병을 하는 회사의 일방이 합병후 존속하는 경우에 존속하는 회사의 이사 및 감사로서 합병 전에 취임한 자는 합병계약서에 다른 정함이 있는 경우를 제외하고는, 합병 후 최초로 도래하는 결산기의 "정기총회가 종료하는 때"에 퇴임한다(제527조의4 제1항). 따라서 합병 전에 취임한 이사와 감사의 퇴임시기는 합병 후 최초로 도래하는 정기총회가 종료하는 때이지, 합병등기가 완료된 때가 아니다. 이 점 명확히 이해하기 바란다.

08 회사의 합병에 관한 설명으로 옳지 않은 것은? (다툼이 있으면 판례에 따름) 세무사 2016

① 합병으로 존속하는 회사가 합병으로 소멸하는 회사의 주주에게 합병대가의 전부 또는 일부로서 금전이나 그 밖의 재산을 제공하는 것도 가능하다.

② 간이영업양도에는 채권자보호절차가 불필요하나 간이합병에는 채권자보호절차가 필요하다.

③ 사적자치에 기초해 합병계약서에 정한 합병비율이라도 현저하게 불공정한 경우 합병무효의 소의 원인이 될 수 있다.

④ 합병을 하는 회사의 일방이 유한책임회사인 경우에는 합병 후 존속하는 회사는 주식회사, 유한회사 또는 유한책임회사이어야 한다.

⑤ 주식회사와 유한회사가 합병하여 존속회사 또는 신설회사가 유한회사가 되는 경우에는 법원의 인가를 얻어야 합병의 효력이 있다.

해설 ⑤ 주식회사와 유한회사가 합병하여 존속회사 또는 신설회사가 유한회사가 되는 경우에는 사채의 상환을 완료하여야 합병의 효력이 있다(제604조 제1항). 그 이유는 유한회사의 경우 사채의 발행 및 보유는 허용되지 않기 때문이다.

05 ⑤ 06 ④ 07 ② 08 ⑤ 정 답

09 상법상 회사의 합병에 관한 설명으로 옳지 않은 것은? 세무사 2017

① 해산후의 회사는 존립 중의 회사를 존속하는 회사로 하는 경우에 한하여 합병을 할 수 있다.

② 회사는 합병의 결의가 있은 날부터 2주내에 회사채권자에 대하여 합병에 이의가 있으면 일정한 기간 내에 이를 제출할 것을 공고하고 알고 있는 채권자에 대하여는 따로 따로 이를 최고하여야 한다. 이 경우 그 기간은 1월 이상이어야 한다.

③ 회사가 합병을 한 때에는 본점소재지에서는 2주간 내, 지점소재지에서는 3주간 내에 합병후 존속하는 회사의 변경등기, 합병으로 인하여 소멸하는 회사의 해산등기, 합병으로 인하여 설립되는 회사의 설립등기를 하여야 한다.

④ 회사의 합병의 무효는 합병을 승인한 회사채권자도 소만으로 이를 주장할 수 있다.

⑤ 합병을 하는 회사의 일방 또는 쌍방이 주식회사, 유한회사 또는 유한책임회사인 경우에는 합병 후 존속하는 회사나 합병으로 설립되는 회사는 주식회사, 유한회사 또는 유한책임회사이어야 한다.

해설 ④ 주식회사의 합병의 무효는 주주, 이사, 감사, 청산인, 파산관재인, 합병불승인채권자에 한하여 합병등기일로부터 6월 이내에 소로써만 제기할 수 있다(제529조 제1항·제2항). 따라서 합병을 승인한 채권자는 합병무효의 소를 제기할 수 없다.

10 상법상 회사의 합병에 관한 설명으로 옳은 것은? 세무사 2018

① 주식회사가 유한회사와 합병하는 경우에 신설되는 회사가 유한회사인 때에는 법원의 인가가 있어야 한다.

② 상법상 모든 회사는 합병을 할 수 있으므로 주식회사와 합명회사가 합병을 할 경우에 합명회사를 존속회사로 할 수 있다.

③ 주식회사가 흡수합병을 하는 경우에는 존속회사가 소멸하는 회사의 모든 주주에게 그 대가의 전부를 금전으로 지급하도록 합병계약서에 규정할 수 없다.

④ 합병으로 인하여 소멸하는 회사는 청산절차를 거쳐야 소멸한다.

⑤ 합명회사가 주식회사와 합병을 하여 존속하는 회사가 주식회사일 경우에 합명회사는 총사원의 동의를 얻어 합병계약서를 작성하여야 한다.

해설 ① 주식회사가 유한회사와 합병하는 경우에 신설되는 회사가 유한회사인 때에는 사채의 상환을 완료하여야 한다. 그 이유는 유한회사의 경우에는 사채의 발행이 허용되지 않기 때문이다.

② 상법상 모든 회사는 합병을 할 수 있다. 이때 인적회사와 물적회사 또는 유한책임회사간 합병이 있는 경우에 존속회사 또는 신설회사는 물적회사 또는 유한책임회사이어야 한다(제174조 제2항). 따라서 주식회사와 합명회사가 합병을 할 경우에 합명회사를 존속회사로 할 수는 없다.

③ 주식회사가 흡수합병을 하는 경우에는 존속회사가 소멸하는 회사의 모든 주주에게 그 대가의 전부를 금전으로 지급하도록 합병계약서에 규정할 수 있다(제523조 제4호). 그 이유는 합병대가의 지급방식에 대한 상법상 제한은 없기 때문이다.

④ 합병이 있는 경우 소멸하는 회사는 청산절차를 거치지 아니한다. 그 이유는 합병은 "청산절차 없이" 소멸하는 회사의 권리와 의무를 신설되는 회사 또는 존속하는 회사에 포괄적으로 이전하는 구조변경이기 때문이다.

11 상법상 주식회사의 영업양도에 관한 설명으로 옳은 것은? 세무사 2016

① 영업의 전부를 양도하려는 회사가 해당 영업을 양수하려는 회사의 발행주식총수의 100분의 90 이상을 소유하고 있는 경우 이사회의 승인으로 영업을 양도할 수 있다.

② 영업양도에 반대하는 주주가 주식매수를 청구한 날로부터 20일 이내에 청구를 받은 회사는 그 주식을 매수하여야 한다.

③ 영업을 양도하려는 회사의 총주주의 동의가 있는 경우, 그 회사의 주주총회의 승인은 이를 이사회의 승인으로 갈음할 수 있으며 이 경우 지체 없이 주주총회의 승인 없이 영업양도를 한다는 뜻을 공고하거나 주주에게 통지하여야 한다.

④ 주주총회의 승인을 받지 아니하고 영업양도를 한다는 뜻의 공고가 있은 날부터 20일 이내에 회사에 대하여 서면으로 영업양도에 반대하는 의사를 통지한 주주는 주식의 매수를 청구할 수 있다.

⑤ 영업의 전부 또는 중요한 일부의 양도에 반대하는 무의결권 주식의 주주도 주식매수청구권을 행사할 수 있다.

해설 ① 영업의 전부를 양도하려는 회사가 해당 영업을 양수하려는 회사의 발행주식총수의 100분의 90 이상을 소유하고 있는 경우 해당 행위의 상대방이 소유하고 있는 경우에는 그 회사의 주주통회의 특별결의에 의한 승인은 이사회의 승인을 갈음할 수 있다(제374조의3 제1항). 간이영업양도에 관한 내용이다.

② 영업양도에 대한 통지 및 공고를 한 날로부터 2주 이내에 회사에 대하여 서면으로 반대의사를 통지한 주주는 그 기간이 경과한 날로부터 20일 이내에 자신이 소유하는 주식의 매수를 회사에 청구할 수 있으며, "주식매수청구기간(20일)이 종료한 날부터" 2개월 이내에 그 주식을 매수하여야 한다(제374조의3 제3항).

③ 영업을 양도하려는 회사의 총주주의 동의가 있는 경우, 그 상대방 회사의 주주총회의 승인은 이를 이사회의 승인으로 갈음할 수 있으며 이 경우 2주 이내에 주주총회의 승인 없이 영업양도를 한다는 뜻을 공고하거나 주주에게 통지하여야 한다(제374조의3 제2항).

④ 주주총회의 승인을 받지 아니하고 영업양도를 한다는 뜻의 공고 또는 통지가 있은 날부터 2주 이내에 회사에 대하여 서면으로 영업양도에 반대하는 의사를 통지한 주주는 회사에 대하여 주식의 매수를 청구할 수 있다(제374조의3 제3항).

제7장 회사의 구조변경

09 ④ 10 ⑤ 11 ⑤ 정답

12 상법상 회사의 분할에 관한 설명으로 옳지 않은 것은? (다툼이 있는 경우에는 판례에 의함) 세무사 2014

> 비상장주식회사 A는 전기공사 사업부문을 분리하여 비상장주식회사 B를 설립하면서, B회사는 A회사가 출자한 재산에 관한 채무만을 부담하기로 하는 분할계획서를 작성하고 주주총회의 승인을 받았다. 이후 A회사는 분할에 대하여 이의제출을 할 수 있음을 일간신문에 공고하면서, A회사가 알고 있는 채권자 甲에게는 개별 최고를 하지 않고 채권자 乙에게는 개별 최고를 하였다.

① A회사와 B회사는 甲에 대하여 연대책임을 부담한다.
② 乙이 이의제출을 하지 않으면 분할을 승인한 것으로 본다.
③ 의결권이 배제되는 A회사의 종류주식을 갖고 있는 丙은 그 주주총회에서 의결권을 행사할 수 있다.
④ A회사의 보통주주 丁에게 분할과 관련하여 부담이 가중되는 경우 주주총회의 승인 이외에 丁의 개별 동의도 필요하다.
⑤ 분할에 반대하는 A회사의 주주 戊는 상법상 소정의 요건을 갖추어 주식매수청구권을 행사할 수 있다.

해설 ⑤ 회사의 단순분할의 경우에는 반대주주의 주식매수청구권은 인정되지 않는다(제530조의11). 따라서 분할에 반대하는 A회사의 주주 戊는 상법상 소정의 요건을 갖춘 경우에도 회사에 대해 주식매수청구권을 행사할 수 없다. 이 점 명확히 이해하기 바란다.

13 상법상 주식회사의 합병·분할·분할합병에 관한 설명으로 옳지 않은 것은? 세무사 2013

① 해산후의 회사는 존립중의 회사를 존속하는 회사로 하거나 새로 회사를 설립하는 경우에 한하여 분할 또는 분할합병할 수 있다.
② 합병을 하는 회사의 일방이 합병후 존속하는 경우에 소멸하는 회사의 이사 및 감사로서 합병전에 취임한 자는 합병계약서에 다른 정함이 있는 경우를 제외하고는 합병후 최초로 도래하는 결산기의 정기총회가 종료하는 때에 퇴임한다.
③ 분할 또는 분할합병으로 인하여 설립되는 회사 또는 존속하는 회사는 분할계획서 또는 분할합병계약서를 승인하는 분할되는 회사의 주주총회의 결의에서 달리 정하는 경우가 아니면 분할 또는 분할합병전의 회사채무에 관하여 연대하여 변제할 책임이 있다.
④ 분할 또는 분할합병으로 인하여 설립되는 회사 또는 분할합병의 상대방 회사가 영업권을 취득한 경우에는 그 취득가액을 대차대조표의 자산의 부에 계상할 수 있다.
⑤ 분할계획서 또는 분할합병계약서의 승인결의에 있어서는 의결권이 배제되는 종류주식의 주주도 의결권을 가진다.

해설 ② 합병을 하는 회사의 일방이 존속하는 회사의 이사 및 감사로서 합병 전에 취임한 자는 합병계약서에 다른 정함이 있는 경우를 제외하고는 합병 후 최초로 도래하는 결산기의 정기총회가 종료하는 때에 퇴임한다(제527조의4 제1항). 이사와 감사의 퇴임문제는 존속하는 회사에서 발생하는 문제이지, 소멸하는 회사에서 발생하는 문제가 아니다. 그 이유는 소멸하는 회사의 이사와 감사는 회사의 합병으로 인해 당연 퇴임하기 때문이다.

14 상법상 주식의 포괄적 교환에 관한 설명으로 옳지 않은 것은? 세무사 2014

① 회사에 중대한 이해관계 있는 채권자는 주식교환의 날로부터 6월 내에 주식교환무효의 소를 제기할 수 있다.

② 이사는 주주총회일 2주 전부터 주식교환일 이후 6월이 경과하는 날까지 주식교환계약서를 본점에 비치하여야 한다.

③ 주식교환에 반대하는 주주는 상법상 소정의 요건을 갖추어 주식매수청구권을 행사할 수 있다.

④ 이사가 3인 이상인 완전모회사가 주식교환을 위하여 발행하는 신주의 총수가 그 회사 발행주식총수의 100분의 5를 초과하지 않는 경우 소규모주식교환이 가능하다.

⑤ 주식교환으로 인해 완전자회사의 주주가 완전모회사의 주주로 되는 시점은 신주배정 시이다.

해설 ① 주식의 포괄적 교환에 있어서 완전모회사는 오히려 자본금이 증가하게 되고, 완전자회사의 자본금은 변동이 없다. 따라서 주식의 포괄적 교환으로 인해 완전모회사 또는 완전자회사의 경우에도 채권자 보호절차는 별도로 필요하지 않는다.
결론적으로, 주식의 포괄적 교환에 있어서 채권자보호절차는 필요하지 않고, 주식교환무효의 소에 있어서 사채권자는 제소권자가 될 수 없다(제360조의14 제1항).

15 상법상 주식의 포괄적 교환에 관한 설명으로 옳지 않은 것은? 세무사 2015

① 의결권 없는 주식을 보유하는 자도 주식교환의 날로부터 1년 내에 소로써 주식교환무효의 소를 주장할 수 있다.

② 주식교환을 하고자 하는 회사는 주식교환계약서를 작성하여 주주총회의 특별결의에 의한 승인을 얻어야 한다.

③ 주식의 포괄적 교환에 대해서는 이사회의 결의에 반대하는 주주의 주식매수청구권은 인정된다.

④ 회사는 주식의 포괄적 교환에 의하여 다른 회사의 발행주식의 총수를 소유하는 완전모회사가 될 수 있다.

⑤ 완전자회사가 되는 회사의 총주주의 동의가 있는 때에는 완전자회사가 되는 회사의 주주총회의 승인은 이를 이사회의 승인으로 갈음할 수 있다.

해설 ① 주식교환의 무효는 주주, 이사, 감사, 감사위원 또는 청산인에 한하여 "주식교환의 날부터 6월 내에" 소로써만 이를 주장할 수 있다(제360조의14 제1항).

정 답 12 ⑤ 13 ② 14 ① 15 ①

16 상법상 소규모 주식교환에 관한 설명으로 옳은 것은? 세무사 2016

① 완전모회사가 되는 회사가 주식교환을 위하여 발행하는 신주의 총수가 그 회사의 발행주식총수의 100분의 5를 초과하지 않아야 한다.

② 완전자회사가 되는 회사의 주주에게 제공할 금전이나 그 밖의 재산을 정한 경우에 그 금액 및 그 밖의 재산의 가액이 최종 대차대조표에 의하여 완전모회사가 되는 회사에 현존하는 순자산액의 100분의 5를 초과하지 않아야 한다.

③ 완전모회사가 되는 회사는 주식교환계약서를 작성한 날부터 3주내에 완전자회사가 되는 회사의 상호와 본점, 주식교환을 할 날 및 주주총회의 승인을 얻지 않고 주식교환을 한다는 뜻을 공고하거나 주주에게 통지하여야 한다.

④ 완전모회사가 되는 회사의 발행주식총수의 100분의 10 이상에 해당하는 주식을 가지는 주주가 법정기간 내에 회사에 대하여 서면으로 소규모 주식교환에 반대하는 의사를 통지한 경우에는 소규모 주식교환을 할 수 없다.

⑤ 소규모 주식교환에 반대하는 주주는 이사회 승인일부터 20일 이내에 주식의 종류와 수를 기재한 서면으로 회사에 대하여 자기보유 주식의 매수를 청구할 수 있다.

해설 ① 완전모회사가 되는 회사가 주식교환을 위하여 발행하는 신주의 총수가 그 회사의 발행주식총수의 100분의 10을 초과하지 않아야 한다(제360조의10 제1항).

③ 완전모회사가 되는 회사는 주식교환계약서를 작성한 날부터 2주내에 완전자회사가 되는 회사의 상호와 본점, 주식교환을 할 날 및 주주총회의 승인을 얻지 않고 주식교환을 한다는 뜻을 공고하거나 주주에게 통지하여야 한다(제360조의10 제4항).

④ 완전모회사가 되는 회사의 발행주식총수의 100분의 20 이상에 해당하는 주식을 가지는 주주가 법정기간 내에 회사에 대하여 서면으로 소규모 주식교환에 반대하는 의사를 통지한 경우에는 소규모 주식교환을 할 수 없다(제360조의10 제5항).

⑤ 소규모 주식교환에 반대하는 주주의 주식매수청구권은 인정되지 아니한다. 따라서 소규모주식교환에 반대하는 주주는 회사에 대하여 주식매수청구권을 행사할 수 없다(제360조의10 제7항).

17 상법상 주식의 포괄적 교환에 관한 설명으로 옳지 않은 것은? 세무사 2017

① 주식교환에 의하여 완전자회사가 되는 회사의 주주가 가지는 그 회사의 주식은 주식을 교환하는 날에 주식교환에 의하여 완전모회사가 되는 회사에 이전한다.

② 주식회사는 주식교환에 의하여 다른 회사의 발행주식의 총수를 소유하는 완전모회사가 될 수 있다.

③ 주식교환을 할 날은 주식교환계약서에 기재하여야 한다.

④ 주식교환에 의하여 완전자회사가 되는 회사의 총주주의 동의가 있는 때에는 완전자회사가 되는 회사의 주주총회의 승인은 이를 이사회의 승인으로 갈음할 수 있다.

⑤ 주식교환무효의 판결은 판결확정전에 생긴 회사와 사원 및 제3자간의 권리의무에 영향을 미친다.

해설 ⑤ 주식교환무효의 소의 확정판결은 "대세적 효력"을 가지며 판결은 "불소급"한다(제360조의14 제4항). 따라서 제3자에게도 판결의 효력이 영향을 미치며, 판결확정 전에 생긴 회사와 사원 및 제3자간의 권리의무에 영향을 미치지 아니한다.

18 A 주식회사는 상법상 주식의 포괄적 교환에 의하여 B 주식회사를 A 주식회사의 자회사가 되도록 하고자 한다. 상법상 이에 관한 설명으로 옳은 것은? 세무사 2018

① 주식의 포괄적 교환을 행하기 위하여 A 주식회사는 B 주식회사의 모든 주주와 개별적으로 주식교환계약을 체결해야 한다.

② 주식교환 전에 취임한 A 주식회사의 이사는 주식교환계약서에서 다른 정함이 없다면 주식교환 후 최초로 도래하는 결산기에 관한 정기총회가 종료하는 때에 퇴임한다.

③ A 주식회사가 신주발행 없이 자기주식만을 B 주식회사의 주주들에게 이전해 주고 B 주식회사 주식 전부를 취득하였다면 주식교환의 날에 A 주식회사의 자본금은 증가한다.

④ A 주식회사가 B 주식회사 주주들에게 주식교환의 대가로 이전하기 위하여 취득한 A 주식회사의 모회사 주식이 주식교환 후에도 남은 경우 A 주식회사는 이를 처분할 의무가 없다.

⑤ A 주식회사가 B 주식회사 주주들에게 신주를 발행하는 방법으로 주식교환을 마친 경우 A 주식회사의 변경등기는 필요하지 않다.

해설 ① 주식의 포괄적 교환은 상법상 절차에 의해 이루어진다. 이때 핵심이 되는 절차는 주주총회의 특별결의에 의한다는 점이다. 따라서 주식의 포괄적 교환을 위해서 A회사와 B회사는 주주총회의 특별결의 등 상법상 절차를 완료함으로써 완전모자회사관계가 형성된다.
따라서 주식의 포괄적 교환을 위해 A 주식회사는 B 주식회사의 모든 주주와 개별적으로 주식교환계약을 체결해야 하는 것은 아니다.

19 상법상 주식의 포괄적 교환과 포괄적 이전에 관한 설명으로 옳지 않은 것은? 세무사 2016

① 주식의 포괄적 교환은 이로 인하여 설립한 완전모회사가 그 본점소재지에서 설립등기를 함으로써 그 효력이 발생한다.

② 주식의 포괄적 이전은 이로 인하여 설립한 완전모회사가 그 본점소재지에서 설립등기를 함으로써 그 효력이 발생한다.

③ 완전모자회사 관계를 형성하는 구조변경으로 주식회사에서만 인정된다.

④ 주식의 포괄적 교환과 달리 포괄적 이전은 간이주식이전, 소규모 주식이전이 허용되지 않는다.

⑤ 주식이전의 무효는 각 회사의 주주·이사·감사·감사위원회의 위원 또는 청산인에 한하여 주식이전의 날부터 6월 내에 소만으로 주장할 수 있다.

해설 ① 주식의 포괄적 교환은 "주식 교환의 날"에 그 효력이 발생한다(제360조의14 제1항).

16 ② 17 ⑤ 18 ① 19 ① 정 답

제8장

그 밖의 회사

제 8 장 그 밖의 회사

회사법강의

제 1 절 합명회사

I 총설

1. 의의

합명회사란 회사의 채무에 관하여 직접·연대·무한책임을 지는 2인 이상의 사원으로 구성된 전형적인 인적회사이다. 각 사원이 회사채권자에 대하여 직접·연대·무한책임을 지는 결과, 사원 각자의 신용은 회사채권자와의 관계에 있어 중대한 영향을 미친다.

2. 의사결정(1인1의결권원칙)

합명회사에 있어서 사원은 무한책임을 지는 결과 각 사원의 출자의 크기는 손익분배의 기준이 될 뿐, 회사의 의사결정 내지 지배에 있어서는 비례적 의의를 가질 수 없고 합명회사의 사원의 총의를 결정할 때는 지분이 아닌 사람을 기준으로 한 1인1의결권원칙, 즉 두수주의에 의한다.

3. 기관구성

사원의 책임의 중대성에 비추어 무한책임사원은 각자가 직접 업무집행에 참여하는 자기기관성을 가진다. 그러므로 사원이 아닌 자는 합명회사의 업무집행기관 또는 대표기관이 될 수 없다.

Ⅱ 합병회사의 법률관계

1. 의의

합명회사의 법률관계는 크게 내부관계와 외부관계로 구분할 수 있다. 회사와 사원간의 관계 및 사원상호간의 관계를 내부관계라고 하고 회사와 제3자와의 관계, 사원과 제3자와의 관계를 외부관계라고 한다.

합명회사의 법률관계

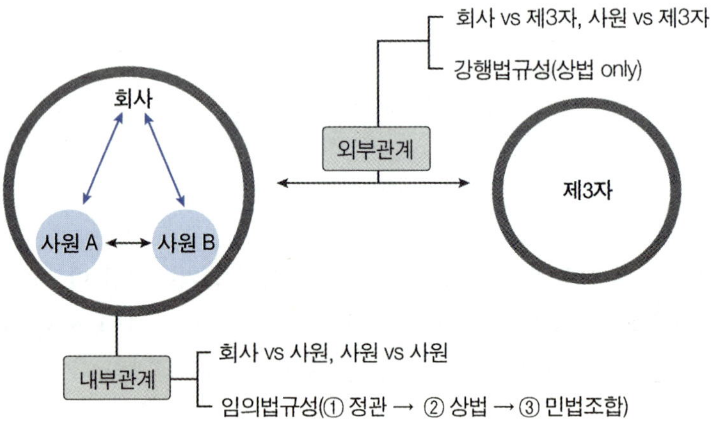

2. 내부관계

내부관계에 관한 상법의 규정은 임의법규성을 그 특징으로 한다. 이때 임의법규성이라 함은 상법의 규정이 있는 경우에도 사원간의 사적자치가 상법에 우선하여 적용되는 것을 뜻한다. 합명회사의 내부관계에 관해서 법적용은 ① 정관 → ② 상법 → ③ 민법의 조합규정의 순으로 적용된다.

3. 외부관계

회사와 제3자의 관계(회사대표) 및 사원과 제3자의 관계(사원의 책임)가 외부관계에 해당하는데 외부관계에 관한 규정은 채권자의 보호, 거래의 안전과 관련되는 것이므로 대체로 강행법규성을 띤다. 즉 외부관계에 있어서 당사자의 사적 자치는 배제되고 상법이 우선하여 적용된다.

직접책임의 의미

합명회사의 사원은 회사채권자에 대하여 직접·연대·무한책임을 진다. 이때 직접책임의 의미에 대한 이해는 반드시 필요하다.
직접책임이란 원칙적으로 회사채권자가 회사의 재산이 있음에도 불구하고 먼저 사원에게 채무의 이행을 청구할 수 있는 것을 뜻한다. 그러나 합명회사의 사원이 회사채권자에 대해서 지는 직접책임은 이를 의미하는 것은 아니다. 왜냐하면 합명회사도 상법상 회사이므로, 영리·사단·법인의 속성을 그대로 가지고 있다. 법인성에 의하여 회사채권자에 대해서 1차적으로 책임을 지는 것은 원칙적으로 회사이다. 그렇다면 합명회사의 무한책임사원이 지는 직접책임은 수정될 필요가 있다.
결론적으로, 합명회사의 무한책임사원의 직접책임은 회사채권자가 회사재산에 대하여 이행을 청구하였으나 회사의 변제자력이 용이하지 못하여 채권을 회수할 수 없는 경우에 한하여, 그리고 회사의 재산이 있는 것을 사원이 알았다면 사원은 최고·검색의 항변권을 행사할 수 있는 2차적·보충적으로 지는 직접책임을 뜻한다. 이 점 명확히 이해하여야 한다.

Ⅲ 합명회사의 설립

1. 설립절차

(1) 의의

합명회사의 설립절차에 관해서는 제1장에서 간단히 살펴보았다. 그 내용을 구체적으로 살펴보면 설립절차는 크게 ① 실체형성절차(정관작성 → 사원확정 → 출자이행 → 기관구성)와 ② 설립등기의 두 과정으로 구분할 수 있다.

(2) 특징

합명회사의 설립절차는 주식회사에 비해 매우 단순하다. 실체형성절차 중 정관의 작성에 의해 사원이 확정되고, 출자이행도 2인 이상의 무한책임을 지는 사원으로 구성되므로 별도로 설립등기 전에 이행될 필요가 없으며, 기관구성도 무한책임사원이 업무집행기관인 자기기관성을 가지므로 별도로 기관구성절차도 필요하지 않다. 따라서 정관작성과 설립등기만으로 간단히 설립된다. 이를 요약하면 다음과 같다. 아래의 표의 내용 중 정관의 절대적 기재사항은 반드시 기억해야 한다.

합명회사의 설립절차

구분		내용
실체형성절차	정관작성	정관의 절대적 기재사항: ① 목적, ② 상호, ③ 사원의 성명·주민번호·주소, ④ 출자의 목적 또는 평가의 표준, ⑤ 본점소재지, ⑥ 정관작성일
	사원확정	정관의 절대적 기재사항이므로 별도의 사원확정절차는 필요 없음
	출자이행	노무·신용출자도 가능, 성립 전에 이행될 필요 없음(∵무한책임사원)
	기관구성	무한책임사원이 업무집행기관이 되므로 기관구성절차가 별도로 필요하지 않음
설립등기		합명회사의 법인격 생성

2. 설립의 하자

(1) 의의

합명회사는 주식회사와는 달리 사원의 개성이 중요하고, 사원이 자기기관성을 가지는 이유로 설립의 하자에 사원의 의사표시의 하자, 즉 주관적 하자도 포함된다. 주관적 하자는 그 내용에 따라 설립무효의 소의 원인이 되는 하자가 있고, 설립취소의 소의 원인이 있는 하자도 있다.

합명회사는 주관적·객관적 무효사유를 원인으로 하는 설립무효의 소와 주관적 취소를 원인으로 하는 설립취소의 소가 모두 인정된다.

(2) 설립취소의 소

① 제소사유

설립취소의 소는 행위무능력, 사기·강박·착오 등에 의한 의사표시를 하는 경우, 사원이 채권자를 해할 것을 알고 설립에 관한 의사표시를 하는 경우 등이 제소사유가 된다.

② 제소기간

합명회사의 설립에 있어 "취소권이 있는 자"가 성립한 날로부터 2년 내에 소로써만 그 하자를 주장할 수 있다(제184조). 따라서 사원이 그 채권자를 해할 것을 알고 회사를 설립한 때에는 채권자는 그 사원과 회사에 대하여 소로써 설립취소의 소를 제기할 수 있다(제185조). 채권자의 소제기권이 인정되는 점에 주목할 필요가 있다.

③ 그 밖의 효과

합명회사의 설립취소의 소도 회사법상 소송의 일반원칙의 영향을 받는다. 그러므로 판결의 효력은 대세적 효력과 불소급효를 특징으로 한다. 또한 패소한 원고는 악의 또는 중과실이 없는 한 손해배상책임을 부담하지 아니한다.

(3) 설립무효의 소

① 제소사유

설립무효의 소는 의사무능력자, 비진의·통정허위의 의사표시 등 주관적 무효사유는 물론 정관의 절대적 기재사항이 불비인 경우, 정관을 2인 이상의 사원이 작성하지 않은 경우 등 객관적 무효사유가 제소사유가 될 것이다.

② 제소권자·제소기간

설립후효의 소는 사원에 한해 성립한 날로부터 2년 내에 소로써만 그 하자를 주장할 수 있다(제184조).

③ 그 밖의 효과

합명회사의 설립취소의 소도 회사법상 소송의 일반원칙의 영향을 받는다. 그러므로 판결의 효력은 대세적 효력과 불소급효를 특징으로 한다. 패소한 원고는 악의 또는 중과실이 없는 한 손해배상책임을 부담하지 아니한다.

합명회사의 설립무효의 소와 설립취소의 소

구분	설립무효의 소	설립취소의 소
제소사유	① 주관적 무효사유 ② 객관적 무효사유(의사무능력, 통정허위의 의사표시 등)	주관적 취소사유 ① 행위무능력, 사기·강박 등에 의해 회사를 설립한 경우 ② 채권자를 해할 것을 알고 회사를 설립한 경우 등
제소권자	사원	취소권 있는 자(취소권 있는 사원 + 취소권 있는 채권자)
제소기간	성립한 날부터 2년 내	좌동
주장방법	소송only	좌동
판결의 효력	① 대세적 효력 ② 불소급효 등	좌동

Ⅳ 합명회사의 내부관계

1. 의의

내부관계란 회사 내부의 법률관계를 말하는 것으로서 사원과 사원 간의 관계 또는 회사와 사원 간의 관계를 말한다. 합명회사의 내부관계에 관한 규정은 사적자치를 반영하여 대부분

임의법규성을 그 특징으로 한다. 합명회사의 내부관계에 관하여는 정관 또는 상법의 규정이 없으면 조합에 관한 민법의 규정을 준용한다(제195조).

2. 출자

(1) 출자의 방식

사원은 정관에 의해 확정된 출자의무를 이행하여야 한다(제179조). 출자의무는 정관의 작성에 의하여 발생한다. 출자의 방식으로는 재산출자 외에 노무·신용의 출자가 모두 인정된다(제222조). 노무출자는 정신노동이든 육체노동이든, 임시적이든 계속적이든 묻지 아니한다. 다만, 노무에 대한 보수가 별도로 주어진다면 출자라고 할 수 없다.

(2) 출자의 이행시기

출자의무는 정관에 정해진 내용에 따라 이행되어야 하며, 그 이행방법에 대해 정관에 정함이 없으면 업무집행방법이나 출자의 시기도 자유로이 정한다(제195조). 따라서 회사의 설립 전에 출자가 모두 이행될 필요가 없다. 다만, 출자의무를 이행하지 않은 경우에는 채무불이행의 일반적 효과를 발생시키는 외에 사원의 제명 또는 업무집행권 내지 대표권 상실의 원인이 된다(제220조 제1항 제1호, 제205조 제1항, 제216조).

3. 업무집행의 방법

(1) 업무집행기관

① 자기기관성

합명회사의 사원은 자기기관성을 가지므로, 정관에 다른 정함이 있거나(제201조), 업무집행권한이 박탈되지 않는 한(제205조), 각 사원은 각자가 회사의 업무를 집행할 권리·의무가 있다. 그러므로 정관의 규정이나 총사원의 동의가 있더라도 사원이 아닌 자에게 업무집행을 맡길 수는 없다.

② 업무집행사원

합명회사는 정관에 규정을 두어 사원의 일부를 업무집행사원으로 정할 수 있다(제201조 제1항). 업무집행사원은 2명 이상 선임한 경우에는 업무집행사원 각자가 업무를 집행할 수 있다(제201조 제1항). 다만, 다른 업무집행사원이 이의를 제기한 때에는 그 행위를 중지하고 업무집행사원 과반수의 결의에 의하여 결정하여야 한다(제201조 제2항).

③ 공동업무집행사원

업무집행사원의 권한을 제한하는 방법으로 공동업무집행사원 제도가 있다. 정관으로 수인의 사원을 공동업무집행사원으로 정한 때에 그 전원의 동의가 없으면 업무집행행위를 하지 못한다(제202조). 다만 지체할 염려가 있는 때에는 그러하지 아니하다(제195조 단서).

④ 사원의 감시권

업무집행권한이 없는 사원이라도 업무집행의 결과에 대한 책임을 부담하므로 언제든지 회사의 업무 또는 재산의 상황을 감시할 권한을 갖는다(제195조).

(2) 지배인의 선임

지배인은 영업주 또는 회사에 갈음하여 영업에 관한 재판상 또는 재판 외의 모든 행위를 할 수 있는 대리권을 가지는 자로써 매우 중요한 자이다. 업무집행사원을 둔 경우에도 지배인의 선임과 해임은 합명회사에 있어서 매우 중요한 내부적 의사결정사항에 속한다. 그러므로 지배인의 선임 및 해임에 관해서는 업무집행사원을 둔 경우에도 정관에 다른 정함이 없는 한, 총사원 과반수의 결의에 의하여 결정한다(제203조). 이 점 유의할 필요가 있다.

4. 의사결정의 방법

(1) 의의

합명회사의 의사결정이 물적회사인 주식·유한회사와 가장 큰 차이를 보이는 점은 지분주의가 아니라 1인 1의결권의 원칙이 적용된다는 점이다. 그러므로 의결권의 대리행사는 인정되지 않는다. 그 이유는 사원의 책임이 무한책임이기 때문이다.

(2) 사원의 결의

통상 사원의 결의는 사원 전원의 과반수에 의하는 것이 원칙이지만, 일부의 사안에 대해서는 상법이 주의적으로 명문화하고 있다. 그러나 회사의 법적 구조를 변경시키는 정관변경이나, 실체적 구조를 변경시키는 조직변경·합병 등의 경우에는 총사원의 동의에 의한 결의를 요구하고 있다.

(3) 사원총회

상법상 합명회사는 소수의 사원들로 구성되고 각 사원들의 의사를 파악하는 것이 용이하므로 사원총회는 필요적 상설기관이 아니다. 따라서 설령 사원총회를 둔 경우라도, 사원총회의 결의의 하자를 다투는 규정도 없으며 하자의 주장은 민사소송법상의 방법에 의해 주장할 수 있다(민사소송법 제250조).

5. 회사와 사원간의 이익충돌방지

(1) 경업피지의무

사원은 다른 사원 전원의 동의가 없으면 자기 또는 제3자의 계산으로 회사의 영업부류에 속하는 거래를 하거나 동종영업을 목적으로 하는 다른 회사의 무한책임사원 또는 이사가 되지 못한다(제198조 제1항). 전자를 경업금지의무, 후자를 겸직금지의무라고 한다.

경업금지의무를 위반한 경우에는 회사는 해임권·개입권·손해배상청구권을 행사할 수 있음은 물론 법원에 제명의 선고를 청구할 수 있다. 그러나 겸직금지의무에 위반한 경우에는 개입권은 인정되지 않는다.

(2) 자기거래의 제한

합명회사의 각 사원은 다른 사원 과반수의 결의가 있는 때에 한하여 자기 또는 제3자의 계산으로 회사와 거래를 할 수 있다(제199조). 이를 자기거래라 하는데 경업피지의무가 다른 사원 전원의 동의를 요하는 데 반해, 자기거래는 다른 사원 과반수의 결의를 요함에 유의하여야 한다.

6. 손익의 분배

(1) 이익과 손실의 개념

손익이란 대차대조표상 순자산액이 자본금을 초과할 때 그 초과액을 이익이라 하며, 그 부족액은 손실이라 하는데, 그 손실과 이익을 합한 개념이다.

(2) 이익이 없는 배당

합명회사의 사원은 회사채권자에 대하여 직접·연대·무한책임을 지므로 회사신용의 기초는 회사의 재산이 아닌 사원에게 있다. 그러므로 법정준비금제도도 없으며, 이익이 없어도 배당할 수 있다. 또한 이익이 없이 배당한 경우에도 회사채권자는 사원으로 하여금 배당금을 회사에 반환하게 할 수 없다(제462조 제3항 참조).

(3) 손익의 분배시기 등

손익분배시기 및 분배비율도 정관으로 자유로이 정할 수 있으며, 정관에 규정이 없는 경우에는 민법의 조합의 규정을 따른다. 그러므로 손실의 분담 또는 현실적으로 이행할 필요는 없으며 각 사원의 지분평가액이 감소함에 그치지만, 퇴사할 경우에는 손실분담액을 납입하여야 한다.

7. 정관의 변경

정관은 합명회사의 본질 또는 강행규정에 반하지 않는 한 자유로이 변경할 수 있다. 그러나 절대적 기재사항이든 임의적 기재사항이든 그 변경은 합명회사의 법적 구조에 관한 중요한 사항이므로 총사원의 동의를 요한다(제204조).

정관변경의 효력은 주식회사와 마찬가지로 그 결의를 한 때에 발생하지만, 상업등기의 일반적 효력에 관한 제37조의 규정에 의해 등기한 후가 아니면 선의의 제3자에게 대항하지 못한다(제37조).

8. 지분의 양도 및 상속

(1) 지분의 의의

지분은 사원의 지위 또는 사원권을 뜻하지만, 다른 한편에서는 사원이 퇴사하거나 해산하는 경우 사원자격에 기하여 환급받거나 회사에 지급할 재산상의 금액을 말한다. 인적회사의 지분은 각 사원에게 오직 1개가 있고(지분단일주의), 다만 그 크기가 각 사원의 출자액에 따라 다른 것으로 인식될 뿐이다.

(2) 지분의 양도

합명회사의 사원은 다른 사원 전원의 동의가 있는 경우에는 지분의 전부 또는 일부의 양도는 인정된다(제197조). 지분양도로 인하여 입사·퇴사가 이루어질 경우에는 정관변경이 따라야 하므로 사원전원의 동의가 있어야 한다(제197조). 다만, 지분양도에 대하여 사원전원의 동의를 요하는 제197조의 규정은 임의규정이므로 정관으로 완화할 수 있다.

(3) 지분의 상속

합명회사는 사원의 개성이 중요하므로 원칙적으로 지분의 상속이 인정되지 아니한다. 다만 정관으로 이와 다른 정함을 할 수 있다(제195조). 그러므로 사원의 사망은 퇴사원인이 되며(제218조 제3호). 단지 상속인이 사망한 사원의 지분환급청구권을 상속할 뿐이다. 그러나 청산 중에 사원이 사망한 경우에는 상속인이 그 지분을 상속한다(제246조). 그 이유는 청산 중에는 상속인이 지분환급청구권만을 가지기 때문이다. 지분의 상속에 대한 상법의 처리에 특히 주목할 필요가 있다.

9. 입사와 퇴사

(1) 입사

회사성립 후 출자에 의하여 사원자격, 즉 지분을 원시적으로 취득하는 것이 입사이다. 입사는 입사계약에 의해 이루어지며 정관의 절대적 기재사항의 변동을 가져오므로 총사원의 동의에 의한 정관변경의 절차를 요한다. 입사에 대한 총사원의 동의가 있으면 정관이 변경된다고 보아야 하므로 입사한 자는 곧바로 사원의 지위를 취득한다(대법원 1996.10.29.선고, 96다19321판결). 신입사원은 입사 전에 생긴 회사 채무에 대하여 기존의 사원과 마찬가지로 직접·연대·무한책임을 진다.

(2) 퇴사

① 의의

퇴사란 회사의 존속 중에 특정사원이 그 사원으로서의 지위를 절대적으로 상실하는 것을 말하며, 합명회사와 합자회사에서는 퇴사가 인정되지만 주식회사나 유한회사에는 없는 제도이다. 퇴사의 원인에는 사원의 자유의사에 의하여 퇴사하는 임의퇴사(제217조 본문)와 법정의 사유로 발생하는 당연퇴사(제218조), 채권자에 의한 퇴사, 제명, 설립무효 또는 취소의 소 등에 의한 퇴사 등이 있다.

② 지분압류채권자의 권리

사원의 지분을 압류한 채권자는 회사와 채무자인 사원에 대하여 6월 전에 예고하고 그 사원을 영업 연도 말에 퇴사시킬 수 있다(제224조 제1항). 그러나 채무자인 사원이 변제를 하거나 상당한 담보를 제공한 때에는 그 예고는 효력을 잃는다(제224조 제2항).

③ 퇴사사원의 책임

퇴사한 사원은 본점소재지에서 퇴사등기를 하기 전에 생긴 채무에 대하여는 등기 후 2년 내에 다른 사원과 동일한 책임을 진다(제225조 제1항). 지분의 양도로 사원자격을 상실한 자도 회사채권자에 대하여 동일한 책임을 진다(제225조 제2항).

10. 사원의 제명

(1) 의의

제명이란 어느 사원의 자격을 그 의사에 반하여 강제적으로 박탈하는 다른 사원들의 자치적 의사결정을 말한다. 합명회사에서 퇴사제도가 인정되는 것은 합명회사는 사원 간의 고도의 신뢰관계가 그 바탕이 되는 것이므로 기업유지의 관점에서 제명을 인정하고 있다. 이처럼 제명은 회사의 존속을 전제로 하는 것이므로 사원이 2명뿐인 회사에서 제명을 인정하게 되면 이는 해산사유가 되므로 인정되지 않는다.

(2) 제명의 사유

제명의 사유로는 ① 사원이 출자의무를 이행하지 아니한 때, ② 경업금지에 위반한 때, ③

회사의 업무집행 또는 대표행위에 관하여 부정한 행위가 있는 때, ④ 권한 없이 업무를 집행하거나 회사를 대표한 때, ⑤ 기타 중요한 사유가 있는 때이다(제221조 제1항).

(3) 제명의 효력

법정 제명사유가 있을 때에는 다른 사원 과반수의 결의에 의하여 제명의 선고를 법원에 청구할 수 있다(제220조 제1항 본문). 즉 사원은 원칙적으로 다른 사원을 제명하지 못한다. 따라서 사원을 제명하기 위해서는 반드시 법원에 제명의 선고를 청구하여야 하며 법원의 판결에 의해 제명의 효과가 발생한다. 이 점 유의하기 바란다.

법원의 제명선고절차는 제명사원의 권리를 보호하기 위한 강행규정으로서, 이 절차 없이 사원의 결의만으로 제명이 가능하도록 규정한 정관규정은 무효이다(춘천지법 2009.5.13.선고, 2008가합481판결).

V 합명회사의 외부관계

1. 의의

회사와 제3자의 관계(회사대표) 및 사원과 제3자의 관계(사원의 책임)가 외부관계에 해당하는데 외부관계에 관한 규정은 채권자의 보호, 거래의 안전과 관련되는 것이므로 대체로 강행법규성을 띤다.

2. 회사의 대표

(1) 의의

회사대표는 대내적으로는 업무집행권을 가지며, 대외적으로는 회사대표권을 가진다. 합명회사는 각 사원이 회사를 대표할 수 있으나, 정관으로 업무집행사원을 정한 경우에는 대표권에 관한 정함이 없더라도 당연히 업무집행사원이 회사를 대표한다(제207조 본문).

업무집행사원이 수인일 때에는 업무집행사원 각자가 단독으로 회사대표권을 가지지만, 정관 또는 총사원의 동의로 업무집행사원 중 특히 회사를 대표할 자를 정한 경우에는 그 업무집행사원이 회사대표권을 가지게 된다(제207조). 이 경우 대표사원의 성명은 등기하여야 한다(제180조 제4호).

(2) 대표사원의 권한

회사의 대표사원은 회사의 영업에 관한 재판상·재판 외의 모든 행위를 할 권한이 있다(제

209조 제1항). 정관 또는 총사원의 동의로 대표권에 가한 제한은 선의의 제3자에게 대항하지 못한다(제209조 제2항). 다만 회사와 사원 간의 소송에 있어서는 다른 사원 과반수의 결의로써 회사를 대표할 자를 선정하여야 한다(제211조). 대표사원이 그 업무를 집행함에 있어 타인에게 손해를 가하였을 때에는 회사는 그 사원과 연대하여 손해를 배상할 책임을 진다(제210조).

(3) 공동대표

대표권을 견제하는 방법으로 회사는 정관 또는 총사원의 동의로 수인의 사원이 공동으로 회사를 대표할 것을 정할 수 있다(제208조 제1항). 공동대표는 대표권을 공동으로 행사하여야 하지만, 회사에 대한 의사표시는 공동대표사원 중 1인에 대하여 하더라도 회사에 대하여 효력을 갖는다. 공동대표 역시 등기사항이다.

(4) 소송시 대표권

회사가 사원에 대하여 또는 사원이 회사에 대하여 소를 제기하는 경우에 회사를 대표할 사원이 없을 때에는 다른 사원 과반수의 결의로 대표사원을 선정하여야 한다(제211조). 합명회사의 경우에는 감사나 주주총회가 없기 때문에 사원과 회사 간의 소송이 발생하는 경우 부득이 다른 사원 과반수의 결의로 대표사원을 정하는 점이 특징이다.

3. 사원의 책임

(1) 의의

사원은 회사채권자에 대하여 직접·연대·무한책임을 진다(제212조). 사원 간에 연대책임을 부담하는 것이므로 회사와 사원이 연대책임을 부담하는 것은 아니다. 이 점 유의하기 바란다.

합명회사의 사원은 회사의 재산으로 회사채무를 완제할 수 없는 경우에 한해 2차적으로 책임을 지는 점에서 일반적인 직접책임과는 차이를 보인다. 이 점 유의할 필요가 있다.

연대책임이란 사원 각자가 채권자에게 회사채무 전액에 대한 책임을 진다는 의미이며, 무한책임은 자신이 출자한 가액을 초과하여 채무가 소멸할 때까지 책임을 진다는 것을 뜻한다.

(2) 강행법규성

회사성립 후에 가입한 사원은 그 가입 전에 생긴 회사채무에 대하여 다른 사원과 동일한 책임을 부담하여야 한다(제213조). 합명회사의 사원의 책임에 관한 상법의 규정은 강행법규성을 특징으로 하므로, 정관의 규정 또는 총사원의 동의로도 면제될 수 없다.

(3) 책임의 범위(보충성)

합명회사의 사원은 회사의 재산으로도 채무를 완제할 수 없거나 또는 회사재산에 대한 강제집행이 주효하지 못한 때에 한하여 회사채무에 대해 책임을 부담한다(제212조 제1항·제2항). 즉, 사원의 대외적 책임은 회사의 채무를 주채무로 하는 보충적 책임이다. 그 결과 사원이 회사의 변제 자력이 있으며, 변제 자력이 용이한 것을 증명한 때에는 책임을 지지 아니한다(제212조 제3항). 또한 사원은 회사가 갖는 항변권으로 회사채권자에게 대항할 수 있다(제214조 제2항). 이 점 특히 유의하여야 한다. 사원에게 책임의 대상이 되는 회사의 채무는 적극재산으로 변제하여야 할 모든 채무이다.

(4) 책임의 소멸

지분을 양도한 사원은 퇴사한 사원에 준하여 책임을 지므로, 지분양도를 하기 전에 생긴 회사채무에 대하여는 등기 후 2년 내에는 다른 사원과 동일한 책임을 진다(제225조 제2항). 회사가 해산한 경우에도 사원은 본점소재지에서 해산등기를 한 후, 5년 내에는 사원으로서의 책임을 부담하여야 한다(제267조).

Ⅵ 합명회사의 해산과 청산

1. 회사의 해산

(1) 의의

해산에 관한 합명회사의 규정은 대체로 주식회사와 같다. 다만, 합명회사의 특유한 해산 원인으로는 총사원의 동의와 사원이 1인으로 된 때가 있는 점이 차이를 보인다. 그리고 합명회사의 사원은 무한책임을 지므로 채무초과의 경우에도 존립 중에는 파산원인이 되지 않고, 지급불능이 되어야 파산한다는 점이 다르다.

(2) 회사의 계속

존립기간의 만료와 총사원의 동의로 해산한 때에는 사원의 전부 또는 일부의 동의로 회사를 계속할 수 있다(제229조 제1항). 그리고 사원이 1인이 된 때에는 새로 사원을 가입시켜서 회사를 계속할 수 있다(제229조 제2항). 위의 사유로 인해 회사를 계속하는 경우에 이미 해산등기를 하였을 때에는 본점소재지에서 2주간 내, 지점소재지에서는 3주간 내에 회사의 계속등기를 하여야 한다(제229조 제3항).

2. 회사의 청산

(1) 의의

회사는 해산된 후에도 청산의 목적범위 내에서 존재하는 것으로 보는데, 해산 후 청산종결

시까지를 청산이라고 한다. 합명회사는 법률의 규정에 의하여 청산하는 법정청산의 방법과 정관 또는 총사원의 동의로 이를 정할 수 있는 임의청산의 방법이 모두 인정된다. 이 점이 유한책임회사 또는 물적회사(유한회사·주식회사)와 차이를 보인다.

(2) 청산방법

① 임의청산

합명회사는 정관 또는 총사원의 동의로 청산의 방법을 정할 수 있는데 이를 임의청산이라고 하는데(제247조 제1항), 임의청산의 경우에도 사원의 지분을 압류한 채권자가 있는 때에는 그 채권자의 동의를 얻어야 하며, 채권자보호절차를 거쳐야 한다(제247조 제4항, 제248조 제1항). 만일 채권자보호절차를 거치지 않고 그 재산을 처분함으로써 회사채권자를 해한 때에는 회사채권자는 그 처분의 취소를 법원에 청구할 수 있다(제248조 제1항).

② 법정청산

총사원 또는 정관의 규정이 아닌 법률의 규정에 의한 청산을 법정청산이라고 한다. 회사는 임의청산의 규정에 의하여 회사재산의 처분방법을 정하지 아니한 때에는 합병과 파산의 경우를 제외하고는 법정청산의 규정에 따라서 청산하여야 한다(제250조). 법정청산의 경우에는 총사원 과반수의 결의로 청산인을 선임하여야 하고, 청산인이 없는 때에는 업무집행사원이 청산인이 된다(제251조). 사원이 1인으로 된 때와 해산명령 및 해산판결에 의해 해산하는 경우에는 임의청산은 인정되지 않고 반드시 법정청산의 방법에 의해야 하는 점에 유의할 필요가 있다(제252조).

제 2 절 합자회사

I 총설

1. 의의

합자회사는 회사채권자에 대하여 직접·연대·무한책임을 지는 1인 이상의 무한책임사원과 직접·유한책임을 지는 1인 이상의 유한책임사원으로 구성된 회사이다.

합자회사는 소수의 기능자본가(영업자)인 무한책임사원과 지분자본가(출자자)인 유한책임사원의 결합체이다. 지분자본가인 유한책임사원은 기업 활동에는 관여하지 않고 단지 회사에 출자를 하고 그 출자자본에 대한 감시권만을 가진다. 또한 출자한 자본에 대한 영업 및 운영은 영업자인 무한책임사원이 수행한 후 발생한 자본이윤의 배분을 받을 뿐이다.

2. 규정의 준용

합자회사란 합명회사의 조직을 기초로 하여 여기에 유한책임사원을 추가한 것이라 할 수 있으며, 조직의 이원성으로 말미암아 약간의 특별규정이 있는 것 외에는 합명회사에 대한 규정이 원칙적으로 준용된다(제269조).

Ⅱ 합자회사의 설립

1. 설립절차

(1) 의의

합자회사의 설립절차도 정관작성과 설립등기만으로 간편하게 설립되는 점은 합명회사와 같다. 다만, 합자회사는 유한책임사원과 무한책임사원, 각각 1인 이상으로 구성되므로 무한책임사원이 될 자 1인 이상과 유한책임사원이 될 자 1인 이상이 정관을 작성하고 설립등기를 함으로써 성립한다.

(2) 정관의 기재사항

정관의 절대적 기재사항은 대체로 합명회사와 같으나(상법 제270조, 제179조), 각 사원의 무한책임 또는 유한책임인 것을 기재하여야 한다(제270조). 합자회사도 사원의 성명·주민등록번호 및 주소가 정관의 절대적 기재사항이기 때문에 사원확정절차는 별도로 필요하지 않다. 또한 각 사원의 의사표시의 하자, 즉 주관적 하자(무효·취소사유)도 설립의 하자에 포함되므로 이를 원인으로 한 설립무효의 소와 설립취소의 소가 모두 인정되는 점이 주식회사와 차이를 보인다.

Ⅲ 합자회사의 내부관계

1. 출자

무한책임사원은 합명회사의 사원과 같이 재산출자 외에 노무·신용출자도 할 수 있다, 그러나 유한책임사원은 신용 또는 노무를 출자의 목적으로 하지 못하며, 그 출자의 대상은 재산출자에 한정된다(상법 제272조). 그 이유는 합자회사의 자본충실을 기하기 위함이다.

2. 업무집행권과 대표권

(1) 업무집행권

합자회사의 업무집행은 정관에 다른 규정이 없는 때에는 무한책임사원 각자가 수행하여야 한다(상법 제273조). 유한책임사원은 회사의 업무집행을 할 수 없다(제278조). 그리고 지배인의 선임과 해임은 업무집행사원이 있는 경우에도 무한책임사원 과반수의 결의에 의하고 유한책임사원은 그 결정에 관여할 수 없다(제274조). 이 점 유의하여야 한다.

(2) 회사대표권

① 의의

제278조의 규정에도 불구하고 통설은 회사의 업무집행은 합명회사에서와 마찬가지로 내부관계에 불과하므로, 따라서 이에 대한 규정은 임의규정의 성격을 가지므로 정관 또는 총사원의 동의로 유한책임사원도 업무집행권을 가질 수 있다고 본다. 다만, 회사대표권은 외부관계에 관한 사항이므로 유한책임사원는 가질 수 없다.

② 판례의 견해

판례는 유한책임사원의 업무집행이나 대표행위를 인정하고 있지 않는 제278조의 규정에도 불구하고 **정관 또는 내부규정으로 유한책임사원에게 업무집행권을 부여할 수 있는 것이라고 할지라도, 회사대표권은 어떠한 경우에도 유한책임사원에게 부여할 수 없다고 보고 있다**(대법원 1977.4.26.선고, 75다1341판결).

3. 권한상실의 선고

업무집행사원의 권한상실선고는 유한책임사원도 청구할 수 있으며, 지분의 크기는 문제되지 않는다. 그러나 **무한책임사원이 1인인 경우에는 그 무한책임사원의 업무집행권을 박탈한다면 업무집행을 담당할 자가 없게 되므로, 이때에는 업무집행사원의 권한상실선고가 허용될 수 없다**(대법원 1977.4.26.선고, 75다1341판결). 이 점 유의하여야 한다.

4. 사원의 감시권

유한책임사원은 이와 같이 회사의 업무집행에서 원칙적으로 배제되므로 무한책임사원의 전횡으로부터 스스로의 이익을 지킬 필요가 있어 상법은 유한책임사원에게 감시권을 인정하고 있다. 즉, 유한책임사원은 영업 연도 말에 있어서 영업시간 내에 회사의 회계장부, 대차대조표, 기타의 서류를 열람할 수 있고, 회사의 업무와 재산상태를 검사할 수 있다(상법 제277조 제1

항). 그리고 중요한 사유가 있는 때에는 언제든지 법원의 허가를 얻어 열람과 검사를 할 수 있다(상법 제277조 제2항).

5. 이익충돌방지의무

(1) 무한책임사원

① 경업피지의무

무한책임사원은 "다른 사원 전원의 동의가 없으면" 자기 또는 제3자의 계산으로 회사의 영업부류에 속하는 거래를 하거나 동종영업을 목적으로 하는 다른 회사의 무한책임사원 또는 이사가 되지 못한다(제198조 제1항).

② 자기거래금지의무

무한책임사원은 "다른 사원 과반수의 결의가 있는 때에 한하여" 자기 또는 제3자의 계산으로 회사와 거래를 할 수 있다(제199조).

(2) 유한책임사원

① 경업피지의무

합자회사의 유한책임사원에 대해서는 경업피지의무는 적용되지 않는다. 업무집행권이 없기 때문이다. 따라서 합자회사의 유한책임사원은 다른 사원의 동의 없이 자기 또는 제3자의 계산으로 회사의 영업부류에 속하는 거래를 할 수 있고, 동종 영업을 목적으로 하는 다른 회사의 무한책임사원 또는 이사가 될 수 있다(제275조). 즉, 합자회사의 유한책임사원은 경업피지의무를 부담하지 않는다.

② 자기거래금지의무

유한책임사원의 자기거래에 대해서는 논란이 있다. 통설은 유한책임사원이 회사와 자기 또는 제3자의 계산으로 거래를 하는 경우에 자기거래금지의무는 적용된다고 본다. 논란이 있을 수 있는 부분이다.

6. 손익의 분배

정관에 다른 정함이 없으면 손익은 합명회사의 경우와 같이 출자액에 비례하여 배분한다(상법 제269조). 따라서 회사의 이익이 없음에도 불구하고 배당을 받은 금액은 변제책임을 정함에 있어서 이를 가산한다(제279조 제2항).

유한책임사원은 그 출자가 감소된 후에도 본점소재지에서 등기를 하기 전에 생긴 회사채무에 대하여는 등기 후 2년 내에는 회사채무를 변제할 책임을 진다(제280조).

7. 지분의 양도

무한책임사원의 지분양도는 "다른 사원 전원의 동의"를 요한다(제269조). 그러나 유한책임사원은 "무한책임사원 전원의 동의"가 있으면 그 지분의 전부 또는 일부를 타인에게 양도할 수 있다(제276조).

8. 사원의 변동

(1) 입사와 퇴사

새로운 유한책임사원이 입사할 경우에는 총사원의 동의를 얻어 정관을 변경하여야 한다(제270조). 유한책임사원의 사망은 퇴사원인은 아니며, 그 상속인이 지분을 승계하여 사원이 된다(제283조). 또한 유한책임사원의 경우에는 금치산선고도 퇴사원인이 되지 않는다(제284조). 그 이유는 유한책임사원은 출자자의 지위만 가질 뿐, 업무집행에는 관여하지 않는 것이 원칙이기 때문이다.

(2) 사원의 제명

제명의 의사결정에서는 무한책임사원과 유한책임사원이 동일한 지위를 가지는 점에 주의할 필요가 있다. 즉 어떤 종류의 사원을 제명하든 다른 사원 과반수 결의에 의하여 법원에 제명의 선고를 청구하여야 하며 법원의 선고에 의해 제명된다. 그리고 무한책임사원이 없거나 유한책임사원이 없게 되면 해산사유가 되므로 어느 종류의 사원 전원을 제명하는 것은 인정되지 않는다(대법원 1991.7.26.선고, 90다19206판결). 특히 유의하여야 한다.

Ⅳ 합자회사의 외부관계

1. 회사의 대표

유한책임사원은 회사의 업무집행권을 가지지 못함과 동시에 회사대표권도 갖지 못한다(상법 제278조). 판례도 업무집행권에 관한 사항은 회사의 내부관계에 관한 것으로 유한책임사원에게 정관 또는 총사원의 동의로 업무집행권을 부여할 수 있다고 할지라도 회사대표권은 어떠한 경우에도 유한책임사원에게 부여할 수 없다고 본다(대법원 1966.1.25.선고, 65다2128판결). 그러므로 합자회사의 대표권은 무한책임사원만이 가진다. 이 점 유의하여야 한다.

2. 유한책임사원의 책임

(1) 직접·유한책임

유한책임사원은 약속한 출자가액에서 이미 이행한 부분을 공제한 가액을 한도로 하여 회사채무를 변제할 책임이 있다(제279조). 이를 직접·유한책임이라고 한다. 유한책임사원이 약속한 출자가액을 전부 이행하지 않은 경우에도 합자회사의 설립은 문제되지 않는다. 무한책임사원의 신용으로 채권자는 보호되기 때문이다. 이때 유한책임사원이 출자의무를 이행하지 않은 경우에는 회사채권자에 대해 미이행된 부분에 대해 직접책임을 부담하도록 함으로써 채권자를 보호하고 있다.

(2) 그 밖의 책임

정관변경에 의하여 유한책임사원의 출자액이 감소되었다 하더라도 변경등기 이전에 생긴 회사 채무에 대해서는 등기 후 2년 내에는 책임을 면하지 못한다(제280조). 그리고 유한책임사원이 타인에게 자기를 무한책임사원이라고 오인시키는 행위를 한 때에는 오인으로 인하여 회사와 거래를 한 자에 대하여 무한책임사원과 동일한 책임을 지며, 또 이와 마찬가지로 그 책임의 한도를 오인시킨 경우에도 그 범위 내에서 책임을 진다(제281조). 이는 외관주의에 따른 것이다.

(3) 책임의 변경

총사원의 동의에 의하여 정관을 변경하여 유한책임사원이 무한책임사원으로 또는 반대로 무한책임사원이 유한책임사원으로 바뀔 수 있다. 전자의 경우에는 신입사원에 관한 제213조가, 후자의 경우에는 퇴사원의 책임에 관한 제225조가 각각 준용된다(제282조).

V 회사의 해산과 청산

1. 회사의 해산

합자회사는 합명회사와 같은 원인으로 해산하지만, 합자회사는 무한책임사원과 유한책임사원의 이원적 조직이므로 어느 한쪽의 사원이 전원 퇴사한 경우에는 당연히 해산하게 된다(제281조).

이 경우에 잔존한 무한책임사원 또는 유한책임사원은 전원의 동의로 유한책임사원 또는 무한책임사원을 새로 가입시켜 회사를 계속할 수도 있다(제285조 제2항). 그리고 유한책임사원 전원이 퇴사했을 경우에는 무한책임사원 전원의 동의로 합명회사로 조직을 변경하여 계속할 수도 있다(제286조 제2항).

2. 회사의 청산

청산절차와 방법도 합명회사의 경우와 같다. 따라서 합자회사도 임의청산과 법정청산의 방법에 의해 청산이 가능하다. 청산인을 선임할 경우에는 무한책임사원 과반수의 결의로 하며, 유한책임사원의 동의는 요하지 않는다. 청산인을 선임하지 않은 때에는 업무집행사원이 청산인이 된다(제287조).

제 3 절 유한책임회사

I 총설

1. 의의

유한책임회사(Limited Liability Company)란 회사채권자에 대해 간접·유한책임을 지는 사원으로 구성된 중간형태의 회사를 말한다. 유한책임회사는 기업의 내부관계에 있어서는 합명회사와 같은 자율성을 인정하는 한편, 대외적으로는 사원은 회사채무에 대해 출자금액을 한도로 하여 유한책임을 지는 특수한 형태의 회사이다.

2. 특징

최근 각광받는 지식산업, 전문서비스업(법무법인, 회계법인, 세무법인 등), 사모펀드회사, 벤처기업 등 새로운 형태의 사업을 영위하는 자에게 대외적으로 유한책임을 지면서, 대내적으로 경영의 자율성이 보장되는 측면에서 새로운 기업형태의 수요에 부응할 것으로 기대되는 회사의 형태이다.

Ⅱ 유한책임회사의 설립

1. 설립절차

(1) 의의

유한책임회사(Limited Liability Company)는 그 속성이 합명회사와 유한회사의 중간형태의 회사로써 설립절차는 합명회사에 비해서는 조금 복잡하고 유한회사에 비해서는 비교적 단순하다. 즉 실체형성절차로서 정관작성과 출자이행은 필요하지만, 업무집행자는 정관에 의해 확정되므로 기관구성절차는 필요하지 않다. **따라서 ① 정관작성, ② 출자이행, ③ 설립등기의 세 가지 절차를 거침으로써 비교적 간단하게 설립된다.**

(2) 특징

합명회사와 차이를 보이는 점은 유한책임회사에서는 정관으로 사원 또는 사원이 아닌 자를 업무집행자로 정하여야 하는 점이다. 합명회사에서는 원칙적으로 각 사원이 업무집행자가 되지만, 유한책임회사에서는 별도의 업무집행자를 사원 또는 사원이 아닌 자 중에서 정관으로 정하여야 하는 점에서 차이를 보인다. 그러나 합명회사나 유한책임회사의 경우, 사원의 성명·주민등록번호 및 주소는 정관의 절대적 기재사항인 점은 유한책임회사에서도 같다.

유한책임회사의 설립도 크게 ① 실체형성절차(정관작성 → 출자이행), ② 설립등기의 두 단계로 이루어진다. 아래의 표를 통해 정리한다.

유한책임회사의 설립절차

구분		내용
실체형성절차	정관작성	정관의 절대적 기재사항: ① 목적, ② 상호, ③ 사원의 성명·주민번호·주소, ④ 본점소재지, ⑤ 정관의 작성연월일, ⑥ 사원의 출자의 목적과 가액, ⑦ 자본금의 액, ⑧ 업무집행자의 성명(법인의 경우에는 명칭) 및 주소
	사원확정	정관의 절대적 기재사항(③)이므로 별도의 사원확정 절차는 필요 없음
	출자이행	재산출자만이 가능하며, 반드시 필요한 별도로 거쳐야 할 절차임
	기관구성	업무집행자가 정관의 절대적 기재사항(⑧)이므로 기관구성절차는 필요 없음
설립등기		유한책임회사의 법인격 생성

2. 정관의 절대적 기재사항

(1) 사원확정과 업무집행자

정관의 절대적 기재사항에 ① 사원의 성명·주민등록번호 및 주소와 ② 업무집행자의 성명과 주소가 포함되어 있어 사원 및 업무집행자(기관)의 확정절차는 필요하지 않다. 다만 사원 및 업무집행자의 의사표시의 하자, 즉 주관적 하자(무효·취소 사유)는 설립의 하자가 되어 이를 원인으로 한 설립무효의 소와 설립취소의 소가 모두 인정된다.

(2) 출자의 목적과 자본금

정관의 절대적 기재사항에 ③ 사원의 출자의 목적과 가액 및 ④ 자본금의 액이 정해져 있다. 이는 유한책임회사의 설립등기 전에는 정관에 자본금의 액이 확정되어야 하고, 각 사원의 출자의 목적과 가액도 확정하여야 함을 의미한다. 그 이유는 유한책임회사에서 채권자에 대한 책임의 기초가 되는 것은 사원이 아닌 자본금이기 때문이다. 한편, 자본금의 액이 정관의 절대적 기재사항이므로 자본금의 변동은 정관변경을 위한 결의를 거쳐야 한다.

(3) 설립의 무효·취소의 소

유한책임회사의 사원의 성명·주민등록번호 및 주소와 업무집행자의 성명 및 주소는 정관의 절대적 기재사항이다. 그런 이유로 설립절차를 진행하는 과정에서 사원과 업무집행자의 의사표시의 하자(무효·취소사유)는 설립의 하자가 된다. 따라서 유한책임회사는 주관적 무효 또는 취소를 원인으로 한 설립무효의 소와 설립취소의 소는 물론 객관적 무효사유를 원인으로 한 설립무효의 소가 모두 인정된다. 이 점은 합명회사 또는 유한회사와 같다. 그런 이유에서 유한책임회사의 설립의 하자에 관해서는 합명회사에 관한 규정을 준용한다(제287조의6).

Ⅲ 유한책임회사의 내부관계

1. 규정의 준용

내부관계란 회사 내부의 법률관계를 말하는 것으로서 사원과 사원과의 관계 또는 회사와 사원 간의 관계를 말한다. 유한책임회사는 그 내부관계에 있어서는 사원 상호간의 자율성이 보장되므로 임의법규성을 특징으로 한다. 유한책임회사의 내부관계에 관하여 정관이나 상법에 다른 규정이 없으면 합명회사에 관한 규정을 준용한다(제287조의18).

2. 출자의 이행

(1) 설립 전의 이행

유한책임회사는 실체형성절차로써 반드시 출자이행의 절차는 거쳐야 한다. 사원은 정관을 작성한 후 설립등기를 하는 때까지 금전이나 그 밖의 재산의 출자를 전부 이행하여야 한다(제287조의4 제2항). 그 이유는 유한책임사원의 출자는 채권자에 대한 책임재산의 기초가 되기 때문이다.

(2) 출자의 방식

유한책임회사에서 사원의 출자는 재산출자에 한정되며 신용이나 노무를 출자의 목적으로 하지 못한다(제287조의4 제1항). 출자의 방법으로 현물출자를 하는 사원은 납입기일에 지체 없이 유한책임회사에 출자의 목적인 재산을 인도하고, 등기, 등록 그 밖에 권리의 설정 또는 이전이 필요한 경우에는 이에 관한 서류를 모두 갖추어 교부하여야 한다(제287조의4 제3항).

3. 지분의 양도

사원은 다른 사원의 동의를 받지 아니하면 그 지분의 전부 또는 일부를 타인에게 양도하지 못한다(제287조의8 제1항). 다만, 업무를 집행하지 않는 사원은 업무를 집행하는 사원 전원의 동의가 있으면 지분의 전부 또는 일부를 타인에게 양도할 수 있다. 다만, 업무를 집행하는 사원이 없는 경우에는 사원 전원의 동의를 받아야 한다(제287조의8 제2항). 위의 규정에도 불구하고 지분의 양도에 관해서는 정관으로 달리 정할 수 있다(제287조의8 제3항).

4. 유한책임회사에 의한 지분양수의 금지

유한책임회사는 그 지분의 전부 또는 일부를 양수할 수 없다(제287조의9 제1항). 유한책임회사가 사원의 지분을 취득하는 경우, 자본충실을 해할 염려가 있어 상법은 유한책임회사가 그 지분의 전부 또는 일부를 취득할 수 없도록 하고 있다. 유한책임회사가 사원의 지분을 취득한다면, 그 지분은 취득한 때에 소멸한다(재287조의9 제2항).

5. 유한책임회사의 업무집행

(1) 의의

유한책임회사는 정관으로 사원 또는 사원이 아닌 자를 업무집행자로 정하여야 한다(제287조의12 제1항). 이때 1인 또는 둘 이상의 업무집행자를 정한 경우에는 업무집행자 각자가 회사의 업무를 집행할 권리와 의무가 있다(제287조의12 제2항). 다만 정관으로 둘 이상을 공동업무집행자로 정한 경우에는 그 전원의 동의가 없으면 업무집행에 관한 행위를 하지 못한다(제287조의12 제3항).

(2) 법인이 업무집행자인 경우의 특칙

법인이 업무집행자인 경우에는 그 법인은 해당 업무집행자의 직무를 행할 자(직무수행자)를 선임하고, 그 자의 성명과 주소를 다른 사원에게 통지하여야 한다(제287조의15 제1항). 위의 규정에 따라 선임된 직무수행자에 대해서는 자기거래금지의무에 관한 제287조의11의 규정과 업무집행에 관한 제287조의12에 관한 규정이 준용된다(제287조의15 제2항).

6. 이익충돌방지의무

(1) 경업피지의무

업무집행자는 다른 사원 전원의 동의를 받지 아니하고는 자기 또는 제3자의 계산으로 회사의 영업부류에 속하는 거래를 하지 못하며, 같은 종류의 영업을 목적으로 하는 다른 회사의 무한책임사원·이사가 되지 못한다(제287조의10 제1항).

(2) 자기거래금지의무

업무집행자는 다른 사원 과반수의 동의가 있는 경우에 한하여 자기 또는 제3자의 계산으로 회사와 거래를 할 수 있는데(제287조의11). 이를 자기거래금지의무라고 한다.

업무집행자의 경업피지의무는 다른 사원 전원의 동의가 필요하지만, 자기거래금지의무는 다른 사원 과반수결의가 필요한 점에 특히 유의하기 바란다.

7. 유한책임사원의 감시권

업무집행자가 아닌 사원은 영업 연도 말에 있어서 영업시간 내에 한하여 회사의 회계장부와 대차대조표 등 서류를 열람할 수 있고 회사의 업무와 재산상태를 검사할 수 있다. 또한 중요한 사유가 있는 때에는 업무집행자가 아닌 사원은 법원의 허가를 얻어 재무제표 등의 열람과 검사를 할 수 있다(제287조의14).

8. 사원의 변동

(1) 사원의 가입

유한책임회사는 정관을 변경함으로써 새로운 사원을 가입시킬 수 있다(제287조의23 제1항). 이때 사원의 가입은 원칙적으로 정관을 변경한 때에 효력이 발생하지만(동조 제2항 본문), 정관을 변경한 때에 해당사원이 출자에 관한 납입 또는 재산의 전부 또는 일부의 출자를 이행하지 아니한 경우에는 그 납입 또는 이행을 마친 때에 사원이 된다(제287조의23 제1항 단서).

(2) 사원의 퇴사

① 의의

정관으로 회사의 존립기간을 정하지 아니하거나 어느 사원의 종신까지 존속할 것을 정한 때에는 사원은 영업 연도 말에 한하여 퇴사할 수 있다. 다만, 6월 전에 이를 예고하여야 한다(제287조의24). 사원의 퇴사원인에는 총사원의 동의, 사망, 금치산, 파산, 제명 등이 있다(제287조의25).

② 지분의 환급

사원이 퇴사한 경우 사원은 그 지분을 환급받을 수 있는데, 재산으로 출자한 경우라도 금전으로 환급받을 수 있으며(제287조의28 제1항), 퇴사사원의 환급금액은 퇴사시의 회사의 재산상황에 따라 정하는 것이 원칙이다(제287조의28 제2항). 다만 퇴사사원의 지분환급에 대해서는 정관으로 달리 정할 수 있다(제287조의28 제3항).

③ 상호변경청구권

퇴사한 사원의 성명이 유한책임회사의 상호 중에 사용된 경우에는 그 사원은 유한책임회사에 대하여 그 사용의 폐지를 청구할 수 있다(제287조의31).

④ 채권자의 이의제기

유한책임회사의 채권자는 퇴사하는 사원에게 환급하는 금액이 잉여금(순자산액－자본금)을 초과하는 경우에는 그 환급액에 대하여 회사에 이의를 제기할 수 있다(제287조의30 제1항). 이의제기절차는 채권자보호절차에 관한 규정(제232조)을 준용한다. 다만, 지분을 환급하더라도 채권자에게 손해를 끼칠 우려가 없는 경우에는 이의제기권이 인정되지 않는다(제287조의30 제2항).

(3) 사원의 제명

사원의 제명에 관해서는 합명회사사원의 제명에 관한 제220조를 준용한다(제287조의27 본문). 그러므로 이에 대한 자세한 내용은 합명회사의 규정을 참고하기 바란다. 다만, 사원의 제명에 필요한 결의는 정관으로 이를 달리 정할 수 있다(제287조의27 단서).

9. 유한책임회사의 회계

(1) 회계원칙

유한책임회사의 회계는 이 법과 대통령령으로 규정한 것 외에는 일반적으로 공정하고 타당한 회계 관행에 의한다. 그러므로 유한책임회사의 회계도 기업회계기준 등 일반적으로 인정된 회계원칙(GAAP)을 따른다.

(2) 재무제표

① 작성 및 보존

업무집행자는 결산기마다 대차대조표, 손익계산서, 그 밖에 유한책임회사의 재무상태와 경영성과를 표시하는 것으로서 대통령령으로 정하는 서류를 작성하여야 한다(제287조의33).

② 비치·공시

업무집행자는 위의 서류를 본점에 5년간, 지점에 3년간 갖추어 두어야 한다(제287조의34 제1항). 사원과 채권자는 회사의 영업시간 내에는 언제든지 재무제표의 열람과 등사를 청구할 수 있다(제287조의34 제2항).

(3) 자본금의 액

유한책임회사는 사원이 출자한 금전이나 그 밖의 재산의 가액을 유한책임회사의 자본금으로 한다.

(4) 자본금의 감소

유한책임회사는 정관에 다른 규정이 없는 경우에는 총사원의 동의로 자본금을 감소할 수 있다(제287조의36 제1항). 또한 자본금의 감소의 경우에는 채권자보호절차도 원칙적으로 거쳐야 한다. 다만 감소 후의 자본금의 액이 순자산의 액 이상인 경우에는 그러하지 아니하다(동조 제2항).

(5) 잉여금의 분배

잉여금이란 대차대조표상 순자산액으로부터 자본금의 액을 뺀 금액을 말한다. 유한책임회사는 대차대조표상 순자산액으로부터 자본금의 액을 뺀 금액을 한도로 하여 잉여금을 분배할 수 있다(제287조의37 제1항). 잉여금의 분배는 정관에 다른 규정이 없으면 각 사원이 출자한 가액에 비례하여 분배한다(제287조의37 제4항). 다만 잉여금을 분배하는 방법이나 그 밖에 잉여금의 분배에 관한 사항은 정관으로 정할 수 있다(제287조의37 제5항).

만일 회사가 순자산액으로부터 자본금의 액을 뺀 금액을 초과하여 분배한 경우에는 채권자는 그 잉여금을 분배받은 자에 대하여 회사에 반환할 것을 청구할 수 있다(제287조의37 제2항). 또한 사원의 지분의 압류는 잉여금의 배당을 청구하는 권리에 대해서도 그 효력이 있다(제287조의37 제6항).

Ⅳ 유한책임회사의 외부관계

1. 의의

유한책임회사의 외부관계란 회사와 제3자와의 관계(회사의 대표) 및 사원과 제3자와의 관계(사원의 책임)를 말한다. 유한책임회사의 경우 내부관계에 관한 규정은 임의법규성을 원칙으로 하지만, 외부관계에 관한 규정은 강행법규성을 특징으로 한다.

2. 회사의 대표

(1) 의의

유한책임회사의 대표기관은 원칙적으로 각 업무집행자이다(제287조의19 제1항). 다만 업무집행자가 수인인 경우에는 정관 또는 총사원의 동의로 유한책임회사를 대표할 업무집행자를 정할 수 있다(제287조의19 제2항).

(2) 업무집행자의 권한

유한책임회사를 대표하는 업무집행자는 회사의 영업에 관한 재판상·재판 외의 모든 행위를 할 권한이 있다. 그리고 이러한 대표권의 제한은 선의의 제3자에게 대항하지 못한다(제287조의19 제5항).

(3) 공동대표

유한책임회사는 정관 또는 총사원의 동의로 수인의 업무집행자가 공동으로 회사를 대표할 것을 정할 수 있는데, 이를 수인의 대표와 구별하여 공동대표라고 한다(제287조의19 제3항). 유한책임회사에서 이처럼 공동대표업무집행자를 정한 경우에는 그 권한행사(능동대표)는 전원이 공동으로 하여야 하지만, 권한을 수령하는 것(수동대표)은 1인에게 함으로써 족하다(제287조의19 제4항).

(4) 소송시 대표권

유한책임회사가 사원을 상대로 또는 사원이 유한책임회사를 상대로 소를 제기하는 경우, 유한책임회사를 대표할 사원이 없는 경우에는 다른 사원 과반수의 결의로 대표사원을 선정하여야 한다(제287조의11).

3. 사원의 책임

유한책임회사의 사원은 회사채권자에 대하여 출자한 가액을 한도로 한 책임만을 부담할 뿐,

추가적 책임은 부담하지 않는다. 이를 간접·유한책임이라고 한다.

V 정관변경과 조직변경

1. 정관변경

유한책임회사의 정관을 변경하기 위해서는 원칙적으로 총사원의 동의가 있어야 한다. 다만 이에 대한 규정은 정관으로 달리 정할 수 있다(제287조의16).

2. 조직변경

(1) 유한책임회사를 주식회사로 변경하는 경우

유한책임회사는 총사원의 동의로 주식회사로 그 조직을 변경할 수 있다(제287조의43 제2항). 이때 유한책임회사의 경우에는 현물출자 등 변태설립사항에 관한 법원의 감독이 없으므로 주식회사로 조직변경을 하기 위해서는 총사원의 동의와 더불어 법원의 인가를 받아야 한다(제287조의44).

(2) 주식회사를 유한책임회사로 변경하는 경우

주식회사도 총회에서 총주주의 동의가 있는 경우에는 그 조직을 변경하여 유한책임회사로 할 수 있다(제287조의43 제1항). 이때 유한책임회사의 경우에도 유한회사와 마찬가지로 사채발행이 인정되지 않으므로 주식회사에서 유한책임회사로 조직을 변경한 경우에는 사채의 상환을 완료하여야 한다(제287조의44).

(3) 유한회사와 유한책임회사 간의 변경

유한회사와 유한책임회사 상호간의 조직변경은 상법에서 인정하지 않고 있다. 따라서 유한회사는 어떠한 경우에도 유한책임회사로 조직변경을 할 수 없으며, 유한책임회사도 유한회사로 조직변경을 할 수 없다.

제 4 절 유한회사

I 총설

1. 의의

유한회사는 회사채권자에 대해 간접·유한책임을 지는 1인 이상의 사원으로 구성된 물적회사이다. 유한회사는 강학상 물적회사로 분류되어 상법의 유한회사에 관한 별도의 규정이 없는 경우에는 주식회사에 관한 규정이 다수 준용된다.

2. 특징

물적회사로 분류되기는 하지만, 유한회사는 인적 요소가 상당히 가미된 형태의 물적회사이다. 대표적으로 ① 사원의 성명·주민등록번호 및 주소가 정관의 절대적 기재사항이며, ② 설립의 하자에 주관적 하자를 원인으로 한 설립무효의 소와 설립취소의 소가 인정되고, ③ 설립시 설립사무의 처리를 하기 위하여 발기인이 선임되지 않는 점 등이 그것이다.

II 유한회사의 설립

1. 의의

유한회사는 그 소규모성으로 인하여 주식회사와 달리 모집설립(공모)은 인정되지 않고, 사원이 되고자 하는 자는 모두 스스로 설립절차에 참가하여야 한다. 그리고 사원 및 출자액과 기관의 설치가 모두 정관에 의해 확정되는 점에서(제543조 제2항), 인적회사의 설립과 유사하다. 그런 이유로 각 사원의 설립행위로 인한 하자는 회사설립무효 또는 취소의 소의 원인이 된다(제552조). 다만 출자의 이행은 주식회사에서와 같이 설립과정에서 이를 완료하여야 하며(제548조), 1인의 사원만으로 설립과 존속이 가능하다는 점에 유의하여야 한다.

2. 유한회사의 설립절차

유한회사의 설립절차도 크게 ① 실체형성절차(정관작성 → 출자이행 → 기관구성)와 ② 설립등기의 두 단계로 이루어진다. 유한회사의 설립절차는 인적회사에 비하면 복잡한 절차를 거치지만, 주식회사에 비해서는 비교적 단순한 절차이다. 인적회사와 유사한 점은 사원의 성명·주민등록번호 및 주소가 정관의 절대적 기재사항이므로 사원의 확정이 정관에 의해 이루어진다는 점이다. 그리고 주식회사와 유사한 점은 출자이행, 기관구성의 절차가 별도로 이루어진다는 점이다. 아래의 표로 정리한다.

유한회사의 설립절차

구분		내용
실체형성절차	정관작성	정관의 절대적 기재사항: ① 목적, ② 상호, ③ 사원의 성명·주민번호·주소, ④ 자본금의 총액, ⑤ 출자1좌의 금액, ⑥ 각 사원의 출자좌수, ⑦ 본점소재지
	사원확정	정관의 절대적 기재사항(③)이므로 별도의 사원확정 절차는 필요 없음
	출자이행	재산출자만이 가능하며, 반드시 필요한 거쳐야 할 절차임
	기관구성	필요상설기관으로 사원총회와 이사를 반드시 두어야 함
설립등기		유한회사의 법인격 생성

3. 현물출자 등에 관한 설립당시 사원의 책임

유한회사의 설립시 현물출자와 재산인수의 회사설립당시의 실가가 정관에 정한 가격에 현저하게 부족한 때에는 회사성립당시의 사원은 회사에 대하여 그 부족액을 연대하여 지급할 책임이 있다(제550조 제1항). 이는 설립시 현물출자와 재산인수로 인하여 유한회사의 자본충실의 부실을 방지하기 위한 조치이다. 이러한 사원의 책임은 면제하지 못한다(제550조 제2항).

4. 유한회사의 설립의 하자

(1) 설립무효의 소

회사설립의 무효는 사원·이사·감사에 한하여, 설립취소의 소는 그 취소권이 있는 자에 한하여 회사가 성립한 날로부터 2년 내에 소만으로 주장할 수 있다(제552조 제1항).

(2) 설립취소의 소

유한회사에서는 사원의 수가 적고, 각자의 인적 신뢰관계가 있을 뿐 아니라 모든 사원이 정관에 기명날인 또는 서명함으로써 사원 중 1인의 설립에 관한 의사표시의 취소도 설립행위 전체에 영향을 준다. 그런 이유에서 유한회사는 설립취소의 소가 인정된다. 설립취소의 소에 대한 내용은 합명회사의 규정을 준용한다.

Ⅲ 유한회사의 사원

1. 사원의 자격과 수

유한회사는 사원의 자격에 대한 제한은 없으며 사원총수도 1인 이상이면 가능하며 그 제한도 없다(제545조 삭제). 그러므로 자연인, 법인, 무능력자 등도 사원이 될 수 있다.

2. 사원의 책임

유한회사의 사원은 그 출자금액을 한도로 하여 간접·유한책임을 진다. 유한회사의 사원은 유한책임을 지지만 합자회사의 유한책임사원이 직접·유한책임을 지는 점과 다르며, 주식회사의 사원인 주주는 간접·유한책임만 부담할 뿐 설립시 유한회사의 사원이 일정한 책임을 지는 점과는 차이를 보인다. 결론적으로 합자회사의 유한책임사원, 유한회사의 사원, 주식회사의 주주의 책임은 모두 다르다.

3. 유한회사의 사원권

유한회사의 사원권은 공익권·자익권 등 주식회사의 주주의 권리와 대체로 유사하다. 다만, 사원총회소집청구권에 있어서 이를 정관으로 다른 정함을 할 수 있는 점에서 차이를 보이며(제572조 제2항), 대표소송과 위법행위유지청구권의 행사를 위한 소수사원권의 요건이 자본금총액의 100분의 3 이상에 해당하는 출자좌수를 가진 자가 가능하다는 점에서 주식회사와 차이를 보인다(제564조의2, 제565조). 한편, 회계장부열람권의 행사를 위한 요건은 원칙적으로 주식회사와 같지만, 정관의 규정을 두어 각 사원이 청구할 수 있다는 점에서 차이를 보인다(제581조).

Ⅳ 지분의 양도 및 입질

1. 지분의 의의

유한회사에서 각 사원은 그 출자좌수에 따라 지분을 가진다(제554조). 그러므로 유한회사는 주식회사와 마찬가지로 사원의 지분에 대해 지분복수주의를 취하고 있다. 다만, 주식회사와는 달리 사원의 지분에 관하여 지시식 또는 무기명식의 증권을 발행하지 못한다(제555조).

2. 지분의 양도

유한회사의 사원은 정관으로 지분의 양도를 제한하지 않는 한 그 지분의 전부 또는 일부를 양도하거나 상속할 수 있다(제556조). 유한회사도 주식회사와 마찬가지로 지분양도의 자유를 원칙으로 하고 있다. 다만 정관으로 지분의 양도를 제한할 수 있다는 점에서 차이를 보일 뿐이다. 그리고 지분양도에 대한 대항요건, 공유 등에 관한 규정은 주식회사에 관한 규정을 준용하므로(제557조, 제558조) 주식회사에 관한 규정과 차이가 없다.

3. 지분의 입질

유한회사의 사원은 지분은 질권의 목적으로 할 수 있다(제559조 제1항). 다만, 입질의 방법으로 약식질은 인정되지 않고 등록질만이 인정되는 점이 주식회사와 차이를 보인다. 그 이유는 사원의 성명·주민등록번호·주소가 정관의 절대적 기재사항이므로 약식질을 인정하는 경우에는 입질과 관련된 혼란이 생길 염려가 있기 때문이다.

V 유한회사의 기관

1. 의의

유한회사는 회사의 의사를 결정하는 기관으로는 유일하게 사원총회를 두고 있으며, 결정된 사항을 집행하고 회사를 대표하는 기관으로 이사를 두고 있다. 그러므로 기관구조(Corporate Governance)에서 주식회사와 차이를 보이는 부분은 ① 이사회가 없는 점, 그리고 ② 감사가 필요상설기관이 아니라는 점이다. 따라서 3인 이상의 이사가 선임되는 경우에도 이사회는 구성되지 않으며(제562조), 감사는 필요상설기관이 아니므로 감사를 둘 수도 있고 두지 않을 수도 있다(제568조).

2. 유한회사의 이사

(1) 의의

유한회사에서는 주식회사와 달리 이사회제도가 없으므로 이사가 회사의 업무집행권을 가지며 회사의 대표기관의 역할을 한다. 유한회사에서는 1인 또는 수인의 이사를 두어야 한다(제561조). 초대이사는 정관으로 둘 수도 있지만(제547조 제1항), 그 후의 이사선임은 사원총회에서 한다(제567조). 그리고 주식회사와 달리 이사의 임기에는 제한이 없다. 이사의 종임사유는 주식회사와 같다.

(2) 이사의 권한

① 회사대표권

이사는 회사를 대표한다(제562조 제1항). 이사가 수인인 경우에 정관에 다른 정함이 없으면 회사를 대표할 이사를 선정하여야 하며(제562조 제2항), 정관 또는 사원총회의 결의에 의하여 이사가 공동으로 회사를 대표할 것을 정할 수 있다(제562조 제3항).

② 업무집행의 결정

이사가 수인인 경우에 정관에 다른 정함이 없으면 회사의 업무집행, 지배인의 선임 또는 해임, 지점의 설치·이전·폐지의 결정은 이사 과반수의 결의에 의하여야 한다(제564조 제1항).

(3) 이사의 자기거래

이사는 감사가 있는 때에는 감사의 승인이, 감사가 없는 때에는 사원총회의 승인이 있는 때에 한하여 자기 또는 제3자의 계산으로 회사와 거래를 할 수 있다(제564조 제3항). 주식회사의 경우 이사의 자기거래는 이사회의 승인을 요한다. 그러나 유한회사의 경우에는 자기거래에 대해 감사 또는 사원총회의 결의를 요하는 점에서 차이를 보인다.

(4) 이사의 책임추궁

이사가 법령 또는 정관에 위반한 행위를 하여 회사에 회복할 수 없는 손해가 생길 염려가 있는 때에는 감사 또는 소수사원(3/100 이상)은 위법행위유지청구권을 행사할 수 있다(제564조의 2). 그리고 소수사원(3/100 이상)은 이사의 책임을 추궁할 대표소송을 제기할 수 있다(제565조).

주식회사의 경우에도 위법행위유지청구권과 대표소송은 인정되는데, 이때 소수주주의 요건은 의결권 없는 주식을 포함한 발행주식총수의 1/100 이상이라는 점에서 유한회사와 차이를 보인다.

3. 유한회사의 감사

유한회사는 정관에 의하여 1인 또는 수인의 감사를 둘 수 있다(제568조 제1항). 그러므로 유한회사의 감사는 필요상설기관이 아닌 정관의 규정에 의해 둘 수도 있고 두지 않을 수도 있는 임의기관이다. 이 점이 주식회사의 감사가 필요상설기관인 점과 커다란 차이를 보인다.

정관의 규정에 의해 감사를 두기로 하였으나 정관으로 감사를 정하지 않은 경우에는 회사성립 전에 사원총회를 열어 감사를 선임하여야 한다(제568조 제2항, 제547조 제1항). 선임된 감사는 언제든지 회사의 업무와 재산상태를 조사할 수 있고 이사에 대하여 영업에 관한 보고를 청구할 수 있다(제569조). 나머지 감사에 관한 사항은 주식회사에 관한 규정을 준용한다(제570조).

4. 유한회사의 사원총회

(1) 의의

유한회사의 사원총회는 회사의 업무집행에 대한 의사결정을 하는 최고·유일의 의사결정기관으로 필요상설기관이다. 따라서 유한회사는 사원총회를 반드시 두어야 한다.

사원총회는 주주총회와 그 운영방법 등에서 유사한 면이 많지만 주식회사와는 달리 ① 그 결의사항에 제한이 없어 회사의 모든 사항에 대한 의사를 결정한다는 점, ② 소집절차와 결의방법 등에서 보다 탄력성을 가지고 있는 점을 특징으로 한다.

(2) 사원총회의 소집

① 소집권자

사원총회의 소집권자는 원칙적으로 각 이사이다(제571조 제1항). 그러나 임시총회는 감사도 소집할 수 있으며(제571조 제1항 단서), 자본금총액의 100분의 3 이상의 출자좌수를 가진 소수사원도 회의의 목적사항과 소집의 이유를 기재한 서면을 이사에게 제출하여 총회의 소집을 청구할 수 있다(제572조 제1항). 이때 소수사원의 총회소집청구권에 대해서는 정관으로 달리 정할 수 있다(동조 제2항).

② 소집절차

사원총회를 소집할 때에는 원칙적으로 사원총회일의 1주 전에 각 사원에게 서면으로 통지를 발송하거나 각 사원의 동의를 받아 전자문서로 통지를 발송하여야 한다(제571조 제2항). 다만 이 기간은 정관으로 단축할 수 있다(제571조 제1항). 그리고 총사원의 동의가 있을 때에는 소집절차를 생략하고 총회를 열 수 있다(제573조).

(3) 사원의 의결권

각 사원은 출자 1좌마다 1개의 의결권을 가지는 것이 원칙이지만 정관으로 의결권에 관하여 다른 정함을 할 수 있다(제575조). 그러나 일부의 사원에게 전혀 의결권을 인정하지 않는 것과 같은 정함은 허용되지 않는다.

(4) 사원총회의 결의요건

① 보통결의

보통결의는 총사원의 의결권의 과반수를 가진 사원이 출석하고 그 의결권의 과반수로 한다(제574조).

② 특별결의

사원총회의 특별결의는 "총사원의 반수 이상"이며, "총사원의 의결권의 4분의 3을 가진 자의 동의"로써 한다(제585조 제1항). 이때 의결권을 행사할 수 없는 사원은 이를 총사원의 수에, 그 행사할 수 없는 의결권은 이를 의결권의 수에 산입하지 아니한다(제585조 제2항).

특별결의에서 주의할 점은 주식회사의 경우 성립정족수의 계산도 지분주의에 의하지만, 유한회사에서는 성립정족수를 계산함에 있어서 총사원의 반수 이상을 그 요건으로 하여 특별결의에 인적요소가 가미되어 있다는 것이다.

③ 특수결의

특수결의는 총사원의 일치에 의한 결의를 말한다. 특수결의가 필요한 사항으로는 주식회사로의 조직변경, 이사의 회사에 대한 손해배상책임의 면제 등이 있다(607조 제1항).

사원총회의 결의방법

구분	결의방법	결의내용
보통결의	총사원의 의결권의 과반수를 가진 사원의 출석과 출석한 사원의 의결권의 과반수의 결의	특별결의와 특수결의로 정한 것을 제외한 나머지 모든 사항의 결의
특별결의	총사원의 반수이상이며, 총사원의 의결권의 4분의 3 이상을 가진 자의 동의로써 하는 결의	정관변경, 합병 등의 구조변경에 관한 사항
특수결의	총사원의 동의	조직변경, 이사의 회사에 대한 손해배상책임의 면제결의

(5) 유한회사의 서면결의

서면결의란 사원총회를 소집하지 아니하고, 사원의 서면에 의한 결의로서 사원총회의 결의를 갈음하는 것을 말한다. 유한회사에서는 사원총회결의의 편의성을 위해 서면에 의한 결의도 사원총회의 결의와 동일한 효력을 갖는 것으로 보고 있다(제577조 제3항).

서면에 의한 결의는 ① 미리 일정한 사항에 관하여 총사원이 서면으로 결의할 것을 동의한 경우(제577조 제2항) 또는 ② 미리 서면결의에 의한다고 하는 동의가 없더라도 결의의 목적사항에 관하여 총사원의 서면동의가 있는 경우(제577조 제4항)에 한하여 인정된다.

VI 유한회사의 정관변경

1. 정관변경의 방법

유한회사에서 정관을 변경함에는 사원총회의 특별결의에 의하여야 한다(제584조). 즉 총사원의 반수 이상이며 총사원의 의결권의 4분의 3 이상을 가지는 자의 동의로 하여야 한다(제585조 제1항).

유한회사의 정관변경에 대한 일반적인 내용은 주식회사와 다를 바 없지만, **특히 자본금의 총액이 정관의 절대적 기재사항이므로 자본금의 감소는 물론이고 자본금의 증가의 경우에도 정관변경을 위한 사원총회의 특별결의가 필요하다는 점을 특징으로 한다.** 자본금의 감소에 대한 상법상 처리는 주식회사와 유사한 절차를 거쳐야 한다.

2. 자본금의 증가

(1) 의의

자본금의 증가는 정관변경사항이므로 사원총회의 특별결의가 필요하다(제584조, 제585조). 유한회사의 사원은 원칙적으로 증가할 자본금에 대하여 그 지분에 따라 출자를 인수할 권리가 있다(제588조 제1항). 그러나 자본금증가를 위한 특별결의를 하는 때에 ① 증가할 자본금에 대한 출자의 인수권을 부여할 자를 따로 정하거나(제586조 제3호), ② 특정한 자에 대하여 장래 자본금을 증가할 때 출자의 인수권을 부여할 것을 약속하는 경우(제587조)에는 사원의 출자인수권은 제한될 수 있다(제588조 제2항).

(2) 출자인수의 방법

자본금증가의 경우에 출자를 인수하고자 하는 자는 인수를 증명하는 서면과 그 인수할 출자좌수와 주소를 기재하고 기명날인 또는 서명하여야 한다(제589조 제1항). 이때 유한회사는 광고 기타의 방법에 의하여 인수인을 공모하지 못한다(제589조 제2항). 주식회사의 경우 설립시에는 모집설립의 방법으로, 신주발행시에는 법률 또는 정관의 규정에 의해 주식인수인을 공모할 수 있지만, 유한회사는 주식회사와 달리 공모가 인정되지 않는 점에 유의할 필요가 있다.

(3) 자본금증가의 효력발생

유한회사는 자본금의 증가로 인한 출자 전액의 납입 또는 현물출자의 이행이 완료된 날로부터 2주 내에 본점소재지에서 자본금증가로 인한 변경등기를 하여야 한다(제591조). **자본금의 증가는 본점소재지에서 자본금증가의 변경등기를 함으로써 그 효력이 생긴다**(제592조). 주식회사의 경우 자본금의 증가, 즉 신주발행은 납입기일의 다음 날로부터 그 효력이 발생하지만, 유한회사는 자본금증가의 변경등기를 함으로써 그 효력이 발생하는 점에서 커다란 차이를 보인다. 이 점 유의할 필요가 있다.

(4) 현물출자 등에 대한 사원의 책임

자본금의 증가의 방법으로 현물출자와 재산인수를 하는 경우 현물출자 또는 재산인수의 실가가 사원총회의 특별결의에서 정한 가격에 현저하게 부족한 때에는 그 결의에 동의한 사원은 회사에 대하여 그 부족액을 연대하여 지급할 책임이 있다(제593조). 이때 사원의 책임은 면제하지 못한다(제593조 제2항).

(5) 미인수출자 등에 관한 이사 등의 책임

자본금증가 후에 아직 인수되지 아니한 출자가 있는 때에는 이사와 감사가 이를 공동으로 인수한 것으로 본다(제594조 제1항). 또한 자본금증가 후에 아직 출자가액의 납입 또는 현물출자의 목적인 재산의 급여가 미필된 출자가 있을 때에는 이사와 감사는 연대하여 그 납입 또는 급여미필재산의 가액을 지급할 책임이 있다(제594조). 이때 이사와 감사의 책임은 총사원의 동의가 있으면 면제될 수 있다(제594조 제2항).

(6) 증자무효의 소

자본금의 증가의 무효는 사원, 이사, 감사에 한하여 자본금의 증가에 의한 변경등기를 한 날로부터 6월 내에 소만으로 이를 주장할 수 있다. 이 점에서 주식회사의 신주발행무효의 소가 신주를 발행한 날로부터 6월 내에 소로써만 주장할 수 있는 점과 차이를 보인다. 즉 유한회사의 증자무효의 소는 변경등기일을 소의 기산점으로 하지만, 주식회사의 신주발행무효의 소는 신주를 발행한 날을 기산점으로 하는 점에서 차이가 있다. 그리고 증자무효의 소에 관한 나머지 부분은 신주발행무효의 소에 관한 규정을 준용한다.

3. 자본금의 감소

자본금 감소의 방법은 증자와 반대로 출자 1좌금액의 감소, 출자좌수의 감소 그리고 양자를 병용하는 방법으로 이루어진다. 자본금의 감소의 경우도 증자의 경우와 마찬가지로 정관의 절대적 기재사항인 자본금의 변동이 있는 것이므로 정관변경을 위한 사원총회의 특별결의가 있어야 한다(제584조, 제585조). 또한 자본금의 감소는 채권자에 대한 책임재산의 감소를 가져오므로 채권자보호절차를 밟아야 한다(제597조). 감자는 변경등기를 요하지만, 증자등기와 달리 등기에 의해 효력이 발생하는 것이 아니다. 이 점 유의할 필요가 있다.

Ⅶ 유한회사의 회계

1. 재무제표의 비치 및 공시

이사는 매 결산기에 대차대조표, 손익계산서, 그 밖에 회사의 재무상태와 경영성과를 표시하는 것으로서 대통령령으로 정하는 서류를 작성하여야 하며(제579조 제1항), 작성한 재무제표 등의 서류를 감사가 있는 때에는 정기총회일로부터 4주간 전에 감사에게 제출하고(동조 제2항), 감사는 이사로부터 서류를 받아 3주간 동안 회계감사업무를 수행한 후 정기총회일의 1주간 전까지 재무제표 등의 서류를 이사에게 제출하여야 한다. 이사는 감사로부터 제출받은 재무제표 등의 서류를 정기총회일의 1주간 전부터 5년간 본점에 비치하여야 한다(제579조의3).

2. 주식회사와의 비교

유한회사의 회계에 관한 규정은 대체로 주식회사와 유사하지만, 주식회사에 비해 비교적 소규모회사인 점에 비추어 다음과 같은 점에서 차이를 보인다. 유한회사의 회계에 관한 규정이 주식회사와 가장 큰 차이점을 보이는 부분은 ① 사채발행이 인정되지 않는 점, ② 사원의 공모가 인정되지 않는 점, ③ 회사의 회계에 관한 규정에 대해 정관으로 달리 정할 수 있는 점 등이다. 아래의 표를 통해 주식회사의 회계에 관한 규정과 비교한다.

회계규정 등의 비교

구분	주식회사	유한회사
준비금의 자본금전입	인정○	인정×
대차대조표의 공고의무	있음	없음
감사의 회계감사	필수적 절차임	필수적 절차가 아님
사채의 발행	인정○	인정×
회계에 관한 특칙	정관으로 다른 정함을 할 수 없음	정관으로 다른 정함을 할 수 있음

제 5 절 외국회사

I 총설

1. 의의

외국회사란 우리나라의 상법이 아닌 외국의 상법에 의하여 설립된 회사를 말한다. 상법은 내국회사와 외국회사를 구분함에 있어 어느 나라 상법에 따라 설립되었는지를 중심으로 판단하는 설립준거법주의를 특징으로 한다.

2. 상법적용의 특칙

내국회사인지 외국회사인지에 대한 판단이 설립준거법주의에 의하므로 실제로는 국내회사임에도 불구하고 우리나라 법규의 적용을 피하기 위한 목적으로 외국법에 의하여 설립된 회사에 대해서도 대한민국에 본점을 설치하거나 대한민국에서 영업할 것을 주된 목적으로 하는 때에는 대한민국에서 설립된 회사와 동일한 규정을 적용하도록 하고 있다(제671조).

II 외국회사의 법률관계

일반적으로 외국회사의 법률관계 중 내부적인 관계는 회사설립시 준거법에 의하고, 대외적인 관계는 국제사법에 의한다. 외국회사는 법률에 다른 규정이 있는 경우 외에는 대한민국에서 설립된 동종 또는 가장 유사한 회사로 본다(제621조).

III 국내영업을 위한 요건

1. 대표자·영업소의 설치

외국회사가 대한민국에서 영업을 하려면 대한민국에서 대표자를 정하고 대한민국 내에 영업소를 설치하거나 대표자 중 1명 이상이 대한민국에 그 주소를 두어야 한다(제614조 제1항). 대표자의 권한은 내국회사의 대표기관과 같고, 대표자에 의한 불법행위가 있을 때에는 회사의 대표자가 연대하여 책임을 진다(제614조 제4항).

2. 영업소 · 대표자의 등기

외국회사는 그 영업소의 설치에 관하여 대한민국에서 설립되는 동종의 회사 또는 가장 유사한 회사의 지점과 동일한 등기를 하여야 한다(제614조 제2항). 또한 회사설립의 준거법과 대한민국에서의 대표자의 성명과 그 주소를 등기하여야 한다(제614조 제3항).

3. 등기 전 계속거래의 금지

외국회사는 그 영업소의 소재지에서 영업소 및 대표자 등에 관한 사항을 등기하기 전에는 계속하여 거래를 하지 못한다(제616조 제1항). 그리고 이에 위반하여 거래를 한 자는 그 거래에 대하여 회사와 연대하여 책임을 진다(제616조 제2항).

4. 대차대조표 등의 공고의무

외국회사로서 이 법에 따라 등기를 한 외국회사는 재무제표 등의 승인과 같은 종류의 절차 또는 이와 비슷한 절차가 종결된 후 지체 없이 대차대조표 또는 이에 상당하는 것으로서 대통령령이 정하는 것을 대한민국에서 공고하여야 한다(제616조의2).

이때 외국회사라 함은 대한민국에서의 같은 종류의 회사 또는 가장 비슷한 회사가 주식회사인 것만 해당된다.

Ⅳ 영업소폐쇄명령

1. 의의

외국회사가 대한민국에 영업소를 설치할 경우에 일정한 사유가 있는 때에는 법원은 이해관계인 또는 검사의 청구에 의하여 그 영업소의 폐쇄를 명할 수 있다.

2. 해산명령제도와 비교

외국회사의 영업소폐쇄명령제도는 내국회사의 해산명령제도와 유사하다. 다만 차이를 보이는 점은 해산명령은 ① 상법상 회사에 한해서만 인정되고 ② 이해관계인이나 검사의 청구 또는 법원의 직권으로도 가능하지만, 영업소폐쇄명령은 ① 외국회사에 대해서만 인정되며 ② 이해관계인이나 검사의 청구에 의해서만 가능할 뿐, 법원이 직권으로 영업소폐쇄를 명할 수는 없다는 것이다. 이 점 주목할 필요가 있다.

해산명령과 영업소폐쇄명령

구분	해산명령	영업소폐쇄명령
인정범위	내국회사	외국회사
폐쇄명령의 절차	① 이해관계인 또는 검사의 청구에 의해서 가능함 ② 법원의 직권에 의해서도 가능함	이해관계인 또는 검사의 청구에 의해서만 가능함* * 법원의 직권으로는 인정되지 않음에 유의

3. 영업소폐쇄명령의 사유

외국회사가 대한민국에 영업소를 설치한 경우에 다음의 사유가 있는 때에는 법원은 이해관계인 또는 검사의 청구에 의하여 그 영업소의 폐쇄를 명할 수 있다(제619조 제1항). 이때 회사재산의 보전처분과 폐쇄명령청구권자의 담보제공의무에 관하여는 내국회사의 해산명령에 관한 규정을 준용한다(제619조 제2항).

① 영업소의 설치목적이 불법한 것인 때
② 영업소의 설치등기를 한 후 정당한 사유없이 1년 내 영업을 개시하지 아니하거나 1년 이상 영업을 휴지한 때 또는 정당한 사유 없이 지급을 정지한 때
③ 회사의 대표자 기타 업무를 집행하는 자가 법령 또는 선량한 풍속 기타 사회질서에 위반한 행위를 한 때

4. 청산개시의 명령(청산인의 선임)

영업소의 폐쇄를 명한 경우에는 내국의 채권자를 보호하기 위하여 법원은 이해관계인의 신청에 의하여 또는 직권으로 대한민국에 있는 회사재산의 전부에 대한 청산의 개시를 명할 수 있으며, 이 경우에 법원은 청산인을 선임하여야 한다(제620조 제1항).

청산절차에 관하여는 그 성질이 허용하는 한 주식회사에 관한 규정을 준용한다(제620조 제2항). 외국회사가 스스로 영업을 폐쇄한 경우에도 마찬가지이다(제620조 제3항).

관련판례요약

1. 합명회사

① 합명회사에서 입사에 대한 총사원의 동의가 있으면 정관이 변경된다고 보아야 하므로 입사한 자는 곧바로 사원의 지위를 취득한다(대법원 1996.10.29.선고, 96다19321판결).
② 법원의 제명선고절차는 제명사원의 권리를 보호하기 위한 강행규정으로서, 상법상 정해진 제명

의 절차 없이 사원의 결의만으로 제명이 가능하도록 규정한 정관규정은 무효이다(춘천지법 2009.5.13.선고, 2008가합481판결).

2. 합자회사

① 유한책임사원의 업무집행이나 대표행위를 인정하고 있지 않는 제278조의 규정에도 불구하고 정관 또는 내부규정으로 유한책임사원에게 업무집행권을 부여할 수 있는 것이라고 하더라도, 유한책임사원에게 회사대표권은 부여할 수 없다(대법원 1977.4.26.선고, 75다1341판결).

② 무한책임사원이 1인인 경우에는 그의 업무집행권을 박탈한다면 업무집행을 담당할 자가 없게 되므로, 이때에는 업무집행사원의 권한상실선고가 허용될 수 없다(대법원 1977.4.26.선고, 75다1341판결).

실전연습문제

01 상법상 합명회사에 관한 설명으로 옳지 않은 것은? 세무사 2013

① 합명회사는 회사채권자에 대하여 직접·연대·무한책임을 지는 2인 이상의 사원으로 구성된 회사이다.

② 사원은 전체 사원의 3분의 2 이상의 결의가 있는 때에 한하여 자기 또는 제3자의 계산으로 회사와 거래를 할 수 있다.

③ 사원은 다른 사원의 동의를 얻지 아니하면 그 지분의 전부 또는 일부를 타인에게 양도하지 못한다.

④ 합명회사의 설립의 취소는 그 취소권 있는 자에 한하여 회사성립의 날로부터 2년내에 소만으로 이를 주장할 수 있다.

⑤ 회사가 사원에 대하여 또는 사원이 회사에 대하여 소를 제기하는 경우에 회사를 대표할 사원이 없을 때에는 다른 사원 과반수의 결의로 선정하여야 한다.

해설 ② 합명회사의 사원은 다른 사원 과반수의 결의가 있는 때에 한하여 자기 또는 제3자의 계산으로 회사와 거래할 수 있다(제199조).
합명회사에서 빈출되는 지문 중 하나가 경업피지의무의 승인과 자기거래금지의무의 승인에 관한 사항이다. 경업피지의무는 "다른 사원 전원의 동의"가 있어야 하고, 자기거래금지의무는 "다른 사원 과반수의 동의"에 의하는 점을 명확히 구별하기 바란다.

02 상법상 합명회사에 관한 설명으로 옳은 것은? 세무사 2015

① 합명회사의 사원은 출자에 대하여 직접, 연대, 무한책임을 진다.

② 합명회사의 설립의 하자에 대하여 설립무효의 소는 인정되나 설립취소의 소는 인정되지 않는다.

③ 채권을 출자의 목적으로 한 사원은 그 채권이 변제기에 변제되지 아니한 때에는 그 채권액을 변제할 책임을 진다.

④ 사원은 다른 사원의 동의를 얻은 때에도 그 지분의 전부 또는 일부를 타인에게 양도하지 못한다.

01 ② 02 ③ 정 답

⑤ 지배인의 선임은 정관에 다른 정함이 없으면 업무집행사원이 있는 경우에도 사원 전원의 동의를 얻어야 한다.

해설 ① 합명회사의 사원은 "회사채권자에 대하여" 직접·연대·무한책임을 진다(제212조). 따라서 합명회사의 사원이 자신의 출자에 대하여 직접·연대·무한책임을 지는 것은 전혀 아니다.

② 합명회사의 설립의 하자에 대해서는 설립무효의 소와 설립취소의 소가 모두 인정된다(제184조). 그 이유는 합명회사에서 주관적 무효사유 또는 주관적 취소사유와 객관적 무효사유가 모두 설립의 하자가 되기 때문이다.

④ 합명회사의 사원은 "다른 사원 전원의 동의"가 있으면 지분의 전부 또는 일부를 양도할 수 있다(제197조).

⑤ 지배인의 선임과 해임은 정관에 다른 정함이 없으면 업무집행사원이 있는 경우에도 총사원 과반수의 결의에 의하여야 한다(제203조).

03 상법상 합명회사에 관한 설명으로 옳지 않은 것은? 세무사 2017

① 사원이 1인으로 되어 해산하게 된 경우 해산된 회사의 재산처분방법은 정관 또는 총사원의 동의로 이를 정할 수 있다.

② 지배인의 선임과 해임은 정관에 다른 정함이 없으면 업무집행사원이 있는 경우에도 총사원 과반수의 결의에 의하여야 한다.

③ 업무집행사원의 권한상실선고의 판결이 확정된 때에는 본점과 지점의 소재지에서 등기하여야 한다.

④ 정관에 수인의 업무집행사원이 있는 경우 그 각 사원의 업무집행에 관한 행위에 대하여 다른 업무집행사원의 이의가 있는 때에는 곧 그 행위를 중지하고 업무집행사원 과반수의 결의에 의하여야 한다.

⑤ 정관을 변경하려면 총사원의 동의가 있어야 한다.

해설 ① 합명회사의 청산의 방법으로는 법정청산과 임의청산이 모두 인정된다. 이때 법률의 규정에 의해서만 청산하는 것을 법정청산이라고 하며, 정관 또는 총사원의 동의에 의해 청산하는 것을 임의청산이라고 한다.

합명회사의 청산의 방법으로 합명회사의 사원이 1인이 된 때 또는 법원의 해산명령 또는 해산판결로 해산한 때에는 "법정청산"의 방법만이 가능하다(제250조). 따라서 이 경우 임의청산은 인정되지 않는다.

04 상법상 합명회사에 관한 설명으로 옳은 것은? (단, 정관에 상법과 달리 정하는 규정은 없다) 세무사 2018

① 사원이 그 채권자를 해할 것을 알고 회사를 설립한 때에는 채권자는 그 사원과 회사에 대한 소로 회사의 설립취소를 청구할 수 있다.

② 사원이 회사채무에 관하여 변제의 청구를 받은 때에는 회사가 주장할 수 있는 항변으로 그 채권자에게 대항할 수 없다.

③ 설립등기시 회사를 대표할 사원을 정한 경우 회사를 대표할 사원의 성명은 등기해야 하지만 그 외의 사원의 성명은 등기하지 않아도 된다.

④ 노무를 출자한 사원이 퇴사한 경우 정관에 지분의 환급여부에 대한 규정이 없으면 퇴사한 노무출자사원은 지분의 환급을 받을 수 없다.

⑤ 회사성립 후에 가입한 사원은 그 가입전에 생긴 회사채무에 대하여는 책임을 지지 않는다.

해설 ② 사원이 회사채무에 관하여 변제의 청구를 받은 때에는 회사가 주장할 수 있는 항변으로 그 채권자에게 대항할 수 있다(제214조 제1항).
③ 합명회사의 설립시 사원의 성명과 주소 등은 정관의 절대적 기재사항이며, 등기사항이 된다(제179조, 제180조). 한편, 설립등기시 회사를 대표할 사원을 정한 경우 회사를 대표할 사원의 성명은 물론 그 외의 사원의 성명과 주소 등은 등기하여야 한다(제180조).
④ 퇴사한 사원은 정관에 다른 규정이 있는 경우를 제외하고는 노무 또는 신용으로 출자의 목적으로 한 경우에도 그 지분을 환급받을 수 있다(제222조). 따라서 노무나 신용으로 출자한 사원의 지분환급청구권은 당연한 권리로서 인정되는 것이다.
⑤ 회사성립 후에 가입한 사원은 그 가입전에 생긴 회사채무에 대하여는 성립 전의 사원과 동일한 책임을 진다(제213조).

05 상법상 합명회사의 해산과 청산에 관한 설명으로 옳지 않은 것은? 세무사 2017

① 회사는 해산된 후에도 청산의 목적범위 내에서 존속하는 것으로 본다.
② 회사가 파산으로 해산하는 경우에는 본점소재지에서 2주간 내, 지점소재지에서는 3주간 내에 해산등기를 하여야 한다.
③ 회사의 업무를 집행하는 사원이 법령 또는 정관에 위반하여 회사의 존속을 허용할 수 없는 행위를 한 때에 법원은 직권으로 회사의 해산을 명할 수 있다.
④ 회사가 법원의 명령으로 해산된 때에는 법원은 직권 또는 사원 기타의 이해관계인이나 검사의 청구에 의해 청산인을 선임한다.
⑤ 회사의 청산인은 그 임무가 종료한 때에는 지체없이 계산서를 작성하여 각 사원에게 교부하고 그 승인을 얻어야 한다.

해설 ② 회사가 해산한 때에는 합병과 파산의 경우를 제외하고는 그 해산사유가 있는 날로부터 본점소재지에서 2주간 내, 지점소재지에서 3주간 내에 해산등기를 하여야 한다(제228조). 따라서 파산으로 해산한 경우에는 해산등기는 필요하지 않다.

06 상법상 합명회사의 설립 무효 및 취소의 소에 관한 설명으로 옳은 것은? 세무사 2014

① 사원이 채권자를 해할 것을 알고 회사를 설립한 때에는 채권자는 그 사원과 회사에 대한 소로 회사의 설립무효를 청구할 수 있다.
② 설립취소의 소는 사원만이 제기할 수 있지만, 설립무효의 소는 누구든지 제기할 수 있다.
③ 설립취소의 소를 제기한 자가 패소한 경우에 그에게 경과실이 있는 때에도 회사에 대하여 연대하여 손해배상책임을 진다.
④ 설립취소의 소는 제소기간에 제한이 없지만, 설립의 무효는 회사성립의 날로부터 2년 내에 소만으로 이를 주장할 수 있다.
⑤ 설립무효의 원고 승소판결이 확정된 경우에 무효의 원인이 특정한 사원에 한한 것인

03 ① 04 ① 05 ② 06 ④ 정 답

때에는 다른 사원 전원의 동의로써 회사를 계속할 수 있다.

해설 ① 사원이 그 채권자를 해할 것을 알고 회사를 설립한 때에는 "채권자는" 그 사원과 회사에 대한 소로 회사의 설립취소를 청구할 수 있다(제185조). 합명회사의 설립취소의 소는 빈출되는 주제이다.
② 설립취소의 소는 "취소권 있는 자(취소권 있는 사원과 채권자)에 한하여" 성립한 날부터 2년 이내에 제기할 수 있지만, 설립무효의 소는 "그 사원에 한하여" 성립한 날부터 2년 내에 제기할 수 있다(제184조 제1항).
③ 설립취소의 소를 제기한 원고가 패소한 경우에는 원칙적으로 손해배상책임은 지지 않는다. 그러나 패소한 원고에게 악의 또는 중과실이 있는 경우에는 회사에 손해배상책임을 진다(제191조).
④ 설립의 무효와 설립의 취소는 그 사유가 발생한 날로부터 2년 내에 소로써만 이를 주장할 수 있다(제184조 제1항).
⑤ 설립무효의 판결이 확정된 때에는 회사를 계속할 수 없다.

07 상법상 합자회사에 관한 설명으로 옳지 않은 것은? 세무사 2013

① 무한책임사원은 신용 또는 노무를 출자의 목적으로 할 수 있다.
② 무한책임사원은 다른 사원의 동의 없이 자기 또는 제3자의 계산으로 회사의 영업부류에 속하는 거래를 할 수 있고 동종영업을 목적으로 하는 다른 회사의 무한책임사원 또는 이사가 되지 못한다.
③ 무한책임사원은 정관에 다른 규정이 없는 때에는 각자가 회사의 업무를 집행할 권리와 의무가 있다.
④ 유한책임사원은 그 출자가액에서 이미 이행한 부분을 공제한 가액을 한도로 하여 회사채무를 변제할 책임이 있다.
⑤ 합자회사의 정관에는 각 사원의 무한책임 또는 유한책임인 것을 기재하여야 한다.

해설 ② 합자회사의 무한책임사원은 "다른 사원의 동의 없이" 자기 또는 제3자의 계산으로 회사의 영업부류에 속하는 거래를 할 수 없고 동종영업을 목적으로 하는 다른 회사의 무한책임사원 또는 이사가 되지 못한다(제275조). 지문의 내용은 합자회사의 무한책임사원의 경업피지의무에 관한 것이다.

08 상법상 합자회사에 관한 설명으로 옳지 않은 것은? 세무사 2016

① 유한책임사원은 회사의 대표행위를 하지 못한다.
② 지배인의 선임과 해임은 총사원의 동의에 의한다.
③ 유한책임사원은 무한책임사원 전원의 동의가 있으면 그 지분을 타인에게 양도할 수 있으며 지분의 양도에 따라 정관을 변경하여야 할 경우에도 같다.
④ 유한책임사원이 무한책임사원으로 된 경우 그 책임 변경 전에 생긴 회사채무에 대하여 다른 무한책임사원과 동일한 책임을 진다.
⑤ 무한책임사원이 유한책임사원으로 된 경우, 그 사원은 본점소재지에서 책임에 관한 변경등기를 하기 전에 생긴 회사채무에 대하여는 등기후 2년 내에는 다른 무한책임사원과 동일한 책임이 있다.

해설 ② "지배인의 선임과 해임"은 업무집행사원이 있는 경우에도 무한책임사원의 과반수의 결의로써 하여야 한다(제269조, 제203조).

09 상법상 합자회사의 유한책임사원에 관한 설명으로 옳은 것은? 세무사 2017

① 유한책임사원이 금치산의 선고를 받은 경우에는 퇴사된다.
② 유한책임사원은 다른 사원의 동의없이 자기 또는 제3자의 계산으로 회사의 영업부류에 속하는 거래를 할 수 없다.
③ 유한책임사원은 회사의 업무집행은 할 수 없으나 대표행위는 할 수 있다.
④ 유한책임사원은 신용 또는 노무를 출자의 목적으로 할 수 있다.
⑤ 유한책임사원이 사망한 때에는 그 상속인이 그 지분을 승계하여 사원이 된다.

해설 ① 합자회사의 유한책임사원은 업무집행사원이 아니므로, 유한책임사원이 금치산의 선고를 받은 경우에도 퇴사의 사유는 되지 않는다(제278조).
② 합자회사의 유한책임사원의 경업피지의무는 없다. 따라서 유한책임사원은 다른 사원 동의 없이 자기 또는 제3자의 계산으로 회사의 영업부류에 속하는 거래를 할 수 있다(제275조). 이를 유한책임사원의 경업의 자유라고 한다.
③ 합자회사의 유한책임사원은 회사의 업무집행은 물론 대표행위도 할 수 없다(제278조). 다만, 판례는 합자회사의 유한책임사원에 대한 업무집행권에 대해서는 정관에 의해 부여할 수 있다는 유보적 입장을 취하고 있다.
판례에서는 유한책임사원의 업무집행은 내부관계에 관한 사항으로 정관으로 업무집행권을 부여할 수 있다고 하더라도 대표권은 어떠한 경우에도 유한책임사원에게 부여할 수 없다고 본다.
④ 합자회사의 유한책임사원은 금전 기타 재산의 출자만 가능하다. 따라서 신용이나 노무를 그 출자의 목적으로 할 수 없다(제272조).

10 상법상 甲(무한책임사원)과 乙(유한책임사원)이 A 합자회사를 설립하여 현재 甲, 乙만이 사원으로 있는 A 합자회사에 관한 설명으로 옳지 않은 것은? (단, 정관에 상법과 달리 정하는 규정은 없으며, 다툼이 있으면 판례에 따름) 세무사 2018

① 甲이 무한책임사원, 乙이 유한책임사원이라는 것은 설립 시 등기하여야 할 사항이다.
② 乙은 신용 또는 노무를 출자의 목적으로 할 수 있다.
③ 乙은 甲의 동의 없이 자기의 계산으로 A 합자회사의 영업부류에 속하는 거래를 할 수 있다.
④ 乙이 퇴사한 때에는 A 합자회사는 해산된다.
⑤ 무한책임사원 甲과 유한책임사원 乙 각 1인만으로 된 합자회사에 있어서는 한 사원의 의사에 의하여 다른 사원의 제명을 할 수는 없다.

해설 ② 합자회사의 유한책임사원의 출자는 재산출자에 한정된다. 따라서 합자회사의 유한책임사원은 신용이나 노무를 출자의 목적으로 할 수 없다(제272조).

정답 07 ② 08 ② 09 ⑤ 10 ②

11 상법상 유한책임회사에 관한 설명으로 옳지 않은 것은? 세무사 2013

① 업무집행자가 둘 이상인 경우 정관 또는 총사원의 동의로 유한책임회사를 대표할 업무집행자를 정할 수 있다.
② 퇴사 사원은 그 지분의 환급을 금전으로 받을 수 있다.
③ 유한책임회사는 그 지분의 전부 또는 일부를 양수할 수 있다.
④ 유한책임회사의 잉여금은 정관에 다른 규정이 없으면 각 사원이 출자한 가액에 비례하여 분배한다.
⑤ 유한책임회사는 총사원의 동의에 의하여 주식회사로 변경할 수 있다.

해설 ③ 유한책임회사는 그 지분의 전부 또는 일부를 양수할 없다(제287조의9 제1항). 만일, 유한책임회사가 지분을 취득하는 경우에 그 지분은 취득한 때에 소멸한다(제287조의9 제2항).

12 상법상 유한책임회사에 관한 설명으로 옳지 않은 것은? 세무사 2014

① 정관에 다른 정함이 없으면 퇴사 사원은 그 지분의 환급을 금전으로 받을 수 있다.
② 유한책임회사는 그 지분의 전부 또는 일부를 양수할 수 없으며 지분을 취득하더라도 그 지분은 취득한 때에 소멸한다.
③ 업무집행자는 다른 사원 과반수의 결의가 있는 경우에만 자기의 계산으로 회사와 거래를 할 수 있다.
④ 정관에 다른 정함이 없는 경우 정관을 변경하려면 총사원의 동의가 있어야 한다.
⑤ 유한책임회사의 내부관계에 관하여는 상법이나 정관에 다른 규정이 없으면 유한회사에 관한 규정을 준용한다.

해설 ⑤ 유한책임회사의 내부관계에 관하여는 상법이나 정관에 다른 규정이 없으면 합명회사에 관한 규정을 준용하여야 한다(제287조의18).

13 상법상 유한책임회사의 설립의 취소 또는 무효에 관한 설명으로 옳지 않은 것은? 세무사 2016

① 설립의 취소는 그 취소권있는 자에 한하여 회사성립의 날로부터 2년 내에 소만으로 이를 주장할 수 있다.
② 사원이 그 채권자를 해할 것을 알고 회사를 설립한 때에는 채권자는 그 사원과 회사에 대한 소로 회사의 설립취소를 청구할 수 있다.
③ 설립의 무효는 이사, 감사에 한하여 회사성립의 날로부터 2년 내에 소만으로 이를 주장할 수 있다.
④ 설립취소의 소 또는 설립무효의 소가 그 심리중에 원인이 된 하자가 보완되고 회사의 현황과 제반사정을 참작하여 설립을 취소 또는 무효로 하는 것이 부적당하다고 인정한 때에는 법원은 그 청구를 기각할 수 있다.

⑤ 설립취소의 판결은 판결확정전에 생긴 회사와 사원 및 제3자간의 권리의무에 영향을 미치지 아니한다.

해설 ③ 유한책임회사의 설립의 무효는 업무집행자 및 사원에 한하여 회사성립의 날로부터 2년 내에 소만으로 이를 주장할 수 있다(제287조의6). 유한책임회사에서 이사와 감사의 설립무효의 소제기권은 인정되지 않는다. 그 이유는 이사와 감사는 유한회사의 기관이 아니기 때문이다.

14 상법상 유한책임회사의 사원에 관한 설명으로 옳은 것은? 세무사 2017

① 사원의 책임은 상법에 다른 규정이 있는 경우 외에는 그 출자금액을 한도로 한다.
② 회사는 정관으로 사원이 아닌 자를 업무집행자로 정할 수 없다.
③ 사원은 신용이나 노무를 출자의 목적으로 할 수 있다.
④ 사원은 정관의 작성 전까지 금전이나 그 밖의 재산의 출자를 전부 이행하여야 한다.
⑤ 퇴사한 사원의 성명이 유한책임회사의 상호 중에 사용된 경우 그 사원은 유한책임회사에 대하여 그 사용의 폐지를 청구할 수 없다.

해설 ② 유한책임회사는 정관으로 사원 또는 사원이 아닌 자를 업무집행자로 정하여야 한다(제287조의12 제1항). 유한책임회사는 정관으로 사원을 업무집행자로 정하는 것도 가능하고, 사원이 아닌 자를 업무집행자로 정하는 것도 가능하다. 유한책임회사는 자기기관성과 타인기관성이 모두 인정되는 점을 특징으로 한다.
③ 유한책임회사의 사원은 신용이나 노무를 출자의 목적으로 하지 못한다(제287조의4 제1항).
④ 사원은 정관작성 후 설립등기를 하는 때까지 금전이나 그 밖의 재산의 출자를 전부 이행하여야 한다(제287조의4 제2항). 그 이유는 유한책임회사의 사원은 회사채권자에 대해 간접·유한책임을 부담하기 때문이다.
⑤ 퇴사한 사원의 성명이 유한책임회사의 상호 중에 사용된 경우 그 사원은 유한책임회사에 대하여 그 사용의 폐지를 청구할 수 있다(제287조의31).

15 상법상 유한책임회사에 관한 설명으로 옳지 않은 것은? (단, 정관에 상법과 달리 정하는 규정은 없다) 세무사 2018

① 사원은 신용이나 노무를 출자의 목적으로 하지 못한다.
② 업무를 집행하는 사원이 없는 경우, 사원은 사원 전원의 동의를 얻어야 지분의 일부를 타인에게 양도할 수 있다.
③ 업무집행자는 다른 사원 전원의 동의가 있어야 자기 또는 제3자의 계산으로 회사와 거래를 할 수 있다.
④ 유한책임회사를 대표하는 업무집행자가 그 업무집행으로 타인에게 손해를 입힌 경우에는 회사는 그 업무집행자와 연대하여 배상할 책임이 있다.
⑤ 유한책임회사는 그 지분의 전부 또는 일부를 양수할 수 없으며, 유한책임회사가 지분을 취득하는 경우에는 그 지분은 취득한 때에 소멸한다.

11 ③ 12 ⑤ 13 ③ 14 ① 15 ③ 정 답

해설 ③ 업무집행자는 "다른 사원 과반수의 동의"가 있는 경우에는 자기 또는 제3자의 계산으로 회사와 거래를 할 수 있다(제287조의10). 이를 유한책임회사의 업무집행자의 자기거래금지의무라고 한다. 유한책임회사에서도 업무집행자의 "경업피지의무"는 다른 사원 전원의 동의가 필요하고, "자기거래금지의무"는 다른 사원 과반수의 동의가 필요한 점에 대해 명확히 구별하기 바란다.

16 상법상 유한회사에 관한 설명으로 옳지 않은 것은?

세무사 2014

① 출자 1좌의 금액은 100원 이상으로 균일하여야 한다.
② 정관에 의하여 1인 또는 수인의 감사를 둘 수 있으나, 감사위원회 제도는 인정되지 않는다.
③ 이사가 수인인 경우에 정관에 다른 정함이 없으면 지배인의 선임 또는 해임, 지점의 설치·이전은 이사 3분의 2의 결의에 의하여야 한다.
④ 정관변경의 결의는 총사원의 반수 이상이며 총사원의 의결권의 4분의 3 이상을 가진 자의 동의로 한다.
⑤ 회사가 이사에 대하여 또는 이사가 회사에 대하여 소를 제기하는 경우 사원총회는 그 소에 관하여 회사를 대표할 자를 선정하여야 한다.

해설 ③ 유한회사에서 이사가 수인인 경우에 정관에 다른 정함이 없으면 회사의 업무집행, 지배인의 선임 또는 해임과 지점의 설치·이전 또는 폐지는 "이사 과반수의 결의"에 의하여야 한다(제564조 제1항).

17 상법상 유한회사에 관한 설명으로 옳지 않은 것은?

세무사 2016

① 유한회사가 이사에 대하여 소를 제기하는 경우 사원총회가 그 소에 관하여 회사를 대표할 자를 선정하여야 한다.
② 자본금 총액이 20억원인 유한회사를 설립하는 경우에는 공증인의 인증은 정관의 효력발생 요건이 아니다.
③ 유한회사의 임시총회는 감사도 소집할 수 있다.
④ 유한회사의 정관으로 이사를 정하지 아니한 때에는 이사의 선임을 위해 회사성립 전에 각 사원이 사원총회를 소집할 수 있다.
⑤ 사원총회의 결의를 하여야 할 경우에 총사원의 동의가 있는 때에는 서면에 의한 결의를 할 수 있다.

해설 ② 자본금총액이 10억원 미만인 유한회사를 설립하는 경우에는 정관에 대한 공증인의 인증을 받지 않은 경우에도 정관의 효력은 인정된다(제543조 제2항). 따라서 자본금총액이 20억원인 유한회사를 설립하는 경우에는 반드시 정관의 인증을 얻어야 그 효력이 발생한다.

18 상법상 유한회사의 소수사원권이 아닌 것은? 세무사 2016

① 대표소송권
② 집중투표청구권
③ 청산인 해임청구권
④ 이사의 위법행위에 대한 유지청구권
⑤ 회사의 업무와 재산상태를 조사하게 하기 위한 검사인의 선임청구권

해설 ② 집중투표청구권은 주식회사에 한해서만 인정되는 소수주주권으로 유한회사에서는 인정되지 않는다(제613조). 그 이유는 2인 이상의 이사선임을 위한 총회가 전제되어야 하는 요건인데, 유한회사에서는 이사를 2인 이상 선임해야 하는 의무가 없기 때문이다.

19 상법상 유한회사에 관한 설명으로 옳지 않은 것은? 세무사 2017

① 각 사원은 그 출자좌수에 따라 지분을 가진다.
② 이사가 수인인 경우에 정관에 다른 정함이 없으면 사원총회에서 회사를 대표할 이사를 선정하여야 한다.
③ 사원의 지분에 관하여 지시식 증권을 발행할 수 있다.
④ 사원의 지분은 질권의 목적으로 할 수 있다.
⑤ 회사성립 후에 출자금액의 납입 또는 현물출자의 이행이 완료되지 아니하였음이 발견된 때에는 회사성립당시의 사원, 이사와 감사는 회사에 대하여 그 납입되지 아니한 금액 또는 이행되지 아니한 현물의 가액을 연대하여 지급할 책임이 있다.

해설 ③ 유한회사는 사원의 지분에 관하여 지시식 또는 무기명식의 증권을 발행하지 못한다(제555조). 따라서 사원의 지분에 관하여 지시식의 증권을 발행할 수 없다.

20 상법상 유한회사에 관한 설명으로 옳지 않은 것은? 세무사 2018

① 상법은 유한회사 이사의 임기는 3년을 초과하지 못한다고 규정하고 있다.
② 유한회사는 정관에 의하여 1인 또는 수인의 감사를 둘 수 있다.
③ 이사가 수인인 경우에 정관에 다른 정함이 없으면 사원총회에서 회사를 대표할 이사를 선정하여야 한다.
④ 총사원의 동의가 있을 때에는 소집절차없이 총회를 열 수 있다.
⑤ 각 사원은 출자1좌마다 1개의 의결권을 가진다. 그러나 정관으로 의결권의 수에 관하여 다른 정함을 할 수 있다.

해설 ① 상법은 유한회사 이사의 임기에 대해서는 상법의 명문규정이 존재하지 않는다. 따라서 유한회사 이사의 임기는 3년을 초과할 수 있다.

16 ③ 17 ② 18 ② 19 ③ 20 ① 정답

21 상법상 외국회사에 관한 설명으로 옳지 않은 것은? 세무사 2015

① 외국회사가 대한민국에서 영업을 하려면 대한민국에서 대표자를 정하고 대한민국 내에 영업소를 설치하거나 대표자 중 1명 이상이 대한민국에 주소를 두어야 한다.

② 외국에서 설립된 회사라도 대한민국에서 영업할 것을 주된 목적으로 하는 때에는 대한민국에서 설립된 회사와 같은 규정에 따라야 한다.

③ 외국회사는 다른 법률의 적용에 있어서는 법률에 다른 규정이 있는 경우 외에는 대한민국에서 성립된 동종 또는 가장 유사한 회사로 본다.

④ 외국회사가 대한민국에서 영업소를 설치한 경우에 그 설치목적이 불법한 것인 때에는 법원은 이해관계인 또는 검사의 청구에 의하여 그 영업소의 폐쇄를 명할 수 있다.

⑤ 외국회사는 대한민국 영업소의 소재지에서 소정의 등기를 하기 전이라도 정관에서 정한 영업범위 내에서는 계속하여 거래할 수 있다.

해설 ⑤ 외국회사는 대한민국 영업소의 소재지에서 소정의 등기를 하기 전에는 계속하여 거래를 하지 못한다(제616조 제1항). 이는 정관에서 정한 경우라도 마찬가지이다.

21 ⑤ 정 답

[저자 약력]

이 수 천

법학박사
공인회계사·세무사
건국대학교대학원 겸임교수
삼일인포마인 법인세전문상담위원
국세심사위원회 심의위원
법제연구원 외부 용역위원
2016국세행정포럼 패널위원
박문각(노량진) 공무원세법 전임교수
KBS다큐멘터리 한국조세전문가 출연

주요 저서 및 논문
상법강의(제1판~제8판)
회사법강의(제1판~제6판)
객관식상법(제1판~제7판)
이수천 세법학 Ⅰ·Ⅱ
세법학강의(제1판)
콤팩트공무원세법(제1판)
세무사행정소송법
객관식세법(이론편)
기업실무자를 위한 상법강의
한국의 합병·분할의 과세체계에 관한 연구 등 다수

제6판
회사법강의

제6판인쇄 2018년 7월 16일
제6판발행 2018년 7월 20일

지은이 이수천
펴낸이 최준규

총괄기획 박노일·김중용
편 집 심성보·김인숙

펴낸곳 피앤씨 에듀

경기도 고양시 일산동구 백석로 119 214-904
등록번호 제2017-000078호
전 화 070)7550-3758 팩 스 02)718-8554
홈페이지 www.pncmedia.co.kr 이메일 pnc@pncmedia.co.kr
ISBN 979-11-88782-23-9 93360

정 가 33,000원